国家安全学系列丛书

总主编：叶　青
执行主编：李　翔

NATIONAL
Security Law

国家安全法学

（第二版）

主　　编　叶　青
执行主编　李　翔
副 主 编　党东升　杨海强

北京大学出版社
PEKING UNIVERSITY PRESS

图书在版编目(CIP)数据

国家安全法学 / 叶青主编. -- 2版. -- 北京：北京大学出版社, 2025.8. -- (国家安全学系列丛书). -- ISBN 978-7-301-36529-8

Ⅰ. D922.141

中国国家版本馆CIP数据核字第20258Q73A4号

书　　　名	国家安全法学（第二版）
	GUOJIA ANQUAN FAXUE（DE-ER BAN）
著作责任者	叶　青　主编
责 任 编 辑	徐　音
标 准 书 号	ISBN 978-7-301-36529-8
出 版 发 行	北京大学出版社
地　　　址	北京市海淀区成府路205号　100871
网　　　址	http://www.pup.cn　　新浪微博：@北京大学出版社
电 子 邮 箱	zpup@pup.cn
电　　　话	邮购部 010-62752015　发行部 010-62750672
	编辑部 021-62071998
印 刷 者	北京溢漾印刷有限公司
经 销 者	新华书店
	730毫米×980毫米　16开本　32印张　541千字
	2023年1月第1版
	2025年8月第2版　2025年8月第1次印刷
定　　　价	98.00元

未经许可，不得以任何方式复制或抄袭本书之部分或全部内容。
版权所有，侵权必究
举报电话：010-62752024　电子邮箱：fd@pup.cn
图书如有印装质量问题，请与出版部联系，电话：010-62756370

总　　序

　　国家安全学系列丛书由华东政法大学与北京大学出版社联合推出。系列丛书坚持总体国家安全观,注重体现新时代国家安全特点,注重反映国家安全理论与实践最新动态,包括教材、专著、论文集等多种形式,旨在为高校院所国家安全相关专业学生、研究人员和国家安全实务工作者提供可资学习、研究和工作指导的专业读物。

　　国家安全是指国家政权、主权、统一和领土完整、人民福祉、经济社会可持续发展和国家其他重大利益相对处于没有危险和不受内外威胁的状态,以及保障持续安全状态的能力。习近平在2014年4月15日召开的中央国家安全委员会第一次会议上强调指出:"当前我国国家安全内涵和外延比历史上任何时候都要丰富,时空领域比历史上任何时候都要宽广,内外因素比历史上任何时候都要复杂,必须坚持总体国家安全观,以人民安全为宗旨,以政治安全为根本,以经济安全为基础,以军事、文化、社会安全为保障,以促进国际安全为依托,走出一条中国特色国家安全道路。"习近平明确提出了总体国家安全观,为我国国家安全工作提供强大思想武器。坚持总体国家安全观,统筹发展和安全,增强忧患意识,做到居安思危,已经成为我们党治国理政的一项重大原则。在总体国家安全观指引下,我国不断完善国家安全战略体系、政策体系和法治体系,持续推进国家安全治理体系和治理能力现代化,取得了前所未有的成果。

　　我国具有悠久历史,也曾多次经历治乱循环和兴衰更替,国家安全和社会安定是全体人民的共同期待,历代仁人志士为之不断探索奋斗,形成了非常丰富的国家安全经验和智慧。中国共产党诞生于国家内忧外患、民族危难之时,对国家安全的重要性有着刻骨铭心的认识。中华人民共和国成立后,党和国家高度重视国家安全工作,通过一系列重大举措巩固新生政权,巩固国防,不断推进社会主义改造和工业化、现代化建设,有力捍卫国家安全。改革开放以来,党和国家把维护国家安全和社会安定作为一项基础性工作来抓,为改革开放和社会主义现代化建设营造了良好安全环境。进入新时代,我国面临更为严峻的国家安全形势,外部压力前所未有,传统安全威胁和非传统安全威胁相互交织,"黑天鹅"事件和"灰犀牛"事件时有发生,国家安全工作在党和国家事业全局中的重要性进一步提升。习近平指出,党的十八届三中全会决定成立国家安全委员会,是推进国家治理体系和治理能力现代化、实现国家长治久安的迫切要求,是全面建成小康社会、实现中华民族伟大复兴中国梦的重要保障,目的就是更好地适应我国国家安全面临的新形势、新任务,建立集中统一、高效权威的国家安全体制,加强对国家安全工作的领导。

国家安全工作在中央国家安全委员会统一部署下,坚决贯彻落实总体国家安全观。我国对内对外国家安全工作实践的突飞猛进对国家安全学术研究和学科发展提出迫切要求。与法学、政治学、经济学、社会学等传统学科相比,国家安全学学科发展相对滞后,相关研究长期分散在其他学科领域,未能形成独立的理论体系、话语体系和学科体系。全面贯彻落实总体国家安全观,要求建立与之相匹配的国家安全理论体系、话语体系和学科体系。2018年以来,教育部在试点基础上不断推进国家安全学学科建设。2021年,国务院学位委员会、教育部在交叉学科门类下正式设立国家安全学一级学科,标志着我国国家安全理论研究和学科建设迈入新的历史阶段。

一般认为,国家安全研究起源于 20 世纪六七十年代,是在反思"一战""二战"和思考"冷战"的基础上逐渐形成的一个特定研究领域,是对战略研究的延续和拓展。早期的国家安全研究受战略研究影响比较明显,研究议题较为狭窄,主要局限于政治安全、军事安全、国土安全等传统安全领域,相关研究成果也主要分布于政治学、军事学、国际关系学等传统学科之中。随着国家安全环境和形势变化,人们对国家安全的认识也不断深入,新兴安全领域如经济安全、金融安全、社会安全、文化安全、生态安全、生物安全、科技安全、网络安全、数字安全、人工智能安全、资源安全、粮食安全、核安全、海外利益安全、太空安全、深海安全、极地安全、公共卫生安全等不断出现。当前,在总体国家安全观指引下,我国国家安全体系日益扩大,国家安全领域不断拓展,国家安全任务日益复杂化和专业化,新时代呼唤新的国家安全学。

在 2017 年 2 月 17 日召开的国家安全工作座谈会上,习近平明确要求:"要加大对维护国家安全所需的物质、技术、装备、人才、法律、机制等保障方面的能力建设,更好适应国家安全工作需要。"国家安全工作特别是维护国家安全的专门工作，是对抗性、专业性、机密性极强的工作，从事这项专门工作的人员除具有坚定的政治立场、爱国主义精神外，还必须具备一定的专业知识和较强的专业能力。为此，《中华人民共和国国家安全法》规定，国家采取必要措施，招录、培养和管理国家安全工作专门人才和特殊人才。华东政法大学是中华人民共和国成立后创办的第一批社会主义高等政法院校。建校70年来，华政人遵循"笃行致知，明德崇法"的校训，发扬"逆境中崛起，忧患中奋进，辉煌中卓越"的精神，把学校建设成为一所以法学学科为主，兼有经济学、管理学、文学、工学等学科的办学特色鲜明的多科性应用研究型大学，被誉为"法学教育的东方明珠"。

依托法学、政治学等学科优势，华东政法大学多年来为我国政法战线、国家安全战线培养了一大批讲政治、懂法律、精外语的国家安全专业人才。进入新时代，华东政法大学在国家安全学术研究、智库研究、学科建设和人才培养上不断探索。2016年，华东政法大学整合校内多学科资源，组建成立中国法治战略研究中心。中心围绕法治中国、平安中国、美丽中国、科技强国、长三角一体化等国家重大战略持续开展学术与智库研究，积极发挥咨政建言和社会服务作用，取得了丰硕成果，先后获评"上海高校二类智库"和"上海市重点智库"。中心多位老师长期从事国家安全研究，发表了一系列高质量研究成果，为国家相关决策部门提供了许多有价值的智库专报。2020年，由我担任首席专家、上海市国家安全机关专门研究团队和我校中国法治战略研究中心的专门研究人员共同参与的国家社科基金重大项目"新时代国家安全法治的体系建设与实施措施研究"获批立项，阶段性成果已分别在《中国法学》《法学》《政治与法律》《光明日报》《中国社会科学报》等核心期刊报纸公开发表。同年，在上海市法学会的领导与支持下，上海市法学会国家安全法律研究会成立，并有组织地开展国家安全法律理论与实务研究活动，编辑出版了《国家安全比较研究》会刊。2021年，我校"十四五"规划将国家安全学一级学科列为"十四五"时期学科建设重点任务，明确由中国法治战略研究中心具体承担国家安全学一级学科培育任务。2022年2月，我校自主设置交叉学科"国家安全法学"获教育部备案通过。2023年，我校成立国家安全研究院，作为国家安全学和国家安全法学学科建设平台。2024年，我校在涉外法治专项博士中设置"涉外安全法治"方向。2025年，我校在法律博士中设置"新型犯罪治理与国家安全"方向。近年来，我校连续举办四届"华东政法大学国家安全·明珠论坛",围绕国家安全法治相关重大理论问题和重点实践问题展开研讨。未来,我校将不断拓展国家安全学二级学科布局,不断丰富国家安全学一级学科内涵,逐渐形成本硕博一体化人才培养体系,努力打造以国家安全法治为特色、覆盖各重点安全领域的国家安全科研智库品牌和人才培养高地。

长期以来,由于缺乏独立的国家安全学学科,我国从事国家安全教学科研的人员力量较为分散,研究成果相对也比较薄弱,很多领域缺少高质量的专著、译著和教材。鉴于此,我校联合北京大学出版社推出国家安全学系列丛书,希望对国家安全学理论创新、学科发展、人才培养起到一定推动作用。系列丛书由我担任总主编,我校发展规划处处长、学科建设办公室主任李翔教授担任执行主编,撰稿人均为我校长期研究国家安全理论的优秀中青年学者。系列丛书以习近平新时代中国特色社会主义思想为根本遵循,坚持总体国家安全观,着力阐述习近平法治思想,内容涉及国家安全学基础理论、国家安全战略、国家安全法治以及各重点安全领域等。目前,该系列丛书已有多部著作出版,有的还在写作之中,之后将陆续出版面世。

"安而不忘危,存而不忘亡,治而不忘乱。"当今世界正经历百年未有之大变局,新一轮科技革命和产业变革深入发展,国际力量对比深刻调整,国际经济政治格局复杂多变,单边主义、保护主义、霸权主义对世界和平与发展构成威胁,我国所面临的国家安全风险挑战日益严峻复杂。必须坚持总体国家安全观,坚持统筹发展和安全,深入推进国家安全理论研究和学科建设,夯实国家安全的理论基础、制度基础、人才基础。"不积跬步,无以至千里。"华东政法大学将以系列丛书的编著为依托,扎实推进国家安全学一级学科建设,大力培养能够胜任各安全领域工作的专门人才。由于我国国家安全学学科建设刚刚起步,相关研究成果较少,又缺少成熟的建设经验作为参考,加之作者研究能力与写作水平有限,系列丛书难免存在诸多不足之处,希望各位方家不吝赐教,我们将虚心听取,并逐步完善和努力提升系列丛书质量,为我国国家安全事业和国家安全学学科发展添砖加瓦。

是为序。

华东政法大学原校长、教授 叶青
2025 年 6 月 20 日于华政园

法律法规缩略语表

全称	简称
法律	
《中华人民共和国爱国主义教育法》	《爱国主义教育法》
《中华人民共和国安全生产法》	《安全生产法》
《中华人民共和国澳门特别行政区基本法》	《澳门基本法》
《中华人民共和国澳门特别行政区维护国家安全法》	《澳门国安法》
《中华人民共和国澳门特别行政区驻军法》	《澳门特别行政区驻军法》
《中华人民共和国保守国家秘密法》	《保守国家秘密法》
《中华人民共和国保险法》	《保险法》
《中华人民共和国兵役法》	《兵役法》
《中华人民共和国残疾人保障法》	《残疾人保障法》
《中华人民共和国草原法》	《草原法》
《中华人民共和国测绘法》	《测绘法》
《中华人民共和国城市房地产管理法》	《城市房地产管理法》
《中华人民共和国出境入境管理法》	《出境入境管理法》
《中华人民共和国出口管制法》	《出口管制法》
《中华人民共和国传染病防治法》	《传染病防治法》
《中华人民共和国促进科技成果转化法》	《促进科技成果转化法》
《中华人民共和国大气污染防治法》	《大气污染防治法》
《中华人民共和国地方各级人民代表大会和地方各级人民政府组织法》	《地方各级人民代表大会和地方各级人民政府组织法》
《中华人民共和国电力法》	《电力法》
《中华人民共和国电影产业促进法》	《电影产业促进法》
《中华人民共和国电子商务法》	《电子商务法》
《中华人民共和国动物防疫法》	《动物防疫法》
《中华人民共和国对外关系法》	《对外关系法》
《中华人民共和国对外贸易法》	《对外贸易法》
《中华人民共和国反不正当竞争法》	《反不正当竞争法》

(续表)

全称	简称
《中华人民共和国反电信网络诈骗法》	《反电信网络诈骗法》
《中华人民共和国反间谍法》	《反间谍法》
《中华人民共和国反恐怖主义法》	《反恐怖主义法》
《中华人民共和国反垄断法》	《反垄断法》
《中华人民共和国反外国制裁法》	《反外国制裁法》
《中华人民共和国反洗钱法》	《反洗钱法》
《中华人民共和国反有组织犯罪法》	《反有组织犯罪法》
《中华人民共和国防洪法》	《防洪法》
《中华人民共和国防沙治沙法》	《防沙治沙法》
《中华人民共和国防震减灾法》	《防震减灾法》
《中华人民共和国非物质文化遗产法》	《非物质文化遗产法》
《中华人民共和国妇女权益保障法》	《妇女权益保障法》
《中华人民共和国个人信息保护法》	《个人信息保护法》
《中华人民共和国各级人民代表大会常务委员会监督法》	《各级人民代表大会常务委员会监督法》
《中华人民共和国公共图书馆法》	《公共图书馆法》
《中华人民共和国公共文化服务保障法》	《公共文化服务保障法》
《中华人民共和国公务员法》	《公务员法》
《中华人民共和国公职人员政务处分法》	《公职人员政务处分法》
《中华人民共和国关税法》	《关税法》
《中华人民共和国国防动员法》	《国防动员法》
《中华人民共和国国防法》	《国防法》
《中华人民共和国国防交通法》	《国防交通法》
《中华人民共和国国防教育法》	《国防教育法》
《中华人民共和国国家安全法》	《国家安全法》
《中华人民共和国国家情报法》	《国家情报法》
《中华人民共和国国境卫生检疫法》	《国境卫生检疫法》
《中华人民共和国国务院组织法》	《国务院组织法》
《中华人民共和国海岛保护法》	《海岛保护法》
《中华人民共和国海关法》	《海关法》
《中华人民共和国海警法》	《海警法》
《中华人民共和国海上交通安全法》	《海上交通安全法》

(续表)

全称	简称
《中华人民共和国海洋环境保护法》	《海洋环境保护法》
《中华人民共和国海域使用管理法》	《海域使用管理法》
《中华人民共和国核安全法》	《核安全法》
《中华人民共和国环境保护法》	《环境保护法》
《中华人民共和国环境影响评价法》	《环境影响评价法》
《中华人民共和国集会游行示威法》	《集会游行示威法》
《中华人民共和国计量法》	《计量法》
《中华人民共和国监察法》	《监察法》
《中华人民共和国节约能源法》	《节约能源法》
《中华人民共和国戒严法》	《戒严法》
《中华人民共和国进出境动植物检疫法》	《进出境动植物检疫法》
《中华人民共和国进出口商品检验法》	《进出口商品检验法》
《中华人民共和国禁毒法》	《禁毒法》
《中华人民共和国境外非政府组织境内活动管理法》	《境外非政府组织境内活动管理法》
《中华人民共和国军人地位和权益保障法》	《军人地位和权益保障法》
《中华人民共和国军事设施保护法》	《军事设施保护法》
《中华人民共和国科学技术进步法》	《科学技术进步法》
《中华人民共和国科学技术普及法》	《科学技术普及法》
《中华人民共和国可再生能源法》	《可再生能源法》
《中华人民共和国矿产资源法》	《矿产资源法》
《中华人民共和国老年人权益保障法》	《老年人权益保障法》
《中华人民共和国立法法》	《立法法》
《中华人民共和国粮食安全保障法》	《粮食安全保障法》
《中华人民共和国领海及毗连区法》	《领海及毗连区法》
《中华人民共和国陆地国界法》	《陆地国界法》
《中华人民共和国煤炭法》	《煤炭法》
《中华人民共和国密码法》	《密码法》
《中华人民共和国民法典》	《民法典》
《中华人民共和国民法通则》	《民法通则》
《中华人民共和国民事诉讼法》	《民事诉讼法》
《中华人民共和国民用航空法》	《民用航空法》

(续表)

全称	简称
《中华人民共和国母婴保健法》	《母婴保健法》
《中华人民共和国能源法》	《能源法》
《中华人民共和国农业法》	《农业法》
《中华人民共和国枪支管理法》	《枪支管理法》
《中华人民共和国人民法院组织法》	《人民法院组织法》
《中华人民共和国人民防空法》	《人民防空法》
《中华人民共和国人民检察院组织法》	《人民检察院组织法》
《中华人民共和国人民警察法》	《人民警察法》
《中华人民共和国人民陪审员法》	《人民陪审员法》
《中华人民共和国人民武装警察法》	《人民武装警察法》
《中华人民共和国森林法》	《森林法》
《中华人民共和国涉外民事关系法律适用法》	《涉外民事关系法律适用法》
《中华人民共和国深海海底区域资源勘探开发法》	《深海海底区域资源勘探开发法》
《中华人民共和国审计法》	《审计法》
《中华人民共和国生物安全法》	《生物安全法》
《中华人民共和国石油天然气管道保护法》	《石油天然气管道保护法》
《中华人民共和国石油天然气管道保护法》	《石油天然气管道保护法》
《中华人民共和国食品安全法》	《食品安全法》
《中华人民共和国数据安全法》	《数据安全法》
《中华人民共和国水法》	《水法》
《中华人民共和国水土保持法》	《水土保持法》
《中华人民共和国水污染防治法》	《水污染防治法》
《中华人民共和国铁路法》	《铁路法》
《中华人民共和国统计法》	《统计法》
《中华人民共和国突发事件应对法》	《突发事件应对法》
《中华人民共和国土地管理法》	《土地管理法》
《中华人民共和国土壤污染防治法》	《土壤污染防治法》
《中华人民共和国退役军人保障法》	《退役军人保障法》
《中华人民共和国外商投资法》	《外商投资法》
《中华人民共和国外资企业法》	《外资企业法》
《中华人民共和国网络安全法》	《网络安全法》

(续表)

全称	简称
《中华人民共和国未成年人保护法》	《未成年人保护法》
《中华人民共和国文物保护法》	《文物保护法》
《中华人民共和国现役军官法》	《现役军官法》
《中华人民共和国宪法》	《宪法》
《中华人民共和国乡村振兴促进法》	《乡村振兴促进法》
《中华人民共和国香港特别行政区基本法》	《香港基本法》
《中华人民共和国香港特别行政区维护国家安全法》	《香港国安法》
《中华人民共和国香港特别行政区驻军法》	《香港特别行政区驻军法》
《中华人民共和国消防法》	《消防法》
《中华人民共和国刑法》	《刑法》
《中华人民共和国刑事诉讼法》	《刑事诉讼法》
《中华人民共和国行政处罚法》	《行政处罚法》
《中华人民共和国行政复议法》	《行政复议法》
《中华人民共和国行政强制法》	《行政强制法》
《中华人民共和国行政诉讼法》	《行政诉讼法》
《中华人民共和国行政许可法》	《行政许可法》
《中华人民共和国循环经济促进法》	《循环经济促进法》
《中华人民共和国药品安全法》	《药品安全法》
《中华人民共和国药品管理法》	《药品管理法》
《中华人民共和国野生动物保护法》	《野生动物保护法》
《中华人民共和国疫苗管理法》	《疫苗管理法》
《中华人民共和国引渡法》	《引渡法》
《中华人民共和国英雄烈士保护法》	《英雄烈士保护法》
《中华人民共和国邮政法》	《邮政法》
《中华人民共和国渔业法》	《渔业法》
《中华人民共和国预备役军官法》	《预备役军官法》
《中华人民共和国预算法》	《预算法》
《中华人民共和国长江保护法》	《长江保护法》
《中华人民共和国职业病防治法》	《职业病防治法》
《中华人民共和国治安管理处罚法》	《治安管理处罚法》
《中华人民共和国中国人民银行法》	《中国人民银行法》

(续表)

全称	简称
《中华人民共和国中外合资经营企业法》	《中外合资经营企业法》
《中华人民共和国中外合作经营企业法》	《中外合作经营企业法》
《中华人民共和国种子法》	《种子法》
《中华人民共和国驻外外交人员法》	《驻外外交人员法》
《中华人民共和国著作权法》	《著作权法》
《中华人民共和国专属经济区和大陆架法》	《专属经济区和大陆架法》
法规	
《中华人民共和国保守国家秘密法实施条例》	《保守国家秘密法实施条例》
《中华人民共和国保障措施条例》	《保障措施条例》
《中华人民共和国惩治反革命条例》	《惩治反革命条例》
《中华人民共和国电信条例》	《电信条例》
《中华人民共和国对外合作开采海洋石油资源条例》	《对外合作开采海洋石油资源条例》
《中华人民共和国对外合作开采陆上石油资源条例》	《对外合作开采陆上石油资源条例》
《中华人民共和国反补贴条例》	《反补贴条例》
《中华人民共和国反间谍法实施细则》	《反间谍法实施细则》
《中华人民共和国反倾销条例》	《反倾销条例》
《中华人民共和国飞行基本规则》	《飞行基本规则》
《中华人民共和国海关行政处罚实施条例》	《海关行政处罚实施条例》
《中华人民共和国航标条例》	《航标条例》
《中华人民共和国核材料管制条例》	《核材料管制条例》
《中华人民共和国核材料管制条例实施细则》	《核材料管制条例实施细则》
《中华人民共和国计算机信息网络国际联网管理暂行规定》	《计算机信息网络国际联网管理暂行规定》
《中华人民共和国计算机信息系统安全保护条例》	《计算机信息系统安全保护条例》
《中华人民共和国进出口关税条例》	《进出口关税条例》
《中华人民共和国民用航空安全保卫条例》	《民用航空安全保卫条例》
《中华人民共和国民用核设施安全监督管理条例》	《民用核设施安全监督管理条例》
《中华人民共和国母婴保健法实施办法》	《母婴保健法实施办法》

（续表）

全称	简称
《中华人民共和国全国人民代表大会常务委员会议事规则》	《全国人大常委会议事规则》
《中华人民共和国全国人民代表大会议事规则》	《全国人大议事规则》
《中华人民共和国人类遗传资源管理条例》	《人类遗传资源管理条例》
《中华人民共和国生物两用品及相关设备和技术出口管制条例》	《生物两用品及相关设备和技术出口管制条例》
《中华人民共和国外汇管理条例》	《外汇管理条例》
《中华人民共和国无线电管制规定》	《无线电管制规定》
《中华人民共和国行政复议法实施条例》	《行政复议法实施条例》
《中华人民共和国野生植物保护条例》	《野生植物保护条例》
《中华人民共和国政府信息公开条例》	《政府信息公开条例》
《中华人民共和国植物新品种保护条例》	《植物新品种保护条例》
《中华人民共和国专利法实施细则》	《专利法实施细则》

目 录

绪 论 …………………………………………………………… (1)
  第一节 国家安全法学的指导思想 ……………………………… (1)
  第二节 国家安全法学的研究范围 ……………………………… (7)
  第三节 国家安全法学的研究方法 ……………………………… (13)

第一章 国家安全法概说 ……………………………………… (18)
  第一节 我国国家安全法的历史 ………………………………… (18)
  第二节 国家安全法的性质与特征 ……………………………… (32)
  第三节 国家安全法的基本范畴 ………………………………… (40)

第二章 国家安全法的基本原则 ……………………………… (52)
  第一节 坚持中国共产党的领导 ………………………………… (52)
  第二节 法治原则 ………………………………………………… (57)
  第三节 统筹协调原则 …………………………………………… (66)
  第四节 预防为主、标本兼治原则 ……………………………… (75)
  第五节 专群结合原则 …………………………………………… (79)

第三章 国家安全法治体系 …………………………………… (83)
  第一节 国家安全法律规范体系 ………………………………… (83)
  第二节 国家安全法治实施体系 ………………………………… (88)
  第三节 国家安全法治监督体系 ………………………………… (93)
  第四节 国家安全法治保障体系 ………………………………… (97)
  第五节 国家安全党内法规体系 ………………………………… (101)

第四章 传统安全领域法 ……………………………………… (108)
  第一节 政治安全领域重要立法 ………………………………… (108)
  第二节 国土安全领域重要立法 ………………………………… (128)
  第三节 军事安全领域重要立法 ………………………………… (143)

第五章 非传统安全领域法 (154)
第一节 经济、金融、资源能源、粮食安全 (154)
第二节 文化、科技、网络、人工智能与数据安全 (165)
第三节 社会、生态、生物、海外利益安全 (178)
第四节 太空、深海、极地、核安全 (187)

第六章 国家安全法律职责 (198)
第一节 中央国家安全委员会职责 (198)
第二节 中央国家机关职责 (202)
第三节 地方国家机关职责 (215)
第四节 专门机关职责 (224)

第七章 公民、组织的义务和权利 (229)
第一节 公民维护国家安全的义务 (229)
第二节 组织维护国家安全的义务 (235)
第三节 公民和组织的权利 (244)

第八章 国家安全工作机制 (249)
第一节 国家安全重点领域工作协调机制 (250)
第二节 国家安全工作督促检查和责任追究机制 (254)
第三节 国家安全跨部门会商工作机制 (260)
第四节 国家安全协同联动机制 (264)
第五节 国家安全决策咨询机制 (268)

第九章 国家安全风险防控 (271)
第一节 国家安全风险监测 (271)
第二节 国家安全风险评估 (277)
第三节 国家安全风险预警 (283)
第四节 国家安全风险防范 (287)
第五节 国家安全危机管控 (293)

第十章 国家安全执法 (299)
第一节 国家安全行政许可 (299)
第二节 国家安全行政强制 (308)
第三节 国家安全行政处罚 (316)
第四节 国家安全行政复议 (325)

第十一章　国家安全司法 ………………………………… (334)
第一节　国家安全行政诉讼 …………………………… (334)
第二节　国家安全刑事诉讼 …………………………… (342)
第三节　国家安全公益诉讼 …………………………… (354)

第十二章　特区国家安全法 ……………………………… (364)
第一节　香港国家安全法 ……………………………… (364)
第二节　澳门国家安全法 ……………………………… (379)

第十三章　外国国家安全法 ……………………………… (384)
第一节　美国国家安全法治 …………………………… (384)
第二节　俄罗斯国家安全法治 ………………………… (392)
第三节　英国国家安全法治 …………………………… (396)
第四节　德国国家安全法治 …………………………… (400)
第五节　法国国家安全法治 …………………………… (404)
第六节　日本国家安全法治 …………………………… (408)

第十四章　涉外国家安全法治 …………………………… (412)
第一节　全球安全法治 ………………………………… (412)
第二节　区域安全法治 ………………………………… (428)
第三节　涉外国家安全法治 …………………………… (444)

第十五章　国家安全保障 ………………………………… (449)
第一节　国家安全的人才保障 ………………………… (449)
第二节　国家安全的财政保障 ………………………… (454)
第三节　国家安全的物质保障 ………………………… (458)
第四节　国家安全的科技保障 ………………………… (462)
第五节　国家安全的宣传教育 ………………………… (465)

第十六章　国家安全法律责任 …………………………… (469)
第一节　民事责任 ……………………………………… (469)
第二节　行政责任 ……………………………………… (474)
第三节　刑事责任 ……………………………………… (480)
第四节　党规责任 ……………………………………… (485)

后　记 ……………………………………………………… (493)

绪　　论

2023年2月,中共中央办公厅、国务院办公厅印发《关于加强新时代法学教育和法学理论研究的意见》,明确把国家安全法学纳入法学学科体系,作为法学一级学科下的独立二级学科。在此之前,在推进国家安全学一级学科建设的过程中,也有不少学者提出应把国家安全法学或国家安全法治作为国家安全学的二级学科或者三级学科方向。无论如何,国家安全法学作为一个重要的新兴交叉学科,近年来日益受到学界和实务界的高度关注和重视。其主要背景是世界进入新的动荡变革期,中国式现代化建设迈向新的历史阶段,如何更好维护和塑造国家安全,如何以新安全格局保障新发展格局,成为日益紧迫和重要的问题。其中,如何更好发挥法治固根本、稳预期、利长远的保障作用,如何更好运用法治思维和法治方式维护我国主权、安全和发展利益,成为一个亟待深入研究和系统推进的问题。

当前,我国国家安全法学教育和理论研究总体上还处于起步阶段,对于一些事关学科发展和人才培养的基础性问题尚未形成充分共识,对于国家安全法学的研究范围、研究方法等问题还处于探索阶段。不过,学界和实务界已经形成广泛共识的是,新形势下应深入贯彻总体国家安全观和习近平法治思想,加快更新国家安全观念和国家安全法治理念,面向新时代国家安全法治实践出现的新情况、提出的真问题,积极推进原创性研究,不断把国家安全法学学科建设和人才培养推向深入。

第一节　国家安全法学的指导思想

新时代国家安全法学所立足的历史方位是"新时代",空间方位是"世界中的中国",基本目标是构建与我国大国地位、大国安全和大国国家利益相匹配的国家安全法学自主知识体系。为此,必须坚持科学理论指导,站稳中国立场,确保理论研究、学科建设和人才培养的正确方向。概言之,构建新时代国家安全法学必须坚持总体国家安全观和习近平法治思想,推进总体国家安全观、习近平法治思想与习近平关于政治、军事、外交、经济、金融、社会、文化、科技、生态等重点领域思想的深度融合,探索构建与新时代国家安全工作和国家安全法治实践相契合的国家安全法治理论,为新时代国家安全法学提供思想指南。

一、以总体国家安全观为指引构筑国家安全法学理论根基

国家安全法学是以国家安全法和国家安全法治实践活动为研究对象的社会科学。总体国家安全观内涵丰富,思想深邃,是一个系统完整、逻辑严密、相互贯通的科学理论体系,推动中国特色国家安全理论和实践实现历史性飞跃。[1] 总体国家安全观以前所未有的高度和视野定义国家安全,推动国家安全理论体系、话语体系、要素体系、组织体系、法律制度体系等发生革命性变革,从而使具有新时代特征的、现代意义上的国家安全法学成为可能。总体国家安全观的贯彻实施也对新时代国家安全法学提出迫切要求:必须彻底摆脱传统安全观念的束缚和影响,在新的国家安全观念、理论、原则、思维方法和概念体系的基础上构筑新的国家安全法学基础理论,重述我国国家安全法治发展史。

作为一种原创性理论,总体国家安全观建立在对国家安全内涵、问题、事项、任务、治理模式等的全新认知上。2014年,习近平在正式提出总体国家安全观时特别指出,"当前我国国家安全内涵和外延比历史上任何时候都要丰富,时空领域比历史上任何时候都要宽广,内外因素比历史上任何时候都要复杂"[2]。2015年颁布的《国家安全法》确立总体国家安全观在我国国家安全工作中的指导思想地位,首次在法律上对国家安全作出定义,即"国家政权、主权、统一和领土完整、人民福祉、经济社会可持续发展和国家其他重大利益相对处于没有危险和不受内外威胁的状态,以及保障持续安全状态的能力"。这一定义极大地丰富了国家安全的内涵和外延,带来国家安全法律关系、法律制度体系和法治实践的深刻变革。

总体国家安全观的提出在我国国家安全法治发展史上具有里程碑意义。

---

[1] 中共中央宣传部、中央国家安全委员会办公室编:《总体国家安全观学习纲要》,学习出版社、人民出版社2022年版,第4—8页。
[2] 中共中央党史和文献研究院编:《习近平关于总体国家安全观论述摘编》,中央文献出版社2018年版,第4页。

在此之前,我国主要是在传统安全观的指导下认识和推进国家安全法治建设,所取得的成果也主要集中在传统安全领域。总体国家安全观提出后,党和国家开始对国家安全法治体系和工作格局进行大力拓展。2013 年,党中央明确,新成立的中央国家安全委员会(以下简称"中央国安委")主要职责之一就是"推进国家安全法治建设"。① 2015 年 1 月,中共中央政治局会议审议通过我国历史上首份《国家安全战略纲要》,强调"把法治贯穿于维护国家安全的全过程"。2015 年《国家安全法》在法律上明确规定,中央国安委的四项职责之一是"推动国家安全法治建设"。2019 年《密码法》规定密码工作坚持总体国家安全观,中央密码工作领导机构承担"推进国家密码法治建设"的职责。2024 年修订通过的《保守国家秘密法》规定保密工作坚持总体国家安全观,中央保密工作领导机构承担"推动国家保密法治建设"的职责。与很多领域的法治建设不同,新时代国家安全法治建设拥有两大指导思想(总体国家安全观、习近平法治思想),以及多个中央决策和议事协调机构(中央国安委、中央全面依法治国委员会、中央保密委员会、中央密码工作领导小组等)的思想和组织保障,凸显出党和国家对国家安全法治建设的高度重视以及对其规律性的深刻认识。纵观我国国家安全法治发展历程,中央国安委成立以及总体国家安全观提出后,我国国家安全法治建设跑出了前所未有的"加速度"。

总体国家安全观内涵极为丰富,其核心要义包括"五大要素""五对关系""十个坚持"和"五个统筹"。② 学界普遍认为,理解总体国家安全观的关键在于准确把握"总体"二字的丰富内涵。冯维江、张宇燕认为,总体国家安全观凝练的"总体"属性使其拥有了有别于其他国家安全思想和理论的哲学气质,"总体"二字包含了作为世界观的总体、作为知识论的总体和作为方法论的总体等多重维度。③ 刘跃进认为,总体国家安全观至少是五个"总体"的统一。④ 张海波认为,党的二十大报告以国家安全统领公共安全和社会安全,形成对横向划分二十多个重点安全领域的重要补充,更加多维地呈现了我国国家安

---

① 习近平:《关于〈中共中央关于全面深化改革若干重大问题的决定〉的说明》,载《人民日报》2013 年 11 月 16 日第 1 版。
② 董春岭:《系统思维视域下的总体国家安全观》,载《国家安全研究》2022 年第 4 期。
③ 冯维江、张宇燕:《新时代国家安全学——思想渊源、实践基础和理论逻辑》,载《世界经济与政治》2019 年第 4 期。
④ 刘跃进:《论总体国家安全观的五个"总体"》,载《人民论坛·学术前沿》2014 年第 11 期。

全问题的复杂结构,更加凸显了总体国家安全观的"总体"精髓。①

基于对总体国家安全观的深入理论阐释,新时代国家安全法学应着眼回答以下重大基础性问题:第一,鉴于总体国家安全观和新时代国家安全工作的战略性、系统性、宽广性、纵深性、复杂性、开放性等特征,是否有必要以及是否有可能发展出一门相对独立的国家安全法学学科,对其中涉及的大量立法和法治实践活动进行整体性、体系化研究?第二,能否通过对总体国家安全观的学理化阐释和学术化表达,发展出富有中国特色的国家安全法学概念体系、基本原理、基本原则等,构建自主的国家安全法学基础理论?第三,怎样合理划分国家安全与公共安全的边界,以及二十多个重点领域国家安全工作与常规工作的边界,从而使国家安全法学具有较为明确的研究对象和较为合理的研究范围,处理好国家安全法学与其他部门法学、领域法学的关系?

二、以习近平法治思想为指引构建国家安全法学基本知识图谱

党的十八大以来,以习近平同志为核心的党中央全面推进依法治国,创造性发展完善中国特色社会主义法治理论,创立了习近平法治思想。习近平法治思想"是马克思主义中国化的最新成果,是21世纪马克思主义法治思想,是全面依法治国的根本遵循和行动指南,标志着马克思主义法治思想的新飞跃"②。习近平法治思想内涵丰富、逻辑严密、论述深刻、体系完备,全面阐述了全面依法治国的重大意义、政治方向、工作布局、重点任务、重大关系和重要保障。③ 国家安全法治与全面依法治国是部分与整体、局部与全局、特殊与一般的关系,是全面依法治国基本方略和总体布局的"国家安全篇",在习近平法治思想中占有重要地位。

进入新时代以来,党中央在谋划全面依法治国工作时,对国家安全法治建设给予特别重视。2014年10月,《中共中央关于全面推进依法治国若干重大问题的决定》明确提出,"贯彻落实总体国家安全观,加快国家安全法治建设,抓紧出台反恐怖等一批急需法律,推进公共安全法治化,构建国家安全法律制度体系。"2020年11月,习近平在首次中央全面依法治国工作会议上强

---

① 张海波:《中国自主的国家安全学知识体系:一个总体性框架》,载《国家安全研究》2023年第1期。
② 陈一新:《习近平法治思想是马克思主义中国化最新成果》,载《人民日报》2020年12月30日第10版。
③ 张文显:《习近平法治思想的基本精神和核心要义》,载《东方法学》2021年第1期。

调,"要积极推进国家安全、科技创新、公共卫生、生物安全、生态文明、防范风险、涉外法治等重要领域立法"①。2021年1月,中共中央印发《法治中国建设规划(2020—2025年)》,要求"加强国家安全领域立法"。2022年10月,党的二十大报告要求,"全面推进国家各方面工作法治化""完善国家安全法治体系"②。进入新时代十年多来,"以2015年公布并施行的国家安全法为统领,20余部国家安全专门立法接连出台,110余部含有国家安全条款的法律法规相继制定修订,中国特色国家安全法律制度体系加速构建形成,为有效维护国家安全提供了坚强法治保障"③。

我国全面依法治国的总目标是建设中国特色社会主义法治体系,建设社会主义法治国家。国家安全法治体系是中国特色社会主义法治体系的重要组成部分,也是国家安全法学知识体系的核心内容。张文显认为,"中国特色社会主义法治体系"是习近平法治思想中最具代表性统领性的核心概念,基于这一概念形成的"法治体系论"范式,将引领新时代中国特色法学理论的创新发展和法学方法论革命。④ 对于国家安全法学这一新兴交叉学科而言,与"权利本位""法教义学""法社会学""现代化""全球化"等研究范式相比,"法治体系论"范式在构建学科知识体系上具有全局性、总领性的指导意义。

具体而言,当前应重点运用"法治体系论"范式,并结合"法教义学"等研究范式,加快推进两方面的研究,形成国家安全法学的基本知识图谱。一是要基于"法治体系论"研究范式推进国家安全法理学、法治学和法律学研究,形成国家安全法学学术体系的总体布局;二是要立足总体国家安全观提出的二十多个重点安全领域,围绕法治体系五要素(法律规范体系、法治实施体系、法治监督体系、法治保障体系、党内法规体系),综合运用"法治体系论""法教义学""法社会学"等研究范式,全面推进各重点安全领域法治体系研究,形成政治安全法学、经济安全法学、社会安全法学、文化安全法学、生态安全法学、涉外安全法学等学科分支方向。

---

① 习近平:《坚定不移走中国特色社会主义法治道路 为全面建设社会主义现代化国家提供有力法治保障》,载《求是》2021年第5期。
② 习近平:《高举中国特色社会主义伟大旗帜,为全面建设社会主义现代化国家而团结奋斗——在中国共产党第二十次全国代表大会上的报告》,人民出版社2022年版,第40、52、53页。
③ 陈一新:《认真学习贯彻〈反间谍法〉全面提升国家安全工作法治化水平》,载《民主与法制》周刊2023年第25期。
④ 张文显:《在新的历史起点上推进中国特色法学体系构建》,载《中国社会科学》2019年第10期。

三、以系统思维融通习近平新时代中国特色社会主义思想的"法治篇""国家安全篇"和其他篇章

习近平新时代中国特色社会主义思想是一个系统完整的思想理论体系，习近平法治思想和总体国家安全观是其中的"法治篇"和"国家安全篇"，除此之外还包括"政治篇""军事篇""外交篇""经济篇""社会篇""文化篇""生态篇""党建篇"等重要篇章。由于总体国家安全观的"总体性"特征和习近平法治思想的"全面性"特征，新时代国家安全工作和法治工作与政治、军事、经济、社会、文化、生态、党的建设等重点领域工作呈现出相互嵌套、复杂交织的关系。基于这种客观事实，国家安全学研究者提出"横切延伸性"概念，寻求划定国家安全学的研究领域，协调国家安全学与相关学科之间的关系。"横切延伸性"概念的核心要义是主张国家安全问题通常是衍生的而不是源生的，国家安全问题的源头往往来自政治、军事、经济、社会、文化、生态、党的建设等各个领域，由此，"以危险和威胁为边界横切政治、经济、文化、社会和信息等领域，就形成独特的横切延伸断面，这个横切延伸断面就是国家安全学学科的研究领域"[1]。在实践意义上，"横切延伸性"概念既强调国家安全工作的独立性，也准确认识到其与政治、经济、文化等各领域常规工作的深刻关联。

目前，法学研究者在阐释和构建习近平国家安全法治理论时，主要依托总体国家安全观和习近平法治思想两方面理论资源[2]。但是，从"横切延伸性"概念所揭示的国家安全工作与各领域常规工作的源流关系来说，仅仅立足总体国家安全观和习近平法治思想构建国家安全法治理论是不够的。国家安全问题的衍生性特征要求对各领域常规工作和国家安全工作进行整体性、贯通性的认识和把握。由此，需要坚持系统观念，推进总体国家安全观、习近平法治思想与习近平关于政治、军事、外交、经济、社会、文化、科技等其他领域重要思想理论的深度交融。尤其是在重点安全领域法治建设相关研究方面，必须建立在对各领域常规工作和国家安全工作两个层次的知识理论的全面把握基础上。

---

[1] 李文良:《国家安全：问题、逻辑及其学科建设》，载《国际安全研究》2020年第4期。
[2] 蔡宝刚:《论习近平法治思想中的国家安全法治理论》，载《法学》2022年第1期；彭新林:《论习近平国家安全法治理论》，载《武汉大学学报（哲学社会科学版）》2022年第5期。

第二节　国家安全法学的研究范围

在总体国家安全观和习近平法治思想指引下,我国国家安全法治体系完善,国家安全法治实践领域日益宽广。构建与之相匹配的国家安全法学,需要以总体国家安全观和习近平法治思想为指导,形成涵盖基础理论研究、贯通性研究和重点领域研究的次级学科群。

一、基础理论研究

1. 国家安全法理学

作为新兴交叉学科的国家安全法学存在基础理论薄弱的突出问题,主要表现为尚未提出具有标识性、得到广泛认可的学理性概念,缺少对国家安全法基本原理、基本原则等基础性问题的深入研究等。总体国家安全观和习近平法治思想为构建新时代国家安全法学基础理论奠定了深厚理论根基,也提出了迫切要求。总体国家安全观中所蕴含的理念、概念、原则、政策、方针、举措等,需要通过合乎法治逻辑的创造性转化才能作为国家安全法学的概念和理论要素。"法治体系论""法教义学"等研究范式为构建新时代国家安全法理学提供了具有可操作性的理论工具。当前,应重视加强对国家安全法学研究对象、研究范围、基本范畴、基本原理、基本原则、研究方法等的基础理论研究,奠定学科发展的理论根基。在具体议题上,应深化对宪法与国家安全法、党章与国家安全法、国际法与国家安全法、行政法与国家安全法、刑事法与国家安全法等的关系的研究,以及总体国家安全观提出前后各种法律法规中国家安全概念的差异与协调的研究。此外,应加强对域外国家安全法治理论研究成果的引介,推进国家安全法治的比较研究,[①]在比较中构建自主的国家安全法学知识体系。

2. 国家安全法史学

立足"新时代中国"这个时空方位,为了深化对我国国家安全现代化和法治化的来路与去向的理解,需要以总体国家安全观和习近平法治思想所蕴含的史学眼光,对我国国家安全法治发展史进行回眸和重述。近年来,相关研

---

① Nadav Morag, Comparative Homeland Security: Global Lessons, John Wiley & Sons, 2018.

究虽取得一些进展,但是,无论是对我国国家安全法治史的起点、阶段划分,以及重点安全领域法治发展史的研究上,都还存在重大分歧和明显不足。例如,对于我国国家安全法治史的起点问题,有的主张始于1949年,有的主张始于1978年;关于发展阶段的划分也存在"三阶段论""四阶段论"等不同观点,而且对关键时间节点的认识也存在较大差异。[①] 关于重点安全领域法治发展史的研究目前总体上还处于起步阶段。尤为值得重视的是,受到西方安全研究关于传统安全与非传统安全分类法的误导,很多人想当然地认为中华人民共和国成立初期,我国的国家安全法治实践集中于政治、军事安全即所谓"传统安全"领域,导致对当时我国为应对战后经济金融危机、粮食危机等而制定的大量党内法规、政府政令、重大施政举措等"活的法律"[②]的整体性无视。推进国家安全法史学研究、深入挖掘传统中国国家安全法治资源、重述以人民安全为宗旨的国家安全法治发展道路,对构建国家安全法学自主知识体系具有重要意义。

二、贯通性领域研究

国家安全决策、情报、行政、司法、应急、监督等工作贯穿于所有重点安全领域,遵循着类似的工作原理,可以开展专门研究,形成国家安全决策法学、国家安全情报法学、国家安全行政法学、国家安全司法学、国家安全应急法学、国家安全监督法学等分支方向。其中,国家安全决策法学、国家安全情报法学、国家安全应急法学属于国家安全法学的特色领域,当前应作为重点研究方向。

1. 国家安全决策法学

决策工作在所有国家安全工作中居于最核心、最关键的地位。尤其是在涉及党、国家和人民根本利益、核心利益的重大事项和紧要关头,能否作出正确决策在根本上决定着国家安全工作的方向和成效。在安全化理论中,决策

[①] 肖君拥、张志朋:《中国国家安全法治研究四十年:回眸与展望》,载《国际安全研究》2019年第1期;杨宗科、张永林:《中国特色国家安全法治道路七十年探索:历程与经验》,载《现代法学》2019年第3期;马方、田博博:《健全国家安全法律制度体系的路径研究》,载《西南政法大学学报》2022年第4期。

[②] 〔奥〕尤根·埃利希:《法律社会学基本原理》,叶名怡、袁震译,中国社会科学出版社2009年版,第35页。

是推动有关议题"安全化"或"去安全化"的关键步骤。① 总体国家安全观高度重视国家安全决策工作,构建起以中央国安委为核心的国家安全领导和决策体系。在总体国家安全观指导下,党中央先后于2018年、2021年出台《党委(党组)国家安全责任制规定》《中国共产党领导国家安全工作条例》等党内法规,从制度上加强和完善党对国家安全工作的绝对领导,完善国家安全决策制度。② 2015年《国家安全法》在法律上确立中央国安委在国家安全工作中的领导和决策地位,并对国家安全决策的一般制度以及事关战争和紧急状态的重大决策作出规定。贯彻总体国家安全观和国家安全法律法规,在真实的国家安全法治实践中,我国形成了丰富的国家安全决策法治经验,涵盖战略决策、政策决策、立法决策、具体决策等不同决策层次,以及决策程序性要求、决策咨询制度、重大决策风险评估制度等重要制度。在具体法治实践中,国家安全决策工作贯穿各重点安全领域,彰显我国权力运行的基本特点。党中央、中央国安委作为国家安全工作的核心决策主体,在国家安全决策法学中理应居于核心地位,相应的,相关党内法规也应成为国家安全决策法学所要研究的重要法律渊源。深化国家安全决策法学研究对构建国家安全法学自主知识体系具有重要意义。西方的国家理论由于把政党排除在国家范畴以外,把国家权力分为立法权、行政权和司法权,不符合我国权力运行的实际,不能从理论上回答为何要把维护政治安全尤其是政权安全置于根本和首要位置,也不能解释为什么要把党中央、中央国安委作为核心决策主体。近年来,区别于西方"政治性分权"的"功能性分权"理论试图构建一种符合我国实际的国家权力理论。"功能性分权"理论把国家权力分为决策权、执行权和监督权三种,其中决策权居于核心作用。"各级党委与同级人大在实践中客观上形成了决策结构。在决策过程中,党委往往行使决策创议权,人大行使决策审议权,二者构成了决策的协同和制约关系。"③ 从我国国家安全法治建设的实际情况来看,功能性分权理论可以作为构建国家安全决策法学的重要理论资源。

一般来说,国家安全决策工作涉及决策主体、决策事项、决策行为、决策

---

① 朱宁:《安全化与非安全化——哥本哈根学派安全研究》,载《世界经济与政治》2003年第10期。
② 陈文清:《牢固树立和践行总体国家安全观 谱写新时代国家安全新篇章》,载《求是》2022年第8期。
③ 陈国权、黄甫鑫:《广义政府及其功能性分权》,载《政治学研究》2022年第4期。

程序、决策制度、决策保障等,国家安全决策法学研究应涵盖这些主要方面。从性质上来说,国家安全决策是指事关国家根本利益、核心利益和重大利益的决策,对决策的科学性、周密性、及时性、保密性等往往有着更高要求。国家安全决策可以分为常态决策和非常态决策。在常规情形下,国家安全决策(尤其是国家安全战略决策、立法决策)在国家安全工作全局中往往具有重要性、全局性、长远性意义。而在国家遭遇敌国或对手突然袭击,[①]或国家发生重特大突发事件等非常情形下,有关战与和、斗争与合作、是否进入紧急状态或应急状态、是否进行全国总动员或局部动员等的紧急决策在防范应对国家安全重大危机上往往发挥着决定性作用。

由此可见,决策工作是国家安全工作的核心工作,国家安全决策能力是国家安全工作的核心能力。国家安全决策事关国家安全工作全局和重点安全领域工作,涉及大量的部门间关系协调和制度机制建设。各主要国家高度重视国家安全决策体制机制建设及其法治保障。1947年《美国国家安全法》创设国家安全委员会这一决策机构,并对相关机构职责和关系作出明确规定。我国2015年《国家安全法》规定,中央国安委承担"研究制定、指导实施国家安全战略和有关重大方针政策,统筹协调国家安全重大事项和重要工作,推动国家安全法治建设"职责。除了中央国安委,在真实的国家安全法治实践中,还包括不同层次、更加多元的决策主体。围绕国家安全决策主体、决策行为、决策情报信息、决策咨询、重大决策风险评估、紧急状态决策、决策公共参与、决策监督等主要议题构建国家安全决策法学,保障和规范国家安全决策权的行使,是新时代国家安全法学的重要任务。

2. 国家安全情报法学

国家安全情报工作经常被认为是维护国家安全的"第一道防线"。其基本任务是为国家安全最高决策者和其他国家安全行为主体提供情报信息,支持开展各方面国家安全工作。在西方,广义的国家安全情报工作涵盖情报搜集、情报分析、反情报以及秘密行动等。[②] 20世纪50年代以来,随着西方有关国家安全情报研究的兴起,保障和规制情报活动的相关法律亦成为该领域的重点研究内容之一。特别是在美国"9·11"事件之后,随着美国国家情报体

---

① 〔以〕伊弗雷姆·卡姆:《突然袭击:被袭击国的视角》,王静、朱里克译,金城出版社2018年版,第78页。

② 〔美〕洛克·约翰逊:《国家安全情报》,李岩译,金城出版社2020年版,第17页。

制改革的推进以及相关法律制度体系的变革,情报法相关研究更加深入,围绕国家安全情报的法律概念,国家安全情报与执法情报、军事情报、境外情报的关系,以及国家安全情报与国家安全政策之间的关系等产生大量研究成果。①

在我国,对国家安全情报的认识有广义和狭义之分。狭义观点基于传统国家安全观,将国家安全情报定义为"国家安全机关以维护国家政权安全为核心的认知对抗活动"。② 与之不同,广义观点基于总体国家安全观,对国家安全情报同样持广义立场,涵盖更多的情报工作主体和情报类型。随着《国家情报法》以及相关法律法规的制定和实施,我国情报学界日益认识到情报法治建设的重要性,对推进情报法学研究提出初步的设想和主张。③ 与此同时,法学界有关情报法学的研究还较为滞后和薄弱。即使是2017年《国家情报法》施行后,相关法学论著仍较为罕见,整体上处于"冷学"状态。④

鉴于情报工作在国家安全工作中的重要地位和基础性作用,新时代国家安全法学理应重视和加大国家安全情报法治研究,构建国家安全情报法学分支学科。当前,构建国家安全情报法学已经具有坚实的法治实践基础。基于总体国家安全观,对国家安全情报概念的认识应秉持广义立场。从广义角度来说,国家安全情报既包括秘密情报,也包括公开情报;既包括进攻性情报,也包括防御性情报或反情报(反间谍、保密);既包括政治、军事、国土等传统安全情报,也包括经济、金融、科技、生物、反恐等非传统和新兴安全领域情报;从主体角度来说,既包括《国家情报法》明确规定的国家情报工作机构,也包括其他承担情报职责的国家机构以及社会情报机构。基于这种广义的国家安全情报观,当前我国国家安全情报领域的法律制度体系事实上已经较为完备,包括《国家情报法》《反间谍法》《保守国家秘密法》《反恐怖主义法》《反有组织犯罪法》《反洗钱法》《反不正当竞争法》《刑法》,以及《中国共产党党务公开条例(试行)》《政府信息公开条例》等。国家安全情报工作贯穿各重点安全领域,国家安全情报法学所取得的研究成果对开展各重点安全领域情报法治建设和研究具有基础性意义。

---

① Todd Masse, Homeland Security Intelligence: Perceptions, Statutory Definitions, and Approaches, Congressional Research Service, Library of Congress, 2006, pp. 5-9.
② 赵冰峰:《情报学:服务国家安全与发展的现代情报理论》,金城出版社2018年版,第247页。
③ 谢晓专、周晓英:《国家安全情报理论的本土探索(1999—2019):功能范式主导的情报学》,载《中国图书馆学报》2021年第3期。
④ 廉睿等:《后〈国家情报法〉时代的国家安全情报法律体系建设》,载《情报杂志》2021年第9期。

3. 国家安全应急法学

国家安全工作有常规工作和非常规工作。党的二十大报告把完善国家应急管理体系作为推进国家安全体系和能力现代化的重要内容。在我国国家安全法律制度体系中,《宪法》《国家安全法》《突发事件应对法》《戒严法》《国防动员法》《传染病防治法》《生物安全法》《网络安全法》《防震减灾法》《人民警察法》《人民武装警察法》《海警法》《反恐怖主义法》《刑法》《行政强制法》《无线电管制规定》等法律法规为我国国家安全应急工作建立了基本法律框架。

与一般的应急法学相比,国家安全应急法学重点关注涉及国家根本利益、核心利益、重大利益的重特大危机事件和突发事件,尤其是涉外重特大危机事件和突发事件,例如战争、军事冲突、领土争端、干涉、制裁等。目前,在《突发事件应对法》这一应急管理领域基本法中,没有对一般层面的突发事件和国家安全层面的突发事件作出严格区分。基于对两类突发事件不同性质和特点的认识,有学者建议把《突发事件应对法》拆解为"应急管理法"和"紧急状态法",在此基础上完善我国国家紧急法制体系。① 基于这种理论认识,国家安全应急法大体上对应于紧急状态法。不过,从国家安全问题尤其是重大突发事件的衍生性特点来看,即便是对应急法制和紧急法制作出合理区分以后,国家安全法学研究也应以贯通性眼光,系统思考常规状态、应急状态和紧急状态的国家安全工作。

相比于法学,应急管理研究更加注重以一种过程性、贯通性视角思考应急管理问题。例如,基于全过程管理和全员参与理念,钟开斌对我国应急管理体系的优化完善提出关口前移、重心下移、主体外移的政策主张。② 张海波提出一种以公共安全为目标的广义应急管理理论,在这一理论框架中,广义的应急管理或公共安全治理过程涵盖了风险治理、应急管理和危机治理三个阶段。③ 从广义应急管理角度来说,国家安全应急法学应以紧急状态应对和重大危机治理为核心研究内容,并基于国家安全问题的衍生特征适当将研究领域向风险治理和应急管理环节延伸。在具体实践中,由于重特大突发事件

---

① 林鸿潮、孔梁成:《论我国紧急状态法制的重构——从反思〈突发事件应对法〉切入》,载《上海大学学报(社会科学版)》2020 年第 5 期。
② 钟开斌:《回顾与前瞻:中国应急管理体系建设》,载《政治学研究》2009 年第 1 期。
③ 张海波、童星:《广义应急管理的理论框架》,载童星、张海波主编:《风险灾害危机研究》(第 8 辑),社会科学文献出版社 2018 年版,第 7—17 页。

和危机事件可能发生在各个重点安全领域,国家安全应急法学研究也具有贯通性特点,能够适用于各安全领域应急法治工作。

三、重点安全领域研究

党的十八大以来,在总体国家安全观指导下,我国国家安全领域不断拓展,形成政治、军事、国土、经济、金融、社会、文化、生态、科技、能源、资源、粮食、网络、数据、生物、海洋、太空、基地、深海、海外利益、人工智能等重点安全领域。而且,随着国家利益、危安因素和国家能力的变化,重点安全领域还可能进一步细分和拓展。在总体国家安全观指引下,近年来各重点安全领域法治建设取得长足进展,形成较为完善的国家安全法律制度体系,有的重点安全领域已经制定了专门法律,例如《网络安全法》《数据安全法》《生物安全法》《粮食安全保障法》等。目前,在我国法学教育和法学理论研究中,对国家安全法律制度体系和相关法治实践的教育教学和学术研究都还非常薄弱。例如,在法学本科专业必修课中基本上没有国家安全法方面的课程,研究生阶段设立国家安全法学学位点的高校也非常少。在法学研究中,对各重点安全领域的研究很不平衡,有的领域的研究相对较多,有的领域还处于起步甚至空白状态。

从服务新时代国家安全法治实践需求角度来说,当前亟须聚焦各重点安全领域,综合运用"法治体系论""法教义学"等研究范式,深化重点安全领域法治体系和法治实践研究。其中一项基础性的工作,就是在总体国家安全观和习近平法治思想指引下,对各重点安全领域的国家立法和党内法规进行系统整理,对各重点安全领域的法治化进程进行全面回顾和总结,在横向上逐步形成由二十多个分支领域构成的重点领域安全法学分支学科。

第三节 国家安全法学的研究方法

"一切研究之要务在于寻找到与其研究对象相适应的研究方法。"[①]构建合理科学的研究方法是推动国家安全法学发展的另外一个重要途径。对于现代科学而言,学术研究的目的在于对本学科现有的知识体量做出原创性贡

---

① 〔奥〕埃利希:《法社会学原理》,舒国滢译,中国大百科全书出版社2009年版,第8页。

献以促进其整体发展,研究方法则负责回答如何系统性地实现这一目的。[1] 近年来,国外法学界非常注重方法论研究,原因在于既可以回应来自法学内部学者所提出的法学研究过于封闭、无趣、缺乏原创性等批评,又可以在与其他学科竞争时明确阐述法学研究的科学性。[2] 在国内,各传统部门法学过去几年围绕法教义学和社科法学开展的种种探索标志着方法论意识在本土的觉醒。[3] 国家安全法学作为近年来快速兴起的法学新兴交叉学科,应高度重视研究范式和研究方法的选择与运用。具体来说,在构建国家安全法学的整体知识体系上,上文所述的"法治体系论"范式能够发挥重要作用。此外,在具体推进国家安全法学研究时,根据国家安全法律制度体系和法治实践的特点,应注重运用法教义学和跨学科研究方法。

一、法教义学方法

不论是在大陆法系还是英美法系国家,法教义学一直是法学研究的核心范式。国家安全法与其他传统部门法一样,涵盖庞大的实在法体系,需要借助法教义学方法加以检视,对关键概念、不同法律规范之间的关系进行阐释,构建理论通说,以服务国家安全法律规范性体系建设和法律实施。具体而言:

第一,法教义学的首要任务是厘清国家安全法律规范中的关键概念。法律解释是法教义学最具代表性的研究方法。例如,在刑法领域,该方法不但用于正确理解和适用个别刑法条文,还用于分析诸如因果关系与客观归责、正犯与共犯的区分、不作为犯的保证人地位等刑法典等法律规范中没有直接给出的概念。[4] 对于仍处于起步阶段的国家安全法学而言,最重要的法律概念亟待运用法律解释方法深入探究其内涵。例如,对于作为国家安全法学基石范畴的"国家安全"概念,从法律解释角度来说,需要在微观层面将"国家安全"置于政治安全、军事安全、国土安全、经济安全等关键领域的有关法律规范文本内进行体系解释,或者以历史的、社会学的、心理学的、经济学的、内在逻辑的视角进行说明性解释,以及考察立法者目的为手段的目的解释等,才

---

[1] C. R. Kothari, Research Methodology: Methods and Techniques, New Age International, 2004, p. 2.
[2] Jan M. Smits, The Mind and Method of the Legal Academic, Edward Elgar Publishing, 2012, p. 3.
[3] 焦宝乾:《我国部门法教义学研究述评》,载《法律方法》2016年第1期。
[4] 车浩:《法教义学与体系解释》,载《中国法律评论》2022年第4期。

能赋予国家安全最为全面丰富的学理定义。

第二,法教义学可以用于凝练和论证国家安全法基本原则。具体表现为两种形式:一种是概念性或分析性思考,另一种是规范性思考。第一种形式认为,概念性反思是对概念的澄清和对法律中所用概念的分析。[1] 比如,进一步阐述国家安全法文本自身体现的重要原则,将"坚持社会主义法治""尊重和保障人权""依法保护公民的权利和自由"等其他部门法吸纳的一般原则在本领域内进行语境化重构。另外一种方式是规范性思考,通过法律论证对某些国家安全法中的原则进行特定法律解释,此种方式强调的是支持该解释和方案的理由,并不局限于解释本身。例如,《国家安全法》第 83 条规定:"在国家安全工作中,需要采取限制公民权利和自由的特别措施时,应当依法进行,并以维护国家安全的实际需要为限度。"该条文所规定的内容与比例原则高度契合。国家安全法是否在立法上确立被称为"皇冠原则"或"帝王条款"的比例原则是推动整个领域基础理论发展的重要问题。在此,法教义学扮演的角色就是通过法律论证实现基础理论的重要突破。

第三,法教义学还可以用于服务国家安全相关立法活动。法教义学的进路中包含了逻辑推理,指的是即使法律在实践中并不总是合乎逻辑的,但从使法律系统化的角度来看,法律学说应该是完全合乎逻辑的。[2] 通过推理得出的法律学说对于立法实践有着重要意义。当前,我国国家安全法律制度体系虽然不断完善,但是在一些新兴安全领域还存在诸多立法空白或不完善之处。法教义学能够在实践基础上,从既有立法体系当中推导出缺失的法律规范、原则以及条文,为立法空白提供前瞻性的方向和建议,同时也有助于将新的立法整合入既有的法律体系当中。

二、跨学科研究方法

除了上述法教义学进路,国家安全法学在研究方法上还具有多学科和跨学科研究的现实需要。国家安全法学的一个重要特征是在横向上涉及多个关键安全领域,因此必须吸收其他学科的概念、理论以及实践知识。此种方

---

[1] Sanne Taekema and Wibren van der Burg, Legal Philosophy as an Enrichment of Doctrinal Research Part I: Introducing Three Philosophical Methods, Law and Method, January 2020, p. 3.

[2] Mark van Hoecke(ed.), Methodologies of Legal Research: Which Kind of Method for What Kind of Discipline? Hart Publishing, 2011, p. 9.

法论意识并非特例。在这一点上存在相似性的部门法是经济法学。研究表明,经济法学在发展过程中,在研究方法上极为重视与哲学、政治学、经济学理论的相互作用,并注重吸收运用系统分析、政策分析、博弈分析、成本收益分析等法学之外的研究技术,以及哲学、史学、社会学、经济学、生物学、数学、人类学等领域的价值与理念。[①] 国家安全法学吸收其他学科的研究方法,符合被称作知识分化的学科发展规律,[②]能够加快推动自身研究的丰富与繁荣,否则很难与其他发展成熟的部门法学相提并论。在起步阶段,国家安全法学应当重视法律哲学思考,对既有的法律规范体系进行系统思考,包括一般性的话题,比如,国家安全法和刑法的关系、行政法的关系,还包括对国家安全等基本概念的思考。

当然,仅仅吸收其他学科的具体知识不足以满足国家安全法学的发展需要,还应当基于具体的研究对象和研究问题,善于运用社会科学、数字方法等研究方法。比如,对于国家安全法学研究而言,仅从法教义学的角度分析《反恐怖主义法》第 5 条提出的"防范为主、惩防结合"的反恐策略,很难得出对实践有洞见的分析结论。与之不同,如果结合心理学研究范式,从对反恐怖主义犯罪的心理威慑角度出发,讨论心理学提出的犯罪威慑采取的"否认战略"和"重新融入惩罚战略",可以借此评估我国当前有关反恐的刑事惩罚措施和其他反恐手段的效果。[③] 再如,在国家安全法学研究中吸收数字方法也是丰富跨学科路径的重要途径。特别是近年来大数据、区块链、人工智能的技术发展,相应地带来了数字主权、数据权利、网络安全等国家安全问题。新技术的介入扭转、消解甚至颠覆了以往的安全治理模式,使危害国家安全的现象和法律问题较以往更加复杂。因此,国家安全法研究也要与时俱进,注重法学与新兴科技、人工智能等领域的深度交叉。正如有学者提出的,数字方法的应用要以法律规制的实现为议题、以数字技术为思考起点、以法学规范分析为核心、以法律方案和对策为落脚。[④]

---

① 尹亚军:《为什么是法教义学?——中国经济法学的方法论选择》,载《北大法律评论》(第 19 卷第 1 辑),北京大学出版社 2019 年版。
② 陈兴良:《法学知识的演进与分化——以社科法学与法教义学为视角》,载《中国法律评论》2021 年第 4 期。
③ Jeremy Ginges, Deterring the Terrorist: A Psychological Evaluation of Different Strategies for Deterring Terrorism, Terrorism and Political Violence, Vol. 9, No. 1, 1997, pp. 170 - 185.
④ 胡铭:《数字法学:定位、范畴与方法——兼论面向数智未来的法学教育》,载《政法论坛》2022 年第 3 期。

值得一提的是,国家安全法学的知识分化过程未来可能需要经历两个阶段。第一阶段为"多学科"阶段,指的是来自不同学科的学者各自独立研究国家安全领域的问题,研究成果互为补充。多学科研究发展成熟之后,将会进入"跨学科"阶段。目前国际上对跨学科研究较为权威的定义来自2004年美国国家科学院等发表的《促进跨学科研究》的报告,即"一种由团队或个人进行的研究模式,整合两个或两个以上学科或专业知识体系的信息、数据、技术、工具、观点、概念和/或理论,以推进对基本问题的理解,或解决超出单一学科或研究实践领域范围的问题。换句话说,跨学科研究不是独立工作,而是学科间的互动与合作"[①]。由此可见,跨学科研究是对多学科研究的升级,积极的结果是产生新的独立学科。从生物化学、纳米科学、神经科学等自然科学,再到与法学有关的法律经济学、法社会学等社会科学,皆为历史上之成功先例。

[①] National Academy of Sciences, National Academy of Engineering, and Institute of Medicine, Facilitating Interdisciplinary Research, The National Academies Press, 2005, p.2.

第一章 国家安全法概说

国家安全法是调整国家安全关系的法律规范的总称。这里所说的"国家安全关系",是指在国家安全互动中形成的主体之间以及主客体之间的关系。这种关系是广义社会关系之一种,其内涵和外延取决于对国家安全的认知。在总体国家安全观视域下,国家安全关系的内涵极为丰富,具体而言是指关涉国家核心利益和重大利益的关系,是在防范应对国家安全风险、危险、威胁、危机和开展国家安全各方面工作中形成的关系,是涵盖政治安全、军事安全、国土安全、经济安全、金融安全、文化安全、社会安全、科技安全、网络安全、粮食安全、生态安全、资源安全、核安全、海外利益安全、太空安全、深海安全、极地安全、生物安全、人工智能安全、数据安全等重点安全领域的关系。这里所说的"法律规范",既包括民事法律规范、行政法律规范、刑事法律规范,也包括军事法律规范、国际规约等;既包括国家法律,也包括党内法规,基于法律多元主义的立场,还包括与国家安全有关的社会规范、政治惯例、国际惯例等。这里所说的"总称",不仅是指各类国家安全法律规范的汇总,而且是指对相关法律规范进行系统集成形成的较为完备的国家安全法律规范体系。基于对国家安全法的这一界定,本章将从我国国家安全法的历史、国家安全法的性质与特征、国家安全法的基本范畴三个方面,对我国国家安全法进行简要概述。

第一节 我国国家安全法的历史

一、国家安全法的广义史观

国家安全法作为调整国家安全关系的法,其历史与国家安全的历史须臾不可分离。立足总体国家安全观的广义国家安全概念,应确立国家安全法的广义史观。在漫长的历史进程中,我国国家安全经历了深刻变迁,相应的,国家安全法也随之发生显著变化。《左传·昭公》曾用极为简洁的语言阐述传统中国法律与国家安全的关系:"夏有乱政,而作《禹刑》;商有乱政,而作《汤刑》;周有乱政,而作《九刑》;三辟之兴,皆叔世也。"①这里的"乱政",虽不能等同于现代意义上的国家安全,但无疑包含了我们当下所说的国家安全尤其是政治社会安全的重要方面,"刑"也包含了当下所说的国家安全法的一些重要内容。

应当注意的是,不能将传统中国的国家安全与"传统安全"画等号。时下国家安全研究的主流观点把国家安全分为"传统安全"和"非传统安全",认为传统安全主要包括政治安全、军事安全和国土安全,非传统安全则包括晚近以来逐渐出现的人的安全、经济安全、金融安全、社会安全、生态安全、能源安全、资源安全、粮食安全、网络安全、科技安全、生物安全、人工智能安全、数据安全等。这种分类方法对于认识两类国家安全具有帮助,但其本质上是一种国家安全认知而非客观事实。在真正的历史事实中,包括国家在内的任何共同体在任何时候,所面临的安全问题既有传统安全问题,也有所谓非传统安全问题,尤其是人的安全、经济安全、粮食安全、社会安全、生态安全等。正如刘跃进教授所说:"非传统的安全问题,在'非传统安全'一词出现之前,甚至在非传统的安全思想和概念出现之前,就已经存在了。"②

从客观事实而不是主观认知出发,我们可以发现,在传统中国,当时的统治者和政治社会精英对国家安全的关切,既包括时下所说的政治、军事、国土等传统安全问题,也包括粮食、经济、社会、文化、生态、公共卫生等非传统安全问题。例如,农业社会的统治集团深切懂得农业(粮食安全)的战略意义及其对于政治、经济、社会、文化的基础性作用。《商君书》有言:"国之所以兴者,农战也。""国待农战而安,主待农战而尊。""圣人知治国之要,故令民归心于农。"③《盐铁论》载:"故衣食者民之本,稼穑者民之务也。二者修,则国富而民安也。"④《汉书·食货志第四上》称:"洪范八政,一曰食,二曰货。""民贫,则奸邪生。贫生于不足,不足生于不农,不农则不地著,不地著则离乡轻家,民如鸟兽,虽有高城深池,严法重刑,犹不能禁也。"⑤《贞观政要·务农第三十》载,贞观二年,唐太宗对侍臣说:"凡事皆须务本,国以人为本,人以衣食为本,

---

① 杨伯峻编著:《春秋左传注》,中华书局2018年版,第1107页。
② 刘跃进:《安全领域"传统""非传统"相关概念与理论辨析》,载《学术论坛》2021年第1期。
③ 《商君书》,石磊译注,中华书局2011年版,第28、32页。
④ 《盐铁论》,陈桐生译注,中华书局2015年版,第20页。
⑤ [汉]班固撰:《汉书》(二),中华书局2012年版,第1025、1037页。

凡营衣食，以不失时为本。夫不失时者，在人君简静乃可致耳。若兵戈屡动，土木不息，而欲不夺农时，其可得乎？"①

可见，早在秦汉甚至更早的时候，我国就形成了较为成熟的以民为本、重视食货的非传统安全观念和治理实践。中唐时期重要的政治家和史学家杜佑撰《通典》，内容涵盖食货、选举、职官、礼、乐、刑、州郡、边防等"先哲王致治之大方"，而"以食货为之首"。《通典》含食货十二卷，论及田制、水利田、屯田、乡党、赋税、户口、钱币、漕运、盐铁、鬻爵、榷酤、算缗、杂税、平准、轻重等，其中包括很多时下所说的粮食安全、经济安全、财税安全等非传统安全思想和实践。例如，关于粮食安全、土地制度的重要性及其与政治安全的关系，《通典·食货一·田制上》称："谷者，人之司命也；地者，谷之所生也；人者，君之所治也。有其谷则国用备，辨其地则人食足，察其人则徭役均。知此三者，谓之治政。"②

在总体国家安全观提出已有十余年的当下，我们需要运用总体国家安全观所蕴含的辩证思维和广义安全观，重新审视传统中国的国家安全和国家安全法。这首先要求我们不能一提起传统中国的国家安全，就想当然地认为只有"传统安全"，从而遗漏了我国历史上非常丰富的崇尚民本主义的"非传统安全"观念和实践。相应的，对于传统中国国家安全法的研究，除了应重点关注与政权安全、军事安全、国土安全有关的刑事法律制度，③还应将与人民安全、粮食安全、经济安全、社会安全、文化安全、生态安全等非传统安全有关的刑事、民商事、经济、行政等法律制度纳入研究视野，全面挖掘传统中国的国家安全法治资源。诚如陈顾远所言："《易经》以聚人曰财为贵，《论语》以足食足兵论政；唐杜佑作《通典》，亦首食货，先田制；皆认为'食足货通，然后国实民富，而教化成'。故中国往昔对于国家理财之计，国民经济之道，并非绝对有所轻视，历代律令皆可考也。"④

进入近代，中国遭遇"三千年未有之大变局"，国家政权、主权、治权被列强肆意践踏，人民背负"三座大山"，国家安全可谓无时无刻不处于危险和被侵犯的状态。"这种苦难历程的开端，需要追溯到一八四〇年英国殖民主义

---

① 《贞观政要》，骈宇骞译注，中华书局2011年版，第520页。
② ［唐］杜佑撰：《通典》，中华书局2016年版，第1—3页。
③ 贾宇、舒洪水主编：《中国国家安全法教程》，中国政法大学出版社2021年版，第10—15页。
④ 陈顾远：《中国法制史概要》，商务印书馆2011年版，第274页。

者为可耻的贩毒行为而发动的鸦片战争。它使中国社会的发展脱离原有的轨道,开始丧失一个独立国家拥有的完整主权和尊严,走上听凭洋人欺凌和摆布的半殖民地道路。"① 此后,中国人民为争取国家独立、民族解放和民主自由进行了前仆后继的英勇奋斗。1911年孙中山领导的辛亥革命推翻了封建帝制,创立了中华民国。1949年,中国共产党领导中国各族人民,在经历了长期的艰难曲折的武装斗争和其他形式的斗争以后,推翻帝国主义、封建主义和官僚资本主义的统治,取得新民主主义革命的伟大胜利,建立了中华人民共和国。在这段以战争和革命为主线的壮阔历史中,法治的作用虽然并不彰显,但是仍然留下了很多宝贵的法治资源,涵盖传统安全和非传统安全领域。

二、中华人民共和国国家安全法治发展史

(一) 国家安全法治的探索和孕育时期(1921—1949)

中华人民共和国构建的特殊历史要求我们在分析中国国家治理时,务必重视中国共产党的地位和作用。具体到国家安全法治领域,在总结分析国家安全法治发展史时,不能仅仅从1949年中华人民共和国成立讲起,还要进一步回溯到1921年中国共产党成立之初,否则对很多重大问题将难以形成贯通性认识。例如,时下专门从事国家安全工作或承担维护国家安全职责的机构,其前身很多都是中国共产党在1949年之前成立的党内机构。

本书将1921—1949年这一时期称为国家安全法治的探索和孕育时期。这一时期,中国共产党在领导中国人民开展民族民主革命、推翻反革命政权、建立人民民主专政政权的过程中,无时无刻不在从事着与国家安全尤其是传统安全有关的工作,其间形成的国家安全法治理念,以及积累的国家安全法治实践经验和资源,对后世产生了深远影响。

例如,保守国家秘密是当下我国每一位公民的宪法义务和国家安全义务,《保守国家秘密法》也已经成为我国国家安全法律体系中的一部主干性法律,而重视保密的法律原则和相关制度建设在中国共产党成立初期就已经出现。例如,1921年《中国共产党第一个纲领》第6条规定:"在党处于秘密状态

---

① 金冲及:《二十世纪中国史纲》(增订版·第一卷),生活·读书·新知三联书店2021年版,第1页。

时,党的重要主张和党员身份应保守秘密。"①1922年中国共产党第二次全国代表大会制定的《中国共产党章程》第25条规定,"凡党员有犯左列各项之一者,该地方执行委员会必须开除之:……(六)泄露本党秘密"。

1926年1月,中共中央组织部下发《加强党的秘密工作通知》,第一次从革命全局高度阐述保密工作的重要性。大革命失败后,中央先后下发《中央通告第四十七号——关于在白色恐怖下党组织的整顿、发展和秘密工作》(1928年)、《中共中央关于秘密工作基本规则》(1934年)等文件。1929年,中共中央成立第一个专门从事保密工作的机构——中共中央秘密工作委员会。1937年,中共中央组织部制定《保守党内秘密条例》。1948年,中共中央成立中央保密委员会,印发《中共中央保密委员会章程(草案)》及各级保密委员会章程。②

这一时期,在中共中央领导下,除建立保密组织和法律制度以外,还形成了很多涉及国家安全的重要文件和法律规定。例如,1930年5月全国苏维埃区域代表大会通过《中华苏维埃共和国十大政纲》,其第1条规定:"取消帝国主义的一切特权,宣布帝国主义从前强迫订立以及国民党献媚卖国订立的条约完全无效,取消一切外债,没收一切帝国主义在华的银行、企业和工厂。"③1931年11月7日,中华苏维埃第一次全国代表大会通过《中华苏维埃共和国宪法大纲》,其中包含了很多事关政权安全、国土安全、经济安全等的规定。

在创设国家安全专门机构方面,当时也进行了积极探索并取得重要立法成果。例如,《中华苏维埃共和国国家根本法(宪法)大纲草案》(该草案于1931年11月拟制,原准备提交第一次全国苏维埃代表大会审议讨论,由于条件不成熟,未经正式通过公布)对"中央政治保卫处"的组织设置、职权和职责作出了明确规定。其第50条规定:"中华苏维埃共和国为压制和侦查在政治上和经济上的反革命活动、反革命的组织及其侦探、盗匪等,在人民委员苏维埃之下,组织中央政治保卫处。"第53条规定:"政治保卫处的权限,以法律许可的特殊地位为根据。"第54条规定:"中央政治保卫处在法律范围内的一切行动受最高法院检察官的制裁。"1934年2月17日公布的《中华苏维埃共和

---

① 中共中央党史和文献研究院、中央档案馆编:《中国共产党重要文献汇编》(第一卷),人民出版社2022年版,第2页。
② 夏勇主编:《保密法学教程》,金城出版社2013年版,第39—42页。
③ 张希坡编著:《革命根据地法律文献选辑》(第二辑·上卷),中国人民大学出版社2017年版,第102页。

国中央苏维埃组织法》第 27 条规定:"为镇压反革命之目的,在人民委员会之下,设国家政治保卫局,其组织另定之。"①

在传统安全领域,刑事立法也取得重要成果。例如,1934 年 4 月 8 日由中华苏维埃共和国中央执行委员会公布的《中华苏维埃共和国惩治反革命条例》被誉为"第二次国民革命战争时期最为典型、影响最大的刑事法规"②,该法在立法名称、法律概念、立法内容等方面,对中华人民共和国成立后的惩治反革命立法和危害国家安全罪立法产生了深远影响。

在非传统安全领域,也制定了一些重要法律法规。例如,1931 年 11 月中华工农兵苏维埃第一次全国代表大会通过、1931 年 12 月 1 日大会主席团和中央执行委员会颁布《中华苏维埃共和国土地法》,涉及土地制度这一基本经济制度的根本性变化,涉及当下所说的经济安全、人民安全等多个领域。③ 再如,与《中华苏维埃共和国土地法》同时审议通过的《关于经济政策的决议案》,内容涉及经济主权安全、制度安全、产业安全、财税安全等。④

陕甘宁边区时期,在党中央领导下形成了很多涉及国家安全的党规、法律、政令、经验等,其中一些制度建设成果对我国国家安全法治建设产生了深远影响。例如,在传统安全方面,1939 年 2 月边区第一届参议会通过、1939 年 4 月 4 日公布的《陕甘宁边区政府组织条例》规定,边区政府设保安处,掌理三项事务:第一,关于汉奸、敌探之侦查、捕缉、处治事项;第二,关于人民锄奸组织之指导事项;第三,其他有关边区锄奸工作之事项。⑤ 1941 年公布的《陕甘宁边区施政纲领》中包括了大量涉及军事安全、政治安全等的规定。⑥

非传统安全方面也有一些重要立法成果。例如,为了保障边区粮食安全,1941 年 4 月颁布的《陕甘宁边区禁止粮食出境条例》建立起粮食出境管制

---

① 张希坡编著:《革命根据地法律文献选辑》(第二辑·上卷),中国人民大学出版社 2017 年版,第 123、287—288 页。
② 贾宇、舒洪水主编:《中国国家安全法教程》,中国政法大学出版社 2021 年版,第 16 页。
③ 张希坡编著:《革命根据地法律文献选辑》(第二辑·下卷),中国人民大学出版社 2017 年版,第 774 页。
④ 张希坡编著:《革命根据地法律文献选辑》(第二辑·上卷),中国人民大学出版社 2017 年版,第 522 页。
⑤ 张希坡编著:《革命根据地法律文献选辑》(第三辑·第二卷·陕甘宁边区(上):第 1 分册),中国人民大学出版社 2017 年版,第 98、100 页。
⑥ 同上书,第 13—14 页。

制度。①《陕甘宁边区施政纲领》中也有一些关于卫生健康安全、社会安全的规定,例如,其第15条规定:推广卫生行政,增进医药设备,欢迎医务人才,以达到减轻人民疾病之目的,同时救济外来的灾民难民。②

(二)国家安全法治的正式创建与曲折发展时期(1949—1978)

中华人民共和国成立后,我国国家安全法治建设也进入了新的历史阶段。1949年9月29日中国人民政治协商会议第一届全体会议通过的《中国人民政治协商会议共同纲领》具有临时宪法的性质。在该宪法性文件中,有很多涉及国家安全的规定。例如,在国土安全方面,其第2条规定:"中华人民共和国中央人民政府必须负责将人民解放战争进行到底,解放中国全部领土,完成统一中国的事业。"在政权安全方面,其第7条规定:"中华人民共和国必须镇压一切反革命活动,严厉惩罚一切勾结帝国主义、背叛祖国、反对人民民主事业的国民党反革命战争罪犯和其他怙恶不悛的反革命首要分子。对于一般的反动分子、封建地主、官僚资本家,在解除其武装、消灭其特殊势力后,仍须依法在必要时期内剥夺他们的政治权利,但同时给以生活出路,并强迫他们在劳动中改造自己,成为新人。假如他们继续进行反革命活动,必须予以严厉的制裁。"在军事安全方面,其第10条规定:"中华人民共和国的武装力量,即人民解放军、人民公安部队和人民警察,是属于人民的武力。其任务为保卫中国的独立和领土主权的完整,保卫中国人民的革命成果和一切合法权益。中华人民共和国中央人民政府应努力巩固和加强人民武装力量,使其能够有效地执行自己的任务。"在经济安全方面,其第28条规定:"国营经济为社会主义性质的经济。凡属有关国家经济命脉和足以操纵国民生计的事业,均应由国家统一经营。凡属国有的资源和企业,均为全体人民的公共财产,为人民共和国发展生产、繁荣经济的主要物质基础和整个社会经济的领导力量。"第37条规定,"实行对外贸易的管制,并采用保护贸易政策。在国家统一的经济计划内实行国内贸易的自由,但对于扰乱市场的投机商业必须严格取缔。"在文化安全方面,其第41条规定:"中华人民共和国的文化教育为新民主主义的,即民族的、科学的、大众的文化教育。人民政府的文化教育工作,应

---

① 张希坡编著:《革命根据地法律文献选辑》(第三辑·第二卷·陕甘宁边区(上):第2分册),中国人民大学出版社2017年版,第21—22页。
② 张希坡编著:《革命根据地法律文献选辑》(第三辑·第二卷·陕甘宁边区(上):第1分册),中国人民大学出版社2017年版,第13—14页。

以提高人民文化水平,培养国家建设人才,肃清封建的、买办的、法西斯主义的思想,发展为人民服务的思想为主要任务。"在民族政策方面,其第50条规定:"中华人民共和国境内各民族一律平等,实行团结互助,反对帝国主义和各民族内部的人民公敌,使中华人民共和国成为各民族友爱合作的大家庭。反对大民族主义和狭隘民族主义,禁止民族间的歧视、压迫和分裂各民族团结的行为。"在国际安全方面,其第54条规定:"中华人民共和国外交政策的原则,为保障本国独立、自由和领土主权的完整,拥护国际的持久和平和各国人民间的友好合作,反对帝国主义的侵略政策和战争政策。"

1954年召开的第一届全国人民代表大会(以下简称"全国人大")审议通过《宪法》。在这部根本大法中,从总体国家安全观提出的广义安全角度来看,包含了大量涉及国家安全的规定。而且,在1954年那个特定的历史时刻,制定宪法本身就有维护和塑造政权安全、制度安全方面的考虑。[①] 就其具体内容而言,这部宪法的序言、总纲、国家机构、公民的基本权利和义务各章节中,都有涉及国家安全的重要规定。例如,序言部分有关国家性质和国家制度、国家过渡时期的总任务、人民民主统一战线、民族关系、外交政策的规定,涉及政治安全、经济安全、社会安全、国际安全等重点安全领域。总纲部分明确对"保卫人民民主制度,镇压一切叛国的和反革命的活动,惩办一切卖国贼和反革命分子""中华人民共和国的武装力量属于人民,它的任务是保卫人民革命和国家建设的成果,保卫国家的主权、领土完整和安全"作出规定。此外,总纲中有关国家举办各类事业的规定,为文化、科技、公共卫生等非传统安全领域工作提供了宪法依据。在国家机构部分,有关各国家机关的职权的规定,都包含涉及国家安全的内容。例如,全国人大决定战争和和平的问题;全国人民代表大会常务委员会(以下简称"全国人大常委会")决定战争状态的宣布、决定全国总动员或者局部动员、决定全国或者部分地区的戒严;中华人民共和国主席根据全国人大和全国人大常委会的决定,发布戒严令,宣布战争状态,发布动员令;国务院保护国家利益、维护社会秩序、保障公民权利,领导武装力量的建设等。在公民的基本权利和义务部分,一方面明确规定"保卫祖国是中华人民共和国每一个公民的神圣职责",另一方面也为统筹好维护国家安全和保护公民基本权利的关系提供了重要宪法依据。

---

① 韩大元:《1954年宪法制定过程》(第二版),法律出版社2022年版,第69页。

新中国成立初期,为了保卫新生政权,围绕镇压反革命工作,党和国家还制定了一系列重要党内法规和国家法律。1950年3月18日,中共中央发布《关于镇压反革命活动的指示》,对镇压反革命工作作出部署,提出原则要求。① 1950年7月21日,为贯彻《中国人民政治协商会议共同纲领》和中共中央《关于镇压反革命活动的指示》,政务院、最高人民法院联合发布《关于镇压反革命活动的指示》,对相关工作开展作出具体部署。1950年10月10日,中共中央再次发出《关于镇压反革命活动的指示》,指出镇压反革命工作存在的偏差和问题,对镇压反革命工作进一步提出明确指示和要求。② 1951年2月20日,中央人民政府委员会第11次会议批准,制定《惩治反革命条例》。这些法治实践经验和立法成果为1979年《刑法》制定"反革命罪"专章奠定了重要基础。1997年《刑法》将"反革命罪"修改为"危害国家安全罪",在一些具体罪名上仍然具有非常明显的延续和传承关系。

保密法治建设在这一时期取得重要进展。1950年10月,中共中央发布《关于加强保守党与国家的机密的决定》。1950年11月,《中共中央转发西南保密工作报告的指示》指出:"现将贺、邓、张、李关于西南保密工作报告发给你们,中央认为他们决定的各项办法是对的。望你们也进行这样一次检查,并规定各项可行的办法,对保密工作加以切实整顿,是为至要。"③ 1951年5月,中共中央发布《关于加强保守党与国家的机密的补充决定》。1951年6月8日,中央人民政府以政务院命令形式公布实施我国第一部保密法规《保守国家机密暂行条例》。1958年,中共中央作出《关于科学技术保密问题的规定》。1960年3月,中央保密委员会起草《关于保守国家秘密问题的暂行规定(草案)》,对《保守国家机密暂行条例》的有关规定进行细化和调整。④

总体来看,新中国成立初期国家安全法治建设的成果尤其是立法成果主要表现在传统安全领域。在非传统安全领域,虽然相关工作同样受到党和国家的高度重视,但主要是通过政策文件进行调整,立法成果相对较少。例如,新中国成立之初,针对当时因长期战争而产生的较为严重的城市失业问题,中共中央先后发布《关于救济失业工人的指示》(1950年4月10日)、《关于失

---

① 中央档案馆、中共中央文献研究室编:《中共中央文件选集1949年10月——1966年5月》(第二册),人民出版社2013年版,第222—223页。
② 同上书,第158—160页。
③ 同上书,第269页。
④ 夏勇主编:《保密法学教程》,金城出版社2013年版,第42—45页。

业救济工作的总结及指示》(1950年11月21日)等重要文件。在后一个文件中,中央强调:"救济失业工人工作是一个重大的政治任务,必须把它做好。不注意或不重视这个工作(如长沙),必然会引起工人不满,甚至为匪特利用,造成严重的政治损失。"① 再如,1950年《中共中央关于保障实施〈政务院关于统一国家财政经济工作的决定〉的通知》和《中央人民政府政务院关于统一国家财政经济工作的决定》,对防范应对财政、金融领域重大风险作出重要政策安排。②

(三) 国家安全法治的恢复与完善时期(1978—2014)

1978年,党的十一届三中全会开启改革开放新征程,我国法治建设也重新启程并不断迈向深入。在国家安全领域,法治建设经历了恢复重建和不断完善的发展阶段。③ 基于总体国家安全观和习近平法治思想,这一时期的国家安全法治建设成果,可以从传统安全与非传统安全、专门立法与非专门立法、国家立法与党内立法、国内法治与涉外法治,以及立法、执法、司法、守法等不同维度进行梳理。这里仅从传统安全与非传统安全、国家立法和党内立法两个维度作简要梳理。

1. 国家立法

(1) 传统安全领域立法

传统安全主要包括政治安全、军事安全和国土安全三大领域。1978—2014年间,在传统安全领域,我国制定了一系列重要法律法规。其中,政治安全领域的主要立法成果包括:1988年《保守国家秘密法》、1989年《集会游行示威法》、1993年《国家安全法》、1996年《戒严法》。除此之外,1995年《人民警察法》、2009年《人民武装警察法》中也有涉及政治安全的重要内容。军事和国土安全领域的主要立法成果包括:1987年《海关法》、1990年《军事设施保护法》、1992年《领海及毗连区法》、1996年《香港特别行政区驻军法》和《人民防空法》、1997年《国防法》、1999年《澳门特别行政区驻军法》、2005年《反分裂国家法》、2010年《国防动员法》、2012年《出境入境管理法》等。

---

① 中央档案馆、中共中央文献研究室编:《中共中央文件选集1949年10月——1966年5月》(第四册),人民出版社2013年版,第270—274页。
② 同上书,第189—191页。
③ 肖君拥、张志朋:《中国国家安全法治研究四十年:回眸与展望》,载《国际安全研究》2019年第1期;杨宗科、张永林:《中国特色国家安全法治道路七十年探索:历程与经验》,载《现代法学》2019年第3期。

(2) 非传统安全领域立法

从总体国家安全观角度来说,这一时期的很多立法虽然在当时看来并不认为属于国家安全立法,但是从其法律内容以及发挥的实际作用来看,都可以纳入非传统安全法律范畴。主要包括:人民安全领域,1990年《残疾人保障法》、1991年《未成年人保护法》、1992年《妇女权益保障法》、1994年《母婴保健法》、1996年《老年人权益保障法》、2001年《职业病防治法》等,2002年《安全生产法》也包含大量涉及人民安全的内容;经济、金融安全领域,1994年《对外贸易法》和《审计法》、1995年《中国人民银行法》、2006年《反洗钱法》、2007年《反垄断法》等;生态、生物、公共卫生安全领域,1982年《海洋环境保护法》、1984年《水污染防治法》和《药品管理法》、1986年《国境卫生检疫法》、1987年《大气污染防治法》、1989年《传染病防治法》等;文化、科技、社会安全领域,1982年《文物保护法》、1993年《科学技术进步法》、1996年《枪支管理法》、2007年《禁毒法》等。

(3) 国家安全司法和国家安全应急领域立法

国家安全司法和国家安全应急领域立法同时涵盖传统和非传统安全领域。相关立法成果主要包括:1979年《刑法》和《刑事诉讼法》、1997年《刑法》及其系列修正案、2007年《突发事件应对法》。

2. 党内立法

这一时期专门针对国家安全工作的党内法规较为少见,但很多党内法规中都包含涉及国家安全的规定,而且主要涉及传统安全领域。

例如,1980年党的十一届五中全会通过的《关于党内政治生活的若干准则》是我国政治安全领域的一部重要党内法规,涉及政权安全、制度安全、意识形态安全等方方面面,对维护和塑造政治安全发挥了重要历史性作用。再如,1988年中共中央纪律检查委员会印发的《关于共产党员在涉外活动中违犯纪律党纪处分的暂行规定》、1990年中共中央纪律检查委员会印发的《关于叛逃、出走的共产党员党籍、党纪处理的暂行规定》,对"叛逃"等危害政治安全的行为作出党籍、党纪处理的规定。例如,1983年中共中央办公厅、国务院办公厅印发的《机关档案工作条例》,1995年中共中央纪律检查委员会、监察部、国家保密局印发的《纪检监察工作中国家秘密及其密级具体范围的规定》,1996年中共中央纪律检查委员会印发的《纪检监察机关办案工作保密规定》,2000年中共中央保密委员会办公室、国家保密局印发的《关于国家秘密载体保密管理的规定》,以及 2009 年中共中央办公厅、国务院办公厅印发的《电子文件管理暂行办法》,都有关于保守国家秘密的规定。

(四)国家安全法治的全面发展时期(2014 年至今)

2014 年 4 月 15 日,习近平正式提出总体国家安全观,极大地丰富了国家安全的内涵和外延,引领我国国家安全工作和国家安全法治建设迈向新的历史阶段,在我国国家安全事业发展和国家安全法治建设历程中具有里程碑意义。

这一时期,世界格局深刻变迁,我国内外安全环境也发生深刻变化,国家安全工作比以往更加严峻复杂,客观上需要更好发挥法治保障作用。党的十八大以来,在总体国家安全观和习近平法治思想引领下,党和国家对国家安全法治建设的认识不断深入,出台一系列重大战略部署,有力推进国家安全法治体系和能力现代化。

2013 年,党的十八届三中全会决定设立中央国安委时,习近平明确指出,中央国安委的四大职责之一就是"推进国家安全法治建设"。2014 年,党的十八届四中全会审议通过《中共中央关于全面推进依法治国若干重大问题的决定》,其中明确提出:"贯彻落实总体国家安全观,加快国家安全法治建设,抓紧出台反恐怖等一批急需法律,推进公共安全法治化,构建国家安全法律制度体系。"2015 年,中共中央政治局召开会议,审议通过我国首部《国家安全战略纲要》,其中明确提出"把法治贯穿于维护国家安全的全过程"。

2015 年 7 月 1 日,十二届全国人大常委会第十五次会议审议通过《国家安全法》,实现总体国家安全观的全面法律化。该法第 5 条再一次明确,中央国安委的法定职责之一就是"推动国家安全法治建设"。2017 年,党的十九大报告明确提出:"健全国家安全体系,加强国家安全法治保障,提高防范和抵御安全风险能力。"2020 年 11 月,习近平在首次中央全面依法治国工作会议上系统阐释习近平法治思想,明确提出:"要积极推进国家安全、科技创新、公共卫生、生物安全、生态文明、防范风险、涉外法治等重要领域立法"。2020 年 12 月,习近平在中共中央政治局第二十六次集体学习时提出贯彻总体国家安全观的"十个坚持",其中第八、第九个坚持都明确提到了"法治"。第八个坚持中提到的法治,主要是指国际安全法治、涉外安全法治;第九个坚持中提到的法治,是要求所有国家安全工作都要更加注重"法治思维"。

2021 年 1 月,中共中央印发《法治中国建设规划(2020—2025 年)》,其中明确提出"加强国家安全领域立法""健全落实特别行政区维护国家安全的法律制度和执行机制""运用法治方式捍卫一个中国原则""积极参与执法安全国际合作,共同打击暴力恐怖势力、民族分裂势力、宗教极端势力和贩毒走私、跨国有组织犯罪"等涉及国家安全的法治建设任务。

2021年11月,中共中央政治局会议审议通过我国历史上首个国家安全五年规划——《国家安全战略(2021—2025年)》,其中明确要求:"要全面提升国家安全能力,更加注重协同高效,更加注重法治思维,更加注重科技赋能,更加注重基层基础。"2022年10月,党的二十大报告对"推进国家安全体系和能力现代化"作出专章部署,其中明确提出"完善国家安全法治体系"的任务要求,并且将其置于国家安全体系建设的首位。2023年5月,二十届中央国安委第一次会议三次提到"法治",分别涉及完善国家安全法治体系、更加注重法治思维、加快推进国家安全法治建设。

2023年11月,中共中央政治局就"加强涉外法制建设"开展集体学习。习近平提出,"加强涉外法治建设既是以中国式现代化全面推进强国建设、民族复兴伟业的长远所需,也是推进高水平对外开放、应对外部风险挑战的当务之急","要深化执法司法国际合作,加强领事保护与协助,建强保护我国海外利益的法治安全链"。2024年7月,党的二十届三中全会通过的《中共中央关于进一步全面深化改革 推进中国式现代化的决定》再次强调"完善国家安全法治体系"。同时,首次单独对"完善涉外国家安全机制"作出战略部署,其中提出的五项具体任务,处处涉及法治。尤其是"深化安全领域国际执法合作""健全反制裁、反干涉、反'长臂管辖'机制""健全维护海洋权益机制",都需要涉外法治发挥更大作用。

总的来看,与之前阶段相比,这一时期国家安全法治建设的指导思想更加系统完善,总体国家安全观与习近平法治思想深度交融,有力推动我国国家安全法治建设的理论创新和国家安全法治实践的跨越式发展。尤其是,这一时期,我国国家安全专门立法取得前所未有的发展成果。

1. 国家立法

在总体国家安全观引领下和中央国安委的推动下,我国全面推进国家安全立法,制定修订一系列重要法律法规,主要包括:

(1) 制定我国国家安全领域首部综合性、全局性、基础性法律,即2015年《国家安全法》。该法将总体国家安全观的核心要义全面法律化,有力引领了后续国家安全立法工作。

（2）制定修订一系列传统安全和非传统安全领域专门立法，以及涉及国家安全的重要相关法律，主要包括：《反间谍法》《反恐怖主义法》《境外非政府组织境内活动管理法》《网络安全法》《国家情报法》《核安全法》《英雄烈士保护法》《国际刑事司法协助法》《密码法》《外商投资法》《疫苗管理法》《香港国安法》《生物安全法》《出口管制法》《海警法》《数据安全法》《个人信息保护法》《反有组织犯罪法》《反外国制裁法》《陆地国界法》《反电信网络诈骗法》《对外关系法》《粮食安全保障法》《爱国主义教育法》《保守国家秘密法》《关税法》等。

2. 党内立法

这一时期，国家安全党内法规体系建设也取得前所未有的发展成果，主要表现为：

（1）2016年，党的十八届六中全会通过《关于新形势下党内政治生活的若干准则》，对新形势下维护和塑造政治安全作出很多新的重要规定。

（2）2017年，党的十九大修改《中国共产党章程》，把总体国家安全观写入党章。

（3）2017年以来，《党委（党组）网络安全工作责任制实施办法》《中国共产党领导国家安全工作条例》《党委（党组）国家安全责任制规定》等专门性的党内法规颁布实施。

（4）党的十八大以来，《中国共产党中央委员会工作条例》《中国共产党地方委员会工作条例》《中国共产党重大事项请示报告条例》《中国共产党工作机关条例（试行）》《中国共产党组织工作条例》《中国共产党政法工作条例》《中国共产党宣传工作条例》《中国共产党统一战线工作条例》《中国共产党党内监督条例》《中国共产党巡视工作条例》《中国共产党纪律处分条例》《中国共产党问责条例》《党委（党组）落实全面从严治党主体责任规定》《国家高端智库管理办法（试行）》《党政领导干部生态环境损害责任追究办法（试行）》等一大批党内法规颁布实施，其中都有涉及国家安全的重要规定。

第二节 国家安全法的性质与特征

一、国家安全法的性质

（一）国家安全法是国家重大利益本位法

2015年《国家安全法》把"国家安全"定义为"国家政权、主权、统一和领土完整、人民福祉、经济社会可持续发展和国家其他重大利益相对处于没有危险和不受内外威胁的状态，以及保障持续安全状态的能力"。基于这一定义，国家安全的本质就是国家重大利益安全。国家重大利益不是国家利益的全部，而是国家利益中的重大部分。在我国政治、军事、安全、外交等话语体系中，国家利益通常被分为国家核心利益、国家重大利益和国家一般利益三大类。2015年《国家安全法》没有使用"国家核心利益"的概念，而是将国家核心利益包含在国家重大利益之中。具体而言，一般认为"国家政权、主权、统一和领土完整、人民福祉、经济社会可持续发展"这五个明确列出的国家重大利益就是我国核心利益，[①]而"国家其他重大利益"则是指除了核心利益之外的重大利益。这种根据重要性程度对国家利益进行分类的方法是很多国家的常见做法。例如，美国国家利益委员会曾把美国的国家利益分为四类，即至关重要国家利益（vital national interests）、非常重要国家利益（extremely important national interests）、重要国家利益（important national interests）、一般或次要国家利益（less important or secondary national interests）。

围绕国家重大利益和核心利益的博弈和互动形成了各种各样的国家安全关系。作为调整国家安全关系的法律，国家安全法既不同于以个人利益为本位的民法、商法等私法，也不能简单等同于以公共利益（含国家利益和社会公共利益，其中国家利益又包含了一般利益、重大利益和核心利益）为本位的行政法、刑法、诉讼法等公法，而是以国家重大利益（含核心利益）为本位的法律。把国家安全法定位为国家重大利益本位法是由国家安全的本质和国家安全工作的性质决定的，是处理好国家安全法与行政法、刑法等部门法的关

---

① 例如，2011年9月国务院新闻办公室发表的《中国的和平发展》白皮书明确提出我国的六大核心利益，即"国家主权，国家安全，领土完整，国家统一，中国宪法确立的国家政治制度和社会大局稳定，经济社会可持续发展的基本保障"。

系的重要准则。从法治运行角度来说，国家重大利益构成了国家安全法治体系运作的逻辑基点，国家安全法治体系的建构和运转都将围绕国家重大利益而展开，识别、确认、保护、拓展国家重大利益是国家安全法的基本功能。

（二）国家安全法是公法

基于公法、私法的二分，作为以国家重大利益为本位的法律，国家安全法在本质上属于公法，因为对国家重大利益的保护很大程度上需要仰赖公权力力量和由公权力主导的组织化运作。不过，与行政法、刑法等一般的公法相比，国家安全法具有很多特殊性，因此是一种特殊公法。国家安全法的特殊性根源于国家安全主体、主体间关系、主体间互动方式等的特殊性。回应这些特殊性，国家安全法在调整范围、调整方式上也彰显出诸多与众不同之处。具体而言，从主体角度来说，参与国家安全互动的主体类型相比行政法主体、刑法主体更加丰富而多元，不仅包括行政机关、司法机关等主体，还包括执政党、其他党派和政治团体、立法机关，以及整体意义上的国家（本国、外国）、国际组织等。从关系角度讲，国家安全关系不仅包括行政关系、司法关系，还包括国家间关系、政党间关系、执政党内部关系、国家与自然之间的关系等。从互动方式来说，国家安全主体之间的互动，既包括立法、执法、司法等常规的公权力运作，也包括战争、国防动员、军事行动、危机处置等非常规互动方式；既包括行为层面的互动，也包括着眼体系和能力建设的系统性互动；既包括着眼防控违法犯罪行为造成的危害和风险的互动，也包括着眼防控合法行为可能衍生的风险和危害的互动；等等。

国家安全法的公法属性得到我国权力机关和立法机关的认可。在全国人大公布的我国现行有效的法律目录（截至 2024 年 11 月 8 日十四届全国人大常委会第十二次会议闭幕，共 305 部）中，我国国家安全领域的专门立法主要分布在宪法相关法、行政法、刑法等法律部门之中。不过，应当特别说明的是，把国家安全法总体上界定为公法并不意味着国家安全法完全不具备私法属性，而只是说公法属性居于主导性地位。在真实的国家安全实践中，无论是传统安全还是非传统安全领域，都有很多安全事务是以市场化方式进行，如国防承包、情报外包以及企业广泛参与的非传统安全治理等，都需要合同法、公司法、竞争法等私法规范的作用，形成公私法深度融合的格局。而且，在我国现行有效的法律目录中，也有不少涉及国家安全的法律，尤其是非传统安全领域的法律，原本就分布在经济法、社会法等公私法交融的法律部门之中。

(三) 国家安全法是领域法

与民法、行政法、刑法等部门法相比,国家安全法是一个领域法的概念。所谓领域法,简单来说就是某一事务领域法律规范的总和,例如财税法、教育法、科技法、文化法、体育法、卫生健康法等。领域法一般由该领域的若干单行法以及分散在相关法律中的诸多法律规范共同构成。领域法往往是诸法合体的,既包括该领域的实体法也包括程序法,既包括民事法律也包括行政法律、刑事法律、国际法等。领域法往往对应于国家治理的某个重点领域以及该领域的主要行业产业,与部门法相比更贴近该领域法治实践,是将部门法知识与重点领域知识深度融合所形成的按领域划分的法律规范体系。

总体国家安全观提出以来,国家安全作为我国治国理政的一个特定领域得到官方和学界广泛认可。不过,也有不同观点认为,不应把国家安全视为一种领域,而应视为一种维度,进而提出国家安全学"有限无界"的主张。[①] 这种观点对于合理界定国家安全学的内涵和边界具有启发意义,但是,把国家安全视为一种维度,并不排斥也不能否认国家安全作为一个特定事务领域的客观事实。例如,国家安全专门机关从事的国防、情报、保密、反间谍、反恐等事务,以及司法机关从事的国家安全司法事务,一般都认为属于典型的国家安全事务领域。即便是在非传统安全领域,如大国之间的经济战、科技战、金融战,以及重大危机事件处置等常见事务领域,主流观点一般也认为属于国家安全事务。不过,在很多非传统安全领域,对于一些特定事务,很多时候的确存在究竟属于安全事务还是发展事务,以及究竟属于公共安全层次还是国家安全层次事务的不同认知。或许,从领域和维度双重角度思考国家安全问题将会更加周全。

从法学角度来说,在真实的法治实践中,国家安全领域从来都不是一个空泛概念,而是包含了很多明确而具体的法律事务,也大致可以与其他事务领域作出区分。在总体国家安全观视域下,首先,总体国家安全观提出的二十多个重点安全领域,构成了我国国家安全事务领域的"基本盘",其中一些事务领域毫无疑义地属于国家安全事务,尤其是国家安全专门机关主管的事务;其次,总体国家安全观提出以来,党和国家围绕国家安全工作制定的一系

[①] 祁昊天:《国家安全学学科建设思考》,载铁军、庄俊举主编:《世界主要国家和地区的国家安全研究:历史、理论与实践》,社会科学文献出版社2024年版,第30—44页。

列战略、政策、法律和党内法规,都明确规定了国家安全事务领域和具体事项;最后,习近平法治思想关于中国特色社会主义法治体系的界定和论述,为明确国家安全法治体系的内涵和外延提供了清晰指引。由此,我们可以较为清晰地勾勒出国家安全法的边界范围和主要内容,形成一个具有鲜明特色和实质内容的法律领域。

二、国家安全法的特征

(一) 国家安全法具有政治性

不同于民事关系、经济关系、行政关系等社会关系,国家安全关系具有鲜明的政治性。正如哥本哈根学派的安全化理论所说,"安全化"是一种更为激进的"政治化"描述,因此国家安全事务本质上属于政治事务。[①] 现实中,国家安全关系以及国家安全事务的政治性具有普遍意义,所有国家安全关系和国家安全事务都具有政治性,区别仅仅在于所谓高阶政治(high politics)和低阶政治(low politics)的差异。一般而言,越是关涉国家最核心利益的关系和事务,政治性就越强。总体而言,在传统安全和非传统安全两大类安全领域中,传统安全事务的政治性更加突出,非传统安全事务的政治性相对较低。不过,随着传统安全与非传统安全的相互影响、转化、交织,这种区分也并不是绝对的。

国家安全关系和国家安全事务的政治性在很大程度上塑造了国家安全法的独特品格,使其在保密性、非常规性等方面区别于一般法律。总体来说,政治性越强的事务领域,对保密性的要求越高,对应急措施、紧急措施的授权越广泛,如战争、军事行动、反间谍、处置重大危机等。相反,在政治性不太突出的非传统安全领域,很多安全事务可以以常规化和公开化的方式进行。具有鲜明的政治性是国家安全法尤其是传统安全法区别于其他法律的关键所在。这要求在研习国家安全法时,必须深刻理解和把握其政治属性,善于从政治角度以及政治与法治关系角度思考国家安全法律问题。

(二) 国家安全法具有对抗性

如果把安全作为目的,实现安全的手段则包括斗争和合作两种基本方式。经验表明,在国家安全层面,虽然合作广泛存在,但斗争对于维系国家的

---

① 〔英〕巴瑞·布赞等:《新安全论》,朱宁译,浙江人民出版社2003年版,第32—41页。

生存和安全更加具有决定性意义。在理论研究中,现实主义理论从人性论、体系论、过程论等不同维度揭示国家间关系的权力斗争本质;①新自由主义理论虽然相信合作和制度的作用,但是也首先承认利益冲突和斗争的普遍存在;②建构主义理论主张观念塑造利益,进而提出霍布斯文化、洛克文化、康德文化三种国际政治文化,以及敌人、对手、朋友三种国家间关系角色,其中,前两者都是以斗争和冲突为底色的。③

在法学界,利益法学的代表性人物耶林认为,权利斗争普遍存在于国民之间、国家权力之间以及阶级和民族之间。"世界上所有的法都是由斗争获得的,每一项重要的法的原则最先都必须从它的反对者那里夺取过来,而且每项权利,无论是关于国民的或者关于个人的,都要经常不断地注意加以维护,它才能够存在。"④在真实的斗争实践中,不同主体之间的斗争在强度、规模、资源、方法等方面存在较大差异。在国家安全关系尤其是传统安全关系中,斗争经常会以主体间高强度、组织化的对抗、攻防乃至战争等方式展开。即便是非传统安全领域,组织化的斗争和对抗也比其他事务领域更加激烈和常见,例如大国之间的"经济战""科技战""舆论战"等。由此,作为调整国家安全关系的法律,国家安全法的对抗性特征与其他法律相比无疑更加突出。国家安全法所调整的对抗性关系既包括毛泽东深刻阐释的敌我关系,⑤也包括很多非敌我之间的激烈斗争和博弈,以及安全主体与自身内部、系统结构、自然环境等各种致害因素的斗争和对抗关系。

(三)国家安全法具有涉外性

基于国家利益、国家安全主体、国家安全风险、国家安全行为等的空间分布,可以把国家安全分为内部安全和外部安全。对于须臾不可脱离国际体系而独立存在的主权国家而言,国家安全关系或多或少将始终带有涉外属性。对任何一个国家而言,国家安全涉外性的一个重要来源就是其他国家、国际组织的干涉活动。国际政治研究认为,干涉是指影响另外一个主权国家内部

---

① 〔美〕汉斯·摩根索:《国家间政治:权力斗争与和平》(第七版),徐昕等译,北京大学出版社2006年版;〔美〕约翰·米尔斯海默:《大国政治的悲剧》,王义桅、唐小松译,上海人民出版社2014年版;阎学通著:《大国领导力》,李佩芝译,中信出版集团2020年版。
② 〔美〕罗伯特·基欧汉、约瑟夫·奈:《权力与相互依赖》(第四版),门洪华译,北京大学出版社2012年版。
③ 〔美〕亚历山大·温特:《国际政治的社会理论》,秦亚青译,上海人民出版社2014年版。
④ 〔德〕鲁道夫·冯·耶林:《权利斗争论》,潘汉典译,商务印书馆2019年版,第20页。
⑤ 中共中央文献研究室编:《毛泽东文集》(第7卷),人民出版社1999年版,第205页。

事务的外部行为,按照强制程度不同,包括讲话、广播、经济援助、军事顾问、支持反对派、封锁、有限军事行动、军事入侵等各式各样的干涉形式。①

全球化背景下,内部安全和外部安全往往复杂交织、难分难解。这意味着,即便是看似最纯粹的内部安全问题,也会经由某种关系机制而与外部安全交织在一起。具体而言,国家安全法的涉外性主要表现为：首先,对国家间战争、军事斗争、渗透、颠覆、窃密等传统安全而言,涉外性是其基本属性;其次,生态危机、公共卫生危机、跨国有组织犯罪等全球性的非传统安全问题,由于客观上超越了主权国家的边界,涉外性也是其基本属性;再次,对于参与全球化进程的国家,由于在经济、金融、科技、能源、资源、产业链、供应链等方面与其他国家建立起了广泛的联系和相互依赖,使得这些领域的安全关系必然呈现出涉外性;复次,在全球化过程中,伴随着一国海外利益尤其是海外战略利益、重大利益的拓展,国家安全关系中的涉外因素也将随之增加;又次,随着网络社会、数字社会的深入发展,在网络空间,内部与外部的界限越来越模糊,大量看似属于内部安全的事务背后都有涉外因素;最后,从国家安全斗争经验角度来说,介入对手的内部事务尤其是涉及安全和稳定的事务是一种常见的斗争策略,这也使得很多传统的、典型的内部安全问题具有涉外性。

（四）国家安全法具有综合性

在国家安全关系中,参与安全互动的主体不只是国家,还包括国家机构、社会力量、跨国公司、国际组织等次国家和非国家行为体,以及生态环境、传染病等自然因素。这种主体上的多层次性和多样性使得所形成的国家安全关系具有多样性特征。首先,在诸如战争、战略竞争以及其他形式的国家层面的斗争和合作中,主权国家是作为一个整体参与安全互动的,由此形成的关系是一种整体性的国家安全关系。其次,当安全互动在政治、经济、金融、贸易、科技、文化、生态、公共卫生等具体领域展开时,参与互动的主体往往也是特定领域的,所形成的国家安全关系通常限定在某些具体领域。再次,当安全互动在国家内部展开时,例如当社会势力与国家机构之间发生足以影响国家重大利益的冲突时,这种安全互动所建立的关系就是一种局部层次的国家安全关系。最后,作为国家机器的特定组成部分,国家安全专门机关在开展工作中所建立的关系,一般认为都属于国家安全关系。国家安全关系的这

---

① 〔美〕小约瑟夫·奈、〔加拿大〕戴维·韦尔奇：《理解全球冲突与合作：理论与历史》（第九版）,张小明译,上海人民出版社2012年版,第240页。

种多层次、多样性特征意味着,国家安全法作为调整国家安全关系的法律必然带有综合性特点,涵盖国际法、国内法等不同层次,传统安全与非传统安全等各安全领域,以及民事、行政、刑事、诉讼等各类法律。

在总体国家安全观视域下,国家安全法的综合性特征最突出地表现为在横向上涵盖政治安全、军事安全、国土安全、经济安全、金融安全、文化安全、社会安全、科技安全、网络安全、粮食安全、生态安全、资源安全、核安全、海外利益安全、太空安全、深海安全、极地安全、生物安全、人工智能安全、数据安全等重点安全领域。目前,除了少数新兴领域,这些重点安全领域很多都已有专门立法,有的已有多部专门立法,有的虽然没有专门立法但也有很多相关立法。由于涉及的领域非常宽广,国家安全法不太可能形成一部类似于《刑法》《民法典》那样的法典,而只能采取分散立法模式。但是,在分散立法的基础上,可以发挥《国家安全法》的统领性作用,通过法律编撰形成全面覆盖各个重点安全领域和各种安全事务环节的法律规范体系。

(五)国家安全法具有多样性

与国家安全法的综合性特点紧密相关的另一个特点,就是国家安全法具有较为明显的多样性。从总体国家安全观角度来说,这种多样性主要源自于各安全领域、不同安全事务等方面的显著差异。主要包括:第一,传统安全与非传统安全的显著差异决定了传统安全领域法律与非传统安全领域法律的不同;第二,内部安全事务与外部安全事务的显著差异决定了内部安全法律和外部安全法律、涉外安全法律的不同;第三,国家安全专门工作与非专门工作的显著差异决定了国家安全专门工作法律与非专门工作法律的不同;第四,国家安全常规工作与应急工作的显著差异决定了国家安全常规工作法律与应急工作法律的不同;等等。这种多样性要求在研习国家安全法时,要处理好"一"和"多"的关系,既重视对基本原理、基本范畴、基本制度和规则的研究,也要重视对各领域、各方面特殊问题的研究。

(六)国家安全法具有层次性

根据指涉对象的不同,安全可以分为个体安全、公共安全、国家安全、地区安全、全球安全等不同层次。这些不同层次的安全并不是相互割裂,而是有机联系在一起的。总体国家安全观秉持广义安全和系统安全观,确立以国家安全为核心,向下辐射公共安全和个体安全,向上辐射地区安全和全球安全的立体层次结构。党的二十大报告首次在党的全会上对国家安全工作作出专章战略部署，在纵向上把公共安全和社会治理工作纳入国家安全体系，进一步丰富和彰显了总体国家安全观的"总体"精髓。

表现在法律上，我国既有很多国家安全层面的立法，也有很多个体安全、公共安全、地区安全和全球安全层面的立法、国际规约。在立法技术上，只能在有限范围内将国家安全与其他层次的安全区分开来，更多的安全事务是混杂在一起的，很难划出一条清晰的分界线。再加上不同层次的安全问题可以相互转化，进一步增加了问题的复杂性，容易使人产生混淆和误解，乃至于产生"泛国家安全化"的忧虑。

事实上，基于总体国家安全观提出的"安全不可分割"理念，不同安全层次立法交织杂糅的状态恰恰是正常的。国家安全不是无源之水、无本之木，而是建立在广泛的个体安全和公共安全之上。维护国家核心利益和重大利益不能停留于宏大叙事，而是要落实到一个个具体而微的个体利益和公共利益之上。孤立的个体安全当然不能等同于国家安全，但是，如果将国家安全作为一种"维度"，[①]个体安全问题，尤其是具有普遍性的个体安全问题，在特定情形下将会成为需要在国家安全层面谋划的问题。同样，公共安全、地区安全、全球安全问题，都可能需要从国家安全维度进行谋划并依法去维护和塑造。基于这种认识，对于诸如《网络安全法》《数据安全法》《生物安全法》《粮食安全保障法》《安全生产法》《食品安全法》等安全领域立法，究竟属于国家安全还是公共安全层次的立法，并不是一个值得深究的问题。在总体国家安全观视域下，这些法律所涉及的问题，无论是国家安全问题还是公共安全问题，都可以纳入广义的国家安全体系一体谋划、一体保护，相应的，这些法律也可以视为广义的国家安全法，成为国家安全法律规范体系的重要组成部分。

（七）国家安全法具有动态性

在真实的国家安全实践中，一些事务并非一开始就是国家安全事务，一些关系也并非一开始就是国家安全关系，常常是由于出现了某种特定情形和条件，才从非国家安全事务转化为国家安全事务，以及从非国家安全关系转化为国家安全关系。这种现象往往是在主客观因素共同作用下产生的，广泛发生在政治、经济、社会、文化、生态等各个安全领域。安全化理论认为，主导

[①] 祁昊天：《国家安全学学科建设思考》，载铁军、庄俊举主编：《世界主要国家和地区的国家安全研究：历史、理论与实践》，社会科学文献出版社2024年版，第30—44页。

这种转化的关键主体是国家安全决策者，他们能够通过一系列言语行为（speech act）推动非安全事务的"安全化"（securitization），塑造出新的安全领域。同样，国家安全决策者也可以根据情势变化，将某一事项从国家安全事务清单里面剔除出来，降低其在政治议程中的优先级别和资源投入规模。这一过程并非武断和随意的，而是一个包含观念变迁、利益考量以及主体间互动的复杂政治过程。其结果是，从长时段来看，国家安全领域、国家安全事务、国家安全关系表现出明显的动态性特征。由此，作为调整国家安全关系、规范和保障国家安全事务开展的法律，国家安全法也必然带有动态性特点，尤其表现为国家安全法领域的不断拓展。例如，2015年制定《国家安全法》时，生物安全、数据安全尚未被纳入我国国家安全体系，表现在立法上，《国家安全法》在"维护国家安全的任务"的专章规定中没有生物安全、数据安全的专门条款。此后，随着党和国家对生物安全和数据安全的重视，生物安全和数据安全立法加快推进，全国人大常委会分别于2020年和2021年审议通过了专门的《生物安全法》和《数据安全法》。

第三节　国家安全法的基本范畴

范畴是描述和认识事物的基本工具，也是建构理论的基本元素。能不能发展出一套反映学科特点的范畴体系是衡量一门学科成熟度的重要标尺。基于范畴所反映的法律现象的深度、广度和抽象程度的不同，可以把法学范畴分为普通范畴、基本范畴和基石范畴（或核心范畴）。基于鲜明的范畴意识，各部门法和领域法学科都重视对本学科范畴体系尤其是基本范畴、核心范畴、基石范畴的研究。例如，法理学研究者提出权利与义务、权利与权力两组法学核心范畴；[1]宪法学研究者提出宪法与宪制、主权与人权、国体与政体、基本权利与基本义务、国家权力与国家机构等五对基本范畴；[2]经济法学研究者把"社会整体经济利益"作为经济法的基石范畴；[3]民法学研究者提出支配

---

[1] 张文显：《论法学的范畴意识、范畴体系与基石范畴》，载《法学研究》1991年第3期；童之伟：《论法学的核心范畴和基本范畴》，载《法学》1996年第6期；范进学：《法学核心范畴关系论——一种比较法的分析》，载《法律科学》2001年第1期。

[2] 李龙、周叶中：《宪法学基本范畴简论》，载《中国法学》1996年第6期。

[3] 刘红臻：《经济法基石范畴论纲》，载《法制与社会发展》1999年第4期。

权、物权变动、第三人保护作为物权法的基本范畴；①社会法学研究者提出以"公共管制权"这一核心范畴为统领构建该学科范畴体系；②计算法学研究者提出数据、算法、平台、场景四大基本范畴；③等等。

构建新时代国家安全法学必须重视对其范畴体系的研究。目前，有关国家安全法学范畴的研究主要集中在"国家安全"这一基石范畴上。例如，在梳理国家安全概念演变的基础上，吴庆荣把法律意义上的国家安全定义为"一国法律确认和保护的国家权益有机统一性、整体性免受任何势力侵害的一种状况"④。2015年《国家安全法》施行后，这种单一的"状态说"显然已经不够。对于2015年《国家安全法》中涵盖"状态说"和"能力说"的国家安全定义，肖君拥、谭伟民认为应结合整部法律的内容把握其内涵和外延。⑤ 我们认为，从构建国家安全法学范畴体系角度来说，对"国家安全"这一基石范畴的界定，应着眼国家安全法治体系和法治实践全局，而不仅仅是依据《国家安全法》进行界定。在具体操作层面，由于"国家安全"概念的复合性、复杂性和模糊性，应把它拆解为若干合乎法治运作逻辑的基本范畴，才能更好发挥其在国家安全法学范畴体系中的基石性和统领性作用。

（一）作为复合概念的国家安全概念的复杂性与模糊性

相对于早期法律中对国家安全概念的狭隘界定，2015年《国家安全法》中的广义国家安全概念得到学界的广泛认可。⑥ 不过，从法学研究和法治实践角度来说，2015年《国家安全法》中的国家安全概念是一个相当复杂和模糊的概念，其中包含了许多重要概念要素。虽然"模糊性"是法的基本属性，但是法学研究和法治建设的基本目标是尽量减少其模糊性，增加确定性。⑦ 针对

---

① 孙宪忠：《物权法基本范畴及主要制度的反思（上）》，载《中国法学》1999年第5期。
② 钱叶芳：《社会法学的法域、核心范畴及范畴体系》，载《法学》2019年第9期。
③ 申卫星、刘云：《法学研究新范式：计算法学的内涵、范畴与方法》，载《法学研究》2020年第5期。
④ 吴庆荣：《法律上国家安全概念探析》，载《中国法学》2006年第4期。
⑤ 肖君拥、谭伟民：《〈国家安全法〉中的"国家安全"概念》，载《河南警察学院学报》2019年第6期。
⑥ 杨宗科：《论〈国家安全法〉的基本法律属性》，载《比较法研究》2019年第4期；郭永辉、李明：《论完善我国国家安全法律体系的路径》，载《甘肃政法大学学报》2021年第2期；张宇燕、冯维江：《新时代国家安全学论纲》，载《中国社会科学》2021年第7期；范维澄等：《国家安全若干科学与学科问题的思考》，载《国家安全研究》2022年第1期；王秉等：《复杂性时代的国家安全学新范式：构建国家安全复杂学》，载《国际安全研究》2023年第4期。
⑦ 陈云良：《法的模糊性之探析》，载《法学评论》2002年第1期。

模糊性任务固然可以发展出与之相适应的治理模式,[①]但是,从法治角度来说,应注意这种治理模式的可能代价和风险。在全球化、风险社会、数字社会背景下,国家安全任务的复杂化和模糊化是一种长期趋势。对于维护和塑造国家安全这一模糊性任务的完成而言,国家安全法治能够发挥两方面作用:一是在可能范围内尽量推动任务的常规化、明晰化、确定化;二是为不得不采取的复杂性治理、模糊性治理创造必要的法治保障体系和监督体系。

在2015年《国家安全法》中,国家安全概念的复杂性和模糊性表现在两个层面。一是概念要素的复杂性和模糊性。该法把国家安全定义为"国家政权、主权、统一和领土完整、人民福祉、经济社会可持续发展和国家其他重大利益相对处于没有危险和不受内外威胁的状态,以及保障持续安全状态的能力",其中包含了国家政权、国家主权、国家统一、国家领土完整、人民福祉、经济社会可持续发展、国家重大利益、危险、威胁(内部威胁、外部威胁)、相对安全、持续安全、安全状态、安全能力等十多个重要概念要素。在这些概念要素中,很多本身就是复杂概念和模糊概念,不仅法律上没有明确定义,有的学术界也没有统一认识。建立在这些复杂和模糊概念基础上的国家安全概念,其复杂性和模糊性程度必然更高。

二是各概念要素之间关系的复杂性和模糊性。这种关系维度的复杂性和模糊性又可以分为三个层面:第一,同类概念要素之间关系的复杂性和模糊性,例如,政权、主权、统一和领土完整、人民福祉、经济社会可持续发展等作为国家核心利益和重大利益,其内涵分别是什么,有没有优先次序之分,具体情形下如何进行利益衡量等;第二,不同类型但处于同一层次概念要素之间的关系,例如安全状态与安全能力的关系;第三,不同层次概念要素之间的关系,例如国家重大利益、危险与威胁、安全能力之间是怎样的逻辑关系。

(二)基于基石范畴的基本范畴体系构建

为了凝练总体国家安全观的丰富内涵,在法律上保持国家安全概念的复杂性和模糊性有其必要性。与此同时,为了更好发挥其对国家安全法治建设的基石性和统领性作用,新时代国家安全法学的一项重要理论任务,就是对其关键概念要素进行剖析和整合,同时引入一些其他重要概念,形成基本范畴体系,以描述、解释和服务国家安全法治体系建设和法治实践。综合考虑

---

① 何艳玲、肖芸:《问责统领:模糊性任务的完成与央地关系新内涵》,载《政治学研究》2021年第3期。

有关概念的涵摄性、抽象性和体系化作用,我们认为,立足国家安全这一基石性范畴,新时代国家安全法学可以把国家重大利益、危害国家安全因素、国家安全能力、国家安全职责和义务和国家安全行为这五个概念作为基本范畴。

1. 国家重大利益

在启蒙运动和资本主义兴起的过程中,利益取代欲望逐渐成为理论研究、政治运作和大众话语中的核心范畴。[①]"法律关系实质上也是一种利益关系,是一种权威化了的利益关系。"[②]在2015年《国家安全法》中,国家重大利益是国家安全概念的核心概念要素,也是其作为法律概念的逻辑基点。从利益角度来说,国家安全本质上就是国家重大利益(包括国家核心利益)安全。国家重大利益是国家利益中的重大部分,而不是国家利益的全部。总体国家安全观为了表述上的便利,注重从整体意义上强调国家利益对于识别和判断国家安全问题、推进国家安全工作的重要性,但在国家安全层面实质上是指国家重大利益。习近平指出,贯彻总体国家安全观,必须"坚持人民安全、政治安全、国家利益至上的有机统一,人民安全是国家安全的宗旨,政治安全是国家安全的根本,国家利益至上是国家安全的准则"[③]。此外,在有关重点安全领域工作的系列论述中,习近平多次提到根本利益、核心利益、整体利益、主权利益、安全利益、发展利益、重大经济利益、海外利益、海洋权益等相关概念。

"利益具有驱动功能,它一方面驱动个人为了利益而活动,另一方面也驱动国家制定和实施法律以协调和保护利益。"[④]在利益与法的关系上,国家安全法与刑法、民法、行政法等其他法律具有功能上的相似性。具体来说,在国家安全领域,国家安全法承担着确认、协调、保护、拓展国家重大利益的功能。在这一意义上,国家安全法也可以称为国家重大利益安全法或国家重大利益保护法。

应当再次特别指出,国家安全法所优先保护的国家利益特指国家重大利益(包括核心利益),而不是泛指一切国家利益。这是合理区分国家安全法学与民法学、行政法学、刑法学、经济法学、文化法学、科技法学等其他部门法学

---

① 〔美〕阿尔伯特·赫希曼:《欲望与利益:资本主义胜利之前的政治争论》,冯克利译,浙江大学出版社2015年版,第47—52页。
② 梁上上:《利益衡量论》(第三版),北京大学出版社2021年版,第117页。
③ 《习近平谈治国理政》第三卷,外文出版社2020年版,第218页。
④ 张明楷:《法益初论》(增订本·上册),商务印书馆2021年版,第197页。

和领域法学的关键所在。例如,《民法典》第 534 条规定,"对当事人利用合同实施危害国家利益、社会公共利益行为的,市场监督管理和其他有关行政主管部门依照法律、行政法规的规定负责监督处理。"此处的"国家利益"涵盖国家一般利益、重大利益和核心利益,但是通常更多是指国家一般利益,只有在特定情形下,才可能触及国家重大利益,才需要进入到国家安全法层面来处理。再如,《刑法》第 166 条规定:"国有公司、企业、事业单位的工作人员,利用职务便利,有下列情形之一,致使国家利益遭受重大损失的……"此处的"国家利益"很多时候是指国家经济利益中的一般利益,只有造成的国家经济利益损失巨大时,才属于国家安全法学需要考虑的问题。

国家安全法中的国家利益概念具有鲜明的政治性,不仅包括国家经济利益,还包括政治利益、主权利益、发展利益等。"国家利益是指民族国家追求的主要好处、权利或受益点,反映这个国家全体国民及各种利益集团的需求与兴趣。"[①]在学理上,国家利益是近代以来兴起于欧洲的国家学说中的基础性概念,经由马基雅维利的深刻阐释而广为人知。国家利益的早期表达是"国家理由"或"国家理性"(reason of state),前一种表述侧重于突出其统治术、权术的一面,后一种表述侧重于突出其工具理性的一面。[②] 在现代民族国家体系下,国家利益具有阶级性与民族性、普遍利益与特殊利益的"复合两重性",具有对内和对外双重维度。[③] 一般而言,在民族国家内部,国家利益是相对于个体利益、团体利益、集体利益、公共利益等的利益类型,而在国际体系层面,国家利益(本国利益、他国利益)是相对于地区利益、全人类共同利益等的利益类型。

政治学、国际关系学界在推进国家利益的类型化上进行了大量努力。例如,20 世纪 90 年代中期,阎学通开创性地把国家利益分为生存利益、重要利益、主要利益和边际利益,并基于我国当时的时代背景,对四种利益类型的内涵和外延进行界定。[④] 21 世纪初,王逸舟基于动态国家利益观,把我国当时以及此后一段时间的国家利益分为发展利益、主权利益和责任利益三个层次。[⑤] 在这些研究基础上,法学研究者把国家利益分为国家经济利益、国家政治利

---

① 王逸舟:《国家利益再思考》,载《中国社会科学》2002 年第 2 期。
② 周保巍:《"国家理由",还是"国家理性"?——三重语境下的透视》,载《读书》2010 年第 4 期。
③ 俞正梁:《变动中的国家利益与国家利益观》,载《复旦学报(社会科学版)》1994 年第 1 期。
④ 阎学通:《中国国家利益分析》,天津人民出版社 1996 年版,第 10—11 页。
⑤ 王逸舟:《国家利益再思考》,载《中国社会科学》2002 年第 2 期。

益和国家安全利益三种类型,进而从防止国家利益概念被滥用的角度,思考如何通过立法和司法方式作出法律意义上的权威认定。①

总体来看,在法学研究中,相对于个体利益、团体利益、集体利益、公共利益等,国家利益是一个尚未受到足够重视的概念,有关"国家重大利益"的研究更加少见。2015年《国家安全法》对国家重大利益采取了"列举＋兜底"式的规定,包括国家政权、主权、统一和领土完整、人民福祉、经济社会可持续发展以及国家其他重大利益。其中,明确列出的五类国家重大利益一般被认为是我国的核心利益。基于这一法律规定,对国家重大利益内涵和外延,以及不同利益类型之间的关系等的理论阐释有待进一步展开。

2. 危害国家安全因素

2015年《国家安全法》中的国家安全概念是一个"逆化概念",是通过"免除"其所面临的"危险和威胁"的逆化方式来定义的。② 而从总体国家安全观有关论述和我国国家安全相关立法来看,可能影响国家安全的不利因素在话语表达上不仅包括"危险"和"威胁",还包括"风险""重大风险""国家安全风险""危害""灾害""危机"等。本书把这些概念统称为"危害国家安全因素",作为国家安全法学的基本范畴。

在国家安全法中,作为基本范畴的"危害国家安全因素"是相对于国家重大利益而言的,泛指可能使国家重大利益置于风险、危险之中,以及可能给国家重大利益造成威胁、危害、危机等的种种不利因素。"危害国家安全因素"的多样化、复杂化、涉外性、对抗性是国家安全法区别于民法、行政法、刑法、国际法等传统部门法的一个显著特征。第一,从多样性来说,国家安全法中的"危害国家安全因素"既包括有意因素,也包括无意因素;③既包括人为因素,也包括自然因素、结构性因素等非人为因素;既包括国内因素,也包括国外因素;既包括主体自身因素,也包括主体外部因素;每个特定安全领域还面对着各种不同的"危害国家安全因素";等等。第二,从复杂性角度来说,国家安全法中的"危害国家安全因素"往往不是静态的而是动态的,不是孤立的而

---

① 王轶、董文军:《论国家利益——兼论我国民法典中民事权利的边界》,载《吉林大学社会科学学报》2008年第3期。
② 李文良:《国家安全学基础理论框架构建研究》,载《国际安全研究》2022年第5期。
③ 张宇燕教授把国家安全威胁分为两类,一类是不带有主观意图而是因客观上的疏漏、缺陷等风险源造成的威胁,另一类是带有主观胁迫或侵害意图的威胁。参见张宇燕、冯维江:《新时代国家安全学论纲》,载《中国社会科学》2021年第7期。

是交织的,各种"危害国家安全因素"之间可以相互影响、传导、转化。正如习近平所说,"各种矛盾风险挑战源、各类矛盾风险挑战点是相互交织、相互作用的。如果防范不及、应对不力,就会传导、叠加、演变、升级,使小的矛盾风险挑战发展成大的矛盾风险挑战,局部的矛盾风险挑战发展成系统的矛盾风险挑战,国际上的矛盾风险挑战演变为国内的矛盾风险挑战,经济、社会、文化、生态领域的矛盾风险挑战转化为政治矛盾风险挑战,最终危及党的执政地位、危及国家安全。"①

国家安全法中的"危害国家安全因素"还带有较为明显的涉外性和对抗性特点,这是由国家安全工作的性质决定的。在一个由国家构成的世界中,民族国家所面临的国家安全风险、危险、威胁、危机等很多时候来自其他民族国家、国家联盟或国际体系。国家间竞争、斗争、冲突乃至战争是国际政治的永恒话题,也是国家安全工作无法回避的议题。"如果用最原始和非历史的语言,国家就是制度的集合,这些制度的目的是在特定领土内维持秩序并保护民众免受其他国家威胁。"②在最传统、最基本的意义上,国家安全法的一个重要功能是防范应对来自境外的可能危及国家重大利益的各种"危害国家安全因素"。因此,作为我国国家安全法律制度体系中主干部分的法律,例如《国防法》《海警法》《反分裂国家法》《反外国制裁法》《反间谍法》《反恐怖主义法》《反洗钱法》《保守国家秘密法》《国家情报法》《境外非政府组织境内活动管理法》《网络安全法》《数据安全法》《生物安全法》《出口管制法》《外商投资法》《香港国安法》等,或多或少都指向境外"危害国家安全因素",也带有较为鲜明的国家间竞争和对抗的色彩。"如间谍渗透,从来就是一个全局性的问题,它是敌对情报机构对我的进攻,表明了对手的基本立场,不可能是一个局部的问题。"③

3. 国家安全能力

国家安全能力是国家能力在国家安全领域的具体表现。根据能力所能够作用的领域,国家能力可以分为总体能力和根据政策领域区分的能力。④

---

① 中共中央党史和文献研究院编:《习近平关于防范风险挑战、应对突发事件论述摘编》,中央文献出版社2020年版,第208页。
② 〔美〕约翰·L.坎贝尔、〔加〕约翰·A.霍尔:《国家的世界》,闫健译,中央编译出版社2018年版,第8页。
③ 高金虎:《论国家安全学的学科体系》,载《情报杂志》2022年第1期。
④ 张长东:《国家治理能力现代化研究——基于国家能力理论视角》,载《法学评论》2014年第3期。

在国家安全领域,"国家安全能力是指国家安全主体预防和化解国家安全问题,实现国家安全目标的能力总和,主要包括国家安全领导能力、国家安全保障能力、国家安全话语能力、国家安全韧性能力等。"①从国家安全法学角度来说,国家安全能力包括确认、协调、保护和拓展国家重大利益的能力,防范、制止、惩治、应对各种危害国家安全因素的能力,等等。总体国家安全观中蕴含着丰富的国家安全能力理论。"推进国家安全体系和能力现代化"是总体国家安全观的核心要义之一,也是党的二十大确定的新时代国家安全工作的重要目标。

之所以把国家安全能力作为国家安全法学的基本范畴,是因为国家安全能力在国家安全工作和国家安全法律关系中的特殊重要地位。与很多常规工作不同,国家安全工作带有更加突出的冲突性、对抗性、斗争性色彩。即便是非传统安全领域工作,其冲突性、对抗性也超出常规工作。而在国家间安全竞争、斗争、对抗和攻防的关系框架中,能力高低对竞争和斗争结果往往具有决定性意义。大国关系中,能力(实力)变化是影响大国间安全认知,以及安全战略、政策、法律和行动的关键变量,具有全局性意义。② 能力建设是防范国家安全风险、解决国家安全问题、维护和塑造国家安全的根本路径。有论者认为,通过合理配置安全能力冗余,改变冲突主体能力建设的方向,有助于化解和应对复杂情境下的国家安全问题。③

注重能力建设是国家安全法区别于很多部门法、领域法的又一个重要特点。事实上,2015年《国家安全法》对国家安全的定义本身就把国家安全能力作为其核心概念要素。基于对能力建设的高度重视,2015年《国家安全法》设置"国家安全保障"专章,从法律、财政、资源、技术、人才、教育等方面对国家安全能力建设作出全面规定。此外,在"总则""维护国家安全的任务""维护国家安全的职责""国家安全制度"等章中,也有大量关于国家安全能力的规定,包括领导能力、协调能力、决策能力、情报能力、风险管理能力、监管能力、危机治理能力、重点安全领域工作能力等。在国家安全领域的专门法、单行法中,也有大量关于具体安全领域能力的规定,例如《生物安全法》对生物安全能力建设作出专章规定。

---

① 李文良:《国家安全学基础理论框架构建研究》,载《国际安全研究》2022年第5期。
② 吴心伯:《论中美战略竞争》,载《世界经济与政治》2020年第5期。
③ 张宇燕、冯维江:《新时代国家安全学论纲》,载《中国社会科学》2021年第7期。

4. 国家安全职责和义务

确认、协调、保护和拓展国家重大利益,防范、制止、惩治、应对危害国家安全因素,推进国家安全能力建设等,离不开相应的行为主体。一般而言,这样的行为主体可分为国家行为体和非国家行为体。从全局角度来说,利益主体(执政党、国家、人民)、威胁主体(危害国家利益的行为主体)、行为主体(保护国家利益的行为主体)构成了国家安全工作的主体框架。全面依法治国背景下,应注重以法治思维和法治方式配置行动主体,完善国家安全力量布局。

在国家安全法学中,作为基本范畴的国家安全职责和义务包括国家安全职责和国家安全义务两方面,前者的主体主要是各类党政机构,后者的主体主要是个体、企业和社会组织。国家安全职责包含职权和责任的"一体两面",根据法治一般原理,国家安全职责应依法设定、依法履行,并建立相应的监督体系和责任追究体系,保证权责相统一、有权必有责。在总体国家安全观视域下,国家安全职责的内涵极为丰富,涵盖中央、地方与基层等不同层面,决策、执行、监督等不同权力运行环节,以及党政、军事、决策议事协调等各类机构,形成综合立体的职责体系。新时代国家安全法学的重要任务是立足我国国家安全实践,构建有中国特色的国家安全职责理论,推动国家安全职责体系的完善。

基于权利、利益与义务对等原理,个体、企业和社会组织由于享受了国家安全的利益和好处,也应承担维护国家安全的义务。习近平指出,维护国家安全应坚持以人民为中心,"坚持国家安全一切为了人民、一切依靠人民,真正夯实国家安全的群众基础"[①]。一般而言,国家安全义务包括消极义务和积极义务。消极义务是指不从事危害国家安全的活动的义务,积极义务是指积极参与维护国家安全的活动的义务。合理设定个人、企业和社会组织的国家安全义务,有助于在政府、社会和公民之间合理分配维护国家安全的责任和负担。对调动社会和市场资源参与维护国家安全而言,在法律上设定相关主体的国家安全义务具有基础性意义。基于法治原则,国家安全义务应依法设定,符合必要性、可履行性、可负担性等原则。过高的国家安全义务可能导致市场和社会活力的丧失,抑制科技创新和经济发展。在推进国家安全体系和能力现代化过程中,应摒弃绝对安全观,树立相对安全观,重视对国家安全义

[①] 中共中央党史和文献研究院编:《习近平关于总体国家安全观论述摘编》,中央文献出版社2018年版,第5页。

务的不断调适和优化。

5. 国家安全行为

国家安全行为是指国家安全工作主体为了确认、协调、保护和拓展国家重大利益，防范、制止、惩治、应对各种危害国家安全因素，推进国家安全能力建设，履行国家安全职责和义务而实施的各种行为。法学是一种以行为为核心研究对象的社会科学，"行为"是所有法学学科的基础性范畴。法律行为理论在大陆法系尤其是德国法系中占有最重要的基础地位。[1] 围绕民事法律行为，民法学界进行了广泛深入研究。[2] 行政法学致力于构建以具体行政行为为核心的行政行为理论。[3] 在总体国家安全观视域下，我国国家安全工作范围极为宽广，国家安全法律关系类型极为多样，国家安全行为也表现出多元化特征。构建新时代国家安全法学，应坚持解释论的基本立场，把国家安全行为作为基本范畴，探索构建符合我国国家安全法治实践特点和规律的国家安全行为理论。

从类型上看，国家安全行为既包括法律行为也包括事实行为；既包括作为也包括不作为；既包括单方行为也包括双方行为、多方行为；既包括国内行为也包括对外行为；既包括政党行为也包括政府行为、司法行为、军事行为；既包括民事行为也包括行政行为、刑事行为；既包括实体行为也包括程序行为；既包括决策行为也包括执行行为、监督行为；等等。不过，在很多国家安全工作中，不需要进行专门的国家安全行为理论构建，而只需沿用其他学科中的行为理论。例如在国家安全行政行为中，只需将行政行为理论运用于国家安全工作即可。但是，对于一些特殊的国家安全工作，应立足国家安全行为这一基本范畴，建构专门的国家安全行为理论，包括国家安全决策行为理论、国家安全情报行为理论、国家安全审查行为理论、国家安全应急行为理论、国家安全监督行为理论等。

6. 基本范畴体系化

以上五大范畴紧密联系，共同形成国家安全法学基本范畴体系。其相互关系简要阐释如下：

第一，"国家重大利益"是国家安全法治运作和国家安全法学范畴体系的

---

[1] 朱庆育：《法律行为概念疏证》，载《中外法学》2008年第3期。
[2] 易军：《法律行为生效要件体系的重构》，载《中国法学》2012年第3期。
[3] 叶必丰：《行政行为原理》，商务印书馆2019年版，第5页。

逻辑基点。在我国,"国家重大利益"的利益主体包括执政党、国家和人民,并且三大主体的利益是一致的。确认、协调、保护和拓展国家重大利益是国家安全法的基本功能。危害国家安全因素、国家安全能力、国家安全职责和义务、国家安全行为均指向国家重大利益,危害国家安全因素是威胁力量,其余三者是保护力量。作为基本范畴的国家重大利益概念不仅涵盖2015年《国家安全法》中列出的利益类型,也涵盖其他国家安全立法以及国家安全法治实践中的相关利益类型。在国家安全法学中,通过对国家重大利益的学理化阐释和类型化构建,能够为国家安全问题与风险研判、国家安全任务与国家安全职责和义务的设定等发挥基础性作用。

第二,"危害国家安全因素"是形成国家安全问题、建立国家安全法律关系的必要因素。危害国家安全因素既指向国家重大利益,也指向国家安全能力。反过来,危害国家安全因素也是国家安全能力建设和国家安全工作所指向的对象。针对不同类型的危害国家安全因素,可以设定不同的国家安全任务,确定承担该任务的机构、个人或组织的职责和义务,实施适当和必要的国家安全行为,建立不同性质的国家安全法律关系。

第三,"国家安全能力"是确认、协调、保护和拓展国家重大利益,防范、制止、惩治、应对各种危害国家安全因素的能力。在法律意义上,国家安全能力包含能力建设和能力运用两个不同层次,形成不同性质的法律关系。国家安全能力是履行国家安全职责和义务、实施国家安全行为的基础性能力和具体能力。国家安全职责和义务、国家安全行为很多时候是国家安全能力的具体化和显性化。国家重大利益、危害国家安全因素、国家安全能力是2015年《国家安全法》中"国家安全"概念的核心概念要素,三者的有机结合彰显出我国国家安全法的显著特点。

第四,"国家安全职责和义务"在真实的国家安全工作和国家安全法治运作中居于核心地位。对国家安全职责和国家安全义务的专门化研究是国家安全法学区别于国家安全学下各二级学科(国家安全思想与理论、国家安全战略、国家安全治理、国家安全技术)的重要表现。传统法教义学方法在对国家安全职责和义务的研究上具有突出优势。在关系维度,国家安全职责和义务既指向国家重大利益的确认、协调、保护和拓展,也指向危害国家安全因素的防范、制止、惩治和应对,同时也指向国家安全能力建设。国家安全职责和义务的履行形成国家安全法律行为。

第五,"国家安全行为"是国家行为体和非国家行为体为了确认、协调、保护和拓展国家重大利益,防范、制止、惩治、应对各种危害国家安全因素,推进国家安全能力建设,履行国家安全职责和义务而实施的各种行为。在总体国家安全观视域下,无论是国家安全的领导、决策和议事协调,还是二十多个重点安全领域法治工作,都将产生大量的国家安全行为。立足我国国家安全法治实践,构建国家安全行为理论是新时代国家安全法学理论研究的重要任务。

第二章 国家安全法的基本原则

总体国家安全观的提出极大地丰富了国家安全的内涵,带来国家安全观念的深刻变革,形成前所未有的大安全格局。与此同时,随着全面依法治国的深入推进,党和国家也高度重视国家安全法治建设,明确要求"把法治贯穿于维护国家安全的全过程""更加注重法治思维""完善国家安全法治体系"。在总体国家安全观和习近平法治思想指引下,我国对国家安全法治建设的规律性认识越来越深入,通过 2015 年《国家安全法》以及多部国家安全专门立法,逐步明确我国国家安全法的基本原则,即:坚持中国共产党的领导,法治原则,统筹协调原则,预防为主、标本兼治原则,以及专群结合原则。

第一节 坚持中国共产党的领导

坚持中国共产党的领导是写入《中国共产党章程》的四项基本原则之一,也是我国宪法确立的根本原则。2020 年 12 月 11 日,习近平在第十九届中共中央政治局第二十六次集体学习时提出贯彻总体国家安全观的"十个坚持",其中第一个坚持就是"坚持党对国家安全工作的绝对领导"。2015 年《国家安全法》第 4 条规定:"坚持中国共产党对国家安全工作的领导,建立集中统一、高效权威的国家安全领导体制。"

一、坚持中国共产党的领导的基本内涵

一般而言,党的领导包括政治领导、思想领导、组织领导以及对重大事务的领导等主要方面。在国家安全领域,这些领导也都有具体体现。

(一)坚持中国共产党对国家安全工作的政治领导

政治领导是党的领导的重要组成部分,主要表现在党对国家的政治原则、政治方向以及重大决策的引领和指引上。党的政治领导的核心在于通过制定和执行正确的路线、方针和政策,确保国家和社会的发展沿着正确政治轨道前进。国家安全作为"国之大者",更应该注重加强党的政治领导,确保

各方面工作沿着正确方向前进,防止出现方向性失误,尤其不能犯颠覆性错误。

(二)坚持中国共产党对国家安全工作的思想领导

思想领导是中国共产党的重要领导方式之一,其基本内涵是通过党的理论宣传工作和思想政治工作,对广大党员和人民群众进行思想理论教育,提高他们的思想觉悟,从而能够更好地理解和执行党的纲领、路线以及国家法律和政策。在国家安全领域,党的思想领导突出表现为,通过创立总体国家安全观并广泛开展总体国家安全观的理论阐释和宣传教育,引导广大党员、国家工作人员和人民群众更好理解和贯彻执行党在国家安全领域的重大战略和方针政策。

(三)坚持中国共产党对国家安全工作的组织领导

组织领导是中国共产党的重要领导方式之一,其基本内涵是建立健全党的组织体系,并通过党的组织实现对国家机关、社会力量的有效组织和领导。党的组织领导不仅关乎党的自身建设,更是实现党的政治领导和思想领导的重要组织保障。党的组织领导的核心在于建立健全党的组织体系,这一体系由党的中央组织、地方组织和基层组织构成。具体到国家安全领域,除了党中央对国家安全工作实行集中统一领导外,党中央还专门成立中央国安委,加强对国家安全工作的决策和议事协调,进一步完善国家安全集中统一领导体制。同时,通过各级党委、党组以及党的基层组织,将党中央关于国家安全工作的重大决策部署贯彻到各个国家机关、社会组织和全社会去。

(四)坚持中国共产党对国家安全重大事务的领导

党对国家重大事务的领导是中国特色社会主义政治制度的重要组成部分。党在国家治理体系中"总揽全局、协调各方"的作用,主要表现在对政治、经济、文化、社会、生态、安全等各领域重大事务的组织领导、统筹协调和整体推进上。国家安全是"国之大者",对于其中的重大事务,更应加强党的领导。具体而言,有关国家安全战略和重大方针政策的制定、国家安全立法、重点安全领域重大工作、国家安全领域重大突发事件和危机应对等,都应贯彻党的领导原则。重大事项请示报告制度是落实党对国家安全重大事务领导权的一项基础性制度。

二、坚持中国共产党的领导的党章和宪法依据

(一) 党章有关中国共产党领导国家安全工作的规定

《中国共产党章程》是党的根本大法,是立党、治党、管党的总章程,是制定实施国家安全党内法规的根本根据。关于坚持中国共产党的领导原则,党章提供了两个层次的依据:

1. 关于坚持中国共产党领导的一般性规定

《中国共产党章程》规定:"坚持社会主义道路、坚持人民民主专政、坚持中国共产党的领导、坚持马克思列宁主义毛泽东思想这四项基本原则,是我们的立国之本。在社会主义现代化建设的整个过程中,必须坚持四项基本原则,反对资产阶级自由化。""中国共产党的领导是中国特色社会主义最本质的特征,是中国特色社会主义制度的最大优势,党是最高政治领导力量。党政军民学,东西南北中,党是领导一切的。"

2. 党对传统安全和非传统安全领域工作的领导

第一,党对传统安全工作的领导强调绝对领导。在《中国共产党章程》中主要表现为:(1) 政治安全方面,《中国共产党章程》规定:"中国共产党领导人民发展社会主义民主政治。坚持党的领导、人民当家作主、依法治国有机统一,走中国特色社会主义政治发展道路、中国特色社会主义法治道路,扩大社会主义民主,建设中国特色社会主义法治体系,建设社会主义法治国家,巩固人民民主专政,建设社会主义政治文明。""牢牢掌握意识形态工作领导权,不断巩固马克思主义在意识形态领域的指导地位,巩固全党全国人民团结奋斗的共同思想基础。"(2) 军事安全方面,《中国共产党章程》规定,"中国共产党坚持对人民解放军和其他人民武装力量的绝对领导"。(3) 国土安全方面,《中国共产党章程》规定:"全面准确、坚定不移贯彻'一个国家、两种制度'的方针,促进香港、澳门长期繁荣稳定,坚决反对和遏制'台独',完成祖国统一大业。"

第二,在党章中,党对非传统安全工作的领导也有大量规定。主要包括:(1) 经济安全方面,《中国共产党章程》规定:"中国共产党在领导社会主义事业中,必须坚持以经济建设为中心,其他各项工作都服从和服务于这个中心。""促进国民经济更高质量、更有效率、更加公平、更可持续、更为安全发展。""中国共产党领导人民发展社会主义市场经济。毫不动摇地巩固和发展

公有制经济,毫不动摇地鼓励、支持、引导非公有制经济发展。"(2)社会安全方面,《中国共产党章程》规定:"中国共产党领导人民构建社会主义和谐社会。""严格区分和正确处理敌我矛盾和人民内部矛盾这两类不同性质的矛盾。加强社会治安综合治理,依法坚决打击各种危害国家安全和利益、危害社会稳定和经济发展的犯罪活动和犯罪分子,保持社会长期稳定。""中国共产党维护和发展平等团结互助和谐的社会主义民族关系,积极培养、选拔少数民族干部,帮助少数民族和民族地区发展经济、文化和社会事业,铸牢中华民族共同体意识,实现各民族共同团结奋斗、共同繁荣发展。"(3)文化安全方面,《中国共产党章程》规定:"加强社会主义核心价值体系建设,坚持马克思主义指导思想,树立中国特色社会主义共同理想,弘扬以爱国主义为核心的民族精神和以改革创新为核心的时代精神,培育和践行社会主义核心价值观,倡导社会主义荣辱观,增强民族自尊、自信和自强精神,抵御资本主义和封建主义腐朽思想的侵蚀,扫除各种社会丑恶现象,努力使我国人民成为有理想、有道德、有文化、有纪律的人民。对党员要进行共产主义远大理想教育。"(4)生态安全方面,《中国共产党章程》规定:"中国共产党领导人民建设社会主义生态文明。""着力建设资源节约型、环境友好型社会,实行最严格的生态环境保护制度,形成节约资源和保护环境的空间格局、产业结构、生产方式、生活方式,为人民创造良好生产生活环境,实现中华民族永续发展。"(5)国际安全方面,《中国共产党章程》规定:"中国共产党坚持独立自主的和平外交政策,坚持和平发展道路,坚持互利共赢的开放战略,统筹国内国际两个大局,积极发展对外关系,努力为我国的改革开放和现代化建设争取有利的国际环境。在国际事务中,弘扬和平、发展、公平、正义、民主、自由的全人类共同价值,坚持正确义利观,维护我国的独立和主权,反对霸权主义和强权政治,维护世界和平,促进人类进步,推动构建人类命运共同体,推动建设持久和平、普遍安全、共同繁荣、开放包容、清洁美丽的世界。在互相尊重主权和领土完整、互不侵犯、互不干涉内政、平等互利、和平共处五项原则的基础上,发展我国同世界各国的关系。"

(二)宪法有关坚持中国共产党的领导的规定

我国宪法开宗明义,第一条就对坚持中国共产党领导作出了规定,将其作为中国特色社会主义最本质的特征,为加强党对国家安全工作的领导确立最基本的宪法依据。《宪法》第1条规定:"中华人民共和国是工人阶级领导的、以工农联盟为基础的人民民主专政的社会主义国家。社会主义制度是中华人民共和国的根本制度。中国共产党领导是中国特色社会主义最本质的特征。禁止任何组织或者个人破坏社会主义制度。"

三、坚持中国共产党的领导的具体体现

(一) 在党内法规中的体现

坚持中国共产党的领导在涉及国家安全的党内法规中有广泛体现。例如,政法战线是维护国家安全的骨干力量,在《中国共产党政法工作条例》中,有大量涉及中国共产党领导政治安全、社会安全工作的规定。例如,第5条规定:"政法工作的主要任务是:在以习近平同志为核心的党中央坚强领导下开展工作,推进平安中国、法治中国建设,推动政法领域全面深化改革,加强过硬队伍建设,深化智能化建设,严格执法、公正司法,履行维护国家政治安全、确保社会大局稳定、促进社会公平正义、保障人民安居乐业的主要职责,创造安全的政治环境、稳定的社会环境、公正的法治环境、优质的服务环境,增强人民群众获得感、幸福感、安全感。"第6条规定:"政法工作应当遵循以下原则:(一)坚持党的绝对领导,把党的领导贯彻到政法工作各方面和全过程;……(五)坚持总体国家安全观,维护国家主权、安全、发展利益;(六)严格区分和正确处理敌我矛盾和人民内部矛盾这两类不同性质的矛盾,准确行使人民民主专政职能;……"第8条规定:"党中央加强对政法工作的全面领导:……(三)研究部署政法工作中事关国家政治安全、社会大局稳定、社会公平正义和人民安居乐业的重大方针政策、改革措施、专项行动等重大举措;……"第10条规定:"县级以上地方党委应当以贯彻党中央精神为前提,对本地区政法工作中的以下事项,落实领导责任:(一)统筹政法工作中事关维护国家安全特别是以政权安全、制度安全为核心的政治安全重要事项;(二)统筹维护社会稳定工作,及时妥善处理影响社会稳定的重要事项和突发事件;……"

(二) 在国家安全基本法律中的体现

《国家安全法》是我国国家安全领域第一部综合性、全局性、基础性法律,具有基本法律的性质。该法全面贯彻总体国家安全观,确立中国共产党领导国家安全工作的基本原则。具体表现为:一是明确规定坚持中国共产党的领导原则和领导体制。该法第4条规定:"坚持中国共产党对国家安全工作的领

导,建立集中统一、高效权威的国家安全领导体制。"二是明确规定中央国家安全领导机构的职责。该法第5条规定:"中央国家安全领导机构负责国家安全工作的决策和议事协调,研究制定、指导实施国家安全战略和有关重大方针政策,统筹协调国家安全重大事项和重要工作,推动国家安全法治建设。"

(三)在国家安全专门法律中的体现

我国很多国家安全专门立法都明确规定了坚持中国共产党的领导原则,例如,《反间谍法》第2条规定:"反间谍工作坚持党中央集中统一领导,坚持总体国家安全观,坚持公开工作与秘密工作相结合、专门工作与群众路线相结合,坚持积极防御、依法惩治、标本兼治,筑牢国家安全人民防线。"《保守国家秘密法》第3条规定:"坚持中国共产党对保守国家秘密(以下简称保密)工作的领导。中央保密工作领导机构领导全国保密工作,研究制定、指导实施国家保密工作战略和重大方针政策,统筹协调国家保密重大事项和重要工作,推进国家保密法治建设。"《国家情报法》第3条规定:"国家建立健全集中统一、分工协作、科学高效的国家情报体制。中央国家安全领导机构对国家情报工作实行统一领导,制定国家情报工作方针政策,规划国家情报工作整体发展,建立健全国家情报工作协调机制,统筹协调各领域国家情报工作,研究决定国家情报工作中的重大事项。中央军事委员会统一领导和组织军队情报工作。"《生物安全法》第4条规定:"坚持中国共产党对国家生物安全工作的领导,建立健全国家生物安全领导体制,加强国家生物安全风险防控和治理体系建设,提高国家生物安全治理能力。"《数据安全法》第5条规定:"中央国家安全领导机构负责国家数据安全工作的决策和议事协调,研究制定、指导实施国家数据安全战略和有关重大方针政策,统筹协调国家数据安全的重大事项和重要工作,建立国家数据安全工作协调机制。"

第二节 法治原则

法治是治国理政的重要方式,是国家治理体系和治理能力的重要依托。依法维护国家安全是全面依法治国的组成部分,是新时代实现党和国家长治久安的重要保障。以法治思维和法治方式开展国家安全工作,应当坚持法律至上、权力制约、公平正义、人权保障、正当程序等法治理念,运用法律原则和法律规则进行国家安全治理,逐步推进中国特色国家安全法律制度体系建设,全面提升国家安全工作法治化水平。《国家安全法》第7条关于"维护国家安全,应当遵守宪法和法律,坚持社会主义法治原则,尊重和保障人权,依法保护公民的权利和自由"的规定,明确了法治原则是维护和塑造国家安全的基本遵循。

一、遵守宪法和法律

宪法和法律至上是法治原则的核心。在国家安全维护中坚持宪法和法律至上,必须严格遵守宪法和法律,依据宪法和法律的规定积极履行维护国家安全的义务、正确行使维护国家安全的权利。

(一)维护宪法和法律的权威

宪法和法律的权威性体现为宪法和法律的普遍适用性、优先适用性和不可违抗性,它们对国家机关、社会组织和公民具有普遍约束力,任何违反宪法和法律的行为都将承担相应的责任。在维护国家安全过程中维护宪法和法律权威,要做到以下几点:

第一,遵循宪法的基本原则和规定,不得与其相抵触。宪法是国家的根本大法,规定了国家的根本制度与根本任务,具有最高的法律效力。《国家安全法》第1条即规定,"根据宪法,制定本法"。

第二,对宪法有关国家安全的条款加以细化。宪法的生命在于实施,宪法的权威也在于实施。例如,《国家安全法》第15条有关"国家防范、制止和依法惩治任何叛国、分裂国家、煽动叛乱、颠覆或者煽动颠覆人民民主专政政权的行为"的规定,是对《宪法》第1条有关"禁止任何组织或者个人破坏社会主义制度"的规定的细化,是增强宪法的可操作性和可执行性,维护宪法权威的有效途径。

第三,注重与宪法和相关法律的协调与衔接。2015年《国家安全法》对1993年《国家安全法》和1997年《刑法》关于危害国家安全行为内涵和外延规定的不一致的修正,[①]是维护社会主义法制统一和尊严的直接体现。

(二)积极履行宪法和法律规定的义务

法律义务是法律所规定的义务人做或不做某种行为的应当性,是实现他人、社会或国家利益的法律手段。法律义务具有必为性,义务人应当积极履

---

① 杨宗科:《论〈国家安全法〉的基本法律属性》,载《比较法研究》2019年第4期。

行,否则将受到国家强制力的制裁。

承担国家安全维护义务的主体有两类,一是公民和组织,二是国家机关。我国宪法对公民维护国家安全的义务作了原则性规定,比如,《宪法》第54条规定,"公民有维护祖国的安全、荣誉和利益的义务"。《反间谍法》《网络安全法》《生物安全法》《粮食安全保障法》等专门安全立法以及《反垄断法》《邮政法》《农业法》等涉及国家安全的立法中也有关于公民和组织维护国家安全义务的条款。《国家安全法》第77条对维护国家安全的义务作了分类细化,明确了公民和组织维护国家安全的义务范围。

国家机关权力和国家机关义务是一体两面,国家机关行使职权本质上是在履行义务。国家机关履行维护国家安全义务必须在宪法和法律的框架之内,遵守法定程序,不得违反宪法和法律、超越职权或者滥用职权。国家机关履行维护国家安全义务应当接受党内监督、立法监督、行政监督、司法监督和社会监督,保证维护国家安全的公权力在正确轨道上运行。国家机关履行维护国家安全义务必须尊重和保护公民基本权利,不得随意侵犯和剥夺。

(三)正确行使宪法和法律赋予的权利

国家的一切权力属于人民。在当代中国,国家利益反映了广大人民群众的共同需求,是人民利益的集中表现,两者相辅相成、高度统一。保护人民利益、维护人民安全是国家安全工作的首要任务,只有切实保障人民的生命财产安全、满足人民群众日益增长的生存发展需要、为人民提供稳定有序的生产生活环境,才能获得人民对国家的认同和支持,充分调动人民群众的积极性、主动性和创造性,筑牢国家安全的群众基础和人民防线。

赋予公民平等权、政治权利和自由、宗教信仰自由、人身权、财产权等基本权利是宪法和法律保护人民利益的重要方式。维护人民安全一方面需要国家机关积极履行宪法和法律规定的义务,最大限度保障公民权益;另一方面也需要公民正确行使宪法和法律赋予的权利,做到保护自身利益与自觉维护国家安全相统一。公民在维护国家安全过程中正确行使宪法和法律赋予的权利,应当做到以下几点:

第一,不能只享受权利,不承担义务。没有无义务的权利,也没有无权利的义务,公民在行使权利的同时必须承担一定的义务。例如,根据《国家安全法》第77条和第80条的规定,公民享有在本人或者其近亲属的人身安全面临危险时向公安机关、国家安全机关请求保护的权利,但应当履行"支持、协助国家安全工作"的义务。

第二，要在宪法和法律允许的范围内行使权利。例如，《宪法》第40条关于"公民的通信自由和通信秘密受法律的保护。除因国家安全或者追查刑事犯罪的需要，由公安机关或者检察机关依照法律规定的程序对通信进行检查外，任何组织或者个人不得以任何理由侵犯公民的通信自由和通信秘密"的规定，明确了公民通信自由权行使的范围。

第三，不得滥用权利。权利的行使有一定的边界，不得滥用权利，不得违背法律设置权利的本意和精神或者违反公共利益、社会利益、公序良俗。① 例如，鼓励数据的依法合理有效利用是《数据安全法》的重要目标，但为防止权利滥用，《数据安全法》第28条规定："开展数据处理活动以及研究开发数据新技术，应当有利于促进经济社会发展，增进人民福祉，符合社会公德和伦理。"

二、坚持社会主义法治

1978年12月，党的十一届三中全会确立了"有法可依、有法必依、执法必严、违法必究"的社会主义法制建设"十六字方针"。2012年11月，党的十八大对法治建设提出了"科学立法、严格执法、公正司法、全民守法"的新要求，即社会主义法治建设"新十六字方针"。在依法治国的基本格局中，科学立法是前提条件，严格执法是关键环节，公正司法是重要任务，全民守法是基础工程，四个方面相辅相成。

（一）科学立法

良法是善治的前提，越是强调法治，越是要提高立法质量。推进科学立法、民主立法、依法立法，是提高立法质量的根本途径。科学立法要求国家安全立法的过程和方式均应科学化：

一是适应改革和经济社会发展需要。国家安全立法应当全面贯彻落实总体国家安全观和党中央关于国家安全的一系列方针政策，坚持问题导向，着力解决国家安全领域的重点问题和新兴问题，提高立法的针对性、及时性、系统性和可操作性。比如，尽管《核安全法》《网络安全法》相继出台，但我国目前非传统安全领域的立法缺失仍相当严重，②需要根据国家安全的新形势、新特点对立法缺漏和空白加以填补。

---

① 朱景文：《法理学》（第四版），中国人民大学出版社2021年版，第340页。
② 肖君拥：《论国家安全法律制度的体系化构建》，载《西南政法大学学报》2022年第4期。

二是充分体现民意。立法应当体现人民意志、反映人民需求、保障人民权益,而人民的意志、需求和权益需要通过立法公开、立法听证、建立基层立法联系点等民主化的立法程序来实现。党的十八届四中全会在科学立法的基础上增加了"民主立法"的表述,民主立法有利于公民守法、社会稳定,对维护社会安全具有重要作用。

三是依法立法。党的十九大将依法立法与科学立法、民主立法并列为立法原则,旨在规范立法活动,维护社会主义法制的统一和尊严,以良法促进发展、保障善治。依法立法要求国家安全立法必须严格按照法定立法权限、法定立法程序开展立法活动,以宪法规定为立法准则,与其他不同位阶、不同领域、不同时期的法律规范保持协调一致,切实开展立法备案审查和监督工作,适时进行法规清理,维护宪法权威和国家法制统一。

(二)严格执法

"严格执法"由社会主义法制建设"十六字方针"中的"执法必严"演变而来,是公平正义的社会主义法治理念的体现,它要求行政机关必须依法行使权力、履行职责,在有法必依的同时合理使用裁量权,灵活实现个案实质正义。在维护国家安全过程中推进严格执法,重点是解决国家安全执法不规范、不严格、不透明、不文明以及不作为、乱作为等突出问题。

第一,推进行政机构、职能、权限、程序、责任法定化。2024年《国家安全机关行政执法程序规定》详细规定了调查取证措施,从调查取证的一般规定、询问违法嫌疑人、问询情况、查验、查阅、调取、检查、查封、扣押、冻结、先行登记保存、辨认、鉴定等方面对《反间谍法》赋予国家安全机关的调查处置权作了进一步细化,明确了国家安全机关行政执法的权限和程序,以确保依法行政、严格执法。

第二,强化对行政权力的制约和监督。2024年《国家安全机关办理刑事案件程序规定》第5条规定:"国家安全机关进行刑事诉讼,同人民法院、人民检察院分工负责,互相配合,互相制约,以保证准确有效地执行法律。"这对于加强国家安全行政权监督,提升国家安全机关执法法治化、规范化水平有重要作用。

第三,合理使用行政裁量权。国家安全机关在依法履行职责过程中开展行政执法,应当保障个人和组织的合法权益。根据《国家安全机关行政执法程序规定》第84条和第85条的规定,国家安全机关依法采取征用措施的,应当与防范、制止和惩治违法行为的需要和违法行为可能造成的危害相适应,有多种措施可供选择的,应当选择有利于最大程度保护有关个人和组织权益的措施。

(三) 公正司法

司法机关在维护国家安全中发挥着重要作用。人民法院通过审理涉及国家安全的案件来维护国家安全和社会稳定,通过解释和适用法律来保证国家安全立法得到正确、统一的实施,通过监督国家安全机关执法权的行使来确保严格执法,通过提供司法救济来化解矛盾纠纷、保护公民和组织的合法权益。人民检察院则通过履行刑事案件的侦查和起诉、法律监督、公益诉讼等职能,来维护政治、经济、社会、文化、生态等领域的安全。公正司法是维护社会公平正义的最后一道防线,是维护社会稳定和促进国家发展的重要保障,是在法治轨道上全面建设社会主义现代化国家的必然要求。推进公正司法有以下几点要求:

第一,按照权责统一、权力制约、公开公正、尊重程序的要求,依法独立公正行使审判权和检察权,健全国家安全领域司法权力运行机制。

第二,坚持以事实为依据、以法律为准绳,确保每一个涉及国家安全的案件都能得到公正的处理,重点解决好损害群众权益的突出问题,不断提升人民群众的安全感和满意度。

第三,构建开放、动态、透明、便民的阳光司法机制,依法及时公开国家安全司法依据、程序、流程、结果和裁判文书,推进审判公开、检务公开,杜绝暗箱操作,坚决遏制司法腐败。

(四) 全民守法

全民守法是法治社会的基础工程。推进全民守法,必须加大全民普法力度,加强青少年法治教育,增强全民法治观念,让法治信仰根植于人民心中,形成全民守法的氛围。增强全民国家安全法治观念,营造"国家安全,人人有责"的良好法治氛围,要做到以下几点:

一是加强国家安全法治宣传。加强国家安全法治宣传,要把全民国家安全普法作为依法维护国家安全的长期基础性工作,突出国家安全法的指导思想、基本原则、主要任务、公民和组织的义务和权利等国家安全普法的重点内容;要不断拓展全民普法的途径、创新全民普法的方式,在落实"谁执法谁普法"责任制的同时,运用短视频、微博、微信等新兴媒体开展智慧普法,推动全民普法由"粗放型"向"精细化"转变。

二是加强青少年国家安全法治教育。全民国家安全普法要在针对性和实效性上下功夫,特别是要加强青少年国家安全法治教育。国家安全法治教育从娃娃抓起,事关整体国家安全法治水平。开展青少年国家安全法治教育,一方面要按照从易到难、由浅入深的规律,在国民教育中增加国家安全法治教育内容,逐步增强青少年的国家安全法治意识;另一方面要不断开发适应青少年身心发展的国家安全普法形式,有趣有料才能入脑入心。

三是建立健全民主立法机制。现代民主政治理论认为,国家的一切权力来自人民,人民作为主权者,通过选举自己的代表组成立法机关,由立法机关制定法律,再由行政机关和司法机关执行法律,以此实现人民对国家的统治和管理。① 建立健全民主立法机制,让人民群众有序参与国家安全立法过程,能够让人们更深入地理解国家安全法律、更主动地遵守国家安全法律。

三、尊重和保障人权

人权是人基于人格尊严而享有的、对于人的生存和发展具有重要意义的基本权利。尊重和保障人权是人类文明进步的一个重要标志,也是现代法治的基本特征。人权有应有人权、法定人权和实有人权三个层次,把人权纳入法律制度框架、将人权从道德权利转换为法律权利,有利于人权的保障和实现。在我国,法律意义上的人权以《宪法》有关"公民基本权利"的规定予以表现。在依法维护国家安全过程中尊重和保障人权,既要以积极的国家安全建设促进和保障公民获得安全的基本人权,又要以法律规制国家安全工作,防范国家机关及其工作人员违法侵犯公民的权利,加强国家安全工作中的人权保障。②

(一)依法保护人民的基本权利

法国法学家瓦萨克将人权的发展划分为三代:第一代人权关注"自由",以公民权利和政治权利为主要内容;第二代人权强调"平等",以经济、社会和文化权利为主要内容;第三代人权主张"博爱",以发展权、环境权等集体权利为主要内容。③

---

① 封丽霞:《民主立法:全过程民主的展现》,载《中国党政干部论坛》2021年第7期。
② 刘小妹:《〈国家安全法〉充分体现人权保障原则》,载《人民法治》2016年第8期。
③ 朱景文主编:《法理学》(第四版),中国人民大学出版社2021年版,第204页。

《国家安全法》第 3 条规定,人民安全是国家安全工作的宗旨;第 16 条规定:"国家维护和发展最广大人民的根本利益,保卫人民安全,创造良好生存发展条件和安定工作生活环境,保障公民的生命财产安全和其他合法权益。"人民安全表现为人民生命财产的安全、生存发展条件的保障和工作生活环境的安定。从人权的角度来看,人民安全是一种集体人权,是人民的基本权利。在国家安全工作中贯彻尊重和保障人权原则,必须依法保护人民的基本权利。

第一,保护人民的生命权和财产权。生命权和财产权是人民的基本权利,生命财产安全也是人民安全的首要内容。如果人民的生命财产得不到保障,不仅国家的稳定和发展会受到严重影响,国家安全工作也会失去人民的支持。

第二,保障人民生存发展的基本条件。衣食住行是人类生存和发展的基础,保障人民安全、保护人民的基本权利应当加强对食品安全、公共安全、生态安全等安全领域的维护,积极回应人民群众日益增长的生存发展需要。

第三,保障人民工作生活的安定环境。安定的工作生活环境是人民生产生活的基本前提。保障人民群众工作生活环境的安定,一方面要加强国防和军队现代化建设,保卫领陆、内水、领海和领空安全;另一方面要加强社会治理体系和治理能力现代化建设,维护社会安全。

(二)依法保护公民的基本权利和自由

《宪法》规定了包括政治权利和自由、宗教信仰自由、人身自由、监督权、平等权、社会经济与文化教育权利等在内的公民基本权利。在维护国家安全过程中尊重和保障人权,既要依法保护公民的基本权利不受侵害,又要以积极的国家安全建设促进这些基本权利的实现。

为保障公民基本权利不受侵害,国家安全立法进一步细化了宪法的相关规定。例如,《国家安全法》第 82 条关于"公民和组织对国家安全工作有向国家机关提出批评建议的权利,对国家机关及其工作人员在国家安全工作中的违法失职行为有提出申诉、控告和检举的权利"的规定,是《宪法》第 41 条有关公民对国家机关和国家工作人员监督权的规定在国家安全领域的延伸;《国家安全法》第 83 条关于"在国家安全工作中,需要采取限制公民权利和自由的特别措施时,应当依法进行,并以维护国家安全的实际需要为限度"的规定,是《宪法》第 37 条有关公民人身自由不受侵犯的规定在国家安全工作中的具体化。《反恐怖主义法》《反间谍法》《国家情报法》等其他国家安全法律中,也有与公民基本权利保护相关的条款。

安全是发展的条件,发展是安全的基础,是最大的安全。为促进公民基本权利的实现,国家安全立法又通过规定积极的国家安全建设来不断提高维护持续安全的能力。例如,《宪法》第47条赋予公民进行文学艺术创作和其他文化活动的权利和自由。又如,《国家安全法》第23条从培育和践行社会主义核心价值观、继承和弘扬中华民族优秀传统文化、增强文化整体实力和竞争力等方面规定了维护文化安全的任务,为保护和实现公民基本文化权利奠定了基础。

(三)依法行使维护国家安全的职权

保护私权利、限制公权力是法治原则的核心要义。尊重和保障人权既要依法保障公民的基本权利和自由,也要对公权力加以约束,确保国家机关和国家机关工作人员在国家安全工作中依法行使职权。对公权力进行限制和约束是国家安全立法、国家安全行政和国家安全司法的重要目标,贯穿于国家安全立法、行政和司法的全过程。

依法行使维护国家安全的职权、实现对公权力的限制和约束首先要对国家机关职权进行法定化、制度化,通过国家安全立法规定维护国家安全职权行使的条件、范围、程序、对职权的监督以及违法或不当行使职权所应承担的责任等权力限制条款。例如,《突发事件应对法》第12条规定:"县级以上人民政府及其部门为应对突发事件的紧急需要,可以征用单位和个人的设备、设施、场地、交通工具等财产。被征用的财产在使用完毕或者突发事件应急处置工作结束后,应当及时返还。财产被征用或者征用后毁损、灭失的,应当给予公平、合理的补偿。"

在维护国家安全职权的行使过程中实现对公权力的限制和约束,一方面要做到法无授权不可为,尽可能减少并取消不适当的行政审批事项;另一方面要认真执行宪法的人权条款和权力机关的人权立法。[1] 马克思认为,权利永远不能超出社会的经济结构以及由经济结构制约的社会的文化发展。[2] 行使维护国家安全的职权还应当使人权保障与社会经济发展状况相适应,注意人权保障随经济社会发展而出现的新内容和新要求,积极推动法定人权向实有人权转化,确保人权的充分实现。

---

[1] 张文显主编:《法理学》(第五版),高等教育出版社、北京大学出版社2018年版,第354页。
[2] 《马克思恩格斯选集》(第三卷),人民出版社2012年版,第364页。

司法是限制和约束公权力、保证维护国家安全职权依法行使的有效机制。行政诉讼是司法纠正和遏制维护国家安全职权违法或不当行使的有效途径,根据《国家安全法》第 82 条的规定,公民和组织对国家机关及其工作人员在国家安全工作中的违法失职行为有提出申诉、控告和检举的权利。此外,国家安全司法过程中无罪推定、非法证据排除、当事人陈述、申辩、申诉等程序和权利的设置本身也是司法保障人权的体现。

第三节 统筹协调原则

总体国家安全观是一个辩证、全面、系统的思想体系。2014 年习近平在中央国安委第一次会议上正式提出总体国家安全观,强调贯彻落实总体国家安全观必须既重视外部安全,又重视内部安全;既重视国土安全,又重视国民安全;既重视传统安全,又重视非传统安全;既重视发展问题,又重视安全问题;既重视自身安全,又重视共同安全。这"五对关系"蕴含着系统性战略思维,揭示了总体国家安全观的整体统筹性。①

总体国家安全观是一个内容丰富、开放包容、不断发展的思想体系。2017 年党的十九大以"统筹"的方式对"五对关系"进行了表述,即"统筹发展和安全、统筹外部安全和内部安全、国土安全和国民安全、传统安全和非传统安全、自身安全和共同安全"。2021 年党的十九届六中全会进一步提出"五个统筹",即"统筹发展和安全,统筹开放和安全,统筹传统安全和非传统安全,统筹自身安全和共同安全,统筹维护国家安全和塑造国家安全"。2022 年党的二十大提出"五个统筹"的新表述,即"统筹外部安全和内部安全、统筹国土安全和国民安全、统筹传统安全和非传统安全、统筹自身安全和共同安全、统筹维护和塑造国家安全"。"统筹发展和安全"被单独提出,成为治国理政的重大原则;②而"更好维护开放安全"也在"以新安全格局保障新发展格局"的国家安全战略中被强调。③《国家安全法》第 8 条关于"维护国家安全,应当与经济社会发展相协调"的规定确立了统筹协调原则,为总体国家安全观"五个

---

① 邬超、殷亚硕:《总体国家安全观"五个统筹"理念的历史演变、内在逻辑与实践原则》,载《江南社会学院学报》2021 年第 4 期。
② 陈向阳:《总体国家安全观引领塑造新时代中国安全》,载《国家安全论坛》2024 年第 1 期。
③ 陈向阳:《以新安全格局保障新发展格局:双治理与双循环》,载《人民论坛·学术前沿》2023 年第 19 期。

统筹"要求融入国家安全法治实践奠定了基础。

一、统筹发展和安全

统筹发展和安全,增强忧患意识,做到居安思危,是我们党治国理政的一个重大原则,也是全面依法治国、依法维护国家安全必须遵守的重要原则。

(一)统筹发展和安全的内涵

党的二十大报告指出,当前,世界百年未有之大变局加速演进,新一轮科技革命和产业变革深入发展,国际力量对比深刻调整,我国发展面临新的战略机遇。与此同时,我国改革发展稳定也面临不少躲不开、绕不过的深层次矛盾。在我国发展进入战略机遇和风险挑战并存、不确定难预料因素增多的时期,只有坚持统筹发展和安全,才能实现高质量发展和高水平安全,确保国家兴旺发达、社会长治久安。

首先,坚持发展和安全并重。安全是发展的条件,发展是安全的基础。国家安全是国家生存发展的基本条件和重要保障。发展是硬道理,我国仍处于并将长期处于社会主义初级阶段,只有以经济建设为中心,才能为国家安全提供坚实的物质支持和有效的维护塑造手段,破解各种矛盾、化解各类风险。维护国家安全最终是为了更好地促进发展,实现国强民富、国泰民安。

其次,发展和安全要动态平衡。马克思主义唯物辩证法认为,任何事物的存在都是绝对运动和相对静止的统一,发展和安全之间的平衡也并非静止不变,而是始终处于一种不断变化的状态当中。这就要求统筹发展和安全应当时刻关注它们所处的环境和条件,顺应发展和安全之间关系的变化来找准平衡点,及时把握问题重点,调节应对策略,实现发展与安全的动态平衡。

最后,发展和安全要良性互动。加快构建以国内大循环为主体、国内国际双循环相互促进的新发展格局,是一项关系我国发展全局的重大战略任务。在构建新发展格局中实现高质量发展和高水平安全良性互动,一方面要坚持深化供给侧结构性改革、加强自主创新、加快培育完整内需体系,另一方面要不断提升风险防控和应急处置能力水平,有效防范高质量发展和高水平开放条件下的各种风险挑战。

(二)"统筹发展和安全"的要求

"统筹发展和安全"要求在维护国家安全过程中要坚持底线思维、强化风险意识,从问题导向把握新发展理念,以新安全格局保障新发展格局。

一是坚持忧患意识和问题导向。面对内外部环境变化带来的各种风险和挑战,必须增强忧患意识,坚持底线思维,做到居安思危、未雨绸缪,准备经受风高浪急甚至惊涛骇浪的重大考验。要坚持问题导向,深入分析问题背后的原因,及时化解矛盾风险,不断提高保持持续安全的能力。

二是坚持新发展理念。创新、协调、绿色、开放、共享的新发展理念,是在全面总结国内外发展经验教训、科学把握发展趋势的基础上形成的,也是针对我国发展中存在的突出矛盾和问题提出的。创新发展注重解决发展动力问题,协调发展注重解决发展不平衡问题,绿色发展注重解决人与自然和谐问题,开放发展注重解决发展内外联动问题,共享发展注重解决社会公平正义问题。

三是以新安全格局保障新发展格局。新安全格局是为适应新发展格局而提出的、以总体国家安全观为指导的、以维护塑造国家安全为目标的总体的、系统的国家安全体系。以新安全格局保障新发展格局,必须坚持党对国家安全工作的绝对领导,强化顶层设计,增强全党全国各族人民的国家安全意识;坚持系统谋划和动态引领,统筹推进各领域安全,加强各领域安全之间的协调联动;坚持增强硬实力与提升软实力相结合,通过改革创新和开放发展提升国家安全实力。

(三)统筹发展和安全的法治化

以法治思维和法治方式贯彻"统筹发展和安全",需要将其融入国家安全法律制定、实施、监督全过程,加快形成完备的国家安全法律规范体系、高效的国家安全法治实施体系、严密的国家安全法治监督体系。

第一,完善国家安全立法。党的十八大以来,国家安全领域立法取得显著进展,初步形成了以宪法为基础、国家安全法为核心、具体国家安全领域立法为支撑、国家安全相关立法为补充的国家安全法律规范体系。但已有立法偏重传统安全领域,且立法较为原则,可操作性略显不足。完善国家安全立法应当推进科技、文化、海外利益等非传统安全领域和人工智能、量子信息、深地深海等新兴安全领域立法,并制定出台相应的配套实施细则,提高国家安全法律的可操作性。

第二,强化国家安全法治实施。严格执法、公正司法是国家安全法律全面有效实施的保障。当前的国家安全法治实施体系更偏重传统安全领域,对于跨领域、跨行业的非传统安全领域,相关执法司法部门之间的联动略显不足,且非传统安全领域的执法司法力度较弱,在国家安全执法司法中贯彻"统筹发展和安全",应当细化相关国家安全机关的职能分工,建立各类机关之间的协同治理机制,同时强化相关国家安全机关的执法司法能力。①

第三,优化国家安全法治监督。党内监督、立法机关监督、行政机关监督、司法机关监督、社会监督是国家安全法治监督的主要方式。当前国家安全法治监督体系更注重党和国家主导下的监督,行业监督、社会监督相对不足。为贯彻"统筹发展和安全",国家安全法治监督体系应当在坚持党领导法治监督工作的基础上进一步优化:一是要强化行业内部监督,设定本领域内部的安全标准;二是要善用高端技术监督,通过人工智能技术、区块链技术等新技术提升关键信息基础设施安全保护和国家关键数据资源保护能力;三是要鼓励人民参与监督,不断增强人民群众国家安全法治意识。②

二、统筹外部安全和内部安全

习近平指出:"安全问题早已超越国界,任何一个国家的安全短板都会导致外部风险大量涌入,形成安全风险洼地;任何一个国家的安全问题积累到一定程度又会外溢成为区域性甚至全球性安全问题。"③维护国家安全必须统筹外部安全和内部安全,处理好外部安全和内部安全的关系。

(一)统筹外部安全和内部安全的内涵与要求

外部安全涉及大国关系、区域稳定和发展、发展中国家团结合作以及网络空间主权;内部安全涵盖国家的政治安全、经济安全、社会安全等多个领域,政治安全以政权安全和政治制度安全为核心,经济安全以社会主义基本经济制度安全、经济秩序安全为重点,社会安全以社会稳定、社会治理和公共服务为主要内容。

统筹外部安全和内部安全要做到既重视外部安全,又重视内部安全,对内求发展、求变革、求稳定、建设平安中国,对外求和平、求合作、求共赢、建设和谐世界。当前,国际问题国内化、国内问题国际化的态势日益明显,外部安全和内部安全相互关联、不可分割,只有先内后外、在维护国内稳定的基础上

---

① 舒洪水:《完善国家安全法治体系 以高水平安全保障高质量发展》,载《民主与法制》周刊2024年第8期。
② 同上。
③ 习近平:《坚持合作创新法治共赢 携手开展全球安全治理》,载《人民日报》2017年9月27日第2版。

才能有效保障外部安全。

(二)统筹外部安全和内部安全的法治化

在法治框架内统筹外部安全和内部安全,应当加快推进涉外法治体系和能力建设,做好以下几个重要方面工作:其一,在涉外立法上,建立健全反制裁、反干涉、反制"长臂管辖"的法律法规,加快形成系统完备的涉外法律法规体系,加快推进我国法域外适用的法律体系建设。其二,在涉外执法上,建设协同高效的涉外法治实施体系,积极参与执法安全国际合作,共同打击"三股势力"、贩毒走私、跨国有组织犯罪。其三,在涉外司法上,逐步推进涉外司法审判体制机制改革,不断提高涉外司法审判能力和水平,强化涉外司法效能,提高涉外司法公信力。其四,在涉外守法上,引导企业、公民在"走出去"过程中运用法治和规则维护自身合法权益,加强涉外法律服务。其五,在国际法治合作上,深化执法司法国际合作,深化律师、仲裁、调解、公证等领域的法律服务协作,加强领事保护与协助,强化我国海外利益保护。[1]

三、统筹国土安全和国民安全

"统筹国土安全和国民安全"要求的提出明确了国家安全维护中"人"的重要性,是对总体国家安全观"以人民安全为宗旨"的坚持和遵循。

(一)统筹国土安全和国民安全的内涵与要求

国土安全涉及领土完整、国家统一、边疆边境、海洋权益等多个方面,国民安全即人民安全,指人民的生命财产不受侵犯、人民生存发展的基本条件能够得到满足、安定的工作生活环境能够得到保障。国土安全是国家存在的物理基础,"国民安全是国家安全的核心"[2],国民安全是国土安全的根本目的,维护国土安全是为了保障国民安全,两者内在统一、相辅相成。

统筹国土安全和国民安全应当既重视国土安全,又重视国民安全,坚持以民为本、以人为本,坚持国家安全一切为了人民、一切依靠人民,夯实国家安全的群众基础。"统筹国土安全和国民安全"一方面体现了国民安全是国家安全的根本目的;另一方面也反映了国家安全领域更广泛存在的"物"与"人"的关系,要求既重视"物安全"又重视"人安全",而且"人安全"对"物安

---

[1] 黄进:《加快推进涉外法治体系和能力建设》,载《光明日报》2023年12月23日第5版。
[2] 刘跃进:《国家安全体系中的国民安全探析》,载《人民论坛·学术前沿》2023年第20期。

全"具有目的意义上的优先性和重要性。①

(二)统筹国土安全和国民安全的法治化

在国家安全法治建设中统筹国土安全和国民安全,要做到两点:

一是依法保护国家领土和主权安全。《国家安全法》第17条规定:"国家加强边防、海防和空防建设,采取一切必要的防卫和管控措施,保卫领陆、内水、领海和领空安全,维护国家领土主权和海洋权益。"《宪法》《领海及毗连区法》《专属经济区和大陆架法》《海岛保护法》《海洋环境保护法》等构成我国领土主权和海洋权益的基本保护框架。只有确保国家领土和主权安全,才能为人民群众提供生存发展必需的自然环境和自然资源,为人民群众提供工作生活必需的安全稳定的外部环境。

二是依法保护人民的基本权利。人民安全是国家安全的宗旨。只有保证国民安全,国土安全才有意义。《国家安全法》第16条规定:"国家维护和发展最广大人民的根本利益,保卫人民安全,创造良好生存发展条件和安定工作生活环境,保障公民的生命财产安全和其他合法权益。"在维护国土安全的立法、执法、司法过程中,要重视"人"的安全,把握"人安全"对"物安全"的优先性,确保人民的生命财产得到保护、人民生存发展的基本条件和安定的工作生活环境得到保障。

四、统筹传统安全和非传统安全

传统安全和非传统安全相互交织、相互融合,在一定条件下还能相互转化。统筹传统安全和非传统安全应当坚持统筹发展和安全的基本原则,以系统观念和辩证方法协调两者之间的关系。

(一)统筹传统安全和非传统安全的内涵与要求

传统安全主要涉及政治、军事、外交等安全领域,非传统安全是冷战后出现的,涉及经济、文化、社会、网络、生态、资源、核、海外利益等安全领域。

当今时代,传统安全要素与非传统安全要素相互交织,政治安全、国土安全、军事安全等传统安全已经包含了许多非传统安全要素,许多非传统安全要素直接与传统安全密切相关,而国民安全、经济安全、文化安全、资源安全

---

① 刘跃进:《论国家安全领域的七个统筹》,载《上海交通大学学报(哲学社会科学版)》2022年第6期。

等本身就兼具传统与非传统特征,是传统与非传统的融合。① 并且,传统安全和非传统安全在一定条件下还可以相互转化,比如经济、资源、粮食等非传统安全问题会引发军事、政治等传统安全问题。

传统安全和非传统安全相互交织、相互渗透、互相转化的特性是统筹传统安全和非传统安全的基本前提。统筹传统安全和非传统安全应当既重视传统安全,又重视非传统安全,构建集政治安全、国土安全、军事安全、经济安全、文化安全、社会安全、科技安全、信息安全、生态安全、资源安全、核安全等于一体的国家安全体系。

(二)统筹传统安全和非传统安全的法治化

以法治思维和法治方式统筹传统安全和非传统安全,应当坚持统筹发展和安全的理念,积极应对传统安全威胁和非传统安全威胁之间的交织和转化。

一是加强非传统安全立法,通过立法明确非传统安全的范围和类型,行使预防、处置非传统安全风险权力的国家机关的范围、职责内容、协同工作机制等,增强非传统安全立法的可操作性,强化非传统安全的执法司法能力。

二是以问题为导向,加强网络安全、食品安全、生态安全等重点领域的法治建设,有效防范因网络不实信息、不当言论引发社会舆情、因有毒有害食品影响社会稳定、因环境污染引发群体性事件等非传统安全风险,及时遏制非传统安全向传统安全的转化。

三是积极参与跨国犯罪、恐怖主义、气候变化、生物安全等相关国际规则的制定,加强国际合作,通过多边机制和国际组织共同应对各类新型非传统安全风险以及由此带来的传统安全威胁。

五、统筹自身安全和共同安全

人类是一个整体,地球是一个家园。任何人、任何国家都无法独善其身。实现各国共同安全是构建人类命运共同体的题中应有之义。自身安全和共同安全相互依存、不可分割,实现自身安全必须维护和推进共同安全。

(一)统筹自身安全和共同安全的内涵与要求

"自身安全"即本国安全,"共同安全"则是包括本国在内的所有国家的安

---

① 刘跃进:《统筹传统安全和非传统安全》,载《光明日报》2020年11月23日第14版。

全。① 基于共同安全理念,安全应该是普遍的,不能一个国家安全而其他国家不安全,一部分国家安全而另一部分国家不安全,更不能牺牲别国安全谋求自身所谓绝对安全;安全应该是平等的,各国都有平等参与国际和地区安全事务的权利,也都有维护国际和地区安全的责任;安全应该是包容的,应该恪守尊重主权、独立和领土完整、互不干涉内政等国际关系基本准则,尊重各国自主选择的社会制度和发展道路,尊重并照顾各方合理安全关切。②

全球化背景下,各国相互联系、相互依存的程度不断加深,在共同安全中实现自身安全,必须倡导共同、综合、合作、可持续的全球安全观,统筹自身安全和共同安全,做到既重视自身安全,又重视共同安全,构建人类命运共同体,推动各方朝着互利互惠、共同安全的目标相向而行。

(二) 统筹自身安全和共同安全的法治化

法治是人类政治文明的重要成果,是维护现代社会稳定的一个基本框架。在国家安全法治建设中统筹自身安全和共同安全,必须推动全球安全治理体系的变革,实现全球安全治理的法治化。

首先,积极履行国际安全义务。《国家安全法》第 10 条规定:"维护国家安全,应当坚持互信、互利、平等、协作,积极同外国政府和国际组织开展安全交流合作,履行国际安全义务,促进共同安全,维护世界和平。"统筹自身安全和共同安全,一方面要积极履行国际安全义务,与国际社会一道致力于提高全球安全水平;另一方面要推进国际安全规则的平等统一适用,确保国际安全规则的严格遵守和有效实施。

其次,建立健全国际安全合作机制。国际安全合作机制是国际社会在安全领域建立的、全球性或区域性的、多边、双边或单边的合作机制。联合国和上海合作组织、欧洲安全与合作会议、北大西洋公约组织等区域性国际组织在国际安全维护中发挥了重要作用。建立健全国际安全合作机制,要求各国平等地参与规则制定、合理行使权利、全面履行义务,同时进一步深化各国在恐怖主义、网络安全、气候变化等安全领域的合作,共同应对全球风险。

最后,推动构建人类命运共同体。推动构建人类命运共同体是完善全球

---

① 刘跃进:《论国家安全领域的七个统筹》,载《上海交通大学学报(哲学社会科学版)》2022 年第 6 期。
② 中共中央宣传部、中央国家安全委员会办公室编:《总体国家安全观学习纲要》,学习出版社、人民出版社 2022 年版,第 137 页。

安全治理体系的有效途径。运用法治思维和法治方式,完善全球安全治理体系,推动构建人类命运共同体,应当坚持多边主义和共商共建共享原则,加强国际法运用,促进国际规则的完善和发展;坚持统筹推进国内法治和涉外法治,加快涉外法治工作战略布局,在复杂多变的国际局势中站稳脚跟、维护国家重大利益。①

六、统筹维护和塑造国家安全

当今世界是一个变革的世界,是一个新机遇新挑战层出不穷的世界。当今中国正在经历广泛而深刻的社会变革,危与机并存,机遇和挑战同在。在国际形势复杂多变、国内安全压力和风险因素增多的大背景下,统筹维护和塑造国家安全尤为重要。

(一)统筹维护和塑造国家安全的内涵与要求

2018年4月17日,习近平在十九届中央国安委第一次会议上强调:"坚持维护和塑造国家安全,塑造是更高层次更具前瞻性的维护,要发挥负责任大国作用,同世界各国一道,推动构建人类命运共同体。"

"维护国家安全"的维护对象是国土、主权、政治等传统的国家安全要素和内容,维护手段是军队、警察、情报等方面的暴力或强力的运用;"塑造国家安全"就是运用文化、经济、心理、政策等软实力、巧实力,以及交流、贸易、合作、共赢等软措施、软手段,通过长期的互利互信、潜移默化,使国家安全逐渐得到缓慢而坚实的提升和强化。② 相较于"维护","塑造"由于在应对安全风险时更能体现主动性、自觉性和创造性而具有"更高层次""更具前瞻性"。

"维护"和"塑造"是国家安全治理的两个方面,维护国家安全和塑造国家安全相互联系、彼此统一。统筹维护和塑造国家安全,应当既重视针对国家安全现实的强力维护,又重视针对国家安全未来的软性塑造,有效发挥"维护"和"塑造"的双重综合作用,使国家安全得到全方位、可持续的保障。

(二)统筹维护和塑造国家安全的法治化

实现国家长治久安和持续安全,需要强力,更需要软实力。以法治思维

---

① 张鸣起:《坚持统筹推进国内法治和涉外法治 推动全球治理体系变革》,载《民主与法制》周刊2023年第42期。
② 刘跃进:《论国家安全领域的七个统筹》,载《上海交通大学学报(哲学社会科学版)》2022年第6期。

和法治方式统筹维护和塑造国家安全,尤其要注重经济、文化、外交等维护国家安全的软实力、软手段的法治化。

其一,在经济上,完善支持创新、鼓励创新、保护创新的法律体系,依法规范和引导资本健康发展,优化法治化营商环境,健全社会公平法律制度体系,加强对人工智能、生物技术、自动驾驶等新技术新业态的法律规制,稳步扩大制度型开放。

其二,在文化上,完善文化遗产立法,推动中华优秀传统文化创造性转化、创新性发展;加强文化产业和文化市场立法,发挥市场在文化资源配置中的积极作用,激发文化创造创新活力;深化文化领域审批改革,创新事中事后监管方式;有序放宽文化领域限制性措施,主动对接国际高水平经贸规则。

其三,在对外关系上,一体推进涉外立法、执法、司法、守法和法律服务,建设同高质量发展、高水平开放要求相适应的涉外法治体系和能力;主动参与各类国际规则的制定和完善,推动国际关系民主化和法治化;参与引领全球治理体系改革,推动构建人类命运共同体。

第四节 预防为主、标本兼治原则

预防为主、标本兼治是党和国家在长期革命战争和治国理政中形成的一个重要理念和经验,也是我国国家安全法的一项基本原则。这一原则不仅在《国家安全法》中有明确规定,而且在很多涉及国家安全的党内法规和国家法律中都有规定。有观点认为,预防为主"就是要立足长远、立足基础,尊重国家安全工作的客观规律,注重及时发现影响国家安全的苗头、隐患,及时采取措施,并不断强化维护国家安全的能力"[①]。

一、预防为主原则的内涵和表现

(一)预防为主原则的基本内涵

"预防为主"作为一项治理原则,最早在社会治安综合治理工作中明确提出。1991年2月《中共中央、国务院关于加强社会治安综合治理的决定》把社会治安综合治理的工作范围规定为"打击、防范、教育、管理、建设、改造"六个

---

① 郑淑娜主编:《中华人民共和国国家安全法解读》,中国法制出版社2016年版,第43页。

方面,同时明确提出"打击是综合治理的首要环节"。同年3月,全国人大常委会会议审议通过的《关于加强社会治安综合治理的决定》第2条规定,"社会治安综合治理必须坚持打击和防范并举,治标和治本兼顾,重在治本的方针。"由此可见,当时注重预防的理念已经形成,但尚未确立"预防为主"的方针和原则。

到了2001年,《中共中央、国务院关于进一步加强社会治安综合治理的意见》明确提出"'打防结合,预防为主'是做好社会治安综合治理工作的指导方针"。2004年,《中共中央关于加强党的执政能力建设的决定》进一步提出:"坚持打防结合、预防为主,专群结合、依靠群众,加强和完善社会治安综合治理工作机制。"2006年,《中共中央关于构建社会主义和谐社会若干重大问题的决定》提出:"加强社会治安综合治理,增强人民群众安全感。坚持打防结合、预防为主、专群结合、依靠群众的方针。"由此可见,在社会治安综合治理的话语叙事中,"预防为主"的基本内涵包含了打击和防范两方面工作,同时在两者之中要求以防范工作为主。

在国家安全领域,"预防为主"的内涵略有不同。2015年《国家安全法》第9条明确规定了预防为主原则,同时把应对危害国家安全的行为的工作类型分为防范、制止和惩治三个方面。这也就意味着,根据《国家安全法》第9条的规定,在我国国家安全工作中,"预防为主"原则的基本内涵是:国家安全工作一般性地分为防范、制止和惩治三个方面;在这三项工作之中,应以防范(预防)为主,以制止和惩治为辅。

我国国家安全法确立"预防为主"原则,主要有以下原因:

第一,基于对国家安全工作性质和特点的深刻认识。国家安全工作是事关国家核心利益和重大利益的工作,危害行为一旦发生,可能造成难以挽回的后果,因此应立足于防,尽最大可能从源头防止危害发生。

第二,基于对国家安全风险演化的规律性认识。从风险演化角度来说,防范、制止和惩治工作,分别对应于国家安全风险的早期、中期和后期,前期工作取得成效,就能够减少中后期风险。关于风险演化,习近平指出:"各种矛盾风险挑战源、各类矛盾风险挑战点是相互交织、相互作用的。如果防范不及、应对不力,就会传导、叠加、演变、升级,使小的矛盾风险挑战发展成大的矛盾风险挑战,局部的矛盾风险挑战发展成系统的矛盾风险挑战,国际上的矛盾风险挑战演变为国内的矛盾风险挑战,经济、社会、文化、生态领域的矛盾风险挑战转化为政治矛盾风险挑战,最终危及党的执政地位、危及国家安全。"①

第三,基于对国家安全能力建设的深刻认识。在带有攻防性、对抗性的国家安全工作中,能力建设往往具有决定性意义。缺少必要的能力,不可能防范化解国家安全风险,维护国家安全和社会稳定。能力建设的基本作用是提高自身韧性,减少或消除脆弱性,对维护国家安全具有基础性作用。确立预防为主原则,有助于重视能力建设,夯实国家安全的能力基础。

(二)预防为主原则的具体体现

注重防范风险、坚持预防为主的方针和原则,在涉及国家安全的党内法规和国家法律中有广泛体现。在党内法规方面,例如,《中国共产党政法工作条例》第12条第4项规定,党委政法委员会的主要职责之一是:"了解掌握和分析研判社会稳定形势、政法工作情况动态,创新完善多部门参与的平安建设工作协调机制,协调推动预防、化解影响稳定的社会矛盾和风险,协调应对和妥善处置重大突发事件,协调指导政法单位和相关部门做好反邪教、反暴恐工作。"

在国家法律方面,首先,2015年《国家安全法》作为国家安全领域的综合性、全局性、基础性法律,明确规定了预防为主原则,并且对国家安全风险预防、评估和预警作出专门规定,此外还对国家安全能力建设作出全面规定。其次,很多国家安全专门立法都彰显了注重预防风险的立法理念,有的直接规定了预防为主原则。例如,《生物安全法》不仅明确规定了"风险预防"原则,而且还对生物安全风险防控、生物安全能力建设分别作出专章规定,充分彰显了预防为主的理念;《保守国家秘密法》不仅明确规定了"积极防范"的原则,还对机关、单位及时发现并处置安全保密风险隐患等作出专门规定;《反恐怖主义法》第5条明确规定:"反恐怖主义工作坚持专门工作与群众路线相结合,防范为主、惩防结合和先发制敌、保持主动的原则。"《禁毒法》第4条第1款规定:"禁毒工作实行预防为主,综合治理,禁种、禁制、禁贩、禁吸并举的方针。"

---

① 中共中央党史和文献研究院编:《习近平关于防范风险挑战、应对突发事件论述摘编》,中央文献出版社2020年版,第8页。

二、标本兼治原则的内涵和表现

(一) 标本兼治原则的基本内涵

标本兼治最初是一个中医用语,后来被广泛运用于国家治理领域,成为一种治理方针和治理模式。具体来说,在国家治理的语境中,标本兼治是指面对国家治理中存在的问题,要综合运用治标和治本的方法,既解决当前突出问题,又解决问题背后的深层次问题,力求从源头和根本上彻底解决问题。标本兼治作为一种治理方针和原则,广泛运用于国家治理的各个领域。尤其是对于那些反复发作的顽瘴痼疾和重点难点问题,更加强调既要治标又要治本。在国家安全领域,习近平在论及生态安全、公共安全、反恐怖主义、反毒品走私、反跨国有组织犯罪、反黑恶势力、防范系统性风险、反分裂、反腐败等问题时,都强调了标本兼治的方针和原则。

(二) 标本兼治原则的具体表现

标本兼治作为一种治理方针和原则,在很多党内法规中都有所表现,而且明确写入了《中国共产党章程》,所适用的治理领域也不断扩大。

为了解决日益突出的腐败问题,党的十七大把"坚持标本兼治、综合治理、惩防并举、注重预防的方针"写入《中国共产党章程》。在此基础上,党的十九大修改《中国共产党章程》,把"坚持依规治党、标本兼治"写入《中国共产党章程》,进一步把标本兼治原则的覆盖范围扩大到全面从严治党的所有领域,所针对的问题也不再只是腐败问题,而是精神懈怠、能力不足、脱离群众、消极腐败等"四大危险"。

标本兼治原则在国家安全立法中也有广泛表现。例如,2015年《国家安全法》明确规定了"标本兼治"原则。再如,《反恐怖主义法》第4条规定:"国家将反恐怖主义纳入国家安全战略,综合施策,标本兼治,加强反恐怖主义的能力建设,运用政治、经济、法律、文化、教育、外交、军事等手段,开展反恐怖主义工作。国家反对一切形式的以歪曲宗教教义或者其他方法煽动仇恨、煽动歧视、鼓吹暴力等极端主义,消除恐怖主义的思想基础。"《反有组织犯罪法》第4条规定:"反有组织犯罪工作应当坚持专门工作与群众路线相结合,坚持专项治理与系统治理相结合,坚持与反腐败相结合,坚持与加强基层组织建设相结合,惩防并举、标本兼治。"《监察法》第6条规定:"国家监察工作坚持标本兼治、综合治理,强化监督问责,严厉惩治腐败;深化改革、健全法治,有效制约和监督权力;加强法治教育和道德教育,弘扬中华优秀传统文化,构建不敢腐、不能腐、不想腐的长效机制。"《反间谍法》第 2 条规定:"反间谍工作坚持党中央集中统一领导,坚持总体国家安全观,坚持公开工作与秘密工作相结合、专门工作与群众路线相结合,坚持积极防御、依法惩治、标本兼治,筑牢国家安全人民防线。"

第五节 专群结合原则

一、专群结合原则的基本内涵

专群结合原则,即专门工作与群众路线相结合原则,是我国国家治理一项重要原则。这一原则强调在国家治理中,既要充分发挥专门机关的专业优势,又要广泛动员和依靠人民群众的力量,形成国家治理的强大合力。专群结合原则的形成,与我国社会主义制度的本质特征密切相关。我国是人民民主专政的社会主义国家,人民是国家的主人,国家治理的出发点和落脚点都是为了维护人民根本利益。因此,在国家治理过程中,既要充分发挥专门机关的作用,也要充分尊重人民的主体地位,充分发挥人民群众的积极性、主动性和创造性。同时,专群结合原则的形成和实际运行,离不开中国共产党的作用。只有在中国共产党的有力领导和统筹协调之下,才能实现专门机关之间的通力合作,以及国家政权机关与人民群众的紧密结合。专群结合原则的基本内涵主要包括:

(一) 专门机关的专业化治理

现代化的一个重要表征就是建立在分工基础上的专业化。专业化表现在政治、经济、社会等各方面各领域。在政府方面,主要表现为国家政权机关的不断分化、分立以及在此基础上的专业化。在现代宪法制度下,各类国家机构各自承担着法律设定的职能、职权和职责,形成一个又一个专业化的事务领域,其中就包括安全事务领域。在各个事务领域,由专门机关实施专业化治理是现代政治和法治运作的应有之义。具体到国家安全领域,每一个重点安全领域的事务,都有相应的专门机关作为主管机关。同时,由于国家安全事务的综合性、衍生性特征,很多国家安全事务可能涉及多个政府部门,这种情况下,不同部门之间需要建立合作机制,实现有效衔接和协同治理。

(二) 人民群众的参与和自治

人民群众是国家治理的主体,其广泛参与和自治是国家治理有效性的重要基础。在我国国家治理中,人民群众可以通过各种渠道和方式参与国家治理,如参与立法、参与政策制定、参与具体事务治理等。同时,在很多事务中,人民群众通过实行自治的方式,能够更加高效便捷地解决人民群众内部的问题,为国家治理奠定重要基础。在总体国家安全观视域下,我国国家安全领域不断拓展,国家安全事务日益繁多复杂,客观上更加需要人民群众的参与和自治。尤其是在一些对专业知识技能要求不太高的领域,或者说那些需要构筑广泛人群参与的安全事务领域,人民群众的参与和自治能够发挥不可替代的作用,形成全社会共治的良好局面。

(三) 专业化治理与社会共治的紧密结合

专业化治理和社会共治作为现代国家治理的两种基本模式,既各有所长,又各有所短。比如,专门机构的专业化治理在合法性、权威性等方面具有明显优势,但也广泛存在治理资源不足、繁文缛节、消极懈怠,乃至形式主义、官僚主义、违法乱纪等问题。人民群众的参与和自治能够在很大程度上弥补和破解专业化治理的资源不足、繁文缛节等问题,但是,在很多专业领域,如果没有专门机构的支持和引导,不仅可能达不到所追求的效果,甚至可能产生非预期的负面效应。如何将专业化治理和社会共治更好结合起来,充分发挥两者的综合优势,是国家治理变革的重要方向。在不同的事务领域,在长期探索基础上,形成了协同治理、参与式治理等经验做法。在国家安全领域,自总体国家安全观提出以来,随着国家安全事务领域的不断扩展,党和国家也越来越注重发挥专业化治理与社会共治的结合,探索全民参与国家安全治理的制度机制,致力于夯实国家安全的基层基础。

二、专群结合原则的具体体现

(一) 在党内法规中的体现

《中国共产党章程》没有对专群结合原则作出直接规定,但是,针对国家治理中的各类专门工作,以及党必须坚持的群众路线,党章都作出了明确规定。在这些规定基础上,专群结合原则也就具有坚实的根基。

在专门工作方面,《中国共产党章程》明确规定:"党必须保证国家的立法、司法、行政、监察机关,经济、文化组织和人民团体积极主动地、独立负责地、协调一致地工作。"在这一规定中,国家的立法、司法、行政、监察机关,都是国家政权机关的重要组成部分,是专门从事立法、司法、行政和监察工作的专门机关。中国共产党作为执政党,要保证这些专门机关"积极主动地、独立负责地、协调一致地工作"。其中,"积极主动"要求各专门机关依法积极履职,反对消极懈怠、不作为;"独立负责"要求各专门机关按照专业分工,独立开展工作,各负其责;"协调一致"要求各专门机关在独立开展工作的基础上,做好工作上的衔接和配合,提高工作效能。在群众路线方面,《中国共产党章程》明确规定:"党在自己的工作中实行群众路线,一切为了群众,一切依靠群众,从群众中来,到群众中去,把党的正确主张变为群众的自觉行动。"

除了党章,还有很多党内法规明确规定了专群结合原则。例如,2004年《中共中央关于加强党的执政能力建设的决定》针对社会治安综合治理工作,提出了专群结合的方针。2006年《中共中央关于构建社会主义和谐社会若干重大问题的决定》进一步提出:"加强社会治安综合治理,增强人民群众安全感。坚持打防结合、预防为主、专群结合、依靠群众的方针。"2019年《中国共产党政法工作条例》规定政法工作应当遵循的十个原则,其中第二个原则是"坚持以人民为中心,专门工作和群众路线相结合,维护人民群众合法权益"。

(二)在国家法律中的体现

与党章类似,《宪法》中没有关于专群结合的直接规定,但是也有关于专门工作和群众路线的相关规定。例如,在群众路线方面,《宪法》第2条规定:"中华人民共和国的一切权力属于人民。人民行使国家权力的机关是全国人民代表大会和地方各级人民代表大会。人民依照法律规定,通过各种途径和形式,管理国家事务,管理经济和文化事业,管理社会事务。"再如,民主集中制是民主基础上的集中和集中指导下的民主相结合。它既是党的根本组织原则,也是群众路线在党的生活中的运用。《宪法》第3条第1款规定:"中华人民共和国的国家机构实行民主集中制的原则。"实际上也就把群众路线引入到了国家机构的运行之中。此外,《宪法》第27条第2款规定:"一切国家机关和国家工作人员必须依靠人民的支持,经常保持同人民的密切联系,倾听人民的意见和建议,接受人民的监督,努力为人民服务。"

2015年《国家安全法》明确规定了专群结合原则。该法第9条规定:"维护国家安全,应当坚持预防为主、标本兼治,专门工作与群众路线相结合,充分发挥专门机关和其他有关机关维护国家安全的职能作用,广泛动员公民和组织、防范、制止和依法惩治危害国家安全的行为。"应当注意的是，根据《国家安全法》等法律规定，国家安全领域的专门工作可以分为两种类型：一是国家安全专门机构(主要是指国家安全机关、公安机关、有关军事机关)开展的专门工作；二是指其他公权力机关开展的涉及国家安全的专门工作，这些工作分布在总体国家安全观视域下的各个重点安全领域，涉及所有的公权力机关。

2015年《国家安全法》不仅一般性地规定了专群结合原则，还基于这一原则对如何推进专群结合作出法律规定，如设立全民国家安全教育日；把国家安全教育纳入国民教育体系；要求公民、组织应当为国家安全工作提供便利条件或者其他协助，向国家安全机关、公安机关和有关军事机关提供必要的支持和协助；要求机关、人民团体、企业事业组织和其他社会组织应当对本单位的人员进行维护国家安全的教育，动员、组织本单位的人员防范、制止危害国家安全的行为；要求企业事业组织根据国家安全工作的要求，应当配合有关部门采取相关安全措施；等等。

在我国国家安全专门立法中，专群结合原则也有所体现。例如，《反间谍法》第2条规定："反间谍工作坚持党中央集中统一领导，坚持总体国家安全观，坚持公开工作与秘密工作相结合、专门工作与群众路线相结合，坚持积极防御、依法惩治、标本兼治，筑牢国家安全人民防线。"为了落实这一原则，《反间谍法》对"安全防范"作出专章规定，主要作用在于将更多社会力量纳入反间谍工作体系，实现全社会共治。如该法第12条第1款规定："国家机关、人民团体、企业事业组织和其他社会组织承担本单位反间谍安全防范工作的主体责任，落实反间谍安全防范措施，对本单位的人员进行维护国家安全的教育，动员、组织本单位的人员防范、制止间谍行为。"又如，《生物安全法》虽然没有规定专群结合原则，但是，该法所明确规定的"协同配合"原则从相关内容来看，其实也就是专群结合原则。如该法第13条规定："地方各级人民政府对本行政区域内生物安全工作负责。县级以上地方人民政府有关部门根据职责分工，负责生物安全相关工作。基层群众性自治组织应当协助地方人民政府以及有关部门做好生物安全风险防控、应急处置和宣传教育等工作。有关单位和个人应当配合做好生物安全风险防控和应急处置等工作。"

第三章　国家安全法治体系

党的十八届四中全会审议通过《中共中央关于全面推进依法治国若干重大问题的决定》,明确提出全面推进依法治国的总目标是建设中国特色社会主义法治体系,建设社会主义法治国家。中国特色社会主义法治体系包括法律规范体系、法治实施体系、法治监督体系、法治保障体系和党内法规体系五个子体系。国家安全法治体系是中国特色社会主义法治体系的重要组成部分,是中国特色社会主义法治体系在国家安全领域的具体表现,也由法律规范体系、法治实施体系、法治监督体系、法治保障体系和党内法规体系五个子体系构成。

第一节　国家安全法律规范体系

国家安全法律规范体系是由国家安全领域多层级的法律规范组成的有机整体。我国的法律规范体系指向我国当前现行有效的所有法律。法律规范体系呈现出层级性、部门法和领域法区分以及由各个组成部分相互协作和配合形成的有机整体。国家安全法律规范体系同样体现出层级区分和体系关联,包括宪法中的国家安全法规范、作为国家安全领域"基本法律"的《国家安全法》、各重点安全领域和安全事务的专门立法,以及涉及国家安全的相关法律。总体国家安全观提出以来,我国国家安全立法明显加快,制定修订一系列国家安全法律法规,形成以《宪法》和《国家安全法》为统领、以国家安全专门立法为骨干、以涉及国家安全相关立法为重要组成部分的国家安全法律规范体系。

一、我国国家安全法律规范体系的基本构造

随着国家安全法治建设工作的深入推进,国家安全立法的逐步完善,我国已经逐渐建立起以《宪法》和《国家安全法》作为统领性法律,包括国家安全专门立法和国家安全相关立法在内的立体性法律规范体系。

(一) 统领性法律

1.《宪法》

《宪法》第 28 条规定："国家维护社会秩序,镇压叛国和其他危害国家安全的犯罪活动,制裁危害社会治安、破坏社会主义经济和其他犯罪的活动,惩办和改造犯罪分子。"《宪法》第 29 条规定："中华人民共和国的武装力量属于人民。它的任务是巩固国防,抵抗侵略,保卫祖国,保卫人民的和平劳动,参加国家建设事业,努力为人民服务。国家加强武装力量的革命化、现代化、正规化的建设,增强国防力量。"虽然《宪法》没有直接定义国家安全,但《宪法》中包含了维护国家安全的相关规定,如稳定社会秩序、维护国家统一、惩治各类危害国家安全的犯罪活动等。这些规定构成国家安全法制定和实施的规范依据。

2.《国家安全法》

《国家安全法》是我国国家安全法律规范体系中的基本法,规定我国国家安全法的基本原则、整体框架和基础性条款。《国家安全法》第 3 条规定："国家安全工作应当坚持总体国家安全观,以人民安全为宗旨,以政治安全为根本,以经济安全为基础,以军事、文化、社会安全为保障,以促进国际安全为依托,维护各领域国家安全,构建国家安全体系,走中国特色国家安全道路。"该条规定了总体国家安全观要义,明示了政治安全、经济安全、军事安全、文化安全和社会安全等具体维度,为国家安全单行立法提供了框架性指引。《国家安全法》规定了维护国家安全所需遵循的基本原则,为国家安全领域的细化立法和维护国家安全活动提供了价值准则。例如《国家安全法》第 7 条规定："维护国家安全,应当遵守宪法和法律,坚持社会主义法治原则,尊重和保障人权,依法保护公民的权利和自由。"第 8 条规定："维护国家安全,应当与经济社会发展相协调。国家安全工作应当统筹内部安全和外部安全、国土安全和国民安全、传统安全和非传统安全、自身安全和共同安全。"这些条款规定了法治化、尊重人权和协调发展等原则,构成国家安全立法的基础性价值指引。

《国家安全法》从立法背景、内容等来看,具有基本法律的属性,也发挥着基本法律的统领作用,但是由于其不是由全国人大而是由全国人大常委会会议审议通过,在形式上还不是基本法律。① 鉴于军事安全领域的《国防法》、国土安全领域的《反分裂国家法》都是由全国人大审议通过,为了更好发挥《国家安全法》的统领作用,解决法律适用中可能存在的法律位阶错位问题,应适时启动法律修订,由全国人大审议通过,正式确立其基本法律的地位,更好发挥其在国家安全法律规范体系中的统领作用。

(二) 专门立法

国家安全专门立法是以总体国家安全观所展现的涉及国家安全法益的行为为调整对象,以国家安全或者其分支法益作为保护对象的法律。"总体国家安全观在安全的构成要素上体现出'整合性'特征,不仅强调上述十一个方面的安全,在诸多具体安全领域也有所阐述。这表明,国家安全体系是一个动态、开放的体系,其构成要素会随着国家安全形势和国家安全战略的变化而扩充和调整,各项具体领域的国家安全都包含在总体国家安全观的'总体'之内。"② 国家安全专门立法具有鲜明的国家安全属性,其中有些在法律名称中就直接表征为某一领域的安全法。我们可依据政治安全、国防和领土安全、经济安全、社会安全、信息安全、文化安全、生物安全和卫生安全等国家安全的具体分类,对国家安全专门立法展开分类。政治安全领域的专门立法包括《反分裂国家法》《反间谍法》,国防和领土安全领域的专门立法有《国防法》《陆地国界法》《国防交通法》,社会安全领域的专门立法有《反恐怖主义法》《反有组织犯罪法》,信息安全领域的专门立法有《国家情报法》《数据安全法》《个人信息保护法》《密码法》,生物安全领域的专门立法有《生物安全法》《野生动物保护法》,网络安全领域的专门立法有《网络安全法》等。

(三) 相关立法

相关立法是指一般并不直接以国家安全作为主题,但在法律文本中包含了涉及国家安全条款的法律,构成我国国家安全立法的重要组成部分。如国土安全领域的《领海及毗邻区法》《专属经济区和大陆架法》《国防交通法》,军事安全领域的《兵役法》《国防教育法》《退役军人保障法》《军人地位和权益保障法》《军事设施保护法》,网络安全领域的《电子商务法》《数据安全法》《反电信网络诈骗法》。

---

① 杨宗科:《论〈国家安全法〉的基本法律属性》,载《比较法研究》2019年第4期。
② 鞠丽华:《习近平总体国家安全观探析》,载《山东社会科学》2018年第9期。

二、宪法中的国家安全法规范

宪法是国家的根本大法,规定了一个国家最为重要的公民权、国家机关建制及其运作以及最基本的社会经济制度和根本任务。宪法具有最高的法律效力,在国家安全法律体系的建设中处于核心地位。《中共中央关于全面推进依法治国若干重大问题的决定》指出:"坚持依法治国首先要坚持依宪治国,坚持依法执政首先要坚持依宪执政。"

基于国家安全的重要地位,大多数国家都把保障国家安全作为一项根本任务写入宪法,以根本法形式规定国家安全的内容、保障国家安全的基本制度、维护国家安全与保障公民权利之间的规范协调以及落实规定的保障措施等内容。宪法中的国家安全法规定是我国国家安全法体系的基础,是制定法律、行政法规和行政规章等层级国家安全法规定的内容依据和效力来源,构成国家安全法的元规范。构建国家安全法律规范体系,必须以宪法作为根本依据,与宪法保持一致,遵循宪法的原则和精神。宪法中的相关法条并没有对国家安全维护作出具体的规定,而只是针对国家安全相关问题作出了一些指引性的规定,为国家安全法律体系中的其他具体法律的设定作出指引并提供宪法依据。我国宪法关于国家安全的规定主要体现在以下方面:

(一)国家安全的内涵

宪法在其第一章"总纲"中从我国的根本制度、社会秩序维护等方面对国家安全的维护作出了规定。《宪法》第1条第2款规定:"社会主义制度是中华人民共和国的根本制度。……禁止任何组织或者个人破坏社会主义制度。"

(二)国家机关维护国家安全的职责

《宪法》第28条规定:"国家维护社会秩序,镇压叛国和其他危害国家安全的犯罪活动,制裁危害社会治安、破坏社会主义经济和其他犯罪的活动,惩办和改造犯罪分子。"第29条第1款规定:"中华人民共和国的武装力量属于人民。它的任务是巩固国防,抵抗侵略,保卫祖国,保卫人民的和平劳动,参加国家建设事业,努力为人民服务。"该条明确了我国国家武装力量在维护国家安全中所应承担的职责。

(三)公民维护国家安全的义务

《宪法》在其第二章"公民的基本权利与义务"中对公民在维护国家安全中应当履行的宪法义务作出了规定。《宪法》中关于公民维护国家安全义务的规定,有的直接体现为公民维护相关安全法益的职责和义务。《宪法》第52条规定:"中华人民共和国公民有维护国家统一和全国各民族团结的义务。"第53条规定:"中华人民共和国公民必须遵守宪法和法律,保守国家秘密,爱护公共财产,遵守劳动纪律,遵守公共秩序,尊重社会公德。"第54条规定:"中华人民共和国公民有维护祖国的安全、荣誉和利益的义务,不得有危害祖国的安全、荣誉和利益的行为。"第55条规定:"保卫祖国、抵抗侵略是中华人民共和国每一个公民的神圣职责。依照法律服兵役和参加民兵组织是中华人民共和国公民的光荣义务。"有的则将维护社会秩序等安全法益作为公民行使权利的边界。第36条第3款规定:"国家保护正常的宗教活动。任何人不得利用宗教进行破坏社会秩序、损害公民身体健康、妨碍国家教育制度的活动。"第51条规定:"中华人民共和国公民在行使自由和权利的时候,不得损害国家的、社会的、集体的利益和其他公民的合法的自由和权利。"

三、《国家安全法》内容概述

《国家安全法》作为国家安全领域综合性、全局性、基础性法律,在国家安全法律规范体系中发挥着至关重要的统领性作用。

(一)立法目的

随着国家安全形势的发展变化,为了适应当下全面维护各领域国家安全的需要,迫切需要制定一部综合性、全局性、基础性的法律,构建起国家安全法律制度体系。2015年7月1日,十二届全国人大常委会第十五次会议审议通过了《国家安全法》,并自公布之日起施行。这是党的十八大以来,为适应国家安全所面临的新形势、新任务,以法律形式确立总体国家安全观的一项重要举措。《国家安全法》是一部立足全局、统领国家安全各领域工作的综合性、全局性、基础性的法律。《国家安全法》以法律的形式确立了中央国家安全领导体制和总体国家安全观的指导地位,明确了维护国家安全的各项任务,并且确定了维护国家安全的各项制度。《国家安全法》的制定与实施,一方面对当前和今后一个时期维护国家安全的主要任务和保障作出了综合性、全局性的安排;另一方面为构建和完善国家安全法律制度体系提供了完整的框架,预留了重要接口,为走出一条中国特色国家安全保障道路提供了坚实有力的法律和制度支撑。

《国家安全法》第1条开宗明义地规定了该法的规范意旨:"为了维护国家

安全,保卫人民民主专政的政权和中国特色社会主义制度,保护人民的根本利益,保障改革开放和社会主义现代化建设的顺利进行,实现中华民族伟大复兴,根据宪法,制定本法。"

(二) 主要内容

1. 界定了国家安全的范围

《国家安全法》以总体国家安全观为指导,系统规定了国家安全的定义,具体涵盖了政治安全、国土安全、军事安全、经济安全、文化安全、社会安全、科技安全、信息安全、生态安全、资源安全、核安全及海外利益等多个领域。这些国家安全的内容为国家安全领域的专门单行立法和附属立法提供了内容框架。

2. 规定了维护国家安全的基本原则

《国家安全法》明确了统筹内部与外部安全、传统与非传统安全、自身与共同安全基本理念,规定了依法维护国家安全的法治原则,注重风险预防和危机管控的预防为主原则,动员全社会力量维护国家安全的全民参与原则等。

3. 领导和工作体制

我国的国家安全工作在党中央的统一集中领导下,形成从中央到地方,专门国家安全机关与人民政府和司法机关协同工作的机构设置,确保国家安全工作全面、协调、高效运行,有效保障国家安全法治建设。

4. 公民和组织的义务与权利

公民有遵守法律法规,及时报告危害国家安全的行为,配合国家安全工作的义务。同时有对国家安全工作提出建议,检举违法行为,依法获得保护的权利。

5. 国家安全制度

建立国家安全风险评估和预警机制,对影响国家安全的活动进行审查和监管,制定应急预案,提升危机应对能力和危机管控机制等。

第二节 国家安全法治实施体系

在中国特色社会主义法治体系中,高效的法治实施体系发挥着将法律规范执行与贯彻到现实生活中的重要功能。实施法治不仅在于制定了多少法律,更在于所制定的法律在多大程度上付诸实施。徒法不足以自行,国家制定法必须依靠执法队伍,通过法治实施体系得以贯彻落实。建设高效的法治实施体系是中国特色社会主义法治体系的核心维度之一。国家安全法治实施体系包括国家安全执法和国家安全司法。

一、国家安全法治实施体系的基本构成

国家安全法治实施体系涉及多方面主体的协同与合力。国家安全法律规范体系作为静态的制定法规则,需要通过法治实施体系得以贯彻。只有通过法治实施体系,书本上的法才会转变为现实中的法,国家安全法的规范意旨和价值目标才能得以实现。国家安全法治目标的实施,很大程度上就取决于我国国家安全法治实施体系的科学与高效程度。具体而言,国家安全法治实施体系包括国家安全执法体系和国家安全司法体系两个维度。国家安全执法体系指向国家安全局、各级人民政府、公安机关等行政机关将国家安全法付诸实施的制度体系及相关实践活动。国家安全司法体系指向检察院和法院等司法机关通过司法活动,将国家安全法运用到个案的法律适用活动。整体而言,国家安全法治实施体系的主体是行政机关。行政机关通过执法活动施行国家安全法,是国家安全法得以贯彻的主要进路。国家安全法的常规性实施活动,主要靠行政机关的执法活动得以贯彻。司法机关通过司法活动开展的国家安全法适用,通过释法说理将国家安全法运用到具体个案中,既能据以阐明国家安全法律的规范内涵,又能以典型案例的形式展示国家安全法适用的方法进路,示范国家安全法适用预期实现的良好社会效果。执法和司法分别对应法的执行和法的适用,构成国家安全法治实施体系不可或缺的两个维度,包含据以贯彻落实国家安全法的制度基础与实践活动。

二、国家安全执法

(一)国家安全执法的重要意义

行政机关承担着贯彻实施国家安全法律规范的主要职责。大部分国家安全法律法规要靠行政机关通过行政执法实施。行政机关构成保障国家安全法贯彻实施的主体单位。各级行政机关要切实履行国家安全法实施职责,坚持依法行政,在推进法治政府建设的进程中大力加强行政执法工作。要全面落实行政执法责任制,严格确定不同部门及机构、岗位执法人员执法责任和责任追究机制,坚决排除对执法活动的非法干预,有效保障国家安全法的系统和规范实施。

(二) 国家安全执法的范围

国家安全执法是行政机关将国家安全法律规范付诸实施,依据国家安全法律规范作出涉及国家安全的行政许可,解决相关行政纠纷,处罚违反国家安全法行为等行政活动。与行政执法的外延相对应,我国的国家安全执法活动包括行政许可、行政审查和行政处分等一系列国家安全法律实施活动。其中的行政许可指向涉及国家安全的行政行为和相关经营性活动资质的许可;行政审查则是对违反国家安全法律规范,可能侵害国家安全法益行为的核查。行政处罚有广义和狭义的区分:狭义的国家安全执法领域的行政处罚指向行政机关对违反国家安全法律行为的行政相对人的处罚;广义的行政处罚除了上述处罚行为,还包括对行政机关工作人员作出的内部行政处分。随着各个国家在国家安全执法领域合作的不断深入,国家安全执法行为还包括各国之间开展的国家安全执法联通、互助与协作活动。

(三) 国家安全执法体系的功能定位

国家安全执法体系具有多维度的立体化功能。首先,国家安全执法体系肩负着实施国家安全领域的法律规范,负责贯彻各个层面的国家安全法律法规。这是国家安全执法体系的首要任务,也体现了法的执行与实施之功能。其次,国家安全执法体系承担着维护国家安全,保障领土安全、社会安全、经济安全、信息安全、生物安全、文化安全等大国家安全观下的各维度安全,为社会全面持续发展提供稳定环境与秩序保障。

贯彻实施国家安全法律规范和保障国家安全之间并非并列性质,而是相辅相成,共同促进。首先,贯彻实施国家安全法构成维护国家安全的法规范依据。《国家安全法》第 43 条规定:"国家机关及其工作人员在履行职责时,应当贯彻维护国家安全的原则。国家机关及其工作人员在国家安全工作和涉及国家安全活动中,应当严格依法履行职责,不得超越职权、滥用职权,不得侵犯个人和组织的合法权益。"国家机关工作人员在履行保障国家安全职责时,必须严格依据国家安全法律规范,遵循法律职权,尊重公民与社会组织合法权益。国家安全法律规范既构成国家机关维护国家安全的规范依据,也是国家机关行使职权,开展维护国家安全活动的正当性界限。其次,执行和实施国家安全法律规范,其目标在于有效保障国家安全。从这一角度来看,贯彻和实施国家安全法规范是一种手段或者规范形式,而全面有效地保障国家安全则构成国家安全执法体系的实质目标。

(四)国家安全执法体系的协调合作

国家安全执法体系的协调合作是确保国家安全法有序实施的重要保障。这一体系涉及多层面和部门协同联动,旨在形成工作合力,共同维护国家安全。只有通过各个部门的通力协作,充分发挥各个职能部门的优势,形成合理的分工与互补,才能系统有效地保障国家安全法贯彻实施。当前的国家安全执法体系侧重于国家安全机关的履职,相关职能部门的合作协力明显不足。"非传统安全法律体系相对缺失,已有的国家安全法治实施体系偏重于传统安全领域,国家安全法治实施中的'善治'效力不足,国家安全执法与司法主体过于依赖传统国家安全机关,是当前国家安全法治实施中面临的重要现实问题。"[1]建立国家安全执法机关的联动与协作机制,是提升国家安全执法效果的必然要求。

首先,国家安全执法体系建立了中央与地方之间的协同联动机制。中央负责制定国家安全战略和重大政策,为地方提供指导和支持;地方则负责具体执行和实施这些战略和政策,同时及时反馈实际情况和需求,确保国家安全战略和政策在各地的有效落地。

其次,部门之间的协同联动也是国家安全执法体系的重要组成部分。国家安全工作涉及多个部门和领域的协作,如公安、国安、军事等。各部门在各自职责范围内依法开展国家安全工作,并通过协同联动机制实现信息共享、资源整合和行动协调。这有助于避免各自为政、推诿扯皮的现象,提高国家安全工作的整体效能。

最后,国家安全执法体系还建立了跨部门会商工作机制。根据《国家安全法》第48条的规定,国家根据维护国家安全工作需要,建立跨部门会商工作机制。这一机制使得各部门能够就维护国家安全工作的重大事项进行会商研判,共同提出意见和建议,进一步加强部门间的沟通与协作。

---

[1] 马方:《系统构建国家安全法治实施体系》,载《理论探索》2022年第1期。

三、国家安全司法

(一)国家安全司法的特征

第一,国家安全司法通过释法说理解决纠纷,维护安全法益。国家安全司法通过规范适用法律,解决国家安全领域的法律纠纷。适用法律的前提是解释法律,阐明法律含义。在司法过程中,人民法院需要结合个案裁判需求,阐明国家安全法律规范的含义,细化和拓展国家安全法律规范的内涵。司法裁判实质上也是以官方裁决的方式向社会公众展示国家安全法律规范对人们行为的多维度具体要求。概言之,人民法院以司法裁判方式宣示国家安全法律规范,权衡利益冲突,解决涉及国家安全的权益纠纷。

第二,国家安全司法通过规范化的司法程序保障国家安全。国家安全司法通过公正、高效的司法程序,处理涉及国家安全的案件,确保社会秩序的和谐与安宁。相比较而言,在应对各类安全事件时,国家安全执法体系能够迅速响应,依法进行处置,有效防止事态的扩大和蔓延。国家安全司法则需要遵循一整套侦查、提起公诉和司法审判程序,恪守司法流程和步骤,不仅有利于有效保障被告人的权益,也能让公众通过司法裁判方式更为直观地感受到国家安全法规范的要求。

(二)国家安全司法的功能定位

首先,国家安全司法体系是保障国家安全的重要组成部分。它通过司法裁判,为维护国家安全提供坚实的法治基础。这一体系的功能在于,它能够依法打击危害国家安全的行为,保护国家主权、安全和发展利益不受侵犯。

其次,国家安全司法体系是维护国家稳定的重要制度依靠。它通过规范的司法程序,处理涉及国家安全的案件,确保社会秩序的和谐与安宁。在应对各类安全事件时,国家安全司法体系能够迅速响应,依法进行处置,有效防止事态的扩大和蔓延。

最后,国家安全司法体系还致力于维护社会稳定。国家安全司法体系注重在法治轨道上有效维护国家安全,保障社会稳定。通过不断完善国家安全相关法律法规,加强司法实践,提高司法公信力,确保国家安全工作在法治的框架内进行,切实保障人民群众的合法权益。国家安全司法体系的功能目标是维护国家安全和社会稳定,确保在法治轨道上有效应对各种安全挑战。这一目标的实现,需要不断完善国家安全相关法律法规,加强司法实践,提高司法效率和公信力,为国家的长治久安提供坚实的法治保障。

(三)国家安全司法的具体表现

首先,审判危害国家安全犯罪案件。人民法院作为国家的审判机关,负责审理包括危害国家安全犯罪在内的各类刑事案件,多维度保障国家安全。通过依法审判,对危害国家安全的行为进行严厉惩罚,矫正被犯罪行为所扰乱的社会秩序,有效维护国家安全和社会稳定。

其次,保障国家安全法律法规的正确实施。在审理案件过程中,人民法院需要对涉及国家安全的法律进行解释和适用,确保这些法律得到正确、统一的实施。

最后,监督国家安全执法活动。人民法院通过审判活动对国家安全机关的执法行为进行监督,防止滥用职权和侵犯公民合法权益,确保执法活动依法进行。此外,人民法院还承担着国家安全工作中公民和社会组织合法权益的保障职能。对于因支持、协助国家安全工作而遭受损失或面临危险的公民和组织,人民法院可以依法提供司法救济,如给予补偿、抚恤优待等。人民法院还保障公民和组织的申诉、控告和检举权利,确保他们的合法权益得到有效保护。人民法院通过全面贯彻落实国家安全相关法律法规,为筑牢护卫国家安全的坚实屏障贡献司法智慧和力量。

第三节 国家安全法治监督体系

国家安全法治监督体系是指以实现国家安全法的规范实施秩序为目标,意在将国家安全保障规制在宪法和法律规定的框架内,有效防范和纠正违法行为,进而实现国家安全法律规范的规范施行。国家安全法治监督的职能在于明确各监督主体的权限和责任,确保权力在法律框架内行使,防止滥用权力,对违法违规行为进行追究。法治监督体系在保障法律实施、维护社会公平正义方面起着至关重要的作用。通过严格的监督机制,可以有效防止腐败和权力滥用,确保法律的有效实施,增强法律的权威性和公信力。

一、国家安全法治监督体系的构成要素

国家安全法治监督体系包括多维度的监督方式,如党内监督、国家机关监督、社会监督等,这些监督方式既有各自的分工,又互相协调,互相配合,确保国家安全法的规范实施。"法治监督体系是一个由宪法监督为核心的,统摄执法监督体系、司法监督体系和社会监督体系等子体系所构成的严密的、完整的、动态的监督体系。这些子体系可归属到国家机关监督体系、社会监督体系和执政党的权力监督体系范畴之下,具有集合性和整体性、严密性和有序性、复合性和多主体性、动态性和实践性等特征。"[①]

二、国家安全法治监督体系的基本原则

（一）党对国家安全法治监督统一领导原则

坚持中国特色社会主义法治道路,最根本的是坚持中国共产党的领导。党的领导是中国特色社会主义最本质特征,是由宪法确立的根本政治原则。我们需要通过构建党统一领导的权威高效监督体系,将党内监督与国家监督、社会监督等贯通协调。坚持党对国家安全法治监督的统一领导,既能保障法治监督的政治方向,又能通过规范化和程序化的监督制度,形成国家机关监督、政党监督和社会监督之间的协同与合力,构建具有中国特色的法治监督范式,为推进国家治理体系和治理能力现代化提供坚实法治保障。

（二）多维监督原则

国家法治安全监督必须是全方位的,需要覆盖国家安全法实施的各环节,保障国家安全法在各个维度都得以规范运作和严格实施,据以实现国家安全保障的法治化。全方位地实现国家安全法治监督,需要多种监督方式的协作配合,国家机关监督、政党监督和社会监督共同发力,充分发挥各种监督方式的优势,通力合作,相互弥补,将国家安全法的实施和国家安全保障工作全方位地规制在法律规定的框架内,有效实现国家安全法治。要实现国家安全法治的多维监督,必须明确各个监督主体的职责,明确各种监督的权限,在国家监督、政党监督与社会监督之间形成规范的分工。在分工基础上,各种监督形式需要开展紧密协作,相互配合,实现全方位立体化监督,有效保障国家安全法的规范有序实施,进而全面且有效推进国家安全法治化进程。

（三）合力监督原则

国家安全法治监督并不是各种监督方式各行其是,而是需要将国家机关监督、党内监督、民主党派监督、群众监督和舆论监督结合起来,形成监督合

[①] 罗洪祥、殷祎哲:《社会主义法治监督体系的逻辑构成及其定位》,载《政法论丛》2017年第1期。

力。在监督合力的形成中,国家机关监督构成监督的主体,诉诸检察院和监察委员会等职能部门,强化对国家安全法律规范实施情况与国家安全保障法治化的监督。党内监督诉诸党的组织领导,依托党内法规,实现对党组织和党员在国家安全执法、司法和守法层面的监督。此外,国家安全法律实施还需要自觉接受民主党派监督、群众监督和舆论监督,吸收社会公众关于国家安全法律实施的意见和建议,积极督促改进,并就监督意见给予及时规范的回应,全面提升国家安全法治化水平。

三、国家安全法治监督的类型

(一)政党监督

政党监督是指党通过法律规范和制度,对国家安全领域的执法、司法和守法等活动进行监督,确保国家安全法的规范实施和国家安全工作依法进行,防范和惩治权力滥用,有效提升国家安全保障工作的法治化水平。政党监督主要通过以下方式实现:第一,党内监督。执政党通过党内纪律检查和问责机制,对党员和党组织涉及国家安全活动进行监督,预防和制裁危害国家安全法益的行为,例如中央纪委国家监委对国家安全机关党员干部履职情况进行监督。第二,对司法活动的监督。执政党通过支持司法机关依法独立行使职权,对涉及国家安全司法案件的审判开展监督,保障司法公开、公正和透明。第三,常规性的制度监督。党通过国家安全领域的监督制度,如情报监督机制、预警制度、审计制度等,对国家安全工作进行全面监督。

(二)国家机关监督

国家机关监督指国家权力机关、行政机关和司法机关对国家安全法律实施和适用情况的监督。国家权力机关的监督主要包括各级人大及其常务委员会的监督。这种监督包括立法监督和对宪法和法律实施的监督,保障法律的规范有效实施。行政机关的监督是以国家行政机关作为监督主体,包括对行政行为的合法性和合理性的监督,以及对社会组织和公民行为的合法性监督,其具体形式有行政监察、行政复议和审计监督等。司法机关的监督包括审判机关和检察机关的监督。司法机关的监督主要是对执法和司法活动的合法性进行监督。在国家安全领域,司法机关的监督经常以司法审判的方式,审查国家安全执法行为的合法性与合理性,进而对国家安全执法行为开展有效监督。

（三）社会监督

社会监督是指公众、社会组织、新闻媒体等主体通过合法途径，对国家安全保障工作和国家安全法律实施情况进行监督，确保国家安全法律实施的公开性、合法性和公正性。社会监督要求执法信息具有公开性，公众能便利快捷地获取相关信息。公众和社会组织可以通过向职能部门举报，通过传统媒体、网络平台和自媒体等多种途径对国家安全法律实施情况发表意见和建议。社会监督通常能依托社会公众的参与，快速发现和反映问题，对事件进行持续跟踪和监督，使问题得到及时公正的解决。社会监督包括举报、投诉、舆论监督、公众参与等多种方式，具有广泛性、公开性、参与性、及时性、独立性、法治性、舆论性和补充性等特征，构成国家机关监督和政党监督的重要补充。社会监督体现了公众对国家法治实施的广泛参与，是社会主义民主的体现形式。

四、国家安全法治监督的维度

（一）执法监督

执法监督是指国家机关、中国共产党、社会组织和公众依法对国家安全执法开展的监督。执法监督是一种多维度的立体化监督，具体包括监督执法依据是否合法、监督执法程序是否规范、监督执法内容是否公正、监督执法过程是否公开透明、监督执法效率是否高效、监督执法是否达到预期效果。执法监督包括上级机关对下级机关的执法行为进行监督，如审计监督、监察监督，司法机关通过行政诉讼和司法审查监督执法，公众通过举报、投诉等方式监督执法，以及媒体通过报道和评论监督执法行为。国家安全执法监督的功能在于确保执法行为合法、公开、公正、高效，防止执法不公和滥用职权，保障公民、法人和其他组织的合法权益，有效维护法律权威。

（二）司法监督

司法监督是指对司法机关关于国家安全司法活动开展的监督，确保其合法、公正、公正。"人民法院和人民检察院的司法行为是司法监督的主要对象，其中又以法院的审判行为为重，司法监督的主要目的是确保司法公正，提升司法的公信力。"[①]很多国家安全类司法案件的裁判，本身就是在国家安全

---

① 罗洪祥、殷祎哲：《社会主义法治监督体系的逻辑构成及其定位》，载《政法论丛》2017年第1期。

行政执法基础上,以诉讼方式对执法活动展开的监督。国家安全法治的司法监督,是党、检察院、纪检监察部门和社会公众对涉及国家安全司法活动展开的监督,属于监督之再监督,构成维护公权力正确行使的"最后一道防线"。司法监督意图使其他国家权力机关、社会公众有权对司法权行使的合法性、规范性和正当性进行制约和督促,将国家安全司法规制在法律规定框架内,以保证司法公正。司法监督一般分为法律监督和社会监督两部分。前者是指法律明确规定的审级制度、上诉(抗诉)、再审制度等法律监督制度,后者的主体为公众、社会组织和新闻媒体等,包括舆论监督、社会团体监督、选民监督等多种形式。

(三)纪律监督

纪律监督主要指党组织和监察委员会对党员遵守国家安全纪律,维护国家安全活动所展开的监督。纪律监督侧重于对党组织和党员执行和遵守党的纪律情况进行监督,确保全体党员和党的各级组织严格遵守党的政治纪律、组织纪律、工作纪律、廉洁纪律、群众纪律、生活纪律和廉洁纪律等。纪律监督方式主要包括监察监督、派驻监督和巡视监督。监察监督是由监察委员会根据《监察法》对所有行使公权力的公职人员进行监督,确保其依法履职和规范用权。派驻监督是通过向本级中国共产党机关、国家机关等派驻监察机构或专员,对公职人员进行近距离和常态化监督。巡视监督是由上级党组织设立巡视组,对下级党组织和领导干部进行巡视检查,及时发现违法违纪问题,提出整改要求。

第四节 国家安全法治保障体系

国家安全法治保障体系是以实现国家安全法治为目标,为国家安全法律实施以及国家安全保障工作提供的系统性保障。国家安全法治保障体系包括思想保障、组织保障、经费、物质保障、技术保障和人才队伍保障等内容。思想保障意在确保国家安全法治工作在政治上能坚持正确的政治方向,以习近平新时代中国特色社会主义思想为指导,坚持总体国家安全观,构建中国特色社会主义国家安全法治体系。组织保障是在党的领导前提下,统筹协调党组织、国家安全部门、人民政府和司法机关等机构,通力配合,确保国家安全法治建设在这些机构的共同支持下得到顺畅高效开展。经费、物质保障指为国家安全法治建设提供必要的物质支持,确保国家安全法治工作具有充足的经费支持、设施配置和物质供给。技术保障指为国家安全法治工作提供网络、大数据和智能检索等专业化的技术支持。人才队伍保障是指给国家安全法治建设工作配置政治立场坚定、专业基础扎实、职业技能过硬的人才队伍,确保国家安全法治工作能通过专业化人才队伍得以贯彻。

一、思想组织保障

(一) 思想保障

习近平法治思想和总体国家安全观是我国国家安全法治建设的指导思想,构成了习近平新时代中国特色社会主义思想的"法治篇""国家安全篇"。习近平法治思想始终"坚持在法治轨道上推进国家治理体系和治理能力现代化"[①],强调法治是国家治理体系和治理能力的重要依托。国家安全法治体系的运作,执法、司法和法治监督体系的运行,都需要以习近平法治思想和总体国家安全观作为指导,在法治轨道上推进国家安全保障工作,规范有序地实施国家安全法律法规,据以全面推进国家安全体系和能力现代化。

(二) 组织保障

我国的国家安全法治建设以党的领导作为根本前提。党组织对国家安全的领导功能具有立体性。首先,党的国家安全政策构成我国国家安全法实施,保障国家安全法益的重要价值导向。其次,党的组织领导,以党组织的方式开展的国家安全教育、普及和贯彻,构成国家安全法实施的组织保障。最后,党组织的奖励与惩戒规定,构成保障国家安全法实施的重要激励和惩罚机制。党的领导是全面推进中国特色社会主义法治建设的根本前提,也是我国国家安全法治保障的前提基础。只有坚持党领导立法、保证执法、支持司法、带头守法,才能充分保障国家安全法的贯彻实施,实现国家安全法的规范意旨,系统保障国家安全法益。

党组织的国家安全法实施保障功能分为以下几个方面:第一,党组织在国家安全工作中发挥领导作用,有效保障国家安全工作的决策和执行符合党的方针政策。党组织的国家安全保障职责包括制定和实施国家安全战略,统筹协调国家安全重大事项和重要工作,推动国家安全法治建设。第二,党中

---

① 《习近平法治思想概论》编写组:《习近平法治思想概论》,高等教育出版社 2021 年版,第146页。

央国家安全领导机构负责国家安全工作的决策和议事协调,研究制定、指导实施国家安全战略和重大方针政策,统筹协调国家安全重大事项和重要工作。第三,党组织负责建立健全风险防控体系,细化防范措施,加强督导检查,确保各项安全防范措施得到有效执行。党组织需要完善管理监督体系,强化监督考评,确保国家安全工作审慎稳妥推进。第四,党组织在国家安全工作中还需要与各部门、各单位密切协作,探索联合督导机制,确保国家安全工作的高效推进。第五,党组织依法开展国家安全人民防线建设工作,汇聚全社会力量维护国家安全,确保社会稳定和经济发展。

二、经费、物质和技术保障

我国的国家安全法治工作在经费、物质资料和技术等方面都具有充足的支持,具备全方位的基础保障。

(一)经费、物质保障

在经费、物质方面,国家安全法治建设有专项经费预算,能为国家安全法治工作的开展提供常规化支持。此外,我国还设立安全维稳方面的应急资金,能为依法应对突发事件和紧急任务,提升国家安全执法工作的规范程度提供经费支持。我国的国家安全法律实施以国家安全局作为核心职能部门,人大、政府、人民法院、人民检察院和监察委员会等职能部门有各自分工。这些国家职能部门都在经费供给和物质设施等方面都具有稳定充足的保障,从而能为国家安全法治建设工作的开展提供必要的物质支持。

(二)技术保障

国家安全法治的技术保障是确保国家安全工作高效、精准进行的重要手段。国家安全法治的技术保障在智能化、网络化和大数据运用等方面获得了迅速发展。随着人工智能、大数据等技术的快速发展,国家安全法治领域也在积极探索智能化技术的应用,以提升治理效能和风险防范能力。智能化技术为国家安全法治提供了强大的技术支持。通过运用人工智能算法和大数据分析,可以对海量信息进行快速筛选、分析和预警,从而及时发现潜在的安全风险。智能化技术可以辅助执法部门进行精准打击,提高执法效率和准确性。智能化技术有助于提升国家安全法治的决策水平。通过对历史数据和实时信息的深度挖掘,智能化技术可以为决策者提供全面、准确的信息支持,帮助其作出更加科学、合理的决策。在应对突发事件时,智能化技术还可以提供快速响应和决策支持,有效缩短反应时间,降低损失。

然而,智能化技术的应用也带来国家安全法实施的挑战。例如,数据安全、隐私保护等问题需要得到高度重视。在推进智能化技术保障的过程中,必须严格遵守相关法律法规,确保数据的合法合规使用,切实保护个人隐私和信息安全。国家安全法治的智能化技术保障是提升国家安全治理能力和水平的重要途径。在享受智能化技术带来的便利和效率的同时,我们也应关注其潜在的风险和挑战,并采取有效措施加以应对,确保国家安全法治工作的稳健发展。

三、人才队伍保障

(一)人才队伍保障的意义

高素质法治工作队伍是全面推进依法治国的组织和人才保障。国家安全法治队伍建设是维护国家安全和社会稳定的重要保障,其核心在于加强法治队伍的建设和提升,以确保国家安全工作的法治化、专业化和规范化。国家安全法治队伍建设是全面依法治国、推进法治中国建设的重要组成部分。只有建设一支高素质、专业化的法治队伍,才能有效应对国家安全面临的复杂形势和严峻挑战,确保国家安全工作的顺利开展。

(二)人才队伍保障的具体要求

国家安全法治人才培养是维护国家安全、保障国家安全法实施的重要保障。高素质的国家安全法治队伍具备坚定的政治立场、扎实的专业知识、法律素养与实践技能和保障国家安全的心理和人文等综合素养。

首先,高素质的国家安全法治人才需要具备坚定的政治立场。在国家安全人才培养过程中,我们不仅要注重国家安全法律知识的传授和法律技能的培养,还要强调政治立场坚定、思想品德高尚,愿意为国家安全法的贯彻贡献力量。这样的人才才能胜任各项国家安全治理工作,确保国家安全的法治化水平不断提升。

其次,国家安全法治人才必须具备过硬的法律专业知识和技能。和其他领域的法律相比,国家安全法具有更强的专业性,有些国家安全法的实施还具有一定的保密性。与此相适应,对国家安全法的系统掌握必须经过系统化、专业化的学习与培训。高校作为法治人才培养的第一阵地,需要在国家安全法治人才培养中发挥基础性作用。法学院校需要按照国家安全法律规范体系,循序渐进地给学生传授国家安全法知识体系,提升学生的专业技能,培养德才兼备、专业知识扎实、实践技能过硬的国家安全法治人才。

最后,国家安全法治人才的培养需要凸显涉外安全法治人才的培养。随着全球化进程的迅速推进,涉外安全问题日益凸显,我们需要用法治化方式维护国家、公民和社会组织海外的合法权益,涉外国家安全法治的重要性日益明显。我们需要培养具有国际视野和涉外法律能力的国家法治人才。涉外国家安全法治人才不仅要熟悉国内法律规范,还要了解国际法律规则,以便在复杂的国际环境中有效维护国家的海外安全利益。

第五节 国家安全党内法规体系

党内法规中的国家安全法规定构成广义国家安全法的重要组成部分。党内法规是中国共产党用于调整党组织组建和运作、规范党内生活、约束党员行为的规章制度的总称,涵盖组织建设和运作、党员管理、监督纪律等方面,对党组织和党员具有普遍约束力。党内法规中有很多关于保障国家安全法益,规制危害国家安全行为的具体规定。党内法规中的国家相关安全规定涵盖党章、监督条例、纪律处分条例、法规制定条例、备案审查规定和解释工作规定等多个方面,从党内规章制度层面为规制党组织和党员的国家安全保障工作,制裁危害国家安全法益行为提供了规范依据。在这些党内法规中,党章作为宗旨性规定,处于统领性地位,构成各个层面党内法规的制定依据与规范来源。专门党规和相关党规中的国家安全法规定则能确保国家安全工作在党内得到全面贯彻和实施。

一、国家安全党内法规体系的基本结构

(一)党章作为统领性党规

党章作为中国共产党的纲领性规章,是党内法规的核心,在整个党内法规体系中居于统领性地位,构成其他党内法规制定和执行的规范依据。一些学者将党章称为党内法规的"根本大法"。其他党内法规都依据党章制定,以其作为价值宗旨与规范依据。党章明确党的性质、宗旨、指导思想、组织原则等根本性内容。党章确立了民主集中制作为党组织活动的基本原则,全面规

定了党员的权利和义务,规定各级组织的组建、设置和运作的基本规则,明确了党组织和党员的纪律条例。其他党内法规的制定都必须以党章为依据,符合党章精神和具体规定,与党章抵触的内容会导致法律效力的缺失。

(二) 专门党规

专门党规是指中国共产党为规范特定领域或规制特定工作与行为而制定的党内法规。概言之,专门党规是规制党组织关于某一领域活动或问题的专门性党内规章制度。与党章相比,专门党规具有如下特征:第一,专门党规以某一领域的具体工作和活动为调整对象,例如组织法规、纪检监察法规和宣传法规等。第二,专门党规具有很强的专业性,例如组织建设、宣传、党纪监察等,实质上是党组织内部的专业化职能规定与责任追究依据。第三,专门党规的内容通常都较为具体明确,可以直接作为党内某一领域活动或者规制某一类行为的党规依据,通常构成对党章中某一块行为的细化。总体而言,专门党规可以分为党的组织法规、党的领导法规、党的自身建设法规、党的监督保障制度法规。这些专门党规分工明确、各司其职、紧密协作,在党章的统领下在不同领域共同发挥着规范党组织活动、规制党员行为之功能。

(三) 相关党规

国家安全相关党规是与国家安全工作紧密相关,以加强党的领导,强化党对国家安全工作的监督,明确违反国家安全党纪法规责任的党规。国家安全相关党规包括《中国共产党政法工作条例》《中国共产党党内监督条例》《中国共产党党组工作条例》《中国共产党纪律处分条例》《中国共产党重大事项请示报告条例》《中国共产党机构编制工作条例》《中国共产党中央委员会工作条例》《中国共产党地方委员会工作条例》《中国共产党统一战线工作条例》《中国共产党问责条例》等。相关党规并不直接以国家安全工作为专门主题,其规范意旨在于强化党的绝对领导,严格党内纪律,明确党组织建设与活动的基本准则,对于强化党组织和党员在国家安全工作中的具体职责和工作纪律、有效提升党组织和党员维护国家安全的能力具有重要的促进作用。

二、《中国共产党章程》中的国家安全法规范

(一)《中国共产党章程》中国家安全法规范的重要功能

1. 以总纲性规定明确党维护国家安全的任务和职责

《中国共产党章程》明确坚持总体国家安全观,全方位地维护国家主权、社会稳定、经济发展等国家安全法益,直面当前我国面临的改革开放和外部环境等各种挑战,构建社会主义和谐社会。《中国共产党章程》规定了党的建设必须坚决实现的六项基本要求,其中第6项要求是:"坚持从严管党治党。全面从严治党永远在路上,党的自我革命永远在路上。……坚持依规治党、标本兼治,不断健全党内法规体系,坚持把纪律挺在前面,加强组织性纪律性,在党的纪律面前人人平等。……"这些总纲性的规定明确了当前我国国家安全工作和国家安全法治建设所面临的问题和应当解决的任务,指出了党领导国家安全工作所要实现的目标,与宪法中的国家安全法规定形成呼应。

2. 为专门党规和相关党规中的国家安全法规定提供规范依据

《中国共产党章程》如同党内法规体系中的"宪法",构成整个党内法规体系之宗旨,为具体法规的制定提供了价值导向、效力来源和内容依据。《中国共产党章程》明确了党在国家安全工作中的领导地位、党保障国家安全的职责和党员维护党与国家利益的责任。这些内容构成了党内法规关于国家安全法规定的总纲。专门党规和相关党规中的国家安全法规定都是以此为基础展开的细化和拓展。

(二)《中国共产党章程》中国家安全法规范的主要内容

1. 明确了党在国家安全工作中的领导地位

《中国共产党章程》总纲明确了党作为中国特色社会主义事业的领导核心地位。中国共产党是中国工人阶级的先锋队,同时是中国人民和中华民族的先锋队,是中国特色社会主义事业的领导核心。国家安全法治建设作为中国特色社会主义事业的组成部分,自然也需要以中国共产党的领导作为前提。

2. 坚持总体国家安全观,全面强化国家安全保障工作

《中国共产党章程》总纲中规定:"加强社会治安综合治理,依法坚决打击各种危害国家安全和利益、危害社会稳定和经济发展的犯罪活动和犯罪分子,保持社会长期稳定。坚持总体国家安全观,统筹发展和安全,坚决维护国

家主权、安全、发展利益。"该规定体现了党对国家安全工作的高度重视,明确提出坚持总体国家安全观,提纲挈领地展示了国家安全保障工作所需维护的各种法益,为党章中的国家安全法规定提供了理念基础与规范来源。

3. 直面考验,全面从严治党

《中国共产党章程》总纲中规定:"党面临的执政考验、改革开放考验、市场经济考验、外部环境考验是长期的、复杂的、严峻的,精神懈怠危险、能力不足危险、脱离群众危险、消极腐败危险更加尖锐地摆在全党面前。要把严的标准、严的措施贯穿于管党治党全过程和各方面。"这些考验实质上也包含了我国当前所面临的政治安全、经济安全和文化安全等国家安全领域的现实问题,明确了我国国家安全工作所要解决的现实问题。

三、《中国共产党政法工作条例》中的国家安全法规范

(一)《中国共产党政法工作条例》中国家安全法规范的功能定位

政法单位构成保障国家安全的骨干力量,在国家安全法实施过程中发挥着主导作用。《中国共产党政法工作条例》以党对政法工作的绝对领导为主线,系统规定了政法工作中维护国家安全、维护社会稳定,防止社会矛盾激化,建立健全国家安全风险评估和预警机制,及时发现和应对可能危害国家安全的风险,确保国家安全工作在法律框架内进行,防止滥用权力和侵犯公民合法权益。这些规定明确了党和政法机关开展国家安全的价值立场、基本职责与规范化进路,构成了党内法规体系中国家安全法规定的基本框架。

(二)《中国共产党政法工作条例》中国家安全法规范的主要内容

1. 总体要求

《中国共产党政法工作条例》系统规定了坚持党的领导、总体国家安全观和政法工作中所需维护的国家安全相关法益。具体而言,政法机关要坚持党的绝对领导,把党的领导贯彻到政法工作各方面和全过程,坚持总体国家安全观,维护国家主权、安全、发展利益;研究部署政法工作中事关国家政治安全、社会大局稳定、社会公平正义和人民安居乐业的重大方针政策、改革措施、专项行动等方面重大举措。

2. 主要职责

《中国共产党政法工作条例》规定了党和政法机关在维护国家安全、惩治危害国家安全行为方面的主要职责。其第 6 条规定:"政法工作应当遵循以下

原则：……（四）坚持服务和保障大局，为推动经济持续健康发展和保持社会长期稳定提供法治保障；（五）坚持总体国家安全观，维护国家主权、安全、发展利益；（六）严格区分和正确处理敌我矛盾和人民内部矛盾这两类不同性质的矛盾，准确行使人民民主专政职能；……"该条明确了以总体国家安全观作为维护国家安全法益的理念指引，保障社会稳定。具体而言，政法机关要依法打击危害国家安全的犯罪活动，特别是恐怖主义、分裂主义、极端主义等威胁国家安全的犯罪行为；要坚决维护国家政治安全，防止外部势力干涉内政，防范和化解政治风险；要通过依法治理国家安全问题，维护社会稳定，防止社会矛盾激化，确保国家长治久安；要加强情报收集和分析，及时掌握危害国家安全的动态，确保信息安全，防止信息泄露。

3. 工作机制

《中国共产党政法工作条例》第8条规定了党中央加强对政法工作的全面领导，其中第3项规定了党中央"研究部署政法工作中事关国家政治安全、社会大局稳定、社会公平正义和人民安居乐业的重大方针政策、改革措施、专项行动等重大举措"。第10条规定："县级以上地方党委应当以贯彻党中央精神为前提，对本地区政法工作中的以下事项，落实领导责任：（一）统筹政法工作中事关维护国家安全特别是以政权安全、制度安全为核心的政治安全重要事项；（二）统筹维护社会稳定工作，及时妥善处理影响社会稳定的重要事项和突发事件；（三）统筹规划平安建设、法治建设与经济社会发展，做到同部署、同推进、同督促、同考核、同奖惩；（四）推动政法单位依法维护社会主义市场经济秩序，为经济高质量发展提供法治保障；……"上述规定对中央党委和地方党委维护国家安全，保障社会稳定职责作了明确，构成该条例中国家安全法规范的重要内容。《中国共产党政法工作条例》规定了维护国家安全工作中的风险评估与预警机制和应急处理机制。这些规定为健全政法机关与其他部门的协调联动机制，形成各个部门之间的紧密协作，及时发现和应对可能危害国家安全的风险，确保作出迅速反应和有效处置提供了党内法规层面的规范依据。

四、其他重要党内法规中的国家安全法规范

1.《中国共产党纪律处分条例》中的国家安全法规范

《中国共产党纪律处分条例》规定，党员反对党的领导，反对社会主义制度,泄露、扩散党和国家秘密的,将受到纪律处分,并对党员在涉外活动中危害国家安全的行为设定了严厉惩处条款。例如其第 65 条规定:"组织、参加旨在反对党的领导、反对社会主义制度或者敌视政府等组织的,对策划者、组织者和骨干分子,给予开除党籍处分。对其他参加人员,情节较轻的,给予警告或者严重警告处分;情节较重的,给予撤销党内职务或者留党察看处分;情节严重的,给予开除党籍处分。"第 67 条规定:"从事、参与挑拨破坏民族关系制造事端或者参加民族分裂活动的,对策划者、组织者和骨干分子,给予开除党籍处分。对其他参加人员,情节较轻的,给予警告或者严重警告处分;情节较重的,给予撤销党内职务或者留党察看处分;情节严重的,给予开除党籍处分。对不明真相被裹挟参加,经批评教育后确有悔改表现的,可以免予处分或者不予处分。有其他违反党和国家民族政策的行为,情节较轻的,给予警告或者严重警告处分;情节较重的,给予撤销党内职务或者留党察看处分;情节严重的,给予开除党籍处分。"

2.《中国共产党统一战线工作条例》中的国家安全法规范

《中国共产党统一战线工作条例》对民族、宗教、党外知识分子等统一战线工作的价值宗旨、整体目标和开展进路作了具体规定,其中很多条款都将民族团结、国家统一和社会稳定等国家安全法益作为保障目标。例如第 20 条规定:"坚定不移走中国特色解决民族问题的正确道路,以铸牢中华民族共同体意识为主线,坚持各民族一律平等,全面贯彻党的民族政策,坚持和完善民族区域自治制度,深化民族团结进步教育,促进各民族交往交流交融,实现各民族共同团结奋斗、共同繁荣发展。"第 21 条规定:"围绕促进民族团结、改善民生,推动民族地区经济社会发展,不断满足各族群众的美好生活需要。促进各民族文化的传承保护和创新交融,全面推广国家通用语言文字,尊重、支持各少数民族语言文字的学习和使用。大力培养民族地区各族干部,大力选拔使用少数民族干部,积极培养少数民族专业人才。"

3.《中国共产党宣传工作条例》中的国家安全法规范

《中国共产党宣传工作条例》的制定目的是加强党对宣传工作的领导,提高宣传工作的质量和水平,增强全民族凝聚力和向心力,为实现中华民族伟大复兴提供思想保证和舆论支持。民族凝聚力、正面的舆论导向、社会和谐与稳定都是构成总体国家安全观的重要内容,《中国共产党宣传工作条例》中的很多内容都体现了对国家安全法益的倡导、维护和保障。该条例提出了

"一个高举""两个巩固""三个建设"的宣传工作根本任务,即高举中国特色社会主义伟大旗帜,巩固马克思主义在意识形态领域的指导地位,巩固全党全国人民团结奋斗的共同思想基础,建设具有强大凝聚力和引领力的社会主义意识形态,建设具有强大生命力和创造力的社会主义精神文明,建设具有强大感召力和影响力的中华文化软实力。从而保障宣传领域坚持正确的政治方向,提升民族凝聚力和向心力,从舆论和宣传方面为维护国家安全提供有力保障。

第四章　传统安全领域法

对于何谓"传统安全"与"非传统安全",自其作为一组对照概念被提出之日起,学界始终众说纷纭,莫衷一是。① 通常认为,传统安全是指与战争、军事、强力政治密切相关的安全领域;非传统安全指冷战后期,特别是冷战结束后出现的新型安全领域。② 目前国家安全学中所说的传统安全主要关注的是国家政权、主权、领土完整等核心利益的安全,其中主要包含政治安全、国土安全与军事安全。③ 这些安全领域往往是国家的基石,任何对这些领域的威胁都可能对国家的稳定和发展造成重大影响,显然,维护传统国家安全是国家的首要任务之一。因此,本章所关注的"传统安全领域法"也就集中于政治安全、国土安全与军事安全三个领域。

第一节　政治安全领域重要立法

政治安全是指国家政权、政治制度、政治秩序以及意识形态等方面免受威胁、侵犯、颠覆和破坏的客观状态,以及保障、维护和塑造持续安全状态的能力。政治安全主要包括政权安全、制度安全和意识形态安全等。④ 政治安全是国家安全的根本,总体国家安全观强调的以政治安全为根本,主要是指维护中国共产党的领导和执政地位,维护人民民主专政的国家政权安全、维护中国特色社会主义制度安全以及维护社会主义意识形态安全。⑤

直接与政治安全相关联的法律除《宪法》《国家安全法》等上位法,以及《刑法》《刑事诉讼法》《治安管理处罚法》《行政处罚法》等具有相关性的法律之外,主要由三部主干性质的专门性立法,即《反间谍法》《国家情报法》《保守

---

① 朱锋:《"非传统安全"解析》,载《中国社会科学》2004年第4期;刘跃进:《非传统的总体国家安全观》,载《国际安全研究》2014年第6期。
② 刘跃进:《统筹传统安全和非传统安全》,载《光明日报》2020年11月23日第14版。
③ 本书编写组:《国家安全教育大学生读本》,高等教育出版社2024年版,第3页。
④ 同上书,第23页。
⑤ 同上书,第76页。

国家秘密法》组成,辅之以《戒严法》《密码法》《集会游行示威法》等若干部与政治安全具有直接关联性的相关法律。

一、《反间谍法》

《反间谍法》是为了加强反间谍工作,防范、制止和惩治间谍行为,维护国家安全,保护人民利益而制定的法律。其前身是1993年《国家安全法》,2015年7月1日新《国家安全法》颁布以后,11月1日在原《国家安全法》的基础上修改为《反间谍法》并颁布。该法于2023年4月26日修订。

(一) 间谍行为的定义

界定何谓"间谍行为"是《反间谍法》制定与实施的关键。按照《反间谍法》的有关规定,间谍行为是指下列行为:(1) 间谍组织及其代理人实施或者指使、资助他人实施,或者境内外机构、组织、个人与其相勾结实施的危害中华人民共和国国家安全的活动;(2) 参加间谍组织或者接受间谍组织及其代理人的任务,或者投靠间谍组织及其代理人;(3) 间谍组织及其代理人以外的其他境外机构、组织、个人实施或者指使、资助他人实施,或者境内机构、组织、个人与其相勾结实施的窃取、刺探、收买、非法提供国家秘密、情报以及其他关系国家安全和利益的文件、数据、资料、物品,或者策动、引诱、胁迫、收买国家工作人员叛变的活动;(4) 间谍组织及其代理人实施或者指使、资助他人实施,或者境内外机构、组织、个人与其相勾结实施针对国家机关、涉密单位或者关键信息基础设施等的网络攻击、侵入、干扰、控制、破坏等活动;(5) 为敌人指示攻击目标;(6) 进行其他间谍活动。

此外,《反间谍法》对于"间谍组织及其代理人在中华人民共和国领域内,或者利用中华人民共和国的公民、组织或者其他条件,从事针对第三国的间谍活动,危害中华人民共和国国家安全"的行为,也明确规定了其同样可适用《反间谍法》进行论处。

(二) 反间谍工作的基本原则

反间谍工作的基本原则是指在反间谍工作中必须遵循的规定,根据《反间谍法》的规定,主要包括四个基本原则,即"坚持党中央集中统一领导的原则""坚持总体国家安全观的原则""坚持公开工作与秘密工作相结合、专门工作与群众路线相结合的原则""坚持积极防御、依法惩治、标本兼治,筑牢国家安全人民防线的原则"。

1. 坚持党中央集中统一领导的原则

这一原则是所有反间谍工作中首要和最基本的原则，不仅明确了反间谍工作的领导体系，而且也是贯彻其他各项基本原则、相关制度及措施的基础。当前，我国面临对外维护主权、安全与发展利益，对内维护政治安全和双重稳定的双重压力，大量难以预见的风险因素明显增加。正因如此，从全局角度出发将反间谍工作明确为中央事权，由党中央集中统一领导是极为必要的。该原则具体可包括如下层面的理解：党中央应当具备对反间谍工作的绝对领导权；党中央主要以集中统一的方式领导反间谍的工作；坚持党中央集中统一领导符合反间谍工作的客观规律，能够确保全局统筹与重点地区有的放矢相结合，从而以新安全格局保障新发展格局。[①]

2. 坚持总体国家安全观的原则

这一原则是 2023 年《反间谍法》修订时新纳入的内容。总体国家安全观是国安领域总结既往经验并适应当前形势的重要战略思想，反间谍工作中只有坚持总体国家安全观，才能全面应对新时期间谍行为主体更加复杂、领域更加广泛、目标更加多元、手法更加隐蔽的发展变化形势。贯彻落实该原则时，应当注意坚持总体国家安全观"十个坚持"的基本工作要求；注意准确把握反间谍工作所维护的国家安全已经是体系化、整体化、环环相扣以及可能相互转化的国家安全，而非多个领域安全简单叠加这一基本内涵。

3. 坚持公开工作与秘密工作相结合、专门工作与群众路线相结合的原则

这一原则是反间谍工作战略层面的重要原则，是隐秘战线长期积累并传承下来的工作经验与重要法宝。

公开工作与秘密工作相结合原则，是指我们在反间谍工作中既要针对敌人的间谍活动开展公开工作，也要不断建立秘密渠道，共同发挥公开工作与秘密工作的作用。公开工作主要包括公开谴责、制止和惩治间谍行为，揭露各种间谍组织和敌对势力的罪行，从而对其产生震慑；制定、完善、公布和执行反间谍相关的法律法规；强化社会不同主体及不同领域的反间谍安全防范工作，有效防御间谍工作；大力开展反间谍宣传教育活动，动员广大人民群众提高警惕并积极参与反间谍工作；等等。由于多数间谍行为是通过秘密的手段进行的，因此反间谍工作也有必要根据间谍行为的特点和规律，采取相应

[①] 王爱立主编：《中华人民共和国反间谍法释义》，中国法制出版社 2023 年版，第 14—15 页。

的隐蔽方法展开。对此,我们既要不断破解敌人的秘密工作渠道、技能和方法,又要不断建立自己的秘密渠道,提高自己的隐蔽战线斗争技能和方法。

专门工作与群众路线相结合原则,是指在反间谍工作中既要有专门机关采取专业的措施与手段,又要充分发动群众参与,发挥广大人民群众在反间谍工作中的作用。间谍行为是一种专业性较强的行为,其行为具有明确的目的性、针对性,实施间谍活动的主体往往是训练有素的人员,因此,我们必须根据间谍行为的特征,通过专门的机关采取专门的手段与方法进行反间谍工作。同时,由于间谍工作具有隐蔽性,间谍和间谍行为常常隐蔽在我们社会生活的各个领域中,因此反间谍工作不能脱离群众,而是应当发动群众积极参与,及时发现身边的间谍和间谍行为,只有群众积极参与开展各项安全防范工作,才能使反间谍工作全面细致地开展,真正做到让敌人无隙可乘。

4. 坚持积极防御、依法惩治、标本兼治,筑牢国家安全人民防线的原则

积极防御原则是指应以主动出击、防范、制止和惩治敌对间谍活动的态度与方式开展反间谍工作,进而确保实现维护国家安全的目的。一方面,应当及时防范间谍活动,将间谍活动消灭在萌芽状态;另一方面,考虑到最终目的是维护我国的国家安全,单纯的事后惩治并不能消除相应的损失,因此除了积极防范还应当主动出击,采用积极的防御措施,同时完善反间谍工作的法律规范,提高反间谍工作的技术与能力,及时制止与惩治间谍活动。

依法惩治原则是指依法开展反间防谍相关工作。一方面,各国家安全机关在反间谍工作的开展中,理应严格依照法律规定的程序和要求执行;另一方面,对于间谍行为的惩治也应当严格依法进行,即对间谍行为要依照其行为的危害程度及法律的相应规定进行惩处,实现"罚当其罪"的基本要求。

坚持标本兼治是2023年《反间谍法》修订时新增加的一项原则要求,主要包括"治标"和"治本"两部分内容。所谓"治标",即对各种敌对势力或组织进行的间谍行为进行"全方位、无死角"的坚决惩治,从而遏制其进一步危害我国国家安全的潜在意图。为了实现这一目的,《反间谍法》为专门机关赋予了比以往范围更广、种类更多的调查处置权限,扩大了行政处罚范围且增设了行政处罚种类,为全面惩治间谍行为提供了更加有效的法律武器。所谓"治本",即在根源上提升社会总体的国家安全意识以及反间防谍的斗争能力,从而在最大限度上降低间谍活动对国家安全造成的危害。这不仅需要国家通过广泛的宣传教育途径,让安全防范意识深深根植于一般民众心中,还应当

充分重视下列特殊主体的职责:对于反间谍安全防范重点单位,应当持续贯彻落实法律对其基本要求,重点强化人防、技防与物防的职责;对于反间谍专门机关,应当在充分发扬其反间防谍"术业专攻"在教育、辅助一般民众提高防范能力方面的优势,同时也应当注重为其充分提供开展专门工作所必需的资源、技术、人才培养等各方面的基本保障措施,以建成一支党和人民可以充分信赖的反间谍专门力量。①

坚持筑牢国家安全人民防线,是党和国家在维护国家安全领域长期摸索并形成的有效方式,值得传承和发扬。其主要包括如下内容:在工作方式上,应当充分贯彻群众路线,通过群众喜闻乐见的宣传教育途径营造"国家安全人人有责"的社会氛围,引导民众学习相关法律法规,增强反间防谍相关知识的了解;在信息渠道上,应当通过为民众提供多种途径和方式,确保其可以对发现的间谍行为相关线索进行及时举报,并对这种行为予以表彰和奖励;在安全政策上,要为实施间谍行为或在境外受胁迫、诱惑而实施危害国家安全活动者,提供"迷途知返"的宽大处理的政策和法律依据;在关键群体管理上,既应当重点关注党员领导干部群体中"关键少数",强化其反间防谍能力与国家安全意识,还应当关注广大青年群体的国家安全防范意识,提升其安全防范能力,并最终引导他们成为国家安全未来维护工作中生生不息、代代永续的奋斗力量。

(三)反间谍安全防范

反间谍工作是一项系统工程,意味着"防范"与"惩处"都应当受重视,安全防范应当被视为整个反间谍工作的前端与基础环节。因此 2023 年《反间谍法》修订时新增第二章"安全防范"共计 13 条,以专章形式明确了现实中反间谍安全防范工作"防什么、谁来防、如何防"的现实问题,主要规定了反间谍安全防范的组织、职责、措施和监督等方面的内容,同时构建了反间谍安全防范义务的系统性规范,以有效维护国家安全。

1. 关于反间谍安全防范主体及相应责任

《反间谍法》第 12 条第 1 款规定,反间谍安全防范工作的责任主体是国家机关、人民团体、企业事业组织和其他社会组织。具体应承担如下安全防范

---

① 王爱立主编:《中华人民共和国反间谍法释义》,中国法制出版社 2023 年版,第 18—19 页。

责任:其一是按有关规定贯彻并落实反间谍安全防范措施;①其二是对本单位的人员进行维护国家安全的教育;其三是动员、组织本单位的人员防范、制止间谍行为。除主体责任外,《反间谍法》还规定了地方各级人民政府及相关行业主管部门的安全防范管理责任,即按照职责分工管理本行政区域、本行业有关反间谍安全防范工作;应由国家安全机关依法协调指导、监督检查反间谍安全防范工作。

2. 关于反间谍安全防范的宣传教育工作

各级人民政府和有关部门应当组织开展反间谍安全防范宣传教育,将反间谍安全防范知识纳入教育、培训、普法宣传内容,以增强全民的反间谍安全防范意识和国家安全素养;新闻、广播、电视、文化、互联网信息服务等单位,应当面向社会有针对性地开展反间谍宣传教育;国家安全机关应指导有关单位开展反间谍宣传教育活动,提高防范意识和能力。

3. 关于公民个人和组织的反间谍安全防范义务

《反间谍法》规定公民个人和组织均应履行如下反间谍安全防范义务:(1)禁止非法获取、持有属于国家秘密的文件、数据、资料、物品。(2)专用间谍器材的管控。即任何个人和组织都不得非法生产、销售、持有、使用间谍活动特殊需要的专用间谍器材。专用间谍器材应由国务院国家安全主管部门依照国家有关规定确认。(3)间谍行为的举报义务。即任何公民和组织发现间谍行为,都应当及时向国家安全机关举报;同时规定了相关部门的移送义务以及国家安全部门的保密义务。

4. 其他反间谍安全防范制度的重要内容

《反间谍法》还详细规定了如下安全防范制度:(1)反间谍安全防范重点单位的管理制度。被明确为反间谍安全防范重点单位的,应当建立反间谍安全防范工作制度,履行反间谍安全防范工作要求,明确内设职能部门和人员承担反间谍安全防范职责,加强对工作人员的教育和管理,对涉密事项进行日常安全防范管理等;(2)重要区域和建设项目的安全控制制度;(3)反间谍

---

① 根据国家安全部《反间谍安全防范工作规定》第8条,主要措施如下:"机关、团体、企业事业组织和其他社会组织应当落实反间谍安全防范主体责任,履行下列义务:(一)开展反间谍安全防范教育、培训,提高本单位人员的安全防范意识和应对能力;(二)加强本单位反间谍安全防范管理,落实有关安全防范措施;(三)及时向国家安全机关报告涉及间谍行为和其他危害国家安全行为的可疑情况;(四)为国家安全机关依法执行任务提供便利或者其他协助;(五)妥善应对和处置涉本单位和本单位人员的反间谍安全防范突发情况;(六)其他应当履行的反间谍安全防范义务。"

技术防范标准的制定、指导落实、检查与检测制度。以上制度都是反间谍安全防范体系的重要组成部分。

综上所述,《反间谍法》第二章"安全防范"通过明确各方责任、加强宣传教育、严格管控专用间谍器材、鼓励举报、加强重点单位管理、实施重要区域安全控制以及制定技术防范标准等措施,构建了全方位、多层次的反间谍安全防范体系。

(四)国家安全机关的调查处置权

反间谍工作的主管机关及执行机关是国家安全机关,国家安全机关应当依法开展反间谍工作。《刑事诉讼法》第4条规定,国家安全机关依照法律规定,办理危害国家安全的刑事案件,行使与公安机关相同的职权。因此,国家安全机关在办理国家安全刑事案件的过程中,也享有侦查、拘留、预审与执行逮捕的职权。同时,《反间谍法》第39条亦明确规定,国家安全机关经调查,发现间谍行为涉嫌犯罪的,应当依照《刑事诉讼法》的规定立案侦查。

反间谍工作具有一定的特殊性,为了方便国家安全机关开展反间谍工作,更好地防范、制止与惩治间谍行为,需要赋予国家安全机关及其工作人员以相应的职权。《反间谍法》第三章还对国家安全机关日常反间谍工作的职责与职权,作出了更具体的规定。

1. 国家安全机关及其工作人员的调查权

(1)查验有关人员身份证明与随带物品、问询有关情况、处置特定电子设备的职权。国家安全机关的工作人员在依法执行任务时,依照规定出示工作证件后,有权查验中国公民或者境外人员的身份证明,向有关个人及组织问询有关情况,对身份不明有间谍行为嫌疑的人员,还可以进一步查看其随带物品;经设区的市级以上国安机关负责人批准后,对有关个人和组织的电子设备、设施及有关程序、工具还可以进行查验。发现具有危害国家安全隐患的,应当责令其当即整改,拒绝整改或整改无效的,可以予以查封或扣押,在危害情形消除后,应当及时解除查封或扣押措施。

(2)查阅、调取有关文件、数据、资料、物品的职权。国家安全机关的工作人员在依法执行反间谍工作任务时,依照规定经过设区的市级以上国安机关负责人批准后,有权查阅或调取有关的文件、数据、资料及物品。有关的个人和组织应当予以配合,但这些查阅、调取的范围和限度应当仅限于执行反间谍工作所需。

(3) 办理国家安全案件的具体调查处置权。国家安全机关工作人员在办案过程中，在获得相应批准的前提下，有权传唤违反《反间谍法》的人员接受调查，并有权检查涉嫌间谍行为者的人身[①]、物品、场所，查询涉嫌间谍行为者的财产信息，有权对涉嫌用于间谍行为的场所、设施、财物进行查封、扣押、冻结，但不得涉及与间谍行为无关的部分。

(4) 上述行为必须严格遵循《反间谍法》的程序性规定。上述措施在行使时，除遵循特定的审批流程以及各自明确的法律规定外，均应由二人以上进行，依照有关规定出示工作证件及相关法律文书，并经相关人员书面签章，应当对重要环节的全过程录音录像，留存备查。

2. 出境入境管制权

相应级别的国家安全部门，有权通知移民管理机构，禁止涉嫌间谍行为人员出境；对出境后可能造成国家安全危害，或者对国家利益造成重大损失的中国公民，决定其在一定期限内不得出境；对入境后可能从事危害我国国家活动的境外人员决定禁止其入境。移民管理机构应当按照国家有关规定执行，上述情形消失的，国家安全机关应当及时撤销相应决定并通知有关机构。

3. 涉间谍网络风险的处置权

国家安全机关发现涉及间谍行为的网络风险时，应当按照《网络安全法》规定的职责分工及时通报有关部门，由其采取相应处置措施；但当情况危急，不及时处置将严重危害国家安全时，亦可由国家安全机关直接责令有关单位采取应急处置措施(如修复漏洞、停止相关传输或暂停相关服务)，并通报有关部门。待相应风险消除后，决定实施该应急措施的部门，应当及时作出恢复相关传输或服务的决定。

4. 采取技术侦察措施与身份保护措施的职权

技术侦察措施通常包括电子侦听、监听、监控、通信定位、秘密拍照或秘密录音录像等专门技术手段。关于技术侦察措施使用有严格的条件：(1) 采取技术侦察措施的对象必须是与间谍行为有关的人员；(2) 技术侦察措施必须是在侦察间谍活动时才能使用；(3) 在确有使用技术侦察必要的情形下才能使用；(4) 根据国家有关规定，经过严格的批准手续才能使用。同时，由

---

① 检查女性身体的，应当由女性工作人员进行。

反间谍工作的特殊性,采取一定的身份保护措施,并由国家为其信息提供隐秘保障,往往是特殊战线上为顺利开展工作必不可少的举措之一,《反间谍法》的规定为此提供了明确的法律依据。

二、《国家情报法》

为了加强和保障国家情报工作,维护国家安全和利益,我国2017年6月27日通过了《国家情报法》,并于2018年4月27日予以修正。《国家情报法》是贯彻总体国家安全观,推进全面依法治国的一部重要法律。它在总结我国国家情报工作成功经验的基础上,立足于当前和今后一段时期开展国家情报工作的实际需要,对国家情报工作的体制机制、国家情报工作机构的职权以及国家情报工作保障等内容作出了相应的规定。《国家情报法》的颁布与施行,意味着国家首次在立法层面规范国家情报工作,使国家情报工作的开展从此有法可依。

(一)情报的概念、特征与国家情报的工作原则

情报活动自古有之,是人类生存和发展、竞争和决策的必然需求和产物。① 关于情报的定义,粗略统计有近两百种不同的版本,但大致可以从"军事""信息""知识"三种不同情报观入手来对"情报"加以具体理解。② 本书认为,所谓情报,是指关于某种情况的消息或者报告,并且多带有机密性质。情报通常具有知识性、目的性、效用性、可传递性及秘密性的特征。知识性是情报的本质特征,没有知识性的情报,就不能成为情报。情报之所以被人们收集,就是为了扩大知识视野和增加知识内容。目的性指情报是为了解决特定问题或达到特定目的而收集的信息,目的性是情报特有的属性,也是情报与信息的本质区别之所在。实用性是指情报具有一定的实用价值,能为决策的制定与实施起到借鉴与参考作用。可传递性是指情报必须是可以进行传递交流的信息,情报工作之所以能进行,就是利用了情报可以传递的性质特征。

情报依照其不同来源领域,可以被划分为军事情报、政治情报、科技情报、商业情报等;依照其来源程度保密与否,可以区分为开源情报和秘源情报

---

① 包昌火等:《中国情报学论纲》,载《情报杂志》2018年第1期。
② 梁春华等:《基于采样统计内容分析的情报定义研究》,载《情报理论与实践》2016年第10期。

（也称秘密情报）；①但若就其主要用途来划分，则可以区分为国家情报与非国家情报（或称社会情报）两大类。《国家情报法》主要规制的是国家情报，但立法并未对国家情报给出明确定义。本书认为，国家情报是指涉及国家安全与国家利益的情报信息，其收集目的按《国家情报法》第2条的规定在于"为国家重大决策提供情报参考，为防范和化解危害国家安全的风险提供情报支持，维护国家政权、主权、统一和领土完整、人民福祉、经济社会可持续发展和国家其他重大利益"。在总体国家安全观的视域下，国家安全既包括政治、军事等方面的传统国家安全，又包括经济、能源、金融、生态环境、信息网络等各方面的非传统安全，因此国家情报的范围也应当不再局限于传统安全领域的情报信息。国家情报本质上是一种为了维护国家安全所需要传递的知识，是针对特定目的、特定对象、特定时间所提供或寻找的能起到借鉴或参考作用的信息。②

国家情报工作的原则是指国家情报工作中必须遵循的规则。《国家情报法》第4条规定："国家情报工作坚持公开工作与秘密工作相结合、专门工作与群众路线相结合、分工负责与协作配合相结合的原则。"（1）公开工作与秘密工作相结合原则是指在国家情报工作中既要通过公开渠道获取各种公开情报，也要建立秘密渠道，通过各种方式获取秘密情报，共同发挥公开工作与秘密工作的作用。对于一些公开情报可以通过公开或半公开渠道来获取情报信息，而对于秘密情报则只能通过窃取、刺探、渗透、策反、收买等秘密渠道与方式来获取。（2）专门工作与群众路线相结合原则是指在国家情报工作的开展中，既要有专门机关采取专业的措施与手段，又要充分发动群众参与，发挥广大人民群众在情报工作中的作用。（3）分工负责与协作配合相结合原则是指在国家情报工作中，各国家情报工作机构要按照职责分工，相互配合，做好情报工作、开展情报行动。

（二）国家情报机构及其职权

根据《国家安全法》第52条的规定，依法搜集涉及国家安全的情报信息的国家机关各部门为国家安全机关、公安机关以及有关军事机关。而《国家情

---

① 开源情报是指"通过公开途径、运用合法手段对公开信息和资料的系统性搜集、处理和分析而得到的情报"。参见杨建英、余志诚：《开源情报在中国国家安全情报中的地位和作用分析》，载《情报杂志》2019年第10期。

② 李竹、肖君拥主编：《国家安全法学》，法律出版社2019年版，第243页。

报法》第 5 条对于上述机关进行了详细界定,明确"国家情报工作机构"应当包括的范围是国家安全机关和公安机关情报机构、军队情报机构,各国家情报工作机构应当按照职责分工,相互配合,做好情报工作、开展情报行动。

《国家情报法》对于国家情报工作机构在各自搜集情报信息工作中所享有的职权作出了具体的规定:(1) 国家情报工作机构应当依法搜集和处理境外机构、组织、个人实施或者指使、资助他人实施的,或者境内外机构、组织、个人相勾结实施的危害中华人民共和国国家安全和利益行为的相关情报,为防范、制止和惩治上述行为提供情报依据或者参考;(2) 国家情报工作机构可以按照国家有关规定,与有关个人和组织建立合作关系,委托开展相关工作;(3) 国家情报工作机构可以按照国家有关规定,开展对外交流与合作;(4) 国家情报工作机构依法开展情报工作,可以要求有关机关、组织和公民提供必要的支持、协助和配合;(5) 国家情报工作机构根据工作需要,按照国家有关规定,经过严格的批准手续,可以采取技术侦察措施和身份保护措施;(6) 国家情报工作人员依法执行任务时,按照国家有关规定,经过批准,出示相应证件,可以进入限制进入的有关区域、场所,可以向有关机关、组织和个人了解、询问有关情况,可以查阅或者调取有关的档案、资料、物品;(7) 国家情报工作人员因执行紧急任务需要,经出示相应证件,可以享受通行便利;(8) 国家情报工作人员根据工作需要,按照国家有关规定,可以优先使用或者依法征用有关机关、组织和个人的交通工具、通信工具、场地和建筑物,必要时,可以设置相关工作场所和设备、设施,任务完成后应当及时归还或者恢复原状,并依照规定支付相应费用;造成损失的,应当补偿;(9) 国家情报工作机构根据工作需要,按照国家有关规定,可以提请海关、出入境边防检查等机关提供免检等便利。

(三) 法律责任

涉及国家情报行为的法律责任的责任形式主要有行政法律责任和刑事法律责任,行政法律责任主要表现为行政处罚,刑事法律责任主要表现为刑事处罚。《国家情报法》第四章规定了国家情报工作中需要承担法律责任的一些情形。

(1) 阻碍国家情报工作机构及其工作人员依法开展情报工作的,由国家情报工作机构建议相关单位给予处分或者由国家安全机关、公安机关处警告或者 15 日以下拘留;构成犯罪的,依法追究刑事责任。根据《刑法》的规定,这类行为可能涉及的犯罪有妨害公务罪、袭警罪等。

（2）泄露与国家情报工作有关的国家秘密的，由国家情报工作机构建议相关单位给予处分或者由国家安全机关、公安机关处警告或者15日以下拘留；构成犯罪的，依法追究刑事责任。根据《刑法》的规定，这类行为可能涉及的犯罪有故意泄露国家秘密罪，为境外窃取、刺探、收买、非法提供国家秘密、情报罪等。

（3）冒充国家情报工作机构工作人员或者其他相关人员实施招摇撞骗、诈骗、敲诈勒索等行为的，依照《治安管理处罚法》的规定处罚；构成犯罪的，依法追究刑事责任。根据《刑法》的规定，这类行为可能涉及的犯罪有招摇撞骗罪、诈骗罪、敲诈勒索罪等。

（4）国家情报工作机构及其工作人员超越职权、滥用职权，侵犯公民和组织的合法权益，利用职务便利为自己或者他人谋取私利，泄露国家秘密、商业秘密和个人信息等的，依法给予处分；构成犯罪的，依法追究刑事责任。根据《刑法》的规定，这类行为可能涉及的犯罪有玩忽职守罪、滥用职权罪等。

三、《保守国家秘密法》

国家秘密关系着国家的安全和利益，为了保守国家秘密，维护国家安全和利益，保障改革开放和社会主义建设事业的顺利进行，我国于1988年9月5日通过了《保守国家秘密法》。2024年对《保守国家秘密法》进行了最新修订，并自2024年5月1日起施行。

（一）保密工作的指导思想与基本原则

根据《保守国家秘密法》第3条和第4条的规定，我国的保密工作应当坚持中国共产党对保密工作的领导，坚持总体国家安全观，遵循"党管保密、依法管理，积极防范、突出重点，技管并重、创新发展"的原则。

党的领导是保密工作的优良传统，也是保密工作必须坚持的政治原则。现今保密工作面临的形势更加复杂严峻，风险挑战前所未有，必须坚定不移始终坚持党对保密工作的统一领导。《保守国家秘密法》确立了党管保密的领导体制，明确中央保密工作领导机构领导全国保密工作，研究制定、指导实施国家保密工作战略和重大方针政策，统筹协调国家保密重大事项和重要工作，推进国家保密法治建设，有利于更好发挥党管保密的政治优势和组织优势。

总体国家安全观是党的历史上第一个被确立为国家安全工作指导思想的重大战略思想,也是指导新时代保密工作的强大思想武器。《保守国家秘密法》明确了应当坚持总体国家安全观,紧密围绕党和国家事业发展全局统筹高质量发展和高水平安全,着力防范化解重点领域泄密风险。同时,注重与国家安全相关法律衔接协调,形成维护国家主权、安全、发展利益的法治合力,从而为以新安全格局保障新发展格局提供了更加有力的法律武器。《保守国家秘密法》第4条中"既确保国家秘密安全,又便利信息资源合理利用"的规定,正是"统筹发展和安全"在保密领域的具体体现,力求在确保国家秘密安全的同时,建立科学有效的保密管理制度,推动信息资源有序共享和高效利用。

"党管保密、依法管理"原则是保密工作开展的前提性要求。党管保密,是做好保密工作必须坚持的政治原则。依法管理则强调要依照国家法律法规管理国家秘密,在法治轨道上推进国家秘密治理体系和治理能力现代化。坚持依法管理国家秘密,是全面依法治国、建设法治中国的必然要求;是推进保密依法行政,不断提升保密工作制度化、规范化、程序化水平的迫切需要。

"积极防范、突出重点"原则揭示了保密工作开展应当具备的立场和侧重点。积极防范原则重点强调的是主动、事先的防范,以防止窃密泄密为出发点,构筑人防、物防、技防相结合的坚固的综合防范体系。这一原则不仅是保密工作实践经验和特点规律的科学总结,而且也呼应了总体国家安全观的内在要求。习近平曾强调在新的征程中"既要有防范风险的先手,也要有应对和化解风险挑战的高招;既要打好防范和抵御风险的有准备之战,也要打好化险为夷、转危为机的战略主动战",积极防范正是这一指示在保密工作中的直接体现。[①] 突出重点原则,强调应当确保国家核心秘密的绝对安全。同时,突出重点绝非"只要重点",不意味着对非重点可以放任不管或是放松管理,国家秘密在任何一个地区、部门或环节被泄露,都会损害国家安全和利益,影响保密工作的整体效能。因此,在加强对核心秘密重点保密管理的同时,还应当坚持全面管理,实施综合防范。

"技管并重、创新发展"原则体现了保密工作实施中的主要抓手。技管并重,主要强调的是保密工作需要科技和管理齐头并进。重科技,就是要充分

[①] 中共中央党史和文献研究院编:《习近平关于防范风险挑战、应对突发事件论述摘编》,中央文献出版社2020年版,第213—214页。

发挥科技在保密工作中的支撑和引领作用,加强理论研究和科研攻关,加快实现高水平科技自立自强,切实提升保密技术防护水平;重管理,就是持续优化保密管理体系、改进保密管理方式、完善保密管理流程、提升保密管理效能,提高管理的科学化、精准化、规范化水平。创新发展则是做好新时代保密工作的关键依托。《保守国家秘密法》的修订鼓励和支持保密科学技术研究和应用,强调提升自主创新能力,旨在激发保密科技创新主体活力,加快实现保密科技高水平自立自强,提升保密工作的体系对抗能力。① 应当主动适应保密形势任务要求,应势而动、顺势而为,加强保密理念、体制机制、方法手段和科学技术的创新。坚持以科技创新为支撑,以管理创新为抓手,以制度创新为保证,完善保密创新体制机制,营造创新发展环境,增强自主创新能力,打造人才队伍,推动保密事业转型升级。

(二)国家秘密的概念、范围与密级

根据《保守国家秘密法》第2条的规定,国家秘密是指"关系国家安全和利益,依照法定程序确定,在一定时间内只限一定范围的人员知悉的事项。"国家秘密具有特定性、时间性和隐蔽性。所谓特定性即指国家秘密内容上的特定性和程序上的特定性。内容上的特定性是指均为涉及国家安全和利益的事项;程序上的特定性是指国家秘密的内容、范围以及密级等都必须依照法定程序予以确定。国家秘密具有时间性,具有法定的保密期限。国家秘密的隐蔽性是相对于公开性而言的,国家秘密只限于一定范围的人员知悉。

《保守国家秘密法》第13条明确规定了国家秘密的范围。下列涉及国家安全和利益的事项,泄露后可能损害国家在政治、经济、国防、外交等领域的安全和利益的,应当确定为国家秘密:(1)国家事务重大决策中的秘密事项;(2)国防建设和武装力量活动中的秘密事项;(3)外交和外事活动中的秘密事项以及对外承担保密义务的秘密事项;(4)国民经济和社会发展中的秘密事项;(5)科学技术中的秘密事项;(6)维护国家安全活动和追查刑事犯罪中的秘密事项;(7)经国家保密行政管理部门确定的其他秘密事项;(8)政党的秘密事项中符合前述规定的,属于国家秘密。

国家秘密的密级分为绝密、机密、秘密三级。绝密级国家秘密是最重要的国家秘密,泄露会使国家安全和利益遭受特别严重的损害;机密级国家秘

---

① 李兆宗:《加强保密法治建设 筑牢新时代国家秘密安全防线》,载《人民日报》2024年2月28日第11版。

密是重要的国家秘密,泄露会使国家安全和利益遭受严重的损害;秘密级国家秘密是一般的国家秘密,泄露会使国家安全和利益遭受损害。

此外,《保守国家秘密法》还对于国家秘密的定密权限、保密期限、知悉范围、秘密标志、审核程序等具体内容作出了详细规定。

(三)保密制度

1. 国家秘密载体的管理制度

国家秘密载体是指记载国家秘密信息的纸张、磁性载体及光盘等各类载体介质。为了确保保守国家秘密,我国对于国家秘密载体也规定了相应的管理制度。根据《保守国家秘密法》的相关规定,国家秘密载体的制作、收发、传递、使用、复制、保存、维修和销毁,应当符合国家保密规定。绝密级国家秘密载体应当在符合国家保密标准的设施、设备中保存,并指定专人管理;未经原定密机关、单位或者其上级机关批准,不得复制和摘抄;收发、传递和外出携带,应当指定人员负责,并采取必要的安全措施。关于国家秘密载体的管理,《保守国家秘密法》第28条规定:机关、单位应当加强对国家秘密载体的管理,任何组织和个人不得有下列行为:(1)非法获取、持有国家秘密载体;(2)买卖、转送或者私自销毁国家秘密载体;(3)通过普通邮政、快递等无保密措施的渠道传递国家秘密载体;(4)寄递、托运国家秘密载体出境;(5)未经有关主管部门批准,携带、传递国家秘密载体出境;(6)其他违反国家秘密载体保密规定的行为。

此外,2024年修订的《保密法实施条例》进一步规定了国家秘密载体的具体管理制度。除了对国家秘密载体的制作、收发、传递、使用、复制、保存、维修和销毁规定了明确流程和标准外,还对阅读、携带外出和清退也作了详细规定。同时对于绝密级国家秘密载体,设置了在上述一般规定基础上更加严格的保密管理制度。

2. 涉密信息系统的管理制度

涉密信息系统是指存储、处理国家秘密的计算机信息系统。为了更好地保守国家秘密,我国针对涉密信息系统制定了严格的管理制度。涉密信息系统分为绝密级、机密级和秘密级,并按照涉密程度实行分级保护。机关、单位根据涉密信息系统存储、处理信息的最高密级确定系统的密级。关于涉密信息系统的管理,《保守国家秘密法》规定涉密信息系统应当按照国家保密规定和标准规划、建设、运行、维护,并配备保密设施、设备。保密设施、设备应当与涉密信息系统同步规划、同步建设、同步运行。涉密信息系统应当按照规定,经检查合格后,方可投入使用,并定期对其开展风险评估。

此外,《保守国家秘密法》第31条还规定,机关、单位应当加强对信息系统、信息设备的保密管理,建设保密自监管设施,①及时发现并处置安全保密风险隐患。任何组织和个人不得有下列行为:(1)未按照国家保密规定和标准采取有效保密措施,将涉密信息系统、涉密信息设备接入互联网及其他公共信息网络;(2)未按照国家保密规定和标准采取有效保密措施,在涉密信息系统、涉密信息设备与互联网及其他公共信息网络之间进行信息交换;(3)使用非涉密信息系统、非涉密信息设备存储或者处理国家秘密信息;(4)擅自卸载、修改涉密信息系统的安全技术程序、管理程序;(5)将未经安全技术处理的退出使用的涉密信息设备赠送、出售、丢弃或者改作其他用途;(6)其他违反信息系统、信息设备保密规定的行为。

3. 涉密人员的管理制度

涉密人员是指在涉密岗位工作的人员。涉密人员按照涉密程度分为核心涉密人员、重要涉密人员和一般涉密人员,国家对于涉密人员实行分类管理。根据《保守国家秘密法》的相关规定,任用、聘用涉密人员应当按照有关规定进行审查。涉密人员上岗应当经过保密教育培训,掌握保密知识技能,签订保密承诺书,严格遵守保密规章制度,不得以任何方式泄露国家秘密。涉密人员出境应当经有关部门批准,有关机关认为涉密人员出境将对国家安全造成危害或对国家利益造成重大损失的,不得批准出境。此外,涉密人员离岗离职应当遵守国家保密规定,机关、单位应对其开展保密教育提醒,清退国家秘密载体,并实行脱密期管理。涉密人员在脱密期内,应当按照规定履行保密义务,不得违反规定就业和出境,不得以任何方式泄露国家秘密。脱密期结束后,应当遵守国家保密规定,对知悉的国家秘密继续履行保密义务。涉密人员严重违反离岗离职及脱密期国家保密规定的,机关、单位应当及时报告同级保密行政管理部门,由保密行政管理部门会同有关部门依法采取处置措施。

(四)违反《保守国家秘密法》的法律责任

国家秘密受法律保护,一切国家机关、武装力量、政党、社会团体、企事业

---

① 保密自监管设施是指由保密机关、单位的内部管理机构实施的,对保密管理工作进行自我监督管理,以降低泄密风险或排除泄密隐患的一系列特殊设备及特殊措施的总和。

单位和公民都有保守国家秘密的义务。任何危害国家秘密安全的行为,都必须受到法律追究。《保守国家秘密法》第57条列举了一系列违法行为:(1)非法获取、持有国家秘密载体的;(2)买卖、转送或者私自销毁国家秘密载体的;(3)通过普通邮政、快递等无保密措施的渠道传递国家秘密载体的;(4)寄递、托运国家秘密载体出境,或者未经有关主管部门批准,携带、传递国家秘密载体出境的;(5)非法复制、记录、存储国家秘密的;(6)在私人交往和通信中涉及国家秘密的;(7)未按照国家保密规定和标准采取有效保密措施,在互联网及其他公共信息网络或者有线和无线通信中传递国家秘密的;(8)未按照国家保密规定和标准采取有效保密措施,将涉密信息系统、涉密信息设备接入互联网及其他公共信息网络的;(9)未按照国家保密规定和标准采取有效保密措施,在涉密信息系统、涉密信息设备与互联网及其他公共信息网络之间进行信息交换的;(10)使用非涉密信息系统、非涉密信息设备存储、处理国家秘密的;(11)擅自卸载、修改涉密信息系统的安全技术程序、管理程序的;(12)将未经安全技术处理的退出使用的涉密信息设备赠送、出售、丢弃或者改作其他用途的;(13)其他违反《保守国家秘密法》规定的情形。有上述情形之一的,根据情节轻重依法给予处分;有违法所得的同时没收违法所得;尚不构成犯罪,且不适用处分的人员,应由保密行政管理部门督促其所在机关、单位予以处理。

此外,《保守国家秘密法》第58—62条也分别对机关或单位中违反本法的直接负责的主管人员和其他直接责任人员、违反保密法相应义务规定的网络运营者、取得或未取得保密资质的企业事业单位、保密行政管理部门的工作人员规定了相应的违法后果,并明确违反《保守国家秘密法》相关规定构成犯罪的,依法应当追究其刑事责任。

四、其他维护政治安全的重要法律

除前述《反间谍法》《国家情报法》《保守国家秘密法》等几部维护国家政治安全的专门性法律之外,现行法律法规中还有大量直接涉及政治安全的法律法规或部门规章,此处仅就《戒严法》和《密码法》的主要内容作一简要介绍。

(一)《戒严法》

为在危急时刻维护国家的统一、安全和社会稳定,处置紧急状态,保护人民的生命和财产安全,我国制定了《戒严法》,于1996年3月1日通过并公布实施。

1. 戒严与紧急状态

戒严是指国家在发生严重危及国家的统一、安全或者社会公共安全的动乱、暴乱或者严重骚乱,不采取非常措施不足以维护社会秩序、保护人民的生命和财产安全的紧急状态时采取的一种非常措施。我国最早于1954年《宪法》中就已将"戒严"纳入文本,使其受到宪法的规范约束。[①] 现行《宪法》原本也规定了"战争、动员和戒严"三类特殊法律状态,1996年《戒严法》亦以此为依据制定,但2004年通过的《宪法修正案》用"紧急状态"取代了"戒严"的相关表述。

所谓紧急状态,是指具有一定危险程度的非正常的社会状态,出现了可能导致社会正常生活受到威胁或法律实施受到严重阻碍的状况。[②] 具体可能包括战争、饥荒、经济危机、重大自然或事故灾害、重大流行性传染病传播等各种源于自然因素或社会因素或二者混合的危机事态。从现行立法来看,《戒严法》所规定的戒严应当属于国家机关应对紧急状态的"紧急行政权"措施之一[③],即"紧急状态包括戒严又不限于戒严,适用范围更宽"[④]。

《国家安全法》在"危机管控"一章对于进入紧急状态的决定机关、依据和权限、对公民权利义务的特别限制等内容作出了规定。特别强调了采取危机应对措施时,应当具有与危机性质、程度和范围的相当性,并在具有多种措施可选择的情况下,应当选择有利于最大限度保护公民、组织权益的措施。

还应当注意的是,我国从未在宪法层面正式宣布过全体或部分地区进入紧急状态,进而导致戒严措施的实施,有观点认为,《突发事件应对法》等法律所确立的应急状态和应急处置措施等规定,足以应对我国迄今为止所遇到的所有紧急事项。[⑤]

[①] 1954年《宪法》第31条规定:"全国人民代表大会常务委员会行使下列职权:……(十八)决定全国或者部分地区的戒严……"

[②] 江必新:《紧急状态与行政法治》,载《法学研究》2004年第2期。

[③] 除戒严外,还可能实施的应对措施包括军事管制、宵禁、总动员等宏观层面措施,或征调、征用、封锁、强制隔离、物资管制等微观层面措施。参见江必新:《紧急状态与行政法治》,载《法学研究》2004年第2期。

[④] 王兆国:《关于〈中华人民共和国宪法修正案(草案)〉的说明》,https://www.gov.cn/test/2005-06/26/content_9598.htm,2025年2月20日访问。

[⑤] 梅扬:《紧急状态的概念流变与运作机理》,载《法制与社会发展》2023年第6期。

2.《戒严法》的主要内容

按现行立法规定,实施戒严应当具备如下条件:(1)前提条件:只有当发生严重危及国家统一、安全或社会公共安全的暴乱或动乱等紧急状态时,才可决定实施戒严;(2)必要条件:只有国家判定当不采取戒严不足以维护社会秩序、保护人民的生命和财产安全时,方可决定实施这一非常措施;(3)决定主体条件:全国或个别省、自治区、直辖市的戒严,需由国务院提请全国人大常委会决定,并由国家主席发布戒严令;省、自治区、直辖市的范围内部分地区的戒严,应由国务院决定,国务院总理发布戒严令;(4)执行主体条件:戒严任务由人民警察、人民武装警察执行;在必要时,国务院可以向中央军事委员会(以下简称"中央军委")提出,由中央军委决定派出人民解放军协助执行戒严任务。

戒严应当由特定主体实施,组织实施戒严的机关称为戒严实施机关。《戒严法》明确了全国范围或者个别省、自治区、直辖市的戒严,应由国务院组织实施;省、自治区、直辖市的范围内部分地区的戒严,由省、自治区、直辖市人民政府组织实施,必要时国务院可直接组织。戒严实施机关应建立戒严指挥机构,统一部署和实施戒严措施。①

《戒严法》对于戒严的实施措施进行了明确规定。主要包括如下内容:(1)戒严期间国家可对公民权利和自由的行使作出特别规定。如禁止或限制集会、游行、示威,对新闻、邮政、电信、通信和出入境的管制等,以保障社会秩序和人民生命财产安全;(2)戒严期间实施机关可以决定采取交通管制、宵禁、特殊物品管制、物资临时征用、特殊场所警卫强化、基本生活必需品特别管理等一系列特殊措施;(3)以上具体实施戒严令的措施,需要公众遵守的,应当及时公布;当发生情势变更,导致相应措施不需要继续实施时,应当及时公布停止。

《戒严法》将执行戒严任务的人民警察、人民武装警察和人民解放军规定为戒严执勤人员,并对其职责进行了具体规定:(1)戒严执勤人员应佩戴统一标志;(2)戒严期间执勤人员有权依实施机关规定,对区域内人员进行检查,对违反相应戒严规定者进行人身搜查、驱散、拘留、逮捕等一系列紧急处置措施;在法定的特殊情境下,可以使用警械,乃至枪支等武器;(3)戒严执勤人员

---

① 执行戒严任务的人民解放军,在戒严指挥机构的统一部署下,应由中央军委指定的军事机关实施指挥。

负有遵守法律、法规和执勤规则,服从命令等法定义务,其依法执行任务的行为受法律保护;(4) 违反《戒严法》规定,滥用职权,侵犯和损害公民合法权益的,应依法追究法律责任。

《戒严法》还明确规定,当作为实行戒严的前提条件的紧急状态消除后,应当及时解除戒严;解除戒严的程序与决定戒严的程序相同。

(二)《密码法》

为规范密码应用和管理,促进密码事业发展,保障网络与信息安全,维护国家安全和社会公共利益,保护公民、法人和其他组织的合法权益,我国于2019年制定并颁布了《密码法》,自2020年1月1日起正式实施。

1. 密码的概念与分类

密码是指采用特定变换的方法对信息等进行加密保护、安全认证的技术、产品和服务。《密码法》把密码分为核心密码、普通密码和商用密码。其中核心密码、普通密码用于保护国家秘密信息,均属于国家秘密,应由国家密码管理部门对其施行严格统一管理,而商用密码用于保护不属于国家秘密的信息,因此并非所有《密码法》中所规定的密码都与国家安全有关。

有观点指出,"密码安全"与"国家安全"存在着相当范围的重叠之处,《国家安全法》《保守国家秘密法》《数据安全法》《网络安全法》等若干部门法,以及大量的行业规范和技术标准中也都涉及密码安全保护以及其与国家安全、网络安全、数据安全等概念的重合交叉问题。[①]

2.《密码法》的主要内容

密码工作实行中央统一领导,国家及县级以上地方各级密码管理部门负责在各自的行政区域内管理密码工作。从事核心密码、普通密码科研、生产、服务、检测、装备、使用和销毁等工作的机构被称为密码工作机构。

《密码法》规定了在有线、无线通信中传递的国家秘密信息,以及存储、处理国家秘密信息的信息系统,均应当依法依规使用核心密码及普通密码进行加密保护及安全认证。此外,还规定了密码工作机构负有的安全管理和保密义务、与密码管理部门的协作工作机制、出现泄密风险或重大隐患时的及时报告义务等内容。

---

① 张勇:《密码安全的刑法保护》,载《法律适用》2022年第12期。

第二节　国土安全领域重要立法

国土是国家的基本构成要素。国土即领土,是指处于国家主权管辖下的地球表面特定部分。领土不是平面的,而是一个立体化的三维空间,上至高空,下达地底。它包括国家主权管辖下的一切陆地、水域及其底土和上空,即由领陆、领水和领空三部分组成,其中领陆通常情况下是领土的主体。

所谓国土安全,主要是指国家主权范围内的领陆、领水(包括内水和领海)、领空的安全,主要包括涵盖领土、自然资源、基础设施等要素,核心是指领土完整、国家统一、边疆边境、海洋权益等不受侵犯或免受威胁的状态,以及持续保持这种状态的能力。① 按照有关论述,当前我国国土安全涵盖的主要领域应当包括涉港澳安全、涉台安全、边疆安全、海洋权益安全、南海诸岛安全和边海空防建设等领域。② 因此,我国对于国土安全的立法也是一个上至《宪法》和《国家安全法》,中间包括各门类的专门性法律法规,下至地方性法规及国务院部门规章的极为庞杂的法律体系。

此外,《国防法》第四章对国土安全的防卫作了统一的原则性规定,明确宣告中华人民共和国的领陆、领水、领空神圣不可侵犯。国家建设强大稳固的现代边防、海防和空防,采取有效的防卫和管理措施,保卫领陆、领水、领空的安全,维护国家海洋权益。国家采取必要的措施,维护在太空、电磁、网络空间等其他重大安全领域的活动、资产和其他利益的安全。中央军委统一领导边防、海防、空防和其他重大安全领域的防卫工作,中央国家机关、地方各级人民政府和有关军事机关,按照规定的职权范围,分工负责边防、海防、空防和其他重大安全领域的管理和防卫工作,共同维护国家的安全和利益。

考虑到国土安全领域的立法涵盖了极为广泛的范围,限于篇幅,本书将对规制领土完整、国家统一的代表性法律《反分裂国家法》,以及领陆安全、领水安全及海洋权益安全、领空安全等安全领域的代表性法律进行相应介绍。

---

① 本书编写组:《国家安全知识百问》,人民出版社2020年版,第53页。
② 中共中央宣传部、中央国家安全委员会办公室编:《总体国家安全观学习纲要》,学习出版社、人民出版社2022年版,第74—78页。

一、《反分裂国家法》

21世纪初期,我国台湾民进党当局推行"台独"分裂活动,抛出"两国论",甚至妄图通过法律形式实现"法理台独","台独"分子的言行严重威胁了国家统一和领土完整,对我国的国土安全造成了巨大风险。《反分裂国家法》正是在这一背景下应运而生。[①] 该法明确了仅适用于台湾问题,共计十条,不仅以宪法性的规范规定了两岸关系的法理架构,同时也将海内外华夏儿女维护国家主权与领土完整的人民意志上升为国家意志。

《反分裂国家法》明确宣告立法目的在于反对和遏制"台独"分裂势力分裂国家,重申宪法对于祖国统一大业的规定及一个中国原则,将台湾问题明确定性为中国内战的遗留问题,不容外国势力干涉,并列举了通过和平方式实现国家统一的基本构想,包括两岸关系发展的鼓励措施及两岸可谈判事项的范围。同时,对于"以非和平方式制止'台独'势力分裂国家"也进行了明确规定。其一,当发生下列情形之一时,"国家得采取非和平方式及其他必要措施",捍卫国家主权和领土完整:(1)"台独"分裂势力以任何名义、任何方式造成台湾从中国分裂出去的事实;(2)发生将会导致台湾从中国分裂出去的重大事变;(3)和平统一的可能性完全丧失。2024年最高人民法院、最高人民检察院、公安部、国家安全部、司法部联合制定的《关于依法惩治"台独"顽固分子分裂国家、煽动分裂国家犯罪的意见》明确了以将台湾从中国分裂出去为目的,发起、建立"台独"分裂组织、策划、制定"台独"分裂行动纲领,通过立改释废台湾地区有关规定或者"公民投票"等方式,图谋改变台湾是中国一部分的法律地位等行为,应当以《刑法》第103条第1款的规定,以分裂国家罪定罪处罚。其二,明确当不得不针对一意孤行的"台独"分裂势力(而非台湾同胞)作出最后选择,[②] 采取非和平方式及其他必要措施时,需及时向全国人大常委会报告,并会尽最大可能保护台湾平民和在台湾的外国人的生命财产安全和其他正当权益,减少损失;同时,国家依法保护台湾同胞在中国其他地区的权利和利益。

总之,《反分裂国家法》是维护祖国国土安全的一部重要法律,自其制定

[①] 《反分裂国家法》由第十届全国人大第三次会议于2005年3月14日通过。本法是现行法律中唯一未以"中华人民共和国"为前置的法律。

[②] 王兆国:《关于〈反分裂国家法(草案)〉的说明》,载《人民日报》2005年3月9日。

以来,不仅为遏制"台独"分裂活动划定了红线,更为两岸关系和平发展、和平统一进入良性循环提供了广阔空间。

二、领陆安全立法

领陆是指国家拥有的陆地领土,包括国界范围内的大陆部分和所属岛屿以至其底土。涉及领陆安全的专门及相关立法包括《陆地国界法》《出境入境管理法》《土地管理法》等,本书主要就《陆地国界法》的有关内容作一简要介绍。

《陆地国界法》是为了规范和加强陆地国界工作,保障陆地国界及边境的安全稳定,促进中国与陆地邻国睦邻友好和交流合作,维护国家主权、安全和领土完整,根据宪法而制定的法律,自 2022 年 1 月 1 日起施行。《陆地国界法》第 4 条规定:"中华人民共和国的主权和领土完整神圣不可侵犯。国家应当采取有效措施,坚决维护领土主权和陆地国界安全,防范和打击任何损害领土主权和破坏陆地国界的行为。"

(一)陆地国界及边境的定义与勘定

1. 陆地国界及边境的概念

陆地国界是指划分中华人民共和国与陆地邻国接壤的领陆和内水的界限。陆地国界垂直划分了中华人民共和国与陆地邻国的领空和底土。中华人民共和国陆地国界内侧一定范围内的区域为边境。

应当注意的是,陆地国界与陆地领土是范围不同的概念。除前述我国陆地国界内的范围当然归属于我国陆地领土之外,按照《领海及毗连区法》第 2 条的规定,中华人民共和国的陆地领土还应当包括中华人民共和国大陆及其沿海岛屿、台湾及其包括钓鱼岛在内的附属各岛、澎湖列岛、东沙群岛、西沙群岛、中沙群岛、南沙群岛以及其他一切属于中华人民共和国的岛屿。因此,陆地领土的范围应当是大于陆地国界的。

2. 陆地国界的划定与勘探

在国境的划定与勘探上,国家与陆地邻国通过谈判缔结划定陆地国界的条约,规定陆地国界的走向和位置,并根据划界条约,实地勘定陆地国界与缔结勘界条约。

国家应当设置界标,在实地标示陆地国界。界标是指竖立在陆地国界上或者陆地国界两侧,在实地标示陆地国界走向,且其地理坐标已测定并记载于勘界条约或者联合检查条约中的标志,包括基本界标、辅助界标、导标和浮标等。

(二)陆地国界及边境的防卫制度

1. 陆地国界及边境的防卫职责划分

《陆地国界法》规定中国人民解放军、中国人民武装警察部队按照各自任务分工,警戒守卫陆地国界,抵御武装侵略,处置陆地国界及边境重大突发事件和恐怖活动,会同或者协助地方有关部门防范、制止和打击非法越界,保卫陆地国界及边境的安全稳定。

边境省、自治区的各级人民政府统筹资源配置,加强维护国界安全的群防队伍建设,支持和配合边防执勤、管控工作;建设基础设施时应当统筹兼顾陆地国界及边境防卫需求;公民和组织负有支持边防执勤、管控活动,为其提供便利条件或者其他协助的义务。

2. 边防保卫权的主要内容

国家的边防保卫权包括如下内容:(1)国家有权根据边防管控需要,在临近陆地国界的特定区域划定、变更或撤销边境禁区,禁止无关人员进入,但在划定时应兼顾经济社会发展、资源环境保护和居民生产生活的多方需求;(2)国家有权根据防卫需要,在陆地国境内(或边界线上)[①]设置拦阻、交通、通信、监控、警戒、防卫及辅助设施等边防基础设施,但这些基础设施的设置在保证国家主权、安全和领土完整的前提下,也应当兼顾经济社会发展、自然资源和生态环境保护、野生动物迁徙、居民生产生活的多种需要,并且不得损害陆地国界与边防基础设施之间领土的有效管控。

(三)陆地国界及边境的管理制度

1. 陆地国界及边境管理的一般性规定

一般性规定是指陆地国界及边境管理中均应遵循的一系列原则性规定,具体包括:(1)国家对陆地国界及边境的管理采取统筹协调、分工负责、依法管理原则;(2)应当确保陆地国界清晰、安全、稳定;(3)边境地区设立经贸或旅游等跨境合作区域或开展相应跨境合作活动时,不得危害边防安全;(4)出现重大情况时的报告义务;(5)边境地方性法规或与陆地邻国的相关条约对边境管理有特殊规定的,可从其规定。

---

① 经过与陆地邻国协商后,国家也可在陆地国界线上建设拦阻设施。

2. 陆地国界管理的具体要求

包括如下内容:(1) 界碑、边防基础设施、陆地国界和界河的法律保护及日常维护措施;(2) 边境口岸和边民通道的依法设置和日常管理制度;(3) 人、交通载具、货物或物品的陆地国界出境入境的日常监管措施;(4) 国界管理的禁止性规定。这些禁止性规定具体包含如下方面:其一,任何个人不得非法越界;其二,任何个人或组织不得未经批准驾驶航空器飞越国界,或未经批准在陆地国界附近操控无人驾驶航空器[①]飞行;其三,任何组织或者个人未经有关主管部门批准,不得在陆地国界附近修建永久性建筑物;其四,任何组织或个人不得在陆地国界附近通过特定途径,[②]从事危害国家安全或者影响我国与邻国友好关系的活动,且任何个人在陆地国界附近获取可疑物品后具有上缴义务,不得擅自处理。

3. 边境管理的具体要求

包括如下内容:(1) 国家支持沿边城镇建设;根据边防管理需要,可以依法划定、变更、撤销边境管理区。(2) 国务院有关部门和边境省、自治区人民政府的边境管理职责。具体包括:其一,可以建设或批准边民互市贸易区(点)或边境经济合作区;其二,应当采取措施保护边境生态,防止生态破坏或环境污染;其三,防止疫病、自然灾害、外来物种入侵等有害因素从陆地国境传入或在边境传播。(3) 在特定的重大紧急情势发生时,国家有权封控边境,关闭口岸,并依法采取其他紧急措施。"重大紧急情势"具体包括:其一,周边发生战争或者武装冲突,可能影响国家边防安全稳定;其二,发生使国家安全或者边境居民的人身财产安全受到严重威胁的重大事件;其三,边境受到自然灾害、事故灾难、公共卫生事件或者核生化污染的严重威胁;其四,其他严重影响陆地国界及边境安全稳定的情形。

三、领水安全与海洋权益安全立法

根据《国家安全法》第17条的规定,维护国土安全的任务是保卫领陆、内水、领海和领空安全,维护国家领土主权和海洋权益。领水即一国主权管辖下的全部水域,包括内水和领海。[③] 据此,领水安全可被定义为:一国主权范

---

① 模型航空器、三角翼、无人驾驶自由气球等的飞行活动,亦参照无人驾驶航空器管理。
② 具体包括声音、光照、展示标示物、投掷或者传递物品、放置漂流物或者空飘物等方式。
③ 刘利民:《中国近代领水主权问题研究》,湖南师范大学2004年博士学位论文。

围内的内水和领海均处于不受侵犯或免受威胁的状态,以及保障、维护和塑造这种持续安全状态的能力。

除了传统的领水主权安全问题以外,随着海洋自然资源的开发利用以及世界海洋经济的发展,海洋权益也日益受到世界各国的重视。因此本书将领水安全与海洋权益区分开来,对后者进行专门讨论。

(一)领水安全立法

我国主要的领水安全内容由一系列法律规定,包括《领海及毗连区法》《海警法》《水污染防治法》《专属经济区和大陆架法》《海岛保护法》《海上交通安全法》《海域使用管理法》《海洋环境保护法》等。下文主要介绍《领海及毗连区法》的主要内容。

1. 领海及毗连区法

《领海及毗连区法》是为行使中华人民共和国对领海的主权和对毗连区的管制权,维护国家安全和海洋权益而制定,于1992年2月25日通过并公布施行。

(1)我国领海的范围

《领海及毗连区法》规定了中华人民共和国领海为邻接中华人民共和国陆地领土和内水的一带海域。中华人民共和国的陆地领土包括中华人民共和国大陆及其沿海岛屿、台湾及其包括钓鱼岛在内的附属各岛、澎湖列岛、东沙群岛、西沙群岛、中沙群岛、南沙群岛以及其他一切属于中华人民共和国的岛屿。所谓内水,是指中华人民共和国领海基线[①]向陆地一侧的水域。

中华人民共和国对领海的主权及于领海上空、领海的海床及底土部分。

(2)我国毗连区的范围及法律地位

中华人民共和国毗连区为领海以外邻接领海的一带海域。毗连区的宽度为十二海里。中华人民共和国毗连区的外部界限为一条其每一点与领海基线的最近点距离等于二十四海里的线。

毗连区并不是沿海国家领海的一部分,而是领海之外的一个特殊区域。因此沿海国家在毗连区不拥有完全的主权,而是享有特定的权利。我国有权在毗连区内,为防止和惩处在其陆地领土、内水或者领海内违反有关安全、海

[①] 中华人民共和国领海的宽度从领海基线量起为十二海里。领海基线采用直线基线法划定,由各相邻基点之间的直线连线组成。领海的外部界限为一条其每一点与领海基线的最近点距离等于十二海里的线。

关、财政、卫生或者入境出境管理的法律、法规的行为行使管制权。

(3) 外国船舶无害通过权

无害通过权,是指外国船舶在领海享有无害穿过领海航行的权利。1982年《联合国海洋法公约》规定,"通过只要不损害沿海国的和平、良好秩序或安全,就是无害的",并以列举的方式详述了哪些行为不应被视为无害通过。[1]

《领海及毗连区法》对于外国船舶无害通过权的规定,根据其船舶具体性质进行了区分:其一,外国非军用船舶,享有依法无害通过中华人民共和国领海的权利;其二,外国军用船舶进入中华人民共和国领海,须经中华人民共和国政府批准;其三,外国潜水艇和其他潜水器通过中华人民共和国领海,必须在海面航行,并展示其旗帜;其四,外国船舶通过中华人民共和国领海,必须遵守中华人民共和国法律、法规,不得损害中华人民共和国的和平、安全和良好秩序;其五,外国核动力船舶和载运核物质、有毒物质或者其他危险物质的船舶通过中华人民共和国领海,必须持有有关证书,并采取特别预防措施。

此外,《领海及毗连区法》明确宣告中华人民共和国政府有权采取一切必要措施,以防止和制止对领海的非无害通过;外国船舶违反中华人民共和国法律、法规的,由中华人民共和国有关机关依法处理。

(4) 紧追权

紧追权一般是指沿海国对违反其法律和规章并从其管辖海域逃向公海的外国船舶进行追逐以将其缉捕的权利。[2] 紧追权实质上是一国在其领水管辖范围内已经开始的管辖权在公海范围内的继续及延伸。

《领海及毗连区法》规定,当中华人民共和国有关主管机关有充分理由认为外国船舶违反中华人民共和国法律、法规时,可以对该外国船舶行使紧追权。追逐须在外国船舶或者其小艇之一或者以被追逐的船舶为母船进行活动的其他船艇在中华人民共和国的内水、领海或者毗连区内时开始。如果外国船舶是在中华人民共和国毗连区内,追逐只有在"为防止和惩处在我国陆地领土、内水或者领海内违反有关安全、海关、财政、卫生或者入境出境管理的法律、法规的行为"时方可进行。追逐只要没有中断,可以在中华人民共和国领海或者毗连区外继续进行。在被追逐的船舶进入其本国领海或者第三国领海时,追逐终止。

---

[1] 李红云:《论领海无害通过制度中的两个问题》,载《中外法学》1997年第2期。
[2] 余民才:《紧追权的法律适用》,载《法商研究》2003年第2期。

紧追权应当由中华人民共和国军用船舶、军用航空器或者中华人民共和国政府授权的执行政府公务的船舶、航空器行使。

2. 其他相关法律规定的领水安全内容

（1）海上交通安全维护

建设海洋强国是中国特色社会主义事业的重要组成部分。[①] 实施建设海洋强国这一重大部署对于维护国家主权、安全、发展利益具有极为深远的意义。海上交通安全属于国家海洋安全的组成部分，因此也是国土安全的重要组成部分。

我国主要规制海上交通安全的是《海上交通安全法》，该法是为了加强海上交通管理，保障船舶、设施和生命财产的安全，维护国家权益而制定。该法于1983年通过，2021年进行了最新修订。中华人民共和国管辖海域内从事航行、停泊、作业以及其他与海上交通安全相关的活动，应当适用该法。其主要内容如下：其一，规定了海上交通的主要参与方即船舶、海上设施与海员的基本管理制度；其二，对海上交通条件与航行保障、航行、停泊、作业、海上客货运输安全等具体的海上交通运行制度作出了详细规定；其三，规定了海上搜寻救助制度和海上交通事故调查处理制度；其四，对海上交通的监督管理部门的职权以及违反《海上交通安全法》的法律责任进行了细致界定。

（2）领水污染防治

领水污染问题，例如频繁发生的赤潮、不断加重的海洋垃圾污染以及核辐射污水排放等行为，不仅日益严重地威胁到领水生态和领水环境，还可能危及各国乃至全人类的生存和发展。因此，领水污染的防治也可以视为领水安全保护措施的一部分。

依照规定，中华人民共和国领域内的江河、湖泊、运河、渠道、水库等地表水体以及地下水体的污染防治，应适用《水污染防治法》；中华人民共和国管辖海域内的污染防治，应适用《海洋环境保护法》。因此，内水与领海的水污染防治问题涉及两部不同的法律。

内水的污染防治问题主要由《水污染防治法》规制，该法于1996年通过，最新修订于2017年。其立法目的是保护和改善环境，防治水污染，保护水生态，保障饮用水安全，维护公众健康，推进生态文明建设，促进经济社会可持

[①] 《进一步关心海洋认识海洋经略海洋 推动海洋强国建设不断取得新成就》，载《人民日报》2013年8月1日第1版。

续发展。其主要内容如下:其一,明确规定了水污染防治的标准、规划、监督治理的基本制度;其二,不仅规定了水污染防治的一般措施,还按照工业、城镇、农业与农村、船舶水污染四大种类,分门别类详细规定了具体的水污染防治措施;其三,对饮用水水源及其他特别水体规定了特殊保护措施;其四,规定了水污染事故的处置措施以及应负的法律责任。

领海的污染防治问题主要由《海洋环境保护法》规制,该法于1982年通过,2023年进行最新修订。其立法目的是保护和改善海洋环境,保护海洋资源,防治污染损害,保障生态安全和公众健康,维护国家海洋权益,建设海洋强国,推进生态文明建设,促进经济社会可持续发展,实现人与自然和谐共生。其主要内容如下:其一,明确规定了"陆海统筹、区域联动"的海洋环境监督管理制度;其二,对海洋生态系统、海洋物种多样性等方面进行专门的海洋生态保护措施;其三,对陆源污染物、工程建设项目、废弃物倾倒、船舶及有关作业活动等四大类海洋污染来源,进行了分门别类的针对性立法规制;其四,规定了相应的法律责任。

(二)海洋权益安全立法

21世纪,人类进入了大规模开发利用海洋的时期。海洋在国家经济发展格局和对外开放中的作用更加重要,在维护国家主权、安全、发展利益中的地位更加突出,在国家生态文明建设中的角色更加显著,在国际政治、经济、军事、科技竞争中的战略地位也明显上升。党的十八大报告从战略高度对海洋事业发展作出了全面部署,明确提出要"提高海洋资源开发能力,发展海洋经济,保护海洋生态环境,坚决维护国家海洋权益,建设海洋强国"。要维护国家海洋利益,着力推动海洋维权向统筹兼顾型转变,要提高海洋维权能力,坚决维护我国海洋权益,[1]就不能离开相关立法这一重要的法律武器。当前中国特色社会主义海洋法律体系已经基本建立,但还存在薄弱环节,海洋法律法规还有待健全和完善。[2] 因此,海洋权益安全立法是维护国土安全的重要组成部分。

---

[1] 《进一步关心海洋认识海洋经略海洋 推动海洋强国建设不断取得新成就》,载《人民日报》2013年8月1日第1版。
[2] 一是海洋尚未"入宪",现行《宪法》中没有关于海洋的表述;二是缺乏统领海洋事务的基本法;三是海洋法律法规缺乏系统性和协调性,既有"法律打架",也有立法空白;四是"运用法律手段维护我国主权、安全、发展利益"的法治思维和国内法制储备不足。参见贾宇:《关于海洋强国战略的思考》,载《太平洋学报》2018年第1期。

海洋权益是海洋权利和海洋利益的总称,包括沿海国依法在管辖海域(领海及毗连区、专属经济区和大陆架)内维护国家主权和领土完整,即对所属岛屿行使主权、管辖权和管制权等;开发利用海洋生物资源和非生物资源;在国家管辖海域外(公海、国际海底区域)的各项自由和权利等。[①] 由于领海安全的问题上文已有详述,因此此处仅就其余海洋权益安全的立法规定进行讨论。

1. 在专属经济区和大陆架享有的权利

这些权利主要由《专属经济区和大陆架法》所规定,其内容主要包括:(1)旨在勘探和开发、养护和管理海床上海域、海床及底土自然资源的主权权利;(2)从事利用海水、海流、风能等经济性开发和勘探活动的主权权利;(3)建造和使用人工岛屿和设施的专属权利和管辖权;(4)海洋科学研究管辖权;(5)海洋环境保护和保全管辖权。

2. 海岛安全

(1)关于海岛安全的一般规定

我国关于海岛的保护主要由《海岛保护法》所规定。海岛是指四面环海水并在高潮时高于水面的自然形成的陆地区域,包括有居民海岛和无居民海岛。海岛保护,是指海岛及其周边海域生态系统保护、无居民海岛自然资源保护和特殊用途海岛保护。其中与国土安全关联最为密切的主要是特殊用途海岛保护,即国家对领海基点所在海岛、国防用途海岛、海洋自然保护区内的海岛等具有特殊用途或者特殊保护价值的海岛,实行特别保护。禁止破坏国防用途无居民海岛的自然地形、地貌和有居民海岛国防用途区域及其周边的地形、地貌。禁止将国防用途无居民海岛用于与国防无关的目的。

(2)南海问题

南海问题主要指南沙群岛的领土主权归属争端和以海洋划界为主要内容的海洋权益争端。部分南海周边国家侵占我国南沙部分岛礁,引发了与中国的领土主权争端。近年来,围绕领土主权和南海周边诸国的海洋划界争端,衍生出自然资源的开发利用、海洋科学研究、海洋环境的保全和保护、航行自由和安全等问题。[②]

中国是最早发现、命名、开发经营和管辖南海诸岛的国家。最早于1933

---

① 陈德恭:《现代国际海洋法》,中国社会科学出版社1988年版,第3页。
② 贾宇:《南海问题的国际法理》,载《中国法学》2012年第6期。

年的官方地图中就已经出现了对于"南海断续线"(九段线)①的标识。中华人民共和国成立后,1958年《中华人民共和国政府关于领海的声明》、1992年《领海及毗连区法》以及1998年《专属经济区和大陆架法》均以国内法的方式确认了对南海岛礁的主权和历史性权利。②《专属经济区和大陆架法》第14条规定:"本法的规定不影响中华人民共和国享有的历史性权利。"这一规定清楚表明了中国政府的立场:不因200海里专属经济区、大陆架等海洋区域制度的建立而影响、放弃中国在周边海域享有和可能享有的历史性权利。其中即包括了南海诸岛的相关权利。

总之,"南沙群岛自古以来就是中国的领土,我国对此有着充足的历史和法理依据。"③我国致力于维护南海的和平稳定,但任何人任何国家想要侵犯中国的主权和相关权益,中国人民都不会答应。中国在南海采取的有关活动,是维护自身领土主权的正当反应。维护自身的领土主权和正当的合法权益,是我国政府必须承担的责任。我国在南海的领土主权和海洋权益在任何情况下不受所谓"菲律宾南海仲裁案"裁决的影响。我国也不接受任何基于该仲裁裁决的行动。④

四、领空安全立法

领空通常是指垂直于一国陆、海边界之上的假想平面,构成该国的空中边界。国土的上边界相当于国家领空的最高高度,目前国际上对一国领空的最高高度并没有明确规定。《民用航空法》规定,中华人民共和国的领陆和领水之上的空域为中华人民共和国领空,中华人民共和国对领空享有完全的、排他的主权。

领空安全即一国主权范围内的领空处于不受侵犯或免受威胁的状态,以

---

① 1948年中华民国政府对于南海诸岛标定的范围共计十一段断续线。该线西起中越边界北仑河口、南至曾母暗沙、东至台湾东北,南海诸岛全部位于线内。线内还标注了东沙、西沙、中沙和南沙四组群岛的整体名称和曾母暗沙及大部分岛礁的个体名称。1949年以后,中华人民共和国出版的地图沿用了1948年"南海诸岛位置图"上标绘的断续线,在管辖南海的过程中对断续线进行了适当调整,但总体位置和走向没有发生实质变化,逐步形成了南海九段、台湾岛东侧一段的基本格局。大陆学界口语称该线为"九段线"。参见贾宇:《南海问题的国际法理》,载《中国法学》2012年第6期。
② 韩振华主编:《我国南海诸岛史料汇编》,东方出版社1988年版,第181—182页。
③ 习近平:《在接受美国〈华尔街日报〉书面采访时的答问》,载《人民日报》2015年9月23日第1版。
④ 中共中央党史和文献研究院编:《习近平关于总体国家安全观论述摘编》,中央文献出版社2018年版,第45—47页。

及保障、维护和塑造这种持续安全状态的能力。领空安全主要由《民用航空法》《人民防空法》《民用航空安全保卫条例》《无人驾驶航空器飞行管理暂行条例》等一系列法律法规进行规制,下面仅就最主要的《民用航空法》中涉及安全的主要内容作一简要介绍。

(一)《民用航空法》

《民用航空法》是为了维护国家的领空主权和民用航空权利,保障民用航空活动安全和有秩序地进行,保护民用航空活动当事人各方的合法权益,促进民用航空事业的发展而制定。1995年10月30日通过,最近一次修正是在2021年4月29日。

《民用航空法》将民用航空器界定为除用于执行军事、海关、警察飞行任务外的航空器,并就民用航空器的国籍、权利、适航管理、航空人员、民用机场、空中航行、公共航空运输、通用航空、搜寻援救和事故调查等若干内容都作了极其详尽的规定。民用航空安全的范围主要包括飞行安全、航空地面安全、防止非法干扰、航空器客舱安全、危险物品的运输与伤害、搜寻与救援、事故调查等若干方面。受限于篇幅,此处仅就《民用航空法》与航空安全关联最为紧密的航空人员、空中航行、搜寻援救和事故调查三部分展开介绍。

1. 航空人员的种类和机组权限

(1) 航空人员的种类和资质

《民用航空法》将从事民用航空活动的航空人员划分为空勤人员与地面人员。空勤人员,包括驾驶员、飞行机械人员、乘务员;地面人员,包括民用航空器维修人员、空中交通管制员、飞行签派员、航空电台通信员。

航空人员应具备下列资质条件方可执业:其一,航空人员必须依法经过专门训练、取得专门执照方可上岗;其二,空勤人员和空中交通管制员还应接受专门体检并取得相应合格证书;其三,履职过程中航空人员依其岗位职责不同,还需要履行随身携带执照及体检证明接受查验、接受不定期检查考核、紧急程序训练、带飞等一系列义务,全部合格的,方可继续担任其执照载明的工作。

(2) 民航机组的组成和权限

《民用航空法》还对民航机组的组成进行了专门规定:民航机组应由机长和其他空勤人员按有关规定的资质要求和数额组成,机长应当由具有独立驾驶该型号民用航空器的技术和经验的驾驶员担任。①

关于民航机组成员的具体权限分配,规则如下:其一,机长负责制。民用航空器的操作采取机长负责制,机长在职权范围内发布命令,并对航空器及其所载人员和财产的安全负责。其二,机长的职责与义务。《民用航空法》赋予了机长安全检查、应急处置、人员调整、事故报告、遇险救援等一系列具体职责权限,并明确机长负有在遭遇事故时最后离开航空器的法定义务。其三,机长的代理规定。当机长因故不能履职时,应由仅次于机长职务的驾驶员代理机长。在下一个经停地起飞前,民用航空器所有人或者承租人应当指派新机长接任。

2. 空中航行

(1) 空域制度

空中航行安全首先应界定具体的飞行领域,即空域。空域是国家重要战略资源,属于国家所有。《民用航空法》明确规定国家对空域实行统一管理,空域的划分应当兼顾民用航空、国防安全和公众利益各个方面,使空域得到合理、充分、有效的利用。

我国对于空域管理的法制化极为重视,早在 1950 年 11 月就制定了《中华人民共和国飞行基本规则》,其中对空域管理的主管部门和利用原则都作出了相应规定。但目前我国对于空域的划定尚未制定专门法律,而是主要由国务院有关部门负责制定有关办法,②综合世界各国已有经验并结合我国国情,将我国空域划分为"管制空域"与"非管制空域"的"两级七类"并对其进行分级分类管理,③并且创新性地划设了专供小微轻型无人机使用的 W 空域,即

---

① 只有一名驾驶员,不需配备其他空勤人员的民用航空器,《民用航空法》对机长的规定亦适用于该驾驶员。

② 截至 2025 年初,《中华人民共和国空域管理条例》仍在"征求意见稿"阶段,我国目前对于空域分类的具体执行文件,是由国家空管委组织制定,并委托中国民用航空局于 2023 年 12 月 21 日发布的《国家空域基础分类方法》。

③ 《中华人民共和国空域管理条例(征求意见稿)》第 12 条规定:"综合考虑飞行规则、空域环境、航空器性能、空中交通服务等因素,空域分为管制空域(A、B、C、D、E 类)和非管制空域(G、W 类)。A 类空域通常为标准气压高度 6000 米(含)以上至标准气压高度 20000 米(含)的空间。B 类空域通常划设在民用运输机场上空。C 类空域通常划设在建有塔台的民用通用机场上空。G 类空域通常为 B、C 类空域以外真高 300 米以下空域(W 类空域除外),以及平均海平面高度低于 6000 米、对军事飞行和民航公共运输飞行无影响的空域。W 类空域通常为 G 类空域内真高 120 米以下部分空域。D 类或者 E 类空域是除 A、B、C、G、W 类空域外的空间,可以根据运行和安全需求选择划设。其中,标准气压高度 20000 米以上统一划设为 D 类空域。空域分类具体方法和准入条件由国家空中交通管理领导机构的办事机构制定发布。"

俗称的"无人机飞行空域"。

(2) 飞行管理制度

在划定空域的基础上,《民用航空法》对于飞行管理进一步作出了明确规定:

其一,空中交通管制制度。在特定空域内,应由同一个空中交通管制单位(以下简称"空管")负责区域内航空器的空中交通管制,航空器必须取得空管许可并按其指定航路和高度飞行,需因故偏离的,应取得空管许可。

其二,民用航空器的具体飞行义务。具体包括:遵守统一的飞行规则;机组人员的飞行、执勤时长或身体及精神健康必须符合标准;在飞行过程中禁止非法投掷物品或飞离我国领空;非经批准或无特殊情形,不得飞入禁区、限制区或飞越城市上空;[①]等等。

(3) 飞行安全保障制度

为确保民航飞行安全,《民用航空法》还规定了飞行保障制度:

其一,空管的空中交通服务。空管负责为航空器提供空中交通服务,包括空中交通管制服务、飞行情报服务和告警服务。同时当空管发现民用航空器偏离指定航路、迷失航向时,应当迅速采取一切必要措施,使其回归航路。

其二,飞行航路的安全保障。具体包括应当为飞行安全设置各类必要设备、标明具体障碍物,并在其周边一定范围内禁止修建特定影响飞行安全的设施。

其三,其他主体的飞行安全保障义务。具体包括影响飞行安全的活动的审批义务;国务院有关部门对飞行专用频率的分配、管理、干扰排除等义务;邮电通信企业应当对民用航空电信传递优先提供服务;国家气象机构应当对民用航空气象机构提供必要的气象资料;等等。

3. 搜寻援救和事故调查

虽然就统计学意义而言,民航是事故概率最低的交通工具,但由于航空器在空中飞行的特殊性,一旦出现重大事故,生还率通常极低。正因如此,旨在减轻损失的民用航空器的搜寻援救制度,与力求防微杜渐的事故调查制度,也是确保航空安全乃至领空安全的重要组成部分。

---

① 《民用航空法》第 79 条规定:"民用航空器不得飞越城市上空;但是,有下列情形之一的除外:(一)起飞、降落或者指定的航路所必需的;(二)飞行高度足以使该航空器在发生紧急情况时离开城市上空,而不致危及地面上的人员、财产安全的;(三)按照国家规定的程序获得批准的。"

(1) 民用航空器的搜寻援救

《民用航空法》规定了对遇险民用航空器搜寻援救的一般流程，具体如下：

其一，民用航空器援救请求权。当民用航空器遇到紧急情况时，应当发送信号，并向空中交通管制单位报告，提出援救请求；空管应当立即通知搜寻援救协调中心。民用航空器在海上遇到紧急情况时，还应当向船舶和国家海上搜寻援救组织发送信号。

其二，获取搜救信号方的报告义务。发现民用航空器遇到紧急情况，或者收听到民用航空器遇到紧急情况的信号的单位或者个人负有报告义务，即应当立即通知有关的搜寻援救协调中心、海上搜寻援救组织或者当地人民政府。

其三，搜寻援救主体的搜寻援救义务。收到通知的搜寻援救协调中心、地方人民政府和海上搜寻援救组织，应当立即组织搜寻援救。收到通知的搜寻援救协调中心，应当设法将已经采取的搜寻援救措施通知遇到紧急情况的民用航空器。

其四，具体执行搜寻援救任务的单位或者个人，应当尽力抢救民用航空器所载人员，按照规定对民用航空器采取抢救措施并保护现场、保存证据。

(2) 民航事故的调查

关于民航事故的调查，《民用航空法》明确了调查的组织和程序由国务院规定。目前各国在对民用航空器飞行事故调查时，一般依照《国际民用航空公约》的规定进行。我国作为缔约国，亦需遵循这一公约的有关规定，对民航事故进行严谨、细致的调查。具体调查应包括搜寻救援、现场勘查、实验验证、原因分析、提出安全建议等环节。

在具体履约方面，中国民航局2000年发布了《民用航空器飞行事故调查规定》，并于2022年修正为《民用航空器事件技术调查规定》。此外，《民用航空法》还规定了事故当事人及有关人员在接受调查时，应如实提供现场情况及与事故有关的情节。

(二) 其他法律规定的领空安全内容

1. 人民防空

"人民防空是国之大事，是国家战略，是长期战略。"[①]《人民防空法》对于

[①] 《坚持人民防空为人民 开创人民防空事业新局面》，载《人民日报》2016年5月14日第1版。

人民防空事业进行了具体规定。人民防空是国防的组成部分。国家根据国防需要,动员和组织群众采取防护措施,防范和减轻空袭危害;人民防空实行长期准备、重点建设、平战结合的方针,贯彻与经济建设协调发展、与城市建设相结合的原则。城市是人民防空的重点,国家对城市实行分类防护。城市所在地的人民政府应当履行防空袭方案及演习、人防工程设置及建设、战时储备物资以及为重要的经济目标[1]设置有效防护措施等一系列人民防空义务。

除此之外,《人民防空法》还对"人民防空工程""通信和警报""疏散""群众防空组织""人民防空教育"均进行了专章规定。

2. 低空空域安全

随着"低空经济"被写入 2024 年政府工作报告,与之密切相关的低空空域及其开发利用的相关问题日趋被关注。所谓低空空域,是指真高 3000 米以下的空域,当前我国正在逐步开放海拔 1000 米(含)以下的飞行区域。[2] 低空空域是国家重要的战略资源,也是通用航空活动的主要区域。随着科技飞速进步,eVTOL(电动垂直起降航空器)、无人机、航空模型等低空飞行器日益普及,它们在航拍、物流、救援等多个领域展现出巨大潜力的同时,所带来的诸多安全隐患也日益凸显。

目前,关于低空空域的安全管制措施,主要分布在《民用航空法》《通用航空飞行管制条例》《无人驾驶航空器飞行管理暂行条例》等若干法律法规之内。就总体而言,现存立法仍然偏宏观,在保障低空空域安全方面并不能实现有效应用。部分地方性立法如《深圳经济特区低空经济产业促进条例》《重庆市民用无人驾驶航空器公共安全管理办法》对于本辖区内的低空飞行安全管理、空域管制、飞行安全保障等一系列内容作出了更加具体细致的规定。

第三节 军事安全领域重要立法

军事安全主要是指国家不受外部军事入侵和战争威胁的状态,以及保障、维护和塑造持续安全状态的能力。维护军事安全的目的是捍卫国家主权、安全、领土完整,确保政权不被外部势力所颠覆,为国家安全建设提供坚

---

[1] "重要的经济目标"包括重要的工矿企业、科研基地、交通枢纽、通信枢纽、桥梁、水库、仓库、电站等。

[2] 冯登超主编:《低空安全走廊理论与应用》,化学工业出版社 2021 年版,第 1 页。

强支撑。[①]

军事安全领域主要由国防军事法律进行专门立法维护。国防军事法律是中国特色社会主义法律体系的重要组成部分。习近平强调:"要深化军事立法工作,打好政策制度改革攻坚战,提高立法质量,增强立法系统性、整体性、协同性。"[②]我国的国防军事法律由一系列的法律、法规、规章和地方性法规组成,从《宪法》中关于国家武装力量及其职责的规定,到法律层面上制定的国防军事类专门法律如《国防法》《兵役法》《军事设施保护法》《国防动员法》《国防教育法》《军人地位和权益保障法》《退役军人保障法》等,再到由国务院、中央军委及其各总部、各军兵种、各军区制定的一系列国防法规及规章,以及地方性的国防法规共同组成,全面覆盖了我国国防军事体系的各个方面。

限于篇幅,本书选择上述专门法律中与军事安全关联较为紧密的《国防法》《国防教育法》《军事设施保护法》进行介绍。

一、《国防法》

《国防法》是为规范国家的国防建设和军事活动,建设和巩固国防,保障改革开放和社会主义现代化建设的顺利进行,实现中华民族伟大复兴提供安全保障而制定。该法于1997年3月14日通过,2020年12月26日最新修订。

(一)国防概述

1. 国防的概念和原则

国防是指国家为防备和抵抗侵略、制止武装颠覆,保卫国家的主权、统一、领土完整和安全所进行的军事活动,以及与军事有关的政治、经济、外交、科技、教育等各方面的活动总和。

中华人民共和国由国家对国防活动实行统一领导。奉行防御性国防政策,独立自主、自力更生地建设和巩固国防,实行积极防御,坚持全民国防。国家坚持经济建设和国防建设协调、平衡、兼容发展,依法开展国防活动,加快国防和军队现代化,实现富国和强军相统一。

[①] 本书编写组:《国家安全教育大学生读本》,高等教育出版社2024年版,第24页。
[②] 李砺寒、梅常伟:《习近平在出席解放军和武警部队代表团全体会议时强调 贯彻依法治军战略 提高国防和军队建设法治化水平》,http://www.news.cn/politics/2022-03/07/c_1128448091.htm,2025年2月20日访问。

2. 国家机构的国防职权

(1) 中央国家机构的国防职权

其一,全国人大依照宪法规定,决定战争和和平的问题,并行使宪法规定的国防方面的其他职权。

其二,全国人大常委会依照宪法规定,决定战争状态的宣布,决定全国总动员或者局部动员,并行使宪法规定的国防方面的其他职权。

其三,中华人民共和国主席根据全国人大的决定和全国人大常委会的决定,宣布战争状态,发布动员令,并行使宪法规定的国防方面的其他职权。

其四,国务院领导和管理国防建设事业,行使《国防法》所赋予的特定职权。包括编制国防建设的规划和计划,制定国防政策和行政法规,领导和管理国防科研生产,管理国防经费和国防资产,等等。

其五,中央军委领导全国武装力量,实行主席负责制,行使《国防法》所赋予的特定职权。包括统一指挥全国武装力量,决定军事战略和作战方针,领导管理部队建设及规划,制定军事法规,等等。

此外,国务院和中央军委建立协调机制,解决国防事务的重大问题。中央国家机关与中央军委机关有关部门可以根据情况召开会议,协调解决有关国防事务的问题。

(2) 地方国家机构的国防职权

其一,地方各级人大和县级以上地方各级人大常委会在本行政区域内,保证有关国防事务的法律、法规的遵守和执行。

其二,地方各级人民政府依照法律规定的权限,管理本行政区域内的征兵、民兵、国民经济动员、人民防空、国防交通、国防设施保护,以及退役军人保障和拥军优属等工作。

此外,地方各级人民政府和驻地军事机关根据需要可以召开军地联席会议,协调解决本行政区域内有关国防事务的问题;军地联席会议由地方人民政府的负责人和驻地军事机关的负责人共同召集。军地联席会议的参加人员由会议召集人确定。军地联席会议议定的事项,由地方人民政府和驻地军事机关根据各自职责和任务分工办理,重大事项应当分别向上级报告。

(二)《国防法》中的国防保障体系

《国防法》中规定的国防保障体系具体包括了国防科研生产和军事采购制度、国防经费和国防资产制度、国防教育制度等。

1. 国防科研生产和军事采购

(1) 国防科研生产

其一,国家应建立和完善国防科技工业体系以满足国防需要。国防科技工业应由国家统筹规划建设,并秉持"军民结合、平战结合、军品优先、创新驱动、自主可控"的指导方针。

其二,国家应促进国防科技进步以满足国防需要。国家对国防科研生产实行统一领导和计划调控,利用全社会优势资源促进国防科技进步,加快技术自主研发,促进、提高国防科研能力和武器装备技术水平。

其三,应当更加重视国防专业科研人才。自中华人民共和国成立以来,我国已经在教育、产业、科技等多领域政策集合形成了高校国防科技人才培养制度体系,并取得了显著成效;[①]在继续坚持优良传统的同时,还应促成在全社会范围内尊重国防科技工作者,逐步提高其待遇,并吸引更多优秀人才投身国防科研领域。

(2) 国防军事采购

《国防法》规定国家依法实行军事采购制度,保障武装力量的相关装备供应。具体有如下要求:

其一,在国防采购领域注重发挥市场机制作用,推进国防科研生产和军事采购活动的公平竞争。

其二,国家和地方政府对承担国防科研生产或军事采购任务的组织和个人,依法应提供必要保障、优惠政策及相应的协助支持。

其三,承担国防科研生产或军事采购任务的组织和个人应遵守保密义务,并且及时高效保质保量完成任务,国家依法对其提供的物资或服务实施质量责任追究制度。

2. 国防经费和国防资产制度

(1) 国防经费制度

《国防法》规定国防经费依法实行预算管理,并由国家予以保障,同时强调其增长速度应当与国防需求及国民经济发展水平相适应。

(2) 国防资产制度

其一,国防资产国有制。国防资产由国家所有,并由国家确定规模、结构

---

① 张建卫等:《新中国成立 70 年来高校国防科技人才培养制度:变迁逻辑与发展走向》,载《中国高教研究》2019 年第 11 期。

和布局,进行相应调整和处分。其范围包括国家为武装力量建设、国防科研生产和其他国防建设直接投入的资金、划拨使用的土地等资源,以及由此形成的用于国防目的的武器装备和设备设施、物资器材、技术成果等。

其二,国防资产受法律保护。国防资产的安全、完整和有效受法律保护,任何组织和个人不得破坏、损害或侵占。

其三,国防资产不得擅自变更用途。国防资产的管理机构和占有、使用单位应当依法管理,充分发挥其效能,且未经批准不得改变其国防用途。① 对不再用于国防目的的国防资产,应依法报批后更改用途或进行处置。

3. 国防教育制度

国防教育是国家为增强公民的国防意识,提高公民的国防行为能力而进行的教育,是国防建设和国民教育的重要组成部分。② 国防教育对于国家军事安全的普及以及下一代人才的培养均具有不可取代的意义。我国的国防教育制度不仅在《国防法》中有所涉及,还有一部专门性立法即《国防教育法》,下文分别从两部法律的角度介绍相关内容。

(1)《国防法》中关于国防教育的内容

《国防法》对于开展国防教育作出了一系列概括性规定:

其一,明确规定普及和加强国防教育是全社会的共同责任。

其二,国防教育应贯彻全民参与、长期坚持、讲求实效的方针,实行经常教育与集中教育相结合、普及教育与重点教育相结合、理论教育与行为教育相结合的原则。

其三,强调一切国家机关和武装力量、各政党和各人民团体、企业事业组织、社会组织和其他组织,都应当组织本地区、本部门、本单位开展国防教育。

其四,明确了国防教育主管部门、军事机关、各级人民政府、学校与公职人员等不同主体在国防教育中应当具备的不同职责。

(2)《国防教育法》中关于国防教育的主要内容

《国防教育法》的立法目的是普及和加强国防教育,发扬爱国主义精神,促进国防建设和社会主义精神文明建设。该法于2001年制定,2024年进行

---

① 国防资产中的技术成果,在坚持国防优先、确保安全的前提下,可以根据国家有关规定用于其他用途。

② 吴温暖:《国防教育学学科基本定义探析》,载《厦门大学学报(哲学社会科学版)》2006年第6期。

了最新修订。其主要内容相较于《国防法》的有关规定更为具体细致,概述如下:

其一,国防教育的基本规定。国家应当在全体公民中开展以爱国主义为核心,以履行国防义务为目的,与国防和军队建设有关的理论、知识、技能以及科技、法律、心理等方面的国防教育;中国公民都有接受国防教育的权利和义务;每年九月的第三个星期六为全民国防教育日;等等。

其二,学校国防教育是全民国防教育的基础。小学、初中、高中及高等院校均应当在其课程知识设置中加入国防教育的相关内容;学校国防教育应当与兵役宣传教育相结合;学校组织进行的军事训练也是国防教育的重要组成部分;等等。

其三,不同社会主体的国防教育职责。国家机关、企业事业等社会组织、各级军区及人民武装部、居民委员会、村民委员会、文旅广电等传媒机构、博物馆等带有国防教育功能的场所,均负有不同内容的开展或组织国防教育的职责要求。

其四,国防教育的保障。应当对开展国防教育所必需的经费、设施、教材、师资队伍等基本条件予以具体保障。

(三)公民、组织的国防义务和权利

"我们的军队是人民军队,我们的国防是全民国防。"[1]历史无数次证明,维护国防安全绝非仅靠常备军事力量便可高枕无忧。《宪法》规定公民有维护祖国安全的义务,因此具体到国防安全领域,公民及组织的国防义务和权利也是其中重要的组成部分。

1. 公民、组织的国防义务

对于我国公民、组织的国防义务,《国防法》主要有如下规定:(1)公民应依法服兵役和参加民兵组织;(2)公民应当接受国防教育;(3)民兵、预备役人员和其他公民依法参加军事训练,担负战备勤务、防卫作战、非战争军事行动等任务时,应当履行自己的职责和义务;(4)公民和组织应当保护国防设施;(5)公民和组织应当保守国防秘密,严禁非法持有国防秘密物品;(6)公民和组织对国防建设及武装力量的活动负有支持和协助义务;(7)参与国防

---

[1] 习近平:《决胜全面建成小康社会 夺取新时代中国特色社会主义伟大胜利——在中国共产党第十九次全国代表大会上的报告》,https://www.gov.cn/zhuanti/2017-10/27/content_5234876.htm,2025年2月20日访问。

科研生产或接受军事采购的个人或企事业组织,负有按要求提供符合标准的装备或物资、工程、服务的义务;(8)兵役和征兵工作中兵役机关、基层人民武装机构应当依法办理兵役工作,按时完成征兵任务,保证兵员质量,各级组织应当依法完成民兵和预备役工作,协助完成征兵任务;(9)交通设施的运营单位对军人和军用交通工具应提供优先通行服务及相应优待。

2. 公民、组织的国防权利

公民、组织的国防权利主要包括如下内容:(1)公民和组织对国防建设有权建议,同时有权制止或检举危害国防利益的行为;(2)公民和组织因国防建设和军事活动在经济上受到直接损失的,可以依法获取补偿;(3)投资国防事业的公民和企业的合法权益依法受保障,并可依法获取政策优惠;(4)民兵、预备役人员和其他公民依法参加军事训练,担负战备勤务、防卫作战、非战争军事行动等任务时,享有相应待遇保障权以及抚恤优待权。

(四)军人的国防义务和权益

根据《国防法》的规定,军人是指在中国人民解放军服现役的军官、军士、义务兵等人员,且其同样适用于人民武装警察。

军人义务是军人对国家的责任,是法律规定的军人在履行职责过程中必须作为或不得作为的约束和限制。① 由于军人相较于一般公民,其职业特点具有高风险、高压力、关系国家安危等本质差异,并且军人职业往往与维护国家军事安全休戚相关,因此《国防法》对于军人的国防义务和权益进行了特殊的规定。

1. 军人的国防义务

主要包括如下内容:其一,军人必须忠于祖国,忠于中国共产党,履行职责,英勇战斗,不怕牺牲,捍卫祖国的安全、荣誉和利益;其二,军人必须模范地遵守宪法和法律,遵守军事法规,执行命令,严守纪律;其三,军人应当发扬人民军队的优良传统,热爱人民,保护人民,积极参加社会主义现代化建设,完成抢险救灾等任务。

2. 军人的国防权益

主要包括如下内容:其一,军人应受全社会尊崇,国家建立专门的军人功勋荣誉表彰制度;其二,军人的荣誉、人格尊严、依法履行职责行为和军人婚

---

① 赵东斌:《军人法律地位研究》,中国政法大学 2008 年博士学位论文。

姻,均由国家依法或采取有效措施予以相应保护;其三,军人享受国家和社会的优待,国家建立专门的军人待遇保障制度;其四,国家建立专门的退役军人保障制度及残疾军人、军属、烈属的优待抚恤制度。

二、《军事设施保护法》

《军事设施保护法》是为了保护军事设施的安全,保障军事设施的使用效能和军事活动的正常进行,加强国防现代化建设,巩固国防,抵御侵略而制定。该法于1990年2月23日通过,2021年6月10日进行了最新修订。

(一)军事设施的概念及范围

军事设施,是指国家直接用于军事目的的建筑、场地和设备。军事设施是军队履行职能的重要依托,是国防实力和军队战斗力的重要组成部分。因此军事设施安全是军事安全的重要组成部分,其状况直接影响整个军事安全、国防安全和国家安全。①

军事设施的主要范围包括:(1)指挥机关,地上和地下的指挥工程、作战工程;(2)军用机场、港口、码头;(3)营区、训练场、试验场;(4)军用洞库、仓库;(5)军用信息基础设施,军用侦察、导航、观测台站,军用测量、导航、助航标志;(6)军用公路、铁路专用线,军用输电线路,军用输油、输水、输气管道;(7)边防、海防管控设施;(8)国务院和中央军委规定的其他军事设施;(9)上述所规定的军事设施,也应当包括军队为执行任务必须设置的临时设施;(10)中国人民武装警察部队所属军事设施;(11)国防科技工业重要武器装备的科研、生产、试验、存储等设施的保护,可参照《军事设施保护法》的有关规定执行,具体办法和设施目录由国务院和中央军委规定。

(二)军事禁区、军事管理区的划定与保护

《保守国家秘密法》规定,军事禁区和军事管理区均应当采取保密措施,未经有关部门批准,不得擅自决定对外开放或者扩大开放范围。《军事设施保护法》对于军事禁区和军事管理区的划定和保护措施也作出了明确规定。

1. 军事禁区、军事管理区的概念与划定

(1)军事禁区、军事管理区的概念

军事禁区,是指设有重要军事设施或者军事设施安全保密要求高、具有

---

① 刘跃进:《我国军事安全的概念、内容及面临的挑战》,载《江南社会学院学报》2016年第3期。

重大危险因素,需要国家采取特殊措施加以重点保护,依照法定程序和标准划定的军事区域。

军事管理区,是指设有较重要军事设施或者军事设施安全保密要求较高、具有较大危险因素,需要国家采取特殊措施加以保护,依照法定程序和标准划定的军事区域。

(2)军事禁区、军事管理区的划定

其一,划定的主管部门。军事禁区或军事管理区应由国务院和中央军委,或者由有关军事机关根据国务院和中央军委的规定加以确定、撤销或变更。

其二,不同区域划定的权限差异。陆地和水域的军事禁区、军事管理区的范围,由省级的地方行政机关(还可能包括国务院有关部门)和有关军级以上军事机关共同划定或调整;空中军事禁区和特别重要的陆地、水域军事禁区的范围,由国务院和中央军委划定或调整。

其三,保密优先,兼顾其他权益原则。军事禁区、军事管理区的范围划定或调整时,应当首先确保军事设施的安全保密和使用效能,同时兼顾经济建设、生态保护和当地居民生产生活。

其四,依法办理划定原则。当进行范围划定或调整时,需要征收、征用土地等不动产、压覆矿产资源或使用海域、空域的,应按相应法律法规办理。

其五,明确标识义务。军事禁区或军事管理区应当设置统一制式的标志牌。

其六,临时军事设施或军事管理区的划定规则。军队为执行任务建设临时军事设施,需要划定临时陆地、水域军事禁区或军事管理区的,可以依法经有关部门共同划定,并应履行相应备案或公告义务。任务执行完毕后,临时禁区或军事管理区应依程序及时撤销。

2. 军事禁区的保护

(1)军事禁区保护的一般规定

《军事设施保护法》对于军事禁区保护作出了如下规定:

其一,公开禁区标识。陆地或水域军事禁区应当设定相应的标志或障碍物,或以其他途径公示或标明。

其二,禁止擅自进入禁区。非经批准,无关人员、船舶、车辆禁止进入陆地或水域军事禁区,陆地或水域禁区上空禁止航空器低空飞行,航空器禁止进入军事禁区。

其三,禁止擅自记录禁区。禁止对军事禁区进行摄影、摄像、录音、勘察、测量、定位、描绘和记述;使用军事禁区的前述相关资料时,应当经有关军事机关批准。

其四,禁止擅自开发禁区。非经批准,陆地军事禁区禁止建造、设置非军事设施或开发利用地下空间;水域军事禁区禁止建造、设置非军事设施,禁止从事水产养殖、捕捞以及其他妨碍军用舰船行动、危害军事设施安全和使用效能的活动。

(2)军事禁区外围安全控制范围制度

为保障军事禁区的安全性,《军事设施保护法》还规定了军事禁区外围安全控制范围制度,即在特定情形下,有关部门可以在划定军事禁区范围的同时,在禁区外围再划定安全控制范围,并在外沿设置制式的安全警戒标志。[①]在其划定范围内当地居民可照常生活,但不得从事可能危害军事设施安全和效能的活动。

3. 军事管理区的保护

《军事设施保护法》对于军事管理区的保护规定如下:

(1)主动标识义务。军事管理区应当设置明显的界线标志物标示范围。

(2)禁止擅自记录军事管理区。非经批准,外部人员、车辆、船舶不得进入军事管理区或对其进行摄影、摄像、录音、勘察、测量、定位、描绘和记述。

(3)禁止擅自开发军事管理区。陆地军事管理区非经批准不得建造、设置非军事设施或开发利用地下空间;水域军事管理区禁止从事水产养殖,非经批准,不得建造、设置非军事设施,从事捕捞等活动时不得影响军用舰船的行动。

(4)军地分区管理制度。划分为军事管理区的军民合用港口的水域,应实行军地分区管理制度;同时,在地方管理水域内新建非军事设施的,应先征得军事设施管理单位同意。

4. 其余区域内军事设施的保护规定

除前述的军事禁区、军事管理区的划定和保护之外,《军事设施保护法》亦在专门章节详细规定了应当如何对"没有划入军事禁区、军事管理区的军事设施"进行保护。

[①] 水域军事禁区外围安全控制范围难以在实际水域设置安全警戒标志的,有关海事管理机构应当向社会公告水域军事禁区的位置和边界。海域的军事禁区应当在海图上标明。

(三)违反《军事设施保护法》的法律责任

以专章规定违反《军事设施保护法》的法律责任,不仅是打击破坏军事设施者的锐利武器,也是执法机关处罚不法分子的依据和准绳,同时对"企图以身试法者"也能起到一定程度的威慑作用。[①]

1. 行政处罚规定

《军事设施保护法》对于下列危害军事禁区或军事保护区秩序的行为,规定了应当适用《治安管理处罚法》第23条进行处罚,即"处警告或者二百元以下罚款;情节较重的,处五日以上十日以下拘留,可以并处五百元以下罚款":(1)非法进入军事禁区、军事管理区或者驾驶、操控航空器在陆地、水域军事禁区上空低空飞行,不听制止的;(2)在军事禁区外围安全控制范围内,或者在没有划入军事禁区、军事管理区的军事设施一定距离内,进行危害军事设施安全和使用效能的活动,不听制止的;(3)在军用机场净空保护区域内,进行影响飞行安全和机场助航设施使用效能的活动,不听制止的;(4)对军事禁区、军事管理区非法进行摄影、摄像、录音、勘察、测量、定位、描绘和记述,不听制止的;(5)其他扰乱军事禁区、军事管理区管理秩序和危害军事设施安全的行为,情节轻微,尚不够刑事处罚的。

2. 刑事处罚规定

《军事设施保护法》第63条明确规定,有下列行为之一,构成犯罪的,依法追究刑事责任:(1)破坏军事设施的;(2)过失损坏军事设施,造成严重后果的;(3)盗窃、抢夺、抢劫军事设施的装备、物资、器材的;(4)泄露军事设施秘密,或者为境外的机构、组织、人员窃取、刺探、收买、非法提供军事设施秘密的;(5)破坏军用无线电固定设施电磁环境,干扰军用无线电通信,情节严重的;(6)其他扰乱军事禁区、军事管理区管理秩序和危害军事设施安全的行为,情节严重的。

3. 其他处罚规定

《军事设施保护法》对于各种违反军事设施保护法的行为(如在水域军事禁区进行养殖或捕捞、擅自开发军事禁区地下空间、干扰军用无线电设施运作等)应当如何处置都进行了详尽的规定。造成军事设施损失的,依法承担赔偿责任。战时违反该法的,依法从重追究法律责任。

[①] 杨志斌、温万安:《军事设施保护法的诞生》,载《国防》1990年第3期。

第五章　非传统安全领域法

第一节　经济、金融、资源能源、粮食安全

一、经济安全立法

（一）经济安全概述

经济安全是最具基础性的非传统安全领域。经济安全包括经济制度安全、经济秩序安全、经济主权安全、经济发展安全等方面,是国家安全与发展的基础。面临国际经济金融动荡和国内经济可持续发展挑战,维护经济安全必须坚持和完善中国特色社会主义经济发展道路。[①] 经济安全主要着眼在经济全球化和开放条件下保持国家经济运行、发展和重大经济利益不受根本威胁和恶意侵害的状态和能力。从广义上看,经济安全涵盖金融安全、产业安全、贸易安全、粮食安全等诸多领域。其中,金融安全和粮食安全具有非常重要的作用,常常被单列为与经济安全并列的国家安全领域。

过去,经济高速发展掩盖了一些矛盾和风险。习近平指出:"各类隐性风险逐步显性化,地方政府性债务、影子银行、房地产等领域风险正在显露,就业也存在结构性风险。这些风险,有的来自经济结构调整中政府行为越位,有的来自市场主体在经济繁荣时的盲目投资,有的来自缺乏长远考虑的过度承诺,有的则与国际金融危机冲击有直接关系。综合判断,我们面临的风险总体可控,但化解以高杠杆和泡沫化为主要特征的各类风险将持续一段时间。我们必须标本兼治、对症下药,建立健全化解各类风险的体制机制,通过延长处理时间减少一次性风险冲击力度,如果有发生系统性风险的威胁,就要果断采取外科手术式的方法进行处理。"[②]

维护国家的经济安全,"要坚持底线思维、注重防风险,做好风险评估,努

[①] 2020年教育部发布的《大中小学生国家安全教育指导纲要》。
[②] 中共中央文献研究室编:《十八大以来重要文献选编》(中),中央文献出版社2016年版,第241—245页。

力排除风险因素,加强先行先试、科学求证,加快建立健全综合监管体系,提高监管能力,筑牢安全网。要继续练好内功、办好自己事,加快市场化改革,营造法治化营商环境,加快经济结构调整,推动产业优化升级,支持企业做大做强,提高国际竞争力和抗风险能力。"①"加快建设制造强国,加快发展先进制造业,推动互联网、大数据、人工智能和实体经济深度融合,在中高端消费、创新引领、绿色低碳、共享经济、现代供应链、人力资本服务等领域培育新增长点、形成新动能。"②

(二) 维护经济安全的任务

根据总体国家安全观的要求,保障经济安全是维护国家安全的基础。《国家安全法》第19条规定:"国家维护国家基本经济制度和社会主义市场经济秩序,健全预防和化解经济安全风险的制度机制,保障关系国民经济命脉的重要行业和关键领域、重点产业、重大基础设施和重大建设项目以及其他重大经济利益安全。"

(1) 维护国家基本经济制度。国家基本经济制度安全是经济安全的重要组成部分。根据《宪法》的规定,我国在社会主义初级阶段的基本经济制度是以公有制为主体、多种所有制经济共同发展。党的十九届四中全会把社会主义基本经济制度界定为"公有制为主体、多种所有制经济共同发展,按劳分配为主体、多种分配方式并存,社会主义市场经济体制等"。国家基本经济制度安全面临诸多现实威胁,例如舆论场不时兴起的否定"两个毫不动摇"的错误论调。《国家安全法》将维护国家基本经济制度置于经济安全工作的首位,体现出总体国家安全观对这一问题的深刻认识。

(2) 维护社会主义市场经济秩序。经济秩序安全是经济安全的重要组成部分。经济秩序安全主要包括维护市场经济秩序的稳定,防止市场被操纵或失灵,确保公平竞争和消费者权益,以及保护国家经济利益不受损害。总体国家安全观对维护国家经济秩序安全作出战略部署,经济安全就是要建立和维护良好的市场经济秩序,及时消除经济领域的不稳定因素,确保社会保障体系进一步健全,市场经济秩序进一步规范,各种严重危害市场经济秩序的犯罪活动得到有效打击。

---

① 习近平2014年12月5日在十八届中央政治局第十九次集体学习时的讲话。
② 习近平:《决胜全面建成小康社会 夺取新时代中国特色社会主义伟大胜利——在中国共产党第十九次全国人民代表大会上的报告(2017年10月18日)》,人民出版社2017年版,第30—31页。

（3）健全预防和化解经济安全风险的制度机制。国家经济安全风险是指危害或者可能危害国家经济安全的各种风险因素。《宪法》明确的我国基本经济制度和社会主义市场经济秩序是建立健全预防和化解经济安全风险制度机制的根本基础。除此之外，我国还在《刑法》分则中设置"破坏社会主义市场经济秩序罪"专章。在经济法部门中，也存在大量与预防和化解经济安全风险的制度机制相关的法律规范。《国家安全法》确立预防为主、标本兼治的基本原则，具体到经济安全领域，就体现为健全预防和化解经济安全风险的制度机制。

（4）保障关系国民经济命脉的重要行业和关键领域、重点产业、重大基础设施和重大建设项目以及其他重大经济利益安全。经济安全是国家安全的基础，上述安全又是经济安全的重中之重。目前，我国在金融、资源能源、粮食等多个重点领域制定了经济安全保障法律体系。

（三）经济安全领域主要立法

改革开放以来，我国在对外开放过程中，高度重视运用法律武器保护国家经济安全，专门立法和相关立法逐渐完善。例如，经济主权安全方面，制定了《反外国制裁法》；经济制度安全方面，正在制定《民营经济促进法》；关键行业产业、基础设施等经济要素安全方面，制定了《出口管制法》《关键信息基础设施安全保护条例》，并在《预算法》《审计法》以及有关税收方面的法律中规定了有关宏观调控方面的内容。《反垄断法》《反不正当竞争法》《突发事件应对法》等主要规范市场秩序和竞争规则；《对外贸易法》《反倾销条例》《反补贴条例》《保障措施条例》等对扩大对外开放和促进对外经济贸易发展作出了相应的规定；《农业法》《铁路法》《城市房地产管理法》等关注如何促进重点产业振兴和发展；《土地管理法》《森林法》《草原法》《水法》等更关注有关自然资源保护和合理开发利用；《标准化法》《计量法》《统计法》《测绘法》等重点关注对有关经济活动如何进一步规范化和标准化；等等。

二、金融安全立法

（一）金融安全概述

金融安全是指在经济发展过程中，在受到国内外各方面冲击的情况下，金融体系及有关经济主体仍能保持平稳运行的一种状态。金融安全不仅包含金融体系整体运行的安全,而且包含金融机构与金融市场等各领域的安全。① 金融安全是国家安全的重要组成部分,是经济平稳健康发展的重要基础。防范化解金融风险特别是防止发生系统性金融风险,是金融工作的根本性任务。习近平指出:"防范化解金融风险,事关国家安全、发展全局、人民财产安全,是实现高质量发展必须跨越的重大关口。"

金融危机外溢性突显,全球金融市场波动与外部金融制裁、外汇投机等因素交织,给我国金融安全带来了新的挑战。就国内金融市场而言,我国经济增长稳中向好,金融系统风险压力得到了有效化解。得益于强健的资产负债表和充足的外汇储备,我国能够抵御国际金融风险对内部市场的冲击。同时,我国坚持实施宏观审慎管理制度,稳步推进稳健的货币政策,确保流动性合理充裕,稳定宏观杠杆率,从而保障货币、股票、债券、外汇和房地产市场的平稳运行。值得注意的是,资本主义历史上的几次重大金融危机都具有较强的外溢性。② 为此,仍然有必要警惕和防范因一些国家的货币政策和财政政策调整形成的风险外溢效应冲击。

金融安全不仅关系到经济的稳健运行,也关乎社会稳定和国家主权。在此过程中,法治化是金融安全的坚实保障。改革开放以来,我国在金融法治建设方面取得了显著成效,先后出台了涵盖银行、证券、保险、外汇、反洗钱等诸多领域的金融法律法规,逐步形成了较为完备的金融法律监管体系。在新时代背景下,我国通过法治化手段稳妥有效防范化解重点领域金融风险,完善宏观审慎管理政策,丰富宏观审慎政策工具,不断加强宏观审慎管理,牢牢守住不发生系统性风险的底线。③ 随着《金融稳定法》立法工作的稳步推进,中国人民银行也在同步修订《中国人民银行法》《商业银行法》《保险法》等相关法律,形成相互补充的法律体系,共同发挥稳定金融、促进长远发展的作用。④

(二)维护金融安全的任务

(1)完善金融监管体系、健全宏观审慎管理框架、强化微观审慎监管。宏

---

① 李建军:《夯实建设金融强国的安全基础》,载《经济日报》2023年12月26日第10版。
② Murray N. Rothbard, America's Great Depression, 5th ed., The Ludwig von Mises Institute, 2000, pp.257-260.
③ 中国人民银行金融稳定分析小组:《中国金融稳定报告(2024)》,中国金融出版社2024年版,第63页。
④ 中国人民银行金融稳定分析小组:《中国金融稳定报告(2023)》,中国金融出版社2023年版,第71页。

观审慎政策框架的作用在于监测、识别、评估、防范和化解系统性金融风险。宏观审慎政策框架包括宏观审慎政策目标、风险评估、政策工具、传导机制与治理机制等,是确保宏观审慎政策有效实施的重要机制。[①] 与此同时,还需强化微观审慎监管,对银行、保险、证券等各类金融机构的合规经营、风险指标以及内部控制进行严格监督,以便在萌芽状态就及时发现和处置潜在的风险。

(2) 加强金融基础设施和基础能力建设。金融基础设施在金融市场运行中起着枢纽作用,是市场稳健高效运作的基础保障。包括支付清算系统、征信系统、交易和托管系统、清算系统等在内的金融基础设施,对于防范市场波动、维持交易安全和稳健具有关键作用。经过多年建设,我国逐步形成了支持货币、证券、基金、期货、外汇等金融市场交易活动的完善基础设施体系,功能齐全、运行稳健。然而,随着金融市场的快速发展,金融基础设施的安全性和效率面临一定挑战,法制建设、管理统筹和规划建设等方面仍需进一步加强。[②]

(3) 防范和化解系统性、区域性金融风险。习近平指出:"防范化解金融风险,特别是防止发生系统性金融风险,是金融工作的根本性任务,也是金融工作的永恒主题。"系统性金融风险是对正常金融服务产生重大影响,并对实体经济形成巨大负面冲击的风险。它往往具有传染性和顺周期性,既可能在"时间维度"上随杠杆的扩张与收缩不断累积,也可能在"结构维度"上因金融机构、市场和基础设施间的关联而跨市场、跨区域乃至跨境扩散。[③] 为了防范和化解系统性金融风险,需要在国家层面持续健全宏观审慎管理框架和金融风险防范、处置机制。

(4) 防范和抵御外部金融风险的冲击。习近平强调,越是开放越要重视安全,统筹好发展和安全两件大事,增强自身竞争能力、开放监管能力、风险防控能力。我国以金融安全保障金融高水平开放,有效应对外部冲击风险。我国通过完善跨境资金流动监测预警和响应机制,防范风险跨市场、跨境传递共振。通过强化外汇领域监管全覆盖,严厉打击外汇违法违规活动,不断

---

① 《宏观审慎政策指引(试行)》第 2 条。
② 中国人民银行金融稳定分析小组:《中国金融稳定报告(2023)》,中国金融出版社 2023 年版,第 69 页。
③ 《宏观审慎政策指引(试行)》第 10 条。

提升跨境资本流动管理的有效性,牢牢守住不发生系统性金融风险的底线。①

(三) 金融安全领域主要立法

我国金融安全法律体系主要由调整金融监管关系与金融交易关系的法律和特定金融行为的法律法规组成。金融监管关系指政府金融主管机关对金融机构、金融市场、金融产品及金融交易的监督管理的关系。金融交易关系则指在货币市场、证券市场、保险市场和外汇市场等各种金融市场、金融机构之间,金融机构与大众之间,大众之间进行的各种金融交易的关系。金融法对金融安全的保障,立足于对金融关系的四大要素进行规范,这四大要素包括市场准入、经营范围、利率及汇率和资格审查。进而言之,根据调整对象,有关金融监管与金融交易关系的法律有《中国人民银行法》《商业银行法》《证券法》《期货与衍生品法》《保险法》等,这些法律对金融安全保障有"牵一发动全身"的系统作用,具有更明显的宏观调控性质。除此之外,还有针对特定金融领域和微观层面金融行为的《反洗钱法》《外汇管理条例》等法律法规,以及其他部门法中关于调整金融法律关系、保障金融安全的法律规范,如《刑法》第176条关于非法吸收公众存款罪、第191条关于洗钱罪、第192条关于集资诈骗罪的规定。

三、资源安全立法

(一) 资源安全概述

资源安全是指一个国家或地区可以持续、稳定、及时、充足和经济地获取所有自然资源及资源性产品的状态,以及保障这一安全状态的能力。习近平多次强调指出,"中国作为制造业大国,要发展实体经济,能源的饭碗必须端在自己手里"。能源、矿产等初级产品在国民经济中不可或缺,是支撑经济社会稳定运行的基石。资源安全是关系国家经济社会发展的全局性、战略性问题,对国家繁荣发展、人民生活改善、社会长治久安至关重要。②资源的滥用和过度开发会导致生态环境的破坏,而资源匮乏或供应受阻则会严重影响经济发展及社会民生。党的二十大、中央经济工作会议提出要加强重要能源、矿产资源国内勘探开发和增储上产,实施新一轮找矿突破战略行动,确保能

---

① 国家外汇管理局党组理论学习中心组:《坚持统筹金融开放和安全——学习〈习近平关于金融工作论述摘编〉》,载《人民日报》2024年4月24日第10版。

② 王广华:《推动重要能源和矿产资源增储上产》,载《经济日报》2023年11月8日第1版。

源资源产业链供应链安全。

世界格局深刻调整,单边主义、保护主义抬头,叠加全球产业链、价值链和供应链受到非经济因素严重冲击,国际资源供应不确定性、不稳定性增加,对我国资源安全造成重大挑战。① 从我国国情来看,我国自然资源种类多样、数量丰富,但土地、能源、矿产等主要资源的人均占有量却远低于世界平均水平,叠加我国部分矿产储量少、品质低、开发难度大的现实条件,使得我国许多初级产品面临产能释放受限、供给相对不足的挑战,不得不通过海外进口以拓展初级产品的获取来源。② 我国人均自然资源禀赋严重不足,加快发展面临更多的自然资源和环境约束,这决定了我国不可能走西方现代化的老路。我国正采取"严守资源安全底线、优化国土空间格局、促进绿色低碳发展、维护资源资产权益"的策略,建设战略性矿产安全保障体系。③

改革开放以来,我国资源安全的法治建设不断完善,先后出台了涉及矿产资源、能源及资源能源战略基础设施等领域的专门立法,为国内资源勘探开发、节约集约利用、战略储备以及相关应急保障工作提供了法律依据。近年来,为积极应对资源领域的新问题新情况,我国加大修订了《矿产资源法》《能源法》《节约能源法》等重要法律,并在相关立法中强化了战略性储备制度、供应保障制度和生态文明理念,为推进资源领域的系统治理、实现资源安全提供了更加坚实的法治支撑。

(二)维护资源安全的任务

(1)合理利用和保护资源能源,有效管控战略资源。我国是全球矿产资源第一消费大国,也是全球矿产资源第一生产大国和贸易大国,今后一个时期对矿产资源的需求仍将保持在较高水平。我国将加强战略性矿产资源的调查勘查和开发利用,建立安全可靠的勘探、开发、储备体系,提升能源矿产资源供给体系以适配国内需求。战略性关键矿产是支撑核心技术和战略性新兴产业发展的关键原材料,是未来高端制造和数字经济的物质基础。④ 2016年,国家发展和改革委员会发布《全国矿产资源规划(2016—2020年)》,

---

① 国家发展和改革委员会2021年7月1日发布的《"十四五"循环经济发展规划》,第2页。
② 国家发展和改革委员会习近平经济思想研究中心:《全面提高我国初级产品供给保障能力》,载《习近平经济思想研究》2022年第9期。
③ 自然资源部2024年2月28日发布的《2023年中国自然资源公报》,第1页。
④ 王安建、袁小晶:《大国竞争背景下的中国战略性关键矿产资源安全思考》,载《中国科学院院刊》2022年第11期。

以"保障国家经济安全、国防安全和战略性新兴产业发展需求"为评判标准，将石油、天然气、煤炭、稀土、晶质石墨等24种矿产列入战略性矿产目录。①在新修订的《矿产资源法》中明确了战略性矿产资源目录制度，国家对由国务院确定的特定战略性矿产资源实行保护性开采。

（2）加强战略资源能源储备，全面提升应急保障能力，保障经济社会发展所需的资源能源持续、可靠和有效供给。构建多层次、立体化的战略储备体系，包括产品储备、产能储备和产地储备三大维度，并在法律上明确其地位与管理机制。新修订的《矿产资源法》和《能源法》均着重强调了储备和应急的制度建设，对于石油、天然气、煤炭以及关键性金属矿产等均应设立必要的储备规模和应急保供能力。

（3）完善资源能源运输战略通道建设和安全保护措施。《中国的能源转型》白皮书指出，为加强资源优化配置，中国加快建设横跨东西、纵贯南北、覆盖全国的能源网络基础设施，提升能源大范围远距离输送能力，我国的油气电网络正越织越密，能源系统的韧性不断增强。② 更重要的是，我国通过《石油天然气管道保护法》等专门立法，明晰管辖主体和责任分工，形成从规划、建设到运营、应急处置的全链条防护，强化了对资源能源运输战略通道建设，以及油气管道、电力设施等基础设施的安全保护。

（4）加强国际资源能源合作。我国坚持在引进来与走出去之间实现更好的结合，统筹利用国内国际两个市场、两种资源，务实推进大国资源合作，加速构建新型能源体系，积极顺应经济全球化发展趋势。③ 随着欧盟等退出《能源宪章条约》，新的国际能源多边法律规则体系面临重塑。我国同时作为资源能源生产和消费大国，应善用国际资源能源规则，积极参与资源能源国际规则的制定，并衔接好国际资源能源规制与国内的配套立法，依托我国超大规模市场优势，促进国际合作，实现互利共赢，保障我国资源安全。

（三）资源安全领域主要立法

我国资源安全立法既包括资源领域综合性、全局性的法律，即各类资源上中下游、产供储销等产业链供应链各环节关键共性的法律，这些法律包括

---

① 国土资源部2016年发布的《全国矿产资源规划（2016—2020年）》，第15页。
② 中华人民共和国国务院新闻办公室2024年8月发布的《中国的能源转型》。
③ 中共国家能源局党组：《加快建设新型能源体系 提高能源资源安全保障能力》，载《求是》2024年第11期。

《能源法》《矿产资源法》《节约能源法》《可再生能源法》《安全生产法》《循环经济促进法》等，也包括聚焦能源某一领域、调整单领域资源法律关系的立法，包括《煤炭法》《电力法》《水法》《石油天然气管道保护法》《深海海底区域资源勘探开发法》《稀土管理条例》《对外合作开采陆上石油资源条例》《对外合作开采海洋石油资源条例》《城镇燃气管理条例》等。此外，《国防法》《国防动员法》等非专门资源立法中涉及特定资源安全关系的规定也是我国资源安全保障立法的重要内容，这些法律规范一般是以提升应急保障能力、强化战略资源储备、完善运输战略通道与安全保护等为其规范内容。

四、粮食安全立法

粮食安全是关系经济发展和社会稳定的全局性重大战略问题，是国家安全的重要基础。习近平在党的二十大报告中指出："全方位夯实粮食安全根基……确保中国人的饭碗牢牢端在自己手中。"①全面依法治国背景下，为引领全社会履行保障粮食安全的法定责任并确保党中央关于粮食安全的决策部署贯彻落实到位，强化粮食安全领域的法治建设成为推动粮食安全保障工作的必然之举。

(一) 粮食安全概述

粮食安全是一个复杂、有争议和政治负载的术语，②尽管其作为政策方法的用处已经受到质疑，但粮食安全仍然是国家政策制定乃至立法过程中理解和解决粮食相关的国家安全问题的主要框架。1974年，世界粮食大会首次将"粮食安全"作为核心议题进行讨论。在这次会议上，与会国以满足粮食供给为政策出发点，将粮食安全定义为"在所有时候世界基本食品均保持充足供应，推动粮食消费稳步增长并抵消产量和价格波动的影响"③。中国以满足国家粮食供给的能力及状态定义"粮食安全"。中国政府当前对粮食安全的定义为：立足粮食基本自给，在粮食生产总量、满足居民对粮食的直接消费和间接消费、确保种源自主可控方面没有危险和不受内外威胁的状态，以及保障、维护和塑造持续安全状态的能力。其中，《粮食安全保障法》将粮食的范围限

---

① 习近平：《高举中国特色社会主义伟大旗帜，为全面建设社会主义现代化国家而团结奋斗——在中国共产党第二十次全国代表大会上的报告》，人民出版社2022年版，第31页。
② D. John Shaw, World Food Security: A History since 1945, Springer, 2007, pp. 383-386.
③ 中国工程院"国家食物安全可持续发展战略研究"项目研究组编：《国家食物安全可持续发展战略研究(综合卷)》，科学出版社2017年版，第52—53页。

于小麦、稻谷、玉米、大豆、杂粮及其成品粮。杂粮包括谷子、高粱、大麦、荞麦、燕麦、青稞、绿豆、马铃薯、甘薯等。

当前我国粮食安全现状呈现出"结构性短缺"的特征,这一特征同全球粮食市场波动相交互、与地缘政治关系变迁相联动,以至于我国时不时面临国内国际粮食安全风险。一方面,我国的粮食生产连年递增,年产量始终稳定在1.3万亿斤以上,粮食库存充裕,小麦、稻谷库存量能够满足全国人民一年以上口粮消费需求。另一方面,随着我国农业生产成本持续较快上涨,而国际农产品价格持续下跌,国内外农产品价差越来越大,玉米、棉花、糖料等进口规模不断扩大。正因如此,中国当前呈现出特定谷物作物库存充足、部分粮食作物国内生产短缺的粮食安全特征。由于全球粮食贸易的保护主义倾向复兴,全球粮食市场供给波动剧烈。而随着大国战略竞争与经济相互依赖的联系更加明显,粮食成为国家地缘政治竞争的工具,中国粮食进口陆续面临对华粮食禁运或关税壁垒的风险,这进一步恶化了中国的粮食安全形势。

(二)维护粮食安全的任务

中华人民共和国成立之初,保障中国基数庞大的人口吃饭问题是农业政策的首要目标。[1] 1996年,中国发布《中国的粮食问题》白皮书,首次在中国官方文件语境中使用"粮食安全"的表述,并且明确提出"粮食自给率不低于95%,净进口量不超过国内消费的5%"[2]。2013年,中央经济工作会议首次明确了"谷物基本自给、口粮绝对安全"的粮食安全目标,并明确了"以我为主、立足国内、确保产能、适度进口、科技支撑"的粮食安全战略。2014年,习近平在中央国安委第一次会议上,创造性提出总体国家安全观,将粮食安全纳入其中,并围绕粮食安全发表了一系列重要论述,这意味着保障粮食安全被进一步确定为国家的重大战略问题。[3]

2015年《国家安全法》正式将粮食安全列入其中,粮食安全被定位为"国家安全的重要基础",其中第22条明确指出维护粮食安全的任务:"国家健全粮食安全保障体系,保护和提高粮食综合生产能力,完善粮食储备制度、流通体系和市场调控机制,健全粮食安全预警制度,保障粮食供给和质量安全。"

---

[1] 全世文:《中国粮食安全战略及其转型》,载《华南师范大学学报(社会科学版)》2022年第3期。
[2] 中华人民共和国国务院新闻办公室1996年10月发布的《中国的粮食问题》。
[3] 全世文:《中国粮食安全战略及其转型》,载《华南师范大学学报(社会科学版)》2022年第3期。

(1) 健全粮食安全保障体系。粮食安全保障体系是维护粮食安全的基础，主要包括生产保障、储备保障、粮食流通保障、国际粮食安全等方面。《加快建设农业强国规划（2024—2035年）》明确要全方位夯实粮食安全根基，把中国人的饭碗端得更牢更稳。具体而言，要全面加强耕地保护和建设、提升粮食和重要农产品生产水平、健全粮食生产扶持政策、强化粮食和重要农产品储备调控、构建多元化食物供给体系。

(2) 保护和提高粮食综合生产能力。稳定的粮食综合生产能力是维护国家粮食安全的根基，涵盖了保障粮食生产稳定、加强耕地保护、提升农业科技水平、优化农业结构以及改善农业基础设施等方面。《粮食安全保障法》第三章明确要求各级政府积极推动种业振兴、推广农业科技、加强粮食主产区的政策支持、提升农业资源利用效率，以提高粮食生产综合能力。

(3) 完善粮食储备制度、流通体系和市场调控机制。《粮食安全保障法》第四章和第五章对此进行了明确规定。各级政府建立粮食储备体系，并根据国务院的要求动态调整品种结构及区域布局。与此同时，政府应不断完善粮食流通网络、支持粮食仓储设施建设并采取多样化手段加强对粮食市场的调控，确保全国粮食供求总量基本平衡。

(4) 健全粮食安全预警制度。粮食安全预警制度包括建立粮食安全应急制度、定时发布粮食安全预案等方面。《粮食安全保障法》第七章明确了粮食安全预警的具体要求，规定县级以上政府应加强粮食应急体系建设，各级政府会同有关部门建立粮食应急预案，并主动建立市场异常波动报告制度，旨在提前识别粮食安全风险，做好应急准备，以确保国家粮食安全。

(5) 保障粮食供给和质量安全。保障粮食供给和质量安全是维护国家安全的内核。保障粮食供给安全体现在保障粮食供给的各个流程顺利稳定运行，保障粮食质量安全包括建立粮食安全标准、防止粮食污染、管控粮农技术以及促进绿色农业等方面。保障粮食供给与质量安全的相关规定广泛体现在《粮食安全保障法》"粮食生产""粮食储备""粮食加工""监督管理"等各个具体章节中。

（三）粮食安全领域主要法律

当前，中国保障粮食安全的法律规制统领于《粮食安全保障法》，并在各领域法中有所体现。2024年6月1日起，《粮食安全保障法》正式开始实施，这是中国粮食领域第一部基础性、统领性法律。《粮食安全保障法》的制定实施,将进一步推动我国粮食安全从政策性治理向法治化治理转变,为保障粮食有效供给,确保国家粮食安全提供法律支撑。[1]《粮食安全保障法》包括耕地保护、粮食生产、储备、流通、加工、应急、节约等各个环节的具体内容,回应了新时代粮食安全保障的具体需求,解决了粮食安全保障的风险隐患。

除了《粮食安全保障法》,直接提及"粮食安全"议题的法律包括《农业法》《种子法》《乡村振兴促进法》等。其中,2002年修订的《农业法》增设"粮食安全"专章,从保护粮食生产能力、确保粮食供给充足以及应对粮食安全风险方面设立原则性法条,这是我国首次在立法层面提出粮食安全问题。2021年修正的《种子法》在第1条明确将"保障国家粮食安全"列为立法目的之一。《乡村振兴促进法》要求"充分发挥乡村在保障农产品供给和粮食安全……方面的特有功能","实施以我为主、立足国内、确保产能、适度进口、科技支撑的粮食安全战略,坚持藏粮于地、藏粮于技,采取措施不断提高粮食综合生产能力,建设国家粮食安全产业带,完善粮食加工、流通、储备体系,确保谷物基本自给、口粮绝对安全,保障国家粮食安全"。

此外,《土地管理法》《水法》《水土保持法》《水污染防治法》《土壤污染防治法》等法律从保护农业自然资源的角度对粮食安全予以保障。

第二节 文化、科技、网络、人工智能与数据安全

一、文化安全立法

(一)文化安全概述

文化安全是指一国文化相对处于没有危险和不受内外威胁的状态,以及保障持续安全状态的能力。[2]"文化"含义宽泛,广义的文化是指人类在社会历史发展过程中所创造的物质财富和精神财富的总和,包括技术(工具和科技)、社会(组织形态和制度)、精神(精神活动或精神生产)三个层次;狭义的文化是指第三个层次的文化,即精神活动及其外在表达。在我国的文化实践

---

[1] 吴清仪:《〈中华人民共和国粮食安全保障法〉解读及贯彻》,载《粮食问题研究》2024年第3期。
[2] 本书编委会:《总体国家安全观干部读本》,人民出版社2016年版,第115页。

中,对文化的认识主要围绕狭义的文化即精神活动或者精神生产展开,文化安全所涉及的文化也是狭义的文化。

党的十八大以来,我国文化建设取得显著成就,但经济社会的转型升级、信息技术在文化领域的广泛应用、不同文明的交流交融交锋也使我国文化安全面临的风险挑战更趋复杂和严峻。

首先,我国正处在大发展大变革大调整时期,各种思想文化相互激荡,拜金主义、享乐主义、极端个人主义和历史虚无主义等错误思潮不时出现,文化生产经营者片面追求经济效益忽视社会效益等现象依然存在,对我国文化安全造成一定威胁。

其次,数字技术、信息技术和互联网技术提升了文化内容的传播效率、造就了新的文化业态、增强了文化生产和消费的交互性,但一些有害信息和错误思想也借由网络膨胀发酵、传播扩散,网络舆论乱象丛生,严重影响人们思想和社会舆论环境。

最后,不同文明的交流交融交锋一方面推动了各国文化的发展和创新,另一方面西方不健康思想观念也在加快渗透,对我国主流价值观念造成冲击,侵蚀、腐蚀、销蚀青少年的身心,文化安全维护任务更加艰巨。

文化安全是国家安全的重要组成部分,是国家安全的重要保障,它涉及社会主义核心价值观的培育、中华优秀传统文化的传承弘扬、国家文化软实力的增强等多个方面,与政治、社会、经济安全密切相关。文化安全的法律治理是维护和塑造文化安全的有效路径,是全面依法治国、加快国家安全法治建设的题中之义。1982年《宪法》第22条和第47条规定了国家发展文化事业、保护文化遗产和保障公民文化权利的义务,这之后的《文物保护法》《著作权法》《电影产业促进法》《公共文化服务保障法》《网络安全法》等法律以及《广播电视管理条例》《印刷业管理条例》《出版管理条例》等行政法规的实施,为落实宪法、规范文化活动、维护文化安全提供了明确的法律依据。[①]

(二)维护文化安全的任务

《国家安全法》第23条规定:"国家坚持社会主义先进文化前进方向,继承和弘扬中华民族优秀传统文化,培育和践行社会主义核心价值观,防范和抵制不良文化的影响,掌握意识形态领域主导权,增强文化整体实力和竞争

---

① 郑宁主编:《文化法学》,中国人民大学出版社2024年版,第11页。

力。"维护文化安全的具体任务主要围绕该规定展开。

1. 培育和践行社会主义核心价值观

文化之争本质上是价值观念之争,核心价值观关系到社会的和谐稳定和国家的长治久安,是一个国家的重要稳定器。培育和践行社会主义核心价值观,使之成为全体人民的共同价值追求,一是要推动理想信念教育常态化制度化,深入开展群众性精神文明创建活动;二是要不断改进创新课程设置、教学内容和教学方法,将社会主义核心价值观教育融入国民教育全过程;三是要充分发挥文化产品传播思想观念、提升精神素养的作用,将社会主义核心价值观融入文化创作、生产、传播各环节。

2. 继承和弘扬中华优秀传统文化

中华优秀传统文化是中华民族的精神命脉,是涵养社会主义核心价值观的重要源泉,也是我们在世界文化激荡中站稳脚跟的坚实根基。继承和弘扬中华优秀传统文化,一方面要加强文物保护和非物质文化遗产传承,延续中华历史文脉、传递中华文化基因;另一方面要推动中华优秀传统文化创造性转化,赋予其新的时代内涵和现代表达形式,促进中华优秀传统文化创新性发展,使之与当代文化相适应、与现代社会相协调。

3. 防范和抵制不良文化的影响,掌握意识形态领域主导权

掌握意识形态领域主导权是维护国家文化安全的关键。维护意识形态安全必须坚持马克思主义在意识形态领域的指导地位,把握正确的舆论导向,防范错误或有害思想观念的传播。在文化产业背景下,防范和抵制不良文化的影响,一方面要繁荣发展文化事业和文化产业,要坚持以人民为中心的创作导向,推出更多增强人民精神力量的优秀作品,坚持把社会效益放在首位、社会效益和经济效益相统一;另一方面要加强文化市场管理,规范文化市场秩序,防范和抵御宣扬暴力、恐怖、色情等不良文化的影响。

4. 增强文化整体实力和竞争力

国家安定、社会进步、民族振兴既要不断提高经济、军事等硬实力,也要持续增强价值观念、思想文化等软实力。增强文化整体实力和竞争力,一是要发展哲学社会科学、新闻出版、广播影视、文学艺术事业,扶持优秀文化产品创作生产;二是要推动文化产业快速发展,促进文化和科技融合,实现文化产业结构优化升级;三是要完善公共文化服务体系,保障公民基本文化权利;四是要构建更有效力的国际传播体系,深化主流媒体国际传播机制改革创

新;五是要扩大国际人文交流合作,通过文化交流减少文化冲突,助益文化安全。①

(三)文化安全领域主要立法

改革开放以来,我国文化领域的立法逐渐完善,为维护文化安全提供了坚实的法律保障。例如,在意识形态安全方面,《网络安全法》《电影产业促进法》《公共文化服务保障法》《文物保护法》《公共图书馆法》《著作权法》等均有社会主义核心价值观的融入;②在文化遗产安全方面,《文物保护法》《非物质文化遗产法》囊括了绝大多数文化遗产类型,是继承和弘扬中华优秀传统文化的直接法律依据;在文化生产传播安全方面,既有《电影产业促进法》《网络安全法》等专门法律,也有《广播电视管理条例》《印刷业管理条例》《出版管理条例》《音像制品管理条例》《电影管理条例》《营业性演出管理条例》《娱乐场所管理条例》《互联网上网服务营业场所管理条例》等行政法规;在涉外文化安全方面,我国已加入与文化遗产保护有关的《关于发生武装冲突时保护文化财产的公约》《关于禁止和防止非法进出口文化财产和非法转让其所有权方法的公约》《关于被盗或者非法出口文物返还的公约》,而《关税和贸易总协定》(GATT)和世界贸易组织(WTO)所建立的适用于文化贸易的规则以及《保护和促进文化表现形式多样性公约》则是在对外文化贸易中维护我国文化安全的有力保证。

二、科技安全立法

(一)科技安全概述

科技安全是指科技体系完整有效,国家重点领域核心技术安全可控,国家核心利益和安全不受外部科技优势危害,以及保障持续安全状态的能力。③科技安全中的科技体系由科技法治体系、科技战略体系、科技政策体系、科技创新体系、科技人才体系等构成,而重点领域核心技术则主要涉及人工智能、量子信息、集成电路、生命健康、脑科学、生物育种、空天科技、深地深海等国家战略高新技术,以及新发突发传染病和生物安全风险防控、医药和医疗设

---

① 胡惠林、金山主编:《中国国家文化安全概论》,清华大学出版社2023年版,第166页。
② 杨炼:《文化法律中的社会主义核心价值观融入——基于立法政策的视角》,载《湖南社会科学》2022年第1期。
③ 本书编委会:《总体国家安全观干部读本》,人民出版社2016年版,第137页。

备、关键元器件零部件和基础材料、油气勘探开发等当前科技发展的重要领域。①

改革开放尤其是党的十八大以来,我国科技实力快速跃升,重大创新成果竞相涌现,一些前沿领域的技术水平开始进入与先进国家并跑、领跑阶段,科技引领国家发展、保障国家安全的能力日益增强,但原始创新能力不强、关键核心技术受制于人、前沿基础研究不足等问题依然存在,还不能充分发挥科技对国家安全和发展的战略支撑作用。

首先,科技原始创新能力不强,创新体系整体效能不高,科技创新资源整合不够,科技创新力量布局仍需要优化。

其次,关键核心技术受制于人,"只有把核心技术掌握在自己手中,才能真正掌握竞争和发展的主动权,才能从根本上保障国家经济安全、国防安全和其他安全"②。

最后,前沿基础研究不足,人工智能、量子信息、集成电路、生物育种、生命健康、深地深海、空天科技等都是大国拓展生存空间的必争之地,加强基础研究、持续提升科技创新能力、加快科技成果转化应用已成为当务之急。

科学技术是国家强盛之基,是维护国家安全的物质基础,是应对政治、军事、国土、经济等领域安全风险的关键要素。科技安全关乎国家安全全局,以法治思维和法治方式维护科技安全有利于推动科技进步,增强防范和抵御科技风险的能力。改革开放以来,我国科技安全法治建设逐步完善,《科学技术进步法》《促进科技成果转化法》《科学技术普及法》从创新环境、资源配置、成果转化等方面为科技安全提供了全面保障;《专利法》《著作权法》《计算机软件保护条例》《集成电路布图设计保护条例》《植物新品种保护条例》等法律法规的出台强化了知识产权的保护和运用;《保守国家秘密法》《科学技术保密规定》等法律法规的实施为保障国家科技秘密安全提供了明确的法律依据。

(二)维护科技安全的任务

《国家安全法》第 24 条规定:"国家加强自主创新能力建设,加快发展自主可控的战略高新技术和重要领域核心关键技术,加强知识产权的运用、保护

---

① 肖君拥、杨勇:《总体国家安全观视阈下科技安全概念诠释》,载《北京理工大学学报(社会科学版)》2025 年第 1 期。

② 习近平:《在中国科学院第十七次院士大会、中国工程院第十二次院士大会上的讲话》,人民出版社 2014 年版,第 10 页。

和科技保密能力建设,保障重大技术和工程的安全。"维护科技安全的具体任务主要围绕该规定展开。

1. 加强自主创新能力建设

创新是发展的动力,发展是安全的基础,维护科技安全必须促进自主创新。加强自主创新能力建设一是要以科技发展趋势和国家需求为导向,强化基础研究领域、交叉前沿领域、重点领域前瞻性、引领性布局;二是要推进科研基础设施建设和人才培养;三是要深化科技体制改革,坚决破除束缚科技创新的思想观念和体制机制障碍。

2. 加快发展自主可控的战略高新技术和重要领域核心关键技术

实现战略高新技术和重要领域核心关键技术自主可控,需要加快构建关键核心技术攻关新型举国体制,推动有效市场和有为政府的更好结合;需要加快攻克重要领域"卡脖子"技术,努力实现石油天然气、基础原材料、高端芯片、工业软件、农作物种子等方面关键核心技术的自主可控;需要强化基础研究,形成持续稳定的投入机制。

3. 加强知识产权的保护和运用

知识产权对保护科技成果、促进科技成果转移转化、提高自主创新能力均有重要作用。加强事关国家安全的知识产权的保护和运用,一是要明确知识产权领域国家安全治理的原则和体制机制;二是要完善关键核心领域的知识产权保护制度,推进关键核心技术的专利权保护;三是要明确涉及国家安全的知识产权对外转让的制度;四是要明确我国知识产权有关法律规定域外适用的效力和实施细则。①

4. 加强科技保密能力建设

科技秘密是指科学技术规划、计划、项目及成果中,关系国家安全和利益,依照法定程序确定,在一定时间内只限一定范围的人员知悉的事项。科技秘密关系国家安全和利益,科技秘密的泄露可能会削弱国家防御和治安能力、降低国家科技国际竞争力、制约国民经济和社会长远发展、损害国家声誉、权益和对外关系。维护科技安全必须加强科技保密能力建设,完善科技保密制度,增强科技保密意识。

(三)科技安全领域主要立法

当前,我国科技安全领域的立法主要涉及自主创新能力建设、知识产权

---

① 马一德:《筑牢知识产权领域国家安全屏障》,载《光明日报》2024年6月20日第6版。

保护运用、科技保密等内容。在自主创新能力建设方面,2015年修正的《促进科技成果转化法》以加快实施创新驱动发展战略、加强科技成果转化服务、激发调动科研人员积极性、充分发挥企业主体作用为目标,对相关条款进行了修正;2021年修订的《科学技术进步法》明确了科技创新在国家现代化建设全局中的核心地位,把科技自立自强作为国家发展的战略支撑,并新增了"基础研究""区域科技创新""国际科学技术合作"等章。在知识产权保护运用方面,《专利法》《著作权法》《计算机软件保护条例》《集成电路布图设计保护条例》《植物新品种保护条例》等法律法规为促进科技创新夯实了法律基础。在科技保密方面,《保守国家秘密法》《科学技术进步法》《促进科技成果转化法》《科学技术保密规定》构成了我国科技保密的基本法律框架。其中,《科学技术保密规定》对科技保密的一般原则,科技秘密的范围和密级,科技秘密的确定、变更和解除,以及科技秘密的保密管理等作了系统规定。2024年《保守国家秘密法》进行了第二次修订,在总则中明确规定"国家鼓励和支持保密科学技术研究和应用,提升自主创新能力,依法保护保密领域的知识产权",为科技保密与知识产权的连接提供了法律支撑。而《生物安全法》《数据安全法》《生成式人工智能服务管理暂行办法》等则对可能出现的前沿科技风险进行了法律规制。

三、网络安全立法

(一) 网络安全概述

当前,网络安全成为关乎全局的重大问题。网络事关国家安全、社会经济发展以及人民群众工作和生活。在国内外诸多政策和标准文献中,我们可以发现,信息安全、网络安全、网络空间安全三者往往交替使用或并行使用。[①]这三个词有一个混用的模糊期。但根据《网络安全法》的规定,网络安全是指网络系统的硬件、软件及其承载的应用、服务和在网络上传输信息的安全。网络安全既包括网络运行安全,也包括网络信息安全。前者指网络信息处理和传输系统连续、可靠、正常地运行。后者指对网络的违法和不良信息进行管控,防范化解该类信息传播所产生的风险。

随着网络技术的深入发展,网络已经渗透到社会经济生活的各个领域,

---

① 王世伟:《论信息安全、网络安全、网络空间安全》,载《中国图书馆学报》2015年第2期。

在推动经济社会发展升级的同时带来一系列新问题、新威胁、新风险与新挑战。通过依法开展网络空间治理,我国网络空间日渐清朗,网络安全顶层设计不断完善,网络安全综合治理能力不断提升。但我国网络安全还面临以下风险和挑战:一是网络核心技术仍然较为薄弱,网络技术受制于人是我国网络安全领域的重大隐患;二是网络意识形态斗争激烈,网络已经成为意识形态斗争的主阵地、主战场;三是网络攻防成为国家博弈新方式,网络空间成为国家博弈的新战场;四是网络违法犯罪活动危害严重,网络诈骗、网络传销、网络赌博、网络水军、网络谣言层出不穷。

习近平指出:"网络安全牵一发而动全身,深刻影响政治、经济、文化、社会、军事等各领域安全。没有网络安全就没有国家安全,就没有经济社会稳定运行,广大人民群众利益也难以得到保障。"[①]网络安全的法律治理是维护和塑造网络安全的有效路径。目前,我国制定出台网络领域立法150余部,基本形成了以宪法为根本,以法律、行政法规、部门规章和地方性法规、地方政府规章为依托,以传统立法为基础,以网络内容建设与管理、网络安全和信息化等网络专门立法为主干的网络法律体系,搭建起我国网络法治的"四梁八柱",为网络强国建设提供了坚实的制度保障。[②]

(二)维护网络安全的任务

《国家安全法》第25条规定:"国家建设网络与信息安全保障体系,提升网络与信息安全保护能力,加强网络和信息技术的创新研究和开发应用,实现网络和信息核心技术、关键基础设施和重要领域信息系统及数据的安全可控;加强网络管理,防范、制止和依法惩治网络攻击、网络入侵、网络窃密、散布违法有害信息等网络违法犯罪行为,维护国家网络空间主权、安全和发展利益。"根据该条的规定,维护网络安全的具体任务主要包括以下方面:

1. 建设网络安全保障体系,提升网络安全保护能力

这是加强网络安全保护的重要内容和总体要求。建设网络安全保障体系的主要任务包括:建立和完善网络安全等级保护制度;加强密码技术的开发利用,建设网络信任体系;建立网络安全风险评估机制;建设和完善网络与信息安全监测预警和应急处置机制。提高网络安全保护能力的任务包括:提

---

① 中共中央党史和文献研究院编:《习近平关于网络强国论述摘编》,中央文献出版社2021年版,第97—98页。

② 徐强、刘欣:《法治之笔绘就网络治理中国方案》,载《法治日报》2024年6月21日第6版。

高国家网络安全的基础支撑能力,建立长效保护机制;完善网络安全法律保障能力;增强网络舆情驾驭能力;提高网络安全国际影响力;重视网络安全人才培养,增强国民网络安全意识。

2. 加强网络安全技术研发应用,实现安全可控

维护网络安全要加强核心技术的自主创新和基础设施建设,最终实现网络核心技术、关键基础设施和重要领域信息系统及数据的自主安全、可控。为此,要建立"产学研用"结合的协同创新体系;加强政府在创新中的引导作用;研究掌握国家先进理论、前沿技术和发展动态,跟上国际网络信息技术发展速度,加大对关键信息技术的研发力度。

3. 加强网络监督管理,防范和依法处置网络违法犯罪行为

加强网络监督管理,防范、制止和依法惩治网络攻击、网络入侵、网络窃密、散布违法有害信息等网络违法犯罪行为。《网络安全法》专门设立"法律责任"一章,对尚不构成犯罪的网络安全违法行为及处置进行了规定。《刑法》规定的拒不履行信息网络安全管理义务罪、非法利用信息网络罪、帮助信息网络犯罪活动罪、编造并传播虚假信息罪等,为打击处置网络犯罪提供了法律依据。

4. 维护国家网络空间主权

网络主权是互联网时代国家主权概念的延伸和拓展,反映了互联网时代国家在网络空间中行使主权的重要性和必要性。① 没有内部主权,国家就不能制定网络基本法,不能确立网络管理模式,不能管辖网络纠纷;没有外部主权,国家就不能保障网络设施、网络主体和网络信息的安全,不能在国际层面上平等参与、共同利用和进行有效合作。② 互联网是国家的重要基础设施,中国境内的互联网属于中国主权管辖范围,中国的互联网主权应受到尊重和维护。同时,我们应当积极参与国际互联网治理秩序的构建,倡导尊重各国自主选择网络发展道路、网络管理模式、网络公共政策及平等参与国际网络空间治理的权利,反对网络霸权。

(三) 网络安全领域主要立法

我国积极推进网络立法工作,不断完善相关法律制度规范,初步形成了

---

① 熊光清、王瑞:《网络主权:互联网时代对主权观念的重塑》,载《中国人民大学学报》2024年第1期。
② 张新宝、许可:《网络空间主权的治理模式及其制度构建》,载《中国社会科学》2016年第8期。

相对完备的网络法律体系,网络立法取得了显著成就。例如,在保护系统、基础设施等层面,国家颁布《计算机信息系统安全保护条例》《计算机信息网络国际联网管理暂行规定》。进入21世纪以来,网络信息治理进一步得到重视,《全国人民代表大会常务委员会关于维护互联网安全的决定》《电信条例》《互联网信息服务管理办法》等法律法规、部门规章开始实施,以促进互联网应用的健康发展。近年来数字经济法治规则不断健全,《网络交易监督管理办法》《互联网信息服务算法推荐管理规定》《区块链信息服务管理规定》相继颁布实施。2016年11月7日,十二届全国人大常委会第二十四次会议通过了《网络安全法》,该法作为我国网络领域的基础性法律,它的出台具有里程碑式的意义。《网络安全法》明确提出了国家网络主权的概念,明确了网络安全和信息化发展并重原则,专门强调了保障关键信息基础设施的运行安全,明确加强了对个人信息的保护,对网络运营主体的法律责任和义务作出了全面的规定。

四、人工智能安全立法

(一)人工智能安全概述

党的二十大报告强调:"推动战略性新兴产业融合集群发展,构建新一代信息技术、人工智能、生物技术、新能源、新材料、高端装备、绿色环保等一批新的增长引擎。"哲学社会科学、人工智能科学等领域的学者对人工智能的内涵和外延存在不同看法,在《欧盟人工智能法》立法进程中,人工智能的定义条款几经更迭。[1] 最终,《欧盟人工智能法》第3条第1款将人工智能定义为:"为了明确或隐含的目标,从输入信息推断如何生成诸如预测、内容、建议或可能影响物理或虚拟环境的决策等输出信息的一种基于机器的系统。"因此,人工智能安全就是要确保人工智能系统的安全性、可靠性和可控性。

人工智能是新一轮科技革命和产业变革的重要驱动力量,发展人工智能是支撑科技自立自强、实现高质量发展的重要战略。但人工智能技术是双刃剑,可能会引发社会、道德和法律方面的风险。具体包括:一是数据安全风险方面,人工智能依托海量数据发展,有敏感信息泄露风险;二是算法模型安全方面,安全风险贯穿数据采集、预处理、模型训练、模型微调、模型部署应用等

---

[1] 刘子婧:《欧盟〈人工智能法〉:演进、规则与启示》,载《德国研究》2024年第3期。

人工智能模型构建的全生命周期;三是外部攻击安全方面,数据投毒、数据泄露、模型窃取、软件漏洞等安全隐患屡见不鲜等。

人工智能是维护和支撑政治、经济、科技和社会等其他领域安全的重要力量,随着人工智能技术在不同领域的应用,其引发的安全风险涵盖了国家、社会、企业和个人等多个层面。从我国现行法律基础来看,《民法典》《网络安全法》《数据安全法》《个人信息保护法》等都涉及数据、信息和人工智能问题。此外,当前我国有关数据要素、人工智能的地方立法也有很多,为系统研究国家层面人工智能立法奠定了基础。全国各地相继出台数据方面地方性法规30余部、政府规章46部。这些地方性法规有的全面规范数据要素市场,有的主要规范政府机关等公共数据管理,还有的是为了促进大数据应用。

(二)维护人工智能安全的任务

维护人工智能安全的具体任务主要包括以下方面:

1. 加大人工智能核心技术的研发力度

《中华人民共和国国民经济和社会发展第十四个五年规划和2035年远景目标纲要》提出,要"加强网络安全关键技术研发,加快人工智能安全技术创新,提升网络安全产业综合竞争力"。加快发展新一代人工智能是我们赢得全球科技竞争主动权的重要战略抓手。通过科技研发投入产出机制和科研成果转化机制,实施核心技术设备攻坚战略,在推动人工智能技术、高性能计算等研发和应用上取得重大突破。深刻认识到人工智能的全球发展趋势,树立战略意识、安全意识,实现人工智能技术自立自强,做大做强人工智能产业。[①]

2. 建立健全保障人工智能健康发展的法律法规、制度体系和伦理规范

为加强人工智能发展的潜在风险研判和防范,维护人民利益和国家安全,提升人工智能安全治理水平,人工智能监管者要提高站位,加强宏观战略研究与风险防范;人工智能研发者要坚持正确价值导向,避免可能存在的数据与算法偏见;人工智能技术提供者要明确告知义务,加强应急保障;人工智能产品使用者应当保证这一技术不被误用、滥用或恶用。

(三)人工智能安全领域主要立法

2024年3月13日,欧洲议会以压倒性票数通过《欧盟人工智能法》,这是

---

① 本书编写组:《国家安全教育大学生读本》,高等教育出版社2024年版,第177页。

全球首部综合性人工智能监管法案,旨在提升欧盟人工智能产业的规范性和透明度,加强技术治理与监管,以人为本推动人工智能有序发展。目前,《人工智能法》立法进程正在进行中,现有有关人工智能的法律法规集中于算法推荐、深度合成、生成式人工智能三类应用领域。针对算法推荐,根据《互联网信息服务算法推荐管理规定》,服务提供者须维护用户合法权益,防止违法、不良信息传播。针对深度合成,根据《互联网信息服务深度合成管理规定》,深度合成服务提供者和技术支持者不得从事危害国家安全、社会公共利益或侵犯他人合法权益的活动。针对生成式人工智能,根据《生成式人工智能服务管理暂行办法》,服务提供者须及时处置违法或不当使用情形,并向有关部门报告。

五、数据安全立法

(一)数据安全概述

数据在创造价值的同时,也面临日益突出的安全问题。现有文献关于"数据安全"概念及特征的研究较少,有学者综合研究认为,数据安全概念体系以数据安全为核心,由数据安全目的、数据安全属性、数据安全侵害行为、数据安全场景、数据安全设施共同组成。① 根据《数据安全法》的规定,数据安全要保证数据的保密性、完整性和可用性。保密性是指数据只能在一定范围内被特定的人和组织知悉。完整性是指数据在存储、传输和处理的整个过程中基本保持原貌,能够保持不缺失、不失真,不被增删或篡改。可用性是指对数据进行有效使用。

党中央高度重视数据安全工作,作出一系列重要部署。我国加速制定实施数据安全顶层立法,初步构筑起数据安全监管体系,大力促进数据安全技术创新和产业发展,为促进数据要素流动奠定了安全基石。但目前国内数据窃取滥用、隐私泄露等数据安全问题日益突出,企业数据安全意识和保护能力短板凸显。从国际看,数据安全保障能力是国家竞争力的直接体现,数据掌握多寡和利用水平高低成为衡量国家软实力和竞争力的重要标准,各国竞相强化数据资源管控,在数据安全领域展开战略博弈。②

---

① 文禹衡、于琳:《数据安全概念的多维度认知与体系化解读》,载《情报资料工作》2022 年第 6 期。
② 本书编写组:《国家数据安全知识百问》,人民出版社 2023 年版,第 19 页。

数据安全牵一发动全身,数据的保护与治理不仅关乎数据本身作为重要生产要素的开发利用与安全问题,而且与国家主权、国家安全、社会秩序、公共利益等休戚相关。整体来看,我国初步构建了中央和地方立法相结合,涵盖法律、行政法规、部门规章以及地方性立法多个法律层级,涉及数据安全与发展、个人信息保护、商业数据流通以及政务数据管理等多个方面的数据法律制度体系。

(二)维护数据安全的任务

维护数据安全的具体任务主要包括以下方面:

1. 加快构建数据基础制度体系,促进数据高效流通使用和安全治理

完善科学高效的数据治理,政府发挥主导作用,建立健全数据安全审查制度,制定数据分类分级标准,完善敏捷治理的监管机制,加快构建数字政府全方位安全保障体系。加强数字基础设施建设,完善数据治理规则体系,严厉打击危害数据安全的违法犯罪行为。压实企业数据安全责任,互联网平台等企业要发挥数字安全治理的主体作用,要依托行业协会建立责任明确的自律机制。

2. 强化安全防护技术开发应用

加强关键信息基础设施安全保护,强化国家关键数据资源保护能力,增强数据安全预警和溯源能力。科学利用算法技术,对网络空间的庞杂信息和海量数据进行研判,从而明确治理重点,科学地进行制度设计,健全数据治理的制度体系。[①]加快形成教育、人才、科技"三位一体"协同高效运行机制,通过教育强国战略提升人才培养质量,为科技创新提供坚实人才基础。

3. 强化国际合作,推动实现数据安全治理国际共识

完善具有中国特色的数据跨境流动政策制度体系,积极参与国际数据安全治理规则的制定,积极开展双多边数据互通合作,共同开发数据要素资源,开创国际数字经济合作新局面。

(三)数据安全领域主要立法

2015年7月,《国家安全法》通过并施行,其中第25条率先提出要实现数据的安全可控,强调了数据安全是国家安全的重要组成部分。2016年11月《网络安全法》审议出台,从网络安全视角明确了网络数据的安全保护要求。

---

① 马丙合、马方:《中国式现代化进程中的数据风险与安全治理》,载《重庆社会科学》2024年第10期。

2021年8月《个人信息保护法》颁布,明确了个人信息保护的具体要求。《中共中央国务院关于构建数据基础制度更好发挥数据要素作用的意见》《数据出境安全评估办法》《个人信息出境标准合同办法》等政策法规的出台,对数据流通使用、数据出境等重点问题进行了规范与指导。地方政府在公共数据开放、政务数据共享等方面作出了积极探索。目前,我国基本构建起数据安全法律体系,数据安全法律制度建设日趋完善。2024年8月30日《网络数据安全管理条例》通过,它对于个人信息保护、保障重要数据安全等方面进行了重点细化规定,同时进一步优化了数据跨境流动机制。2021年6月,《数据安全法》审议出台,全面系统规定了数据安全保护的关键制度机制和核心要求,是我国数据安全领域的基础性法律,标志着我国数据安全法律框架初步建立。

第三节 社会、生态、生物、海外利益安全

一、社会安全立法

（一）社会安全概述

在国家安全语境下,社会安全是国家安全的重要部分,其外延也非常广泛,在《习近平关于总体国家安全观论述摘编》一书中,社会安全包括了建设平安中国、维护社会稳定、社会治安综合治理、反恐怖斗争、安全生产、食品安全、农产品安全、防灾减灾救灾等。[①]

社会安全是指防范、消除、控制直接威胁社会公共秩序和人民群众生命财产安全的治安、刑事、暴力恐怖事件以及规模较大的群体性事件等,涉及打击犯罪、维护稳定、社会治理、公共服务等各个方面,与人民群众切身利益息息相关。

在改革的深化和发展过程中,社会问题对国家政治生活的影响甚至是威胁越来越大。习近平在党的十八届六中全会第二次全体会议上的讲话指出:"近年来,全国社会治安形势持续好转,暴力犯罪案件数量不断下降,人民群众安全感稳步提升。同时这方面仍有不少突出问题,非法集资、信息泄露、网络诈骗等案件相当猖獗,违法犯罪手段日趋信息化、动态化、智能化,以报复

---

① 中共中央党史和文献研究院编:《习近平关于总体国家安全观论述摘编》,中央文献出版社2018年版,第130—153页。

社会、制造影响为目的的个人极端暴力案件时有发生。严重暴力犯罪屡打不绝。"维护各领域公共安全任务繁重。我国随着全球气候变化,自然灾害风险明显加大,防灾减灾任务繁重。随着生产规模扩大、新兴行业增加、城市化进程推进,安全生产风险分布广泛且总量巨大,监管压力突出。公共卫生安全、食品药品生物安全、社会治安与个人信息安全领域风险增大。

社会安全是国家安全的重要内容,既事关每个社会成员切身利益,也事关国家发展和社会稳定,对保障人民安居乐业、社会和谐有序、国家长治久安具有十分重大的意义。《国家安全法》出台后,我国社会安全法治体系呈现为五层次体系:有关《宪法》条文,《国家安全法》中的专门条款,社会安全领域的专门性立法,散见于《刑法》等各部门法或单行法中有关社会安全的规定,以及散见于行政法规、地方性法规、规章等规范性法律文件中有关社会安全的规定等。

(二) 维护社会安全的任务

《国家安全法》第 29 条规定:"国家健全有效预防和化解社会矛盾的体制机制,健全公共安全体系,积极预防、减少和化解社会矛盾,妥善处置公共卫生、社会安全等影响国家安全和社会稳定的突发事件,促进社会和谐,维护公共安全和社会安定。"根据该条规定,维护社会安全的具体任务主要包括以下方面:

1. 健全预防和化解社会矛盾的体制机制

具体应做到:健全重大决策社会稳定风险评估机制;建立畅通有序的诉求表达、心理干预、矛盾调处、权益保障机制;建立以人民调解为基础、行政调解为主导、司法调解为保障的调解机制;改革信访工作制度,及时解决群众合理诉求,将涉法涉诉信访纳入法治轨道。

2. 健全公共安全体系

健全公共安全体系,要提高应对处置公共安全危机的能力,建设完善公共安全事故的预防体制、应急反应机制、安全控制与善后处理机制。如在安全生产领域,完善安全生产责任制,坚决遏制重特大安全事故,建立隐患排查治理和安全预防控制体系;在社会治安领域,创新立体化社会治安防控体系,依法防范和惩治各类违法犯罪活动。

3. 妥善处置突发事件

《突发事件应对法》规定了自然灾害、事故灾难、公共卫生事件和社会安全事件这四类突发事件。对于社会安全事件的处置,《突发事件应对法》第74条规定了组织处置工作的人民政府应当立即启动应急响应,组织有关部门针对事件的性质和特点,依照有关法律、行政法规和国家其他有关规定,采取相应的应急处置措施。对于自然灾害、事故灾难、公共卫生事件的处置,《突发事件应对法》第73条规定了履行统一领导职责的人民政府应当采取的相应应急处置措施。

(三)社会安全领域主要立法

《国家安全法》第29条规定:"国家健全有效预防和化解社会矛盾的体制机制,健全公共安全体系,积极预防、减少和化解社会矛盾,妥善处置公共卫生、社会安全等影响国家安全和社会稳定的突发事件,促进社会和谐,维护公共安全和社会安定。"这条规定首次在国家法律层面明确社会安全建设的重要性和基本路径。由于社会安全概念本身涵摄范围的广泛性,社会安全领域立法也呈现多层次、多领域的特征。如对于危害社会治安的行为,首先适用《治安管理处罚法》《行政处罚法》等行政法律进行规制,严重危害社会治安、触犯刑律的行为,则根据《刑法》严惩。我国初步形成了科学的、有层次的突发公共安全事件应急法制体系。除《突发事件应对法》这一突发事件应对领域的基础性、综合性法律外,在这一应急法律子系统中的法律文件有:《传染病防治法》《消防法》《安全生产法》《防震减灾法》《防洪法》《国家突发事件总体应急预案》《国家自然灾害救助应急预案》《国家防汛抗旱应急预案》等。

二、生态安全立法

(一)生态安全概述

生态安全是人民生产、生活的自然条件和基础。近年来,生态安全的概念、体系及其制度架构相继提出并不断发展,已经涵盖生态学、政治学、管理学、法学等不同学科,自然生态系统和人类生态系统等不同侧面。尽管在不同关注视角和学科话语体系下对于生态安全的认识并不统一,但总体上已经形成了广泛共识。即生态安全是生态系统的整体安全,包括自然生态系统和人类生态系统的生态安全;生态安全具有层次性,呈现从个体到国家、从要素到系统、从区域到全球多层次体系。[1]综合上述研究成果,可以认为,生态安全

---

[1] 张思茵:《论生态环境法典中的生态安全价值及其表达》,载《环境污染与防治》2024年12月17日网络首发。

是指国家生存和发展所需的生态环境处于不受破坏或少受破坏与威胁的状态,实现永续利用。

在以习近平同志为核心的党中央坚强领导下,各地区、各部门认真学习贯彻习近平生态文明思想和总体国家安全观,持续推进生态文明建设,不断完善维护国家生态安全体制机制,坚持不懈推动绿色低碳发展,深入打好污染防治攻坚战,不断提升了生态系统质量和稳定性,提高了生态环境领域国家治理体系和治理能力现代化水平。但我国目前能源结构没有得到根本性改变、重点区域、重点行业污染问题没有得到根本解决,实现碳达峰碳中和任务艰巨,资源环境对发展的压力越来越大。森林、草原、荒漠、河湖、湿地和生物多样性受到的胁迫依然严重,生态环境领域违法犯罪形势依然严峻复杂,维护国家生态安全的压力仍然很大。[①]

生态安全是国家安全的重要组成部分,是人类生存发展的基本条件,生态问题不仅关系到人民群众的日常生活和身体健康,更直接关系到国家经济发展和长治久安,事关国家兴衰和民族存亡。目前,我国生态环境保护立法体系日趋成熟,已经基本形成了以《宪法》为根本、《环境保护法》为基础、污染防治与生态保护单行法为补充的专门环境立法体系。

(二) 维护生态安全的任务

《国家安全法》第 30 条规定:"国家完善生态环境保护制度体系,加大生态建设和环境保护力度,划定生态保护红线,强化生态风险的预警和防控,妥善处置突发环境事件,保障人民赖以生存发展的大气、水、土壤等自然环境和条件不受威胁和破坏,促进人与自然和谐发展。"根据该条规定,维护生态安全的具体任务主要包括以下方面:

1. 完善生态环境保护制度体系

建立系统完整的生态环境保护制度体系,引导、规范和约束开发、利用、保护自然资源的行为,用制度维护生态安全,需要重点做到以下几点:健全法律法规;完善标准体系;健全自然资源资产产权制度和用途管理制度;完善生态环境监管制度;健全生态保护补偿机制;完善责任追究制度。

2. 加大生态建设和环境保护力度

加大生态建设和环境保护力度,严格源头预防,加快治理突出问题,需做

---

① 本书编写组:《国家生态安全知识百问》,人民出版社 2022 年版,第 5 页。

到以下几点:保护和修复自然生态系统;全面推进污染防治;积极应对气候变化。

3. 强化生态风险预警防控,妥善处置突发事件

国家建立健全环境与健康监测、调查和风险评估制度,鼓励和组织开展环境质量对公众健康影响研究,采取预防和控制与环境污染有关疾病的措施。各级人民政府及有关部门和企事业单位,应按照《突发事件应对法》的规定,做好突发环境事件的风险控制、应急准备、处置和事后恢复工作。

(三) 生态安全领域主要立法

经过长期发展,我国维护生态安全的法律制度也日益完善,目前主要有以下三类:一是聚焦自然资源保护利用,以种类区分的自然资源单行法律,主要包括《土地管理法》《海域使用管理法》《水法》《森林法》《渔业法》等;二是聚焦生态环境保护治理,在环境管控方面的法律,主要包括《环境保护法》《环境影响评价法》《海洋环境保护法》《生物安全法》等;三是聚焦绿色发展、重要区域等,各有侧重的生态文明建设相关法律,主要包括《水土保持法》《防沙治沙法》《长江保护法》等。[1]

三、生物安全立法

(一) 生物安全概述

狭义的"生物安全"是指人类的生命和健康、生物的正常生存以及生态系统的正常结构和功能不受现代生物技术研发应用活动侵害和损害的状态;广义的"生物安全"是指生态系统的正常状态、生物的正常生存以及人类的生命和健康不受致病有害生物、外来入侵生物和现代生物技术及其应用侵害的状态。[2]

综合学界对"生物安全"的界定及根据《生物安全法》的规定,生物安全是指国家有效防范和应对危险生物因子及相关因素威胁,生物技术能够稳定健康发展,人民生命健康和生态系统相对处于没有危险和不受威胁的状态,生物领域具备维护国家安全和持续发展的能力。

党的十八大以来,以习近平同志为核心的党中央就生物安全工作发表了

---

[1] 本书编写组:《国家生态安全知识百问》,人民出版社 2022 年版,第 7 页。
[2] 朱康有:《21 世纪以来我国学界生物安全战略研究综述》,载《人民论坛·学术前沿》2020 年第 20 期。

一系列重要论述,明确将生物安全纳入国家安全体系,系统规划国家生物安全风险防控和治理体系建设,制定生物安全法律法规,推动国家生物安全观念日益科学化、系统化和规范化。维护生物安全需防御生物武器攻击、防范生物恐怖袭击、防控传染病疫情、防止生物技术误用和谬用、保护生物遗传资源与生物多样性以及保障生物实验室安全等领域。

生物安全关乎人民生命健康、经济社会发展、社会大局稳定和国家长治久安,是涉及国家和民族生存与发展的大事,是国家安全的重要组成部分。生物安全法律规范体系是保障生物安全的坚强法治后盾。在2020年10月17日《生物安全法》通过之前,我国初步形成了生物安全法律治理框架。法的表现形式多样化,呈现法律、法规、规章、规范性文件等不同位阶,内容上涉及动植物等自然资源保护(生物多样性保护)、食品药品安全管理、动植物检疫与国境检验检疫、病原微生物与实验室生物安全、传染病防治与突发重大公共健康事件应对、转基因生物安全管理、人类遗传资源管理和人类基因技术管理等多个领域。

(二)维护生物安全的任务

1. 推动科技创新,提升生物风险预警和防御能力

习近平指出,"要完善关键核心技术攻关的新型举国体制,加快推进人口健康、生物安全等领域科研力量布局"[①]。新时代维护国家生物安全,要坚持科研和救治防控相结合,统筹各方科研力量,建设智慧城市,发展网络医疗,深化大数据、云计算、区块链、人工智能等新技术的应用,加大在生物安全领域的科研投入,完善关键核心技术攻关的新型举国体制。

2. 构建生物安全风险防控和治理机制

预防是最经济、最有效的生物风险防控举措,治理是化解生物安全风险的关键环节。一方面,从源头监测和遏制生物安全风险,通过构建生物安全风险监测预警制度、风险评估制度和工作协调机制,提高预警能力;另一方面,完善生物安全治理机制,提升风险化解能力,及时应对和处理已经形成的生物安全危机。

3. 加强生物安全领域国际合作

通过国际合作,规范生物技术发展,构建生物安全风险防控和治理网络,

---

① 习近平:《为打赢疫情防控阻击战提供强大科技支撑》,载《求是》2020年第6期。

建立国际公共卫生危机应对平台,共同维护全球和地区公共卫生安全,及时发现并控制重大新发、突发生物安全风险。

(三) 生物安全领域主要立法

在动植物等自然资源、生物多样性保护领域,目前主要包括《种子法》《野生动物保护法》《野生植物保护条例》等。在食品药品安全管理领域,目前主要包括《食品安全法》《药品安全法》等。在动植物检疫与国境检疫领域,目前主要包括《海关法》《进出境动植物检疫法》《进出口商品检验法》等。在病原微生物、实验室生物安全领域,目前主要包括《病原微生物实验室生物安全管理条例》及其项下的部门规章《病原微生物实验室生物安全环境管理办法》等。在传染病防治、突发重大公共健康事件应对领域,目前主要包括《传染病防治法》《动物防疫法》《突发事件应对法》《突发公共卫生事件应急条例》等。2020年10月17日,十三届全国人大常委会第二十二次会议表决通过《生物安全法》。作为我国生物安全领域的一部基础性、综合性、系统性、统领性法律,《生物安全法》的颁布和实施对保障人民生命健康、维护国家安全、提升国家生物安全治理能力、完善生物安全法律体系具有重要功效和价值。

四、海外利益安全立法

在全球化日益加深的今天,海外利益安全已成为各国关注的重点议题,是国家安全的重要组成部分。尤其是世界进入新的动荡变革期,我国海外利益面临国际市场、供应链和地缘政治三重冲击。海外利益不仅关乎国家经济发展,更直接涉及国家安全和国际地位。

(一) 海外利益安全概述

海外利益安全是指使国家利益的海外延伸和重要组成部分处于相对没有危险和不受内外威胁的状态,主要包括海外能源资源安全、海上战略通道以及海外公民、法人的安全。

我国海外利益的含义分为狭义和广义。狭义的海外利益指中国公民在海外的人身财产安全和中资企业在海外的资产免受损失,如撤侨就是保护海外利益的典型实践。广义上则强调海外利益是一种新型国家利益,在构建这种国家利益时,强调我国要增强国际规则制定权,以适应我国国际社会角色带来的变化。①

国家的发展壮大必然面临海外利益的扩展。《国家安全法》第33条规定："国家依法采取必要措施,保护海外中国公民、组织和机构的安全和正当权益,保护国家的海外利益不受威胁和侵害。"海外利益安全被摆在越来越重要的位置,乃至关乎国家安全大局。

海外利益安全不仅涉及经济层面,如海外投资和贸易的安全,还包括政治、文化和社会等多个维度。在经济全球化的大背景下,国家的海外利益日益多元化,涵盖了能源、交通、通信、金融等多个关键领域。这些利益的安全不仅关系到国家的经济发展,更直接影响到国家的战略安全和国际竞争力。

随着"一带一路"等国际合作倡议的推进,我国在海外的投资和建设项目不断增加,海外利益的安全问题也日益凸显。如何有效维护海外利益安全,已成为国家面临的重要课题。这要求国家不仅要加强海外利益的保护力度,还要提升应对海外风险和挑战的能力。

同时,海外利益安全也面临复杂的国际环境。一些国家出于地缘政治的考虑,试图通过各种手段来干扰和破坏我国的海外利益。因此,加强国际合作,共同应对海外利益安全挑战,已成为国际社会的共识。

总之,海外利益安全是国家安全的重要组成部分,关系到国家的经济发展、战略安全和国际地位。在全球化日益加深的今天,我们必须高度重视海外利益安全问题,采取有效措施加以应对。

(二)维护海外利益安全的任务②

随着我国经济的快速发展和对外开放程度的不断提高,越来越多的中国公民和企业走出国门,参与国际竞争与合作,维护海外利益安全的任务范畴也在不断扩大。从狭义角度来看,维护海外利益安全的任务涵盖的范围,包括如下典型领域:

1. 海外公民安全

中国海外利益安全面临的最基本和最广泛的安全需求是保护在海外生活和旅行的中国公民的生命和安全。例如,我国开展了多次撤侨行动,包括

---

① 刘莲莲:《国家海外利益保护机制论析》,载《世界经济与政治》2017年第10期;苏长和:《论中国海外利益》,载《世界经济与政治》2009年第8期;王发龙:《中国海外经济利益维护机制探析》,载《学术交流》2015年第4期;王江雨:《地缘政治、国际话语权与国际法上的规则制定权》,载《中国法律评论》2016年第2期。

② 赵懿先:《海外利益安全治理问题研究》,载郭为禄、叶青主编:《法治中国战略研究报告》(第一辑),北京大学出版社2023年版,第3—25页。

重大自然灾害或内战的突然升级可能会威胁到海外中国公民的情形。为了应对这种情况,我国政府展现了使用任何可用的民用或军事手段,快速、安全地运送大量人员的能力。此外,为了保障海外公民安全,可以依靠东道国提供的安全部队,或者雇用海外安保公司。

2. 法人等资产安全

保护基础设施、工厂和其他资产也是我国维护海外利益安全的主要范畴。相关职责包括警卫职责、监视设施、人身安全以及对驱散犯罪或叛乱分子袭击的快速反应。这一类安全也可以由东道国提供的部队来完成。

随着海外投资规模的扩大、大国战略竞争等严峻的国际形势,新的海外利益安全议题浮出水面,即中国在海外投资项目以及相关资产的安全。随着中国在全球范围内投资布局的展开,以及与能源、资源深入合作的重要战略地区相互依赖和一体化水平的提升,针对海外重要资产和投资项目的利益安全治理成为新的议题。此时的海外利益安全更侧重统筹规划中国长期的海外经营安全。

从广义上来看,海外能源资源安全、海上战略通道①、增强国际规则制定权、增强国际话语权均属广义海外利益安全的内容。特别是在总体国家安全观下,加强海外安全保障能力建设,完善涉外国家安全机制,维护好这一新型国家战略利益是重中之重。

(三)海外利益安全领域主要立法②

党的二十大报告从党和国家事业发展的全局出发,对推进国家安全体系和能力现代化作出了战略部署,指出"加强海外安全保障能力建设,维护我国公民、法人在海外合法权益"。近些年来,随着中国海外利益不断扩大,在海外利益安全治理中更多地运用反制手段、创设阻断法案和反制裁法律,成为新的治理方式。海外利益保护领域的立法将成为新时期中国海外利益安全治理的重要组成,以国内法治为基础、国际法治为保障,借法治之力捍卫我国海外利益。③

我国现有的海外利益安全直接相关的法律较少,散见于一些法律中。例

---

① 例如,海上线路相关的安全内容包括通过护送商船、海上巡逻、海上人质救援、侦察和作战行动,以摧毁对中国船只的威胁,保护海上路线安全。
② 赵懿先:《海外利益安全治理问题研究》,载郭为禄、叶青主编:《法制中国战略研究报告》(第一辑),北京大学出版社2023年版,第3—25页。
③ 赵懿先:《海外利益安全治理发展演进及以东道国为视角的因应之策》,载《法治实务》集刊2023年第3卷。

如:《宪法》第 50 条规定,"保护华侨的正当的权利和利益,保护归侨和侨眷的合法的权利和利益";《驻外外交人员法》第 5 条规定,驻外外交人员应当依法维护中国公民和法人在国外的正当权益;《出口管制法》第 48 条规定,"任何国家或者地区滥用出口管制措施危害中华人民共和国国家安全和利益的,中华人民共和国可以根据实际情况对该国家或者地区对等采取措施";《对外关系法》第 37 条第 1 款规定:"国家依法采取必要措施,保护中国公民和组织在海外的安全和正当权益,保护国家的海外利益不受威胁和侵害。"

同时,《网络安全法》《数据安全法》《个人信息保护法》这些法律为数字经济的发展提供坚实法制保障,涉及网络空间安全和数据保护,也间接关联到海外利益安全。除此之外,在反外国制裁方面,《反外国制裁法》《不可靠实体清单规定》《阻断外国法律与措施不当域外适用办法》共同构成我国的反外国制裁立法体系,旨在有效应对外国对我国的制裁,维护国家主权、安全、发展利益,保护公民、组织的合法权益。

在国际条约方面,中国是《联合国人员和有关人员安全公约》《多边投资担保机构公约》《与贸易有关的投资措施协议》等有关海外直接投资公约的成员国。这些法律共同构成我国海外利益安全法律体系的基础,旨在保护国家和公民在海外的合法权益,维护国家的海外利益。需要注意的是,在逆全球化浪潮下,越来越多的国家滥用安全审查条款、外资管制规则,随意列入实体清单,滥用"长臂管辖"等方式,阻挠或刻意破坏中国投资,这时仍需因时因地设定和探讨更有效的法律解决方案。面对复杂多变的国际形势和日益严峻的安全挑战,我国海外利益安全的法律治理仍任重道远。

第四节 太空、深海、极地、核安全

一、太空安全立法

(一) 太空安全概述

太空是一个与领空相对应的概念。国际社会将人类所认识的空间分为领空和太空。领空是指一国基于其领土主权范围所主张的其领土上面一定高度的空间,主权国家对其领空拥有完全的、排他的主权。太空亦称"外太空""外层空间""宇宙空间",是指领空以外空间,即地球大气层以外的广阔宇

宙空间。国际航空联合会将海拔100千米的高度称作卡门线(Kármán line)①，作为现行大气层和太空的界线。

太空资源的开发和利用将为人类解决地球上的资源短缺和环境问题提供新的途径。人类探索太空的价值不仅体现在电子信息、新材料、生物等科技相关领域的创新，还体现在国家军事安全的战略预警和快速反应能力等方面。随着航天技术的迅速发展，太空领域正孕育新的战略威慑力量，太空已经成为国际社会在国家安全和经济、科技、军事领域竞争的新高地，是大国战略博弈的新焦点，是国际竞争战略制衡的新筹码。太空对于人类文明的可持续发展具有重要意义。因此，太空安全不仅是科技创新和国家安全的需要，也是人类文明可持续发展的需要。

太空安全是指主权国家利用和探索太空不受外来威胁的状态以及积极参与全球太空治理，维护全球太空安全状态的能力。1967年生效的《关于各国探索和利用外层空间包括月球与其他天体活动所应遵守原则的条约》（简称《外层空间条约》）将太空称作为"全球公地"(Global Commons，又译为"全球公域")。② 作为全人类共同管理和利用的空间，太空不仅对于主权国家具有重要的安全价值，而且对于全球的安全利益也至关重要。如果说领空安全属于国家主权安全范畴的概念，那么太空安全则超越了国家领土主权安全的范畴。

（二）维护太空安全的任务

太空具有独特的物理特性和法律地位，是国际社会共同关注和探索的重要领域，任何主权国家均不能对其主张权利。因此，维护太空安全不仅是各主权国家的义务，也是国际社会的共同责任。

从安全利益角度看，维护太空安全对于主权国家来说，意味着战略性军事竞争、科技竞争、经济竞争、空间优势竞争等综合性发展的安全利益；对于国际社会来说，更多地意味着和平利用、资源共享、共同开发、安全保护等全人类可持续发展的共同的安全利益。从治理合作角度看，维护太空安全对于主权国家来说，其太空探索和利用活动必须符合国际法的规定；对于国际社

---

① 此线得名自美国工程师、物理学家，主要致力于航空和航天工程的西奥多·冯·卡门。他通过计算得知，此高度由于大气太稀薄，难以产生足够支持航空飞行的升力，因此无法航空飞行。
② 南振声：《"全球公域秩序与中国应对战略研究"研讨会综述》，载复旦大学中国与周边国家关系研究中心编：《中国周边外交学刊》2016年第一辑（总第三辑），社会科学文献出版社2016年版。

会来说,其需要通过制定相关国际公约对主权国家太空探索和利用活动加以必要的强制性的约束。

总体国家安全观视角下,明确和实施维护太空安全任务,不仅是促进中国式现代化经济发展的关切和需求,还是加强国际合作,共同应对国际太空探索中面临的挑战和问题,推动人类社会和平、可持续发展的途径和保障。

从实施主体上,维护太空安全任务主体可以分为主权国家和国际社会。主权国家不仅要增强自身太空探索、科学考察、开发利用的安全保障能力,还要制定相关国内法治规范,保障和支持其国家及其国民的太空探索和利用安全的相关行为。国际社会应当以实现人类共同资源原则、共同利益原则、非军事化原则、保护太空环境原则、国际合作原则等人类社会共同利益和目的,通过制定规制各领域空间探索利用的国际公约和国际化原则规范,对各国的太空探索和利用行为加以国际强制法的约束和管控。①

(三)太空安全领域主要立法

太空安全法是指调整人类安全探测和和平利用太空活动,维护全球太空安全状态的法律规范的总称。太空安全法包括各国制定的与太空安全治理有关的国内法和《外层空间条约》等国际法。

太空安全的国际立法主要有:(1)外层空间条约体系。包括由联合国制定并通过的五个有关外层空间活动的国际条约,分别是:《外层空间条约》《关于营救宇航员、送回宇航员和归还发射到外空的实体的协定》(简称《营救协定》)、《关于各国在月球和其他天体上活动的协定》(简称《月球协定》)、《空间物体造成损害的国际责任公约》(简称《责任公约》)和《关于登记射入外层空间的物体的公约》(简称《登记公约》)。(2)外层空间原则规范体系。即由联合国大会通过的一系列有关外层空间活动的原则和宣言,比如1963年《各国探索和利用外层空间活动的法律原则宣言》(简称《探索和利用外层空间原则》)、1982年《各国利用人造地球卫星进行国际直接电视广播所应遵守的原则》、1986年《关于从外层空间遥感地球的原则》、1992年《关于在外层空间使用核动力源的原则》、1996年《关于开展探索和利用外层空间的国际合作,促

---

① 《外层空间条约》规定了从事航天活动所应遵守的十项基本原则:(1)共同利益的原则;(2)自由探索和利用原则;(3)不得据为己有原则;(4)非军事化原则;(5)援救航天员的原则;(6)国家责任原则;(7)对空间物体的管辖权和控制权原则;(8)外空物体登记原则;(9)保护空间环境原则;(10)国际合作原则。

进所有国家的福利和利益,并特别要考虑到发展中国家的需要的宣言》、1999年"空间千年:空间与人的发展"的《维也纳宣言》等。

太空安全的国内立法方面,主要是各国根据自己的国情和需要制定的有关外层空间活动的国内法律。中国于 1980 年正式成为联合国外空委员会成员,并加入了《外层空间条约》《营救协定》《责任公约》《登记公约》。中国 1998年开始航天立法研究与起草工作,积极推动《外层空间条约》在国内的落实,已形成了包括民用航天发射管理、空间物体登记管理、空间碎片减缓与防护管理等在内的法律体系,并制定了《民用航空法》等。其他航天强国如美国制定了《商业航天发射法》《商业航天运输法》《商业航天竞争法》等。

二、深海安全立法

(一) 深海安全概述

全球 90% 的海域水深大于 1000 米,都属于深海范畴,深海海域的面积约占地球表面积的 65%。[①] 21 世纪是海洋世纪,更确切地说是深海世纪。

深海是地球上最后的未被人类全面系统感知和利用的地理空间,迄今为止,人类对海洋空间的认知仅有 5%。深海隐藏的资源巨大,潜在的战略价值近乎无限。鉴于人类正加快走向深海,深海的战略形势将极大程度上左右未来的国际政治格局。当前,世界各主要海洋大国正从经济开发、军事竞争、规则塑造等方面加大对深海的关注与经营。在安全上,深海因其广阔的空间和蕴藏的丰富资源,对于拓展国家发展空间、增加战略资源储备意义重大,深海正成为国际经济政治竞争的战略制高点,日益成为国家安全利益的标志性要素。深海也因此被誉为 21 世纪人类可持续发展的战略"新疆域"。[②]从法律视角看,《深海海底区域资源勘探开发法》第 2 条第 2 款规定:"本法所称深海海底区域,是指中华人民共和国和其他国家管辖范围以外的海床、洋底及其底土。"这一定义与《联合国海洋法公约》中"区域"的定义基本相同。

当前,深海安全主要是指主权国家以及国际社会在《联合国海洋法公约》框架下,就国家管辖范围以外的海床、洋底及其底土等深海区域,对涉及资源

---

① 《"深海关键技术与装备"重点专项指南解读》,https://www.most.gov.cn/ztzl/shzyczkjjh-glgg/zdyfzxjd/201603/t20160303_124425.html,2024 年 12 月 14 日访问。
② 白佳玉:《全球治理视角下中国推动国际海洋法治可持续发展研究》,载《学习与探索》2024 年第 9 期。

勘探、开发，深海科学技术研究、资源调查、海洋环境保护等人类活动可能对海洋资源可持续利用、人类共同利益安全威胁的行为实施有效治理措施与合作机制的安全状态和安全维护能力。1982年通过的《联合国海洋法公约》把面积大约3.6亿平方千米的全球所有海域按照法律地位的不同，分成了国家管辖海域、公海和国际海底，并将各个国家管辖海域范围以外的海床、洋底及其底土，确定为"人类共同继承遗产，任何国家、组织、个人不得占为己有"。深海安全不仅是主权国家的安全利益，也是国际社会共同的安全利益诉求。

（二）维护深海安全的任务

维护深海安全是各主权国家和国际社会的共同责任。《联合国海洋法公约》不仅赋予缔约国政府及其公民勘探开发国际海底区域的权利，还特别要求各缔约国履行对其本国的公民、法人、组织进入深海勘探开发行为的管控义务，这也是公约对缔约国提出的首要义务。

作为一个和平崛起的大国，我国正在努力建设中国式现代化国家，深海必将成为我国未来发展的绝对战略空间。"深海蕴藏着地球上远未认知和开发的宝藏，但要得到这些宝藏，就必须在深海进入、深海探测、深海开发方面掌握关键技术。"[①]党中央、国务院历来高度重视深海海底区域，并将深海确定为四大"战略新疆域"之一。当前我国推进海洋强国建设战略，倡导构建人类海洋命运共同体，同时越来越紧迫地感受到不断上升的来自海洋方向的安全威胁。因此，维护深海安全是我国当前和未来的紧迫性、战略性任务。

鉴于深海活动往往发生于国家管辖范围以外，维护深海安全的任务必须依靠主权国家和国际社会共同实施。从维护深海安全的制度规范来看，主权国家不仅要遵守其国内法，还要遵守《联合国海洋法公约》和相关国际法；从维护深海安全的内生动力来看，各主权国家必须履行深海活动担保国责任；从维护深海安全职责来看，主权国家对深海活动的监管是全球深海活动监管中的重要一环。

深海区域空间极为广阔，资源极为丰富，目前已经发现的主要资源包括锰结核、富钴结壳、热液硫化物、可燃冰等。[②] 我国在深海拥有多金属结核、多金属硫化物、富钴结壳三种资源的五块勘探矿区，是目前世界上拥有深海勘

[①] 《习近平著作选读》第一卷，人民出版社2023年版，第493页。
[②] 薛桂芳、张国斌：《我国深海法律体系的构建研究》，上海交通大学出版社2019年版，第19—20页。

探矿区数量最多的国家。深海海底区域资源是人类的共同财富,中国企业早已经积极参与深海资源的和平利用活动。作为《联合国海洋法公约》缔约国,我国在实施维护深海安全任务过程中,应当严格遵循以《联合国海洋法公约》为主体的国际海洋法体系,积极参与国际深海安全治理,积极开展国际深海安全治理的双边、多边国际合作,统筹推进国内法治和涉外法治,完善深海安全治理。在规范中国公民、法人或者其他组织从事深海海底区域资源勘探、开发和推动中国深海科学技术研究及相关产业发展的同时,有必要加强国际合作,将我国维护深海安全的有效模式和实施案例纳入全球维护深海安全治理图景,引领构建维护深海安全多元治理合作的国际法治体系。

(三)深海安全领域主要立法

深海安全立法,可分为主权国家的国内深海安全立法和国际深海安全立法。就我国而言,当前我国深海安全法律制度形成了以《国家安全法》为统领,以《深海海底区域资源勘探开发法》《海洋环境保护法》等法律为主体,以《深海海底区域资源勘探开发许可管理办法》《深海海底区域资源勘探开发样品管理暂行办法》《深海海底区域资源勘探开发资料管理暂行办法》等规章制度规范性文件为基础,以《大洋多金属结核资源勘查规范》(GB/T 35571-2017)、《大洋富钴结壳资源勘查规范》(GB/T 35572-2017)、《大洋资源调查术语》(GB/T 34908-2017)等国家标准为具体指引的制度规范体系。

深海资源勘探开发行为是一项综合性较强的活动,且地理范围超越了我国国内法的管辖范围,相关权利义务的界定和落实涉及外交、财政、科技等诸多行业和部门,因此深海安全治理还涉及与深海活动相关的其他法律、法规和规章。以深海安全应急治理为例,在法律渊源方面,深海安全应急治理还要适用《突发事件应对法》《突发事件应急预案管理办法》《海洋灾害应急预案》等一系列相关法律规范。

国际深海安全立法方面,主要包括《联合国海洋法公约》以及其他相关的国际海洋法律法规。1982年制定的《联合国海洋法公约》是国际海底区域法律制度的基础性公约,是有史以来人类专门针对海洋议题制定的法律,包括基本原则、海洋使用权和海洋环境保护等深海法律制度和内容。除此以外,国际深海安全法律制度还应当包括其他相关的国际公约和国际海洋法律法规,如《海洋生物多样性公约》《国际海洋学委员会公约》等。

三、极地安全立法

（一）极地安全概述

极地是指地球的南极和北极两个地区。南极位于地球的最南端，最低气温可达－88.3℃，几乎全部被冰雪所覆盖，冰层平均厚度有1880米，最厚达4800米以上。[1] 北极位于地球的最北端，没有陆地，主要由北冰洋组成，周围是亚洲、欧洲和北美洲的沿海地区。地理上的北极通常指北极圈（约北纬66度34分）以北的陆海兼备的区域，总面积约2100万平方千米。[2] 在国际法语境下，北极包括欧洲、亚洲和北美洲的毗邻北冰洋的北方大陆和相关岛屿，以及北冰洋中的国家管辖范围内海域、公海和国际海底区域。资源方面，南极与北极蕴藏着丰富的矿产资源。南极已经发现200多种矿产，例如煤炭、石油、天然气乃至宝石，有世界上最大的铁山和煤田，此外，南极还有丰富的生物资源，特别是南极磷虾，南极还储存着地球上72%以上的天然淡水资源。北极地区有丰富的煤炭、石油和天然气资源，蕴藏着巨大的未被开发的油气量。科学研究方面，极地在天文学、地质学、生物学、气候变化等多个科学研究领域占有重要地位，尤其在全球气候变化研究方面，极地是全球气候变化的驱动器和冷源，对全球气候系统有着重要影响，许多重要的科学研究都是在这些地区进行的，例如南极大气层中臭氧空洞的发现与研究、南极冰下大湖的发现与研究等。在军事和政治方面，这些极地资源对于人类未来发展具有重大意义。极地所具有的特殊纬度优势，非常有利于军事部署和活动，各国纷纷加强在极地的军事存在和活动。随着全球气候变暖，北极航道逐渐开发开放，其经济和军事战略地位日益凸显，各国纷纷加强在极地的科研和军事活动，争夺极地的话语权和利益。极地地区越来越成为各国经济、军事和政治竞争的焦点。

所谓极地安全，是指主权国家在开发利用极地军事、政治、经济、科技和安全价值等活动中不受外来威胁的状态以及积极参与全球极地安全治理、维护极地和平安全状态的能力。极地因其所具有的独特地理位置和丰富的自然资源，众多主权国家、国际组织以及其他机构和个体争相参与极地的相关活动，由此引发复杂的极地安全利益保护问题。

---

[1] 颜其德:《南极——全球气候变暖的"寒暑表"》，载《自然杂志》2008年第5期。
[2] 中华人民共和国国务院新闻办公室2018年1月发布的《中国的北极政策》。

（二）维护极地安全的任务

当前，极地全球安全治理方面面临国际规则不统一、不完善等亟待解决的普遍性问题。我国参与极地全球安全治理的时间相对较晚、参与度较低、话语权较弱，导致我国有关极地安全利益保护的主张在国际规则形成过程中没有得到充分体现。同时，我国还面临国内极地安全保护与治理立法阙如、极地安全保护与治理管理机构设置尚不完善、参与极地安全保护与治理的主动性不强等问题。在推进国家治理体系和治理能力现代化的背景下，建立、健全我国参与极地安全保护与治理的国内法治与国际法治刻不容缓。①

维护极地安全任务的实施主体主要包括主权国家、国际组织等多元主体。其中，国际组织主要是联合国、国际海事组织、南极协商会议和北极理事会等，随着极地安全全球治理的深入推进，更多的国家和国际组织、非政府组织会逐渐加入维护极地安全治理中去。维护极地安全的实施原则主要包括和平利用原则、保护性原则和可持续发展原则等。维护极地安全的实施范围主要限制在科研、环境保护、渔业资源养护和旅游管理等领域。

中国参与维护极地安全治理过程中，既面临国际层面的问题，也面临国内层面的问题。在国际层面，一是极地全球安全治理国际规则主要由西方国家价值观主导。二是既有国际组织的封闭性阻碍了包括我国在内的大多数国家的参与。三是极地国家的主权管辖在一定程度上制约了非极地国家参与极地全球治理。国际社会制定关于极地全球治理的国际公约时，我国的参与程度较低，甚至根本没有参与，处于"失语"或"无语"状态，造成了国际规则话语权弱势的局面。因此，我国面临从国际规则制定的接受者、参与者向国际规则建设者、贡献者和引领者转换的重大历史使命。在国内层面，一是我国现有的极地治理机构设置不尽合理、级别较低、职能范围有限，极地治理主体多元化有待加强、极地治理机构的设置需要依法予以明确。二是我国极地国内立法基本处于空白状态，极地治理缺乏统一立法，极地立法数量少、立法层级低、立法内容较窄，极地立法观念有待提升。三是我国参与极地全球治理的能力有待加强，我国应积极向南极协商会议、北极理事会推荐专家，充分利用"国际北极科学委员会""国际极地年"活动和"中国—北欧北极研究中心"等机构和平台。②

---

① 杨华：《中国参与极地全球治理的法治构建》，载《中国法学》2020年第6期。
② 同上。

我国是《联合国海洋法公约》与《斯匹次卑尔根群岛条约》的成员国，是《南极条约》协商国和北极理事会的正式观察员国。这些国际法身份和角色，为我国参与极地安全全球治理提供了国际法基础，也为我国推动完善极地安全全球治理机制提供了重要途径。

（三）极地安全领域主要立法

极地安全立法主要包括全球性、区域性国际立法和主权国家的国内立法。全球性国际立法主要包括《联合国海洋法公约》《国际极地水域营运船舶规则》《联合国鱼类种群协定》《国际防止船舶造成污染公约》《促进公海渔船遵守国际养护和管理措施的协定》等。区域性国际立法主要包括适用于南极区域的《南极条约》《南极海豹保护公约》《南极海洋生物资源养护公约》和《关于环境保护的南极条约议定书》等，以及适用于北极区域的《联合国海洋法公约》、1920年《斯匹次卑尔根群岛条约》和1973年《保护北极熊协定》。

极地安全的国内立法主要有加拿大、美国和俄罗斯等国家制定的国内参与极地治理的立法。我国至今没有制定参与极地安全治理的国家立法。随着我国极地事业的发展和民间南极活动迅猛增长，法治管理需求不断增加。为履行《南极条约》体系规定的相关义务，维护我国极地权益，保护南极环境，加强对我国南极活动的管理，促进南极的和平利用，迫切需要制定我国关于南极活动管理的专门法律。十三届全国人大常委会立法规划曾将《南极活动与环境保护法》列为一类立法项目，南极立法正式提上国家立法日程。当前指导我国极地治理行动的主要有《中国的南极事业》和《中国的北极政策》等政策性文件。极地是"战略新疆域"，关系未来国家安全和发展。立法是极地安全活动实施的重要法制保障，是维护国家主权、保障和拓展国家极地权益的重要途径。我国一方面应积极推进极地治理国际规则的改进和完善；另一方面也应立足本国，构建完善的国内极地法律体系，加快推进《南极保护法》和《北极保护法》的研究和制定工作，针对南北两极治理的不同特点、不同需求以及我国参与两极治理的不同挑战，分别制定适用于南北极的科研激励措施、极地保护与利用模式、极地安全保障举措、国际合作方式以及极地争议解决方法，为我国极地安全治理提供法治保障。

四、核安全立法

(一) 核安全概述

核安全事关国家安危、人民健康、社会稳定、经济发展以及大国形象和地位。通常来说,核安全是指在核能与核技术领域涉及的安全问题。核安全的内涵丰富,其一是核保障,即确保核材料与设施的和平利用,防止军事使用的发生;其二是核防护,即以核设施、核材料等本身为监管对象,防止由于技术原因、其他人为因素或者自然灾害造成核安全事故;其三是核安保,即以人的活动为管控对象,目的在于禁止人为破坏行径的发生。[①]根据《核安全法》的规定,核安全是指对核设施、核材料及相关放射性废物采取充分的预防、保护、缓解和监管等安全措施,防止由于技术原因、人为原因或者自然灾害造成核事故,最大限度减轻核事故情况下的放射性后果。

当前,我国核安全总体保持稳定,但要清醒认识到,核安全风险始终存在,影响我国核安全的新因素也在不断增多。目前我国核安全面临的风险挑战包括:一是核事故风险威胁仍然存在,核事故风险包括核反应堆安全风险、核废料处理不当风险等;二是核扩散形势严峻,近年来紧张的地缘政治格局为国际核不扩散体系带来巨大压力;三是核技术、核材料扩散流失风险和核恐怖主义威胁。

核安全是国家安全的重要组成部分,事关国家利益,也与公众的生命财产安全和环境公共利益休戚相关。核安全不仅涉及国家安全,也涉及国际安全。政策法规是核安全的基本保障。目前我国核安全法律规范体系在纵向方面形成了国家法律、国务院行政法规、部门规章、核安全导则、标准及规范等不同层次;横向方面涵盖了通用系列、核电动力系列、研究堆系列、核燃烧循环设施系列、放射性废物管理系列、核材料管制系列、民用核承压设备监督管理系列、放射性物质运输管理系列等不同领域。[②]

(二) 维护核安全的任务

《国家安全法》第 31 条规定:"国家坚持和平利用核能和核技术,加强国际合作,防止核扩散,完善防扩散机制,加强对核设施、核材料、核活动和核废料

[①] 余潇枫、陈佳:《非传统安全视角下的核安全与中国核安全维护》,载《湖南师范大学社会科学学报》2019 年第 6 期。

[②] 岳树梅:《我国核安全法治体系现代化研究》,载《广西社会科学》2023 年第 1 期。

处置的安全管理、监管和保护,加强核事故应急体系和应急能力建设,防止、控制和消除核事故对公民生命健康和生态环境的危害,不断增强有效应对和防范核威胁、核攻击的能力。"根据该条规定,维护核安全的具体任务主要包括以下几个方面:

1. 坚持和平利用核能和核技术

我国一贯坚持和平利用核能和核技术,加强国际合作,防止核扩散,积极完善防扩散机制。我国一贯主张全面禁止和彻底销毁各类大规模杀伤性武器,坚决反对此类武器及运载工具的扩散,不支持、不鼓励、不帮助任何国家发展大规模杀伤性武器及运载工具,坚决支持国际防扩散努力,主张通过和平手段实现防扩散目标。

2. 加强对核设施、材料、活动、废料处置的安全管理、监管和保护

加强核安全的管理、监管和保护工作主要包括几个方面:一是提高核能和核技术安全利用水平;二是规范核技术利用行为;三是完善核与辐射安全审评方法,健全核安全许可制度;四是完善核设施安全管理;五是加强核辐射环境质量监测,加强放射性污染防治工作。

3. 加强核事故应急体系和能力建设

《核安全法》设立专门一章,对核事故应急制度进行了规定。根据该法的规定,国家设立核事故应急协调委员会,组织协调全国的核事故应急管理工作,省、自治区、直辖市人民政府根据需要设立核事故应急协调委员会,组织、协调本行政区域内核事故应急管理工作。

4. 增强有效应对和防范核威胁、核攻击的能力

增强有效应对和防范核威胁、核攻击的能力,就要建设完善核力量体系,提高战略预警、指挥控制、导弹突防、快速反应和生存防卫能力,威慑他国对我国使用或者威胁使用核武器。

(三) 核安全领域主要立法

我国核安全法规体系形成了国家法律、国务院行政法规、部门规章、地方性法规等不同层次。我国现行有效的核安全法律是《核安全法》。我国现行有效的核安全管理条例主要包括《民用核设施安全监督管理条例》《核材料管制条例》等,这些条例分别就民用核设施的建造和营运安全、核材料的安全与合法利用等方面进行了具体规定。我国核安全部门规章主要包括《核设施的安全监督》《核材料管制条例实施细则》等。

第六章　国家安全法律职责

国家安全是国家生存与发展的基本保障，其实现有赖于各级机构和专门机关的协调配合。本章在前文阐述国家安全法制基础与主要内容的基础上，进一步分析国家安全法律职责的具体分工，分别从中央国安委、中央国家机关、地方国家机关及专门机关四个层面，梳理各主体在维护国家安全方面的法律职责与任务。需要说明的是，香港、澳门特别行政区在维护国家安全中的法律职责因其特殊地位另行成章讨论，本章不作展开。

第一节　中央国家安全委员会职责

党的十八届三中全会提出设立中央国安委，以"完善国家安全体制和国家安全战略，确保国家安全"[①]。这一制度创新是新时代中国推进国家治理体系和治理能力现代化的重要举措，旨在应对复杂多变的国内外安全挑战，实现国家安全工作的集中统一领导与科学决策。

《国家安全法》第 5 条规定："中央国家安全领导机构负责国家安全工作的决策和议事协调，研究制定、指导实施国家安全战略和有关重大方针政策，统筹协调国家安全重大事项和重要工作，推动国家安全法治建设。"可见，中央国安委在国家安全领域承担着至关重要的职责。具体可概括为以下四个方面：

一、国家安全工作的决策和议事协调

根据《国家安全法》第 5 条的规定，中央国安委在国家安全工作中发挥着决策和议事协调的核心作用。这意味着中央国安委不仅是国家安全战略决策的最高决策机构，还具有整合、调配各部门资源并协调党政军及相关机构应对国家安全威胁的职责。

---

① 《中央国家安全委员会第一次会议召开　习近平发表重要讲话》，https://www.gov.cn/xinwen/2014-04/15/content_2659641.htm，2024 年 10 月 23 日访问。

第一,决策职能。中央国安委需根据国内外安全形势的变化,对威胁国家安全的重大问题作出及时、科学的决策,确保国家安全战略符合国家发展和国际局势的需求。其决策涵盖国家安全的各领域,包括政治安全、经济安全、军事安全、网络安全、生态安全等。例如,应对突发的重大安全事件时,中央国安委需迅速决策,调动各方资源。

第二,议事协调职能。国家安全事务复杂多样,需跨部门、跨层级协调。中央国安委通过组织召开高层会议和议事协调机制,将国家安全的不同领域(如政治、经济、科技、军事、文化等)综合起来,以形成协调一致的国家安全治理体系。例如,应对重大网络攻击时,需统筹公安、工信、外交等部门联合行动。

二、研究制定、指导实施国家安全战略和有关重大方针政策

国家安全战略和方针政策是维护国家安全的核心指导原则。中央国安委作为国家安全工作的最高决策和协调机构,在研究制定、指导实施国家安全战略和重大方针政策方面,承担着从战略规划到执行指导的系统性职责。具体包括:

第一,研究制定国家安全战略。国家安全战略是对安全形势的系统研判和总体规划,涉及政治、经济、军事、科技、生态等多领域。在当代复杂多变的国际环境下,中央国安委需要前瞻性地评估潜在风险,并制定覆盖全局、系统科学的国家安全战略,从而为国家安全工作提供宏观指导。例如,在人工智能技术快速发展的背景下,中央国安委需制定防范技术滥用和数据安全的方针。再如,面对日益增加的网络空间威胁,中央国安委主导制定《网络安全法》,明确网络安全治理的法律框架和实践路径。

第二,指导实施国家安全战略。在战略制定的基础上,中央国安委负责指导相关政府部门和地方实施具体的国家安全政策。通过政策的具体落地,保障国家安全战略能够有效落实,确保国家安全工作在不同层级和领域的全方位覆盖。比如,中央国安委可能会向各级政府提出具体的安全保障措施,并监督其实施效果。

第三,制定重大方针政策。通过研究国内外安全环境的变化,中央国安委制定符合新时代特征的国家安全方针政策,例如维护粮食安全、能源安全

和供应链安全等。① 一方面,重大方针政策为国家安全提供具体指导。在国家安全战略的框架下,重大方针政策通过明确细化的规定,指导具体安全工作的落实。例如,在反恐怖主义领域,中央国安委研究制定了反恐工作的具体政策,从信息共享、跨部门协作到舆论引导,形成一套系统的反恐机制。这种政策不仅明确了工作重心,还通过法律形式赋予其强制执行力,增强了国家安全治理的规范性和实效性。另一方面,回应现实需求,增强法律政策的适用性。中央国安委在制定重大方针政策时,高度重视现实安全需求和潜在风险。例如,针对人工智能技术发展带来的安全问题,中央国安委提出数据主权、技术标准等领域的政策建议,为相关立法提供依据,确保国家安全治理走在技术发展前沿。

三、统筹协调国家安全重大事项和重要工作

国家安全工作的复杂性和多样性要求中央国安委发挥统筹协调的职能。中央国安委通过统筹协调,在国家安全治理中发挥"中枢"作用。这一职责确保国家安全资源的优化配置与工作重心的合理布局。

第一,统筹重大事项。重大事项通常指对国家安全全局产生深远影响的关键问题,包括应对重大安全威胁、处理国际安全危机、协调跨区域的安全事务等。通过统筹协调,中央国安委能够确保这些事项得到及时、高效的应对。例如,在处理国际制裁或地缘政治冲突带来的安全风险时,中央国安委通过统一指挥和政策调控,保证了国家安全利益的最大化。

第二,协调重要工作。中央国安委不仅负责重大事项的统筹,还对国家安全领域的日常重要工作进行全面协调。重要工作包括情报收集与分析、国家安全教育、风险评估与防控、国际合作等方面。这些工作是国家安全体系的基本构成,中央国安委通过统筹协调,确保不同工作之间的有机衔接和协同发展,避免部门间资源浪费或职能冲突。②

四、推动国家安全法治建设

国家安全的法治化是实现长效治理的关键。《国家安全法》第 5 条明确规定,中央国家安全领导机构在维护国家安全中肩负着推动法治建设的重要任

---

① 白云真:《国家安全委员会何以必要》,载《国际关系研究》2014 年第 5 期。
② 毕雁英:《美国国家安全委员会变迁探析》,载《国际安全研究》2014 年第 5 期。

务。这一职责通过立法引领、法治实践与监督保障等多维度措施,强化国家安全治理的法治化基础。

第一,完善国家安全法律体系。国家安全领域需要一套覆盖全面、体系完备的法律制度。中央国安委负责推动相关法律法规的制定与修订,以应对新型安全威胁。首先,中央国安委通过对国家安全需求的全面分析,推动完善覆盖广泛的法律体系。近年来,中央国安委在指导立法机关制定和修订一系列国家安全领域的法律法规方面发挥了重要作用。例如,《网络安全法》《数据安全法》《生物安全法》等法律的颁布,为应对不同领域的安全挑战提供了坚实的法治依据。其次,国家安全涉及政治、经济、社会、科技、生态等多个领域,中央国安委推动的法律体系不仅覆盖传统安全领域,还延伸至非传统安全领域。例如,在推动《反间谍法》的修订过程中,中央国安委明确了应对新型间谍活动的法律规范,强化了法律的针对性和实效性。最后,中央国安委在推动国内法治建设的同时,积极参与国际安全法律规则的制定与协商。例如,在推动《联合国打击网络犯罪公约》的谈判中,中央国安委代表中国提出了兼顾国家主权与全球治理的法律原则,为国际社会的法律共识贡献了中国智慧。

第二,规范国家安全执法活动。包括提升执法活动的合法性、规范性以及完善执法监督机制等内容。首先,推动国家安全法治建设的重要内容之一是确保执法活动严格依法进行。中央国安委通过法律规范,明确执法机构的权限范围与执法程序。例如,《国家安全法》明确了国家安全机关的职责权限,并通过细化实施细则,防止执法过程中出现权力滥用和程序不当的现象。其次,中央国安委推动建立执法监督机制,对国家安全执法活动进行全面监管。这包括内部监督和外部监督的有机结合。通过设立专门的执法监督部门,对执法人员的行为进行常态化评估。同时,通过公众参与和媒体监督,增强执法活动的透明度与公信力。

第三,推动国家安全法治教育和普及。通过法治宣传和教育活动,增强全社会对国家安全的责任感,形成全民维护国家安全的良好氛围。首先,中央国安委积极推动国家安全法治教育,确保国家安全法律深入人心。例如,通过"全民国家安全教育日"活动,开展形式多样的法律宣传活动,使公民了解国家安全法律的基本内容和维护国家安全的责任义务。① 其次,中央国安委将国家安全法治教育纳入公务员培训体系,要求领导干部和执法人员带头学法、用法。例如,组织国家安全法律知识的专项培训,提高相关工作人员依法履职的能力。最后,中央国安委通过加强高校国家安全课程的设置,推动青少年群体深入理解国家安全的法治内涵。例如,在部分高校试点国家安全法治研究项目,培养法律与安全领域的专业人才,为国家安全法治建设提供智力支持。②

综上所述,中央国安委依据《国家安全法》第5条的规定,承担决策议事、战略制定与实施、统筹协调及法治建设等四项核心职责。这些职责相辅相成,共同构建起国家安全的全面保障体系。中央国安委通过履行上述职责,确保国家在面对传统与非传统安全威胁时能够从容应对,进而实现国家长治久安和全面发展。

第二节　中央国家机关职责

一、全国人大及其常委会

《宪法》第57条规定:"中华人民共和国全国人民代表大会是最高国家权力机关。它的常设机关是全国人民代表大会常务委员会。"作为最高国家权力机关,全国人大在中央国家机关中居于核心地位,国家的行政机关、审判机关、检察机关均由其产生、对其负责并接受其监督。全国人大及其常委会,拥有立法、监督、人事任免及重大事项决策等重要职权,且在国家安全维护方面肩负着不可或缺的职责。

《国家安全法》第35条规定:"全国人民代表大会依照宪法规定,决定战争和和平的问题,行使宪法规定的涉及国家安全的其他职权。全国人民代表大会常务委员会依照宪法规定,决定战争状态的宣布,决定全国总动员或者局部动员,决定全国或者个别省、自治区、直辖市进入紧急状态,行使宪法规定的和全国人民代表大会授予的涉及国家安全的其他职权。"

---

① 《凝聚起维护国家安全的全民力量——写在首个全民国家安全教育日》,载《人民日报》2016年4月15日第1版。
② 《习近平在首个全民国家安全教育日之际作出重要指示》,载《中国应急管理》2016年第4期。

（一）全国人大的职责

1. 决定战争与和平问题

《宪法》第 62 条第 15 项规定，全国人大"决定战争和和平的问题"。战争与和平是国家政治的核心议题，涉及两大决策：一是是否宣战，二是是否达成停战协议、结束冲突。这些问题关乎国家根本利益，直接影响国家的生存与发展。在面临外部武力威胁时，涉及国家的主权与领土完整；在履行国际防御性条约时，则牵涉到国际责任。同时，进入战争状态后，国家的政治、军事与经济体制可能进入非常状态，公民基本权利亦可能受到限制。因此，决定战争与和平的重大事务必须由最高国家权力机关作出。

2. 行使宪法规定的国家安全职权

全国人大依据《宪法》行使涉及国家安全的各项职权。主要包括：（1）立法权。全国人大有权制定和修改涉及国家安全的基本法律。例如，《兵役法》《国防法》《反分裂国家法》《刑法》《刑事诉讼法》等与国家安全密切相关的法律均由全国人大制定或修订。（2）人事任免权。全国人大负责选举中央军委主席，并根据其提名决定中央军委其他成员的人选等关键职位。

（二）全国人大常委会的职责

《宪法》第 67 条规定，全国人大常委会应当行使 22 项职权。其中国家安全相关职权包括：

1. 决定战争状态的宣布

《宪法》第 67 条第 19 项规定，"在全国人民代表大会闭会期间，如果遇到国家遭受武装侵犯或者必须履行国际间共同防止侵略的条约的情况，决定战争状态的宣布"。此条规定明确了全国人大常委会行使宣布战争状态的职权，但与全国人大决定战争与和平的职权有所区分，且设有两个条件限制。一是发生上述紧急情况时必须在全国人大闭会期间，二是必须已遭受武装侵略或者需要履行国际防止侵略条约的义务。从本质上讲，决定战争与和平是全国人大的专属职权。

此项规定的设立主要基于以下考虑：第一，我国每年仅召开一次全国人大会议，若在闭会期间国家遭受武装侵略，难以迅速召集近 3000 名代表作出应对决定；而全国人大常委会作为常设机关，具有迅速决策的职能，能够及时宣布战争状态,确保国家安全和应对措施的有效实施。① 第二,在履行国际防止侵略条约的义务时,亦应由全国人大常委会在全国人大闭会期间作出相关决定,以确保遵守国际法义务并维护国家利益。

2. 决定全国或局部动员

全国总动员或局部动员是指在国家主权、统一、领土完整和安全面临威胁时,尤其是在遭遇外敌侵略或发生严重内乱的情况下,国家采取的紧急应对措施。一旦动员令发布,国家或相关地区将从和平时期体制转入战时体制,人民必须全力投入抵抗侵略或制止内乱的行动,所有工作均须服从动员需求。鉴于动员对国家经济及其他建设的重大影响,动员决定应由全国人大常委会依法作出。决策后,动员令由国家主席发布。②

3. 决定进入紧急状态

紧急状态是指突发或可预见的重大危机,威胁公民生命、健康、财产安全,甚至影响国家机关正常履行职能,需要采取特殊应急措施以恢复社会秩序的特殊状态。导致紧急状态的因素主要包括严重自然灾害、重大事故灾难、突发公共卫生事件、社会动乱和恐怖活动等。在紧急状态下,采取的措施有"戒严",即在国家统一、安全或社会公共安全受到严重威胁时,政府决定采取的非常手段,旨在维护社会秩序和保护人民生命财产安全。此外,还可能包括突发事件的应急处置措施和动员措施等。

4. 行使全国人大授予的其他国家安全职权

全国人大常委会行使《宪法》规定及全国人大授予的其他涉及国家安全的职权。具体包括:(1)立法权。《宪法》第67条第3项规定,全国人大常委会有权制定和修改除应当由全国人大专门制定的法律以外的其他法律,并在全国人大闭会期间,对全国人大制定的法律进行部分补充和修改,但是不得与该法律的基本原则相抵触。例如,全国人大常委会先后制定或修订了涉及国家安全的重要法律,如《国家安全法》《军事设施保护法》《人民防空法》《人民警察法》《人民武装警察法》《戒严法》《突发事件应对法》等。(2)监督权。全国人大常委会对国务院、中央军委、国家监察委员会、最高人民法院、最高人民检察院行使监督权。《宪法》第3条第3款规定,国家行政机关、监察机关、审判机关、检察机关都由人民代表大会产生,对它负责,受它监督。全国

---

① 郑淑娜主编:《中华人民共和国国家安全法解读》,中国法制出版社2016年版,第193页。
② 《国防动员法》第8条。

人大常委会的监督形式包括听取专项工作报告,审议经济发展计划、预算执行情况等,实施询问和质询等监督措施。(3)人事任免权。在全国人大闭会期间,全国人大常委会依据中央军委主席提名,决定中央军委其他组成人员的任命。(4)批约权。全国人大常委会负责批准或废除与外国缔结的条约和国际协定。例如,2014年第十二届全国人大常委会批准了《上海合作组织反恐怖主义公约》和《中华人民共和国和阿富汗伊斯兰共和国引渡条约》等国际协定。

二、国家主席

《宪法》第80条和第81条明确了国家主席的职权。第80条规定,国家主席的职权应当依据全国人大或全国人大常委会的决定行使,旨在完善国家事务处理的法律程序。在未获得全国人大或全国人大常委会决定的情况下,国家主席不能单独行使相关职权。《国家安全法》第36条规定:"中华人民共和国主席根据全国人民代表大会的决定和全国人民代表大会常务委员会的决定,宣布进入紧急状态,宣布战争状态,发布动员令,行使宪法规定的涉及国家安全的其他职权。"

(一)宣布紧急状态、战争状态,发布动员令

全国人大或全国人大常委会决定宣布战争状态、进入紧急状态、进行全国或局部动员后,鉴于这些决定涉及对外关系、国家进入非常状态以及对公民和组织权益的影响,必须通过适当形式向社会公布,以确保其对社会及相关方具有法律约束力。根据《宪法》和《国家安全法》的规定,宣布进入紧急状态、宣布战争状态及发布动员令的主体是国家主席。

宣布通过文告形式向公众通报相关决定,如宣布进入紧急状态时,通常包括实施原因、适用范围、开始和结束时间、实施机关、国家采取的措施以及对公民权利的限制等内容。宣布的核心意义在于让公民明确其在紧急状态或战争状态期间的权利与义务,既能够有效维护自身合法权益,又能履行相应的责任。此外,宣布还确保政府活动在此期间接受公众监督,从而防止权力滥用。

进入紧急状态、战争状态或发布动员令必须严格按照法定程序进行。只有国家主席正式宣布的紧急状态、战争状态或动员令才具备法律效力。值得注意的是,国家主席的宣布必须以全国人大及其常委会的决定为前提,国家

主席不能单独决定进入紧急状态、战争状态或发布动员令。①

(二) 行使其他国家安全职权

国家主席行使《宪法》规定的涉及国家安全方面的其他职权。主要包括：(1) 根据全国人大及其常委会的决定，公布法律；(2) 代表中华人民共和国进行国事活动，接待外国使节；(3) 根据全国人大常委会的决定，派遣和召回驻外全权代表，批准和废除同外国缔结的条约和重要协定等。

三、国务院

《宪法》第 85 条规定："中华人民共和国国务院，即中央人民政府，是最高国家权力机关的执行机关，是最高国家行政机关。"国务院的性质体现在以下三个方面：(1) 中央政府的核心角色。国务院作为中央人民政府，统一与地方各级人民政府构成我国的行政体系。中央政府负责全国范围内的国家政务与行政管理，地方政府虽然由本级权力机关产生，并对其负责，但必须服从中央政府的领导。(2) 最高国家权力机关的执行机关。全国人大是我国的最高国家权力机关，行政机关和司法机关由其产生并受其监督。国务院通过行政管理执行全国人大及其常委会制定的法律、决议与决定，并有权制定行政法规。(3) 最高国家行政机关。国务院居于全国行政组织体系的最高地位，统一领导地方各级行政机关。其职能和地位使其在国家安全保障中承担着重要责任。《国家安全法》第 37 条规定："国务院根据宪法和法律，制定涉及国家安全的行政法规，规定有关行政措施，发布有关决定和命令；实施国家安全法律法规和政策；依照法律规定决定省、自治区、直辖市的范围内部分地区进入紧急状态；行使宪法法律规定的和全国人民代表大会及其常务委员会授予的涉及国家安全的其他职权。"

(一) 制定国家安全行政法规和措施

《宪法》第 89 条第 1 项规定，国务院有权"根据宪法和法律，规定行政措施，制定行政法规，发布决定和命令"。国务院负责领导和管理国家经济、城乡建设、教育、科学、文化、卫生、体育、计划生育、民政、公安、司法行政等领域的工作。其管理职责之一是根据宪法和法律，制定涉及国家安全的行政法规，采取相关行政措施，并发布相应的决定和命令。

---

① 郑淑娜主编：《中华人民共和国国家安全法解读》，中国法制出版社 2016 年版，第 197 页。

行政法规是指国务院根据宪法和法律，在法定权限和程序下，为领导和管理国家各项行政工作制定的规范性文件。行政法规在我国法律体系中具有重要地位，其效力仅次于法律，高于地方性法规和规章。《立法法》第72条明确了行政法规的制定权限，包括：为执行法律的规定需要制定行政法规的事项，《宪法》第89条规定的国务院行政管理职权的事项，以及全国人大及其常委会授权立法的事项。行政措施是国家行政机关依据宪法、法律、行政法规等，针对特定事项制定的具体行动方案，通常以命令、决定、通知、通告等形式发布。

（二）实施国家安全法律和政策

国务院作为最高国家权力机关的执行机关，承担着严格执行全国人大及其常委会制定的法律的职责。特别是在涉及国家安全的领域，国务院不仅要坚决执行相关法律，还可以制定配套的行政法规，以更有效地落实这些法律。除了具体实施全国人大及其常委会制定的关于国家安全的法律以外，实施涉及国家安全的行政法规，也是国务院的重要职责。同时出台一系列具有指导意义的重要政策。这些政策的具体落实和实施，亦是国务院的重要职能之一。

（三）决定局部地区进入紧急状态

《宪法》根据紧急状态的地域范围，将其分为两类：一是全国或个别省、自治区、直辖市范围进入紧急状态；二是个别省、自治区、直辖市部分地区进入紧急状态。全国人大常委会决定全国或个别省、自治区、直辖市进入紧急状态。根据全国人大及其常委会的决定，中华人民共和国主席宣布进入紧急状态。国务院依据法律规定，决定省、自治区、直辖市部分地区进入紧急状态。

紧急状态是国家在面临重大危机时不得已采取的非常措施，这些措施可能限制公民和组织的权利与自由，并对经济和社会活动产生负面影响。然而，若不采取紧急状态，危害可能进一步扩展，给国家和社会带来更大灾难。因此，宣布进入紧急状态并采取相应措施是权衡利弊后的选择。在此背景下，决定进入紧急状态的主体必须受到严格限制。全国或个别省、自治区、直辖市范围的紧急状态应由全国人大常委会决定；而在省、自治区、直辖市部分地区发生紧急状态时，考虑到影响较小且可迅速采取防控措施，国务院可以决定。国务院决定省、自治区、直辖市的范围内部分地区进入紧急状态，也必须严格依照法律规定进行。

（四）行使涉及国家安全的其他职权[①]

国务院还行使宪法和法律规定的,以及全国人大及其常委会授予的其他涉及国家安全的职权。《宪法》明确赋予国务院18项职权,除《国家安全法》第37条特别规定的职权外,国务院还需履行《宪法》赋予的其他相关职能。

法律对国务院职权的行使作出了详细规定,细化了宪法条文,并具备较强的可操作性,为国务院依法行使职权提供了明确的法律依据。此外,全国人大及其常委会依据法律或根据经济社会发展、全面深化改革及国家安全需要,授权国务院行使某些职权。具体而言,《立法法》第2条规定:"本法第十一条规定的事项尚未制定法律的,全国人民代表大会及其常务委员会有权作出决定,授权国务院可以根据实际需要,对其中的部分事项先制定行政法规,但是有关犯罪和刑罚、对公民政治权利的剥夺和限制人身自由的强制措施和处罚、司法制度等事项除外。"例如,全国人大常委会2012年通过的《关于授权国务院在广东省暂时调整部分法律规定的行政审批的决定》和2015年《关于授权国务院在部分地方开展药品上市许可持有人制度试点和有关问题的决定》,其中部分内容也涉及国家安全问题。

四、中央军事委员会

中央军委作为国家最高军事机关,肩负着领导全国武装力量、维护国家安全、捍卫国家主权与社会稳定的重要职能。根据《宪法》第93条和第94条的规定,中央军委在国家军事战略、作战方针的决策及执行过程中具有核心地位,并对全国人大和全国人大常委会负责。《国家安全法》进一步明确了中央军委的职责,赋予其统一指挥国家安全军事行动、制定涉及国家安全的军事法规以及发布相关决定和命令的权力。此外,《国防法》和《立法法》为中央军委制定军事法规和发布指令提供了法律依据。这些规定和法律条文明确了中央军委在国家安全体系中的决策、指挥和执行角色,确保了军队的高效运作和国家安全的有力保障。围绕中央军委在国家安全中的职能,以下分析其在决定军事战略与作战方针、统一指挥军事行动、制定军事法规以及发布决策命令等方面的法律依据和实践应用。

[①]《中国特色社会主义法律体系的形成和完善》,http://www.npc.gov.cn/npc/c12434/wgggkf40nlfcjgs/202108/t20210823_313154.html,2024年12月10日访问。

（一）决定军事战略与作战方针

《宪法》第 93 条规定："中华人民共和国中央军事委员会领导全国武装力量……中央军事委员会实行主席负责制……"这一条文明确了中央军委在国家军事战略决策中的核心地位。《国家安全法》第 38 条规定："中央军事委员会领导全国武装力量，决定军事战略和武装力量的作战方针，统一指挥维护国家安全的军事行动，制定涉及国家安全的军事法规，发布有关决定和命令。"这些规定表明，中央军委不仅有权决定军事战略，还负责制定武装力量的作战方针。在此基础上，《国防法》第 15 条进一步明确了中央军委的职责：统一指挥全国武装力量，决定军事战略和武装力量的作战方针。这表明，中央军委有权在维护国家安全和主权的框架下，根据国际形势和国家安全需求，制定军事战略并部署相应的作战方针。

（二）统一指挥国家安全军事行动

《国家安全法》第 38 条还规定，中央军委"统一指挥维护国家安全的军事行动，制定涉及国家安全的军事法规，发布有关决定和命令"。这一条文赋予中央军委对国家安全相关的军事行动进行统一指挥的权力。根据此规定，中央军委负责整合和协调全国武装力量，在出现突发军事威胁时，迅速统一调动，采取一致行动，确保国家安全。《国防法》对这一职权进行了具体化：中央军委负责统一指挥全国武装力量，确保在国家安全面临威胁时，军事行动能高效、有序地进行。这一职能体现了中央军委在国家安全维护中起到的核心作用。

（三）制定国家安全相关军事法规

《立法法》第 117 条第 1 款明确规定："中央军事委员会根据宪法和法律，制定军事法规。"这为中央军委制定军事法规提供了法律依据。具体而言，《国家安全法》第 38 条规定，中央军委有权"制定涉及国家安全的军事法规"。这表明，中央军委不仅在战略层面发挥主导作用，还通过制定具体的军事法规，确保国家安全的实施有法可依，军队能够依法行事。《国防法》第 15 条进一步规定，中央军委有权根据宪法和法律，制定军事法规。这表明，中央军委在进行军事战略和作战方针决策时，必须根据相关法律制定详细的军事法规，以规范军队的各项行为，推动依法治军、从严治军的战略目标。

（四）发布决定与命令

《国家安全法》第 38 条规定，中央军委有权"发布有关决定和命令"，这为中央军委在维护国家安全过程中提供了强有力的执行力。军事命令和决定可以迅速实施,确保在需要时能立即调动全国武装力量,迅速应对安全威胁。《国防法》亦规定,中央军委可以根据宪法和法律,发布决定和命令。这使得中央军委在面临国家安全危机时,能够通过发布指令和命令,迅速调动军事资源,进行应急响应,确保国家利益和主权不受侵犯。

五、国家监察委员会

根据《宪法》和《监察法》的规定,国家监察委员会作为我国最高监察机关,承担着独立行使监察权、领导地方各级监察委员会以及对全国人大负责的宪法职责,并通过明确的运行原则保障监察职能的高效与独立。根据《宪法》第125条和《监察法》第7条,国家监察委员会是我国最高监察机关。这一定位确立了国家监察委员会在监察体系中的核心地位,全面负责全国监察工作,统一行使国家监察权。《监察法》第10条规定,国家监察委员会领导地方各级监察委员会的工作,上级监察委员会领导下级监察委员会的工作。这种上下贯通的领导机制,确保了监察体系的集中统一和协调运行,加强了监察工作的全面覆盖和执行力度。此外,《宪法》第126条明确了国家监察委员会对全国人大和全国人大常委会负责。这一规定赋予了国家监察委员会对最高权力机关的直接报告义务,从而在法律监督和民主监督的框架下保障监察工作的权威性和透明性。与此同时,《宪法》第127条规定了监察权的独立性和运行原则,即:"监察委员会依照法律规定独立行使监察权,不受行政机关、社会团体和个人的干涉。监察机关办理职务违法和职务犯罪案件,应当与审判机关、检察机关、执法部门互相配合,互相制约。"这一原则不仅保障了监察权的独立性和中立性,也通过多部门的协作制约机制,确保监察工作合法、公正、高效地开展。

(一)监督公职人员履职行为

《监察法》第11条第1项规定,监察委员会对公职人员开展廉政教育,对其依法履职、秉公用权、廉洁从政从业以及道德操守情况进行监督检查。这一规定体现了监察委员会在监督公职人员履职行为中的职责,通过对国家机关工作人员的履职监督,有效防止腐败和滥用职权行为,为维护国家安全奠定了重要的廉政基础。

(二)调查职务违法和职务犯罪

根据《监察法》第11条第2项,监察委员会对涉嫌贪污贿赂、滥用职权、玩忽职守、权力寻租等职务违法和职务犯罪进行调查。这些行为直接危害国家利益和公共安全,监察委员会通过调查职务违法行为,可以有效遏制危害国家安全的腐败和权力滥用问题,维护国家权力的廉洁性和执行力。

(三)政务处分和问责

《监察法》第11条第3项规定,监察委员会对违法的公职人员依法作出政务处分决定,并对履行职责不力、失职失责的领导人员进行问责。通过严肃处理危害国家安全的失职行为,监察委员会发挥了预防国家安全隐患的作用,进一步强化国家机关工作人员的责任意识和纪律观念。

(四)移送职务犯罪案件

《监察法》第11条第3项规定,监察委员会对涉嫌职务犯罪的,将调查结果移送人民检察院依法审查、提起公诉。对严重危害国家安全的职务犯罪行为,监察委员会通过移交司法机关依法处理,确保犯罪分子受到法律惩罚,并维护国家安全。

(五)提出监察建议

《监察法》第11条第3项规定,监察委员会可以向监察对象所在单位提出监察建议。通过建议相关单位加强管理和监督,监察委员会推动从制度层面完善国家安全防控体系,预防因腐败或失职行为对国家安全造成的潜在威胁。

六、最高人民法院

根据《宪法》第128条及《刑事诉讼法》《人民法院组织法》等法律规定,最高人民法院作为国家最高审判机关,在维护国家安全中承担重要职责。这些职责具体体现为以下几个方面:

(一)统一指导国家安全相关案件的审判工作

最高人民法院通过发布司法解释和指导性案例,确保全国法院在危害国家安全案件中的审判标准和法律适用的一致性。《宪法》第132条规定,"最高人民法院是最高审判机关。最高人民法院监督地方各级人民法院和专门人民法院的审判工作。"《人民法院组织法》第18条进一步明确:"最高人民法院可以对属于审判工作中具体应用法律的问题进行解释。最高人民法院可以发布指导性案例。"通过发布国家安全相关案件的司法解释与指导性案例,最高人民法院能够统一裁判尺度,保障法律适用的一致性,为维护国家安全提供司法保障。

（二）审理重大国家安全案件

最高人民法院依法审理全国范围内影响重大的危害国家安全案件，确保严惩危害国家安全的犯罪行为。《人民法院组织法》第16条规定："最高人民法院审理下列案件：（一）法律规定由其管辖的和其认为应当由自己管辖的第一审案件；（二）对高级人民法院判决和裁定的上诉、抗诉案件；……（五）高级人民法院报请核准的死刑案件。"对涉及国家安全的重大案件，最高人民法院能够通过严格审理，保障案件处理的权威性和公正性。

（三）监督地方法院的审判工作

最高人民法院通过审判监督职能，对下级法院审理的危害国家安全案件进行监督和指导，纠正错误裁判，确保审判质量和公正性。《宪法》第132条规定："上级人民法院监督下级人民法院的审判工作。"通过对地方法院危害国家安全案件的监督，最高人民法院能够及时发现和纠正地方审判中的偏差，提升整体司法公信力。

（四）加强国家安全法治宣传

最高人民法院通过公开裁判文书和发布典型案例，加强全社会的国家安全法治宣传，提升公众对危害国家安全犯罪的认识和防范意识。《人民法院组织法》第2条第2款规定："人民法院通过审判刑事案件、民事案件、行政案件以及法律规定的其他案件……维护国家安全和社会秩序，维护社会公平正义。"通过发布危害国家安全犯罪的典型案例，最高人民法院有助于提高社会公众的法律意识和对国家安全的认知水平。

七、最高人民检察院

根据《宪法》《国家安全法》《刑事诉讼法》《人民检察院组织法》等法律规定，最高人民检察院作为国家法律监督机关，在维护国家安全方面承担重要职责，具体如下：

（一）统一指导国家安全相关案件的检察工作

最高人民检察院通过制定和发布指导性文件，统一全国检察机关对危害国家安全案件的处理标准和程序。《宪法》第134条规定："中华人民共和国人民检察院是国家的法律监督机关。"《人民检察院组织法》第2条规定："人民检察院通过行使检察权，追诉犯罪，维护国家安全和社会秩序，维护个人和组织的合法权益，维护国家利益和社会公共利益，保障法律正确实施，维护社会公平正义，维护国家法制统一、尊严和权威，保障中国特色社会主义建设的顺利进行。"通过发布规范性文件和指导性案例，最高人民检察院能够确保全国检察机关在办理危害国家安全案件时标准统一、程序合法。

（二）审查起诉重大危害国家安全犯罪

最高人民检察院对全国范围内涉及国家安全的重大案件进行审查起诉，确保案件依法起诉。《人民检察院组织法》第 20 条规定："人民检察院行使下列职权：……（三）对刑事案件进行审查，决定是否提起公诉，对决定提起公诉的案件支持公诉……"此外，《国家安全法》第 41 条规定，"人民检察院依照法律规定行使检察权，惩治危害国家安全的犯罪。"最高人民检察院在重大案件中承担直接审查起诉职责，确保案件的严谨性和公正性。

（三）依法监督重大国家安全案件侦查活动

最高人民检察院对国家安全机关和公安机关在侦查重大危害国家安全案件时的活动进行法律监督，保障侦查活动的合法性。《人民检察院组织法》第 20 条规定："人民检察院行使下列职权：……（五）对诉讼活动实行法律监督；……（七）对监狱、看守所的执法活动实行法律监督……"第 21 条进一步规定，"人民检察院行使……法律监督职权，可以进行调查核实，并依法提出抗诉、纠正意见、检察建议。"通过对侦查活动的全程监督，最高人民检察院能够有效防范侦查违法行为，保障国家安全案件的合法性与权威性。

（四）推动法律完善与宣传教育

最高人民检察院通过办理危害国家安全案件，总结经验教训，推动相关法律法规的完善，加强国家安全法治宣传。《人民检察院组织法》第 2 条第 2 款规定："人民检察院通过行使检察权……维护国家法制统一、尊严和权威，保障中国特色社会主义建设的顺利进行。"此外，《人民检察院刑事诉讼规则》第 2 条强调，检察机关在刑事诉讼中的任务包括"正确应用法律……保障刑事法律的统一正确实施，维护社会主义法制"。通过办理危害国家安全案件，最高人民检察院能够发现法律漏洞并提出修改建议，同时通过公开典型案例和普法宣传，增强公众的法律意识和国家安全意识。

八、中央国家机关各部门

中央国家机关各部门在维护国家安全中肩负重要职责，依法贯彻执行国家安全方针政策和法律法规，管理指导本系统、本领域的安全工作，确保国家安全战略在各层级、各领域的有效落实。《宪法》《国家安全法》《反间谍法》《反恐怖主义法》等法律明确了各部门的分工和职责，要求通过分工协作、依法履职，构建多层次、全方位的国家安全治理体系，为国家主权、安全和社会稳定提供强有力的制度保障。①

(一) 贯彻执行国家安全方针政策和法律法规

《国家安全法》第39条规定："中央国家机关各部门按照职责分工，贯彻执行国家安全方针政策和法律法规，管理指导本系统、本领域国家安全工作。"这一条明确了中央国家机关在国家安全工作中的基本职责和分工要求。具体而言，各部门应当严格按照法律规定的职责范围，将维护国家安全的要求贯穿于方针政策、法律法规的执行过程中。

同时，《反间谍法》第6条规定："国家安全机关是反间谍工作的主管机关。公安、保密等有关部门和军队有关部门按照职责分工，密切配合，加强协调，依法做好有关工作。"这说明，国家机关各部门需要结合自身职责，通过密切协作和相互配合，保障涉及国家安全的政策和法律法规得以全面落实。

此外，《反恐怖主义法》第8条第1款进一步明确了各部门在反恐怖主义工作中的分工责任："公安机关、国家安全机关和人民检察院、人民法院、司法行政机关以及其他有关国家机关，应当根据分工，实行工作责任制，依法做好反恐怖主义工作。"这一规定强调了国家安全工作需要多部门协作，统一执行，从而确保方针政策和法律法规的全面贯彻。

(二) 管理指导本系统国家安全工作

《宪法》第90条规定："国务院各部部长、各委员会主任负责本部门的工作……各部、各委员会根据法律和国务院的行政法规、决定、命令，在本部门的权限内，发布命令、指示和规章。"这一条文明确赋予国务院各部门在本系统范围内开展管理和指导的法定职责。

《国家安全法》第39条进一步细化了这一职责，要求各部门"管理指导本系统……国家安全工作"。这意味着，各部门不仅要在日常工作中落实国家安全相关法律法规，还需在本系统范围内进行监督管理。例如，《反间谍法》第7条第2款规定："一切国家机关和武装力量、各政党和各人民团体、企业事业组织和其他社会组织，都有防范、制止间谍行为，维护国家安全的义务。"这

---

① 李志斐：《总体国家安全观与全球安全治理的中国方向》，载《中共中央党校(国家行政学院)学报》2022年第1期。

一条强调了各部门在其内部系统内应当开展维护国家安全的教育和管理工作,确保相关职责的履行。

(三)管理指导本领域国家安全工作

《地方各级人民代表大会和地方各级人民政府组织法》第83条第1款规定:"省、自治区、直辖市的人民政府的各工作部门受人民政府统一领导,并且依照法律或者行政法规的规定受国务院主管部门的业务指导或者领导。"这一条进一步强调了国家机关在其负责领域中的指导职能,要求各级政府部门在法律规定的范围内,结合实际,推动本领域国家安全工作。

结合《国家安全法》第39条的规定,各部门不仅要管理指导本系统工作,还需在其负责的领域内强化国家安全意识。例如,《反恐怖主义法》第8条第2款明确要求:"中国人民解放军、中国人民武装警察部队和民兵组织……根据反恐怖主义工作领导机构的部署,防范和处置恐怖活动。"此规定反映出,不同部门在其领域内需结合国家安全的实际需求,指导和动员各类组织依法配合相关工作。

第三节　地方国家机关职责

一、地方人大及其常委会

我国是统一的单一制国家,地方人大及其常委会作为地方国家权力机关,肩负保障宪法、法律及相关法规在本行政区域内遵守和执行的重要职责。《宪法》第3条确立了"中央和地方的国家机构职权的划分,遵循在中央的统一领导下,充分发挥地方的主动性、积极性的原则"。根据《宪法》和《地方各级人民代表大会和地方各级人民政府组织法》的有关规定,地方各级人大是地方国家权力机关,县级以上的地方各级人大设立常委会;县级以上的地方各级人大常委会是本级人民代表大会的常设机关,对本级人大负责并报告工作;县级以上地方各级人大和乡、民族乡、镇的人大在本行政区域内,保证宪法、法律、行政法规的遵守和执行。在遵守和执行的法律法规中包括维护国家安全的法律法规。《国家安全法》第40条第1款规定:"地方各级人民代表大会和县级以上地方各级人民代表大会常务委员会在本行政区域内,保证国家安全法律法规的遵守和执行。"根据《宪法》《地方各级人民代表大会和地方各级人民政府组织法》《立法法》《各级人民代表大会常务委员会监督法》等法律规定,地方人大及其常委会在维护国家安全方面的职责主要体现在以下几个方面:

(一)制定地方性法规

地方人大及其常委会根据本行政区域实际情况和法律授权,制定地方性法规,以完善国家安全相关法律法规的实施。如《宪法》第 100 条规定:"省、直辖市的人民代表大会和它们的常务委员会,在不同宪法、法律、行政法规相抵触的前提下,可以制定地方性法规,报全国人民代表大会常务委员会备案。设区的市的人民代表大会和它们的常务委员会,在不同宪法、法律、行政法规和本省、自治区的地方性法规相抵触的前提下,可以依照法律规定制定地方性法规,报本省、自治区人民代表大会常务委员会批准后施行。"再如,《立法法》第 82 条第 1 款规定,地方性法规可以就为执行法律、行政法规的规定,需要根据本行政区域的实际情况作具体规定的事项作出规定。地方人大及其常委会为落实国家安全相关法律,经常制定具体的地方性法规。例如,为贯彻《兵役法》《国防教育法》,北京、上海、天津、内蒙古等地的人大常委会分别制定了《国防教育条例》,为增强全民国防观念和国家安全意识提供了法治保障。这类地方性法规结合实际情况细化了国家法律的执行机制,确保法律在地方的有效落实。

(二)重大事项的决定权

地方人大及其常委会对涉及国家安全的重大事项享有讨论和决定权,为保障本地区国家安全工作提供政治和法律支持。例如,《宪法》第 99 条第 1 款规定:"地方各级人民代表大会在本行政区域内,保证宪法、法律、行政法规的遵守和执行;依照法律规定的权限,通过和发布决议,审查和决定地方的经济建设、文化建设和公共事业建设的计划。"《地方各级人民代表大会和地方各级人民政府组织法》第 11 条和第 50 条进一步明确,地方各级人大及其常委会有权依法决定本行政区域内的重大事项。

在涉及国家安全的紧急情况或突发事件时,地方人大及其常委会通过决议、法规等形式,为国家安全工作提供规范和指引。例如,在公共安全领域,地方人大常委会可以审议并批准有关应急管理和资源调配的重大决策,为化解安全风险、维护社会稳定提供法律支持。

(三)行使监督权

地方人大及其常委会通过多种监督方式,确保国家安全相关法律法规在本行政区域内的有效实施。《宪法》第104条规定："县级以上的地方各级人民代表大会常务委员会讨论、决定本行政区域内各方面工作的重大事项；监督本级人民政府、监察委员会、人民法院和人民检察院的工作；撤销本级人民政府的不适当的决定和命令；撤销下一级人民代表大会的不适当的决议；依照法律规定的权限决定国家机关工作人员的任免；在本级人民代表大会闭会期间，罢免和补选上一级人民代表大会的个别代表。"《各级人民代表大会常务委员会监督法》第6条规定："各级人民代表大会常务委员会对本级人民政府、监察委员会、人民法院和人民检察院的工作实施监督，实行正确监督、有效监督、依法监督，促进依法行政、依法监察、公正司法。各级人民政府、监察委员会、人民法院和人民检察院应当严格依法行使职权、履行职责、开展工作，自觉接受本级人民代表大会常务委员会的监督。"在监督的方式上，主要有（1）专项报告监督。例如，《突发事件应对法》第25条规定："县级以上人民政府及其设立的突发事件应急指挥机构发布的有关突发事件应对的决定、命令、措施，应当及时报本级人民代表大会常务委员会备案；突发事件应急处置工作结束后，应当向本级人民代表大会常务委员会作出专项工作报告。"地方人大常委会通过听取和审议相关专项工作报告，对国家安全措施的落实情况进行监督。（2）备案审查监督。地方人大常委会对政府规范性文件进行备案审查，确保其与宪法和法律一致。（3）检查和调查监督。地方人大常委会组织法律实施情况检查或对特定问题进行调查。例如，《环境保护法》第27条要求地方政府定期向地方人大报告环境保护情况，包括重大环境事件的应对，这一模式可推广到国家安全领域。此外，地方人大及其常委会通过询问、质询以及撤销不适当的决定，确保国家安全相关工作始终依法有序开展。对于本级政府在维护国家安全中出现的重大过失或决策失误，人大常委会有权依法进行问责或采取纠正措施。

总之，地方人大及其常委会在维护国家安全方面的职责，以宪法和法律为依据，围绕地方立法、重大事项决策和监督权展开，形成了覆盖决策、立法和监督的全面体系。这不仅是我国单一制国家结构下的重要制度设计，也通过推动国家安全法律的贯彻实施，加强了地方的法治建设，为实现总体国家安全观奠定了坚实基础。

二、地方人民政府

根据《宪法》《地方各级人民代表大会和地方各级人民政府组织法》《国家

安全法》等法律规定,地方各级人民政府作为国家行政机关,承担着维护国家安全的重要职责。这些职责包括制定地方政府规章、实施具体行政管理,以及在国家安全工作中承担综合性、原则性和具体性任务。

(一)组织与管理国家安全工作

地方人民政府依照法律规定,在本行政区域内统筹管理国家安全工作,为保障国家整体安全发挥关键作用。例如,《国家安全法》第 40 条第 2 款明确规定:"地方各级人民政府依照法律法规规定管理本行政区域内的国家安全工作。"地方政府在国家安全工作中实施统筹协调,确保宪法、法律、行政法规在辖区内的执行。如《国防法》第 18 条第 2 款规定:"地方各级人民政府依照法律规定的权限,管理本行政区域内的征兵、民兵、国民经济动员、人民防空、国防交通、国防设施保护,以及退役军人保障和拥军优属等工作。"《突发事件应对法》第 17 条明确地方政府对突发事件的应急处置负直接责任,确保社会稳定和公共安全。

(二)制定地方政府规章

地方人民政府根据法律授权,结合实际情况制定地方政府规章,细化法律规定,保障国家安全工作的落实。如《立法法》第 93 条第 1 款规定:省、自治区、直辖市和设区的市、自治州的人民政府,可以根据法律、行政法规和本地区的地方性法规,制定规章。这些规章既包括为执行法律法规制定的实施性文件,也涵盖本地区具体行政管理事项的补充规定。在实践应用方面,地方人民政府在落实《国防动员法》《民用运力国防动员条例》等法律法规时,制定了与国防动员相关的地方政府规章。例如,北京、河北等地人民政府制定了《民用运力国防动员办法》,明确了军事设施保护和国防资源调配的实施细则,强化了本地区在紧急状态下的物资保障能力。

(三)履行具体行政管理职责

地方人民政府按照现有法律授权,承担具体行政职能,通过行政许可、行政规划、行政强制、行政征收征用、行政给付、行政检查、行政确认、行政奖励、行政监督、行政裁决等方式落实国家安全相关工作。其一,行政规划与动员。《国防动员法》第 18 条第 1 款规定,"县级以上人民政府应当将国防动员的相关内容纳入国民经济和社会发展计划。"地方政府需通过综合规划,将国防资源与地方发展相结合。其二,行政监督与执法。《兵役法》第 66 条授权县级人民政府对逃避兵役的行为依法进行监督和强制履行,确保兵役制度的实施。

其三，应急管理。根据《突发事件应对法》第7条的规定，突发事件发生地的县级人民政府负责应急处置，必要时及时向上级报告，并接受统一领导。在实际应用方面，地方政府依法征收或征用设施、交通工具等物资以应对突发事件和国防需要，并按照《国防法》第51条的规定，给予被征收、征用方经济补偿，确保依法公平合理操作。在重大突发事件如地震、洪水等灾害引发的国家安全风险中，地方政府快速响应，保障人民生命财产安全和社会秩序稳定。例如，《戒严法》第5条要求戒严地区内的人民政府采取必要的措施，尽快恢复正常社会秩序。

(四) 保障国家安全工作的综合协作

地方人民政府在国家安全工作中，还承担多方协作与保障任务，与军事机关、公安机关等密切配合，共同维护国家利益和公共安全。例如，《军事设施保护法》第3条规定，"各级人民政府和军事机关应当共同保护军事设施，维护国防利益。"《国防教育法》《人民防空法》等法律进一步明确了地方政府在推动全民国防意识教育、实施人民防空措施方面的职责。实践中，地方政府通过加强法治宣传，提升公众对国家安全的认识。例如，组织开展国家安全教育日活动，宣传法律法规，增强全民防范意识，为国家安全建设奠定社会基础。

三、地方监察委员会

根据《宪法》和《监察法》相关规定，地方监察委员会作为国家监察机关，具有独立行使监察权的职能，负责监督、调查、处置地方公职人员的职务违法和职务犯罪行为。如《宪法》第123条和第124条分别规定："中华人民共和国各级监察委员会是国家的监察机关"；"中华人民共和国设立国家监察委员会和地方各级监察委员会。……监察委员会的组织和职权由法律规定。"《宪法》第127条明确了监察权独立运行之规则："监察委员会依照法律规定独立行使监察权，不受行政机关、社会团体和个人的干涉。监察机关办理职务违法和职务犯罪案件，应当与审判机关、检察机关、执法部门互相配合，互相制约。"

(一) 监督公职人员履职行为

《监察法》第11条第1项规定，监察委员会依法履行监督、调查、处置职责，对公职人员依法履职、秉公用权、廉洁从政从业以及道德操守情况进行监督检查。地方监察委员会对地方公职人员的行为进行监督,确保他们依法履行职务,做到秉公用权、廉洁从政,防止公职人员因渎职、腐败或其他不当行为危害国家安全。这种监督是防止权力滥用、保障国家安全的一项基本职责。

(二)调查职务违法和职务犯罪

《监察法》第 11 条第 2 项规定,监察委员会对涉嫌贪污贿赂、滥用职权、玩忽职守、权力寻租、利益输送、徇私舞弊等职务违法行为进行调查。地方监察委员会通过深入调查职务违法行为,能够有效防止地方公职人员的腐败行为对国家安全产生负面影响。例如,权力寻租或滥用职权可能导致国家资源的不当使用或信息泄露,从而威胁国家安全。

(三)政务处分与问责

《监察法》第 11 条第 3 项规定,监察委员会对违法的公职人员依法作出政务处分决定,并对履职不力、失职失责的领导人员进行问责。这项职能有助于加强地方政府的治理效能,确保地方领导人在国家安全事务中履行职责,不因失职或失责而导致国家安全的风险。如果地方政府领导未能履行有效的国家安全保障措施,监察委员会有权进行问责,推动政府更好地履行其职责。

(四)职务犯罪案件移送

根据《宪法》相关规定和《监察法》第 11 条,地方监察委员会在调查职务违法和职务犯罪案件时,若发现涉嫌职务犯罪的案件,将调查结果移送人民检察院依法审查、提起公诉。这一职能确保了公职人员违法行为,尤其是危害国家安全的行为,能够得到及时有效的处理,确保司法机关能够依法追责,进一步维护国家安全。

(五)监察建议

《监察法》第 12 条和第 13 条明确,监察委员会可以向相关单位或领导提出监察建议,要求地方政府和相关部门改进管理和工作方式,预防职务违法行为的发生。通过这种建议,地方监察委员会能够协助地方政府加强国家安全防控,促进更有效的安全管理和措施落实。例如,《监察法》第 12 条第 1 款和第 4 款分别规定:"各级监察委员会可以向本级中国共产党机关、国家机关、中国人民政治协商会议委员会机关、法律法规授权或者委托管理公共事务的组织和单位以及辖区内特定区域、国有企业、事业单位等派驻或者派出监察机构、监察专员。""监察机构、监察专员对派驻或者派出它的监察委员会或者监察机构、监察专员负责。"《监察法》第13条规定:"派驻或者派出的监察机构、监察专员根据授权,按照管理权限依法对公职人员进行监督,提出监察建议,依法对公职人员进行调查、处置。"

四、地方人民法院

根据《宪法》《国家安全法》《刑事诉讼法》《人民法院组织法》等法律规定,地方人民法院作为国家的审判机关,在维护国家安全方面承担着重要职责。例如,《宪法》第128条和《人民法院组织法》第2条均规定,"人民法院是国家的审判机关"。人民法院通过审判案件,惩罚犯罪,保障无罪的人不受刑事追究,解决民事、行政纠纷,保护个人和组织的合法权益,监督行政机关依法行使职权,维护国家安全和社会秩序,保障中国特色社会主义建设的顺利进行。

(一)依法审判危害国家安全案件

地方人民法院依照法律规定对危害国家安全案件进行审判,这是其维护国家安全的核心职责。其一,惩治危害国家安全犯罪。《国家安全法》第41条规定:"人民法院依照法律规定行使审判权,人民检察院依照法律规定行使检察权,惩治危害国家安全的犯罪。"地方人民法院通过审判程序对危害国家安全的犯罪行为进行惩治,确保国家安全法律的贯彻实施。其二,分级审理相关案件。根据《人民法院组织法》,地方各级人民法院分级管辖危害国家安全案件。例如,高级人民法院根据第21条规定,审理下列案件:(1)法律规定由其管辖的第一审案件;(2)下级人民法院报请审理的第一审案件;(3)最高人民法院指定管辖的第一审案件;(4)对中级人民法院判决和裁定的上诉、抗诉案件;(5)按照审判监督程序提起的再审案件;(6)中级人民法院报请复核的死刑案件。中级人民法院依据第23条规定,审理下列案件:(1)法律规定由其管辖的第一审案件;(2)基层人民法院报请审理的第一审案件;(3)上级人民法院指定管辖的第一审案件;(4)对基层人民法院判决和裁定的上诉、抗诉案件;(5)按照审判监督程序提起的再审案件。基层人民法院按照第25条规定,审理第一审案件,法律另有规定的除外。这种分级审判制度有助于提高审判效率,确保危害国家安全案件的妥善处理。

(二)保障程序正义

地方人民法院在审判过程中应依法保障程序公正,维护涉案人员的合法权益,同时严惩危害国家安全的行为。其一,独立行使审判权。《宪法》第131

条规定:"人民法院依照法律规定独立行使审判权,不受行政机关、社会团体和个人的干涉。"同样,《人民法院组织法》第4条重申了这一原则,确保人民法院独立、公正审理案件,为危害国家安全案件的合法、公正审理提供保障。其二,依法保障合法权益。《刑事诉讼法》第3条第1款规定:"审判由人民法院负责。除法律特别规定的以外,其他任何机关、团体和个人都无权行使这些权力。"可见,在审理过程中,人民法院必须依法保护涉案人员的辩护权、上诉权和其他法定权益,维护程序正义的同时严惩危害国家安全的行为,彰显法治精神。

(三)推动法治宣传

地方人民法院通过公开审判和判决,向社会传递法治精神,增强公众的国家安全意识和法律意识。其一,公开审判增强法律威慑力。通过对危害国家安全案件的公开审理和判决,人民法院向公众传递国家安全的重要性,警示潜在违法者,增强法律的威慑力。其二,普法教育提升公众意识。地方人民法院通过判决书和裁判文书公开制度,将案件审理过程和结果公之于众,起到普法教育作用。这不仅有助于提升公众的国家安全意识,也推动全社会形成尊重法律、维护国家安全的共识。总之,地方人民法院通过依法审判危害国家安全案件,保障程序正义,推动法治宣传,全面履行其在维护国家安全方面的职责。这些职能的行使不仅保障了国家法律的权威性,也为构建安全、稳定的社会环境提供了坚实的法律支持。

五、地方人民检察院

《宪法》第134条和《人民检察院组织法》第2条规定,"人民检察院是国家的法律监督机关"。人民检察院通过行使检察权,追诉犯罪,维护国家安全和社会秩序,维护个人和组织的合法权益,维护国家利益和社会公共利益,保障法律正确实施,保障中国特色社会主义建设的顺利进行。

(一)依法对危害国家安全犯罪提起公诉

地方人民检察院依法提起公诉,追诉危害国家安全的犯罪分子,是其核心职能之一。其一,独立行使检察权。《宪法》第136条和《人民检察院组织法》第4条均规定:"人民检察院依照法律规定独立行使检察权,不受行政机关、社会团体和个人的干涉。"该规定保证了地方检察机关在涉及危害国家安全犯罪时依法独立作出决定,避免外界干扰,确保公正办案。其二,惩治危害国家安全犯罪。《国家安全法》第41条规定,"人民检察院依照法律规定行使检察权,惩治危害国家安全的犯罪。"地方人民检察院通过审查起诉程序,将危害国家安全的犯罪行为提交法院依法裁判,为维护国家安全提供有力保障。其三,支持公诉职能。《刑事诉讼法》第3条第1款规定,"检察、批准逮捕、检察机关直接受理的案件的侦查、提起公诉,由人民检察院负责。"《人民检察院组织法》第20条第3项进一步明确,检察院对刑事案件进行审查,决定是否提起公诉,并支持公诉。这一职能确保了危害国家安全案件能够及时、准确地进入司法审判程序。

(二)依法对公安机关和国家安全机关的侦查活动进行监督

地方人民检察院通过法律监督,确保侦查活动的合法性,为维护国家安全提供程序性保障。其一,监督侦查活动。《人民检察院组织法》第20条第5项规定,人民检察院对诉讼活动实行法律监督。地方人民检察院通过对公安机关和国家安全机关的侦查活动进行监督,确保其侦查行为符合法律规定,防止侵犯公民权利或滥用权力的情况发生。其二,提出纠正意见和建议。《人民检察院组织法》第21条规定,人民检察院行使法律监督职权,可以进行调查核实,并依法提出抗诉、纠正意见、检察建议。检察机关对侦查活动中发现的违法行为,依法提出纠正意见或建议,保障侦查工作在法治轨道上运行。

(三)参与法治宣传教育

地方人民检察院通过办理危害国家安全的案件,推动国家安全法律的宣传教育,增强公众的安全意识和法治观念。其一,推动国家安全法治宣传。《人民检察院刑事诉讼规则》第2条规定:"人民检察院在刑事诉讼中的任务,是立案侦查直接受理的案件、审查逮捕、审查起诉和提起公诉、对刑事诉讼实行法律监督,保证准确、及时查明犯罪事实,正确应用法律,惩罚犯罪分子,保障无罪的人不受刑事追究,保障刑事法律的统一正确实施,维护社会主义法制,尊重和保障人权,保护公民的人身权利、财产权利、民主权利和其他权利,保障社会主义建设事业的顺利进行。"检察机关通过公开办案和释法说理,将法律法规与国家安全重要性的宣传融入案件办理过程,发挥普法教育作用。其二,增强社会公众的法治意识。检察机关通过发布典型案例或以案释法的方式,向公众普及危害国家安全行为的法律后果,增强全民法律意识,营造人人守法、共筑国家安全的社会氛围。

第四节 专门机关职责

根据《国家安全法》第 42 条的规定，专门机关包括国家安全机关、公安机关以及有关军事机关，其职责集中在情报搜集、案件侦查、强制措施的实施和法律授权的其他任务方面。这些机关相互配合，共同构成了国家安全工作的重要支柱，为维护国家主权、安全和发展利益提供了有力保障。

一、国家安全部门

国家安全机关以维护国家安全为基本职责，依法履行搜集、处理涉及国家安全的情报信息，以及侦查、拘留、预审、执行逮捕等职权。《国家安全法》第 42 条、《刑事诉讼法》第 4 条和《全国人民代表大会常务委员会关于国家安全机关行使公安机关的侦查、拘留、预审和执行逮捕的职权的决定》为其核心职责提供了明确的法律依据。

（一）依法搜集与国家安全相关的情报信息

情报信息的收集是维护国家安全工作的前提。通过法律授权，国家安全机关履行情报收集职责，确保风险防控精准高效。例如，《国家安全法》第 42 条第 1 款规定，"国家安全机关……依法搜集涉及国家安全的情报信息"。又如，《国家情报法》第 5 条第 1 款也规定："国家安全机关和公安机关情报机构、军队情报机构（以下统称国家情报工作机构）按照职责分工，相互配合，做好情报工作、开展情报行动。"再如，《反恐怖主义法》第 44 条规定："公安机关、国家安全机关和有关部门应当依靠群众，加强基层基础工作，建立基层情报信息工作力量，提高反恐怖主义情报信息工作能力。"

（二）进行涉及国家安全案件的侦查活动

侦查权是国家安全机关履行职责的重要工具，其通过侦查、拘留等措施打击危害国家安全的违法犯罪活动，确保国家安全威胁的及时排除。首先，1983 年 9 月 2 日六届全国人大常委会第二次会议通过的《全国人民代表大会常务委员会关于国家安全机关行使公安机关的侦查、拘留、预审和执行逮捕的职权的决定》赋予国家安全机关与公安机关相同的侦查、拘留、预审及执行逮捕权，突出其在办理间谍、特务案件中的专职角色。其内容为："第六届全国人民代表大会第一次会议决定设立的国家安全机关，承担原由公安机关主管的间谍、特务案件的侦查工作,是国家公安机关的性质,因而国家安全机关可以行使宪法和法律规定的公安机关的侦查、拘留、预审和执行逮捕的职权。"其次,《刑事诉讼法》第4条明确了国家安全机关对危害国家安全的刑事案件具有侦查、强制措施等职权,与公安机关一致。该条规定:"国家安全机关依照法律规定,办理危害国家安全的刑事案件,行使与公安机关相同的职权。"《国家安全机关办理刑事案件程序规定》第3条也规定了国家安全机关在办理危害国家安全案件中的立案、侦查、强制措施、行政处理等具体职责。同时,《反间谍法》第6条确立了国家安全机关为反间谍工作的主管机关,对间谍案件具有独立侦查权。此外,《反恐怖主义法》第8条、第18条、第40条还进一步明确了国家安全机关在反恐怖主义工作中,与其他部门协作,依法开展侦查、防范、调查恐怖活动的工作,并得到技术支持。

(三)行使法律赋予的其他涉及国家安全的职权

国家安全机关的其他职权涵盖保密、数据安全、刑罚执行等多个领域,为维护国家核心利益提供法律保障,同时通过部门联动提升整体工作效能。其一,保密管理职责。根据《保守国家秘密法》第17条的规定,国家安全机关依法确定国家秘密的密级,强化国家机密保护机制。其二,数据安全监管职责。《数据安全法》第6条、第35条规定了国家安全机关依法承担数据安全监管职责,尤其是在侦查犯罪和维护国家安全时调取数据。例如,《数据安全法》第6条第1—3款规定:"各地区、各部门对本地区、本部门工作中收集和产生的数据及数据安全负责。工业、电信、交通、金融、自然资源、卫生健康、教育、科技等主管部门承担本行业、本领域数据安全监管职责。公安机关、国家安全机关等依照本法和有关法律、行政法规的规定,在各自职责范围内承担数据安全监管职责。"第35条规定:"公安机关、国家安全机关因依法维护国家安全或者侦查犯罪的需要调取数据,应当按照国家有关规定,经过严格的批准手续,依法进行,有关组织、个人应当予以配合。"其三,刑罚执行及特别处理职责。其直接依据为《国家安全机关办理刑事案件程序规定》第3条。根据该条规定,国家安全部门对短期刑罚执行、驱逐出境等案件处理具有特别职权。其四,部门协作职责。如《反恐怖主义法》第8条第1款规定:"公安机关、国家安全机关和人民检察院、人民法院、司法行政机关以及其他有关国家机关,应当根据分工,实行工作责任制,依法做好反恐怖主义工作。"

二、公安部门

公安部门在维护国家安全中承担着重要职责。《人民警察法》第1条明确规定,"为了维护国家安全和社会治安秩序……制定本法",第2条规定,"人民警察的任务是维护国家安全,维护社会治安秩序"。下面将从依法搜集情报、案件侦查及其他职权行使三个方面具体展开。

(一) 依法搜集与国家安全相关的情报信息

公安机关具有搜集涉及国家安全情报信息的法定职责,是保障国家安全工作的关键环节。作为国家安全的前沿部门,公安机关通过依法搜集、整理、分析情报,为国家安全决策提供支撑。例如,《国家安全法》第42条第1款规定,"公安机关依法搜集涉及国家安全的情报信息"。又如,《公安机关组织管理条例》第2条也规定:"公安机关是人民民主专政的重要工具……承担依法预防、制止和惩治违法犯罪活动,保护人民,服务经济社会发展,维护国家安全,维护社会治安秩序的职责。"

(二) 进行涉及国家安全案件的侦查活动

公安机关依法承担国家安全相关刑事案件的侦查任务,包括立案、侦查、预审及强制措施执行。通过刑事侦查活动,公安机关直接打击危害国家安全的犯罪行为,是刑事司法体系中维护国家安全的重要力量。例如,《刑事诉讼法》第3条规定,"对刑事案件的侦查、拘留、执行逮捕、预审,由公安机关负责。"第19条第1款规定,"刑事案件的侦查由公安机关进行,法律另有规定的除外。"再如,《公安机关办理刑事案件程序规定》第3条规定,"公安机关在刑事诉讼中的基本职权,是依照法律对刑事案件立案、侦查、预审;决定、执行强制措施;对侦查终结应当起诉的案件,移送人民检察院审查决定。"

(三) 行使法律赋予的其他涉及国家安全的职权

《国家安全法》第42条第1款规定,公安机关"在国家安全工作中依法行使侦查、拘留、预审和执行逮捕以及法律规定的其他职权"。可见,公安机关除了情报搜集和案件侦查,还在刑罚执行、驱逐出境等特殊环节发挥作用。作为国家安全和社会稳定的重要保障力量,其职能涵盖国家安全工作的多方面需求。例如,《公安机关办理刑事案件程序规定》第3条规定,"公安机关对被判处有期徒刑的罪犯,在被交付执行刑罚前,剩余刑期在三个月以下的,代为执行刑罚;执行拘役、剥夺政治权利、驱逐出境。"

三、军事机关有关部门

《国家安全法》第 42 条第 2 款明确规定:"有关军事机关在国家安全工作中依法行使相关职权。"可见,军事机关在国家安全领域承担着特殊的法律职责,其在情报搜集、案件侦查及特殊职权行使等方面的功能不仅体现了法律的明确授权,也反映了国家安全体系对军事领域专业性的高度依赖。

(一)依法搜集与国家安全相关的情报信息

情报搜集作为国家安全工作的核心环节,直接关系到国家安全威胁的提前预警与应对能力。首先,情报获取领域的广泛性。军事机关主要聚焦军事设施保护、重要国防项目、武器装备研发及部署等高敏感领域的信息搜集,卫星情报监测、通信侦听与加密信息破解均属于这一职责范围。这种覆盖范围的广泛性确保了军事机关在国家安全情报工作中的独特价值。其次,技术手段的先进性。相较于其他安全部门,军事机关具有更先进的侦查与情报技术,如网络安全防御体系的开发、反制网络攻击的技术能力等。在维护国家网络与通信安全中,军事机关的技术优势不可替代。最后,与其他机构的协同。军事机关在情报搜集中需要与国家安全机关、公安机关等形成联动机制,共享信息资源,实现资源的高效配置。这种协同机制在国家安全威胁评估与决策支持中具有关键作用。[1]

(二)进行涉及国家安全案件的侦查活动

《刑事诉讼法》第 308 条第 1 款规定:"军队保卫部门对军队内部发生的刑事案件行使侦查权。"其一,专属侦查权限。军队保卫部门是专门负责军队内部刑事案件侦查的机构,确保涉案人员和事件均在军事体系内部处理。这不仅有助于案件的保密性,也有助于维护军队的威严和秩序。其二,侦查活动的独特性。相较于普通刑事案件,军队内部的刑事案件往往涉及高保密级别的信息和复杂的作战背景。例如,处理涉及军事间谍行为或信息泄露的案件时,需要特别严格的侦查手段和程序,确保案件不会因侦查不当影响国家安全。其三,案件处理的特殊目标。军事机关在侦查活动中,不仅关注案件的刑事责任追究,还注重对军队内部安全隐患的全面排查和整改,从而增强军队整体安全能力。

---

[1] 《国家情报法》第 5 条。

（三）行使法律赋予的其他涉及国家安全的职权

《宪法》第 93 条规定，"中华人民共和国中央军事委员会领导全国武装力量。……中央军事委员会实行主席负责制。"《国家安全法》第 42 条第 2 款进一步指出："有关军事机关在国家安全工作中依法行使相关职权。"首先，中央军委的领导职责。中央军委是全国武装力量的最高领导机构，其职责不仅包括指挥武装力量，还涵盖国家安全领域的全局性决策。例如，在应对重大国际军事危机时，中央军委通常直接领导相关行动。其次，特殊作战任务的执行。军事机关在特殊情况下需要直接参与国家安全行动。例如，应对恐怖袭击、保护重要国防设施、维护社会秩序等。这种行动通常具有高度机密性和复杂性，需要军事机关在法律框架内迅速、高效地完成任务。最后，维护军事设施与资源的安全。军事机关负责对军事基地、武器库、战略通信枢纽等设施的安全进行保护。这种保护不仅体现在日常巡逻和监控中，还包括在紧急情况下采取果断措施应对威胁。

第七章　公民、组织的义务和权利

第一节　公民维护国家安全的义务

国家安全是民族复兴的根基,社会稳定是国家强盛的前提,实现社会主义法治现代化需要以国家安全为重要前提。公民遵守宪法及其他法律规定的维护国家安全的各项义务,不仅是宪法、法律对公民提出的基本要求,更是保障国家安全、维护社会稳定的坚固防线。

《国家安全法》第11条第1款规定:"中华人民共和国公民、一切国家机关和武装力量、各政党和各人民团体、企业事业组织和其他社会组织,都有维护国家安全的责任和义务。"从法理学的角度来看,公民维护国家安全的义务可通过积极作为和消极不作为两种方式实现,因此可以分为积极义务和消极义务两大类。《国家安全法》作为国家安全法律规范的总纲,第77条规定了公民应当积极履行维护国家安全的基本义务,其中第1款规定了公民维护国家安全的七项积极义务,第2款则规定了两项消极义务。公民维护国家安全的积极义务即通过积极作为的方式维护国家安全的义务,具体包括守法义务、协助义务及保密义务等。

一、公民的积极义务

(一) 公民的守法义务

国家安全法律体系是由多个层次多维度的法律规范组成的有机整体。依据我国的法律效力等级,我国的国家安全法律体系构成从上到下依次为宪法、法律层面的国家安全法律、行政法规层面的国家安全行政法规以及地方性法规和行政规章层面的国家安全法律规范。《宪法》中的相关规定是维护国家安全、保障国家安全法益的总纲。《国家安全法》明确了维护国家安全的总体任务、保障进路、国家职能和公民维护国家安全的义务等内容,是我国保障国家安全的基本法。在该法提纲挈领的整体框架引领之下,《国家情报法》《反间谍法》《反恐怖主义法》《保守国家秘密法》等法律组成保障国家安全的普通法,构成各个相关领域维护国家安全的专业性法律规定。上述法律规范都对公民的守法义务提出了要求。具体而言,公民应积极履行的维护国家安全的守法义务包括:

(1) 遵守宪法、法律关于国家安全的有关规定。宪法作为国家的根本大法,明确了公民的基本权利与义务,为公民行为划定了清晰的法律边界。而其他法律法规,则进一步细化了维护国家安全的各项要求,确保公民在享受自由的同时,不触碰国家安全的红线。《宪法》第52条规定:"中华人民共和国公民有维护国家统一和全国各民族团结的义务。"第54条规定:"中华人民共和国公民有维护祖国的安全、荣誉和利益的义务,不得有危害祖国的安全、荣誉和利益的行为。"《反分裂国家法》第2条也强调了中国的主权和领土完整不容分割,维护国家主权和领土完整是包括台湾同胞在内的全中国人民的共同义务。同样,《香港国安法》第6条第1款和第2款也规定:"维护国家主权、统一和领土完整是包括香港同胞在内的全中国人民的共同义务。在香港特别行政区的任何机构、组织和个人都应当遵守本法和香港特别行政区有关维护国家安全的其他法律,不得从事危害国家安全的行为和活动。"

(2) 履行行政法规、部门规章、地方性法规与规章、司法解释等规范性文件规定的其他维护国家安全的义务。健全国家安全体系,提高防范和抵御安全风险能力,确保国家安全和社会稳定,维护国家安全是我国公民的应尽义务。通过宪法和法律构建具有稳固性、原则性的国家安全法律基本框架,通过行政法规、部门规章、地方性法规和规章、司法解释等规范性文件形成具备灵活性、具体性的国家安全法律实施规则,方能保障国家安全法律规范体系兼具原则性与灵活性。公民不仅要积极履行宪法、法律规定的维护国家安全的义务,同时也要积极履行行政法规、部门规章、地方性法规和规章、司法解释等规范性文件规定的其他义务。

公民自觉遵法守法,积极履行维护国家安全的法律义务,是构筑国家安全屏障、促进社会稳定和谐的基础,更是推动民族复兴伟业稳步前行的重要力量。在此背景下,每一位公民都应当深刻认识到自身所肩负的责任,严格履行宪法和法律法规中关于国家安全的各项明确义务以及与国家安全紧密相关的其他各项义务。

(二) 公民的协助义务

国家安全作为国家的根本利益,对其维护不仅依赖于政府等国家机关的严谨工作,更离不开广大公民的积极参与和高度警觉。《国家安全法》《反间谍法》《反恐怖主义法》《国家情报法》《反有组织犯罪法》等多部法律均明确了维护国家安全应当坚持专门工作与群众路线相结合,充分发挥专门机关和其他有关机关维护国家安全的职能作用,广泛动员公民和组织,防范、制止和依法惩治危害国家安全的行为。这意味着公民在日常生活中应保持足够警惕,增强国家安全意识,积极学习相关法律法规,协助国家安全工作的开展。

公民在维护国家安全方面肩负的协助义务,不仅要求公民及时报告危害国家安全活动的线索,确保任何可能威胁国家安全的行为都能得到迅速而有效的应对,还要求公民如实提供所知悉的涉及危害国家安全活动的证据,确保国家安全机关能够依据确凿的证据,依法打击和惩处危害国家安全的违法犯罪行为。同时,这一协助义务还强调公民应为国家安全工作提供便利条件或者其他协助,并向国家安全机关、公安机关和有关军事机关提供必要的支持和协助。公民在维护国家安全方面具有积极协助国家安全工作的义务,具体包括：

(1) 及时报告危害国家安全活动的线索。我国设有国家安全机关举报受理平台,受理范围包括个人和组织发现的危害中华人民共和国国家安全的情况线索举报。当公民发现任何可能危害国家安全的活动时,可拨打12339举报电话、登录国家安全机关互联网举报受理平台(http://www.12339.gov.cn)在线举报、前往国家安全机关当面举报、信函举报或借助其他国家机关及单位转交举报信息等,在确保信息真实并保护自身安全的前提下,配合国家安全机关迅速掌握情况,及时采取措施,有效防止和打击危害国家安全的违法犯罪活动,共同维护国家安全。需要注意的是,举报人所反映的问题应当客观真实,对借举报故意捏造事实、诬告陷害他人的,或以举报为名制造事端,干扰国家安全机关正常工作的,将依照相关规定严肃处理,情节严重构成犯罪的,还将会依法追究刑事责任。另外,在国家安全机关举报受理平台进行举报时,为保障举报人的合法权益,限制恶意重复举报,提高网上举报的运行效益,每位举报人24小时内最多举报3次,超过3次将无法举报成功。

(2) 如实提供所知悉的涉及危害国家安全活动的证据。《国家安全法》第9条规定了专门工作与群众路线相结合原则(即"专群结合原则")。专门工作与群众路线相结合是指在维护国家安全工作中不仅要设立专门机构进行相关专业工作,还要坚持"一切为了群众,一切依靠群众""从群众中来,到群众中去"的群众路线。专门工作是指由专门机关依照其职权所开展的维护国家安全的有关专业工作,如依法搜集国家安全情报信息,依法行使行政执法和刑事司法职权等。在国家安全行政执法、国家安全刑事司法活动中,公民都有义务如实提供涉及危害国家安全活动的证据。国家安全维护工作不能没有人民群众的积极参与和大力支持,特别是在当今社会背景之下,国家安全工作所面临的形势比以往更为复杂,涉及的领域也更加广泛,也就更需要充分发挥人民群众的作用,以实现高效做好维护国家安全工作的目标。公民如实提供所知悉的涉及危害国家安全活动的证据可以帮助专门的国家安全机构及时侦破危害国家安全活动的案件,为检察机关依法提起公诉提供充分的事实根据,为法院作出正确的判决、有效惩治危害国家安全活动提供可靠的定罪量刑依据。①

（3）为国家安全工作提供便利条件或者其他协助。此处所规定的"为国家安全工作提供便利条件"既包括允许执行国家安全任务的机构和人员进入特定场所、使用特定工具、查阅必要材料,也包括拆除各种妨碍国家安全工作的设施设备、停止影响国家安全工作的行为、暂时中断与外界的联系等,而此处的"其他协助"范围也较广,涉及人力、物力、财力等多方面的协助,必要时包括直接参与某些特定的国家安全工作。② 维护国家安全不仅是各类专门机关的职责,也是公民和组织的法律义务,这一法定义务体现了维护国家安全以国家利益优先为准则,要求每位公民积极为国家安全工作提供便利条件或者其他协助,配合专门的国家安全机关开展各项维护国家安全的工作,共同构筑坚固的国家安全防线。

（4）向国家安全机关、公安机关和有关军事机关提供必要的支持和协助。前文所述"为国家安全工作提供便利条件或者其他协助"的法律义务是面向所有国家安全工作而言的,而公民和有关组织有"向国家安全机关、公安机关和有关军事机关提供必要的支持和协助"的法律义务是一项特定义务。据此,公民和组织有直接配合和协助国家安全机关、公安机关和有关军事机关等专门机关开展国家安全工作的义务,这些义务表现为国家安全机关、公安机关和有关军事机关依法赋予公民和组织的特定任务,接受这些特定任务的公民和组织必须认真履行,公民所在的单位以及有关组织的上级领导机关应

---

① 乔晓阳主编:《中华人民共和国国家安全法释义》,法律出版社2016年版,第332页。
② 同上。

当无条件给予支持。① 公民在国家安全机关、公安机关和军事机关进行调查、取证、巡逻、设卡等维护国家安全的工作中,应给予积极配合,如提供场所、设备、人力等便利条件,同时还应尊重并支持其依法执行职务,不得阻碍其正常工作,更不得为其提供虚假信息或隐瞒事实真相,确保相关工作的顺利进行。

在履行协助义务的过程中,公民应当保持高度的责任感,时刻关注国家安全形势的变化,积极学习相关法律法规和政策文件,提升自身维护国家安全的意识,并积极协助国家安全执法活动和国家安全司法活动。

(三)公民的保密义务

维护国家安全的保密义务要求公民保守所知悉的国家秘密。国家秘密指关系国家安全和利益,依照法定程序确定,在一定时间内只限一定范围的人员知悉的事项。国家秘密作为关系国家安全和利益的核心要素,其重要性不言而喻。2024 年修订的《保守国家秘密法》第 5 条规定:"国家秘密受法律保护。一切国家机关和武装力量、各政党和各人民团体、企业事业组织和其他社会组织以及公民都有保密的义务。任何危害国家秘密安全的行为,都必须受到法律追究。"

1. 国家秘密的事项

《保守国家秘密法》第 13 条规定:"下列涉及国家安全和利益的事项,泄露后可能损害国家在政治、经济、国防、外交等领域的安全和利益的,应当确定为国家秘密:(一)国家事务重大决策中的秘密事项;(二)国防建设和武装力量活动中的秘密事项;(三)外交和外事活动中的秘密事项以及对外承担保密义务的秘密事项;(四)国民经济和社会发展中的秘密事项;(五)科学技术中的秘密事项;(六)维护国家安全活动和追查刑事犯罪中的秘密事项;(七)经国家保密行政管理部门确定的其他秘密事项。政党的秘密事项中符合前款规定的,属于国家秘密。"

2. 违反保守国家秘密义务的具体情形

《保守国家秘密法》第 28 条进一步明确,以下行为属于个人和组织不履行保守国家秘密义务的情形:"(一)非法获取、持有国家秘密载体;(二)买卖、转送或者私自销毁国家秘密载体;(三)通过普通邮政、快递等无保密措施的渠道传递国家秘密载体;(四)寄递、托运国家秘密载体出境;(五)未经有关

---

① 乔晓阳主编:《中华人民共和国国家安全法释义》,法律出版社 2016 年版,第 332—333 页。

主管部门批准,携带、传递国家秘密载体出境;(六)其他违反国家秘密载体保密规定的行为。"

3. 公民履行保密义务的其他法律规定

《国家安全法》和《保守国家秘密法》的相关规定为公民履行保密义务提供了基本的法律框架和明确的指导原则。具体而言,公民还需要遵循下列法律规定,以确保国家秘密不被泄露,国家安全和利益不受侵害。

《反间谍法》第8条规定:"任何公民和组织都应当依法支持、协助反间谍工作,保守所知悉的国家秘密和反间谍工作秘密。"《反恐怖主义法》第48条规定:"反恐怖主义工作领导机构、有关部门和单位、个人应当对履行反恐怖主义工作职责、义务过程中知悉的国家秘密、商业秘密和个人隐私予以保密。违反规定泄露国家秘密、商业秘密和个人隐私的,依法追究法律责任。"《国家情报法》第7条第1款、第29条分别规定:"任何组织和公民都应当依法支持、协助和配合国家情报工作,保守所知悉的国家情报工作秘密。""泄露与国家情报工作有关的国家秘密的,由国家情报工作机构建议相关单位给予处分或者由国家安全机关、公安机关处警告或者十五日以下拘留;构成犯罪的,依法追究刑事责任。"《反电信网络诈骗法》第5条规定:"反电信网络诈骗工作应当依法进行,维护公民和组织的合法权益。有关部门和单位、个人应当对在反电信网络诈骗工作过程中知悉的国家秘密、商业秘密和个人隐私、个人信息予以保密。"

此外,《网络安全法》和《数据安全法》等法律法规针对网络和数据领域的保密工作提出了具体要求,要求公民在使用互联网和处理数据时,必须遵守保密规定,防止国家秘密和个人隐私泄露。这些法律不仅规范了公民的网络行为,还强化了网络空间的安全防护,为构建安全、有序的网络环境提供了法律保障。

对于违反保守国家秘密义务的公民,情节较轻的可能需要承担行政责任,情节严重的,可根据《刑法》中故意泄露国家秘密罪、过失泄露国家秘密罪、故意泄露军事秘密罪、过失泄露军事秘密罪等罪名追究刑事责任。上述罪名设定了严格的法律后果,对故意或过失泄露国家秘密的行为进行严厉惩处,体现了国家对保密工作的高度重视和坚决态度。

二、公民的消极义务

公民维护国家安全的消极义务是指公民通过不作为的方式维护国家安

全的义务。《国家安全法》第 77 条第 2 款规定:"任何个人和组织不得有危害国家安全的行为,不得向危害国家安全的个人或者组织提供任何资助或者协助。"一方面,"不得有危害国家安全的行为"要求公民必须严格遵守《国家安全法》及相关法律法规,以人民安全为宗旨,政治安全为根本,经济安全为基础,军事、文化、社会安全为保障,促进国际安全为依托,维护各领域国家安全。[1] 自觉抵制以任何形式分裂国家、颠覆政权、泄露国家秘密、破坏民族团结等危害国家安全的活动,不参与非法集会、游行示威,不传播、不散布危害国家安全的言论和信息,不从事任何可能损害国家利益和社会公共利益的行为。

另一方面,"不得向危害国家安全的个人或者组织提供任何资助或者协助"要求公民在日常工作和生活中要提高警惕,防范和抵制他人从事危害国家安全的行为,不得向任何试图分裂国家、破坏社会稳定、从事间谍活动或恐怖主义活动的个人或组织提供资金支持、物资援助、技术帮助、信息情报、场所便利等任何形式的协助。特别是在网络空间,更应谨言慎行,不转发、不评论未经核实的信息,特别是涉及国家安全的敏感内容,以防被不法分子利用,成为危害国家安全的帮凶。

在总体国家安全观的指引下,我国公民维护国家安全的义务不仅是法律的要求,更是每一个公民对国家和社会的庄严承诺。根据《国家安全法》的相关规定,公民维护国家安全的义务涵盖了积极作为和消极不作为两个方面。在维护国家安全的过程中,公民应积极履行各项法律义务,与国家安全机关形成合力,共同构筑起坚固的国家安全防线。

第二节 组织维护国家安全的义务

所谓组织,是指为实现一定目的,根据一定的宗旨而成立的,依法享有一定权利并需承担一定义务的联合体。[2] 一般来讲,组织主要包括法人和非法人组织。法人是指具有民事权利能力和民事行为能力,依法独立享有民事权利和承担民事义务的组织,包括企业法人与机关、事业单位及社会团体法人。非法人组织是指不具有法人资格,但可以以自己的名义从事民事活动的其他

---

[1] 《国家安全教育大学生读本》,高等教育出版社 2024 年版,第 33—35 页。
[2] 李竹主编:《中国国家安全法学》,人民出版社 2006 年版,第 42 页。

组织,如分公司、业主委员会等。根据《宪法》以及《国家安全法》《反间谍法》《反恐怖主义法》《网络安全法》等主要国家安全法律法规的规定,组织维护国家安全的义务可分为一般义务和特殊义务。

一、组织维护国家安全的一般义务

(一) 积极义务

(1) 遵守宪法、法律法规关于国家安全的有关规定。社会组织必须遵守宪法、法律法规中关于维护国家安全的规范、原则和政策。宪法是国家的根本大法,其中明确了国家安全的重要性,要求所有公民和组织必须维护国家的统一、领土完整和主权安全。《国家安全法》第 11 条第 1 款规定:"中华人民共和国公民、一切国家机关和武装力量、各政党和各人民团体、企业事业组织和其他社会组织,都有维护国家安全的责任和义务。"并且在第六章"公民、组织的义务和权利"中,明确规定了组织维护国家安全的具体义务。除此之外,其他法律法规进一步细化了国家安全的具体内容和要求,包括但不限于政治安全、经济安全、文化安全、社会安全、网络安全等。如《反间谍法》第 7 条第 2 款规定:"一切国家机关和武装力量、各政党和各人民团体、企业事业组织和其他社会组织,都有防范、制止间谍行为,维护国家安全的义务。"这是对政治安全领域社会组织的义务性规定。再如《网络安全法》第 9 条规定,"网络运营者开展经营和服务活动,必须遵守法律、行政法规,尊重社会公德,遵守商业道德,诚实信用,履行网络安全保护义务,接受政府和社会的监督,承担社会责任";第 11 条规定,"网络相关行业组织按照章程,加强行业自律,制定网络安全行为规范,指导会员加强网络安全保护,提高网络安全保护水平,促进行业健康发展"。这些都是在网络安全领域,对特定的社会组织维护国家安全的重要领域——网络安全的义务性规定。

(2) 危害国家安全活动线索、风险、事件的报告义务。危害国家安全的活动可能渗透到社会生活的方方面面,获取危害国家安全活动的线索需要依靠社会组织的广泛支持。除《国家安全法》第 77 条第 1 款第 2 项"及时报告危害国家安全活动的线索"的一般性规定外,在国家安全各个重点领域的专门法律中,也规定了社会组织对国家安全活动线索、风险、事件的及时报告义务。如《反间谍法》第 16 条第 1 款规定,"任何公民和组织发现间谍行为,应当及时向国家安全机关举报";《反恐怖主义法》第 9 条规定,"任何单位和个人……发现恐怖活动嫌疑或者恐怖活动嫌疑人员的,应当及时向公安机关或者有关部门报告";《网络安全法》第22条和第25条,分别规定了网络产品、服务的提供者发现产品、服务存在安全缺陷、漏洞等风险时的报告义务,以及网络运营者在发生危害网络安全事件时的报告义务;《核安全法》第35条规定了核设施营运单位核安全报告制度;《生物安全法》第29条第1款规定,"任何单位和个人发现传染病、动植物疫病的,应当及时向医疗机构、有关专业机构或部门报告";《数据安全法》中规定了发生数据安全风险报告义务。

(3) 如实提供所知悉的涉及危害国家安全活动的证据。履行本项义务的重点注意事项有三个方面:(1) 要"如实",只有实事求是地提供实情,才能保证专门的国家机构处理危害国家安全活动案件时作出正确判断;(2) 提供涉及危害国家安全活动的证据应当是其"知悉"的,不是道听途说或者通过间接传闻渠道获得的,这样可以保证专门的国家机构处理相关证据时避免浪费时间和精力,保证办案质量和效率;(3) 所提供的"证据"是涉及危害国家安全活动的,"证据"本身应当符合法律法规所规定的证据特征。[①] 除《国家安全法》第77条第1款第3项"如实提供所知悉的涉及危害国家安全活动的证据"的一般性规定外,在国家安全各个重点领域的专门法律中,也规定了如实提供危害国家安全活动证据的义务。如《反间谍法》第32条规定:"在国家安全机关调查了解有关间谍行为的情况、收集有关证据时,有关个人和组织应当如实提供,不得拒绝。"《反有组织犯罪法》第26条规定:"公安机关核查有组织犯罪线索,可以按照国家有关规定采取调查措施。公安机关向有关单位和个人收集、调取相关信息和材料的,有关单位和个人应当如实提供。"

(4) 为国家安全工作提供便利条件或者其他协助。"为国家安全工作提供便利条件"既包括允许执行国家安全任务的机构和人员进入特定场所、使用特定工具、查阅必要材料,也包括拆除各种妨碍国家安全工作的设施设备、停止影响国家安全工作的行为、暂时中断与外界的联系等;"其他协助"范围很广,涉及人力、物力、财力等多方面的协助,必要时包括直接参与某些特定的国家安全工作。[②] 除《国家安全法》第77条第1款第4项"为国家安全工作提供便利条件或者其他协助"的一般性规定外,在国家安全各个重点领域的专门法律中,也规定了为国家安全工作提供便利条件或者协助的义务。如

[①] 乔晓阳主编:《中华人民共和国国家安全法释义》,法律出版社2016年版,第331页。
[②] 同上书,第331、332页。

《反间谍法》第 8 条规定,"任何公民和组织都应当依法支持、协助反间谍工作";《国家情报法》第 7 条规定,"任何组织和公民都应当依法支持、协助和配合国家情报工作",《反恐怖主义法》第 9 条规定,"任何单位和个人都有协助、配合有关部门开展反恐怖主义工作的义务"。

(5) 向国家安全机关、公安机关和有关军事机关提供必要的支持和协助。根据《国家安全法》第 42 条的规定,国家安全机关、公安机关和有关军事机关系国家安全工作的专门机关。在总体国家安全观的指导下,国家安全工作内容大为拓展,已不局限于国家安全专门机关的工作,非专门机关也根据自身职能承担着维护国家安全的重要职责。本项义务与前一项义务的区别在于,前一项义务是针对所有国家安全工作提供便利条件和协助的一般性规定,而本项义务是针对国家安全工作的专门机关开展的国家安全工作给予特定支持和协助的义务。将本项义务单列目的在于对国家安全专门机关工作支持、协助义务的突出和强调。除《国家安全法》第 77 条第 1 款第 5 项"向国家安全机关、公安机关和有关军事机关提供必要的支持和协助"的一般性规定外,在国家安全各个重点领域的专门法律中,也规定了本项义务的具体内容。如《反间谍法》第 41 条规定,"国家安全机关依法调查间谍行为,邮政、快递等物流运营单位和电信业务经营者、互联网服务提供者应当提供必要的支持和协助";《反恐怖主义法》第 18 条规定,"电信业务经营者、互联网服务提供者应当为公安机关、国家安全机关依法进行防范、调查恐怖活动提供技术接口和解密等技术支持和协助";《网络安全法》第 28 条规定,"网络运营者应当为公安机关、国家安全机关依法维护国家安全和侦查犯罪的活动提供技术支持和协助";《境外非政府组织境内活动管理法》第 40 条规定,"业务主管单位……协助公安机关等部门查处境外非政府组织及其代表机构的违法行为"。

(6) 保守所知悉的国家秘密。保守国家秘密是宪法和法律规定的公民和社会组织的基本义务。除《国家安全法》第 77 条第 1 款第 6 项"保守所知悉的国家秘密"的一般性规定外,《保守国家秘密法》第 5 条第 2 款也规定:"一切国家机关和武装力量、各政党和各人民团体、企业事业组织和其他社会组织以及公民都有保密的义务。"此外,在国家安全各个重点领域的专门法律中,也规定了保密义务。如《国家情报法》第 7 条规定,"任何组织和公民都应当依法支持、协助和配合国家情报工作,保守所知悉的国家情报工作秘密";《反恐怖主义法》第 48 条第 1 款规定,"反恐怖主义工作领导机构、有关部门和单位、个人应当对履行反恐怖主义工作职责、义务过程中知悉的国家秘密、商业秘密和个人隐私予以保密";《网络安全法》第 36 条规定,"关键信息基础设施的运营者采购网络产品和服务,应当按照规定与提供者签订安全保密协议,明确安全和保密义务与责任"。

(二)禁止性义务

《国家安全法》第 77 条第 2 款规定了组织在维护国家安全方面必须遵循的两项禁止性义务:(1)不得有危害国家安全的行为;(2)不得向危害国家安全的个人或者组织提供任何资助或者协助。此外,在国家安全各个重点领域的专门法律中,也规定了社会组织国家安全方面的各种禁止性义务。如《反间谍法》对资助间谍活动行为的禁止性规定;《生物安全法》第 8 条第 1 款规定,"任何单位和个人不得危害生物安全";第 34 条规定"禁止从事危及公众健康、损害生物资源、破坏生态系统和生物多样性等危害生物安全的生物技术研究、开发与应用活动";第 61 条规定"禁止开发、制造或者以其他方式获取、储存、持有和使用生物武器。禁止以任何方式唆使、资助、协助他人开发、制造或者以其他方式获取生物武器";《网络安全法》第 27 条规定,"任何个人和组织不得从事非法侵入他人网络、干扰他人网络正常功能、窃取网络数据等危害网络安全的活动;不得提供专门用于从事侵入网络、干扰网络正常功能及防护措施、窃取网络数据等危害网络安全活动的程序、工具;明知他人从事危害网络安全的活动的,不得为其提供技术支持、广告推广、支付结算等帮助";第 48 条规定,"任何个人和组织发送的电子信息、提供的应用软件,不得设置恶意程序,不得含有法律、行政法规禁止发布或者传输的信息";《数据安全法》第 8 条规定,"开展数据处理活动……不得危害国家安全、公共利益,不得损害个人、组织的合法权益";《境外非政府组织境内活动管理法》第 5 条第 2 款规定,"境外非政府组织在中国境内不得从事或者资助营利性活动、政治活动,不得非法从事或者资助宗教活动"。在《刑法》以及有关国家安全的各项法律法规中,均对危害国家安全的行为、违反国家安全禁止性义务的行为规定了相应的法律责任。

二、组织维护国家安全的特殊义务

根据《国家安全法》第 78 条的规定,机关、人民团体、企业事业组织和其他社会组织应当对本单位的人员进行维护国家安全的教育,动员、组织本单位的人员防范、制止危害国家安全的行为。这一条可以认为是组织对本单位人员维护国家安全的教育、动员和组织义务。与在其他国家安全义务中,组织是处于独立且完整的主体定位不同,本项义务是国家安全法针对组织的"组织体"特性设置的一项对内义务,是组织针对组成组织体的自然人展开的国家安全教育、动员和组织防范、制止危害国家安全的行为的义务。

关于"单位"和"本单位的人员"的法律义务,可从以下方面进行理解。"单位"的法律义务包括两个方面:(1)应当对"本单位的人员"进行维护国家安全的教育,也就是说,对单位人员进行国家安全教育的义务应当由"本单位"来承担;(2)应当动员、组织"本单位的人员"防范、制止危害国家安全的行为。"本单位的人员"的法律义务包括两个方面:一方面是积极义务,即应当按照本单位的组织和要求"防范、制止危害国家安全行为"。另一方面是消极义务:首先,必须无条件地接受本单位所组织的国家安全教育,自觉地学习、领会和掌握国家安全方面的知识和技能;其次,在单位进行"动员、组织本单位的人员防范、制止危害国家安全的行为"工作时,必须主动参与,不得推托。为了提高"单位"组织"本单位的人员"进行国家安全教育工作以及动员、组织"本单位的人员"防范、制止危害国家安全行为的工作效率和实际效果,"单位"在履行法律规定的义务时,应当接受《国家安全法》规定的专门国家安全机构的协调和指导。"单位"还可以建立必要的考核奖惩制度,将"本单位的人员"履行该条所规定的法律义务的情况纳入单位绩效奖惩考核制度体系。①

除《国家安全法》对本项义务的一般性规定外,《反间谍法》《反恐怖主义法》等均对组织对本单位人员的教育义务和动员和组织本单位人员防范、制止危害国家安全的行为的义务进行了相应规定。

三、企业事业组织配合有关部门采取相关安全措施的义务

《国家安全法》第 79 条规定:"企业事业组织根据国家安全工作的要求,应当配合有关部门采取相关安全措施。"该条文针对企业事业组织规定了配合有关部门采取相关安全措施的义务。这与组织的一般义务中国家安全工作协助义务的区别在于,本条规定的采取相关安全措施的义务中,组织不是被动协助的地位,而是作为防范安全的责任主体出现的,具有主动性和能动性。

---

① 乔晓阳主编:《中华人民共和国国家安全法释义》,法律出版社 2016 年版,第 332—333 页。

除了《国家安全法》第 25 条、第 59 条、第 73 条、第 75 条等条款,分别对网络安全、科技安全等方面进行了安全防范的举措的规定,在国家安全部分重点领域的专门立法中,也根据特定企业事业组织自身性质、所处的领域,提出了具体的采取相关安全措施的要求,其中较为具有代表性的有:

(一)《反间谍法》中对企业事业组织采取安全措施的规定

根据《反间谍法》第 7 条,一切企业事业组织和其他社会组织,都有防范、制止间谍行为,维护国家安全的义务。同时该法第二章"安全防范"中,规定了企业事业组织和其他社会组织承担本单位反间谍安全防范工作的主体责任,国家建立反间谍安全防范重点单位管理制度。对于反间谍安全防范重点单位具体要求如下:(1)反间谍安全防范重点单位应当建立反间谍安全防范工作制度,履行反间谍安全防范工作要求,明确内设职能部门和人员承担反间谍安全防范职责。(2)反间谍安全防范重点单位应当加强对工作人员反间谍安全防范的教育和管理,对离岗离职人员脱密期内履行反间谍安全防范义务的情况进行监督检查。(3)反间谍安全防范重点单位应当加强对涉密事项、场所、载体等的日常安全防范管理,采取隔离加固、封闭管理、设置警戒等反间谍物理防范措施。(4)反间谍安全防范重点单位应当按照反间谍技术防范的要求和标准,采取相应的技术措施和其他必要措施,加强对要害部门部位、网络设施、信息系统的反间谍技术防范。

(二)《反恐怖主义法》中对企业事业组织采取安全措施的规定

《反恐怖主义法》第三章"安全防范"专章规定了安全防范制度。其中对相关领域的特定主体采取防范恐怖主义措施的要求规定如下:(1)电信业务经营者、互联网服务提供者应当依照法律、行政法规规定,落实网络安全、信息内容监督制度和安全技术防范措施,防止含有恐怖主义、极端主义内容的信息传播;发现含有恐怖主义、极端主义内容的信息的,应当立即停止传输,保存相关记录,删除相关信息,并向公安机关或者有关部门报告。(2)铁路、公路、水上、航空的货运和邮政、快递等物流运营单位应当实行安全查验制度,对客户身份进行查验,依照规定对运输、寄递物品进行安全检查或者开封验视。对禁止运输、寄递,存在重大安全隐患,或者客户拒绝安全查验的物品,不得运输、寄递。上述物流运营单位应当实行运输、寄递客户身份、物品信息登记制度。(3)电信、互联网、金融、住宿、长途客运、机动车租赁等业务经营者、服务提供者,应当对客户身份进行查验。对身份不明或者拒绝身份查验的,不得提供服务。(4)生产和进口单位应当依照规定对枪支等武器、弹药、管制器具、危险化学品、民用爆炸物品、核与放射物品作出电子追踪标识,对民用爆炸物品添加安检示踪标识物。运输单位应当依照规定对运营中的危险化学品、民用爆炸物品、核与放射物品的运输工具通过定位系统实行监控。有关单位应当依照规定对传染病病原体等物质实行严格的监督管理,严密防范传染病病原体等物质扩散或者流入非法渠道。

该法第31条规定,公安机关应当会同有关部门,将遭受恐怖袭击的可能性较大以及遭受恐怖袭击可能造成重大的人身伤亡、财产损失或者社会影响的单位、场所、活动、设施等确定为防范恐怖袭击的重点目标,并对重点目标的管理单位应当履行的职责进行具体规定。

(三)《网络安全法》中对企业事业组织采取安全措施的规定

在《网络安全法》中,对网络运营者防范网络安全风险的职责进行了着重规定,要求网络运营者开展经营和服务活动,必须履行网络安全保护义务,接受政府和社会的监督,承担社会责任。建设、运营网络或者通过网络提供服务,应当依照法律、行政法规的规定和国家标准的强制性要求,采取技术措施和其他必要措施,保障网络安全、稳定运行,有效应对网络安全事件,防范网络违法犯罪活动,维护网络数据的完整性、保密性和可用性。

国家实行网络安全等级保护制度。(1)网络运营者应当按照网络安全等级保护制度的要求,履行下列安全保护义务,保障网络免受干扰、破坏或者未经授权的访问,防止网络数据泄露或者被窃取、篡改:① 制定内部安全管理制度和操作规程,确定网络安全负责人,落实网络安全保护责任;② 采取防范计算机病毒和网络攻击、网络侵入等危害网络安全行为的技术措施;③ 采取监测、记录网络运行状态、网络安全事件的技术措施,并按照规定留存相关的网络日志不少于6个月;④ 采取数据分类、重要数据备份和加密等措施;⑤ 法律、行政法规规定的其他义务。(2)网络运营者为用户办理网络接入、域名注册服务,办理固定电话、移动电话等入网手续,或者为用户提供信息发布、即时通信等服务,在与用户签订协议或者确认提供服务时,应当要求用户提供真实身份信息。用户不提供真实身份信息的,网络运营者不得为其提供相关服务。(3)网络运营者应当制订网络安全事件应急预案,及时处置系统漏洞、计算机病毒、网络攻击、网络侵入等安全风险;在发生危害网络安全的事件时,立即启动应急预案,采取相应的补救措施,并按照规定向有关主管部门报告。(4)网络运营者应履行网络信息安全保护义务。包括建立健全用户信息保护制度,不得过度收集用户信息,不得泄露、篡改、毁损其收集的个人信息,未经允许不得向他人提供个人信息、采取技术措施和其他必要措施,确保其收集的个人信息安全;依要求对违法违规收集使用的个人信息或错误信息采取措施予以删除或者更正、加强对其用户发布的信息的管理、建立网络信息安全投诉、举报制度,依要求对法律、行政法规禁止发布或者传输的信息停止传输、采取消除等处置措施等。

《网络安全法》还对网络产品、服务提供者的义务进行了规定:(1)网络产品、服务应当符合相关国家标准的强制性要求。网络产品、服务的提供者不得设置恶意程序;发现其网络产品、服务存在安全缺陷、漏洞等风险时,应当立即采取补救措施,按照规定及时告知用户并向有关主管部门报告。(2)网络产品、服务的提供者应当为其产品、服务持续提供安全维护;在规定或者当事人约定的期限内,不得终止提供安全维护。(3)网络产品、服务具有收集用户信息功能的,其提供者应当向用户明示并取得同意;涉及用户个人信息的,还应当遵守本法和有关法律、行政法规关于个人信息保护的规定。(4)电子信息发送服务提供者和应用软件下载服务提供者,应当履行安全管理义务,知道其用户有在发送的电子信息、提供的应用软件中设置恶意程序或者含有法律、行政法规禁止发布或者传输的信息的行为的,应当停止提供服务,采取消除等处置措施,保存有关记录,并向有关主管部门报告。

《网络安全法》也对网络相关行业组织的义务进行了规定。要求网络相关行业组织按照章程,加强行业自律,制定网络安全行为规范,指导会员加强网络安全保护,提高网络安全保护水平,促进行业健康发展。国家支持企业、研究机构、高等学校、网络相关行业组织参与网络安全国家标准、行业标准的制定。有关行业组织建立健全本行业的网络安全保护规范和协作机制,加强对网络安全风险的分析评估,定期向会员进行风险警示,支持、协助会员应对网络安全风险。

除上述法律对企业事业组织设定的采取安全措施的义务外,《数据安全法》为开展数据处理活动的组织设置了采取安全措施的义务;《反洗钱法》对中国境内设立的金融机构和按照规定应当履行反洗钱义务的特定非金融机构设置了采取安全措施反洗钱的义务;《反有组织犯罪法》对电信业务经营者、互联网服务提供者等设置了采取相应安全措施的义务;《粮食安全保障法》对承储政府粮食储备的企业或者其他组织，从事粮食收购、储存、加工、销售的经营者，以及饲料、工业用粮企业设置了采取相应安全措施的义务等。

第三节　公民和组织的权利

《宪法》第 33 条第 3 款和第 4 款规定："国家尊重和保障人权。任何公民享有宪法和法律规定的权利，同时必须履行宪法和法律规定的义务。"该条明确了尊重和保障人权、权利和义务相一致两大原则。《国家安全法》也贯彻了尊重和保障人权、权利和义务相一致两大原则，"在强调维护国家安全义务的同时，也注重保护公民、组织在维护国家安全中的权利。"[①]权利与义务是相统一的，《国家安全法》第 6 章"公民、组织的义务和权利"不仅规定了公民和组织维护国家安全的义务，还明确了公民和组织的相关权利。"一方面体现了现代法治精神，有利于在维护国家安全工作中实现和保障人权，有效提升国家安全法治化水平；另一方面也有利于回应国际舆论质疑，有助于树立我国民主、开放的大国形象。"[②]

一、公民和组织支持配合国家安全工作受法律保护

《国家安全法》第 80 条规定："公民和组织支持、协助国家安全工作的行为受法律保护。因支持、协助国家安全工作，本人或者其近亲属的人身安全面临危险的，可以向公安机关、国家安全机关请求予以保护。公安机关、国家安全机关应当会同有关部门依法采取保护措施。"本条是关于公民和组织支持、协助国家安全工作受法律保护的规定。

（一）公民和组织支持、协助国家安全工作的行为受法律保护

"坚持以民为本、以人为本，坚持国家安全一切为了人民、一切依靠人民，真正夯实国家安全的群众基础。"[③]开展国家安全工作，不仅要靠国家机关依法履行职责，也要鼓励和保护公民和组织对国家安全工作给予必要的支持和协助。具体来说，"公民和组织支持、协助国家安全工作"主要包括两大类情形：

[①] 乔晓阳主编：《中华人民共和国国家安全法释义》，法律出版社 2016 年版，第 329 页。
[②] 郑淑娜主编：《〈中华人民共和国国家安全法〉导读与释义》，中国民主法制出版社 2016 年版，第 57 页。
[③] 《习近平著作选读》第一卷，人民出版社 2023 年版，第 235 页。

一是根据《国家安全法》第 77 条的规定,履行支持、协助国家安全工作的义务。包括及时报告危害国家安全活动的线索,如实提供所知悉的涉及危害国家安全活动的证据,为国家安全工作提供便利条件或者其他协助等。

二是根据其他法律规定,履行支持、协助国家安全工作的义务。例如,《反恐怖主义法》第 18 条规定,电信业务经营者、互联网服务提供者应当为公安机关、国家安全机关依法进行防范、调查恐怖活动提供技术接口和解密等技术支持和协助。《网络安全法》第 39 条规定,国家网信部门应当统筹协调有关部门对网络安全事件的应急处置与网络功能的恢复等,提供技术支持和协助。

(二)公安机关、国家安全机关会同有关部门依法对有关人员采取保护措施

《国家安全法》第 80 条第 2 款规定了公民向公安机关、国家安全机关请求予以保护和公安机关、国家安全机关会同有关部门采取保护措施的要求。

第一,公民因支持、协助国家安全工作,本人或者其近亲属的人身安全面临危险的,可以向公安机关、国家安全机关请求予以保护。这不仅体现了一切为了人民、一切依靠人民,而且体现了维护国家安全坚持尊重和保障人权的原则,体现了公民在维护国家安全中权利和义务的一致性。如《反间谍法》第 46 条第 2 款规定,个人因支持、协助反间谍工作,本人或者其近亲属的人身安全面临危险的,可以向国家安全机关请求予以保护。

第二,公安机关、国家安全机关应当会同有关部门依法采取保护措施。公民依法向公安机关、国家安全机关请求对其或其近亲属的人身安全予以保护的,公安机关、国家安全机关要迅速开展审查甄别,根据公民人身安全现实危险的实际情况,具体掌握是否有必要采取特别保护措施、采取哪些特别保护措施。如《反间谍法》第 37 条规定:"国家安全机关因反间谍工作需要,根据国家有关规定,经过严格的批准手续,可以采取技术侦察措施和身份保护措施。"《反恐怖主义法》第 76 条规定了因报告和制止恐怖活动,在恐怖活动犯罪案件中作证,或者从事反恐怖主义工作,本人或者其近亲属的人身安全面临危险时,公安机关、有关部门应当采取的保护措施。

二、获得补偿和抚恤优待的权利

《国家安全法》第 81 条对补偿和抚恤优待作了相关规定:"公民和组织因支持、协助国家安全工作导致财产损失的,按照国家有关规定给予补偿;造成人身伤害或者死亡的,按照国家有关规定给予抚恤优待。"本条规定的目的是

对个人和组织积极履行国家安全义务的行为给予法律上的有效保障。本条分两个层次规定了积极履行国家安全义务的行为应当得到法律上有效保障的措施:一是对经济损失给予相应补偿,这体现了《宪法》规定的对公民合法私有财产保护的原则;二是对人身伤害或死亡给予抚恤优待,这体现了法律上的公平和公正待遇原则,也是《宪法》规定的公民获得物质帮助权的体现。①

(一) 公民和组织因支持、协助国家安全工作导致财产损失的,按照国家有关规定给予补偿

《宪法》第13条规定,公民的合法的私有财产不受侵犯,财产权是其他一切自由和权利的物质基础。各国宪法都将财产权的保护作为一项基本原则。但是同时,宪法也规定国家为了公共利益的需要,可以依照法律规定对公民的私有财产实行征收或者征用并给予补偿。《国家安全法》第81条从公民权利的角度出发,进一步规定了公民和组织因支持、协助国家安全工作导致财产损失的,有按照国家有关规定获得补偿的权利。涉及国家安全许多领域的其他法律,也都作了相关具体规定。如《反间谍法》第44条规定:"国家安全机关因反间谍工作需要,根据国家有关规定,可以优先使用或者依法征用国家机关、人民团体、企业事业组织和其他社会组织以及个人的交通工具、通信工具、场地和建筑物等,必要时可以设置相关工作场所和设施设备,任务完成后应当及时归还或者恢复原状,并依照规定支付相应费用;造成损失的,应当给予补偿。"《反恐怖主义法》第78条第1款规定:"因开展反恐怖主义工作对有关单位和个人的合法权益造成损害的,应当依法给予赔偿、补偿。有关单位和个人有权依法请求赔偿、补偿。"《国家情报法》《保守国家秘密法》等都有类似的规定。

(二) 公民和组织因支持、协助国家安全工作造成人身伤害或者死亡的,按照国家有关规定给予抚恤优待

对于从事国家安全相关工作的国家机关工作人员和军人的抚恤优待,我国法律作了明确规定。如《国防法》第65条第1款规定:"国家和社会抚恤优待残疾军人,对残疾军人的生活和医疗依法给予特别保障。"除了上述人员以外,涉及国家安全某些领域的法律也对一般公民因支持、协助相关工作造成人身伤害或者死亡的抚恤优待作了规定。如《反间谍法》第48条规定:"对因开展反间谍工作或者支持、协助反间谍工作导致伤残或者牺牲、死亡的人员,

---

① 郑淑娜主编:《〈中华人民共和国国家安全法〉导读与释义》,中国民主法制出版社2016年版,第359—360页。

根据国家有关规定给予相应的抚恤优待。"《国家情报法》第 25 条规定:"对因开展国家情报工作或者支持、协助和配合国家情报工作导致伤残或者牺牲、死亡的人员,按照国家有关规定给予相应的抚恤优待。"

三、提出批评建议以及申诉、控告和检举的权利

《国家安全法》第 82 条规定:"公民和组织对国家安全工作有向国家机关提出批评建议的权利,对国家机关及其工作人员在国家安全工作中的违法失职行为有提出申诉、控告和检举的权利。"该条是关于公民和组织的批评建议权以及申诉、控告和检举权的规定。

在我国,国家的一切权力属于人民。在国家机构及其工作人员代表人民行使权力的过程中,人民可以通过各种途径和形式对他们实行监督,以保证各级国家机关及其工作人员不折不扣地代表人民行使权力,全心全意为人民服务。① 本条规定的公民和组织的批评建议权以及申诉、控告和检举权就是就国家安全工作对国家机关及其工作人员的监督权利。

(一)公民和组织的批评建议权

《宪法》第 41 条第 1 款规定,"中华人民共和国公民对于任何国家机关和国家工作人员,有提出批评和建议的权利"。批评权是指公民对国家机关及其工作人员在工作中的缺点和错误,提出批评意见的权利。建议权是指公民为帮助国家机关及其工作人员改进工作,对国家机关及其工作人员的各项工作,提出意见和建议的权利。

(二)申诉、控告和检举的权利

《宪法》第 41 条第 1 款规定,"中华人民共和国公民……对于任何国家机关和国家工作人员的违法失职行为,有向有关国家机关提出申诉、控告或者检举的权利,但是不得捏造或者歪曲事实进行诬告陷害"。申诉权是指公民对本人及其亲属所受到的有关处罚或者处分不服,或者受到不公正的待遇,向有关国家机关陈述理由,提出要求的权利。控告权是指公民向有关国家机关指控或者告发某些国家机关及其工作人员各种违法失职行为的权利。检举权是指公民对国家机关及其工作人员违法失职行为向有关国家机关予以揭发的权利。不同于批评建议权,该项权利针对的是国家机关及其工作人员在国家安全工作中的违法失职行为。同时,根据宪法和有关法律,对国家机

---

① 郑淑娜主编:《〈中华人民共和国国家安全法〉解读》,中国法制出版社 2016 年版,第 366 页。

关及其工作人员提出申诉、控告和检举,不得捏造或者歪曲事实进行诬告陷害。

对于公民和组织的批评建议权以及申诉、控告和检举权,我国多部单行立法予以保护。如《反间谍法》第 52 条规定:"任何个人和组织对国家安全机关及其工作人员超越职权、滥用职权和其他违法行为,都有权向上级国家安全机关或者监察机关、人民检察院等有关部门检举、控告。受理检举、控告的国家安全机关或者监察机关、人民检察院等有关部门应当及时查清事实,依法处理,并将处理结果及时告知检举人、控告人。对支持、协助国家安全机关工作或者依法检举、控告的个人和组织,任何个人和组织不得压制和打击报复。"《反恐怖主义法》第 94 条第 2 款规定:"反恐怖主义工作领导机构、有关部门及其工作人员在反恐怖主义工作中滥用职权、玩忽职守、徇私舞弊或者有其他违法违纪行为的,任何单位和个人有权向有关部门检举、控告。有关部门接到检举、控告后,应当及时处理并回复检举、控告人。"《反有组织犯罪法》第 49 条第 2 款规定:"公安机关、人民检察院、人民法院对涉案财物作出处理后,利害关系人对处理不服的,可以提出申诉或者控告。"

第八章 国家安全工作机制

党的二十大报告强调,要推进国家安全体系和能力现代化。制度体系建设是国家安全体系和能力现代化建设的基础和保障。《国家安全法》既明确了建立"统分结合、协调高效的国家安全制度与工作机制"的总体要求,也在总结实践经验和借鉴国外立法的基础上,规定了适应中国国情、符合国际惯例、能有效指导实践的国家安全工作机制。这些机制主要包括国家安全重点领域工作协调机制、国家安全工作督促检查和责任追究机制、国家安全战略贯彻实施机制、国家安全重大事项跨部门会商工作机制、国家安全协同联动机制、国家安全决策咨询机制等。

《国家安全法》第 44 条规定:"中央国家安全领导机构实行统分结合、协调高效的国家安全制度与工作机制。"其中"统分结合"是实体要求,"协调高效"是程序目标。[①]"统"是指统一、统筹。国家安全事权在中央,因此,国家安全工作必须高度集中,统于中央。习近平在《关于〈中共中央关于全面深化改革若干重大问题的决定〉的说明》中明确指出:"我们的安全工作体制机制还不能适应维护国家安全的需要,需要搭建一个强有力的平台统筹国家安全工作。设立国家安全委员会,加强对国家安全工作的集中统一领导,已是当务之急。"[②]"分"是指在国家安全事务上,各责任主体分兵把口、各负其责。《国家安全法》第三章"维护国家安全的职责"对有关国家机关和各地区、各部门维护国家安全的职责进行了详细规定。我国国家安全委员会的主要职责是国家安全的决策和议事协调,而不是国家安全工作的执行机构,维护国家安全的责任必须且只能通过各责任主体分别承担。

"协调"是指协调行动。国家安全因素的复杂性,决定了国家安全工作牵一发而动全身,一旦国家安全危机出现或者次生、衍生灾害发生,需要有效动员各方力量,共享各方信息,调动各方资源,统筹协调,集中优势,形成合力共同应对危机和灾害,切实维护国家安全。"高效",是指运转高效。国家安全

---

① 郑淑娜主编:《中华人民共和国国家安全法解读》,中国法制出版社 2016 年版,第 230 页。
② 《习近平谈治国理政》第一卷,外文出版社 2018 年版,第 84 页。

事关重大,要求国家安全工作机制必须高效运转,否则就会丧失战机、酿成大祸,造成不可挽回的后果。"高效"是各国在设计国家安全工作机制时必须考量的重要因素之一。一般情况下,层次越多,信息沟通越迟缓,信息失真的可能性越大;管理幅度越宽,协调越困难。"精简、高效、统一"的原则,要求变金字塔结构为扁平式的非金字塔式结构。

第一节　国家安全重点领域工作协调机制

一、国家安全重点领域工作协调机制的概念及意义

（一）国家安全重点领域工作协调机制的概念

现代政府组织因其功能分化和管辖差异,必然对相关的职能进行专业分工。但分工负责如果缺乏沟通和合作,碎片化政府就会形成。为了解决这一问题,学界开始将目光聚焦在"整体政府"的构建上。近二三十年来,横向协调、整体性政府、协同政府、跨部门协同、协同治理等理论成为公共管理改革的前沿和热点,都强调把分散化的管理和服务整合起来,建立常态化、制度化的协调机制,提升政府管理的整体效能。[①]协调指的是让部门之内或之间的工作互相和谐以促成组织的目标。[②]协调机制是政府机构间为发展联合性和整体性工作,树立统一的价值取向,协调多方利益、搭建信息平台降低沟通协商成本、共同规划和决策的过程。[③]由此可见,协调机制强调整体性和一致性,注重职能部门之间在行使职权、管理公共政策和公共事务过程中进行协作和调节。综合学界关于"整体政府""整体性治理"的相关研究,可以认为,协调机制是指职能部门间在明晰各自职能分工的基础上基于统一的治理目标进行协同合作的过程和方式。

国家安全工作协调机制,是指在面对不同领域的安全问题时,国家安全部、公安部、国防部、应急管理部、外交部等中央有关职能部门在明确划分各主体在合作过程中的职责与权限基础上,避免不同主体之间因利益、职责等

[①] 解亚红:《"协同政府":新公共管理改革的新阶段》,载《中国行政管理》2004 第 5 期;竺乾威:《从新公共管理到整体性治理》,载《中国行政管理》2008 年第 10 期;周志忍:《整体政府与跨部门协同——〈公共管理经典与前沿译丛〉首发系列序》,载《中国行政管理》2008 年第 9 期。

[②] 〔美〕乔森纳·R.汤普金斯:《公共管理学说史:组织理论与公共管理》,夏镇平译,上海译文出版社 2010 年版,第 34 页。

[③] 史云贵、周荃:《整体性治理:梳理、反思与趋势》,载《天津行政学院学报》2014 年第 5 期。

方面的冲突,在行动上能够形成有效的衔接,与其他主体保持合理必要的配合,协同完成维护和塑造国家安全的目标。国家安全领域需要协调的方面很多,《国家安全法》第 45 条规定:"国家建立国家安全重点领域工作协调机制,统筹协调中央有关职能部门推进相关工作。"该条规定的"工作协调机制"是针对国家安全重点领域而建立的。所谓国家安全重点领域,主要是指那些对国家安全具有决定性意义或重要影响的领域,一旦这些领域产生安全风险,将对我国的总体国家安全造成较大的冲击和影响。《国家安全法》第二章"维护国家安全的任务"中,规定了各相关领域维护国家安全的任务。随着该法的颁布实施,这些领域将成为当前和今后一段时期维护国家安全的重点,有必要探索建立工作协调机制。

(二)国家安全重点领域工作协调机制的意义

第一,职能部门专业分工需要组织协调机制的构建。分工带来了专业化优势,提高效率的同时,也伴随着组织各部分之间的协同能力降低。部门间的功能分工是必需的,各个部门基于共同目标的统一也是必不可少的,否则组织运行的效率就会降低。组织的统一并不会自然而然地从劳动的过程中产生出来,因此就需要组织管理者建立一种各个部门有效配合、协作的协调机制。[1]

第二,职能部门之间冲突的存在需要协调机制的构建。国家安全工作涉及军事、外交、国防、情报、安全、内政、经济发展等众多职能部门,在分工负责中常常产生部门利益化、情报信息沟通不畅、协调不力甚至相互掣肘等问题。因此,建立协调机制,将各个责任主体相互配合、相互协作共同完成维护国家安全任务的方式予以制度化,对于确保顺利完成维护国家安全任务是十分必要的。

二、国家安全重点领域工作协调机制的核心要义

(一)国家安全重点领域工作协调机制的实质主体

有学者研究认为,在"协调机制"作主语的法律条文中,真正发挥"统筹协调"作用的,是建立和运行"协调机制"的主体,有些统筹协调"机制"的实质主

---

[1] 穆军全、霍冲:《行政组织内部协调机制构建的路径探析》,载《辽宁行政学院学报》2013 年第 3 期。

体是党内机构,有些则为国家权力主体。①《国家安全法》中的"国家安全重点领域工作协调机制"的实质主体虽尚不明确,但根据中共中央政治局的决议,中央国安委作为中共中央关于国家安全工作的决策和议事协调机构,统筹协调涉及国家安全的重大事项和重要工作,可见该协调机制必然是在中央国安委这一党内机构的统筹协调下始得建立和运行。另外,《生物安全法》第10条规定了中央国家安全领导机构建立国家生物安全工作协调机制;《数据安全法》第5条规定了中央国家安全领导机构建立国家数据安全工作协调机制;《国家情报法》第3条也规定中央国家安全领导机构建立健全国家情报工作协调机制。因此,国家安全重点领域工作协调机制的实质主体是党内机构。党内机构运用"统筹协调"所行使的职能有两种:重大决定和组织协调,体现了党在政治上的领导权力。②当党内机构"统筹协调"的对象是政府部门时,"统筹协调"指代联络、配合的组织权力,即组织协调的权力。如"国家数据安全工作协调机制"统筹协调有关部门制定重要数据目录。又如《国家情报法》规定,中央国家安全领导机构统筹协调各领域国家情报工作,这也需要联络、组织各领域的负责单位。

这种对机关部门的组织协调权力,则来自党的政治组织能力,即通过联络、组织有关部门开展对特定事务的协商、合作。

(二)国家安全重点领域工作协调机制的成员单位及职责

在国家安全重点领域,由于国家安全工作涉及范围广,多个部门承担着不同的职责,并相应规定了自己的管理机构。在我国国家安全治理实践中,国家安全采取条块分割的管理体制。国家安全重点领域工作协调机制应当是在国家和政府的统一领导下,实现由多个政府部门的个性化决策向单个政府的整体性决策转变,强化政府行政目标的权威性和统一性,消弭政府部门之间信息沟通障碍。③即国家工作协调机制是在明确各成员单位权能分工的前提下,由各成员单位按照各自职责和任务分工确定和实施维护国家安全的措施,充分发挥各机构的职能和作用,然后通过整合执法资源发挥统筹协调的职能,最终形成合力发挥作用。国家安全重点领域工作协调机制应当以其

---

① 贺彤:《"统筹协调"的法律解释》,载《西部法学评论》2022年第6期。
② 同上。
③ 秦天宝、段帷帷:《整体性治理视域下生物安全风险防控的法治进路》,载《理论月刊》2023年第2期。

他机关部门的职权分工为权力边界,其他部门的具体监管权限是统筹协调管理职权的限度。因此,应理清各成员单位横向与纵向的条线关系,明确各成员单位的职责和权限,对协调机制成员单位进行职责划分,明确各自的主要任务、工作范围和权限限制,避免职责交叉和资源浪费。如果国家安全工作协调机制成员单位不明确,相关国家机关职能上可能重合,难以明确区分其权限范围,这种分工不明的执法体制可能产生执法的冲突与缺位。

随着我国国家安全立法的不断完善,一些国家安全重点领域工作协调机制的成员单位及职责逐步被明确。如《国家安全法》第 51 条和第 52 条规定,国家建立情报信息工作协调机制,国家安全机关、公安机关、有关军事机关根据职责分工,依法搜集涉及国家安全的情报信息。《数据安全法》第 6 条规定,各地区、各部门对本地区、本部门工作中收集和产生的数据及数据安全负责;工业、电信、交通、金融、自然资源、卫生健康、教育、科技等主管部门承担本行业、本领域数据安全监管职责;公安机关、国家安全机关等依照本法和有关法律、行政法规的规定,在各自职责范围内承担数据安全监管职责。《生物安全法》第 11 条规定:"国家生物安全工作协调机制由国务院卫生健康、农业农村、科学技术、外交等主管部门和有关军事机关组成……国家生物安全工作协调机制成员单位和国务院其他有关部门根据职责分工,负责生物安全相关工作。"此外,《反间谍法》《反外国制裁法》《核安全法》中也有类似规定。

(三)国家安全重点领域工作协调机制的职责

我国国家安全在管理体制上明确实行协调机制下的分部门管理体制,在充分发挥分部门管理的基础上,对于争议问题、需要协调的问题,由协调机制统筹解决,达到整合行政资源的目的。为保障国家安全重点领域工作协调机制的有效运行,明确协调机制的主要职能是关键一环。我国国家安全重点领域工作协调机制的主要职责包括:一是要全面研究国家安全重点领域环境、形势和面临的挑战、风险,深入分析我国国家安全重点领域的基本状况和基础条件,系统提出我国国家安全重点领域风险防控和国家治理体系建设规划。二是围绕国家安全重点领域风险的防范和应对,从提高国家安全治理能力的角度,大力提升国家安全重点领域风险的识别能力、预警能力、监测能力、响应能力、恢复能力,形成完整的生物风险防控能力体系。在提高国家安全风险防控执行力的基础上,形成国家安全重点领域风险的问责和追究机制,促进广大党政干部形成高度自觉的国家安全风险意识和安全意识,提升其参与国家安全治理的能力。

可见,国家安全重点领域工作协调机制的范围很广,涉及组织领导、执行督查、考评奖惩等方方面面国家安全方针政策、制度规范的建立与运行。在协作维度上建立专门的国家安全工作协调机制办公室,专门负责居中协调各部门职能的关系,监督各部门有效协作,达成维护国家安全的统一意见,推动国家安全重点领域工作协调机制的连贯运行。

《生物安全法》对国家生物安全工作协调机制的职能作了比较详细的规定。该法第10条规定了省、自治区、直辖市建立生物安全工作协调机制,组织协调、督促推进生物安全相关工作;第14条和第15条规定了国家生物安全工作协调机制组织建立国家生物安全风险监测预警体系并定期组织开展生物安全风险调查评估;第19条规定国家生物安全工作协调机制组织有关部门加强不同领域生物安全标准的协调和衔接,建立和完善生物安全标准体系。另外,《数据安全法》第21条规定,国家数据安全工作协调机制统筹协调有关部门制定重要数据目录,加强对重要数据的保护;第22条规定,国家数据安全工作协调机制统筹协调有关部门加强数据安全风险信息的获取、分析、研判、预警工作。

第二节 国家安全工作督促检查和责任追究机制

一、国家安全工作督促检查机制的概念及意义

(一) 国家安全工作督促检查机制的概念

《国家安全法》第46条规定:"国家建立国家安全工作督促检查和责任追究机制,确保国家安全战略和重大部署贯彻落实。"该条是关于国家安全工作督促检查和责任追究机制的规定。督查作为一种权力监督方式,概而言之,主要是指上级机关对下级机关履行职责情况和落实上级决策部署等工作进行督促检查。[①]从字面上理解,"督促"包含着督办、催促的意思,"检查"包含着查办、考核的意思。督促着重在"促",是自上而下实施监督、催促的管理行为。检查侧重于"查",检查是否按照要求办理。通过督促与检查推动党委、政府的决策和目标任务落到实处。因此,督促检查机制是在督查期内党政系

---

① 唐璨:《论我国督查工作及其法治化建议》,载《人民论坛·学术前沿》2020年第4期。

统自上而下展开的对关键决策、重点任务与突出问题进行追踪、核查及督促,以强化政策执行成效的治理机制。国家安全工作督促检查机制是指党政系统自上而下展开的对有关国家安全战略和重大部署进行核查及督促的治理机制。

(二)国家安全工作督促检查机制的意义

习近平在谈到督查工作时指出:"督查工作很重要,它是全局工作中不可缺少的一个重要环节。在一定意义上说,没有督查就没有落实,没有督查就没有深化。做好督查工作,对于推动党的路线、方针、政策和省委重大决策贯彻落实,对于推进各级党委的科学决策、民主决策意义重大。"[①]督促检查工作是国家安全工作的重要组成部分,是党和政府全面履行国家安全职责的重要环节,是落实党和政府重大决策部署的重要保障。国家安全工作至关重要,必须确保有关决策和部署件件有落实,事事有回音。但从现实情况看,当前一些地方和部门对抓国家安全工作部署落实的认识还有偏差、作风不够扎实;重布置、轻落实,有令不行、有禁不止,推诿扯皮、敷衍塞责等现象时有发生;选择性执行、象征性落实等问题不同程度存在。[②] 为解决这些问题,必须建立健全国家安全督促检查和责任追究机制。

二、国家安全工作督促检查机制的核心要义

(一)国家安全工作督促检查机制的运行机制

根据国务院制定和公布的《国务院办公厅关于进一步加强督促检查切实抓好工作落实的意见》(国办发〔2008〕120号)、《国务院办公厅关于进一步加强政府督促检查工作的意见》(国办发〔2014〕42号)以及2017年中共中央印发的《关于加强新形势下党的督促检查工作的意见》,可以将我国督促检查工作运行机制分为三个主要环节。第一,责任到位,要根据党的意图,拟定督促检查方案,对整体的督促检查任务进行分解立项,明确责任,督查工作任务落实到具体的地区和部门;第二,全程监管,在决策实施的全过程中及时掌握动态,跟踪决策落实的整个进展情况,督促落实;第三,政策反馈,通过考核检查

[①] 习近平:《没有督查就没有落实——在与浙江省委督查室干部座谈时的讲话》,载《秘书工作》2015年第1期。

[②] 郑淑娜主编:《〈中华人民共和国国家安全法〉导读与释义》,中国民主法制出版社2016年版,第236页。

发现问题解决问题，通过督查调研总结经验，搞清楚问题的本质和原因，为上级再决策和把政策落实不断推向深入提供依据。① 以《中央生态环境保护督察工作规定》为例，该规定第二章明确了中央生态环境保护督察工作的组织机构、人员构成及职责，将整体的督察工作任务落实到具体的地区和部门。其第23条至第27条规定被督察对象应当按照督察整改方案要求抓好整改落实工作，通过考核检查发现问题解决问题。以《国家信访局关于进一步加强和规范信访事项实地督查工作的意见》为例，其第2条规定了信访督查工作机制，明确了信访工作机构的责任，第9条规定被督查地方政府或部门应根据督查意见及时形成整改落实的具体措施，第11条规定对重点领域的典型问题要进行深度分析研究，提出有价值的意见建议。以《国务院办公厅关于开展安全生产百日督查专项行动的通知》为例，其第4条规定各地区、各有关部门要根据具体情况制订下发具体督查方案，明确督查内容、要求和责任，对督查中发现的隐患和问题，要责令立即整改。此外，《国务院办公厅关于建立国家土地督察制度有关问题的通知》第1条也规定了国家土地督察的组织机构和职责等内容。

（二）国家安全工作督促检查机制的督查内容

《国家安全法》第46条明确规定，建立国家安全工作督促检查机制的目的是"确保国家安全战略和重大部署贯彻落实"。2018年4月17日，十九届中央国安委第一次会议召开，会议审议通过的《党委（党组）国家安全责任制规定》，明确了各级党委（党组）维护国家安全的主体责任，要求各级党委（党组）加强对履行国家安全职责的督促检查，确保党中央关于国家安全工作的决策部署落到实处。因此，国家安全工作督促检查机制的督查内容，一是"国家安全战略"，二是"重大部署"。关于国家安全战略，2015年1月23日中共中央政治局会议审议通过了《国家安全战略纲要》，《国家安全法》第6条也对国家安全战略的主要内容作了明确规定，即"全面评估国际、国内安全形势，明确国家安全战略的指导方针、中长期目标、重点领域的国家安全政策、工作任务和措施"。关于重大部署，主要是涉及国家安全的法律法规及规范性文件、重要会议精神、重要批示或指示、重要工作方案以及经过批准付诸实施的相关部门提出的应对国家安全风险的意见和建议等。具体到国家安全领域中，

---

① 徐湘林：《新时期我国督查制度和运行机制的再认识》，载《中国行政管理》2019年第12期。

《中央生态环境保护督察工作规定》第 15 条规定,中央生态环境保护例行督察的内容包括贯彻落实党中央、国务院生态文明建设和生态环境保护决策部署情况,国家生态环境保护法律法规、政策制度、标准规范、规划计划的贯彻落实情况等。《国务院办公厅关于开展安全生产百日督查专项行动的通知》第 3 条规定,综合督查的内容主要是地方各级人民政府、各有关部门、各生产经营单位贯彻落实安全生产的方针政策、法律法规的相关情况。

（三）国家安全工作督促检查机制的督查结论效力

为了体现督查的实效,强化督查结果的运用,在很多督查实践和文件中,督查结果往往具有作为机关和公职人员尤其是负责人的考核依据的效果。如《中央生态环境保护督察工作规定》第 24 条规定,督察结果作为对被督察对象领导班子和领导干部综合考核评价、奖惩任免的重要依据,按照干部管理权限送有关组织（人事）部门。督查结果的确反映了督查事项上有关人员和机关的工作表现和绩效情况,起到重要的依据作用。当然也不能将督查结果作为有关机关、公职人员考核的决定性依据甚至唯一依据。在干部考核中,若不论具体督查事项为何,一概实行"督查一票否决制",恐怕并不妥当。各级组织人事部门需要科学设定各类考核的加权比重,明确有关督查结果在考核依据方面的归类和应用,从而可以对有关当事人给予客观公正的评价。①

三、国家安全工作责任追究机制的概念及意义

（一）国家安全工作责任追究机制的概念

从一般原理来看,责任包含积极责任和消极责任双重意涵:站在积极责任的维度,责任制的功能是通过科学配置权责结构,确定责任主体履行责任的规范遵循,形成责任履行的"轨道";站在消极责任的维度,责任制的功能则更多以惩戒、制裁为导向,使之真正能够成为人们行为的"严约束"。②责任追究则体现消极责任的内涵,是指问责主体对责任主体失职行为进行追究并使其承担不履职或履职不当所造成的后果。国家安全工作责任追究机制是指在对责任主体维护国家安全的职责进行科学配置的基础上,问责主体对国家安全责任主体失职行为进行追究并使其承担相应后果的制度安排。

---

① 唐璨:《论我国督查工作及其法治化建议》,载《人民论坛·学术前沿》2020 年第 4 期。
② 张贤明:《制度与责任融合发展的三重境界》,载《云南社会科学》2021 年第 3 期。

(二) 国家安全工作责任追究机制的意义

督促检查和责任追究是相互关联的,督促检查出问题就一定要追究责任,督促检查的效力要靠责任追究来体现,可以说责任追究是督促检查的重要环节。国家安全事关国计民生,责任意识直接影响工作质量,只有责任明确,问题才能得到有效解决。一方面,国家安全工作责任追究机制明确问题产生的责任主体,有利于提高各级工作人员的责任感,起到警示和约束的作用;另一方面,通过追究责任,总结问题出现的原因,找到工作漏洞,有利于改进国家安全工作相关流程和制度,消除隐患。

四、国家安全工作责任追究机制的核心要义

(一) 国家安全工作责任追究机制的问责主体和问责对象

问责主体,是指在问责制中能够合法合理地承担问责功能的组织、群体或个人,即问责行为的主动发起者。[①] 问责对象是导致问责情形发生的客体和问责活动所针对的对象。[②] 问责体现的是一种权力关系,即问责主体与对象之间围绕责任问题形成的社会关系,问责主体和对象是责任追究构成的核心。2009 年 6 月 30 日《关于实行党政领导干部问责的暂行规定》出台,标志着从注重对行政事务的问责转为行政事务与党内事务的问责并轨。根据该暂行规定,问责主体是纪检监察机关和组织人事部门。2016 年 7 月中共中央印发的《中国共产党问责条例》明确了问责决定机关是"党中央或者有管理权限的党组织"。关于问责对象,2009 年暂行规定明确为党委和政府的工作部门和领导干部。具体到国家安全工作中,《党委(党组)网络安全工作责任制实施办法》是《中国共产党党内法规体系》唯一收录的网络安全领域的党内法规。该实施办法的第 3、4、5 条规定了问责对象是各级党委(党组)、各地区各部门网络安全和信息化领导机构、行业主管监管部门的领导成员。《党政领导干部生态环境损害责任追究办法(试行)》第 2 条规定,问责对象是县级以上地方各级党委和政府及其有关工作部门的领导成员,中央和国家机关有关工作部门领导成员以及上列工作部门的有关机构领导人员。

(二) 国家安全工作责任追究机制的问责前提和基础

2019 年 9 月 3 日颁布施行的《中国共产党党内法规执行责任制规定(试

[①] 金东日、张蕊:《论问责制的体制困境:以地方政府为中心》,载《学习与探索》2014 年第 8 期。
[②] 吕永祥、王立峰:《当前党内问责制存在的突出问题及其解决路径——基于问责要素的系统分析》,载《社会主义研究》2017 年第 5 期。

行)》正式确立了党内法规执行责任制,有效推动了党内法规制度建设重心从"立规"向"执规"的转变。该试行规定表明党内法规执行责任制下的责任制是囊括了责任设定、责任履行、责任监督、责任追究等全链条责任要素的制度安排。① 因此,有学者考量责任运行相关过程,将责任界定为对责任主体的职责进行科学配置,督促其正当履行,当其不履行相应责任时,予以责任追究的制度安排。② 由此可见,明确责任是落实责任、追究责任的前提和基础,问责首要的前提就是职责清晰明确。具体到国家安全工作中,十九届中央国安委第一次会议审议通过《党委(党组)国家安全责任制规定》,明确各级党委(党组)承担的维护国家安全主体责任,对各地区、各部门落实国家安全工作责任制作出规定、提出要求。《党委(党组)网络安全工作责任制实施办法》第3、4、5条规定了各级党委(党组)、各地区各部门网络安全和信息化领导机构、行业主管监管部门分别应承担的网络安全责任。《党政领导干部生态环境损害责任追究办法(试行)》第3条规定了各问责对象分别应承担的责任。2015年10月3日,中共中央办公厅印发了《党委(党组)意识形态工作责任制实施办法》,对各级党委(党组)意识形态工作的责任、意识形态阵地范围、党委宣传部门的职责等进行了明确规定。③

(三)国家安全工作责任追究机制的问责范围

问责范围是"对什么问责"的问题,问责范围就是在何种情况下对哪些情形的事情承担责任。从过程上讲,问责中的责任认定是责任追究的前提,而责任认定就是要明确具体的责任归属和范畴,问责范围是问责机制构成的关键。关于问责范围,《关于实行党政领导干部问责的暂行规定》将其概括为决策严重失误、工作失职、政府职能部门管理和监督不力等七个方面。《中国共产党问责条例》将问责情形明确为党的领导弱化以及全面从严治党主体责任、监督责任落实不到位等十一个方面的失职失责行为。具体到国家安全工作中,《党委(党组)网络安全工作责任制实施办法》第8条规定了两种启动问责的条件,一是按行为,二是按后果。其中第1款规定,各级党委(党组)违反或者未能正确履行本办法所列职责,按照有关规定追究其相关责任;第2款规

---

① 祝捷、陈文菊:《党内法规执行责任制的理论探索与制度构造》,载《社会科学》2022年第5期。
② 邱曼丽:《领导干部责任制的发展及其完善》,载《领导科学》2019年第3期。
③ 韩卉:《贯彻落实党委意识形态工作责任制 加强西部欠发达地区地方高校意识形态工作》,《学校党建与思想教育》2016年第7期。

定有七种情形之一的,应当按结果追究责任。《党政领导干部生态环境损害责任追究办法(试行)》第5、6、7条分别规定应追究相关地方党委和政府主要领导成员责任的各种情形。其中"生态环境状况明显恶化""造成严重后果""处置不力""执行不力"等内容均指向对消极结果的惩戒,这些内容很大程度上属于事后的追责。

第三节　国家安全跨部门会商工作机制

基于当前我国面对的复合型安全风险现实以及保障国家安全的系统性思维要求,我国有待进一步推进国家安全体系和能力现代化建设,其中加速推动跨部门会商工作机制是应然之举。

一、国家安全跨部门会商工作机制的定义

会商机制本身是通过系统思维应对风险的政策工具。清代魏源所著《圣武记》卷十一中记载"四川大吏覆奏,以同城便于会商,居中易于控制。"会商本意为协商议题相关的多方行为体通过集体会议的方式共同磋商,以凝聚共识并形成行动合力,从而有效提高政策决议的合法性、有效性和一致性。会商机制则是政策决策者在决策制定或政策执行的过程中,邀请相关各方共同参与集体研究、讨论和决策的一种机制。会商制度的实施有助于促进各方合作、提高决策的民主性和科学性,对于复杂问题的开展以及综合性事务的推动具有重要意义。由此可见,会商是实现政策统一、提高行政效率的有力工具。会商机制的有效性需要通过主体的广泛参与来提高,跨部门会商有助于各部门共同贯彻落实党中央、国务院决策部署、明确工作职责、完善协同机制并提高防范能力,从而促使各部门能够各司其职、各负其责、相互配合地共同保障国家安全。

跨部门会商工作机制是指不同政府职能部门在面对国家重大事项时,进行信息共享、协调合作、共同决策的组织形式和工作流程。在这种机制下,不同职能部门根据各自的职责,围绕某一重大问题或事务进行有效沟通、协商和决策,确保各方意见得到充分反映,以达成统一决策并有效落实。跨部门会商机制通常包括部门间的定期会议、协调机构的设置、工作组的组建等形式,以便解决跨部门、跨领域的复杂问题。这一机制的核心在于通过"横向沟

通",避免各部门在处理某一问题时出现重复劳动、资源浪费或政策冲突,从而提高政府决策效率和政策执行效果。

在总体国家安全观视域下,国家安全被视为一个系统性、综合性的概念,涉及政治、经济、文化、社会、科技、军事等相互交织、相互依存的多个领域。因此,国家安全的工作不能由单一部门来承担,而需要各个政府职能部门之间加强协作与配合。

根据《国家安全法》和总体国家安全观,国家安全重大事项跨部门会商工作机制是指在面临涉及国家安全的重大问题时,相关职能部门根据各自的责任分工,开展协调、商议和决策,形成全局性、系统性的安全政策措施。其目的是为应对复杂的国家安全挑战,尤其是跨领域、跨部门的风险和威胁,提供有效的决策机制和执行保障。

该机制与传统的部门化管理模式相比,更加注重信息共享和资源整合,依托跨部门联合研判与合作机制,统一解决国家安全领域中的重大事项。例如,在应对恐怖主义、网络安全、公共卫生安全等多领域联合风险时,各职能部门需要通过跨部门会商机制形成统一的行动方案,从而应对复杂的安全问题。

二、国家安全跨部门会商工作机制的基本内涵

(一)参与主体

国家安全跨部门会商的参与方主要包括各级政府部门、相关国家安全职能部门以及其他具有相应职能的机构。具体而言,涉及国家安全的各类部门通常包括但不限于国家政府部门、地方政府及地方安全机构等。首先,中央政府部门协商从制度设计层面共同应对国家安全的多样化风险,统筹各部门协同合作。在网络安全和数据安全等风险交互的安全领域中,中央政府部门的跨部门会商能够增强决策的科学性与全面性,避免职能重叠与资源浪费。例如,在网络安全领域,工信部和公安部在技术层面有较强的知识储备,但对社会和法律的影响可能不如民政部、司法部清楚。通过跨部门协商,各部门可以共同研究、综合判断,确保决策能够全面覆盖所有潜在风险。其次,地方政府及地方安全机构确保地方安全事务能够综合协调、精准应对,对国家安全稳定起到基础性作用。在社会安全和生态安全等亟须紧急应对的安全领域中,地方政府部门的跨部门会商能够迅速高效地调动各方资源、平衡各方

利益以应对相关安全风险。国家安全的总体战略和中央政府的政策指向是国家安全治理的顶层设计,但具体到地方,各地情况不同,地方政府在执行中央政策时往往需要根据地方实际情况进行调整和完善。跨部门协商有助于确保地方政府各部门在落实中央安全政策时能够保持政策一致性,同时灵活应对地方的特殊问题。最后,特别安全领域的部门同样是国家重大事项跨部门协商的参与者,尤其是在反恐问题、国家技术问题等专业化程度较高的安全议题中,相关机构会根据自身的职能和领域参与会商,确保重大事项能够得到多角度、多层次的分析和解决。

(二)工作机制

国家安全跨部门会商的工作机制分为定期专题会商和突发性临时会商两种形式。一方面,对于长期存在且持续影响国家安全的重大事项,部门间会定期举行会议,进行信息共享和决策协调。定期会商的议题包括国家安全战略、资源配置、安全防范措施等。另一方面,当突发性事件或特别紧急的安全问题出现时,跨部门会商机制可以迅速启动,召开临时会议,快速评估风险并决定应对策略。临时会商通常涉及的内容包括自然灾害应急、突发公共事件处理、突发网络安全事件等。无论是定期会商还是临时会商,所有参与部门都会依据具体的议题进行会商,确保涉及的每一部门都能够提出专业建议,并达成统一共识。

(三)议题领域

国家安全跨部门会商的议题选择领域聚焦为跨部门跨领域的安全议题。可以会商的安全议题通常是预防性的、规划性的。例如,恐怖主义作为一种复杂的、跨领域的安全威胁,涉及多个层面的问题,包括公共安全、社会稳定、国际合作、情报交换、法律适用等方面。因此,单一部门无法有效应对恐怖主义带来的多重挑战,必须通过司法部、公安部、外交部、国家安全部等多个部门协商与合作,确保国家安全体系的有效运作。

(四)保障措施

国家安全跨部门会商的顺利进行需要建立一套高效的机制,主要包括以下几个方面:其一,明确领导和组织架构,跨部门会商通常由国家安全委员会或其他专门协调机构牵头,明确领导责任,组织各相关部门参与。其二,建立信息共享平台,各部门需要通过建立统一的信息平台,实现数据和信息的共享与传递,减少信息壁垒,提高决策效率。其三,提供法律支持与制度保障。

国家通过法律和制度框架来保障跨部门会商的合法性和规范性,确保各部门在会商过程中有明确的权利与责任,避免产生行政推诿和部门间的冲突。其四,实施督导和执行保障。跨部门会商不仅要达成决策共识,还需要对会商结果进行跟踪监督,确保政策的执行效果,防止形式化和流于空谈。

三、国家安全跨部门会商工作机制的具体规定

在既有的国家安全相关议程的决策实践中,跨部门协商机制已经初具雏形。在关于跨部门会商的工作实践中,相关部门在国家安全议题中聚焦于风险防控及跨部门共同执法等方面开展了跨部门会商工作机制。

(一)《反恐怖主义法》中的跨部门会商工作机制

在恐怖主义等安全指涉较为明显、危机破坏性辐射范围较大的国家安全议题中,我国已经逐步建立起了有助于风险防控的跨部门会商工作机制。为防范与惩治恐怖活动,加强反恐怖主义工作,《反恐怖主义法》将跨部门会商工作纳入情报信息搜集的工作之中。《反恐怖主义法》第43条第1款明确规定,在情报搜集中,"实行跨部门、跨地区情报信息工作机制,统筹反恐怖主义情报信息工作"。具体到地方相关部门的恐怖主义风险防控,该条第3款规定:"地方反恐怖主义工作领导机构应当建立跨部门情报信息工作机制,组织开展反恐怖主义情报信息工作,对重要的情报信息,应当及时向上级反恐怖主义工作领导机构报告,对涉及其他地方的紧急情报信息,应当及时通报相关地方。"

(二)《生物安全法》中的跨部门会商工作机制

在生物安全等综合安全属性较强、治理要求专业性较强的国家安全议题中,我国已经逐步建立起了有助于综合监管的跨部门会商工作机制。《生物安全法》第30条第2款明确规定:"发生重大新发突发传染病、动植物疫情,应当依照有关法律法规和应急预案的规定及时采取控制措施;国务院卫生健康、农业农村、林业草原主管部门应当立即组织疫情会商研判,将会商研判结论向中央国家安全领导机构和国务院报告,并通报国家生物安全工作协调机制其他成员单位和国务院其他有关部门。"

随着我国国家安全各领域中的法律制度逐渐完善,跨部门会商机制的建立与运行将成为我国国家安全体系和能力现代化的基石。目前,我国已经有190多部法律法规涉及国家安全议题,内容涵盖国家安全的各个领域,在国家

安全相关议题的治理与执法过程中,跨部门会商机制的建立与运行不仅有助于各安全议题的综合防控,同样也将推动各个领域安全执法的衔接与互补。

第四节 国家安全协同联动机制

国家安全是国家生存与发展的基石,在当今全球化、信息化的时代背景下,国家安全面临前所未有的挑战与威胁。传统安全威胁与非传统安全威胁相互交织,国内安全与国际安全相互影响,单一部门已难以应对复杂多变的国家安全形势。因此,构建国家安全协同联动机制成为必然要求。

一、国家安全协同联动机制的定义

(一)协同联动工作机制的定义

协同联动机制是整合多部门资源、共同应对安全危机的工作机制。所谓协同,是指国家为使中央与地方之间、部门之间、军地之间、地方之间能分工合作、协同一致地开展维护国家安全工作所进行的各类活动。[①] 协同机制通过整合具有国家安全职能的部门、人员及参与主体,构建完整的国家安全工作体系,从而保证整个国家安全工作体系有条不紊、井然有序地运行。所谓联动,是指国家安全工作各参与主体联合行动、步调一致、互相配合,以实现共同维护国家安全的目标。协同的目的是联动,协同是过程和手段,联动是目的和结果。协同联动机制的特征为信息共享、目标一致、资源整合、责任共担。

(二)国家安全协同联动工作机制的定义

《国家安全法》第49条明确规定:"国家建立中央与地方之间、部门之间、军地之间以及地区之间关于国家安全的协同联动机制。"《国家安全法》第62条和第63条分别规定:"国家建立统一领导、协同联动、有序高效的国家安全危机管控制度。""发生危及国家安全的重大事件,中央有关部门和有关地方根据中央国家安全领导机构的统一部署,依法启动应急预案,采取管控处置措施。"

增强工作协同性已经成为新时代国家安全工作的中心任务,在《国家安

---

① 徐行、王利平:《政党统合的协同监督:党和国家监督体系的优化进路》,载《学习论坛》2024年第6期。

全法》中突出协同性特征是国家对国家安全整体特征的法治回应、对国际风险复杂形势的战略统筹。习近平在二十届中央国安委第一次会议上强调："要加快推进国家安全体系和能力现代化,突出实战实用鲜明导向,更加注重协同高效、法治思维、科技赋能、基层基础,推动各方面建设有机衔接、联动集成。"[①]国家安全法对于协同联动工作机制的规定与强调始终未曾离开安全的整体性、系统性与协同性,这是国家安全法律体系建设对新时代总体国家安全观的法治回应。国家安全是全民事业,需要各方面密切配合、协调行动,国家安全法对国家安全协同联动机制的确立进一步强调了国家安全的高度统一和综合性,这有助于推动国家安全工作在具体执行中保持统一领导、统一指挥,有助于加强党委统筹、政府协调、军地联动、部门协同、社会参与,从而汇聚起维护国家安全的强大合力。

二、国家安全协同联动机制的基本内涵

协同联动工作机制是构建国家安全体系和能力现代化建设的关键环节,该机制体现了国家安全治理在主体多元化、对象复合化及方式集成化方面的特征,这是国家安全实践六要素凝结为安全共同体以实现维护国家安全目标的关键体现。[②]

(一)参与主体

协同联动机制的参与主体包括中央政府部门、地方政府及相关职能部门以及社会力量等。首先,中央政府部门包括直接负责国家安全的有关部门,如公安部、国家安全部、外交部、工信部、应急管理部、网信办等,这些部门依据各自职能分别负责不同领域的安全保障。其次,地方政府及相关职能部门是国家安全治理的具体执行层面,负责在本地范围内落实国家安全政策和措施。最后,部队等在内维护国家安全的机构亦需要同中央政府部门、地方政府对国家安全具体事务进行协同联动。此外,企事业单位、民间组织等同样是协同联动机制的行为主体,尤其是在涉及社会安全、网络安全等领域时,社

[①] 《习近平主持召开二十届中央国家安全委员会第一次会议》,https://www.gov.cn/yaowen/liebiao/202305/content_6883803.htm,2024 年 12 月 28 日访问。

[②] "国家安全实践"是指:国家安全主体在国家安全实践环境条件下,利用国家安全体系,发挥国家安全能力,统筹协调国家安全关系,维护国家重大利益的过程。"国家安全实践的六要素"是指:国家安全实践主体、国家安全体系、国家安全能力、国家安全关系、国家重大利益和国家安全实践环境。参见王秉等:《复杂性时代的国家安全学新范式:构建国家安全复杂学》,载《国际安全研究》2023 年第 4 期。

会力量的合作愈发重要。

（二）工作机制

协同联动机制的工作机制包括信息共享、资源协调、联合行动、政策协调等方面，在针对具体的安全危机发生时，各行为主体通过上述方式共同保障国家安全。信息共享是指各部门之间建立高效的信息沟通渠道，实现情报、数据、政策等信息的共享与流通；资源协调是指不同部门在资源配置、预算支持、人员调配等方面进行协调，避免资源重复投入或浪费；联合行动是指在重大突发事件或安全威胁发生时，不同部门根据预定方案或应急机制展开联合行动，包括联合指挥、联动执行等；政策协调是指各部门根据国家总体安全战略进行政策调整，确保各自行动与国家安全大局的一致性。

（三）议题领域

协同联动机制的议题领域包括突发公共事件、跨领域安全威胁、国际安全合作等综合性安全议题。例如，网络安全威胁的复杂性和跨区域特征使得中央与地方政府之间的协同联动至关重要。在遭遇大规模网络攻击时，如勒索病毒的传播，中央政府通过网信办、工信部等机构发出紧急预警，指导地方政府迅速采取防护措施。同时，地方政府结合本地实际情况，协调地方网络安全团队、公安部门以及互联网企业，实施具体的应急响应措施。中央与地方形成纵向协同体系，通过信息共享、技术支持、资源调配实现全域安全覆盖，从而有效减缓网络攻击的蔓延，最大限度减少潜在损失。此种协同联动机制不仅提升了应急响应效率，也强化了对地方网络安全管理的指导和监督。

（四）保障措施

国家安全协同联动机制的有效运行，需要制度保障、组织保障、技术保障等多方面共同维系。制度保障需要通过立法和政策文件明确协同联动的制度框架；组织保障需要建立统一指挥和协调机构确保决策和指挥的统一性；技术保障需要利用现代信息技术，建立高效的信息共享和分析平台，提升跨部门协同效率；人员保障需要通过定期培训、演习等方式提高跨部门工作人员的专业素养和协同能力。

三、国家安全协同联动机制的具体规定

在实际工作中，我国不少部门之间已经就关乎国家安全的重点领域、重点环节建立了协同联动机制，尤其是在推进建立国家安全情报信息工作协调

机制、完善国家安全风险评估机制、国家安全审查和监管制度、国家安全危机管控制度、国家安全保障体系等具体实践中，国家安全工作合力的增强和整体效能的提高都伴随着协同联动机制的建立而得以实现。

(一)《反恐怖主义法》中的协同联动机制

我国在信息情报工作中已经建立起充分的协同联动机制，这大幅增强了我国在应对恐怖主义威胁中的预判能力。《反恐怖主义法》第8条第3款明确规定："有关部门应当建立联动配合机制，依靠、动员村民委员会、居民委员会、企业事业单位、社会组织，共同开展反恐怖主义工作。"具体而言，公安机关、国家安全机关、人民检察院、人民法院、司法行政机关以及其他有关国家机关，根据分工实行工作责任制，依法做好反恐怖主义工作。同时，中国人民解放军、中国人民武装警察部队和民兵组织依照该法和其他有关法律、行政法规、军事法规以及国务院、中央军委的命令，并根据反恐怖主义工作领导机构的部署，防范和处置恐怖活动。

(二)《生物安全法》中的协同联动机制

《生物安全法》第21条规定："国家建立统一领导、协同联动、有序高效的生物安全应急制度。国务院有关部门应当组织制定相关领域、行业生物安全事件应急预案，根据应急预案和统一部署开展应急演练、应急处置、应急救援和事后恢复等工作。县级以上地方人民政府及其有关部门应当制定并组织、指导和督促相关企业事业单位制定生物安全事件应急预案，加强应急准备、人员培训和应急演练，开展生物安全事件应急处置、应急救援和事后恢复等工作。中国人民解放军、中国人民武装警察部队按照中央军事委员会的命令，依法参加生物安全事件应急处置和应急救援工作。"

2021年印发的《"十四五"国家应急体系规划》中进一步明确提出，推动"形成统一指挥、专常兼备、反应灵敏、上下联动的中国特色应急管理体制，建成统一领导、权责一致、权威高效的国家应急能力体系"。这一规定大幅提高了国家安全科学决策水平；落实了国家安全工作督促检查和责任追究机制，提升维护国家安全执行效能。

整体而言，国家安全协同联动机制在主体架构、信息共享、责任明确等方面的制度设计为多部门协同合作提供了坚实的框架支撑，对国家安全能力建设有着不可替代的重要意义。具体而言，从情报预警到应急处置，再到国家安全体系的整合优化，国家安全协同联动机制都形成了维护国家安全稳定、护航国家发展、保障民生福祉的三维价值矩阵。

第五节 国家安全决策咨询机制

一、国家安全决策咨询机制的概念及意义

(一) 国家安全决策咨询机制的概念

《国家安全法》第50条规定:"国家建立国家安全决策咨询机制,组织专家和有关方面开展对国家安全形势的分析研判,推进国家安全的科学决策。"该条是关于国家安全决策咨询机制的规定。党和国家历来重视决策咨询工作,2012年11月,党的十八大报告提出:"坚持科学决策、民主决策、依法决策,健全决策机制和程序,发挥思想库作用。"2013年11月,党的十八届三中全会通过的《中共中央关于全面深化改革若干重大问题的决定》明确提出:"加强中国特色新型智库建设,建立健全决策咨询制度。"2015年1月,中共中央办公厅、国务院办公厅印发《关于加强中国特色新型智库建设的意见》,为建立健全决策咨询制度提供重要智力支撑。决策咨询是以专业知识、信息和经验为资源,针对客户需求提供解决方案或决策建议的智力服务活动。[1] 决策咨询是针对具有战略性、全局性、综合性决策开展的咨询工作。[2] 国家安全决策咨询机制是以服务党和政府科学民主依法决策为宗旨,对重大国家安全问题进行系统性研究分析,为国家安全重大决策提供政策咨询的制度。

(二) 国家安全决策咨询机制的意义

国家安全决策咨询机制是国家安全决策体系的重要组成部分,旨在通过汇聚专家智慧和各方面力量,为国家安全决策提供有力支持。《国家安全法》第50条的规定,强调了国家安全决策的科学性和专业性,通过建立决策咨询机制,确保国家安全决策能够在充分听取专家意见和各方面信息的基础上进行。这不仅有助于提高国家安全决策的质量,也有助于增强国家安全工作的系统性和有效性。通过这种机制,国家能够更好地应对复杂多变的国际国内环境,维护国家长治久安。

---

[1] 李研、郝君超:《关于完善我国科技决策咨询制度的若干思考和建议》,载《科技进步与对策》2014年第17期。

[2] 黄力、詹德优:《我国决策咨询研究述评》,载《情报理论与实践》2006年第4期。

二、国家安全决策咨询机制的核心要义

（一）国家安全决策咨询的组织机构

为保障决策咨询活动的规范化和法治化，首先需要建立为决策者服务的专业化机构。这种专业化机构一般称为"专家委员会"或"决策咨询委员会"。如《核安全法》第 34 条规定："国务院核安全监督管理部门成立核安全专家委员会，为核安全决策提供咨询意见。制定核安全规划和标准，进行核设施重大安全问题技术决策，应当咨询核安全专家委员会的意见。"《生物安全法》第 12 条规定："国家生物安全工作协调机制设立专家委员会，为国家生物安全战略研究、政策制定及实施提供决策咨询。国务院有关部门组织建立相关领域、行业的生物安全技术咨询专家委员会，为生物安全工作提供咨询、评估、论证等技术支撑。"其人员以专家学者为主，也包括政府及其职能部门人员，还可吸收民间机构的人员。实践中，专家委员会的成员构成可分为三种类型：其一，完全由专家组成。例如，国家食品安全风险评估专家委员会由医学、农业、食品、营养、生物、环境等方面的专家组成。其二，由专家和行政机关"席位制"代表组成。例如，国家农作物品种审定委员会主任委员会的成员除相关领域的专家之外，还包括农业农村部种业管理司、科技教育司、种植业管理司、全国农技中心、科技发展中心的行政官员。其三，由专家、行政机关"席位制"代表和利益群体代表组成。例如，食品安全国家标准审评委员会下设若干专业委员会，其成员包括相关领域的专家、国务院有关部门的代表以及消费者协会的代表。[①]

（二）国家安全决策咨询机制的核心工作

根据《国家安全法》第 50 条关于国家安全决策咨询机制的相关规定，国家安全形势的分析研判是国家安全决策咨询机制的核心工作。这一工作包括以下几个方面的内容：一是情报收集与评估，即收集国内外与国家安全相关的各类信息，进行深入分析和评估。现代智库既是提供解决方案的智库，又是提供决策信息的信息库，现代智库要实现创新发展，必须吸纳情报学中数据搜集、处理乃至分析的方法流程，才能在新的国家治理模式中继续发挥作

---

① 宋华琳、郑琛：《探寻专家委员会成员构成与遴选的行政法治路径》，载《河北法学》2024 年第 10 期。

用。① 目前，我国知名智库越来越重视情报信息搜集、整理、研判等工作。二是趋势预测，即根据现有信息，预测未来国家安全形势的发展趋势。我国情报机构以分析竞争对手以及战略环境、发展趋势预测为研究重点，支撑和引领战略决策。② 其中趋势预测需要信息、技术以及自然科学类人才的参与，需运用大数据、云计算等现代化信息技术手段开展定量分析。三是策略制定与评估，基于分析研判的结果，制定相应的国家安全策略和应对措施，并进行效果评估。以提出解决方案为努力方向的智库工作侧重于提供具有现实性、针对性和可操作性的对策建议。

（三）国家安全决策咨询机制的建设路径

加强国家安全决策咨询机制建设，关键是把握好以下几个方面：

第一，坚持中国共产党的领导，坚持中国特色社会主义方向，遵守国家宪法法律法规，始终以维护国家利益和人民利益为根本出发点，立足我国国情，充分体现中国特色、中国风格、中国气派。与传统西方智库相比，新型智库最显著的差异在于，它始终坚持中国共产党的领导地位，秉持着社会主义前进的方向，遵循着民主集中制的原则；同时，其根本目标在于为党和国家治理提供服务，解决新时代中国面临的新问题和新矛盾。③

第二，坚持围绕大局，服务中心工作。当前国际局势正发生深刻变革，因此，我国公共决策过程的复杂性也急剧增加。在此背景下，习近平明确了智库研究的必要前瞻性，从而为新时代智库建设提供了明确的价值指引。应紧紧围绕党和政府决策急需的重大课题，围绕维护国家安全的重大任务，开展前瞻性、针对性、储备性政策研究，提出专业化、建设性、切实管用的政策建议，着力提高综合研判和战略谋划能力。

第三，坚持科学精神，鼓励大胆探索。坚持求真务实，理论联系实际，强化问题意识，提倡不同学术观点、不同政策建议的切磋争鸣、平等讨论，积极建言献策，创造有利于专家学者和智库发挥作用、积极健康向上的良好环境。④

---

① 栗琳：《情报机构视域下情报、智库与战略决策关系透析》，载《情报资料工作》2020年第5期。
② 同上。
③ 任恒、黄欣欣：《习近平智库观的生成历程、理论内涵及特征意蕴》，载《北京工业大学学报（社会科学版）》2024年第5期。
④ 郑淑娜主编：《〈中华人民共和国国家安全法〉导读与释义》，中国民主法制出版社2016年版，第248页。

第九章　国家安全风险防控

维护国家安全,应把握现代社会的"风险社会"属性,着力于"风险治理",做好国家安全风险防控。国家安全风险防控包括国家安全风险的防范与国家安全风险的控制两个方面,正如习近平指出:"既要有防范风险的先手,也要有应对和化解风险挑战的高招;既要打好防范和抵御风险的有准备之战,也要打好化险为夷、转危为机的战略主动战。"①新时代新征程,国家安全面临新问题新挑战,我们要"坚持底线思维,增强忧患意识,提高防控能力,着力防范化解重大风险"②。《国家安全法》在第四章"国家安全制度"第三节"风险预防、评估和预警"详细阐述了国家安全风险预防、评估和预警制度。党的二十大报告对"健全国家安全体系"作出战略部署,强调要完善风险监测预警体系、国家应急管理体系。《中共中央关于进一步全面深化改革、推进中国式现代化的决定》提出,"完善国家安全法治体系、战略体系、政策体系、风险监测预警体系"。

第一节　国家安全风险监测

一、国家安全风险监测的概念

(一) 风险监测的概念

1. 风险的概念

《现代汉语词典》将风险解释为"可能发生的危险"③。风险(risk)一词在17世纪60年代进入英语中,它的来源是意大利语词汇 risicare,意思是"敢于"。④ 乌尔里希·贝克(Ulrich Beck)认为风险概念与自反性现代化概念密

---

① 《习近平谈治国理政》第三卷,外文出版社2020年版,第73页。
② 同上书,第219页。
③ 《现代汉语词典》(第7版),商务印书馆2016年版,第391页。
④ 〔挪〕马文·拉桑德,斯坦·豪根:《风险评估:理论、方法与应用》(第2版),刘一骝、杨雪译,清华大学出版社2022年版,第12页。

切相关。在他看来,风险有别于传统的危险,风险可被定义为以系统的方式应对由现代化自身引发的危险和不安。① 根据知名风险研究专家卡普兰(Kaplan)和加里克(Garrick)的观点,我们可以将风险理解为关于下列三个问题的总体答案:(1)会有什么问题发生?(2)发生的可能性有多大?(3)后果是什么?②

2. 风险与安全

在中国,安全被理解为"没有危险"③"没有危险、不受威胁"④"没有危险;不受威胁;不出事故"⑤。在国外,安全首先是一种状态,其中风险在合理可行的范围内尽量低(as low as reasonably practicable,ALARP),而剩余的风险基本上可以接受。⑥即安全被理解为一个相对概念,如果风险可接受,则是安全的。此外,《国际社会科学百科全书》给安全下的定义是:"安全是国家保卫其内部价值不受外部威胁的能力"。英国著名安全学者巴里·布赞(Barry Buzan)认为,安全是"对免于威胁的追求",显示"保卫国家和领土完整,反对敌对势力的能力",创造更强大的国家是个体和国家安全的必要条件。⑦可见,状态和能力是用以界定安全概念的两个重要维度。

3. 风险监测的概念

正如贝克所言,风险在扩散过程中展现出了具有社会意义的"回旋镖效应",就算是豪门富户也难逃风险的侵害。⑧风险社会背景下,一方面,人造风险日益占据主导地位;另一方面,外部风险还将长期存在,且与人造风险相互交织。⑨随着数字时代的到来,数字社会在为风险社会、开放社会、多元社会的

---

① 〔德〕乌尔里希·贝克:《风险社会:新的现代性之路》,张文杰、何博闻译,译林出版社2018年版,第7页。
② 〔挪〕马文·拉桑德、斯坦·豪根:《风险评估:理论、方法与应用》(第2版),刘一骝、杨雪译,清华大学出版社2022年版,第13页。
③ 《现代汉语词典》(第7版),商务印书馆2016年版,第7页。
④ 唐永胜、刘庆主编:《国家安全战略概论》,时事出版社2024年版,第13页。
⑤ 黄大慧主编:《国家安全学基础理论》,时事出版社2024年版,第21页。
⑥ 〔挪〕马文·拉桑德、斯坦·豪根:《风险评估:理论、方法与应用》(第2版),刘一骝、杨雪译,清华大学出版社2022年版,第37页。
⑦ 王秉:《国家安全系统学导论》,科学出版社2024年版,第171页。
⑧ 〔德〕乌尔里希·贝克:《风险社会:新的现代性之路》,张文杰、何博闻译,译林出版社2018年版,第29页。
⑨ 严佳、张海波:《公共安全及其治理:理论内涵与制度实践》,载《南京社会科学》2022年第12期。

矛盾提供虚拟出口时,也放大和强化了现实的矛盾。①对"乌卡时代(VU-CA)"②的正确认识是防范、化解当前重大风险的关键,因其有别于"风险社会"传统特征,所以其潜在的复杂性、易变性、模糊性、不确定性对风险治理的影响更为明显。③在此背景下,亟须加强风险监测。由于监测是指监视检测,④风险监测就是对风险的监视检测,而这种监视检测不是无的放矢,需要建立在对风险规律把握的基础上,正如习近平指出:"维护网络安全,首先要知道风险在哪里,是什么样的风险,什么时候发生风险,正所谓'聪者听于无声,明者见于未形'"⑤。

(二)国家安全风险监测的概念

1. 国家安全风险的概念

关于"国家安全"的概念和内涵,世界各国并无定论,总体上有"状态说""能力说""行为说"三类观点。⑥《国家安全法》第 2 条对"国家安全"作了规定,它是指"国家政权、主权、统一和领土完整、人民福祉、经济社会可持续发展和国家其他重大利益相对处于没有危险和不受内外威胁的状态,以及保障持续安全状态的能力"。从这条规定出发,国家安全风险应是指与国家政权、主权、统一和领土完整、人民福祉、经济社会可持续发展和国家其他重大利益有关的各种风险。有学者认为,在一般语境中,风险一词是中性的,但在国家安全语境中,国家安全风险强调负面影响,具有威胁、国家安全事件与国家重大利益损失三个存在因果关系的构成要素。⑦有学者将国家安全风险归入"危害国家安全因素",危害国家安全因素指向国家重大利益,是建立国家安全关系的必要要素,是国家安全工作所要应对和处理的主要问题,理应成为中华人民共和国国家安全法学不可或缺的基本范畴。⑧

2. 国家安全风险的类别

当前和今后一个时期是我国各类矛盾和风险易发期,各种可以预见和难

---

① 童星:《中国社会治理》,中国人民大学出版社 2018 年版,第 99—100 页。
② VUCA 是 volatile、uncertain、complex、ambiguous 的缩写。乌卡时代是指我们正处于一个易变性、不确定性、复杂性、模糊性的世界里。
③ 曹海军:《新时代国家安全视域下重大风险的防范化解》,载《社会科学辑刊》2023 年第 4 期。
④ 《现代汉语词典》(第 7 版),商务印书馆 2016 年版,第 633 页。
⑤ 习近平:《论党的宣传思想工作》,中央文献出版社 2020 年版,第 203—204 页。
⑥ 唐永胜、刘庆主编:《国家安全战略概论》,时事出版社 2024 年版,第 15—17 页。
⑦ 王秉:《国家安全系统学导论》,科学出版社 2024 年版,第 13—14 页。
⑧ 李翔:《新时代国家安全法学论纲》,载《中国法学》2024 年第 3 期。

以预见的风险因素明显增多,各种风险挑战不断积累甚至集中显露。我们面临的风险也是多方面的,有外部风险,也有内部风险;有一般风险,也有重大风险。①

(1) 传统的国家安全风险

传统的国家安全风险,是指发生在物理和社会二元空间,集中于政治、军事领域,涉及国土、主权和政权的安全风险。在漫长的历史发展进程中,我们面临的更多是传统意义上的风险,其主要表现形式为自然灾害。

(2) 非传统的国家安全风险

随着大数据、云计算、移动互联网、人工智能、5G、区块链等现代信息技术的迅速发展和广泛应用,我国已步入数字时代和智能社会。然而,"技术从来就是好坏参半",它"既赋予我们创造性,也赋予我们毁灭性"②。国家安全面临新的风险。党的十八大以来,在总体国家安全观指引下,我国国家安全领域不断拓展,形成政治、军事、国土、经济、金融、社会、文化、生态、科技、能源、资源、粮食、网络、数据、生物、海洋、太空、极地、深海、海外利益、人工智能等二十多个重点安全领域。除了政治、军事、国土之外的非传统国家安全风险时有发生且更为严峻。

3. 国家安全风险监测的概念

国家安全风险治理要从风险监测开始。而要做好监测,必须了解风险源在哪里。有学者认为,国家安全风险源分为三类:第一类风险源是国家安全风险(威胁/危险),第二类风险源是国家安全体系和能力缺陷,第三类风险源是脆弱国家重大利益。③密切关注各类风险源,全面掌握国家安全态势,是国家安全治理的先决条件。有学者基于国家安全系统视角,提出了集国家间冲突情景感知、数据收集与预处理、风险预测于一体的国家间冲突风险监测预警模型。④ 也有学者在情报感知的视角下,探索国家安全情报工作的新理念、新思路和新方法,构建了集数据感知、情报刻画、态势感知和情报响应于一体的面向国家安全风险的情报感知理论模型,推进风险监测预警能力提升。⑤

---

① 中共中央宣传部、中央国家安全委员会办公室编:《总体国家安全观学习纲要》,学习出版社、人民出版社 2022 年版,第 129 页。
② 马长山:《人工智能的社会风险及其法律规制》,载《法律科学》2018 年第 6 期。
③ 王秉:《国家安全系统学导论》,科学出版社 2024 年版,第 87 页。
④ 姚梦娇等:《国家间冲突风险监测预警模型构建及应用研究》,载《情报杂志》2024 年第 4 期。
⑤ 王明程、李勇男:《面向国家安全风险的情报感知理论模型构建研究》,载《情报杂志》2024 年第 1 期。

根据《国家安全法》第 57 条的规定,我国致力于完善国家安全风险监测预警机制,依据国家安全的不同风险程度,及时发布相应的风险预警信息。监测是实现准确预警和有效风险管理的前提。由于不同领域的国家安全风险产生的原因和发展趋势各异,各级政府和相关部门必须迅速收集相关信息,并针对不同性质的风险,建立常态化的监测系统。这一系统通过精确划分监测区域和确定监测项目,实现对风险的实时监控,从而为防范、化解和控制风险奠定基础。

二、国家安全风险监测的体系

(一)国家安全风险监测意识

国家安全风险监测意识是指对可能威胁国家安全的各种风险进行监测的意识。这种意识是维护国家安全的重要基础,涉及对国内外各种风险因素的识别、评估和应对。国家安全风险监测意识的建立对于维护国家安全至关重要。在当前复杂的国际形势下,国际关系的不确定性和不稳定因素显著增加,大国博弈、地区危机等影响使得世界格局与国际安全秩序调整愈加复杂。国内方面,国家安全体系仍需完善,应对重大突发风险事件的应急管理能力有待加强,社会资源供给的系统性风险也不容忽视。

国家安全风险监测不仅仅是国家安全部门的事情,它要求维护国家安全的各个主体都要有风险意识和风险识别的能力。国家需要加强全社会范围内的宣传和教育,在校园、社区、企业等场所开展丰富多彩的宣传活动,提醒人们保持警觉,自觉做好监测工作。

(二)国家安全风险监测主体

国家安全部门负有国家安全风险监测的职责,根据《反间谍法》第 36 条第 1 款的规定,国家安全机关发现涉及间谍行为的网络信息内容或者网络攻击等风险,应当依照《网络安全法》规定的职责分工,及时通报有关部门,由其依法处置或者责令电信业务经营者、互联网服务提供者及时采取修复漏洞、加固网络防护、停止传输、消除程序和内容、暂停相关服务、下架相关应用、关闭相关网站等措施,保存相关记录。

国家安全风险监测工作不仅仅是国家安全机关和公安机关的职责,在总体国家安全观视域下,各个安全领域都应进行常态化风险监测,所涉的相关职能部门都是风险监测主体,这些机构需明确各自的职责和权限,加强协调配合,形成工作合力。《网络安全法》第 54 条规定,网络安全事件发生的风险增大时,省级以上人民政府有关部门应当按照规定的权限和程序,并根据网络安全风险的特点和可能造成的危害,要求有关部门、机构和人员及时收集、报告有关信息,加强对网络安全风险的监测。面对日益多元复杂的国家安全风险,监测的主体也应多元化,以反间防谍为例,国家安全情报不应局限于"国家安全机关以维护国家政权安全为核心的认知对抗活动"[1],在情报工作主体上,既包括国家安全机关和公安机关情报机构、军事情报机构(统称"国家情报工作机构"),也包括其他承担情报职责的政府机构以及社会情报机构。[2]

(三) 国家安全风险监测制度

国家安全风险监测制度是国家安全保障体系的重要组成部分,旨在通过科学的方法和手段,对国家面临的各种安全风险进行实时监测、动态评估和及时预警,以确保国家安全、社会稳定和持续发展。首先,这一制度有相关法律法规作为依据。例如,《国家安全法》等法律文件为监测工作提供了明确的指导和规范,确保监测活动的合法性和有效性。其次,这一制度的落实也需要人力、物力与财力的保障。为保障国家安全风险监测制度的顺利实施,国家需投入足够的人力资源和物质资源,包括培养专业的监测人员、建设完善的监测设施以及提供必要的经费支持等。

1. 监测对象和范围

根据《国家安全法》第 2 条,国家安全风险监测针对的是可能危害国家政权、主权、统一和领土完整、人民福祉、经济社会可持续发展和国家其他重大利益的各种风险。这些风险可能来自国内或国外,包括政治、经济、军事、社会、文化、科技、生态等多个领域。

2. 监测方法和手段

为有效实施国家安全风险监测,国家会运用多种科学方法和先进技术手段进行数据的收集、整理、分析和研判。其中包括但不限于情报侦察、大数据分析、云计算、人工智能等,以提高监测的准确性和时效性。数字时代的国家安全风险监测可以充分依靠科技赋能。例如,建立国家安全风险监测数据信

---

[1] 赵冰峰:《情报学:服务国家安全与发展的现代情报理论》,金城出版社 2017 年版,第 247 页。
[2] 高金虎:《论情报的定义》,载《情报杂志》2014 年第 3 期;包昌火等:《Intelligence 视域下的中国情报学研究》,载《情报杂志》2015 年第 12 期;高金虎:《从"国家情报法"谈中国情报学的重构》,载《情报杂志》2017 年第 6 期,转引自李翔:《新时代国家安全法学论纲》,载《中国法学》2024 年第 3 期。

息平台,构建国家安全风险监测模型,为夯实国家安全情报能力,进而构建全域联动、立体高效的国家安全防护体系提供支撑。

3. 监测机制和氛围

国家安全风险监测体系的有效运作还依赖于各部门之间的协调配合和信息共享。相关政府部门需按照职责分工,密切协作,共同应对各类安全风险。通过建立完善的信息共享机制,实现风险信息的实时传递和全面共享,合力提高风险应对的及时性和有效性。有关部门建立国家安全风险监测会商机制,根据工作需要,会商分析风险监测结果。会商内容主要包括:通报国家安全风险监测结果分析研判情况;通报新发现的国家安全风险信息;通报有关国家安全隐患核实处置情况;研究解决风险监测工作中的问题。

国家安全风险监测工作不仅需要政府部门的努力,还需要社会各界的广泛参与和监督。通过加强国家安全宣传教育、提高公众的国家安全意识以及建立举报奖励机制等措施,可以形成全社会共同维护国家安全的良好氛围。

第二节 国家安全风险评估

一、国家安全风险评估的概念

(一)风险评估的概念

评估是指评议估计;评价。① 风险评估是指计划、准备、执行、报告风险分析,针对风险接受准则对风险分析结果进行评价的过程。② 风险评估包括了风险分析和风险评价,可以说是这两者的组合。

在我国,在政策、项目、活动的制定或实施之前,要求进行规范化的社会稳定风险评估,即通过全面科学地分析可能影响社会稳定的因素,预测其损害程度,预估责任主体的承受能力,进而综合评定风险等级。③风险评估应当以风险监测和监督管理信息、科学数据以及其他有关信息为基础,坚持全面、客观、公正的法则,遵循科学性、透明度、谨慎性的原则进行。开展风险评估主要是为实施后续的安全风险管理措施提供科学支撑。

---

① 《现代汉语词典》(第7版),商务印书馆2016年版,第1009页。
② 〔挪〕马文·拉桑德,斯坦·豪根:《风险评估:理论、方法与应用》(第2版),刘一骝、杨雪译,清华大学出版社2022年版,第43页。
③ 唐钧:《社会稳定风险评估与管理》,北京大学出版社2015年版,第15页。

(二) 国家安全风险评估的概念

《国家安全法》第56条规定:"国家建立国家安全风险评估机制,定期开展各领域国家安全风险调查评估。有关部门应当定期向中央国家安全领导机构提交国家安全风险评估报告。"

国家安全风险评估是指对国家面临的各种威胁和风险进行系统、科学、全面的评价和估量工作,旨在保护和维护国家的安全利益,识别潜在的安全风险,预测可能的威胁和灾难,并为决策者提供制定相应应对策略的参考依据。

和传统的社会风险相比,数字社会面临的风险更具隐蔽性、分散性,给国家安全带来的危害往往是潜在的、不易察觉的。因而,做好国家安全风险评估就尤为重要和必要。这里所说的风险,既包括可预期的,也包含未知的;既有物质上的,也可能是精神层面的。例如,数据泄露新型损害因其继发性、无形性以及不易计量性等特点而更难识别与评估,甚至还可能被滥用。[1]

二、国家安全风险评估的体系

(一) 国家安全风险评估意识

习近平指出:"我们必须坚持统筹发展和安全,增强机遇意识和风险意识,树立底线思维,把困难估计得更充分一些,把风险思考得更深入一些,注重堵漏洞、强弱项,下好先手棋、打好主动仗,有效防范化解各类风险挑战,确保社会主义现代化事业顺利推进。"[2]新时代国家安全是一项涵盖内外部,涉及各领域、各部门、各条线,全方位、多层次的总体性工作。[3]积极贯彻落实总体国家安全观,要牢固树立风险评估意识。国家安全相关法律对风险评估作了规定,例如,《保守国家秘密法》第30条第3款规定:"涉密信息系统应当按照规定,经检查合格后,方可投入使用,并定期开展风险评估。"除了评估外在风险和单一风险外,尤其要注意考察各类风险挑战内外联动、累积叠加的可能。风险评估应形成评估报告,报送有关部门。例如,《数据安全法》第30条规定:"重要数据的处理者应当按照规定对其数据处理活动定期开展风险评

---

[1] 解正山:《数据泄露损害问题研究》,载《清华法学》2020年第4期。
[2] 习近平:《关于〈中共中央关于制定国民经济和社会发展第十四个五年规划和二〇三五年远景目标的建议〉的说明》,载中共中央党史和文献研究院编:《十九大以来重要文献选编》(中),中央文献出版社2021年版,第784—785页。
[3] 李建伟:《总体国家安全观的理论要义阐释》,载《政治与法律》2021年第10期。

估,并向有关主管部门报送风险评估报告。风险评估报告应当包括处理的重要数据的种类、数量,开展数据处理活动的情况,面临的数据安全风险及其应对措施等。"

(二)国家安全风险评估主体

国家安全风险评估是专业性技术性非常强的工作,需要由专门机构来完成。我国自2013年设立中央国安委后,就拥有了应对国内外综合安全和制定国家安全战略的顶层运作机制。在中央国安委的领导下,各成员单位各负其责,共同做好风险评估工作。例如,国家安全部负责对国家重要领域、关键基础设施的安全风险进行评估,并提出相应的防范措施。该机构直属于国务院,其作出的风险评估在国家安全领域具有重要的权威性和决策参考价值。

《网络安全法》第17条规定:"国家推进网络安全社会化服务体系建设,鼓励有关企业、机构开展网络安全认证、检测和风险评估等安全服务。"《数据安全法》第18条规定:"国家促进数据安全检测评估、认证等服务的发展,支持数据安全检测评估、认证等专业机构依法开展服务活动。国家支持有关部门、行业组织、企业、教育和科研机构、有关专业机构等在数据安全风险评估、防范、处置等方面开展协作。"

在网络、数据、信息安全等重要领域,由国家相关部门授权或认可的机构,拥有较高的专业能力和行业认可度。例如:

(1)中国信息安全测评中心:是中央批准成立的国家信息安全权威测评机构,自1998年创立以来,依照国家法律法规和标准,形成对党政机关、国家关键基础设施以及大型央企进行风险评估的工作体系。

(2)国家保密局涉密信息系统安全保密测评中心:于2002年6月正式成立并开展工作,受国家保密局领导和专家委员会技术指导,依据国家保密标准和规范,对涉密信息系统进行安全保密测评,测评结果作为保密部门审批涉密信息系统的依据。

(3)公安部网络安全等级保护评估中心:成立于2003年7月,是由国家网络安全主管部门为建立网络安全等级保护制度、构建国家网络安全保障体系而专门批准成立的专业技术支撑机构,主要任务是依据国家网络安全等级保护制度的相关政策、标准和规范,对国家关键信息基础设施和重要信息系统的安全保护状况进行权威测评。

除了以上机构,还有一些其他重要部门和单位也有安全风险评估的相关职责,例如军事部门、交通运输部门等都会对相关领域的安全风险进行评估和管理。总体来说,我国的安全风险评估机构体系相对完善,能够为国家安全和社会稳定提供有力支持。

(三) 国家安全风险评估制度

身处风险社会,为更好应对国家安全风险挑战,我们必须常态化开展风险评估,建立起科学的评估制度,并完善相应的评估机制。《反恐怖主义法》第41条规定:"国务院外交、公安、国家安全、发展改革、工业和信息化、商务、旅游等主管部门应当建立境外投资合作、旅游等安全风险评估制度,对中国在境外的公民以及驻外机构、设施、财产加强安全保护,防范和应对恐怖袭击。"具言之,国家安全风险评估应当明确评估主体、评估对象、评估原则、评估指标、评估流程和评估方法等,真正做到风险评估有据可依,实现制度化规范化。

1. 评估对象

(1) 传统的国家安全风险评估:对包括政治、军事等传统安全领域的风险进行评估,例如地缘政治博弈、领土主权争议、战略武器扩散、军事同盟演变、意识形态风险、政权稳定性等。对这些安全威胁进行深入分析,预测可能出现的安全问题,为决策者提供战略决策的依据。

(2) 非传统的国家安全风险评估:对包括经济、社会、科技、文化、生态等非传统安全领域的风险进行评估,例如半导体供应链、金融安全阀、数字基础设施、数据主权边界、网络信息安全、认知战战场、人口结构问题、生物安全防线、气候临界点等。评估这些新兴的国家安全风险对国家发展、社会稳定、民众福祉等方面的影响。

(3) 国家安全风险应对体系和能力评估:评估国家应对风险的安全体系和能力,包括政府的决策机构、军警力量、社会组织、技术设备等方面的安全保障体系,分析各类安全机构的作用、职责和能力,发现体系中存在的问题和不足,为提升国家安全能力提供建议和措施。

(4) 国家安全风险治理的制度韧性评估:评估国家有关国家安全风险治理的法律、制度和政策是否能有效应对外部环境和国际形势,可主要从适应力、恢复力和再生力几个维度进行评估,并据此制定提高国家安全风险治理制度韧性水平的策略和措施,切实提升国家的安全风险应对能力。

总之,国家安全风险评估对象是全面多元的,且不是一成不变的,而是与时俱进,呈现动态性。随着复合型风险的增多、技术代差效应的凸显、非国家行为体的崛起,国家安全风险评估要更注重评估对象的演化性、迭代性和发展性。

2. 评估指标

通过梳理当前我国国家安全的主要影响要素,探讨构建一种监测和评价国家安全综合风险的指标体系。为解决指标体系构建存在的随意性和冗余性等问题,从指标的入选准则和指标体系的层次关系入手,建立指标选择优化模型,删除一些不敏感、不典型的指标,在保证指标体系完备性的同时满足科学性和简洁性。[①]

3. 评估流程

国家安全风险评估流程主要包括以下几个步骤:

(1) 目标设定:明确评估的目标和范围,确定需要评估的安全问题和关键领域。

(2) 数据收集和分析:收集相关的数据和信息,进行整理和分析,以获取全面和准确的了解。

(3) 威胁识别:基于数据分析的结果,确定存在的安全威胁和潜在的风险,包括自然灾害、人为破坏、恐怖主义等。

(4) 潜在影响评估:评估各种威胁和风险对国家安全的潜在影响,主要包括经济、政治、社会等方面的影响。

(5) 风险评估和排名:评估各种威胁和风险的具体程度和概率,并进行风险等级的排序和优先级的确定。

(6) 建议和决策:基于评估的结果,撰写风险评估报告,提出相应的建议和措施,供决策者参考和采取相应行动。

(7) 实施和监控:执行风险应对策略,并持续监控和评估效果。

(8) 反馈和改进:根据实施效果进行反馈,不断改进和完善评估方法和策略。

此外,评估过程中还需要坚持全面、联系和发展的眼光,综合化、动态性考虑多个方面的因素,包括政治、经济、社会、科技、环境等。通过以上这些步骤,决策部门可以更好地了解和把握国家面临的安全威胁和风险,制定有效

---

① 黄丽达等:《国家安全系统风险评估研究》,载《武汉理工大学学报(信息与管理工程版)》2022年第2期。

的安全政策和措施,保障国家安全和稳定。

4. 评估方法

在风险评估中,可根据需要,进行相应的定性分析和定量分析。评估的方法和工具可以包括数据收集和分析、情报收集和分析、模型建立和预测等。国家安全风险评估可以运用以下几种方法:

(1) 定性分析法。这种方法依赖于专家意见和经验判断,通过描述性语言来评估风险的可能性和影响。常用的一种定性分析方法是德尔菲法,也叫专家调查法,它是一种反馈匿名函询法,通过多轮次收集评估专家各自对国家安全风险的看法,经过反复征询、归纳、统计、整理,最后汇总成专家对国家安全风险基本一致的评估结果。还有一种巡查访问法,也叫专家现场询问观察法,主要通过实地考察,例如会见相关政府官员、相关企业和组织人员以及社会公众,帮助评估机构更好地了解实地情况,感性地评估国家安全风险。

(2) 定量分析法。这种方法侧重于使用数学模型和统计数据来量化风险。在诸多定量分析方法中,方差分析法能够确定哪些因素对国家安全风险数据变异有显著影响;回归分析法通过确定国家安全风险与某些自变量的相关关系,建立一个回归方程,并加以外推,以预测今后国家安全风险的变化;列表打分法将所有影响国家安全风险评估结果的各种因素转换成数字,通过列表形式直观地进行风险等级判断,必须注意各因素在国家安全风险中的影响力,根据其影响力的不同赋予不同的权重。

(3) 综合分析法。这种方法结合了定性分析法和定量分析法的优点,旨在提供一个全面的风险视图。例如,情景分析法就很好地综合运用了定性和定量分析,它通过构建不同的未来情景,评估这些情景下的风险水平和应对策略,特别适用于评估极端事件或"黑天鹅"事件的风险。综合分析法通常涉及多个评估阶段,从初步的定性识别到详细的定量分析,再到最终的风险整合和优先级排序。综合评估能够更全面地反映风险的复杂性和动态性。

由于国家安全风险涉及多个领域,实践中必须根据不同的风险类型,运用不同的评估方法,而且在风险评估的不同阶段,运用的方法也要有所变化。例如,军事风险评估可能用战争模拟,而经济风险评估可以借助经济模型预测。各个安全领域的风险评估可以先初步定性分析,然后定量分析,最终再定性评价。

5. 评估机制

(1) 跨部门会商工作机制。根据《国家安全法》第 48 条,国家建立了跨部门会商工作机制。这一机制旨在就维护国家安全工作的重大事项进行会商研判,提出意见和建议,确保各部门在风险评估过程中能够充分协作、形成合力。

(2) 协同联动机制。根据《国家安全法》第 49 条,国家建立了中央与地方之间、部门之间、军地之间以及地区之间的协同联动机制。这一机制有助于实现全国范围内的风险评估信息共享、资源调配和行动协调,提升国家安全风险评估的整体效能。

(3) 决策咨询机制。根据《国家安全法》第 50 条,国家设立了国家安全决策咨询机制。该机制通过组织专家和有关方面对国家安全形势进行分析研判,为科学决策提供有力支撑。这有助于确保风险评估结果的客观性和准确性,提高国家安全工作的针对性和实效性。

第三节 国家安全风险预警

一、国家安全风险预警的概念

(一) 风险预警的概念

风险监测预警体系是一个涵盖多个领域和环节的综合性系统,除了在风险监测的基础上进行定期的风险评估外,还要进行及时的预警发布。预警,即预先告警。[1]风险预警是指相关部门在对其负责领域的安全风险进行评估后,根据评估结果预先发布风险警告信息,提醒相关单位和个人采取防范措施,降低风险发生的可能性。风险预警往往要建立预警模型,学者也做了一些探索,例如依据网络谣言的迷惑性程度与流传度范围设定不同的阈值标准,将网络谣言整体社会影响力进行网格化分隔,构建网络谣言网格化预警模型。[2]

(二) 国家安全风险预警的概念

国家安全风险预警是在国家安全风险扩散并可能造成实际损害之前,基

---

[1] 《现代汉语词典》(第 7 版),商务印书馆 2016 年版,第 1604 页。
[2] 张桂蓉等:《突发公共卫生事件网络谣言网格化预警模型研究》,载《中国管理科学》2024 年第 2 期。

于历史经验或监测到的潜在征兆,预先向相关部门和社会发布紧急信息,警告危险状况。作为国家安全风险防控的重要一环,国家安全风险预警的目的是便于有关单位和个人及时采取有效和有力的措施,积极应对国家安全风险,防止由于准备不足而对国家重大利益造成损失。我们要完善风险监测预警体系,防止临界性事件发生,防止风险事件演变成危机事件。①

二、国家安全风险预警的体系

有学者从风险评估与安全预警视角出发,依循"变量识别—数据评估—安全预警—预案调用"的预警思路,提出预警系统建立在风险评估框架基础上,主要包含警情评估、警情报告、管理决策、应急预案四个子系统。②也有学者借鉴信息安全风险评估理论,以国家安全资产、开放数据脆弱性和安全威胁作为主要安全风险要素,构建政府开放数据的安全风险评估模型,利用层次分析法和模糊综合评价法对政府开放数据的安全风险进行量化评估,并通过实例验证模型的有效性。③还有学者以现代风险理论为支撑,尝试构建一套新时代意识形态风险预警体系:设置意识形态风险预警的指标及其原则,搭建包含了情报收集、信息处理、决策支持和风险警报四大子系统的意识形态风险预警模型。④

(一)国家安全风险预警意识

国家安全风险预警的意识是指对可能威胁国家安全的各种风险进行提前识别、评估和应对的意识。这种意识在维护国家安全中起着至关重要的作用,能够帮助国家在面对各种风险时作出及时、有效的应对措施。通过预警,可以提前告知风险,从而让有关主体及时采取措施进行防范和化解,避免风险演变成危机;通过预警,能够帮助国家在面对各种内外部威胁时保持战略主动,确保国家的长期稳定和发展;通过预警,在当前国际国内形势复杂多变的情况下,能够为国家和政府提供及时、准确的信息支持,帮助其作出科学决策。

---

① 黄大慧主编:《国家安全学基础理论》,时事出版社2024年版,第319页。
② 蔡劲松等:《科技安全风险评估及监测预警系统构建研究》,载《科技进步与对策》2022年第24期。
③ 王标等:《政府开放数据的国家安全风险评估模型研究》,载《网络与信息安全学报》2020年第6期。
④ 潘子阳:《新时代意识形态风险预警体系研究》,载《领导科学论坛》2021年第11期。

(二)国家安全风险预警主体

国家安全风险预警的主体主要包括以下几个方面:

(1)一切国家机关和武装力量。国家机关和武装力量作为国家的重要组成部分,承担着维护国家安全的重要职责。它们通过制定和执行相关法律、法规和政策,以及采取必要的军事手段等措施,来确保国家的安全稳定。例如,《网络安全法》第54条规定,网络安全事件发生的风险增大时,省级以上人民政府有关部门应当按照规定的权限和程序,并根据网络安全风险的特点和可能造成的危害,向社会发布网络安全风险预警,发布避免、减轻危害的措施。

(2)各政党和各人民团体。各政党和各人民团体在各自的领域和范围内,有责任对国家安全工作进行监督和参与,同时也应积极教育和引导其成员维护国家安全。

(3)企业、事业单位和社会组织。这些组织在其日常的经营和管理活动中,需要严格遵守国家安全的法律法规,防范和抵制任何可能危害国家安全的行为,并积极配合国家机关开展国家安全工作。例如,《网络安全法》第22条第1款规定:"网络产品、服务的提供者不得设置恶意程序;发现其网络产品、服务存在安全缺陷、漏洞等风险时,应当立即采取补救措施,按照规定及时告知用户并向有关主管部门报告。"

(4)公民:根据《国家安全法》的规定,公民有维护国家安全的义务。每个公民都应当积极参与到国家安全工作中,发现并及时报告危害国家安全的行为。

综上所述,国家安全风险预警的主体是多元化的,包括国家机关、武装力量、政党团体、企业、事业单位、社会组织和公民个人。这些主体应当加强协作,形成合力,共同维护国家的安全稳定。

(三)国家安全风险预警制度

《国家安全法》第57条规定:"国家健全国家安全风险监测预警制度,根据国家安全风险程度,及时发布相应风险预警。"第58条规定,对可能即将发生或者已经发生的危害国家安全的事件,县级以上地方人民政府及其有关主管部门应当立即向上级报告,必要时可以越级上报。建立健全国家安全风险预警制度要明确以下几个方面:

(1)建立信息采集系统:通过建立完善的信息采集系统,收集各类与国家安全相关的信息,尤其是国家安全重点领域的信息,形成数据库。

（2）分析和评估：根据收集到的信息，进行全面、客观的分析和评估，确定安全风险的等级和严重程度，以及可能造成的影响和后果。

（3）提出预警措施：根据分析和评估结果，制定相应的预警措施，包括设立预警指标、制定预警标准和预警流程等，以便在风险发生前能够及时作出预警。

（4）预警发布与应对：建立健全的预警发布机制，及时向相关单位和人员发布安全预警信息，并配合制定出相应的应对措施，以最大限度减少风险带来的损失。

（四）国家安全风险预警系统

风险预测需要对大量的信息进行综合分析，只有依靠高科技手段，结合人工管理，提高分析的自动化水平和处理能力，才能逐步提高风险预测的准确性和及时性。因此，亟须建立一个高度自动化、智能化的风险预警系统。

风险预警系统是根据研究对象的特点，通过收集相关的资料信息，监控风险因素的变动趋势，并评价各种风险状态偏离预警线的强弱程度，向决策层发出预警信号并提前采取预控对策的系统。因此，要构建预警系统必须首先构建评价指标体系，并对指标类别加以分析处理；其次，依据预警模型，对评价指标体系进行综合评判；最后，依据评判结果设置预警区间，并采取相应对策。

在风险预警系统中，根据研究对象的实际情况及风险管理者的经验，合理划分风险预警区间，判断风险量处于正常状态、警戒状态还是危险状态。划分预警区间包括划分警区和确定警限。风险预警可分为五个预警区，即Ⅰ区（低风险区）、Ⅱ区（较低风险区）、Ⅲ区（中等风险区）、Ⅳ区（较高风险区）、Ⅴ区（高风险区）。风险评判等级一般采用5分制，即：很好、好、一般、差、很差，评判得分依次为5、4、3、2、1。于是得到评判向量 $C=[5,4,3,2,1]^T$。若 $4<C\leqslant5$，则处于低风险区；若 $3<C\leqslant4$，则处于较低风险区；若 $2<C\leqslant3$，则处于中等风险区，需要关注；若 $1<C\leqslant2$，则处于较高风险区，需要监控；若 $0<C\leqslant1$，则处于高风险区，必须考虑采取相关措施。预警系统可采取类似交通管制信号灯的灯号显示法。因系统有五个预警区间，故可设计五灯显示系统，即"蓝灯""绿灯""黄灯""橙灯""红灯"五种标识进行单项预警。针对不同

的预警区间,灯号显示所表现的警情也会有所不同。①在这五种颜色中,风险等级按显示的颜色依次增高,蓝灯为最低风险,红灯为最高风险。

第四节 国家安全风险防范

一、国家安全风险防范的概念

(一) 风险防范的概念

正如童星教授所指出的:"面对现实存在的各式各样的风险,必须不断地予以排查、消减、防范,从源头上切断'风险—灾害(突发事件)—危机演化连续统'。"②由于防范是指"防备;戒备"③,风险防范就是指在风险监测、评估和预警之后,采取相应的防备措施来阻止或减缓风险的发生,从而降低损失的程度。

(二) 国家安全风险防范的概念

进入新时代,国际国内形势发生深刻变化,防范化解重大风险是维护国家安全的重要前提。习近平强调:"我们必须把防风险摆在突出位置,'图之于未萌,虑之于未有',力争不出现重大风险或在出现重大风险时扛得住、过得去。"④《国家安全法》第 55 条规定:"国家制定完善应对各领域国家安全风险预案。"这就从法律层面对做好国家安全风险防范工作提出了要求。国家安全风险防范是指通过一系列措施和策略,预防和应对可能对国家安全构成威胁的各种风险。这些风险包括政治、经济、军事、文化、社会等多个领域,可能对国家的主权、统一和领土完整,以及人民福祉和经济社会可持续发展构成威胁。

理解这一概念时,需要特别注意,在总体国家安全观视域下,国家安全风险涵盖政治、国土、军事、经济、文化、社会、科技、网络、生态、资源、核、海外利益、生物、太空、极地、深海等多个领域,需要全方位进行防范和应对。同时,要聚焦重点,抓纲带目,着力防范各类风险挑战内外联动、累积叠加,不断提

---

① 王文寅:《科技信用风险管理研究框架》,载《科技进步与对策》2011 年第 10 期。
② 童星:《统筹发展与安全的依据、意涵和关键抓手》,载《广州大学学报(社会科学版)》2022 年第 4 期。
③ 《现代汉语词典》(第 7 版),商务印书馆 2016 年版,第 368 页。
④ 《习近平谈治国理政》第二卷,外文出版社 2017 年版,第 81 页。

高国家安全能力。①

二、国家安全风险防范的体系

（一）国家安全风险防范理念

国家安全风险防范应该牢固树立科学的治理理念，在总体国家安全观的引领下，结合人工智能、大数据、物联网等新技术发展趋势，充分发挥多元主体的积极性和能动性。要提高网络化的综合治理能力，形成党委领导、政府主导、企业履责、社会监督、个人自律等多主体参与，经济、法律、技术等多种手段相结合的综合治理格局。在当前，尤其"要压实互联网企业的主体责任，决不能让互联网成为传播有害信息、造谣生事的平台。要加强互联网行业自律，调动网民积极性，动员各方面力量参与治理。"②换言之，要发挥政府的主导作用和顶层设计功能，依靠企业和社会组织等主体进行贯彻落实，动员个人和家庭共同配合，建立政府主导、社会协同、公众参与的数字社会治理体制，建设一个与国家安全战略需要相适应的和谐稳定的现代智慧社会。③

国家安全风险防范还应该坚持人本主义理念。目前越来越流行的"算本主义"是以计算为中心的。面对汹涌的智慧社会浪潮，我们要牢固树立人工智能只是辅助人类的一种高级工具的意识，始终坚持人类主导的人本主义理念，保持风险意识，提防人类过度依赖机器进行决策，要注意防范人工智能所引致的国家安全风险。为此，要消弭有关风险的知识鸿沟，增强研判、预防和识别潜在风险的能力。

要树立全主体、全过程、全链条的"全要素"协同共治理念。国家安全风险防范是一项系统工程，需要多元主体加强协同一体推进。然而，当前还存在协同理念淡、协同体系不健全、协同机制建设粗、协同机制通道堵等问题，导致国家安全风险治理的各种要素组织协调不畅、资源共享不全、功能互补不足、利益联结不够。面对这些困境，要在总体国家安全观的指引下，重塑理念，树立更加积极自觉的国家安全风险防范系统协同观；重构体系，采取更加动态开放的国家安全风险防范协同模式，构建全主体、全方位、全链条的"全

---

① 中共中央宣传部、中央国家安全委员会办公室编：《总体国家安全观学习纲要》，学习出版社、人民出版社2022年版，第132页。
② 《习近平谈治国理政》第三卷，外文出版社2020年版，第306页。
③ 危红波：《我国数字社会风险治理责任分配》，载《学术交流》2021年第10期。

要素"协同生态;创新机制,建立健全和完善优化国家安全风险防范的组织协调机制、资源共享机制、功能互补机制和利益联结机制,唯此才能高效实现数字时代国家安全风险防范各主体之间的协同合作,提升国家安全治理的水平和效能,以新安全格局更好保障新发展格局,助推中国式现代化。

(二)发挥政府在国家安全风险防范中的主导和核心作用

政府在数字社会的国家安全风险治理中要标本兼治。一方面,政府要通过立法建制,切实有效做好风险防范,此为治标;另一方面,更重要的是,要从价值观念、道德素养等精神文化层面着力,从根源上消除制造风险的隐患,这才是治本。

1. 完善国家安全风险防范制度

国家制定相关法律,防范重要领域的国家安全风险,例如,《生物安全法》第35条规定:"从事生物技术研究、开发与应用活动的单位应当对本单位生物技术研究、开发与应用的安全负责,采取生物安全风险防控措施,制定生物安全培训、跟踪检查、定期报告等工作制度,强化过程管理。"国家的法律和政策具有宏观性、原则性和指导性,还需要辅以更加细化、差异化和创新性的行业规范。政府要引导与国家安全相关的行业组织加强行业自律,制定国家安全行为规范。要严格落实国家安全工作责任制,中央国家机关对本系统、本领域的国家安全工作承担工作责任,包括岗位责任与领导责任。[1]要将国家安全工作纳入干部考核以及部门、单位考核的指标,与绩效挂钩。同时,要建立国家安全考核监督制度,完善考核监督的流程体系。此外,还要善于发挥社会监督和舆论监督的作用。

2. 倡导提升公民的国家安全素养

作为当今信息革命的一个直接后果,我们已不再是单一的"生物人类",而都被赋予了"数字人类"的新属性。[2]无论是作为物理空间的生物人类,还是虚拟空间的数字人类,每一位公民都是国家安全的主体,政府要加强国家安全教育,引导人们从自身做起,不做违反国家安全法律法规,有损国家利益之事。法律是他律,具有外在强制性;而道德是自律,具有内在约束性。面对算法歧视、算法黑箱、社会监控和隐私侵犯等复杂问题和时代挑战,单凭法律的

---

[1] 黄大慧主编:《国家安全学基础理论》,时事出版社2024年版,第337页。
[2] 马长山:《迈向数字社会的法律》,法律出版社2021年版,第2页。

外在规制是不够的,更加基础和经常的则是算法决策内部的自我约束。[①]政府要通过网上正面宣传,旗帜鲜明坚持正确政治方向、舆论导向、价值取向,积极培育和践行总体国家安全观,倡导科技伦理原则,推进网上宣传理念、内容、形式、方法、手段等创新,把握好时度效,更好地凝聚社会共识,营造全民共同维护和塑造国家安全的良好氛围。

3. 加大国家安全风险防范资金投入

现代信息技术发展日新月异,数字社会风险防范所需的硬件设备升级和软件系统迭代更新都很快,需要政府加大对数字社会国家安全体系建设的资金投入。政府部门要把数字社会国家安全风险防范所需的经费纳入财政预算。只有具备持续、充足的经费投入,才能保证硬件设备、网络系统和应用软件等能够满足数字社会的国家安全需要,保障各种风险防范工作的顺利完成。

4. 加强国际交流和全球治理

诚然,世界各国在国家安全风险治理方面均有自己的解决之道;也不可否认,我们要结合国情来研究国家安全风险。但是,在当今全球化时代,世界已然变成了各国相互依存的"地球村",特别是虚拟空间彻底打破了物理属性的时空观念,使得国际社会融汇成了一个没有边界、不可分割的虚拟共同体。因此,面对数字社会所带来的各种风险尤其是国家安全风险,既要强化本国政府的防范责任、拓展社会主体的防范义务,也要加强国际社会的广泛合作。携手加强全球治理已经成为世界共识。我国政府应当继续增强首倡的"人类命运共同体"意识,在数字社会风险治理和国家安全建设中加强与他国的交流合作,取长补短,真正守好数智社会国家安全的大门。

(三)企业、社会组织等主体在国家安全风险防范中各司其职

在数字社会国家安全风险治理共同体中,除了要发挥政府的宏观领航和保障作用,还要充分依靠学校、企业、科研院所、社会组织等中坚力量,汇聚全社会资源齐抓共管。它们在数字社会国家安全风险防范中应当各司其职,通力合作。

1. 增强国家安全风险防范意识

思想是行动的先导。要切实维护数字社会的国家安全,就必须首先增强风险防范意识。不仅政府如此,企业和社会组织等主体也要从总体国家安全

---

① 马长山:《迈向数字社会的法律》,法律出版社2021年版,第153页。

观的高度,正确认识数字社会国家安全建设的重要性。要特别注意"灯下黑"效应,清除可能出现的安全风险防控盲点,对近在眼前的安全隐患不可疏忽大意。学校要开设国家安全教育课程,以案例教学、情景模拟等方式,增强学生的国家安全意识,并通过邀请国家安全实务专家开展相关培训,提高师生的国家安全防护能力。

2. 设立国家安全风险防范机构

在数智时代,网络与信息安全已成为国家安全非常重要的组成部分,学校、企业、社会组织等机构作为数字社会国家安全风险治理的主体,应当设立网络与信息安全风险防范的相关工作机构。例如,成立网络与信息安全工作领导小组,一般由单位负责人任组长,分管领导任副组长、各主要职能部门负责人任组员。领导小组负责单位整体的网络信息系统安全监督和管理工作。有条件的单位还可设立专门的信息化办公室,作为网络信息安全管理工作的具体职能部门。此外,各社会主体还可以联合起来,共同进行风险防范。《网络安全法》第 29 条规定:"国家支持网络运营者之间在网络安全信息收集、分析、通报和应急处置等方面进行合作,提高网络运营者的安全保障能力。有关行业组织建立健全本行业的网络安全保护规范和协作机制,加强对网络安全风险的分析评估,定期向会员进行风险警示,支持、协助会员应对网络安全风险。"

3. 建设国家安全风险防范人才队伍

信息化人才队伍是建设、运行和维护信息化系统的基石。一方面,信息化技术的发展更新极其迅速;另一方面,国家之间的博弈也日益体现在信息技术对抗领域,因而,对信息化人才队伍的要求也日益提高。因此,数字社会的国家安全风险防范工作需要学校、企业和社会组织等主体创新工作机制,通过正向激励,吸引和稳定优秀的信息化专业技术人才队伍,并在本单位人才紧缺的情况下聘请外部机构的专业人才和相关专家兼职,壮大安全防护队伍。学校、企业和社会组织等机构还要定期开展网络安全相关教育与培训,采取多种方式培养网络安全人才,促进网络安全人才交流,学习国内外网络安全维护的宝贵经验。要坚持"请进来,走出去",既邀请专家传经送宝,又选派人才外出深造,不断提高队伍的业务水平。

4. 促进国家安全风险防范技术升级

随着信息化程度的提高,各类网络安全事件频发,国家面临的网络安全形势日益严峻,人工监测和处理已经无法满足网络信息安全管理的需要,必须加速推动信息领域核心技术突破。相关企业要进一步改善信息技术,加强入侵检测系统(Intrusion Detection System,IDS)、入侵防御系统(Intrusion Prevention System,IPS)、漏洞扫描及管理等安全防护设备的部署,采用"P2DR"①动态网络安全模型、"SAWP2DR2C"②网络安全防御模型等多种手段,从技术上防范黑客入侵和信息泄露等网络安全事故,并利用大数据和云计算技术,构建安全威胁大数据分析平台,实现全天候360度监控,就网络安全威胁进行预警和统计,为网络安全处理提供决策支持。对于技术所导致的国家安全风险,可以通过发展更高级别的技术来抗衡。例如,利用非对称密钥技术,可以有效解决隐私保护的难题。此外,区块链的可溯源性、不可篡改性等特性都会对网络安全问题的解决有所助益。③

(四)公众积极参与,实现国家安全风险防范的自治共治

数字社会的诸多风险,归根到底是由人造成的。要努力把有可能制造或带来风险的人的问题处理好,进行源头治理,这样才能起到抽薪止沸的效果。数字社会国家安全风险治理这项系统工程,既需要国家政府自上而下的顶层设计,也需要社会公众自下而上的创新探索。吉登斯(Giddens)认为,面对风险,可能的适应性反应有四种,即实用主义地接受现实、持久的乐观主义、犬儒式的悲观主义和激进的卷入,其中采取激进卷入态度的人们认为,尽管我们受到严重问题的困扰,我们仍然能够而且应该动员起来以降低它们的影响或者战胜它们。④ 国家安全固然需要政府保驾护航,但安全的真正缔造者应该是我们每一个人。例如,规制人工智能的社会风险,就离不开设计开发者的自律规制,设计开发者应该对自己的发明所造成的影响负责。⑤一个负责任的人,不仅自己不制造风险,而且要做安全守护使者,同各种可能出现的破坏行为和风险隐患作斗争,不断提高国家安全风险自治和共治水平。

---

① P2DR模型包括四个主要部分:Policy(安全策略)、Protection(防护)、Detection(检测)和Response(响应)。
② "SAWP2DR2C"网络安全防御模型分成八个部分:安全策略(P)、服务需求/风险评估(S/A)、预警系统(W)、安全防护(P)、安全检测(D)、响应(R)、恢复(R)和反击(C)。各部分之间相互依赖,形成一个闭合的、循环的系统。
③ 高奇琦等:《人工智能治理与区块链革命》,上海人民出版社2020年版,第66页。
④ 〔英〕安东尼·吉登斯:《现代性的后果》,田禾译,黄平校,译林出版社2000年版,第118—121页。
⑤ 〔美〕约翰·马尔科夫:《人工智能简史》,郭雪译,浙江人民出版社2017年版,第329页。

总之，明确国家安全风险防范责任分配，充分发挥各主体作用，使之更好地履职尽责，为数字社会的国家安全保驾护航，这有着重要的战略意义，值得我们深入探究。概言之，政府要勇于、敢于、善于发挥主导和核心作用，企业、学校和社会组织等主体要各司其职，公众要积极主动参与，如此宏观、中观、微观三管齐下，自治、法治、德治和智治有机融合，共建持续安全和谐稳定的数字社会。

第五节 国家安全危机管控

一、国家安全危机管控的概念

（一）国家安全危机的概念

在《现代汉语词典》中，"危机"具有两种含义：一是潜伏的危险，二是严重困难的关头。[①]据此来理解国家安全危机，应是指国家安全面临潜伏的危险，或是国家安全正遭遇严重困难。危机的触发条件包括出现对一国基本价值的威胁、爆发敌对军事冲突的高度可能性以及有限的反应时间。[②]

危机型突发事件一般是指突然发生、很难预知的极端小概率、破坏严重且情况复杂而难以应对的灾难性事件。[③]国家安全危机往往是涉及国家根本利益、核心利益、重大利益的重特大危机事件和突发事件，尤其是涉外重特大危机事件和突发事件，例如战争、军事冲突、领土争端、干涉、制裁等。

（二）国家安全危机管控的概念

国家安全危机管控是指国家在面临安全危机时所采取的一系列措施和机制，旨在有效地预防、应对和化解安全危机，维护国家安全和社会稳定。其中包括依据国家制定的相关法律规定和法律程序，规范各种安全危机的处理方式；设立指挥机构，负责协调各部门和社会资源，组织应急救援队伍，进行危机应对和灾难救援，保护人民生命财产安全；鼓励社会组织和个人参与安全危机管控，提升全社会的国家安全意识和危机应对能力。

[①] 《现代汉语词典》(第7版)，商务印书馆2016年版，第1357页。

[②] Michael Brecher, State Behavior in International Crisis: A Model, The Journal of Conflict Resolution, Vol. 23, No. 3, 1979. 转引自蔡泓宇：《美国拜登政府对华危机管控策略及前景》，载《现代国际关系》2024年第6期。

[③] 范维澄、闪淳昌等：《公共安全与应急管理》，科学出版社2018年版，第89页。

从外部来看,国家之间,尤其是大国之间的竞争已成为常态而且上升到战略高度。为避免走向战争,需要对竞争关系进行管理,对可能出现的危机进行管控。而高层互动对于消除误解、发出明确信号以及阻止重大危机而言至关重要。①各国往往通过外交渠道尤其是高层互动进行危机预防,推动危机降温。

有学者分析了欧亚地区国家在应对社会危机时产生截然不同结果的原因,提出了一个由国家能力、合法性和执政精英三项要素组成的理论分析框架,且通过研究发现,如果一国的国家能力强、合法性高且执政精英彼此合作,那么该国有可能会成功化解危机。反之,当一国的国家能力强、合法性高以及执政精英合作这三项要素都缺失时,该国的社会危机就会滑向失控的状态。当三项要素中缺少某一项要素时,该国只有迅速采取行动并改变现有情景,社会危机才可能被化解。当三项要素中缺少两项要素时,该国必须依靠自身努力并接受外部帮助才可能使社会危机转危为安。②

二、国家安全危机管控的体系

广义的应急管理或公共安全治理过程包括了风险治理、应急管理和危机治理三个阶段。③在前文所述的国家安全风险监测、风险评估、风险预警、风险防范基础上,我们要坚持科学的国家安全危机管控理念,制定合理的国家安全危机"一案三制",即应急预案、管控制度、管控体制和管控机制,从而构建起有效的国家安全危机管控体系。

(一)国家安全危机管控理念

我们既要有防范风险的先手,也要有应对和化解风险挑战的高招;既要打好防范和抵御风险的有准备之战,也要打好化险为夷、转危为机的战略主动战。④科学的国家安全危机管控理念应包含以下几个方面:

(1)应急准备的充分性。要做好国家安全危机管控,应急准备需要非常

---

① Jake Sullivan, The Sources of American Power: A Foreign Policy for a Changed World, Foreign Affairs, Vol. 6, No. 102, 2023.
② 王耀正等:《国家能力、合法性、执政精英与危机管控——以欧亚地区国家的社会危机为例》,载《世界经济与政治》2024 年第 9 期。
③ 张海波、童星:《广义应急管理的理论框架》,载童星、张海波主编:《风险灾害危机研究》(第 8 辑),社会科学文献出版社 2018 年版,第 10—12 页。
④ 中共中央党史和文献研究院编:《习近平关于总体国家安全观论述摘编》,中央文献出版社 2018 年版,第 15 页。

充分。要有忧患意识,事先应成立专门的国家安全危机管控领导机构,制定好应急预案,并进行相关的宣传教育培训。一旦发生危机,立即启动应急预案,做到有序应对。

(2) 事发应对的周密性。国家安全事关国家根本利益、核心利益和重大利益,一旦发生国家安全危机,需要在危机管控时采取周密措施,保障应急物资供应,确保应急处置工作顺利开展;加强应急通信保障,确保信息畅通,以免引发次生危机,造成更大的破坏和损失。

(3) 事件处置的有效性。出现国家安全危机事件,不能简单处罚直接责任人就完结了事,而应查清事实、厘清责任、追责到位,并尽快找出问题源头和风险隐患,只有找准病因,才能对症下药,实现既药到病除又防患于未然。

(4) 善后处理的及时性。一旦出现国家安全突发事件,在做好危机管控工作以减少国家利益损害的同时,也要做好善后工作,及时总结教训、举一反三、补齐短板、堵塞漏洞,不断健全国家安全体系,增强国家安全能力。

(二) 做好国家安全危机应急预案

《国家安全法》第63条规定:"发生危及国家安全的重大事件,中央有关部门和有关地方根据中央国家安全领导机构的统一部署,依法启动应急预案,采取管控处置措施。"国家安全应急预案体系包括总体应急预案、专项应急预案、各部门应急预案和重大活动的应急预案。要建立"横向到边、纵向到底"的国家安全预案体系。所谓"横",就是所有种类的国家安全事件都要有部门管,都要制定专项预案和部门预案,不可或缺。例如,《网络安全法》第25条规定:"网络运营者应当制定网络安全事件应急预案,及时处置系统漏洞、计算机病毒、网络攻击、网络侵入等安全风险;在发生危害网络安全的事件时,立即启动应急预案,采取相应的补救措施,并按照规定向有关主管部门报告。"所谓"纵",就是按照垂直管理的要求,自上而下各个层级单位都要制定应急预案,不可断层;相关预案之间要做到互相衔接,逐级细化。预案的层级越低,各项规定就要越明确、越具体,避免出现"上下一般粗"现象,防止依葫芦画瓢、照搬照套。而且,应急预案要提高实用性、针对性、可操作性和灵活性,还要注重强调应急准备工作,不能仅仅停留在制定处置方案上。

(三) 完善国家安全危机管控制度

随着2006年1月8日国务院发布《国家突发公共事件总体应急预案》,我国应急预案框架体系初步形成。2007年8月30日,《突发事件应对法》出台,并于 2024 年 6 月 28 日修订。依据《突发事件应对法》等法律和行政法规，2013 年 10 月 25 日经国务院同意，国务院办公厅印发《突发事件应急预案管理办法》，并于 2024 年 1 月 31 日修订。《国家安全法》第 62 条规定："国家建立统一领导、协同联动、有序高效的国家安全危机管控制度。"除了遵照国家法律法规外，与国家安全相关的各个工作部门也可根据实际需要，制定相应的国家安全应急管理和危机管控方面的具体制度。例如，《生物安全法》第 41 条规定："国务院有关部门依法对生物技术应用活动进行跟踪评估，发现存在生物安全风险的，应当及时采取有效补救和管控措施。"

国家安全危机管控体制是指为保障国家安全，有效预防和应对突发事件，避免、减少和减缓突发事件造成的危害，消除其对国家产生的负面影响，而建立起来的以政府为核心，其他社会组织和公众共同参与的有机体系。国家应当建立健全集中统一的组织指挥机构，成立国家安全危机管控领导小组，负责国家安全危机应对工作的全面领导、统筹协调和指挥调度；设立国家安全危机管控指挥部，负责具体实施国家安全危机应对措施；根据统一指挥、分级管理、上下联动的原则，下设相应的具体工作机构，并注意与其他部门的协同配合。在我国，2013 年 11 月召开的党的十八届三中全会决定成立国家安全委员会，目的就是更好适应我国国家安全面临的新形势新任务，建立集中统一、高效权威的国家安全体制，加强对国家安全工作的领导。[①]

(四) 建立和健全国家安全危机管控机制

1. 预防准备机制

国家安全危机管控应转变理念，要从事后灭火转为事前防火，做到关口前移，进行源头治理，全方位防范国家安全风险。国家安全意识和风险防范能力的提升需要加强教育培训。可以组织专家就国家安全有关法律规章制度、国家安全主要内容、国家安全典型案例等方面开展讲座；就数字社会中遭遇计算机病毒攻击、网络社交圈泄密等常见问题进行详细的讲解，向公众传递"国家安全无小事"的思想理念。通过宣传教育和培训，让国家安全意识成为每个人的习惯，而且要通过各种形式的演练，不断提高公众的风险防范能力。《网络安全法》第 53 条第 1 款规定："国家网信部门协调有关部门建立健全网络安全风险评估和应急工作机制，制定网络安全事件应急预案，并定期

---

① 中共中央党史和文献研究院编：《习近平关于总体国家安全观论述摘编》，中央文献出版社 2018 年版，第 4 页。

组织演练。"

2. 监测预警机制

要实现有效的国家安全危机管控,应建立健全国家安全危机预警机制,对可能发生的国家安全危机进行监测和评估。应急情报作为一种信息资源,在危机管控中发挥了不可替代的作用,能够为危机管理者提供决策支持。有学者建议将敏捷治理的理念融入应急情报体系建设,实现应急情报体系生成和运行敏捷化,从而提升应急管理现代化。[①] 此外,要注意加强对重点领域、关键环节的监控,及时发现潜在的安全隐患。例如,在保证我国的核心数据和重要数据不被非法使用上,除了制度上加强数据保密管理之外,还应通过技术手段发现数据安全隐患,保证数据在存放、流转、发布和使用过程中的合规性和安全性。充分依靠科技赋能,通过数据泄露防护系统的各个模块,包括敏感数据识别、行为审计、系统防护等,不断完善数据安全监测预警机制,实现数据全生命周期的安全管控,筑牢数字时代的国家安全屏障。

3. 应急处置机制

国家安全危机事件发生后,根据《国家安全法》第66条的规定,"履行国家安全危机管控职责的有关机关依法采取处置国家安全危机的管控措施,应当与国家安全危机可能造成的危害的性质、程度和范围相适应;有多种措施可供选择的,应当选择有利于最大程度保护公民、组织权益的措施。"应急处置中,根据《国家安全法》第67条的规定,"国家健全国家安全危机的信息报告和发布机制。履行国家安全危机管控职责的有关机关,应当按照规定准确、及时报告,并依法将有关国家安全危机事件发生、发展、管控处置及善后情况统一向社会发布。"这样做是为了确保信息畅通,引导社会舆论。例如,《数据安全法》第23条规定:"国家建立数据安全应急处置机制。发生数据安全事件,有关主管部门应当依法启动应急预案,采取相应的应急处置措施,防止危害扩大,消除安全隐患,并及时向社会发布与公众有关的警示信息。"此外,国家安全部门不能仅仅依靠一己之力、单兵突进,需要建立和完善协同联动机制,加强各部门之间、与企事业单位、社会组织之间的沟通协调,依靠全社会力量,建立健全快速反应机制。而且,根据《突发事件应对法》第6条,"国家建立有效的社会动员机制,组织动员企业事业单位、社会组织、志愿者等各方力量

---

① 张桂蓉、王雨晴:《数智赋能推进敏捷化应急情报体系研究》,载《现代情报》2024年第4期。

依法有序参与突发事件应对工作,增强全民的公共安全和防范风险的意识,提高全社会的避险救助能力。"

4. 恢复重建机制

国家安全危机事件处理好了,并不意味着万事大吉,更重要的是制定恢复重建计划,有序推进危机后的恢复重建工作,以防止次生、衍生危机的再度发生。《国家安全法》第 68 条规定:"国家安全威胁和危害得到控制或者消除后,应当及时解除管控处置措施,做好善后工作。"国家安全危机事件发生后可能会给国家造成两方面的损害——有形的损害和无形的损害。有形的损害,即危机所造成的国家在人力、物力、财力等物质和客观方面的损失,一般来说,这种损害持续的时间较短,恢复较容易。而无形损害,主要指危机对社会心理、文化价值、国家形象、国际话语权等主观和精神层面的损害,它们可能会长期存在。有形损害的恢复一般都能通过相对有效的措施来有条不紊地进行,考验的是国家的资金储备状况及资源保障。相较而言,无形损害显得更为复杂和难以衡量,比如涉及国家的形象尊严、民众对国家的安全感和信任感等。由于无形损害本身无法量化,其详情细节通常是无法识别或充分认识的,因此很难制定精确的恢复措施,这就有赖于决策者的经验、能力和智慧。因此,国家在制定危机无形损害的恢复措施时,应该以保护或恢复国家形象的可信度以及缓解因无形损害引起的秩序混乱和社会压力等因素为基础,强调国家安全支持系统的完善,保证各种保障资源的按时抵达。

第十章　国家安全执法

第一节　国家安全行政许可

一、国家安全行政许可的概念

(一) 国家安全行政许可的定义

通常将行政许可定义为行政机关对申请主体的特定活动依法作出的许可或者不予许可的决定。根据《行政许可法》的规定，行政许可是指行政主体赋予申请人一定权利的行为，依据法律法规的规定实施。行政许可的核心在于审查决定，这一过程既与申请主体的权利和利益相关，也与公共利益、社会稳定相关。[1]

国家安全行政许可是指行政机关对申请主体涉及国家安全领域的特定活动，依据国家安全相关法律法规的规定，依法进行审查，作出许可或者不予许可的决定。此类许可的核心在于确保申请人的活动与国家安全的要求相一致，防止任何可能对国家安全造成危害的情况发生。国家安全行政许可既是对申请主体行为的合法性审查，也是一项确保国家安全和社会稳定不受威胁的保护国家安全利益的行政许可。

具体地说，国家安全行政许可可能涉及国家秘密保护、关键基础设施安全审查、涉外活动国家安全评估等多个方面，行政机关可以通过这种许可制度，预防和减少国家安全风险，对可能影响国家安全的活动实施事前有效监管。如国家安全行政许可在敏感行业涉及外资准入的审批上，能够保证不会对国家安全造成威胁。再比如，国家安全行政许可在涉及国家秘密的科研课题中，能够保证课题的实施不会泄露国家机密。

国家安全行政许可是行政机关以维护国家安全和社会稳定为目的，依法对涉及国家安全的活动实施事前审查和监督的重要手段。

---

[1] 马怀德：《行政许可制度存在的问题及立法构想》，载《中国法学》1997年第3期。

(二) 国家安全行政许可的作用

国家安全行政许可的作用可以从多个层面来分析：

1. 维护国家安全与社会稳定

通过对涉及国家安全领域的特定活动进行正当性的审查，国家安全行政许可保证了这些活动不会对国家的安全、主权及社会安定造成威胁。[①] 例如，国家安全行政许可制度可以有效防止危害国家安全的行为发生，在关键基础设施保护、国家秘密管理、涉外活动审查等领域维护国家核心利益。

2. 保障公民与组织的合法权益

国家安全行政许可的推行，在保护公民合法权益的同时，也保护着国家利益。国家安全行政许可能通过防止危害国家安全的行为发生，避免由于违法活动给公民生命财产安全及社会秩序造成的损害。如对外资进入敏感行业的审查，可以防止对国内企业和国民利益的侵害。[②]

3. 促进国家安全与经济协调发展

对涉及国家安全的经济活动，通过合法性审查，使国家安全行政许可有了合法的依据和保证。这种机制可以在为合法经营者创造公平竞争环境、促进经济健康发展的同时，保证经济发展与国家安全相协调，防止经济活动对国家安全造成威胁。

4. 引导社会行为与提升国家安全意识

国家安全行政许可能对社会行为起到一定的规范和引导作用。行政机关可以引导申请人通过设定必要的许可条件，增强全社会的国家安全意识和法治意识，遵守国家安全的有关法律法规。比如，国家安全行政许可可以促使科研人员严格遵守保密规定，防止在涉及国家秘密的科研项目中发生泄密事件。[③]

(三) 国家安全行政许可的类型

1. 出境安全许可

出境安全许可是指国家对特定人员的安全审查或者组织出境的行为。对涉外人员、国家工作人员、涉密人员等特定人群的出境活动，国家依照《出境入境管理法》和有关国家安全法律法规，进行严格审核。该许可旨在防止

[①] 马怀德：《行政许可制度存在的问题及立法构想》，载《中国法学》1997年第3期。
[②] 方世荣：《行政许可的涵义、性质及公正性问题探讨》，载《法律科学》1998年第2期。
[③] 周汉华：《行政许可法：观念创新与实践挑战》，载《法学研究》2005年第2期。

泄露国家机密、人员非法外逃以及潜在的间谍活动。[①]

2. 信息发布安全许可

涉及国家安全的信息传播，涉及信息发布安全许可的监管问题。为防止泄露国家机密、散布虚假信息或煽动危害国家安全的行为发生，行政机关需要对可能影响国家安全的信息发布进行事前审查。这样的许可可以使国家安全利益得到有效保护，社会稳定得到维护。[②]

3. 关键行业经营安全许可

关键行业运营安全许可包括对能源、通信、金融、交通等涉及国家安全的行业的运营行为进行安全审查。此类许可要求申请人为确保其经营活动不会对国家安全构成威胁，必须具备相应的资格和条件，并通过国家安全风险评估。比如，为防止关键技术或资源被外力控制，外资进入敏感行业需要国家安全审查。

4. 技术出口与转让安全许可

技术出口与转让安全许可是指对涉及国家安全的技术出口或转让行为进行审核。行政机关需要对技术的敏感性、接收方的背景以及潜在的国家安全风险进行评估，防止关键技术被用于危害国家安全的目的。

5. 涉外活动安全许可

涉外活动安全许可是指对涉及国家安全的涉外合作、交流或投资活动进行审查。例如，国际科研合作、跨境基础设施建设项目等需经过国家安全许可，以确保这些活动不会损害国家主权、安全和发展利益。

6. 其他特定领域安全许可

包括对国家秘密载体管理、网络安全审查、军事设施周边活动等领域的特殊许可。这些许可通常涉及高度敏感的国家安全事项，需经过严格的审核程序，以防止任何可能的威胁。

作为一种特殊行政许可类型，国家安全许可通过对事先审核、风险的考核来预防有损国家安全的行为。国家安全许可相对于一般的行政许可而言，针对性更强，审查标准更高，法律约束力更严。国家安全许可通过对某一行

[①]《公安部关于认真学习贯彻〈中华人民共和国出入境管理法〉的通知》（公通字〔2012〕33号）。

[②] 杜晓、张佳欣：《新规全力压缩网络不实信息生存空间》，载《法制日报》2017年5月24日第5版。

为的正当性进行审核,既可以为公民和组织的正当权益保驾护航,又可对国民经济和社会协调发展起到促进作用,是国民经济和社会协调发展的必然要求。在实践中,随着国际形势复杂化与法律法规的不断完善,为了构建法治、透明高效的国家安全管理体制以应对不断变化的国家安全挑战,明确国家安全许可的种类和程序非常重要。

二、各主要法律的具体规定

(一)《反恐怖主义法》

《反恐怖主义法》作为国家安全法律体系的重要法律之一,为应对恐怖活动威胁、确保国家安全和社会稳定,设立了一系列应对恐怖活动的威胁、确保国家安全的行政许可制度。该法确立了国家在反恐工作中的主导地位,通过法律框架下的多种措施加强对特定行业和活动的管理,以预防、打击恐怖主义的发生与蔓延。①

1. 法律框架下的国家安全保障措施

通过明确立法框架,《反恐怖主义法》确立了以政府与公安机关为主,公民、企业、社会组织共同参与的多层次、多方位的国家安全保障体系。其目标是全方位打击和预防恐怖主义活动,确保社会的安全与稳定,并强调"国家主导,社会协同"的原则。②

(1)明确的责任分配

《反恐怖主义法》对反恐工作中各级政府、公安机关、武警部队等的职责分配作了规定,要求各部门协同作战,合力反恐。该法同时对社会各界和公民的反恐义务作出规定,要求民众发现恐怖事件后及时报告,并对反恐工作给予协助。

(2)行业监督与管理

《反恐怖主义法》特别强调对高风险行业的监管,如金融、交通、信息通信、物流等,这些行业的活动容易被恐怖分子利用。为了防范潜在的恐怖活动,这些行业必须严格遵守法律规定,接受政府的监督与管理。

(3)跨部门合作与国际合作

恐怖活动不仅针对国内事务,同时具有国际化蔓延的趋势。因此,《反恐

---

① 国务院新闻办公室2024年1月23日发布的《中国的反恐怖主义法律制度体系与实践》。
② 贾宇:《中国法治反恐的里程碑——反恐怖主义法评述》,载《人民法治》2016年第8期。

怖主义法》在法律框架下积极推进国际反恐合作,共同打击全球恐怖主义。同时,在国内反恐行动中,该法要求各部门相互协作,形成高效的联动反恐机制。

2. 相关行政许可的规定:对特定行业和活动的管理要求

为有效应对恐怖主义威胁,《反恐怖主义法》重点监督部分特定的行业和活动并设立了相应的行政许可制度。这些制度的目的是通过合法性审核,确保相关行业和活动在运营过程中不会对国家安全造成威胁。①

(1) 金融行业的许可与管理

金融行业作为恐怖主义活动经费来源的高风险领域,是《反恐怖主义法》重点监督的对象之一。为此,该法要求金融机构为防止资金流入恐怖组织,必须严格遵守国家规定对客户资金来源进行核查,防止恐怖组织利用金融行业进行融资。同时,该法要求金融机构监督可疑资金流动并向政府部门进行报告,以协助打击恐怖主义融资活动。

(2) 交通运输行业的许可与管理

由于恐怖分子可能利用交通运输行业实施攻击或运送武器,《反恐怖主义法》规定,为确保运输工具和货物不被用于恐怖活动,运输企业在经营过程中必须获得相应的行政许可,并严格遵守安检要求。该法要求加强安全审查和监控,确保旅客安全,尤其是在航空、铁路等公共交通领域,运输企业需强化安全审查和监控,进一步确保乘客安全。

(3) 信息通信行业的许可与管理

信息通信业是恐怖分子进行信息传播和行动策划的重要渠道。因此,《反恐怖主义法》要求通信企业必须接受严格的许可管理,在运营时防止信息服务被恐怖分子所利用。在公安机关进行反恐调查时,通信企业为防止恐怖主义信息扩散,有义务配合调查并及时上报可疑信息内容。

(4) 物流行业的许可与管理

恐怖分子经常通过物流行业运送武器、爆炸物等违禁物品。② 为此,《反恐怖主义法》也将其作为重点监督对象。为了避免恐怖分子利用物流企业进

---

① 张君周:《〈反恐怖主义法〉对中国民航安保立法的影响》,载《北京航空航天大学学报(社会科学版)》2017年第1期。
② 史霄萌、王建刚:《中国代表吁国际社会共同切断恐怖组织获得武器的途径》,https://world.huanqiu.com/article/9CaKrnK4tfd,2024年10月28日访问。

行恐怖活动,该法对物流企业的运营设定了严格的许可要求。物流企业在运输过程中必须进行严格的安检,严防恐怖活动的相关物品流通。特别是对于涉及危险品运输的企业,法律要求其安全措施必须经过特别的许可,并且需要得到更加严密的执行。

(5) 网络运营者的许可与管理

由于恐怖主义分子可以利用因特网进行宣传、招募人员、募集资金等活动,网络空间也是现代恐怖活动的一个重要领域。[①] 因此,《反恐怖主义法》对网络运营者的许可制定了严格的许可管理要求。网络服务商在经营过程中,为了保证网络平台不被恐怖组织利用,必须接受政府的监督。运营商必须监控可疑用户和内容,在发现恐怖主义信息时应及时向公安机关报告。另外,为了辅助后续的调查和打击行动,法律还要求网络运营商对涉恐案件进行资料留存。

为有效维护国家安全和社会稳定,国家通过《反恐怖主义法》的具体规定,在多个关键行业和活动中实施严格的行政许可管理,有效预防其被恐怖分子利用的风险。通过国家安全许可制度的实施,金融、交通、信息通信、物流运输等行业加强了自身的安全性和正当性审查,降低了恐怖活动潜在的风险。这些行政许可制度既增强了国家反恐能力,又树立了全民共同防范恐怖主义的意识,为有效开展全民反恐工作保驾护航。

(二)《国家情报法》

《国家情报法》作为我国维护国家安全的核心法律之一,明确了国家情报机构的职责、权限及情报活动的合法性。尤其针对信息的收集、使用与共享方面,设定了详细的行政许可规定,确保情报工作在保护公民权益的前提下有条不紊地开展。[②]

1. 情报活动的合法性与国家安全

《国家情报法》规定情报活动必须依法进行,确保合法性和合规性,增强国家安全防范能力,为情报机构提供法律保障。情报活动须遵循合法性、必

[①] 廉颖婷、王坤:《国际反恐不应忽略网络空间 现实和网络需同时打击》,https://www.cac.gov.cn/2015-11/16/c_1117169593.htm,2024年10月28日访问。

[②] 廉睿、孙蕾:《〈中华人民共和国国家情报法〉中的"软法性条款"研究》,载《情报杂志》2021年第1期。

要性和适度性原则,不得侵犯公民合法权益。①

(1) 合法性原则

情报活动必须依法进行,情报机构在信息收集、使用和共享时必须获得授权,以国家安全、公共利益和社会秩序为核心目标,不得损害公民隐私和其他法定权利。②

(2) 国家安全的保障

情报工作是维护国家安全的核心手段,必须与国家安全目标一致,重点关注政治、经济、社会安全等领域,全面保障国家安全。③

(3) 监督与问责机制

为避免滥用职权,法律规定了情报工作的监督和问责机制,确保情报活动在法律框架内进行,维护法律严肃性和权威性。④

2. 涉及的行政许可要求

《国家情报法》为保证其正当性与透明度,对情报活动制定了行政许可要求。

(1) 信息收集的许可要求

为确保公民隐私权和信息收集行为的正当性,情报机构必须依照严格审核的程序,依法取得行政许可,不得非法收集信息,国家安全和机密信息的收集需要遵循严格的程序。

(2) 信息使用的许可要求

情报机构使用信息时必须保证合法性和正当性,即必须依法获得。在使用敏感信息时,情报机关必须经过严格审批,严禁信息外泄,防止对社会公众产生负面影响。

(3) 信息共享的许可要求

情报机构与其他部门共享信息时,获得行政许可是必要前提。在共享信息时不仅要严格遵守法律规定,更要严格审查共享对象是否符合法定条件,确保信息共享不会危害国家安全。

---

① 吴常青:《国家安全与公民隐私权的平衡:美国情报监听制度及其启示》,载《情报杂志》2016年第4期。
② 靳娟娟:《情报活动中的法律问题研究》,载《图书情报知识》1999年第3期。
③ 张家年、马费成:《总体国家安全观视角下新时代情报工作的新内涵、新挑战、新机遇和新功效》,载《情报理论与实践》2018年第7期。
④ 蒋东龙:《论英美情报监督体系及其启示》,载《情报杂志》2020年第1期。

3. 相关职权与授权

（1）国家情报工作机构的职权

信息组织可按照工作的需要，运用包括境内外情报搜集监视分析在内的必要手段依法开展情报工作。

（2）技术侦察与身份保护

情报机构在执行任务时，为确保不违反法律或侵害民权的行为发生，可依法采取技术侦察措施和身份保护措施。

（3）情报执行任务的权限

当情报工作者执行任务时，必须携带证件，并按法定程序办理，才能进入特定场所，了解信息，查阅或调取文件、资料。

4. 违法责任的规定

为了加强情报工作的合法合规性，防止情报机构或工作人员未按规定行事或滥用职权，《国家情报法》规定了违法行为的责任追究，包括行政处罚和刑事追责。

《国家情报法》通过对情报活动的合法性、机构职责、行政许可要求进行详细规定，确保情报工作合法进行，维护国家安全，保护公民权益，为国家情报工作和国家安全维护提供了系统的法律支持。

（三）《网络安全法》

《网络安全法》是我国以保障网络运行安全可靠、维护国家主权和利益为宗旨的维护国家网络空间安全的核心法律。该法明确了网络安全与国家安全之间的紧密联系，对网络经营者的资质审核、网络活动的监控等，通过一系列行政许可措施进行了严格规范，依法保障了网络安全工作的有序开展。

1. 网络安全与国家安全的紧密联系

随着信息技术的迅猛发展，网络已成为国家政治、经济、军事等各方面的重要平台。网络安全不仅关乎个人信息和社会经济利益，更直接关系到国家的政治安全、经济稳定和社会秩序。《网络安全法》通过对网络活动的管理与规范，确保国家在网络领域的主权和利益不受威胁。[1]

2. 相关行政许可措施

《网络安全法》规定，网络运营者必须依法获得资质许可。同时为了确保

---

[1] 陆冬华、齐小力：《我国网络安全立法问题研究》，载《中国人民公安大学学报（社会科学版）》2014年第3期。

合规性和安全性,所有网络活动须在持续监控和评估下进行。

(1) 网络运营者的资质审核

网络运营者对确保网络安全至关重要。《网络安全法》规定,所有从事网络运营的企业或组织,必须以获得相关部门的行政许可为前提,才可开展运营。同时规定,相关部门必须重点对运营者的技术能力和管理能力进行评估审核,确保其有能力保障网络安全后方可进行许可。

(2) 监控与评估要求

除了要进行资格审查外,网络运营者还须进行不间断的安全监测和考核。《网络安全法》规定,网络经营者必须建立并维护安全监控系统,对网络运行状况进行实时监控,并定期将安全情况报告有关部门。

(3) 跨部门合作与信息共享

《网络安全法》鼓励网络运营者通过跨部门合作维护网络安全。尤其是在遇到网络攻击或信息泄露事件时,运营者必须及时向主管部门报告,并配合采取应急措施。此外,法律要求运营者在处理敏感信息时,必须严格遵循法律规定,确保信息共享不损害国家安全和公民权益。

3.《网络安全法》中的行政许可细则

《网络安全法》中的行政许可措施涉及具体的产品和服务监管,确保国家安全不受威胁。以下为该法中具体的行政许可细则:

(1) 网络关键设备与安全产品的安全认证

根据《网络安全法》第 23 条的规定,网络关键设备和网络安全专用产品应符合相关国家标准,并通过合格的认证机构进行安全认证或检测。只有认证合格的产品才能销售或提供给市场。

(2) 关键信息基础设施采购审查

根据《网络安全法》第 35 条的规定,关键信息基础设施的运营者,在采购网络产品和服务时,若可能影响国家安全,须经过国家网信部门会同国务院有关部门组织的安全审查。这一审查机制保障了网络产品和服务不对国家安全构成威胁。

(3) 安全保密协议

根据《网络安全法》第 36 条的规定,关键信息基础设施的运营者在采购网络产品和服务时,应与供应商签订安全保密协议,明确安全责任与保密义务。这一要求强化了对网络安全的监管,并确保在合作中遵守安全保密规定。

通过《网络安全法》的具体规定,我国能够有效管理网络运营者的资质,确保网络活动符合法律规定并与国家安全紧密对接。网络运营者的资质审核、持续监控与安全评估,不仅提升了网络空间的安全性,也增强了国家对网络活动的监管能力。[①] 通过严格的行政许可措施和跨部门合作,网络安全工作得以有序开展,进一步保障了国家安全。

第二节 国家安全行政强制

一、国家安全行政强制的定义

行政强制是行政机关在法律授权范围内,为实现法律规定的行政目的,通过强制性手段强制相对人履行义务或停止违法行为的法律手段。行政强制的实施具有强制性和紧迫性,目的是及时制止违法行为,维护公共安全和社会秩序。[②]

国家安全行政强制是指行政机关为维护国家安全利益,依法对可能危害国家安全的行为、活动或状态采取强制性措施,以防止、消除或减轻国家安全风险的法律手段。其实施具有高度的针对性、预防性和紧迫性,旨在保护国家主权、安全和发展利益,维护社会稳定和公共安全。与一般行政强制相比,国家安全行政强制更注重对国家安全威胁的快速反应和有效控制,通常涉及对国家秘密、关键基础设施、网络空间、涉外活动等领域的特殊保护。

二、国家安全行政强制的种类

国家安全行政强制的种类多样,既包括一般行政强制的常见形式,如查封、扣押、强制拆除等,也包括针对国家安全特殊需求而设计的强制措施。这些措施的实施具有高度的针对性、预防性和紧迫性,旨在快速消除或减轻对国家安全构成的威胁。

---

① 洪延青:《"以管理为基础的规制"——对网络运营者安全保护义务的重构》,载《环球法律评论》2016年第4期。
② 杨建顺:《行政强制措施的实施程序》,载《法学杂志》2011年第11期。

（一）国家安全行政强制的具体类型

1. 查封

查封是行政机关依法针对可能危害国家安全的特定财物、场所或设施实施的一种强制手段。例如，为了防止进一步的泄密或危害国家安全的行为，行政机关就有可能对涉嫌泄露国家秘密的场所、设备或文件进行查封，从而达到防止财产的转移、毁损或丧失的目的。①

2. 扣押

扣押是行政机关对涉嫌危害国家安全的财物或证据进行控制的一种手段。例如，扣押用于间谍活动的有关国家机密的文件或敏感资料。其目的是为后续调查处理提供依据，同时防止这些财物被转移、隐匿或毁损。②

3. 强制拆除

强制拆除是行政机关依法对可能危害国家安全的违法建筑、设施或其他物体进行拆除。例如，为防止威胁军事安全或泄露国家秘密，对在军事禁区周围违法建设的高层建筑实施强制性拆除。

4. 技术阻断

技术阻断是行政机关对可能危害国家安全的网络信息、通信活动或技术设备采取的技术性强制措施。例如，为防止信息扩散或滥用技术，对网站、社交媒体账户或通信设备进行封杀或阻断，以达到禁止危害国家安全信息的传播的目的。

5. 限制人身自由

对可能危害国家安全的个人，行政机关在特定情况下可以依法采取强制措施，限制其人身自由。例如，对涉嫌从事间谍活动、恐怖活动或者实施其他危害国家安全行为的人员，采取暂扣、限制出境或者限制活动范围等措施。此类措施的执行一定要严格按照法律的规定，如此才能保证其正当性和必要性。

6. 其他国家安全行政强制措施

行政机关除采取上述措施外，还可以采取其他形式的强制措施。

---

① 李磊明：《论查封的法律效力》，载《中外法学》1998年第1期。
② 万毅：《刑事诉讼中的扣押：规范分析与法律解释——以两个关键词为例》，载《法学》2008年第7期。

(1) 强制停业

为防止企业继续从事危害国家安全的活动,对涉嫌危害国家安全的企业或机构采取强制停业措施。

(2) 暂扣许可证

为保证其经营活动符合国家安全要求,暂扣相关企业涉及国家安全的行业(如通信、能源、金融等)的经营牌照。

(3) 强制清除非法集会

为了维护社会秩序和国家安全,强制清除有可能危害国家安全的非法集会或示威活动。

(4) 强制迁移

对可能威胁国家安全的人员或设施进行强制迁移,以消除潜在的安全风险。

这些措施的目标是快速有效地消除对国家安全构成的威胁,同时兼顾对公民合法权益的保护。①

(二) 国家安全行政强制实施的程序要求

为保证合法性,国家安全行政强制措施的实施必须严格依照法律程序进行。程序要求的核心目的是在保护国家安全的同时,防止行政机关滥用职权损害公民、法人或其他组织的基本权利。②

1. 法律授权和合法性审查

有法可依是实施国家安全行政强制措施的必要前提。根据《行政强制法》及相关国家安全法律规定,行政机关在实施强制措施时必须有明确的法律授权。无法可依的强制措施不属于合法授权行为,行政机关应拒绝执行。

2. 决定程序

行政机关在决定对案件进行调查、收集证据、听取相对人意见等程序时须依照法定程序作出。行政机关不得随意作出决定,一旦作出决定就必须保证行政决定的公平、公正与透明。

3. 通知与告知义务

行政机关在实施国家安全行政强制措施前,应当依法履行通知与告知义

---

① 段瑞群:《行政强制的概念、种类和方式是什么》,https://www.chinacourt.org/article/detail/2011/12/id/1670.shtml,2024年10月30日访问。
② 杨建顺:《行政强制措施的实施程序》,载《法学杂志》2011年第11期。

务。例如,在实施查封、扣押财产或限制人身自由等国家安全行政强制措施前,须向相对人出示相应的法律文书,并明确告知其被采取强制措施的依据、期限及法律救济途径。

4. 执行程序与执行监督

国家安全行政强制措施的执行主体必须由专门人员组成。执法人员在执法过程中必须遵守合法、合理、必要和适度的原则。执行人员在执法过程中不得滥用职权损害相对人合法权益。

5. 事后监督与法律救济

为确保执行过程和结果的合法性,行政机关在实施国家安全行政强制措施后,必须接受司法监督与行政监督。如果相对人认为行政强制措施不当,可依法通过提起行政复议或行政诉讼的方式寻求法律救济。

国家安全行政强制作为一种特殊的行政强制类型,其种类和实施程序均体现了对国家安全利益的高度重视。在未来的实践中,随着国家安全形势的复杂化,国家安全行政强制制度也需不断完善,以更好地应对新形势下的国家安全挑战。

三、各主要法律的具体规定

国家安全是国家的根基,保障国家安全涉及多方面的法律支持与行政强制措施。我国的《反恐怖主义法》《国家情报法》《网络安全法》以及其他相关法律为国家安全提供了强有力的法律保障。这些法律通过规定行政机关在特定领域内的行政强制权,确保国家安全措施得以有效实施。以下详细阐述各法律中的行政强制规定,并分析这些措施如何保障国家安全。[1]

(一)《反恐怖主义法》

自 2016 年 6 月 1 日实施以来,《反恐怖主义法》为国家应对恐怖主义活动提供了法律依据,并明确了行政机关在反恐工作中的行政强制措施。该法不仅为国家安全部门的反恐行动提供了法律框架,还赋予行政机关广泛的行政强制权,以有效遏制恐怖主义行为的蔓延,确保国家安全和公共安全。[2]

---

[1] 瑶荷、张慧超:《国家安全的法律保障——专访中国政法大学副校长马怀德教授》,载《人民法治》2016 年第 8 期。

[2] 国务院新闻办公室 2024 年 1 月 23 日发布的《中国的反恐怖主义法律制度体系与实践》。

1. 反恐措施中的行政强制权

《反恐怖主义法》明确了政府在反恐斗争中可以采取的多项行政强制措施，特别是在防止恐怖活动蔓延、切断其经济和物资链条方面提供了必要的法律支持。根据该法第52条，公安机关、国家安全机关等有权对恐怖活动的资金、设备、物资采取查封、扣押、冻结等措施，这些措施通常在恐怖活动的预警阶段或初期实施，目的是防止恐怖活动扩散，保障国家安全。例如，根据《涉及恐怖活动资产冻结管理办法》第2条和第3条，在资金方面，公安机关可以依法查封、冻结与恐怖活动有关的银行账户，控制资金流动，阻止恐怖分子继续进行活动。同时，政府还可以扣押用于恐怖活动的武器、爆炸物、通信设备等，确保这些危险物品不再被用于实施恐怖行为，从而削弱恐怖活动的组织能力。

2. 特定行为的强制干预

《反恐怖主义法》还规定了在特定情况下，政府可以对涉嫌恐怖活动的人员或团体实施更为严格的强制措施。根据第39条和第40条，当某些人员涉嫌参与恐怖活动时，公安机关可对其实施临时限制出入境措施，防止嫌疑人逃逸或逃避调查。此外，法律还授权公安机关对恐怖分子及其支持者实施监视、监听、搜查等措施。对于已被认定为恐怖活动嫌疑人的人员，政府可以在确保国家安全的前提下，采取强制讯问、隔离审查等措施，以加强对恐怖活动的打击力度。

3. 进一步的行政强制措施

《反恐怖主义法》进一步细化了其他重要的行政强制措施，具体包括：

（1）责令遵守约束措施

《反恐怖主义法》第53条规定，公安机关调查恐怖活动嫌疑，经县级以上公安机关负责人批准，可以根据其危害程度，责令恐怖活动嫌疑人员遵守一定的约束措施。这些措施包括但不限于：未经公安机关批准不得离开居住地，不得参加大型群众性活动或者从事特定活动，不得乘坐公共交通工具或者进入特定场所等。同时，公安机关可以采取电子监控、不定期检查等手段，监督嫌疑人是否遵守这些措施。需要特别注意的是，这些约束措施的期限不得超过三个月，且在不再需要继续采取措施的情况下，公安机关应当及时解除。[①]

[①] 李玉华、陈烽：《论公安机关反恐调查中的"约束措施"——兼议〈反恐怖主义法〉第53条》，载《中国人民公安大学学报（社会科学版）》2017年第1期。

(2) 征用财产

《反恐怖主义法》第 78 条规定,根据反恐工作的紧急需要,单位或者个人的财产可以依法被公安机关、国家安全机关、人民解放军和武警部队征用。完成任务后,及时将财产原状归还或恢复,并由政府交纳相应费用。政府在征收过程中造成损失的,按照法律规定应当予以补偿。① 这一措施保证了在特殊情况下反恐工作能够快速开展,避免了反恐行动因物资短缺或其他资源制约而无法发挥效用。

《反恐怖主义法》通过详细规定明确了政府在处置恐怖活动中可依法行使的行政强制措施,斩断了恐怖活动经济链条和物资链条,对恐怖分子及其支持者实施有力打击,为国家反恐提供了坚实的法律保障。②

(二)《国家情报法》

2017 年 6 月 28 日起实施的《国家情报法》为情报工作提供了法律依据,明确了情报机构的职能,对防范和应对国家安全威胁的国家安全情报工作规定了行政强制措施。

1. 情报活动中的行政强制措施

《国家情报法》授权情报机关对涉嫌间谍活动的人员、组织及其物品采取查封、扣押等措施,收集证据、防止信息泄露、打击间谍活动。情报机关可依法扣押文件、电子设备等,冻结相关资金,减少国家安全威胁。

2. 强制措施的执行程序与合法性保障

为确保强制措施的正当、公正,情报机关在执行时必须严格遵循法律规定。在实施查封、扣押时,必须出具法律文件并告知相对人实施依据和法律救济权利。为避免滥用职权,执行过程受到上级主管部门或司法机关的监督。

具体规定包括:强制措施的实施须市级以上负责人批准;执法人员不得少于两人;执法人员须出示证件,通知相对人到场,履行告知义务,制作现场笔录;若相对人拒绝签名或未到场,须注明情况或有见证人证明;冻结财产时须依法向金融机构提供协助冻结通知书。③ 所有强制措施实施过程必须全程录音录像,关键内容附情况说明,以保证强制措施的合法与公正。

---

① 吴建华、赖超超:《私产在征收征用中的公法保障机制研究》,载《中国法学》2004 年第 6 期。
② 万红:《论我国反恐怖主义法律体系构建与完善》,载《中国人民公安大学学报(社会科学版)》2019 年第 4 期。
③ 黄风:《我国创建中的涉恐资产冻结制度》,载《国家检察官学院学报》2014 年第 4 期。

《国家情报法》通过详细的规定,为情报工作的合法性和透明性提供法律支持,确保情报机关可以通过法定的强制措施有效打击危害国家安全的活动。①

(三)《网络安全法》

自2017年6月1日实施以来,《网络安全法》成为中国网络空间安全治理的基础性法律之一,涵盖了信息保护、数据安全等领域,为国家的网络安全提供了法律保障。随着网络安全与国家安全之间的联系日益紧密,网络安全事件对国家安全的影响越来越大。网络安全事件如数据泄露、黑客攻击和恶意软件传播等,往往威胁到国家关键基础设施、社会秩序和经济稳定。因此,《网络安全法》不仅是保障网络环境安全的重要法律工具,也是国家安全体系中的核心组成部分。②

1. 针对网络安全事件的行政强制措施

根据《网络安全法》第57条和第58条的规定,当网络运营者未能履行网络安全保障义务,或发生重大网络安全事件时,政府有权介入并强制采取必要的行政强制措施。

(1) 断开网络连接:政府可能会要求相关企业或运营商在发生网络安全事件时暂停服务,甚至是断网。

(2) 暂停运营或停业整改:网络运营者可以被要求暂停服务,也可以在数据泄露或网络安全漏洞出现时被停业整顿。

(3) 网站、应用程序下架:如果某些网站或应用存在严重安全隐患,政府可要求经营者下架服务。

(4) 冻结、删除非法信息:政府有权要求网络运营者冻结、删除非法信息。

2. 相关措施的合法性与执行机制

尽管《网络安全法》赋予行政强制的普遍性权力,但必须按照正当性的严格要求来进行。行政机关在执行网络安全强制措施时,必须保证措施的合理性和必要性,并遵循程序上的正当性原则。③ 具体而言,法律要求在行政强制

---

① 靳海婷:《论总体国家安全观下国家情报法机制构建——以"三层次"和"三状态"为框架》,载《情报杂志》2018年第11期。
② 邓若伊等:《以法制保障网络空间安全构筑网络强国——〈网络安全法〉和〈国家网络空间安全战略〉解读》,载《电子政务》2017年第2期。
③ 王祯军:《网络安全紧急状态制度的建构意义与规制内容研究》,载《河北法学》2023年第10期。

措施实施过程中,行政机关必须按照下列几项原则和程序进行:

(1) 程序正义:行政机关在实施行政强制措施时,既要保证行政强制措施的实施效果,又要保护相对人的基本权利。程序公开与公正二者不可缺一。[1]

(2) 通知义务:行政机关必须向有关企业或经营者发出书面通知,明确告知其违法行为、安全隐患和可能采取的具体措施,才能决定采取强制措施。

(3) 陈述和申辩权:行政决定应当准予相对人提出反对意见。

(4) 合理性与必要性:在采取强制措施时,行政机关必须保证该措施与网络安全事件之间具有直接的因果关系,并且最为必要,也最为妥当。[2]

3. 权力监督与法律救济

《网络安全法》明确规定了保障行政机关不滥用职权的行政强制措施监督机制。相对人对强制措施有异议的,可以通过法定程序开展法律救济。根据《行政复议法》《行政诉讼法》的有关规定,相对人可通过向行政机关的上级机关提出复议申请或者向法院提起诉讼,对行政机关的强制措施进行合法性审查,以维护自身的合法权益。此外,为防止行政机关滥用职权,其行为由独立的司法机关和复议机构进行监督。[3]

4. 透明度与公示

《网络安全法》要求行政机关的强制措施能够公开透明。为增强公众对政府措施的理解和支持,行政机关在采取涉及重大公共安全的行政措施后应及时向社会公告处理结果。[4]

(1) 及时公告:行政机关在处理网上发生的重大网络安全事件的时候,必须做到有据可查、有的放矢。

(2) 透明信息公开:当行政措施广泛影响大众的时候,行政机关要保证信息的公开,特别是要做到信息公开透明。

(3) 隐私保护:对于公民个人隐私、商业机密在公示处理结果时的保护,行政机关尤其要予以特别关注。

(四) 其他相关法律

我国通过多部法律规定国家安全领域的行政强制措施,包括《突发事件

---

[1] 陈驰:《正当行政程序之价值基础》,载《现代法学》2005年第2期。
[2] 尹培培:《网络安全行政处罚的归责原则》,载《东方法学》2018年第6期。
[3] 杨惠基:《完善我国行政复议监督制度的思路与对策》,载《法学》1996年第1期。
[4] 刘延东:《〈政府信息公开条例〉对定密行为的调节作用》,载《中国行政管理》2020年第2期。

应对法》《治安管理处罚法》《反间谍法》《出口管制法》等,覆盖公共安全、治安管理、间谍防范等,为国家安全提供法律支持。

1.《突发事件应对法》

该法应对突发事件,如自然灾害、公共卫生事件等,规定查封、限制人员进出、强制拆除非法建筑等措施,保护人民生命财产安全和社会秩序。

2.《治安管理处罚法》

该法规范社会秩序和个人行为,对危害国家安全行为进行罚款、拘留、停业整顿等处罚,维护社会稳定。

3.《反间谍法》

该法打击间谍活动,保护国家安全,规定监视、搜查、扣押、隔离审查等措施,防止国家秘密泄露。

4.《出口管制法》

该法管控出口敏感技术、军事物资,审批出口交易,查封、冻结非法交易,保护国家科技、军事和信息安全。

这些法律为行政机关提供强制措施依据,维护国家安全,确保社会稳定,为国家长远安全奠定基础。实施中要求依法执行,保障措施合法、公正、透明,提供公民救济渠道,防止权力滥用,全面保护国家安全。[①]

第三节 国家安全行政处罚

一、国家安全行政处罚的概念

国家安全行政处罚是指国家安全行政执法主体对于违反国家安全法律的公民、法人或者其他组织依法予以制裁的具体行政行为。行政处罚是国家安全机关在预防和打击危害国家安全违法活动中运用最广、最具代表性、最重要的手段,是维护国家安全重要的组成部分。它是指对违反行政法义务的相对人的一种行政制裁,目的既有对违法的惩戒,又有预防与抑制未来违法的效果,也可以作为威吓手段,迫使义务人尽快消除轻微的违法状态。[②] 对危

---

① 袁曙宏:《我国〈行政强制法〉的法律地位、价值取向和制度逻辑》,载《中国法学》2011年第4期。

② 余凌云:《行政法讲义》(第四版),清华大学出版社2024年版,第409页。

害国家安全的行为进行行政处罚必须以触犯国家安全法律规范为前提,即行为人确有国家安全法领域的违法行为。对行为人进行行政处罚,需根据行为人的违法性质,明确其触犯哪部具体法律文件。应紧扣相关行政法规范,依法对行为人实施行政处罚。

二、国家安全行政处罚的种类

根据国家安全法律法规的具体规定,国家安全行政处罚的种类主要有:

1. 警告

警告是指国家安全行政执法主体对于违反国家安全法律的行为主体提出告诫的制裁措施。警告在行政处罚的措施体系中属于最轻的一种制裁,针对的一般是行为情节、手段较为轻微或行为后果并不严重的违法行为。在国家安全法律中,警告一般与其他制裁措施同时出现,由执法主体在具体的国家安全行政执法过程中,根据相对方的行为严重程度及其对国家安全的危害性予以选择适用。如《国家情报法》第 29 条规定:"泄露与国家情报工作有关的国家秘密的,由国家情报工作机构建议相关单位给予处分或者由国家安全机关、公安机关处警告或者十五日以下拘留;构成犯罪的,依法追究刑事责任。"又如《网络安全法》第 66 条规定,"关键信息基础设施的运营者违反本法第三十七条规定,在境外存储网络数据,或者向境外提供网络数据的,由有关主管部门责令改正,给予警告"。

2. 没收

没收是指国家安全行政执法主体对于违反国家安全法律的相对方基于违法行为取得或者与违法行为相关的财物予以剥夺的具体行政行为。没收主要包括两类:一类为行政违法所得没收,如针对非法获取的国家秘密的文件、资料和其他物品予以没收;另一类是用于违法的相关财物没收,典型的包括对违法行为的工具、经费等予以没收。由于违法所得有着基于个案的待确定性,有时也难以计算,因此在立法上应当尽量避免设定以违法所得为基数的处罚。[①] 非法财物只能是进行非法行为所必需的直接的工具或者违禁品,与非法行为无关的,或者仅是间接的工具,不得没收。[②] 如《反间谍法》第 61 条规定:"非法获取、持有属于国家秘密的文件、数据、资料、物品,以及非法生

---

① 叶平、陈昌雄:《行政处罚中的违法所得研究》,载《中国法学》2006 年第 1 期。
② 胡锦光:《行政处罚研究》,法律出版社 1998 年版,第 38 页。

产、销售、持有、使用专用间谍器材,尚不构成犯罪的,由国家安全机关予以警告或者处十日以下行政拘留。"其中针对非法获取并持有的国家秘密的文件、资料和其他物品属于违法所得没收,针对用于实施危害国家安全行为的专用间谍器材等工具的没收,就属于对用于违法相关财物的没收。国家安全行政执法没收的财物,一律上缴国库。又如《核安全法》第 82 条规定:"受委托的技术支持单位出具虚假技术评价结论的,由国务院核安全监督管理部门处二十万元以上一百万元以下的罚款;有违法所得的,没收违法所得;对直接负责的主管人员和其他直接责任人员处十万元以上二十万元以下的罚款。"

3. 罚款

罚款一般指国家安全行政执法主体强制违法当事人用自己的合法财产缴纳一定数量货币的处罚。罚款是实践中较常见的一种处罚手段。例如,《反恐怖主义法》第 80 条规定:"参与下列活动之一,情节轻微,尚不构成犯罪的,由公安机关处十日以上十五日以下拘留,可以并处一万元以下罚款:(一)宣扬恐怖主义、极端主义或者煽动实施恐怖活动、极端主义活动的;(二)制作、传播、非法持有宣扬恐怖主义、极端主义的物品的;(三)强制他人在公共场所穿戴宣扬恐怖主义、极端主义的服饰、标志的;(四)为宣扬恐怖主义、极端主义或者实施恐怖主义、极端主义活动提供信息、资金、物资、劳务、技术、场所等支持、协助、便利的。"又如,《反间谍法》第 54 条第 1、2 款规定:"个人实施间谍行为,尚不构成犯罪的,由国家安全机关予以警告或者处十五日以下行政拘留,单处或者并处五万元以下罚款,违法所得在五万元以上的,单处或者并处违法所得一倍以上五倍以下罚款,并可以由有关部门依法予以处分。明知他人实施间谍行为,为其提供信息、资金、物资、劳务、技术、场所等支持、协助,或者窝藏、包庇,尚不构成犯罪的,依照前款的规定处罚。"被处罚人不仅可以是个人,还可以是法人或企业组织。例如,《反恐怖主义法》第 83 条规定:"金融机构和特定非金融机构对国家反恐怖主义工作领导机构的办事机构公告的恐怖活动组织及恐怖活动人员的资金或者其他资产,未立即予以冻结的,由公安机关处二十万元以上五十万元以下罚款,并对直接负责的董事、高级管理人员和其他直接责任人员处十万元以下罚款;情节严重的,处五十万元以上罚款,并对直接负责的董事、高级管理人员和其他直接责任人员,处十万元以上五十万元以下罚款,可以并处五日以上十五日以下拘留。"一般来说,罚款是一种对当事人切身利益作出的行政处罚,当事人依法享有要求听证的权利。

4. 行政拘留

行政拘留指国家安全行政执法主体对于违反国家安全法律的相对人在短期内剥夺人身自由的一种行政处罚。行政拘留期限最长不超过15日，仅适用于个人，且仅存在于《人民警察法》《海警法》和《国家安全法》之中。[①] 根据《反间谍法》和《国家情报法》的相关规定，国家安全行政执法中，可以采取行政拘留予以制裁的违法行为主要有：（1）阻碍国家情报工作机构及其工作人员依法开展情报工作的；（2）泄露与国家情报工作有关的国家秘密的；（3）明知他人有间谍犯罪行为，在国家安全机关向其调查有关情况、收集有关证据时，拒绝提供的；（4）故意阻碍国家安全机关依法执行任务，未使用暴力、威胁方法，情节较轻的；（5）非法持有属于国家秘密的文件、资料和其他物品，尚不构成犯罪的。

5. 限期离境或者驱逐出境

限期离境或者驱逐出境指国家安全行政执法主体对于违反国家安全法律的相对人在中华人民共和国境内的居留权予以限制和剥夺的制裁措施。如《反间谍法》第66条规定，境外人员违反本法的，可以限期离境或者遣送出境。又如《反外国制裁法》第6条规定："国务院有关部门可以按照各自职责和任务分工，对本法第四条、第五条规定的个人、组织，根据实际情况决定采取下列一种或者几种措施：（一）不予签发签证、不准入境、注销签证或者驱逐出境；（二）查封、扣押、冻结在我国境内的动产、不动产和其他各类财产；（三）禁止或者限制我国境内的组织、个人与其进行有关交易、合作等活动；（四）其他必要措施。"

除上述行政处罚之外，国家安全行政执法主体在行政执法过程中，根据相对人行为性质、轻重程度可以建议其所在单位或者上级主管部门予以处分。但应明确，这种处置是一种行政处分，并不属于行政处罚的一种。相较于行政处罚，行政处分的程度要轻，并具有内部性和隶属性的特征，要求处分者与处分决定机关之间存在职务上的隶属关系，处分机关依据内部行政规范对其工作人员的违法行为予以处分。对国家安全违法行为采取行政处分意味着违法行为人的违法行为极其轻微，因此对其免予行政处罚，而是通过行

[①] 余凌云：《行政法讲义》（第四版），清华大学出版社2024年版，第418页。

政处分予以惩戒。如《国家情报法》和《反间谍法》中，均规定了可以由其所在单位或者上级主管部门予以处分的情形。

三、国家安全机关的行政处罚执法程序

（一）管辖

1. 一般管辖

国家安全机关的行政处罚一般管辖以违法行为发生地的行政机关管辖原则为主，兼顾违法行为人居住地国家安全机关管辖。《国家安全机关行政执法程序规定》第90条规定，"行政案件由违法行为地的国家安全机关管辖。由违法行为人居住地国家安全机关管辖更为适宜的，可以由违法行为人居住地国家安全机关管辖。"第91条规定："违法行为地包括违法行为发生地和违法结果发生地。违法行为发生地，包括违法行为的实施地以及开始地、途经地、结束地等与违法行为有关的地点；违法行为有连续、持续或者继续状态的，违法行为连续、持续或者继续实施的地方都属于违法行为发生地。违法结果发生地，包括违法对象被侵害地、违法所得的实际取得地、藏匿地、转移地、使用地、销售地。违法行为人的户籍所在地为其居住地。经常居住地与户籍所在地不一致的，经常居住地为其居住地。经常居住地是指违法行为人离开户籍所在地最后连续居住一年以上的地方，但在医院住院就医的除外。当事人户籍迁出后尚未落户，有经常居住地的，经常居住地为其居住地；没有经常居住地的，其原户籍所在地为其居住地。单位登记的住所地为其居住地。主要营业地或者主要办事机构所在地与登记的住所地不一致的，主要营业地或者主要办事机构所在地为其居住地。"

2. 特殊管辖

（1）利用网络实施的违法行为的管辖。《国家安全机关行政执法程序规定》第92条规定："针对或者利用网络实施的违法行为，用于实施违法行为的网络服务使用的服务器所在地、网络接入地以及网站建立者或者管理者所在地，被侵害的网络及其运营者所在地，违法过程中违法行为人、被侵害人使用的网络及其运营者所在地，被侵害人被侵害时所在地，以及被侵害人财产遭受损失地国家安全机关可以管辖。"

（2）行驶中的交通工具上发生的行政案件管辖。《国家安全机关行政执法程序规定》第93条规定："行驶中的交通工具上发生的行政案件，由案发后交通工具最初停靠地国家安全机关管辖;必要时,始发地、途经地、到达地国家安全机关也可以管辖。"

3. 管辖争议

《国家安全机关行政执法程序规定》第 94 条规定:"几个国家安全机关都有权管辖的行政案件,由最初立案的国家安全机关管辖。必要时,可以由主要违法行为地国家安全机关管辖。"第 95 条第 1、2 款规定:"对管辖发生争议的,应当协商解决,协商不成的,报请共同的上级国家安全机关指定管辖。对于情况特殊的案件,上级国家安全机关可以直接办理或者指定管辖。"

(二)国家安全机关行政处罚应坚持的原则

1. 程序正当性原则

《国家安全机关行政执法程序规定》第 99 条规定:"国家安全机关在作出行政处罚决定前,应当告知违法嫌疑人拟作出的行政处罚内容及事实、理由、依据,并告知违法嫌疑人依法享有陈述、申辩、要求听证等权利。违法嫌疑人要求进行陈述、申辩,并提出事实、理由和证据,国家安全机关应当进行复核。单位违法的,应当告知其法定代表人、主要负责人或者其授权的人员。"

2. 处罚与教育相结合原则

《国家安全机关行政执法程序规定》第 101 条规定:"国家安全机关实施行政处罚,纠正违法行为,应当坚持处罚与教育相结合。违法行为轻微并及时改正,没有造成危害后果的,不予行政处罚;初次违法且危害后果轻微并及时改正的,可以不予行政处罚。当事人有证据足以证明没有主观过错的,不予行政处罚。法律、行政法规另有规定的,从其规定。对当事人的违法行为依法不予行政处罚的,国家安全机关应当对当事人进行教育。"

3. 坚持回避原则

《国家安全机关行政执法程序规定》第 96 条规定:"国家安全机关负责人、执法人员有下列情形之一的,应当自行提出回避申请,案件当事人及其法定代理人有权要求他们回避:(一)是本案的当事人或者当事人近亲属;(二)本人或者其近亲属与本案有利害关系;(三)与本案当事人有其他关系,可能影响案件公正处理。"

(三)简易程序

国家安全机关人员在执法过程中,可视具体情况适用简易程序,当场作出行政处罚决定。简易程序更加注重效率与便民,手续简化,只适用于轻微案件。① 根据《国家安全机关行政执法程序规定》第 107 条第 1 款的规定,可适用简易程序的情况主要分为以下几种情况:"(一)明知他人有危害国家安全行为,或者经国家安全机关明确告知他人有危害国家安全行为,在国家安全机关向其调查有关情况、收集有关证据时,拒绝提供,由国家安全机关予以警告的;(二)故意阻碍国家安全机关依法执行任务,由国家安全机关予以警告的;(三)依法有义务提供便利条件或者其他协助,拒不提供或者拒不协助,由国家安全机关予以警告的。"

国家安全机关人员适用简易程序作出行政处罚时,应遵循程序正当性原则。《国家安全机关行政执法程序规定》第 109 条第 1 款规定:"适用简易程序处罚的,由二名国家安全机关执法人员作出行政处罚决定。"第 108 条规定:"当场处罚,应当按照下列程序实施:(一)向违法行为人出示人民警察证或者侦察证。(二)收集证据。(三)口头告知违法行为人拟作出行政处罚决定的事实、理由和依据,并告知违法行为人依法享有的陈述权和申辩权。(四)充分听取违法行为人的陈述和申辩。违法行为人提出的事实、理由或者证据成立,应当采纳。(五)填写预定格式、编有号码的当场行政处罚决定书,当场交付当事人,并由当事人在当场行政处罚决定书上签字。当事人拒绝签字的,应当注明。"

(四)普通程序

国家安全机关在作出行政处罚决定时,除在满足适用简易程序的情况下可适用简易程序外,均应适用普通程序作出行政处罚。《国家安全机关行政执法程序规定》第 111 条规定:"有证据证明确有违法行为发生、应当依法给予行政处罚的,经国家安全机关负责人批准,应当制作立案决定书。"第 112 条第 2 款规定:"作出行政处罚前,国家安全机关应当依据法律、法规和本规定进行调查取证,查清违法行为事实,收集和固定相关证据。"第 113 条第 1 款规定:"国家安全机关应当自行政案件立案之日起九十日内作出行政处罚决定。案情复杂,确实无法在九十日内作出行政处罚决定的,经上一级国家安全机关负责人批准,可以延长九十日。"

(五)听证程序

当国家安全机关拟针对当事人切身利益作出较为严重的行政处罚前,应

---

① 余凌云:《行政法讲义》(第四版),清华大学出版社 2024 年版,第 421 页。

当告知当事人有要求听证的权利。听证是作为镶嵌在一般程序之中的一个环节加以引入的。① 根据《国家安全机关行政执法程序规定》第 115 条的规定,较为严重的行政处罚可包括以下几种情形:"(一) 对个人处一万元以上罚款、对法人或者其他组织处十万元以上罚款;(二) 对个人处没收一万元以上违法所得或者非法财物、对法人或者其他组织处没收十万元以上违法所得或者非法财物;(三) 吊销许可证件;(四) 责令停止建设或者使用;(五) 法律、法规、规章规定的其他情形。"对于符合听证条件的,经国家安全机关负责人批准,并书面告知听证申请人,并及时组织听证。对于不符合听证条件,决定不予受理的,也应经国家安全机关负责人批准后,书面告知听证申请人。除涉及国家秘密、商业秘密或者个人隐私等依法予以保密的行政案件外,国家安全机关在作出行政处罚前的听证应当公开进行。听证设主持人一名、记录人一名。必要时可以设听证员一至二名,协助主持人进行听证,本案调查人员不得担任听证的主持人、听证员或者记录人。

四、国家安全行政处罚的衔接

《行政处罚法》是行政机关行使行政处罚权的重要依据。自 1996 年颁布施行至今,《行政处罚法》为我国行政职能的正常运行贡献了巨大力量。然而,随着《国家安全法》《反恐怖主义法》《反间谍法》等一系列新法律的诞生,在《行政处罚法》与《国家安全法》适用过程中产生了一些衔接问题。

(一) 国家安全机关的行政处罚权不明确

《国家安全法》第 42 条第 1 款规定:"国家安全机关、公安机关依法搜集涉及国家安全的情报信息,在国家安全工作中依法行使侦查、拘留、预审和执行逮捕以及法律规定的其他职权。"第 52 条第 1 款规定:"国家安全机关、公安机关、有关军事机关根据职责分工,依法搜集涉及国家安全的情报信息。"第 75 条规定:"国家安全机关、公安机关、有关军事机关开展国家安全专门工作,可以依法采取必要手段和方式,有关部门和地方应当在职责范围内提供支持和配合。"但其并未对国家安全机关是否具有行政处罚权以及具有何种行政处罚权作出明确说明。通常情况下,"法律规定的其他职权"似乎可以理解为包括行政处罚权,但《行政处罚法》第三章"行政处罚的实施机关"中并未明确指明国家安全机关。虽然从宏观层面来看,国家安全机关也属于行政机关,直

---

① 余凌云:《行政法讲义》(第四版),清华大学出版社 2024 年版,第 423 页。

接套用《行政处罚法》的内容并无不妥,但是涉及部分特别规定的权力时,如不采用"明示"的条文进行表述,必然导致实践执法中出现问题。例如,在2015年《国家安全法》出台前,1993年《国家安全法》及其实施细则对国家安全机关是否具有罚款权没有作出明示规定,理论界与实践界对此早已产生了争议。而这个问题在2015年《国家安全法》及其实施细则中仍然没有得到解决。任何一项公权力的行使必须有明确的法律依据,否则就是非法的越权行为。国家安全机关是否具有行政罚款权应当得到法律的明确规定。尤其在国家安全机关已被《国家安全法》明列为特殊的行政机关背景下,其行政处罚权的行使更应体现透明、合法的特点。因此,有必要强化国家安全机关行政处罚权的合法性与透明性。可以考虑在《行政处罚法》中对国家安全机关的行政处罚权进行单独规定,也可以考虑在《国家安全法》及其实施细则中对国家安全机关的行政权力进行具体规定,以防止国家安全机关履行行政处罚职责出现争议。

(二)驱逐出境的适用主体存在误解

《公安机关办理行政案件程序规定》第251条第1款规定:"外国人违反治安管理或者出境入境管理,情节严重,尚不构成犯罪的,承办的公安机关可以层报公安部处以驱逐出境。公安部作出的驱逐出境决定为最终决定,由承办机关宣布并执行。"由此可见,驱逐出境属于公安机关行使的行政处罚,且对应了《国家安全法》第42条"法律规定的其他职权"的规定。那么,对于危害国家安全的外国人是否可以适用这种行政处罚呢?最高人民法院、最高人民检察院、公安部、外交部、司法部、财政部《关于强制外国人出境的执行办法的规定》第2条第5款规定:"我国政府已按照国际条约或《中华人民共和国外交特权与豁免条例》的规定,对享有外交或领事特权和豁免的外国人宣布为不受欢迎的人或者不可接受并拒绝承认其外交或领事人员身份,责令限期出境的人,无正当理由逾期不自动出境的,凭外交部公文由公安部指定的公安机关负责执行或者监督执行。"显然,实施了危害国家安全违法行为的外国人也可以适用驱逐出境。那么国家安全机关是否有权行使驱逐出境的权力呢?《国家安全法》对此没有规定,但是《反间谍法实施细则》第24条规定:"对涉嫌间谍行为的人员,国家安全机关可以决定其在一定期限内不得出境。对违反《反间谍法》的境外个人,国务院国家安全主管部门可以决定限期离境或者驱逐出境,并决定其不得入境的期限。被驱逐出境的境外个人,自被驱逐出境之日起10年内不得入境。"可见国家安全机关有权行使驱逐出境这项权力。

然而,如果仅参照《国家安全法》和《行政处罚法》的规定,很难查证国家安全机关的驱逐出境权。事实上,1993年《国家安全法》第30条明确规定:"境外人员违反本法的,可以限期离境或者驱逐出境。"而现行《国家安全法》却删除了这一规定,如果不结合《反间谍法实施细则》,容易使人产生国家安全机关的驱逐出境权已被收回的误解。

驱逐出境对维护国家主权来说,不仅只是一种行政处罚手段,它在维护国家安全与主权方面也有着特殊的意义。一方面,驱逐出境是维护国家安全的必要手段。将在一国国土内实施危害本国安全的外国罪犯驱逐出本国国境,并对其限期入境或永久不得入境,以切断外国罪犯与驱逐国的联系,还要限制其再次入境的权利,以预防其再次实施危害国家安全的犯罪。另一方面,驱逐出境同时向其他国家宣示本国的政治主权。尽管政治主权不像国土主权一般拥有较为明确的物理载体,但是它同样是一国独立的重要特征,同样需要采取必要的手段进行维护。驱逐出境通过禁止被认为威胁本国政治秩序的人继续留在本国,对实施危害国家安全行为的罪犯进行驱逐,正是响应这种需求的手段。同时,这种手段只针对外国人,而不适用于本国公民,充分体现了"公民"标志着一个人拥有不可剥夺的权利,即归属于这个国家的权利。因此,国家安全机关拥有驱逐出境权完全符合其维护国家安全职责的要求。《国家安全法》和《行政处罚法》未在法条表述上进行明示,不便于人们理解,存在一定的瑕疵。同时,也与《行政处罚法》第5条"行政处罚遵循公正、公开的原则"的规定存在一定的抵触。建议《行政处罚法》或《国家安全法》对国家安全机关的驱逐出境权作出明确规定,以便消除误解,并与《反间谍法实施细则》形成呼应,保证国家安全法律保障体系连贯性。

第四节　国家安全行政复议

一、国家安全行政复议程序的相关概念

行政复议是国家安全法律体系中的重要组成部分,为公民、法人或其他组织提供法律救济途径,对行政机关的行政决定不满时可以申请复议。[1]

(一)国家安全行政复议的定义

国家安全行政复议是指行政相对人对行政机关在国家安全领域作出的

---

[1] 杨惠基:《完善我国行政复议监督制度的思路与对策》,载《法学》1996年第1期。

具体行政行为不服,向上级或指定复议机关申请审查并请求改正或撤销的法律程序。与一般行政复议相比,国家安全行政复议的特殊性在于其涉及国家安全利益的保护,复议机关在审查过程中需兼顾行政行为的合法性、合理性以及国家安全的重要性。

国家安全行政复议的核心目标是确保行政机关在国家安全领域的行政行为符合法律、法规及政策要求,同时维护国家安全利益和行政相对人的合法权益。复议机关在审查时,不仅需关注行政行为的程序正当性和实体合法性,还需评估行政行为对国家安全可能产生的影响,确保国家安全不受损害。

例如,在涉及国家秘密管理、涉外活动审查、关键基础设施保护等国家安全领域,行政相对人若对行政机关的行为不服,可以依法申请行政复议。复议机关需综合考虑国家安全的法律规定、行政行为的合理性以及相对人的合法权益保护等因素,作出公正、合法的复议决定。[①]

(二)国家安全行政复议的主体与条件

根据《行政复议法》第2条和第11条的规定,申请复议的主体是行政相对人,即与行政行为有直接利害关系的个人、法人或者其他组织。在国家安全领域,涉及行政处罚、行政许可、行政强制等内容的行政行为,均可提出复议申请。

1. 申请复议的主体

国家安全行政复议的申请主体包括以下几类:

自然人:与国家安全行政行为有直接利害关系的个人,例如因国家安全审查被限制出境的人员。

法人和其他组织:与国家安全行政行为有直接利害关系的企业、机构或其他组织,例如因国家安全的原因被暂停经营许可的企业。

代理人:申请复议可以由代理人办理,但代理人需提供合法有效的委托人授权证明。

需要注意的是,由于国家安全案件的特殊性,申请主体还需通过国家安全审查,以确保其申请行为不会泄露国家秘密或危害国家安全。

2. 国家安全行政复议的主体与条件

根据《行政复议法》第10条和第12条第2款以及《反间谍法》第68条等

---

① 莫于川:《行政复议机制和方法创新路径分析——从修法提升行政复议规范性、效率性和公正性的视角》,载《行政法学研究》2019年第6期。

的规定,国家安全行政复议的申请必须针对行政机关在国家安全领域作出的具体行政行为,例如国家安全行政处罚、行政许可或行政强制。

通常情况下,申请需在行政行为发生后的60日内提出。特殊情况下,如涉及国家秘密或紧急状态,时限可能有所调整。

复议申请的内容需明确具体且有相关的证据材料,同时需说明行政行为对国家安全及自身权益的影响。

在涉及国家秘密或重大国家安全利益的案件中,复议机关可能对申请材料进行保密审查,以防止泄密风险,危害国家安全。

(三) 国家安全行政复议的流程与时限要求

为确保行政复议工作高效、公正、透明,国家安全行政复议工作流程包括申请、受理、审查、决定等多环节。特别是涉及国家秘密或重大国家安全利益的案件时,相对于一般的行政复议,国家安全行政复议的流程可能更为严格。

1. 复议申请

申请人需将包括以下内容的书面申请提交复议机关:

(1) 复议请求。明确要求撤销、变更或确认行政行为违法。

(2) 行政行为描述。对被复议的行政行为及其对国家安全和自身权益造成的影响,进行详细的说明。

(3) 证据材料。行政行为违法或不当的,应当提供相关证据材料予以证明。

(4) 代理人证明。若委托他人代办,须出具授权委托的有效凭证。

对涉及国家秘密的案件,要求申请人在保密协议上签字,并保证申请材料符合国家保密安全的规定。

2. 复议受理与审查

接到申请后,复议机关需要作如下审查:

(1) 合法性审查。对申请事项是否符合法定条件及时限规定的,予以确认。

(2) 国家安全审查。对申请材料保密审查,确保不泄露国家机密,不在复议过程中危害国家安全。

(3) 事实核实。采取听证、调查等方式对事实进行核实,必要时可邀请国安方面的专家参加评审。

在涉及国家秘密的案件中,复议机关可能采取不公开审理的方式,并限制相关信息的披露范围。

3. 复议决定

复议机关根据包括以下可能性在内的审查结果作出处理决定。

（1）维持原行政行为。认定原行政行为合法合理，且满足国家安全要求。

（2）撤销或变更原行政行为。认定原行政行为违法或不当，对国家安全不会造成危害的，应当予以撤销或变更。

（3）确认行政行为违法。确认原行政行为违法，但不撤销，也不因国家安全的需要而更改。

作出复议决定的期限通常为 60 日，复杂案件最长可延期 30 日。涉及国家秘密案件的复议决定在送达与公开方面可能受限。

4. 复议决定的效力与后续处理

复议决定作出后即具有法律效力，申请人不服的可以通过行政诉讼等方式寻求法律救济。在涉及国家秘密的案件中，申请人仍需通过国家安全审查，以防止泄密危害国家安全。

区别于一般的行政复议，国家安全行政复议需平衡行政行为的合法性、合理性以及国家安全的重要性。例如，在涉及国家秘密的案件中，为了保护国家秘密不外泄，复议机关可采取非公开方式进行。[1]

二、各主要法律的具体规定

在中国的国家安全法律体系中，行政复议作为一种重要的法律救济机制，具有至关重要的作用。特别是涉及反恐怖主义、情报活动、网络安全等领域的行政行为时，复议程序不仅是行政相对人保护自身权益的途径，也是对行政机关行政权力行使是否合法、合理的重要审查机制。[2]

（一）《反恐怖主义法》中的行政复议机制

1. 对相关行政行为的复议权利

《反恐怖主义法》第 6 条要求行政机关实施防控恐怖主义的措施时，应当遵守合法、公正、必要的原则，以确保行政行为的合法性、合理性与正当性。

---

[1] 莫于川：《行政复议机制和方法创新路径分析——从修法提升行政复议规范性、效率性和公正性的视角》，载《行政法学研究》2019 年第 6 期。

[2] 杨建顺：《论行政复议——我国行政复议的现状与课题》，载《人大法律评论》（2004 年卷·总第七辑），中国人民大学出版社 2005 年版。

虽然该法没有单独设立专门针对反恐行政行为的复议程序,但是根据我国现行的法律体制,反恐行政行为依然受到《行政复议法》的约束。[①] 若行政机关依据《反恐怖主义法》作出具体行政行为,相对人有权依法针对具体行政行为申请行政复议。

2. 复议申请的程序与要求

根据《行政复议法》的规定,申请人应向有复议职能的行政机关提出复议请求,并提供相关证据材料。复议申请应包括明确的复议事项、具体的行政行为、该行政行为违法或不当的理由及相关证据材料。如材料不齐,复议机关可要求相对人补充。

3. 行政复议的期限与处理

根据《行政复议法》的规定,行政复议机关在受理复议申请后,必须在自受理之日起60日内作出复议决定;若情况复杂,需要进一步调查的,复议期限可适当延长,但不超过30日。如果行政复议机关认为复议申请不符合受理条件,或材料不完整,复议机关有权决定驳回复议申请,并向申请人说明理由。若行政复议机关对复议申请未作答复或逾期未作出决定,申请人有权依法向人民法院提起行政诉讼。

4. 复议程序中的特殊规定

《反恐怖主义法》虽然没有专门对行政复议作出详细规定,但对相关行政处罚和强制措施决定不服的相对人,依旧可以通过《行政复议法》进行法律救济。这为受到恐怖主义防控措施影响的个人或单位提供了救济途径。同时,考虑到反恐领域的特殊性和对国家安全的敏感性,某些复议案件可能涉及较高的机密性。对于此类案件,行政复议机关可能会依照相关法律规定对复议程序进行适当限制,尤其是涉及国家安全、反恐等敏感事项时,复议机关可能对部分信息进行保密处理,在保障国家安全的同时,确保行政相对人的合法权益不受侵害。[②]

(二)《国家情报法》中的行政复议规定

虽然《国家情报法》未制定专门的行政复议章节,但情报机关的行政行为

[①] 张红:《当代中国反恐怖主义行政执法体制研究》,载《北京师范大学学报(社会科学版)》2016年第3期。

[②] 戚建刚:《反恐行政认定行为的不可诉性商榷》,载《中外法学》2018年第4期。

在某些情况下依然适用行政复议机制。①

1. 情报活动中的行政复议

根据《国家安全机关行政执法程序规定》，情报机关在开展国家安全工作时，可能采取诸如审查涉外人员、限制特定组织经费、限定外国人士出入境等一系列限制性行政措施。如果这些行政行为对相对人的基本权利有直接的影响，而没有涉及国家机密信息，相关相对人就有权按照法律规定，对行政行为申请复议。

根据《国家情报法》第19条和第30条的规定，情报机关在实施行政措施时应当严格遵循法律规定。若该行政行为直接影响相对人的基本权利，并且未涉及国家机密或机密信息，相对人有权依照《行政复议法》申请行政复议。例如，情报机关对外籍人员或涉密人员的入境限制、对特定人员实施的监控措施等，如果涉及公民或法人权益的侵害，相对人可以通过行政复议程序要求复议机关对该行政行为的合法性、合规性进行审查。②

2. 复议程序与处理

对于情报机关所作出的行政行为，相对人若认为该行为不符合合法、公正和必要的原则，且不涉及国家机密，可以依法提出复议申请。根据《行政复议法》的规定，申请人应向有复议职能的行政机关提出复议申请。对原行政行为的合法性，复议机关将根据事实和法律进行审查，特别是审查行政机关是否依法行使职权，审查行政程序是否合乎法律规定。③ 审查时，复议机关将审查情报机关是否遵循合法、公正、必要的原则实施行政行为，以保证行政行为的正当性和合理性。但情报活动所涉及的行政行为往往敏感性较高，一些不适用行政复议常规程序的情报活动可能涉及国家机密或安全信息。④ 例如，涉及国家秘密的行政行为可能被排除在行政审查之外，复议机关可能不会对相关行政行为进行审查。复议机关受理后，需根据法律、法规及事实对该行为进行审查，决定是否撤销或变更该行政决定。

---

① 穆兴天、马文华：《美国情报搜集中个人数据隐私权状况及对我国的启示——以FISA第702条为研究样本》，载《情报杂志》2021年第4期。
② 黄志红、少军：《关于向国家安全机关申请行政复议的探讨》，载《国家安全通讯》2003年第11期。
③ 蔡金荣：《政府信息公开行政复议运作规则初探》，载《行政论坛》2010年第1期。
④ 根据《政府信息公开条例》第14条和第15条的规定，行政机关不得公开涉及国家秘密、商业秘密、个人隐私的政府信息。这意味着在涉及国家机密的情况下，相关行政行为通常不会被纳入行政复议的范围。

3. 复议程序的特殊规定

鉴于情报活动涉及国家安全和敏感信息,行政复议程序在此类案件中的适用往往较为特殊。例如,在情报工作中,涉及国家安全的行政行为(如国家情报机关的保密措施、情报收集活动等)可能不适用行政复议程序。部分情报机关作出的行政行为可能因为涉及机密信息而被排除在行政复议之外。在这种情况下,申请人难以通过常规复议程序来寻求救济。[1]

尽管《国家情报法》未专门对行政复议作出详细规定,但根据《行政复议法》及相关法律规定,情报机关作出的某些行政行为依然适用行政复议程序。特别是当情报机关的行政行为直接影响相对人的基本权利,并且未涉及国家机密时,相对人有权依法申请行政复议。[2] 复议机关会依据法律对行政行为进行审查,确保其合法性与合理性。然而,由于情报活动涉及国家安全和敏感信息,部分情报机关作出的行政行为可能会因涉及机密信息而不适用常规的复议程序,这也为复议程序的适用带来一定的挑战。在这种情况下,相对人可以通过其他法律途径,如行政诉讼,寻求司法救济。

(三)《网络安全法》中的行政复议规定

《网络安全法》为了维护网络安全,制定了相应的行政限制性措施,例如,对违法网站进行关停、对不合规平台进行冻结等。而一旦这些措施存在错误,直接损害企业和个人权益,行政复议程序就成为纠正不当行政行为、维护权益的重要法律途径。[3]

1. 针对网络安全管理措施的复议机制

为保护相对人的合法权益,《网络安全法》遵循了《行政复议法》的规定,为行政相对人提供了行政复议的救济途径。

2. 复议的具体实施方式

行政复议程序通常包括复议申请、复议机关审查、复议决定的执行三个步骤。受影响的个人或企业可提出复议申请,包括复议事项、行政行为描述、法律依据及事实依据等。相对人可提交证据,如交易记录、合规证明等,证明行政行为不当。复议机关根据《行政复议法》审查复议事项,重点考察行政行

---

[1] 叶必丰:《具体行政行为框架下的政府信息公开——基于已有争议的观察》,载《中国法学》2009年第5期。
[2] 王锴:《基本权利保护范围的界定》,载《法学研究》2020年第5期。
[3] 黎军:《行政复议与行政诉讼之关系范畴研究》,载《法学评论》2004年第3期。

为是否合法、公正、必要,是否存在滥用职权。行政行为违法或不当的,复议机关可撤销或变更。复议机关作出决定后,行政机关应执行。行政机关未执行的,复议机关或上级机关可责令其履行。相对人对复议决定不服,可提起行政诉讼,通过司法途径解决争议。

3. 相关法律的补充规定

依照《行政复议法》的规定,网信部门在行政处罚中应履行告知义务。《网信部门行政执法程序规定》第 39 条和第 40 条规定,应确保相对人知悉法律救济途径,并在执行行政处罚时享有陈述和申辩权。

4. 复议程序的具体实施

复议机关依法审查申请,全面评估行政行为的合法性、合规性和合理性。涉及技术性问题时,可依托专家意见或技术评估判断。① 例如,网络平台因受到违规处罚申请行政复议,复议机关将对处罚的合法性、合理性进行全面审查,以决定是否撤销或变更原处罚。

《网络安全法》中的行政复议机制为网络行政管理的相对人提供了法律救济途径。② 通过复议程序,行政相对人可以要求复议机关审查行政行为的合法性与合理性,有利于确保行政机关依法行政,避免侵权。③ 尽管受到国家安全保护的部分限制,但行政复议机制为网络安全领域的公正管理提供了制度保障。

(四)其他相关法律中的行政复议规定

在国家安全领域,除了前述法律外,其他法律也规定了行政复议机制,涵盖公共安全、治安管理、间谍行为等关键领域。

1.《治安管理处罚法》

治安管理行政行为,如罚款、拘留等,若涉及国家安全,行政相对人可通过行政复议提出异议。《治安管理处罚法》第 102 条规定,不服处罚决定的相对人可申请复议或提起行政诉讼,申请应在 60 日内提出。

---

① 章剑生:《论行政复议的适当性审查》,载《浙江社会科学》2024 年第 2 期。
② 根据《网信部门行政执法程序规定》第 49 条,相对人对行政处罚决定不服,可以依法申请行政复议或者提起行政诉讼。这表明在《网络安全法》框架下,网信部门在执行行政处罚时,确保了相对人知悉并享有申请行政复议或提起诉讼的法律救济途径。
③ 马怀德:《化解行政争议主渠道的制度创新——〈行政复议法〉修订解读》,载《法学评论》2024 年第 2 期。

2.《反间谍法》

《反间谍法》第 68 条明确了对国家安全机关作出的行政处罚或强制措施决定不服的相对人,可在收到决定书之日起 60 日内向上级机关申请复议。复议机关将审查原行政决定的合法性,并作出相应判断。若相对人不服复议决定,可进一步提起行政诉讼。

这些法律中的行政复议规定,确保了国家安全领域行政行为的合法性、合规性和公正性。复议程序作为国家法治的重要组成部分,为行政相对人提供了法律救济通道,及时纠正不当行政决定,防止权力滥用,保护公民和组织的合法权益。同时,增强了公众对政府行为的信任。尽管国家安全事务的特殊性可能对复议机制带来限制,但依然能在法律框架内寻求平衡,确保国家安全与个体权益的协调发展。[①]

---

① 湛中乐:《论我国〈行政复议法〉修改的若干问题》,载《行政法学研究》2013 年第 1 期。

第十一章　国家安全司法

第一节　国家安全行政诉讼

一、国家安全行政诉讼概念

（一）行政诉讼

行政诉讼解决纠纷的机理是，如果行政行为违法，并对相对人的合法权益产生妨害，相对人可以诉诸法院。法院只要通过对行政行为的合法性审查，撤销违法的行政行为，那么，加在其合法权益上的妨害就能够排除，权利状态便能够恢复原状，纠纷也随之化解。① 从民事诉讼脱胎而来的行政诉讼，不仅有与民事诉讼相同或者相近的规定，如辩论原则、回避制度、诉讼代理人制度等，还有与民事诉讼有所区别的特殊规定，如提级管辖、规范性文件附带审查等。

（二）国家安全行政诉讼

国家安全行政诉讼主要指公民、法人或者其他组织认为涉及国家安全领域的相关行政行为侵犯其合法权益，依法向人民法院提起诉讼，由人民法院主持审理并作出裁判的诉讼制度。《行政诉讼法》第2条第1款规定："公民、法人或者其他组织认为行政机关和行政机关工作人员的行政行为侵犯其合法权益，有权依照本法向人民法院提起诉讼。"依据此规定，可知国家安全行政诉讼的提起应该满足以下三个条件：一是行政相对人为公民、法人或者其他组织；二是行政相对人对涉及国家安全领域的相关行政行为不服；三是依法提起诉讼。

二、国家安全行政诉讼的受案范围

在国家安全行政诉讼案件审理时，除应符合《行政诉讼法》关于行政诉讼受案范围的概括性规定之外，还应结合《行政诉讼法》第12条第1款的规定，

---

① 余凌云：《行政法讲义》（第四版），清华大学出版社2024年版，第557页。

确定国家安全行政诉讼的具体受案范围。《行政诉讼法》第12条规定:"人民法院受理公民、法人或者其他组织提起的下列诉讼:(一)对行政拘留、暂扣或者吊销许可证和执照、责令停产停业、没收违法所得、没收非法财物、罚款、警告等行政处罚不服的;(二)对限制人身自由或者对财产的查封、扣押、冻结等行政强制措施和行政强制执行不服的;(三)申请行政许可,行政机关拒绝或者在法定期限内不予答复,或者对行政机关作出的有关行政许可的其他决定不服的;(四)对行政机关作出的关于确认土地、矿藏、水流、森林、山岭、草原、荒地、滩涂、海域等自然资源的所有权或者使用权的决定不服的;(五)对征收、征用决定及其补偿决定不服的;(六)申请行政机关履行保护人身权、财产权等合法权益的法定职责,行政机关拒绝履行或者不予答复的;(七)认为行政机关侵犯其经营自主权或者农村土地承包经营权、农村土地经营权的;(八)认为行政机关滥用行政权力排除或者限制竞争的;(九)认为行政机关违法集资、摊派费用或者违法要求履行其他义务的;(十)认为行政机关没有依法支付抚恤金、最低生活保障待遇或者社会保险待遇的;(十一)认为行政机关不依法履行、未按照约定履行或者违法变更、解除政府特许经营协议、土地房屋征收补偿协议等协议的;(十二)认为行政机关侵犯其他人身权、财产权等合法权益的。除前款规定外,人民法院受理法律、法规规定可以提起诉讼的其他行政案件。"在该规定中,对行政诉讼受案范围进行了肯定性列举。结合国家安全领域的相关法律规定,具有国家安全特点的国家安全行政诉讼受案范围集中体现在以下几方面:

(一)对涉及国家安全的行政处罚不服的

《行政诉讼法》第12条第1款第1项列举了七种处罚形式,分别是行政拘留、暂扣或者吊销许可证和执照、责令停产停业、没收违法所得、没收非法财物、罚款、警告。在国家安全相关法律规定中,也存在与国家安全相关的行政处罚的规定。例如,《国家安全机关行政执法程序规定》第106条规定:"被处罚人对行政处罚决定不服申请行政复议或者提起行政诉讼的,行政处罚决定不停止执行,但法律另有规定的除外。当事人申请行政复议、提起行政诉讼的,加处罚款的数额在行政复议、行政诉讼期间不予计算。"又如,《外国人入境出境管理法》第29条第2款规定,"受公安机关罚款或者拘留处罚的外国人,对处罚不服的,在接到通知之日起十五日内,可以向上一级公安机关提出申诉,由上一级公安机关作出最后的裁决,也可以直接向当地人民法院提起诉讼。"

（二）对涉及国家安全的行政强制措施和行政强制执行不服的

《行政强制法》第 9 条对行政强制措施的种类给出了具体规定，包括限制公民人身自由，查封场所、设施或者财物，扣押财物，冻结存款、汇款以及其他行政强制措施等五类。《行政强制法》第 12 条对行政强制执行的具体内容作出了规定，包括加处罚款或者滞纳金，划拨存款、汇款，拍卖或者依法处理查封、扣押的场所、设施或者财物，排除妨碍、恢复原状，代履行以及其他强制执行方式等六类。在国家安全领域法律规定中，也有对涉及国家安全领域的行政强制措施和行政强制执行而发起行政诉讼的具体规定。例如，《反恐怖主义法》第 96 条规定："有关单位和个人对依照本法作出的行政处罚和行政强制措施决定不服的，可以依法申请行政复议或者提起行政诉讼。"《反电信网络诈骗法》第 48 条规定："有关单位和个人对依照本法作出的行政处罚和行政强制措施决定不服的，可以依法申请行政复议或者提起行政诉讼。"

（三）对行政许可不服的

根据《行政许可法》第 12 条的规定，可以设定许可的事项主要包括：(1) 直接涉及国家安全、公共安全、经济宏观调控、生态环境保护以及直接关系人身健康、生命财产安全等特定活动，需要按照法定条件予以批准的事项；(2) 有限自然资源开发利用、公共资源配置以及直接关系公共利益的特定行业的市场准入等，需要赋予特定权利的事项；(3) 提供公众服务并且直接关系公共利益的职业、行业，需要确定具备特殊信誉、特殊条件或者特殊技能等资格、资质的事项；(4) 直接关系公共安全、人身健康、生命财产安全的重要设备、设施、产品、物品，需要按照技术标准、技术规范，通过检验、检测、检疫等方式进行审定的事项；(5) 企业或者其他组织的设立等，需要确定主体资格的事项；(6) 法律、行政法规规定可以设定行政许可的其他事项。《行政许可法》第 7 条规定："公民、法人或者其他组织对行政机关实施行政许可，享有陈述权、申辩权；有权依法申请行政复议或者提起行政诉讼；其合法权益因行政机关违法实施行政许可受到损害的，有权依法要求赔偿。"具体到国家安全领域法律规定中，也有针对国家安全领域的行政许可诉讼的规定。《反间谍法》第 68 条规定："当事人对行政处罚决定、行政强制措施决定、行政许可决定不服的，可以自收到决定书之日起六十日内，依法申请复议；对复议决定不服的，可以自收到复议决定书之日起十五日内，依法向人民法院提起诉讼。"

(四) 国家行为排除行政诉讼

在中国,国家行为是涉及重大国家利益,具有很强政治性的行为。虽然国家行为与行政相关联,但不属于行政行为,不能成为司法审查的对象。① 这是因为,虽然国家行为也要依法进行,但是,国家行为往往基于政治和策略上的考虑,而非单纯依据法律所为。国家行为涉及重大国家利益,具有很强的政治性,一般都需要保密,而司法程序要求公开,这样就可能造成泄密。此外,如若将国家行为诉诸法院,便可能延误时间,丧失良机,这些都会导致国家利益的重大损失。② 具体而言,国家行为包括国防行为、外交行为、宣布紧急状态和实施戒严以及其他国家行为。③《行政诉讼法》和《最高人民法院关于适用〈中华人民共和国行政诉讼法〉的解释》(以下简称《行政诉讼法解释》)对行政受案范围作了否定列举。《行政诉讼法》第13条规定:"人民法院不受理公民、法人或者其他组织对下列事项提起的诉讼:(一) 国防、外交等国家行为;(二) 行政法规、规章或者行政机关制定、发布的具有普遍约束力的决定、命令;(三) 行政机关对行政机关工作人员的奖惩、任免等决定;(四) 法律规定由行政机关最终裁决的行政行为。"《行政诉讼法解释》第2条第1款特别指出:"行政诉讼法第十三条第一项规定的'国家行为',是指国务院、中央军事委员会、国防部、外交部等根据宪法和法律的授权,以国家的名义实施的有关国防和外交事务的行为,以及经宪法和法律授权的国家机关宣布紧急状态等行为。"由此规定可知,涉及国防、外交领域的国家安全事项不属于行政诉讼的受案范围。涉及国防、外交领域的国家安全事项的监督权归属于全国人大和全国人大常委会,因此法院无权对涉及此类事项的国家行为进行裁判。

三、国家安全行政诉讼证据及规则

根据《行政诉讼法》和《行政诉讼法解释》,可作为定案的国家安全行政诉讼证据应该具有合法性、客观真实性以及关联性。《行政诉讼法解释》对此表述为:"能够反映案件真实情况、与待证事实相关联、来源和形式符合法律规定的证据,应当作为认定案件事实的根据。"其中,所谓证据的合法性,指诉讼双方提交法庭的证据必须在证据主体、形式以及收集提取证据的程序和手段

---

① 胡建淼:《行政法学》(第五版·下),法律出版社2023年版,第739、740页。
② 同上书,第741页。
③ 同上书,第740、741页。

等方面都符合法律的有关规定,才能采纳为诉讼的证据。①

从证据类型来看,国家安全行政诉讼证据可分为书证、物证、视听资料、电子数据、证人证言、当事人的陈述、鉴定意见以及勘验笔录、现场笔录。《反恐怖主义法》第72条还专门规定,"通过反恐怖主义国际合作取得的材料可以在行政处罚、刑事诉讼中作为证据使用"。

国家安全行政诉讼的证据规则依然遵循"谁主张,谁举证"的原则。只是在原被告双方的举证程序上有所不同。行政程序上的证明模式,又根据依职权行为和依申请行为而不同。依职权行为是行政机关在主张权力,在诉讼上也由它来举证,证明行政行为的合法性;依申请行为是相对人在主张权利,在诉讼上也应由他来举证,证明其请求是符合法律规定的。行政机关对拒绝申请决定更要拿出足以说服法官的证据和理由。② 总而言之,国家安全行政执法证据、举证与国家安全行政诉讼证据、举证之间存在着明显的对应关系。

四、国家安全行政诉讼程序

(一)一般规定

从审理原则来看,国家安全行政诉讼要特别注意处理好案件是否需要公开审理的问题。《行政诉讼法》第54条规定:"人民法院公开审理行政案件,但涉及国家秘密、个人隐私和法律另有规定的除外。涉及商业秘密的案件,当事人申请不公开审理的,可以不公开审理。"由此可知,对于一般行政诉讼案件来说,应该以公开审理为原则,不公开审理为例外。在国家安全机关参与的行政诉讼案件中,也要坚持以公开审理为原则,不能随意适用不公开审理的例外情况。只有在确实会泄露国家秘密的情况下,才可准予不公开审理。

国家安全行政诉讼程序同样适用相关人员回避制度。《行政诉讼法》第55条第1—3款规定:"当事人认为审判人员与本案有利害关系或者有其他关系可能影响公正审判,有权申请审判人员回避。审判人员认为自己与本案有利害关系或者有其他关系,应当申请回避。前两款规定,适用于书记员、翻译人员、鉴定人、勘验人。"

除例外情形,国家安全行政诉讼不适用调解制度。《行政诉讼法》第60条

---

① 何家弘、姚永吉:《两大法系证据制度比较论》,载《比较法研究》2003年第4期。
② 余凌云、周云川:《对行政诉讼举证责任分配理论的再思考》,载《中国人民大学学报》2001年第4期。

规定:"人民法院审理行政案件,不适用调解。但是,行政赔偿、补偿以及行政机关行使法律、法规规定的自由裁量权的案件可以调解。调解应当遵循自愿、合法原则,不得损害国家利益、社会公共利益和他人合法权益。"

在法律适用方面,遵照《行政诉讼法》和《行政诉讼法解释》的有关规定。《行政诉讼法》第63条规定:"人民法院审理行政案件,以法律和行政法规、地方性法规为依据。地方性法规适用于本行政区域内发生的行政案件。人民法院审理民族自治地方的行政案件,并以该民族自治地方的自治条例和单行条例为依据。人民法院审理行政案件,参照规章。"第64条规定:"人民法院在审理行政案件中,经审查认为本法第五十三条规定的规范性文件不合法的,不作为认定行政行为合法的依据,并向制定机关提出处理建议。"

国家安全行政诉讼的法律裁判文书适用公开原则。无论是公开审理还是非公开审理,都应当公开发生法律效力的判决书、裁定书。《行政诉讼法》第65条规定:"人民法院应当公开发生法律效力的判决书、裁定书,供公众查阅,但涉及国家秘密、商业秘密和个人隐私的内容除外。"

(二)审判程序

一般情况下,国家安全行政诉讼程序遵照《行政诉讼法》的一般规定,分为一审程序、二审程序和审判监督程序。

1. 一审程序

国家安全行政诉讼的一审普通程序适用《行政诉讼法》规定。《行政诉讼法》第67条规定:"人民法院应当在立案之日起五日内,将起诉状副本发送被告。被告应当在收到起诉状副本之日起十五日内向人民法院提交作出行政行为的证据和所依据的规范性文件,并提出答辩状。人民法院应当在收到答辩状之日起五日内,将答辩状副本发送原告。被告不提出答辩状的,不影响人民法院审理。"第68条规定:"人民法院审理行政案件,由审判员组成合议庭,或者由审判员、陪审员组成合议庭。合议庭的成员,应当是三人以上的单数。"

国家安全行政诉讼依法作出裁判。《行政诉讼法》第69条规定:"行政行为证据确凿,适用法律、法规正确,符合法定程序的,或者原告申请被告履行法定职责或者给付义务理由不成立的,人民法院判决驳回原告的诉讼请求。"第70条规定:"行政行为有下列情形之一的,人民法院判决撤销或者部分撤销,并可以判决被告重新作出行政行为:(一)主要证据不足的;(二)适用法律、法规错误的;(三)违反法定程序的;(四)超越职权的;(五)滥用职权的;(六)明显不当的。"第72条规定:"人民法院经过审理,查明被告不履行法定职责的,判决被告在一定期限内履行。"第73条规定:"人民法院经过审理,查明被告依法负有给付义务的,判决被告履行给付义务。"第74条第1款规定:"行政行为有下列情形之一的,人民法院判决确认违法,但不撤销行政行为:(一)行政行为依法应当撤销,但撤销会给国家利益、社会公共利益造成重大损害的;(二)行政行为程序轻微违法,但对原告权利不产生实际影响的。"第74条第2款规定:"行政行为有下列情形之一,不需要撤销或者判决履行的,人民法院判决确认违法:(一)行政行为违法,但不具有可撤销内容的;(二)被告改变原违法行政行为,原告仍要求确认原行政行为违法的;(三)被告不履行或者拖延履行法定职责,判决履行没有意义的。"第75条规定:"行政行为有实施主体不具有行政主体资格或者没有依据等重大且明显违法情形,原告申请确认行政行为无效的,人民法院判决确认无效。"第76条规定:"人民法院判决确认违法或者无效的,可以同时判决责令被告采取补救措施;给原告造成损失的,依法判决被告承担赔偿责任。"第77条规定:"行政处罚明显不当,或者其他行政行为涉及对款额的确定、认定确有错误的,人民法院可以判决变更。人民法院判决变更,不得加重原告的义务或者减损原告的权益。但利害关系人同为原告,且诉讼请求相反的除外。"第78条规定:"被告不依法履行、未按照约定履行或者违法变更、解除本法第十二条第一款第十一项规定的协议的,人民法院判决被告承担继续履行、采取补救措施或者赔偿损失等责任。被告变更、解除本法第十二条第一款第十一项规定的协议合法,但未依法给予补偿的,人民法院判决给予补偿。"第79条规定:"复议机关与作出原行政行为的行政机关为共同被告的案件,人民法院应当对复议决定和原行政行为一并作出裁判。"

国家安全行政诉讼可视具体情况选择适用简易程序。《行政诉讼法》第82条规定:"人民法院审理下列第一审行政案件,认为事实清楚、权利义务关系明确、争议不大的,可以适用简易程序:(一)被诉行政行为是依法当场作出的;(二)案件涉及款额二千元以下的;(三)属于政府信息公开案件的。除前款规定以外的第一审行政案件,当事人各方同意适用简易程序的,可以适用简易程序。发回重审、按照审判监督程序再审的案件不适用简易程序。"第84条规定:"人民法院在审理过程中,发现案件不宜适用简易程序的,裁定转为普通程序。"

2. 第二审程序

国家安全行政诉讼依照《行政诉讼法》和《行政诉讼法解释》开展第二审程序。《行政诉讼法》第 85 条规定:"当事人不服人民法院第一审判决的,有权在判决书送达之日起十五日内向上一级人民法院提起上诉。当事人不服人民法院第一审裁定的,有权在裁定书送达之日起十日内向上一级人民法院提起上诉。逾期不提起上诉的,人民法院的第一审判决或者裁定发生法律效力。"第 86 条规定:"人民法院对上诉案件,应当组成合议庭,开庭审理。经过阅卷、调查和询问当事人,对没有提出新的事实、证据或者理由,合议庭认为不需要开庭审理的,也可以不开庭审理。"第 87 条规定:"人民法院审理上诉案件,应当对原审人民法院的判决、裁定和被诉行政行为进行全面审查。"第 88 条规定:"人民法院审理上诉案件,应当在收到上诉状之日起三个月内作出终审判决。有特殊情况需要延长的,由高级人民法院批准,高级人民法院审理上诉案件需要延长的,由最高人民法院批准。"第 89 条规定:"人民法院审理上诉案件,按照下列情形,分别处理:(一)原判决、裁定认定事实清楚,适用法律、法规正确的,判决或者裁定驳回上诉,维持原判决、裁定;(二)原判决、裁定认定事实错误或者适用法律、法规错误的,依法改判、撤销或者变更;(三)原判决认定基本事实不清、证据不足的,发回原审人民法院重审,或者查清事实后改判;(四)原判决遗漏当事人或者违法缺席判决等严重违反法定程序的,裁定撤销原判决,发回原审人民法院重审。原审人民法院对发回重审的案件作出判决后,当事人提起上诉的,第二审人民法院不得再次发回重审。人民法院审理上诉案件,需要改变原审判决的,应当同时对被诉行政行为作出判决。"

3. 审判监督程序

国家安全行政诉讼同样适用《行政诉讼法》规定的审判监督程序。《行政诉讼法》第 90 条规定:"当事人对已经发生法律效力的判决、裁定,认为确有错误的,可以向上一级人民法院申请再审,但判决、裁定不停止执行。"第 91 条规定:"当事人的申请符合下列情形之一的,人民法院应当再审:(一)不予立案或者驳回起诉确有错误的;(二)有新的证据,足以推翻原判决、裁定的;(三)原判决、裁定认定事实的主要证据不足、未经质证或者系伪造的;(四)原判决、裁定适用法律、法规确有错误的;(五)违反法律规定的诉讼程序,可能影响公正审判的;(六)原判决、裁定遗漏诉讼请求的;(七)据以作出原判决、裁定的法律文书被撤销或者变更的;(八)审判人员在审理该案件时有贪污受贿、徇私舞弊、枉法裁判行为的。"第 92 条规定:"各级人民法院院长对本院已经发生法律效力的判决、裁定,发现有本法第九十一条规定情形之一,或者发现调解违反自愿原则或者调解书内容违法,认为需要再审的,应当提交审判委员会讨论决定。最高人民法院对地方各级人民法院已经发生法律效力的判决、裁定,上级人民法院对下级人民法院已经发生法律效力的判决、裁定,发现有本法第九十一条规定情形之一,或者发现调解违反自愿原则或者调解书内容违法的,有权提审或者指令下级人民法院再审。"第 93 条规定:"最高人民检察院对各级人民法院已经发生法律效力的判决、裁定,上级人民检察院对下级人民法院已经发生法律效力的判决、裁定,发现有本法第九十一条规定情形之一,或者发现调解书损害国家利益、社会公共利益的,应当提出抗诉。地方各级人民检察院对同级人民法院已经发生法律效力的判决、裁定,发现有本法第九十一条规定情形之一,或者发现调解书损害国家利益、社会公共利益的,可以向同级人民法院提出检察建议,并报上级人民检察院备案;也可以提请上级人民检察院向同级人民法院提出抗诉。各级人民检察院对审判监督程序以外的其他审判程序中审判人员的违法行为,有权向同级人民法院提出检察建议。"

第二节 国家安全刑事诉讼

一、国家安全刑事诉讼实体

(一)"危害国家安全的犯罪"概念辨析

2015 年《国家安全法》出台之前,危害国家安全犯罪仅指《刑法》分则第一章"危害国家安全罪"规定的犯罪。从立法沿革上看,1997 年《刑法》分则第一章规定的危害国家安全罪是从 1979 年《刑法》规定的反革命罪更名而来,其中的"国家安全"内涵与 2009 年《国家安全法》中的"国家安全"内涵相同,对应于总体国家安全观提出之前的"国家安全"概念,仅指危害政治安全领域犯罪。随着 2014 年总体国家安全观的提出,2015 年《国家安全法》的颁布,以及 2009 年《国家安全法》的规制任务由《反间谍法》接替,"国家安全"的法律内涵已经不再局限于政治安全领域。《国家安全法》将国家安全的任务扩大到第15条至第34条,包括维护国家政治安全、国土安全、军事安全、经济安全、金融安全、资源能源安全、粮食安全、文化安全、科技安全、网络安全、社会安全、生态安全、核安全、太空安全、海洋安全、极地安全、海外利益安全等17个重要领域。① 且在总体国家安全观指导下,当前国家安全的重点领域仍在不断拓展,截至2024年已增至20个领域。② 因此,根据《国家安全法》第2条的国家安全法概念,危害国家安全犯罪应是指所有危害国家政权、主权、统一和领土完整、危害人民福祉、危害经济社会可持续发展,使国家其他重大利益处于危险和受威胁的状态,以及危及国家保障持续安全状态的能力的犯罪行为。

从这一概念出发,重新审视《刑法》分则的罪名,《刑法》分则第一章"危害国家安全罪"仅是危害国家安全犯罪的一部分。除此之外,《刑法》仍有诸多罪名起到打击国家安全犯罪的作用,分布在《刑法》分则各个章节的众多罪名都有可能用以惩治各个领域危害国家安全的行为。这种情况下,危害国家安全犯罪不能再以《刑法》分则章节为区分标准建立罪名体系,而应以国家安全领域为场域,以犯罪行为危害国家利益和国家安全法益为实质性标准,从《刑法》分则众多罪名中摘选重点罪名,构成国家安全犯罪的罪名体系。危害国家安全犯罪的罪名体系中,根据罪名侵害的法益属性,可分为纯正的危害国家安全犯罪和不纯正的危害国家安全犯罪,详述如下:

(二)纯正的危害国家安全犯罪

刑法保护的法益可分为个人法益、社会法益(公共法益)、国家法益三种类型。③ 三种法益之间存在阶梯递进关系,社会法益和国家法益都是超个人法益,对社会法益的侵害达到一定程度时就可能进入国家法益侵害的范畴。纯正的危害国家安全犯罪是指犯罪行为侵犯的客体本身就属于国家法益,即国家利益、国家主权、政权安全、国土安全、军事安全等。具体包括如下章节或罪名:

1.《刑法》分则第一章"危害国家安全罪"中的所有罪名

该章节均为国家法益罪名,只要涉嫌其中任何一个犯罪,必然侵犯国家法益,包括背叛国家罪,分裂国家罪,煽动分裂国家罪,武装叛乱、暴乱罪,颠

---

① 人民安全并非重点国家安全领域,而是价值层面,覆盖所有领域国家安全的概念。
② 增加了生物安全、数据安全、人工智能安全。
③ 张明楷:《法益初论》,中国政法大学出版社2003年版,第245页。

覆国家政权罪、煽动颠覆国家政权罪、资助危害国家安全犯罪活动罪、投敌叛变罪、叛逃罪、间谍罪、为境外窃取、刺探、收买、非法提供国家秘密、情报罪、资敌罪共12个罪名。

2.《刑法》分则第七章"危害国防利益罪"中的所有罪名

该章罪名的类客体为国防利益，涉及国家安全中的军事安全和国土安全，应认为该章所有罪名均为纯正的危害国家安全犯罪。

3.《刑法》分则第十章"军人违反职责罪"的所有罪名

该章罪名的类客体为国家军事利益，[①]直接涉及军事安全，即便该章中个别罪名貌似侵犯个人法益，如虐待部属罪、虐待俘虏罪、遗弃伤病军人罪等，但其罪名除侵犯个人权利之外同时也侵犯军事管理秩序，可不同程度削弱军队凝聚力、降低军队战斗力、损害军队信誉和形象，因此本质上仍为侵犯军事利益的犯罪，应认为该章所有罪名均为纯正的危害国家安全犯罪。

4. 其他章节部分国家法益罪名

在《刑法》分则第一章、第七章、第十章之外，还存在一些侵犯社会法益的罪名，其所涉法益根据总体国家安全观的内涵和《国家安全法》相关规定，可直接认定属于国家法益。如恐怖主义活动犯罪，其所关涉的法益为国家安全中的社会安全法益，因此该类罪名也应属于纯正的国家安全法益犯罪。再如《刑法》第282条非法获取国家秘密罪、非法持有国家绝密、机密文件、资料、物品罪，第285条第1款非法侵入计算机信息系统罪，[②]第299条侮辱国旗、国徽、国歌罪，第299条之一侵害英雄烈士名誉、荣誉罪，第311条拒绝提供间谍犯罪、恐怖主义犯罪、极端主义犯罪证据罪，第323条破坏界碑、界桩罪等，虽然都处于《刑法》分则第六章"妨害社会管理秩序罪"中，但也应认为这几项罪名侵犯的是国家法益，属于纯正的危害国家安全犯罪。

（三）不纯正的危害国家安全犯罪

不纯正的危害国家安全犯罪是指犯罪行为侵犯的客体为普通社会法益，根据危害行为的严重程度不同，其侵犯的法益有可能上升为国家法益的犯罪。对于侵犯一般社会法益的犯罪来说，从社会法益到国家法益是一个渐进

---

① 《刑法学》编写组：《刑法学》（下册·各论），高等教育出版社2019年版，第302页。
② 《刑法》第285条第1款非法侵入计算机信息系统罪，只有侵入国家事务、国防建设、尖端科学技术领域信息系统才构成该罪，而这三类系统均涉国家安全，因此该罪名整体属于纯正的危害国家安全犯罪。

的过程,并不能认为罪名整体属于危害国家安全犯罪。因为符合某种社会法益侵害的行为类型可能在程度上存在差异,当侵害行为达到相当的程度时,社会法益就可能转化为国家安全法益。[①] 此时,该犯罪才能被确认为危害国家安全的属性。对于这些罪名来说,只有当其危害性达到一定程度转化为侵犯国家法益后,才成为危害国家安全犯罪,因此属于不纯正的危害国家安全犯罪。如《刑法》第 285 条第 2 款非法获取计算机信息系统数据罪,如果犯罪主体侵入并获取的数据范围有限,仅侵犯特定计算机信息系统安全和数据安全,则属于普通犯罪,而如若犯罪主体侵入了大量计算机信息系统,获取了海量数据,形成聚合效应后危害公共安全甚至国家安全,则可能上升为危害国家安全的犯罪。而对于不纯正危害国家安全犯罪而言,对其具体犯罪行为是否上升为危害国家安全犯罪标准的判断则显得尤为重要。本书认为,一般来说应以犯罪行为是否"危害国家政权、主权、统一和领土完整、危害人民福祉、危害经济社会可持续发展,使国家其他重大利益处于危险和受威胁的状态,以及危及国家保障持续安全状态的能力"为根本遵循,并当对社会法益的侵害程度达到包括司法机关在内的国家机构、社会机构以及公众普遍认可对国家利益和国家安全造成威胁和侵害时,[②]才能认为该犯罪属于危害国家安全犯罪。因此,纯正的危害国家安全犯罪和不纯正的危害国家安全犯罪的显著区别之一在于,前者符合犯罪构成即可认定为系危害国家安全的犯罪,而后者必须根据危害行为的严重程度,经过司法对犯罪侵犯的客体"从社会法益上升为国家法益"作出判断和甄别才能够认定属于危害国家安全犯罪。

  此处需要强调的是,单纯侵犯个人法益的犯罪,即便具有较为严重的社会危害性,造成极为恶劣的社会影响,也不宜认定为危害国家安全犯罪。除了侵害国家主权、政权等专属国家法益之外,《国家安全法》规定的其他国家安全法益应该是超个人的社会法益的升格。只有侵犯公法益而非私法益的犯罪才有被认定为不纯正危害国家安全犯罪的可能,这是刑法罪刑法定原则、谦抑性原则的应然要求。

  《刑法》分则中,不纯正的危害国家安全犯罪可能涉及的罪名众多,如分则第三章"破坏社会主义市场经济秩序罪"中所涵盖的社会法益罪名,达到一

---

① 董玉庭:《〈国家安全法〉视域下危害国家安全罪新论》,载《南京大学学报(哲学·人文科学·社会科学)》2024 年第 2 期。
② 王君祥:《非传统安全犯罪解析》,载《河南科技大学学报(社会科学版)》2016 年第 2 期。

定的严重程度均有可能威胁国家经济安全、金融安全、科技安全等;第285条(除第1款)至第287条所关涉的网络犯罪罪名,达到一定的严重程度均有可能威胁国家网络安全;分则第六章第六节"破坏环境资源保护罪"中涉及社会法益的罪名,均有可能在具体犯罪中威胁生态安全、生物安全、资源安全等。

二、国家安全刑事诉讼程序

由于《刑法》分则第一章"危害国家安全罪"中的"国家安全"仍然停留在传统国家安全观之下的国家安全范畴,相应的,《刑事诉讼法》之中,对于国家安全犯罪刑事程序的特殊规定也基本仅针对《刑法》分则第一章的危害国家安全犯罪和第二章中的恐怖活动犯罪。对于其他危害国家安全的犯罪的刑事诉讼程序则与普通刑事案件并无差异。这一定程度体现了刑事实体法和刑事程序法对于国家安全犯罪的规制仍然停留在传统国家安全观框架内,显然已与总体国家安全观理念和《国家安全法》的规定相抵牾,未来有调整之可能。当前,基于《刑事诉讼法》现有规定,本部分内容仍以《刑事诉讼法》对危害国家安全犯罪和恐怖活动犯罪的特殊规定为重点。

(一)侦查

侦查是指享有侦查权的机关为收集证据,查明、证实犯罪和抓获犯罪嫌疑人而依法采取的专门调查工作和有关的强制性措施。根据《刑事诉讼法》的精神,国家安全刑事侦查的任务为惩罚危害国家安全的犯罪以及保障人权的统一。打击危害国家安全犯罪、依法保障国家安全的同时依法保护公民的合法权益,保障无罪的人不受刑事追究。刑事诉讼活动侦查阶段的具体目的应当是,收集确实充分的证据、查明案件事实、查获犯罪嫌疑人。出于打击危害国家安全犯罪的需要,对"危害国家安全罪"和"恐怖活动犯罪"的特殊规定有:

1. 侦查主体

《国家安全法》第42条规定:"国家安全机关、公安机关依法搜集涉及国家安全的情报信息,在国家安全工作中依法行使侦查、拘留、预审和执行逮捕以及法律规定的其他职权。有关军事机关在国家安全工作中依法行使相关职权。"据此,国家安全机关、公安机关、军事机关分别在其职权范围内承担危害国家安全犯罪的侦查任务。对一般刑事案件的侦查、拘留、执行逮捕、预审、采取技术侦查措施等由公安机关负责;国家安全机关依照法律规定,办理《刑法》分则第一章中的危害国家安全犯罪的刑事案件,侦办过程中行使与公安机关相同的职权;军队保卫部门对军队内部发生的刑事案件行使侦查权,军队保卫部门办理刑事案件,亦适用《刑事诉讼法》的有关规定。

2. 技术侦查措施的适用

技术侦查措施,俗称秘密侦查或特殊侦查,是指侦查机关为了侦破特定的刑事案件,在若相对人知情则将难以开展或者无法完成的情况下,根据国家有关法律的规定,经过严格的审批程序,以隐藏或欺骗方式实施的非强制性侦查活动。隐秘或欺骗的方式通常表现为行踪监控、通信监控、场所监控等运用技术手段确定作案人和获取案件证据的秘密侦查措施;也包括隐匿身份实施侦查和控制交付。技术侦查措施只能适用于特定的案件,危害国家安全犯罪、恐怖活动犯罪包括在技术侦查措施的适用范围内。《刑事诉讼法》第150条第1款规定:"公安机关在立案后,对于危害国家安全犯罪、恐怖活动犯罪、黑社会性质的组织犯罪、重大毒品犯罪或者其他严重危害社会的犯罪案件,根据侦查犯罪的需要,经过严格的批准手续,可以采取技术侦查措施。"技术侦查措施的适用必须严格遵守法律规定,以防止权力的滥用。侦查人员对采取技术侦查措施过程中知悉的国家秘密、商业秘密和个人隐私,应当保密;对采取技术侦查措施获取的与案件无关的材料,必须及时销毁。

(二) 刑事强制措施

刑事强制措施指公安机关、国家安全机关等侦查机关,以及人民检察院和人民法院为了保证刑事诉讼的顺利进行,对犯罪嫌疑人、被告人依法采取的限制或剥夺其人身自由的各种强制方法。这种强制方法的类型按强制的力度由低到高排列是拘传、取保候审、监视居住、刑事拘留和逮捕五种。其中,拘传、取保候审和监视居住属非羁押型强制措施;刑事拘留和逮捕则属羁押型强制措施。我国刑事诉讼中对"危害国家安全罪"和"恐怖活动犯罪"的特殊规定有:

1. 指定居所监视居住

监视居住指公安机关、国家安全机关等侦查机关,以及人民检察院和人民法院在刑事诉讼过程中限令犯罪嫌疑人、被告人在规定的期限内不得离开住处或指定的居所,并对其活动予以监视和控制的一种强制方法。监视居住有两种执行方式:一般情况下监视居住应当在犯罪嫌疑人、被告人住处执行;而无固定住处的可以在指定的居所执行。但《刑事诉讼法》第75条第1款同时规定,"对于涉嫌危害国家安全犯罪、恐怖活动犯罪,在住处执行可能有碍侦查的,经上一级公安机关批准,也可以在指定的居所执行。但是,不得在羁押场所、专门的办案场所执行。"

2. 逮捕

逮捕是公安机关、国家安全机关等侦查机关、人民检察院和人民法院,为防止犯罪嫌疑人、被告人逃避侦查、起诉和审判,进行妨害刑事诉讼的行为,或者发生社会危险,依法在一定时间内完全剥夺犯罪嫌疑人、被告人人身自由并予以羁押的强制措施。逮捕权能分为批准逮捕权、决定逮捕权和执行逮捕权。批准逮捕权由人民检察院行使,决定逮捕权由人民检察院和人民法院行使,执行逮捕权由公安机关和国家安全机关等侦查机关行使。根据《刑事诉讼法》第81条第1款的规定,逮捕需要同时具备三个条件:一是证据条件,即有证据证明有犯罪事实;二是刑罚条件,即可能判处有期徒刑以上刑罚;三是必要性条件,即采取取保候审尚不足以防止发生社会危险性的。根据《刑事诉讼法》第81条的规定,这里所指的"社会危险性",具体包括:(1)可能实施新的犯罪的,即犯罪嫌疑人多次作案、连续作案、流窜作案,其主观恶性、犯罪习性表明其可能实施新的犯罪,以及有一定证据证明犯罪嫌疑人已经开始策划、预备实施犯罪的;(2)有危害国家安全、公共安全或者社会秩序的现实危险的,即有一定证据证明或者有迹象表明犯罪嫌疑人在案发前或者案发后正在积极策划、组织或者预备实施危害国家安全、公共安全或者社会秩序的重大违法犯罪行为的;(3)可能毁灭、伪造证据,干扰证人作证或者串供的,即有一定证据证明或者有迹象表明犯罪嫌疑人在归案前或者归案后已经着手实施或者企图实施毁灭证据、干扰证人作证或者串供行为的;(4)可能对被害人、举报人、控告人实施打击报复的;(5)企图自杀或者逃跑的,即犯罪嫌疑人归案前或者归案后曾经自杀,或者有一定证据证明或有迹象表明犯罪嫌疑人试图自杀或者逃跑的。可见,其中有危害国家安全的现实风险是判断逮捕必要性的要件之一。

3. 刑事拘留

刑事拘留是指侦查机关在对受理案件的侦查中,遇有法定的紧急情况,暂时限制现行犯或重大嫌疑人的人身自由并予以羁押的一种强制方法。《刑事诉讼法》第82条关于公安机关拘留的规定同样适用于国家安全机关和有关军事机关办理关涉国家安全的刑事案件,故国家安全执法专门机关对于涉嫌国家安全犯罪的现行犯或者重大嫌疑分子,如果有下列情形之一的,可以先行拘留:(1)正在预备犯罪、实行犯罪或者在犯罪后即时被发觉的;(2)被害人或者在场亲眼看见的人指认他犯罪的;(3)在身边或者住处发现有犯罪证据的;(4)犯罪后企图自杀、逃跑或者在逃的;(5)有毁灭、伪造证据或者串供可能的;(6)不讲真实姓名、住址,身份不明的;(7)有流窜作案、多次作案、结伙作案重大嫌疑的。

刑事拘留一般应在24小时以内制作拘留通知书,通知被拘留人的家属。拘留通知书应当写明拘留原因和羁押处所。但《刑事诉讼法》对危害国家安全犯罪作出了特别的规定,根据其第85条第2款,"除无法通知或者涉嫌危害国家安全犯罪、恐怖活动犯罪通知可能有碍侦查的情形以外,应当在拘留后二十四小时以内,通知被拘留人的家属。"据此,国家安全机关办理《刑法》分则第一章中的危害国家安全犯罪案件时,以下两个法定事由可以排除24小时内通知被拘留人家属的义务:

一是无法通知,情形包括:(1)不讲真实姓名住址、身份不明的;(2)没有家属的;(3)提供的家属联系方式无法取得联系的;(4)因自然灾害等不可抗力导致无法通知的。

二是有碍侦查,情形包括:(1)可能毁灭、伪造证据,干扰证人作证或者串供的;(2)可能引起同案犯逃避、妨碍侦查的;(3)犯罪嫌疑人的家属与犯罪有牵连的。

无法通知、有碍侦查的情形消失以后,应当立即通知被拘留人的家属。对于没有在24小时以内通知家属的,应当在拘留通知书中注明原因。

(三)刑事辩护

辩护权是犯罪嫌疑人、被告人最基本的诉讼权利,没有辩护权,犯罪嫌疑人、被告人的其他诉讼权利就会失去存在的价值。法律赋予犯罪嫌疑人、被告人自行辩护的权利,也是诉讼民主化的重要体现。刑事被告人有权获得辩护是《宪法》第130条的明确规定,《刑事诉讼法》对辩护权、辩护种类、辩护方式、辩护人的范围、辩护人的责任、辩护人的权利与义务等进行了具体规定,形成了刑事辩护制度。

辩护人是指接受犯罪嫌疑人、被告人的委托或人民法院的指定,帮助犯罪嫌疑人、被告人行使辩护权,以维护其合法权益的人。辩护人受委托或者受指定进行辩护,是犯罪嫌疑人、被告人辩护权实现的重要方式。为了使辩护人能够进行有效辩护,《刑事诉讼法》规定了辩护人享有阅卷权、会见通信权、查阅、摘抄、复制案卷材料权、调查取证权、提出意见权等多项权利。但针对危害国家安全犯罪,对于辩护人的会见权有特殊规定。《刑事诉讼法》第 39 条第 2 款和第 3 款规定:"辩护律师持律师执业证书、律师事务所证明和委托书或者法律援助公函要求会见在押的犯罪嫌疑人、被告人的,看守所应当及时安排会见,至迟不得超过四十八小时。危害国家安全犯罪、恐怖活动犯罪案件,在侦查期间辩护律师会见在押的犯罪嫌疑人,应当经侦查机关许可。上述案件,侦查机关应当事先通知看守所。"危害国家安全犯罪和恐怖活动犯罪关涉国家利益和社会重要利益,案件信息可能存在涉密性,因此对辩护人的会见权进行了必要的限制。

(四) 国家安全刑事公诉与审判

公诉指行使国家公诉权的检察机关,对公安机关、国家安全机关等侦查机关侦查终结移送起诉的、监察机关调查终结移送起诉的案件或者对自行侦查终结的案件,经过全面审查,确认侦查阶段所收集的证据已经确实、充分,犯罪嫌疑人的行为已经构成犯罪,依法应当追究刑事责任而提请法院审判的一项诉讼活动。公诉权由人民检察院行使。审判的概念表述有广义和狭义之分。狭义的审判仅指法庭审理阶段的活动,换言之,仅仅指在开庭审理中,法官在控辩双方及其他诉讼参与人参加下开展案件庭审调查、法律评价和裁决活动的程序。广义的审判既包括狭义审判,也包括狭义审判活动前的诉讼准备阶段和诉讼结束阶段所开展的各项活动,如确定合议庭组成人员、庭前审查活动、向有关当事人及诉讼参与人送达开庭通知、向社会公布案由、公告案件公开或不公开审理的理由、庭审后送达判决或调解文书等各项活动。审判权由人民法院行使。在刑事公诉和审判活动中,针对国家安全犯罪案件有如下特殊规定:

1. 审判管辖中的级别管辖

我国审判管辖中的级别管辖是根据法院级别高低、案件性质、可能判处刑罚的轻重以及社会影响大小而区分的。《刑事诉讼法》第 20 条规定:"基层人民法院管辖第一审普通刑事案件,但是依照本法由上级人民法院管辖的除外。"据此,我国大量的第一审刑事案件由基层人民法院管辖。《刑事诉讼法》对中级人民法院的管辖范围规定得比较具体,根据其第 21 条,中级人民法院管辖下列第一审刑事案件:(1) 危害国家安全、恐怖活动案件;(2) 可能判处无期徒刑、死刑的案件。可见,因危害国家安全犯罪和恐怖活动犯罪关涉国家利益和社会重要利益,法律对其进行了"提级管辖"。据此,危害国家安全犯罪和恐怖活动犯罪案件的公诉职能也相应要由中级人民法院对应的地市级人民检察院履行。

2. 证人、鉴定人、被害人的特殊保护

由于危害国家安全犯罪与恐怖活动犯罪案件中的证人、鉴定人和被害人通常伴随较大的安全风险,或者因身份涉密不便公开,为保护证人、鉴定人和被害人的人身安全,消除其作证的后顾之忧,保证诉讼顺利进行,《刑事诉讼法》第64条第1款规定,对于危害国家安全犯罪、恐怖活动犯罪、黑社会性质的组织犯罪、毒品犯罪等案件,证人、鉴定人、被害人因在诉讼中作证,本人或者其近亲属的人身安全面临危险的,人民法院、人民检察院和公安机关应当采取以下一项或者多项保护措施:(1)不公开真实姓名、住址和工作单位等个人信息;(2)采取不暴露外貌、真实声音等出庭作证措施;(3)禁止特定的人员接触证人、鉴定人、被害人及其近亲属;(4)对人身和住宅采取专门性保护措施;(5)其他必要的保护措施。

证人、鉴定人、被害人认为因在诉讼中作证,本人或者其近亲属的人身安全面临危险的,可以向人民法院、人民检察院、公安机关请求予以保护。人民法院、人民检察院、公安机关依法采取保护措施,有关单位和个人应当配合。

3. 不公开审理

根据《刑事诉讼法》第11条和第188条的规定,人民法院审判案件,除另有规定外,一律公开进行。但有关国家秘密或者个人隐私的案件,不公开审理;涉及商业秘密的案件,当事人申请不公开审理的,可以不公开审理。不公开审理的案件,应当当庭宣布不公开审理的理由。据此,基于保密需要,涉及国家秘密、个人隐私的刑事案件不公开审理,且无须申请,系人民法院依职权直接决定不公开审理;而涉及商业秘密的案件,依申请可以不公开审理。同样基于保密需要,人民法院、人民检察院和公安机关对涉及国家秘密、商业秘密、个人隐私的证据,应当保密。不公开审理的刑事案件,宣判依然公开进行。

(五)特别程序

1. 缺席审判程序

刑事缺席审判程序是指对法律规定的特定案件中不在庭审现场的被告人所进行的特殊审判,以解决其刑事责任的特别程序。我国2018年《刑事诉讼法》修改时新增"缺席审判程序",作为《刑事诉讼法》的五项"特别程序"之一。《刑事诉讼法》第291条规定:"对于贪污贿赂犯罪案件,以及需要及时进行审判,经最高人民检察院核准的严重危害国家安全犯罪、恐怖活动犯罪案件,犯罪嫌疑人、被告人在境外,监察机关、公安机关移送起诉,人民检察院认为犯罪事实已经查清,证据确实、充分,依法应当追究刑事责任的,可以向人民法院提起公诉。人民法院进行审查后,对于起诉书中有明确的指控犯罪事实,符合缺席审判程序适用条件的,应当决定开庭审判。前款案件,由犯罪地、被告人离境前居住地或者最高人民法院指定的中级人民法院组成合议庭进行审理。"刑事缺席审判程序主要是为了及时审判特定严重犯罪,因此《刑事诉讼法》严格规定了缺席审判程序适用的案件情形,该程序仅限于贪污贿赂、严重危害国家安全、恐怖活动等特定犯罪案件。与贪污贿赂犯罪案件相比,对危害国家安全犯罪和恐怖活动犯罪适用缺席审判还有三个限定条件:一是须及时进行审判,二是须经最高人民检察院核准,三是须是严重危害国家安全犯罪、恐怖活动犯罪案件。同时,由于缺席审判程序在诉讼构造上的天然性的缺陷,法律规定了被告人特殊的权利保护,如严格的法律文本送达、扩展的委托辩护、特殊的上诉权、案件的重新审理等。

2. 犯罪嫌疑人、被告人逃匿、死亡案件违法所得的没收程序

违法所得的没收程序指对于贪污贿赂犯罪、恐怖活动犯罪等重大犯罪案件,犯罪嫌疑人、被告人逃匿,在通缉一年后不能到案,或者犯罪嫌疑人、被告人死亡,依照《刑法》规定应当追缴其违法所得及其他涉案财产的,由人民检察院向人民法院提出没收违法所得的申请,并由人民法院审理的特别程序。《刑事诉讼法》第298条规定:"对于贪污贿赂犯罪、恐怖活动犯罪等重大犯罪案件,犯罪嫌疑人、被告人逃匿,在通缉一年后不能到案,或者犯罪嫌疑人、被告人死亡,依照刑法规定应当追缴其违法所得及其他涉案财产的,人民检察院可以向人民法院提出没收违法所得的申请。公安机关认为有前款规定情形的,应当写出没收违法所得意见书,移送人民检察院。没收违法所得的申请应当提供与犯罪事实、违法所得相关的证据材料,并列明财产的种类、数量、所在地及查封、扣押、冻结的情况。人民法院在必要的时候,可以查封、扣押、冻结申请没收的财产。"

(六) 国家安全涉外刑事诉讼

国家安全涉外刑事诉讼是指处理具有涉外因素的危害国家安全的犯罪

案件的诉讼程序。所谓的涉外因素包括以下三种：一是行为主体涉外，即外国自然人或外国法人单独或参与实施的危害国家安全的犯罪；二是行为对象涉外，即犯罪的目标或者对象涉外，如发生在中国的恐怖主义犯罪，被害人涉及外国人的；三是犯罪行为涉外，指犯罪的危害行为、危害后果等客观方面涉外，如犯罪行为地或犯罪结果发生地在外国。国家安全涉外刑事诉讼遵从我国涉外刑事诉讼的一般原则，包括国家主权原则、刑事司法豁免原则、信守国际条约原则、诉讼权利同等和对等原则、适用中国通用语言文字进行诉讼原则、委托或指定中国律师参加诉讼原则等。[①] 在管辖上，我国目前以属地管辖为主，兼采属人管辖和保护管辖原则，同时明确规定了对普遍管辖原则的有条件适用。此外，国家安全涉外刑事诉讼还有以下两个特殊方面：

1. 国家安全刑事案件涉外主体的处理

一是针对享有外交特权与豁免权的涉外主体，原则上通过外交途径解决。根据《刑法》第 11 条和《刑事诉讼法》第 17 条第 2 款的规定，享有外交特权和豁免权的外国人的刑事责任，通过外交途径解决。而实践中，享有外交特权与豁免权的主体实施危害我国国家安全犯罪时，由于牵涉两国关系和国际影响较大，对此类案件的处理必须十分慎重。对从事了危害我国国家安全行为的享有外交特权与豁免权的人员，在事实清楚、证据确凿的前提下，如果要作出处理，需事先征求外交部门的意见，征得同意后，由外交部与有关国家使馆进行交涉。对于情节严重的犯罪行为，我国政府可以要求派遣国放弃行为人的部分或全部豁免，以便加以审判，也可以要求派遣国将有关人员召回国内，还可以宣告该人员为不受欢迎或者不能接受的人，限期离境或驱逐出境。如果派遣国拒绝接受国的要求或不在相当期间内履行接受国的宣告，召回该人员或终止其在使馆中的职务，我国则可以拒绝承认该人为使馆人员，吊销外交官证，行使司法管辖权。[②]

二是对普通涉外主体，依照中国法律有关规定处理。《刑事诉讼法》第 17 条第 1 款规定："对于外国人犯罪应当追究刑事责任的，适用本法的规定。"但因其涉外身份在程序上有一些特别规定，如根据《维也纳领事关系公约》和我国与有关国家签订的双边领事条约，对外国人采取法律强制措施的，应在一

---

① 叶青主编：《刑事诉讼法学》（第四版），上海人民出版社、北京大学出版社 2020 年版，第 458—462 页。
② 李竹主编：《中国国家安全法学》，人民出版社 2006 年版，第 245 页。

定时效内(一般是 4 至 7 天)通知有关国家驻华使领馆,还应给对方国家领事官员探视提供便利。

2. 国家安全涉外刑事司法协助

刑事司法协助是指不同国家或者同一国家的不同司法区域的司法机关之间,依据参加签署的国际条约、地区之间的协议或者互惠原则,在刑事司法事务上代为某些诉讼行为的方法、步骤。① 刑事司法协助的范围主要包括送达刑事诉讼文书,代为调查取证,移交证据及赃款、赃物,引渡,刑事诉讼移转管辖,以及外国法院刑事判决的承认与执行等。在国家安全涉外刑事诉讼中,由于危害国家安全犯罪有其自身的特殊性,具有不同于一般刑事案件的特点,此类犯罪经常与政治犯罪等问题联系在一起,而对政治犯罪不予司法协助和政治犯罪不引渡是国际公认的国际刑事司法协助和引渡原则,因此,国家安全涉外刑事诉讼活动在需要引渡时,情况往往比较敏感和复杂。《引渡法》第 47 条规定:"请求外国准予引渡或者引渡过境的,应当由负责办理有关案件的省、自治区或者直辖市的审判、检察、公安、国家安全或者监狱管理机关分别向最高人民法院、最高人民检察院、公安部、国家安全部、司法部提出意见书,并附有关文件和材料及其经证明无误的译文。最高人民法院、最高人民检察院、公安部、国家安全部、司法部分别会同外交部审核同意后,通过外交部向外国提出请求。"因此在实践中,刑事司法协助多数是通过外交部以外交手段实现,而对于危害国家安全的犯罪,需要注意避免被请求国以"政治犯罪不予协助"和"政治犯罪不引渡"为由拒绝提供引渡等刑事司法协助。

第三节　国家安全公益诉讼

国家安全问题关系到民族的盛衰和人民的安危,是实现国家繁荣昌盛的基本前提,而法治是维护国家安全的重要保证和最佳途径,坚持全面依法治国,建设社会主义法治国家,必须把国家安全法治作为法治中国建设的重要方面。② 这就要求国家安全的司法建设必须与时俱进。近年来,伴随公益诉讼制度的广泛实践以及相关法律的立法完善,通过公益诉讼制度维护国家安全

---

① 叶青主编:《刑事诉讼法学》(第四版),上海人民出版社、北京大学出版社 2020 年版,第 474 页。

② 蔡宝刚:《论习近平法治思想中的国家安全法治理论》,载《法学》2022 年第 1 期。

越来越成为国家安全司法的重要方面。所谓公益诉讼,是指检察机关或有关公益组织在国家利益和公共利益遭受损失时,向人民法院提起的旨在恢复公共利益和国家利益的民事诉讼,①或因对侵犯公共利益行为有管理权的行政机关违法行使、怠于行使职权,检察机关将其作为被告提起的行政诉讼。② 从表现形式上而言,公益诉讼有民事公益诉讼、行政公益诉讼、刑事附带民事公益诉讼三种形态。在国家安全司法的视角下,公益诉讼制度的重要性愈发凸显。与侧重私益保护的传统诉讼相比,公益诉讼最鲜明的特征是提起公益诉讼的主体与违法侵权行为并无直接利害关系,其起诉出发点在于维护国家利益、公共利益、法律尊严以及公平正义。③

国家安全不仅关乎国家的领土完整、政治稳定、经济发展,还涉及社会公共利益的广泛保护,而公益诉讼通过其独特的诉讼机制,能够通过正当法律程序有力地打击侵害公共利益、破坏法律尊严、损害公平正义的违法犯罪行为,从而直接或间接维护国家整体安全。基于此背景,国家安全公益诉讼应运而生,成为维护国家安全的重要法律手段。具体而言,所谓国家安全公益诉讼是指检察机关或其他法定组织在国家安全利益受损时,为维护国家安全而提起的民事公益诉讼、行政公益诉讼和刑事附带民事公益诉讼。

一、国家安全民事公益诉讼

国家安全民事公益诉讼是指检察机关或法定组织为维护国家安全与国家利益向人民法院提起的旨在制止侵权、修复国家利益的民事诉讼活动。

(一)国家安全民事公益诉讼的案件范围

总体国家安全观是一个全面而系统的概念,它涵盖了我国国家安全领域的多个方面,包括但不限于政治安全、国土安全、军事安全、经济安全、文化安全、社会安全、科技安全、网络安全、生态安全以及资源安全等关键领域。④ 这些安全领域共同构成了国家安全的坚固防线,确保国家的稳定与繁荣。在这一宏观背景下,我国的民事公益诉讼制度发挥着举足轻重的作用。它不仅通

---

① 肖建国:《民事公益诉讼的基本模式研究——以中、美、德三国为中心的比较法考察》,载《中国法学》2007年第5期。
② 姜涛:《检察机关提起行政公益诉讼制度:一个中国问题的思考》,载《政法论坛》2015年第6期。
③ 杜青松:《检察机关提起公益诉讼实证研究》,中国商务出版社2023年版,第2页。
④ 中共中央宣传部、中央国家安全委员会办公室编:《总体国家安全观学习纲要》,学习出版社、人民出版社2022年版,第8页。

过预防和纠正那些可能损害国家安全的行为,来维护国家的整体安全,还积极推动全社会共同参与国家安全的维护工作。这种参与式的保护模式,不仅增强了公众的国家安全意识,还促进了社会各界在维护国家安全方面的协同合作。民事公益诉讼与国家安全领域的交叉重合部分,就构成了国家安全民事公益诉讼的特定范围。这一范围涵盖了多个方面。

第一,在生态安全和资源安全方面,《民事诉讼法》第 58 条规定:"对污染环境……损害社会公共利益的行为,法律规定的机关和有关组织可以向人民法院提起诉讼。人民检察院在履行职责中发现破坏生态环境和资源保护……损害社会公共利益的行为,在没有前款规定的机关和组织或者前款规定的机关和组织不提起诉讼的情况下,可以向人民法院提起诉讼。前款规定的机关或者组织提起诉讼的,人民检察院可以支持起诉。"

第二,在维护军事安全方面,《英雄烈士保护法》《军人地位和权益保障法》都对公益诉讼制度作了相关规定。《英雄烈士保护法》第 25 条规定,对侵害英雄烈士的姓名、肖像、名誉、荣誉的行为,英雄烈士的近亲属可以依法向人民法院提起诉讼。英雄烈士没有近亲属或者近亲属不提起诉讼的,检察机关依法对侵害英雄烈士的姓名、肖像、名誉、荣誉,损害社会公共利益的行为向人民法院提起诉讼。负责英雄烈士保护工作的部门和其他有关部门在履行职责过程中发现上述规定的行为,需要检察机关提起诉讼的,应当向检察机关报告。《军人地位和权益保障法》第 62 条规定,侵害军人荣誉、名誉和其他相关合法权益,严重影响军人有效履行职责使命,致使社会公共利益受到损害的,人民检察院可以提起民事公益诉讼。

第三,在维护网络安全方面,《反电信网络诈骗法》第 47 条规定:"人民检察院在履行反电信网络诈骗职责中,对于侵害国家利益和社会公共利益的行为,可以依法向人民法院提起公益诉讼。"《个人信息保护法》第 70 条规定:"个人信息处理者违反本法规定处理个人信息,侵害众多个人的权益的,人民检察院、法律规定的消费者组织和由国家网信部门确定的组织可以依法向人民法院提起诉讼。"

第四,在维护经济安全方面,《反垄断法》第 60 条规定:"经营者实施垄断行为,给他人造成损失的,依法承担民事责任。经营者实施垄断行为,损害社会公共利益的,设区的市级以上人民检察院可以依法向人民法院提起民事公益诉讼。"

第五,在维护社会安全方面,《民事诉讼法》第 58 条规定:"对……侵害众多消费者合法权益等损害社会公共利益的行为,法律规定的机关和有关组织可以向人民法院提起诉讼。人民检察院在履行职责中发现……食品药品安全领域侵害众多消费者合法权益等损害社会公共利益的行为,在没有前款规定的机关和组织或者前款规定的机关和组织不提起诉讼的情况下,可以向人民法院提起诉讼。前款规定的机关或者组织提起诉讼的,人民检察院可以支持起诉。"《妇女权益保障法》第 77 条规定:"侵害妇女合法权益,导致社会公共利益受损的,检察机关可以发出检察建议;有下列情形之一的,检察机关可以依法提起公益诉讼:(一)确认农村妇女集体经济组织成员身份时侵害妇女权益或者侵害妇女享有的农村土地承包和集体收益、土地征收征用补偿分配权益和宅基地使用权益;(二)侵害妇女平等就业权益;(三)相关单位未采取合理措施预防和制止性骚扰;(四)通过大众传播媒介或者其他方式贬低损害妇女人格;(五)其他严重侵害妇女权益的情形。"《未成年人保护法》第 106 条规定:"未成年人合法权益受到侵犯,相关组织和个人未代为提起诉讼的,人民检察院可以督促、支持其提起诉讼;涉及公共利益的,人民检察院有权提起公益诉讼。"

(二)国家安全民事公益诉讼的具体程序

1. 诉前程序

法定组织和人民检察院都可以作为合法主体提起国家安全民事公益诉讼。人民检察院提起民事公益诉讼,需要履行诉前公告程序,具体而言,人民检察院在履行职责中发现破坏生态环境和资源保护,侵害英雄烈士的姓名、肖像、名誉、荣誉等损害社会公共利益的行为,拟提起国家安全公益诉讼的,应当依法公告,公告期间为 30 日。公告期满,法律规定的机关和有关组织、英雄烈士等的近亲属不提起诉讼的,人民检察院可以向人民法院提起诉讼。人民检察院办理侵害英雄烈士等的姓名、肖像、名誉、荣誉的民事公益诉讼案件,也可以直接征询英雄烈士等的近亲属的意见。诉前公告程序旨在督促适格主体提起诉讼,并保障相关主体的优先诉权。人民法院受理公民、法定组织或检察机关提起的公益诉讼案件后,应当在 10 日内书面告知相关行政主管部门。

2. 管辖

根据《人民检察院公益诉讼办案规则》的规定,人民检察院办理民事公益诉讼案件,由违法行为发生地、损害结果地或者违法行为人住所地基层人民检察院立案管辖。在审判的管辖方面,一般而言民事公益诉讼案件由侵权行为地(包括发生地与结果地)或者被告住所地中级人民法院管辖,因此第一审多由市(分、州)级人民检察院提起。若立案进行调查核实的检察机关为具有立案管辖权的基层检察院,那在其调查核实结束后若需要提起诉讼的,应当将案件移送有管辖权的人民法院所对应的同级人民检察院。

3. 证据与证明

在证据的收集和审查认定阶段,国家安全民事公益诉讼与普通民事公益诉讼一样,由法定组织或人民检察院作为民事公益诉讼原告,需要依法收集、固定和保存与案件相关的证据材料并且承担举证证明责任,但法定组织或人民检察院因客观原因不能自行收集的证据,且该证据可能涉及损害国家利益、社会公共利益的,则法院可以依职权调查收集。法定组织及其代理人或出庭检察官应对收集的证据予以出示和说明,并对相关证据进行质证。庭审中由人民法院对原告提交的证据进行审查,并根据证据的真实性、合法性和关联性进行证据的认定。在国家安全公益诉讼中,法定组织和人民检察院需将待证事实证明到高度可能性程度。

4. 审判程序

国家安全民事公益诉讼的审判程序参考普通民事公益诉讼案件的审判程序,但因国家安全的特殊性,此类案件通常不公开审理。若被告以反诉方式提出诉讼请求的,人民法院也不予受理。对此类公益诉讼案件,当事人可以和解,人民法院也可以调解,在当事人达成和解或者调解协议后,人民法院应当将和解或者调解协议进行公告,公告期间不得少于 30 日。公告期满后,人民法院经审查,和解或者调解协议不违反社会公共利益的,应当出具调解书;和解或者调解协议违反社会公共利益的,不予出具调解书,继续对案件进行审理并依法作出裁判。

5. 判决与执行

人民法院根据查明的事实和适用的法律依法作出判决,判决内容可能包括停止侵害、赔偿损失、赔礼道歉等。[①] 法定组织或人民检察院不服人民法院第一审判决、裁定的,可以向上一级人民法院提起上诉。判决生效后,若被告

---

① 张卫平:《民事公益诉讼原则的制度化及实施研究》,载《清华法学》2013 年第 4 期。

不履行判决内容,人民法院会依法采取执行措施,确保判决内容的实现。执行过程中,人民法院会依法保护当事人的合法权益,并依法对拒不执行判决的被告进行处罚。

二、国家安全行政公益诉讼

国家安全行政公益诉讼指人民检察院在履职活动中发现在特定国家安全领域负有监管职责的行政机关违法行使职权或不作为,致使国家利益受损时,依法发出检察建议督促行政机关履职,在行政机关不履行职责时依法向人民法院提起行政诉讼的活动。

(一)国家安全行政公益诉讼的案件范围

首先,在维护生态安全和资源安全方面,根据《行政诉讼法》第 25 条的规定,人民检察院在履行职责中发现生态环境和资源保护领域负有监督管理职责的行政机关违法行使职权或者不作为,致使国家利益或者社会公共利益受到侵害的,检察机关应当通过检察建议或提起行政诉讼的方式,督促其依法履行职责。

其次,在维护经济安全方面,根据《行政诉讼法》第 25 条的规定,人民检察院在履行职责中发现国有财产保护、国有土地使用权出让等领域负有监督管理职责的行政机关违法行使职权或者不作为,致使国家利益或者社会公共利益受到侵害的,检察机关也应当通过检察建议或提起行政诉讼的方式,督促其依法履行职责。

再次,在维护军事安全方面,《军人地位和权益保障法》第 62 条规定,侵害军人荣誉、名誉和其他相关合法权益,严重影响军人有效履行职责使命,致使社会公共利益受到损害的,人民检察院可以提起行政公益诉讼。

最后,在维护社会安全领域,《安全生产法》第 74 条规定:"任何单位或者个人对事故隐患或者安全生产违法行为,均有权向负有安全生产监督管理职责的部门报告或者举报。因安全生产违法行为造成重大事故隐患或者导致重大事故,致使国家利益或者社会公共利益受到侵害的,人民检察院可以根据民事诉讼法、行政诉讼法的相关规定提起公益诉讼。"《无障碍环境建设法》明确了无障碍设施建设、无障碍信息交流、无障碍社会服务的具体要求,并将检察公益诉讼作为监督管理的兜底保障措施进行明确规定,主要由检察机关通过行政公益诉讼的方式,对无障碍环境建设中的违法行为进行有效监督。

例如,检察机关对无障碍设施不完备、无障碍通道管理维护不当等问题,向相关监管机关发出检察建议或提起行政诉讼,并督促其进行整改。

(二) 国家安全行政公益诉讼的具体程序

1. 诉前程序

人民检察院在履行职责中发现生态环境和资源保护、食品药品安全、国有财产保护、国有土地使用权出让等领域负有监督管理职责的行政机关违法行使职权或者不作为,致使国家利益或者社会公共利益受到侵害的,应当向行政机关提出检察建议,督促其依法履行职责。行政机关应当在收到检察建议书之日起两个月内依法履行职责,并书面回复人民检察院。出现国家利益或者社会公共利益损害继续扩大等紧急情形的,行政机关应当在15日内书面回复。行政机关不依法履行职责的,人民检察院依法向人民法院提起诉讼。

2. 管辖

人民检察院办理国家安全行政公益诉讼案件,由行政机关对应的同级人民检察院立案管辖,若行政机关为人民政府,由上一级人民检察院管辖更为适宜的,也可以由上一级人民检察院立案管辖。

3. 证据与证明

在国家安全行政公益诉讼中,检察机关需要依法收集书证、物证、视听资料、电子数据、证人证言、当事人的陈述以及鉴定意见等证据,以证明行政机关存在违法行为或未依法履行职责。在审判过程中,法院会对证据进行全面客观的审查并认定案件事实。

4. 审判程序

国家安全行政公益诉讼的审判程序参考普通行政公益诉讼案件的审判程序,但因国家安全的特殊性,此类案件通常也不公开审理。另外,在行政公益诉讼案件审理过程中,若被告纠正违法行为或者依法履行职责而使人民检察院的诉讼请求全部实现后,人民检察院撤回起诉的,人民法院应当裁定准许;若人民检察院变更诉讼请求,请求确认原行政行为违法的,人民法院应当判决确认违法。

5. 判决与执行

人民法院对行政公益诉讼案件作出判决或裁定后,当事人应当依法履行。如果行政机关不服判决或裁定,可以依法提起上诉或申请再审。同时,如果行政机关未依法履行判决或裁定,检察机关可以依法向法院申请强制执行。在执行过程中,法院会依法查询、冻结、划拨被执行人的财产,或者采取其他强制措施以确保判决或裁定的执行。

三、国家安全刑事附带民事公益诉讼

国家安全刑事附带民事公益诉讼指检察机关在对特定领域损害国家利益的犯罪提起公诉时,附带向审理刑事案件的法院提起民事诉讼,请求判令致使国家利益受损的责任主体承担民事责任的诉讼活动。

（一）国家安全刑事附带民事公益诉讼的案件范围

国家安全民事公益诉讼的范围较为广泛,覆盖了众多关乎国家利益与国家安全的保护领域。其中,国家安全刑事附带民事公益诉讼作为这一范畴的特殊形态,侧重于那些与刑事犯罪紧密相关的民事侵权责任的追究。在现代国家安全法律保障体系中,《刑法》扮演着至关重要的角色,它是传统法律保障体系的最后一道也是最严密的防线。因此,在界定国家安全刑事附带民事公益诉讼案件的具体范围时,需要通过结合《刑法》中的相关罪名,进行更为明确和细致的划分。

一方面,国家安全刑事附带民事公益诉讼通常更多地涉及生态环境和资源保护、食品药品安全、英雄烈士权益保护、侵犯公民个人信息等领域的犯罪行为。在这些领域中,犯罪行为不仅触犯了《刑法》构成刑事责任,同时还损害了社会公共利益和国家安全利益,需承担民事责任,此时就可以提起国家安全刑事附带民事公益诉讼。比如在生态环境和资源保护领域,《刑法》中规定了非法占用农用地罪、污染环境罪、非法采矿罪、危害珍贵、濒危野生动物罪、非法捕捞水产品罪等罪名,此类犯罪行为导致了资源和生态环境的破坏,有损总体国家安全观中的生态安全与资源安全,可以提起附带民事公益诉讼,要求被告人承担修复生态环境、治理污染、赔偿损失等民事责任。又如在食品药品安全领域,《刑法》中规定了生产、销售不符合安全标准的食品罪和生产、销售有毒、有害食品罪等罪名,此类犯罪行为不仅危害了消费者的身体健康和生命安全,还不利于维护社会安全,此时通过提起附带民事公益诉讼可以要求被告人承担赔偿损失、消除影响等民事责任。再如在英雄烈士权益保护领域,《刑法》中规定了侵害英雄烈士名誉、荣誉罪等罪名,此类犯罪行为损害了社会公共利益和英雄烈士的合法权益,不利于实现国家政治安全与军事安全,可以通过提起附带民事公益诉讼要求被告人承担恢复名誉、赔礼道

歉等民事责任。侵犯公民个人信息罪的行为，严重危害公民个人信息安全，易引发电信网络诈骗等衍生犯罪。若造成公共利益和国家利益严重受损也可提起附带民事诉讼，要求被告人承担赔礼道歉等民事责任。①

另一方面，在《刑法》分则第一章"危害国家安全罪"中，具体罪名主要有叛逃罪、间谍罪、资助危害国家安全犯罪活动罪以及为境外窃取、刺探、收买、非法提供国家秘密、情报罪等，这些罪名主要是关于国家政治安全、国土安全方面的犯罪。例如，间谍活动犯罪可能同时导致商业秘密或敏感信息的泄露，进而损害国家或社会的经济利益，破坏社会经济安全，那么在追究其刑事责任的同时，也可以考虑提起附带民事公益诉讼。

（二）国家安全刑事附带民事公益诉讼的具体程序

人民检察院对破坏生态环境和资源保护，食品药品安全领域侵害众多消费者合法权益，侵害英雄烈士等的姓名、肖像、名誉、荣誉等损害社会公共利益的犯罪行为提起刑事公诉时，可以向人民法院一并提起附带民事公益诉讼，由人民法院同一审判组织审理。人民检察院提起的刑事附带民事公益诉讼案件由审理刑事案件的人民法院管辖。

人民检察院提起刑事附带民事公益诉讼，应履行诉前公告程序。对于未履行诉前公告程序的，人民法院应当进行释明，告知人民检察院公告后再行提起诉讼。因人民检察院履行诉前公告程序，可能影响相关刑事案件审理期限的，人民检察院可以另行提起民事公益诉讼。关于国家安全各类公益诉讼案件是否适用人民陪审员制度，在《人民陪审员法》中并没有明确排除此类案件适用人民陪审员制度的规定。但在实际操作中，法院可能会根据案件的具体情况决定是否适用人民陪审员制度。在审判程序的公开问题上，若案件涉及国家秘密，则刑事附带民事诉讼的审判不公开进行。

总体国家安全观是全面审视并应对当前国内外安全形势新变化、新趋势的创新性理论成果。这一观念深刻植根于对中华民族伟大复兴战略全局和世界百年未有之大变局的宏观把握之中，它运用统筹思维，将各个领域、各种类型的安全问题视为一个有机整体，进行一体化分析。② 国家安全公益诉讼作为国家安全司法体系中的一项重要机制，必须坚持总体国家安全观，通过

---

① 邵俊：《个人信息的检察公益诉讼保护路径研究》，载《法治研究》2021年第5期。
② 薛寒、马晓斐：《新时代民族地区国家安全教育的法治逻辑、特征与进路》，载《民族教育研究》2024年第5期。

发挥司法效能，确保公平正义得以彰显，社会利益和国家安全得到切实维护。在国家安全面临复杂多变挑战的今天，国家安全公益诉讼不仅是对传统诉讼制度的补充和完善，更是构建国家安全保障体系的关键一环。它要求司法机关在审理涉及国家安全的案件时，不仅要关注个体权益的保护，更要从国家整体安全的高度出发，综合考量案件的社会影响和国家安全利益，确保法律的适用既能实现个案正义，又能服务于国家安全的大局。

第十二章　特区国家安全法

维护国家安全是中央政府的首要责任,也是地方政府的基本义务。我国在香港与澳门地区实行"一国两制"基本制度,通过国家安全法治维护港澳长期繁荣稳定既是维护国家安全和利益的重要目标,也具有重大的政治和法律意义。鉴于香港特别行政区与澳门特别行政区独特的历史背景、立法机制、执法环境,两地的国家安全法治发展呈现出一定程度特殊性,因此有必要对其进行专门的系统性梳理和观察。

第一节　香港国家安全法

一、香港国家安全立法历史沿革

香港地区涉及国家安全的立法可以追溯到20世纪初的殖民时期,按照历史发展脉络大致可以分为三个阶段。第一个阶段是20世纪初期至70年代,在此期间英国殖民者依据香港所处的特殊地理位置和复杂的内外环境,专门制定了一系列维护殖民统治秩序的法令。1907年,港英政府颁布《中文出版物(预防)条例》,以防止在香港发行的中文出版物引发中国内地的叛乱。[①] 该条例第2条规定任何人在香港印刷、出版、提供出售或分发旨在煽动中国内地的骚乱、混乱以及煽动他人在中国内地犯罪的内容的报纸、书籍或其他出版物即属犯罪。清朝灭亡后,为了防止发生在中国内地的革命浪潮波及香港,港英政府在1914年颁布《煽动刊物条例》,禁止在香港范围内传播煽动性出版物,并将"煽动性"定义为包含直接或者间接地引起针对英王和港英政府的仇恨、蔑视、叛离,还包括煽动谋杀、使用暴力、威胁伤害公职人员的文字、标志和内容。[②] 抗日战争爆发后,大量来自中国内地的难民涌入香港,港英政府为

---

① Yizheng Zou, English Newspapers in British Colonial Hong Kong: The Case of the South China Morning Post (1903—1941), Critical Arts, 29.1, p.35(2015).

② Chan Hok-Lam, Control of publishing in China: Past and Present, The Australian National University Press, 1983, p.26.

了应对难民潮带来的社会治理危机,在1938年又制定《煽动条例》取代《煽动刊物条例》,其中的主要变化是增加了"煽动意图罪",将若干传播煽动性出版物以外的行为视为犯罪。

第二个历史阶段为20世纪70年代直至1997年香港回归。1971年,港英政府重修《煽动条例》的内容并将其纳入《刑事罪行条例》(《香港法例》第200章)第9条和第10条。这两个条文在"煽动意图"中加入"煽惑他人行使暴力"和"怂使他人不守法或不服从合法命令",同时明确"发表煽动文字"或"展示煽动性刊物"即属于犯煽动罪。1997年香港回归后继承了大量包括《刑事罪行条例》在内的港英政府时期法律。根据香港《释义及通则条例》,经过仔细审查后继承的港英时期法律由香港特区政府继承,但法律条文中出现"女王陛下"的内容均解释为中华人民共和国中央人民政府和其他主管机关。[①] 所以,《刑事罪行条例》(《香港法例》第200章)第9条和第10条涉及煽动犯罪的条款在香港回归后仍具有法律效力,直至2024年被新的立法所取代之后被正式废止。

第三个历史阶段为1997年至今。香港回归后,生效的《香港基本法》第23条赋予了特别行政区治理国家安全事务的立法权,但由于2019年发生"修例风波"等社会事件,相应的国家安全立法活动受到一定阻碍。直至2020年6月,全国人大常委会通过《香港国安法》,以全国性法律的形式纳入《香港基本法》附件三并在香港特别行政区公布实施。此后,香港特别行政区行政长官与香港特别行政区维护国家安全委员会在2020年根据《香港国安法》第43条第3款制定《中华人民共和国香港特别行政区维护国家安全法第四十三条实施细则》(以下简称《第四十三条实施细则》)。2024年,香港又通过《维护国家安全条例》,第23条至第26条及第139条取代《刑事罪行条例》(《香港法例》第200章)第9条和第10条,后者在发挥了数十年的历史作用后被正式废止。

香港特别行政区的国家安全法不仅局限于上述立法成果。根据《香港基本法》确立的"一国两制"框架,除了宪法与全国性法律,香港有关国家安全的本地立法、法院裁判的判例法、香港回归前适用的普通法和成文法,共同形成独特的香港国家安全法体系。

---

① 香港《释义及通则条例》:附表8[第2A(3)条]《原有法律中的词语和词句在1997年7月1日及之后的解释》第1条。

二、香港现行国家安全法律渊源

（一）《香港基本法》

《香港基本法》有关国家安全的内容可以追溯到 1984 年中英两国政府签署的《关于香港问题的联合声明》。联合声明第 3 段第 12 项规定全国人大将通过制定《香港基本法》实施中国对香港的基本方针和联合声明附件一中"中华人民共和国政府对香港的基本方针政策的具体说明"。随后成立的基本法起草委员会发现，英国殖民统治时期制定的《刑事罪行条例》等法律中禁止危害英国皇室和背叛英国的规定在 1997 年香港回归之后将无法继续在香港地区沿用，由此将形成香港地区维护国家安全规范体系的漏洞，回归后的香港地区应当有相应的法律来替代，因此基本法有必要对此作出原则性规定。[①] 1990 年 4 月，七届全国人大三次会议审议通过《香港基本法》，其中第 23 条规定："香港特别行政区应自行立法禁止任何叛国、分裂国家、煽动叛乱、颠覆中央人民政府及窃取国家机密的行为，禁止外国的政治性组织或团体在香港特别行政区进行政治活动，禁止香港特别行政区的政治性组织或团体与外国的政治性组织或团体建立联系。"根据学界当下主流意见，现行《香港基本法》第 23 条确立了香港特别行政区对国家安全事务的立法权，它是全国人大授权香港维护国家安全立法权的体现，兼具义务性规范的特征。[②]

（二）《香港国安法》

根据《香港基本法》，我国内地和香港地区实施两套不同的法律制度，因此适用于内地的《国家安全法》在香港不具备法理上的法律效力。为了填补这一法律漏洞，全国人大常委会采用"决定＋立法"方式制定香港地区适用的专门国家安全法。所谓"决定"，指的是 2020 年 5 月 28 日第十三届全国人大第三次会议通过的《全国人民代表大会关于建立健全香港特别行政区维护国家安全的法律制度和执行机制的决定》。该决定第 6 条规定，"授权全国人大常委会就建立健全香港特别行政区维护国家安全的法律制度和执行机制制定相关法律，切实防范、制止和惩治任何分裂国家、颠覆国家政权、组织实施恐怖活动等严重危害国家安全的行为和活动以及外国和境外势力干预香港

[①] 刘志刚：《〈香港特别行政区维护国家安全法〉的法理逻辑及其展开》，载《政治与法律》2021 年第 6 期。

[②] 董立坤：《中央管治权与香港特区高度自治权的关系》，法律出版社 2014 年版，第 57—58 页。

特别行政区事务的活动。"所谓"立法",指的是全国人大常委会根据全国人大作出的授权决定,于 2020 年 6 月表决通过的《香港国安法》,以全国性法律的形式纳入《香港基本法》附件三并在香港地区施行。《香港国安法》共六章 66 条,包括总则,香港特别行政区维护国家安全的职责和机构,罪行和处罚,案件管辖、法律适用和程序,中央人民政府驻香港特别行政区维护国家安全机构,附则。

(三)《维护国家安全条例》

虽然《香港国安法》奠定了香港国家安全法律体系的基础,但它与《香港基本法》预设的法律治理目标之间仍然存在差距,[①] 主要表现为《香港国安法》仅仅涵盖了分裂国家与颠覆国家政权两项罪名,而对《香港基本法》第 23 条以及内地施行的国家安全法律规范所指向的叛国、窃取国家机密、煽动叛乱、禁止外国政治性组织或团体在香港进行正式活动、香港特别行政区的政治性组织或团体与外国的政治性组织或团体建立联系等罪名和行为没有加以规制。为了弥补法律空白,香港特别行政区立法会在 2024 年 3 月制定《维护国家安全条例》。目的主要是建立健全香港特区维护国家安全的法律制度和执行机制以及防范、制止和惩治危害国家安全的行为和活动,保障特区居民和在特区的其他人的合法权益,确保特区内财产和投资受法律保护,保持特区的繁荣与稳定。

(四)《第四十三条实施细则》

《香港国安法》第 43 条第 1 款规定,香港特别行政区政府警务处维护国家安全部门办理危害国家安全犯罪案件时,可以采取搜查、要求人员交出旅行证件、限制离境、冻结及充公财产、要求移除信息或提供协助、要求提供资料、截取通信和秘密监察、要求回答问题或提交资料或物料等执法措施。为了细化不同类型措施的适用条件和场景,香港特别行政区行政长官会同香港特别行政区维护国家安全委员会于 2020 年 7 月共同制定了《第四十三条实施细则》。

对应《香港国安法》第 43 条第 1 款所规定的七类措施,该实施细则共包含七个附表,分别为《关于为搜证而搜查有关地方的细则》《关于限制受调查的人离开香港的细则》《关于冻结、限制、没收及充公财产的细则》《关于移除危

[①] 黎沛文:《论"一国两制"下中国特色国家安全道路的香港实践》,载《甘肃政法大学学报》2024 年第 6 期。

害国家安全的讯息及要求协助的细则》《关于向外国及台湾政治性组织及其代理人要求因涉港活动提供资料的细则》《关于进行截取及秘密监察的授权申请的细则》《关于要求提供资料和提交物料的细则》。此类细则用以指导执法部门处理国家安全事务过程中具体措施的适用。

（五）《关于进行截取及秘密监察的授权申请的运作原则及指引》

香港警务人员在处置国家安全案件过程中使用强制措施参照《第四十三条实施细则》，而需要使用截取和秘密监察手段的，应当严格参照保安局局长向警务处人员提供的运作原则及相应指引。有鉴于此，香港特别行政区保安局局长于2020年7月正式签署发布《关于进行截取及秘密监察的授权申请的运作原则及指引》，就截取和秘密监察手段使用的先决条件、授权、申请程序、监督职责、保留记录、确保遵守规定等事项进行进一步明确，对此类特殊措施的使用进行更为严格的规制。

（六）国家安全判例

香港作为传承普通法系传统的地区，在司法活动中遵循先例主义原则，因此香港法院对国家安全案件的裁判不但具备阐明香港国家安全法律规范含义的重要作用，同时对后续同类案件裁判具有法律强制性。① 香港法院依据《香港国安法》以及《刑事罪行条例》(《香港法例》第200章)第9条和第10条作出有关煽动罪的判决中，某些关键性案件可以帮助香港公民、社会以及司法系统了解个别条款的实际含义以及适用条件。例如，香港律政司2023年12月发布的《〈香港国安法〉及〈刑事罪行条例〉煽动罪案例摘要》多次援引"香港特别行政区诉黎智英""香港特别行政区诉梁锦威及另一人""A及B诉警务处处长"等案件，涉及《香港国安法》立法目的、实施细则的解释、与相关法律关系等核心问题。② 国家安全判例为提高香港公众的国家安全意识，加深包括法律、教育及公共部门在内的社会各界对《香港国安法》的认识发挥了重要作用。

（七）全国人大常委会有关《香港国安法》的立法解释

随着《香港国安法》生效实施，实践当中一些具体的问题也随之显现出

---

① 徐静琳:《普通法的司法理念及运作机制——兼评香港模式》，载何勤华主编:《20世纪外国司法制度的变革》，法律出版社2003年版，第22页。

② 《〈香港国安法〉及〈刑事罪刑条例〉煽动罪案例摘要》，https://www.hknslannot.gov.hk/tc/home/index.html，2024年10月30日访问。

来,比如香港各界对于没有本地全面执业资格的海外律师能否参与国家安全案件、该等情形下《香港国安法》如何适用等产生了不同理解。作为全国性法律,《香港国安法》第65条规定"本法的解释权属于全国人民代表大会常务委员会",所以该法中的模糊条款应当由具有立法解释权的全国人大常委会加以解释。例如,2022年12月,第十三届全国人大常委会表决通过了《全国人民代表大会常务委员会关于〈中华人民共和国香港特别行政区维护国家安全法〉第十四条和第四十七条的解释》并予以公告。

全国人大常委会对《香港国安法》的立法解释是在以往对多次涉港释法的经验和做法的基础上进行,已经为香港社会各界熟悉,法律效力得到普遍认同。

三、香港国家安全法律基本原则

(一)尊重和保障人权原则

尊重和保障人权是香港国家安全法律规范确立的第一个重要原则。[①]《香港国安法》第4条规定,"香港特别行政区维护国家安全应当尊重和保障人权",该条文指向的人权具有三重外延。其一指的是《香港基本法》赋予香港居民的基本权利,主要指的是第35条所规定的中华人民共和国公民享有的言论、出版、集会、结社、游行、示威权利。香港居民同时也是中华人民共和国公民,理应享有我国宪法赋予的基本权利。其二指的是联合国《公民权利和政治权利国际公约》中被纳入香港特别行政区法律中的基本权利。早在1991年,香港制定《香港人权法案条例》(《香港法例》第383章),将《公民权利和政治权利国际公约》中适用于香港的规定收纳入香港法律,并对附带及有关联的事项作出规定。[②]该条例中涵盖了不得被施以酷刑、不得就同一罪名被再予审判或科刑、和平集会、结社等基本权利。其三指的是联合国《经济、社会及文化权利国际公约》中涵盖的基本权利。早在1976年,港英政府将该公约沿用于香港,作出若干保留条文和声明。1997年7月香港回归前,我国政府通知联合国,该公约适用于香港的规定在香港回归后继续有效。公约所提及的基本权利虽然没有以法例的形式被纳入香港立法体系,但与《香港基本法》

[①] 陈弘毅:《香港的宪治发展:从殖民统治区到特别行政区》,载何志辉主编:《法律文化研究》(第九辑),社会科学文献出版社2016年版,第51页。

[②] 陈弘毅:《公法与国际人权法的互动:香港特别行政区的个案》,载《中外法学》2011年第1期。

中规定的基本权利高度契合。总体而言,香港国家安全法律中的尊重和保障人权的法律依据具有多种渊源。

(二) 法治原则

坚持法治原则是香港国家安全法律的重要原则之一。《香港国安法》第5条第1款规定,"防范、制止和惩治危害国家安全犯罪,应当坚持法治原则"。坚持法治原则实际上是一系列国家安全立法与执法原则的总称,包括:(1) 坚持法律规定为犯罪行为的,依照法律定罪处刑;法律没有规定为犯罪行为的,不得定罪处刑;(2) 任何人未经司法机关判罪之前均假定无罪;(3) 保障犯罪嫌疑人、被告人和其他诉讼参与人依法享有的辩护权和其他诉讼权利。(4) 任何人已经司法程序被最终确定有罪或者宣告无罪的,不得就同一行为再予审判或者惩罚。香港国家安全法律的法治原则是维护国家安全和香港社会稳定的重要基石,是罪刑法定、无罪推定、保障诉讼权利、一事不再审等法律原则的概括性表述;这些原则确保了法律的公正性、透明性和权威性,为香港特别行政区提供了一个坚实的法治框架。

(三) 罪刑法定原则

罪刑法定原则,即法无明文规定不为罪,法无明文规定不处罚。这一原则在香港刑法和国家安全法中得到了明确的体现,要求犯罪行为及其法律后果必须由法律事先明确规定,且必须严格依照法律的规定来定罪处刑。香港回归前后立法机构制定的刑事法例、判例法以及国际条约中适用于香港的刑事法律条款均包含了罪刑法定原则,具体表现为犯罪行为的法定,即犯罪行为必须是由法律明文规定的;任何没有被法律明确规定为犯罪的行为,都不能被视为犯罪。对于被法律明文规定为犯罪的行为,其法律后果也必须由法律明确规定。这包括刑罚的种类、幅度以及适用的条件等。此外,罪刑法定原则反对或者禁止类推适用,不能将一个未被法律明确规定为犯罪的行为,通过类推的方式将其视为犯罪。

(四) 无罪推定原则

无罪推定原则在香港国家安全法律规范中得以确立。《香港国安法》第5条第2款规定,"任何人未经司法机关判罪之前均假定无罪"。《香港人权法案条例》第11条第1款也明确规定,受刑事控告之人,未经依法确定有罪以前,应假定其无罪。在司法实践当中,被捕人士有权保持沉默,执法机构不能强迫疑犯回答可能使其牵涉罪行的问题。如果被捕人士选择保持沉默,这一事实也不能用作对其不利的证据。此外,如果控方未能提供充分证据证明被告有罪,司法机构应推定被告无罪并释放。无罪推定原则在香港法律中得到了充分的体现和保障。这一原则体现了对犯罪嫌疑人、被告人合法权利的尊重和保护,也体现了现代法治社会刑事司法的公正性和权威性。

(五)保障诉讼权利原则

《香港国安法》第5条第2款规定,"保障犯罪嫌疑人、被告人和其他诉讼参与人依法享有的辩护权和其他诉讼权利"。这一法律条文体现了法治社会的基本原则,即在司法程序中,个体的合法权益应得到充分尊重和保障。

(六)一事不再审原则

香港刑事法律中的一事不再审原则,类似于大陆法系中的"一事不再理"原则,主要体现为"一案不二诉"或者"禁止双重危险"原则。其基本含义是,一旦案件经过合法审判并作出终局裁判,不得再次对该案件进行审理或者惩罚当事人。这一原则起源于罗马法的"诉权消耗"理论,并在现代刑事诉讼中得到了广泛采纳。一事不再审原则的核心在于,对于已经经过法院审理并作出判决的刑事案件,被告人不得就同一事实再次受到审判。这主要是为了保障被告人的合法权益,防止其因同一犯罪事实而遭受重复的刑事追诉和审判。

(七)不溯及既往原则

《香港国安法》第39条规定:"本法施行以后的行为,适用本法定罪处刑。"这从间接意义上肯定了不溯及既往原则。《香港国安法》不适用于其公布之前所发生的危害国家安全犯罪案件,与国际上刑事法律通常的规定是一致的,也表明了香港法律是遵循了现代法治原则的。值得注意的是,虽然不溯及既往是基本原则,但也存在例外情况,通常被称为"有利追溯"原则,即如果新的法律对于被告人更为有利,则在某些情况下可以适用于新法生效前的行为。然而,这种例外情况在香港法律中的具体适用,还需要根据案件的具体情况和法律的规定进行综合判断。

四、国家安全与危害国家安全行为的定义

香港地区国家安全法律定义国家安全直接援引《国家安全法》第2条,但是危害国家安全的行为分别由香港特别行政区若干法律规范加以规定。其中包括,《香港国安法》定义的分裂国家、颠覆国家政权、恐怖活动、勾结外国或者境外势力危害国家安全等四类危害国家安全行为;《维护国家安全条例》

定义的"叛国等""叛乱、煽惑叛变及离叛,以及具煽动意图的作为等""与国家秘密及间谍活动相关的罪行""危害国家安全的破坏活动等""危害国家安全的境外干预及从事危害国家安全活动的组织"等五类危害国家安全行为。

(一)《香港国安法》定义的危害国家安全行为

1. 分裂国家罪

《香港国安法》第 20 条规定,组织、策划、实施或者参与实施旨在分裂国家、破坏国家统一行为的,不论是否使用武力或者以武力相威胁,即属犯罪。分裂国家罪有三种具体表现:(1) 将香港特别行政区或者中华人民共和国其他任何部分从中华人民共和国分离出去;(2) 非法改变香港特别行政区或者中华人民共和国其他任何部分的法律地位;(3) 将香港特别行政区或者中华人民共和国其他任何部分转归外国统治。此外,煽动、协助、教唆、以金钱或者其他财物资助他人实施分裂国家行为的也属于犯罪。

2. 颠覆国家政权罪

《香港国安法》第 22 条规定,组织、策划、实施或者参与实施以武力、威胁使用武力或者其他非法手段旨在颠覆国家政权行为的,即属犯罪。颠覆国家政权罪有四种具体表现:(1) 推翻、破坏中华人民共和国宪法所确立的中华人民共和国根本制度;(2) 推翻中华人民共和国中央政权机关或者香港特别行政区政权机关;(3) 严重干扰、阻挠、破坏中华人民共和国中央政权机关或者香港特别行政区政权机关依法履行职能;(4) 攻击、破坏香港特别行政区政权机关履职场所及其设施,致使其无法正常履行职能。此外,煽动、协助、教唆、以金钱或者其他财物资助他人实施颠覆国家政权行为的也属于犯罪。

3. 恐怖活动罪

《香港国安法》第 24 条规定,为胁迫中央人民政府、香港特别行政区政府或者国际组织或者威吓公众以图实现政治主张,组织、策划、实施、参与实施或者威胁实施以下造成或者意图造成严重社会危害的恐怖活动的,即属犯罪。恐怖活动罪的行为包括:(1) 针对人的严重暴力;(2) 爆炸、纵火或者投放毒害性、放射性、传染病病原体等物质;(3) 破坏交通工具、交通设施、电力设备、燃气设备或者其他易燃易爆设备;(4) 严重干扰、破坏水、电、燃气、交通、通信、网络等公共服务和管理的电子控制系统;(5) 以其他危险方法严重危害公众健康或者安全。

除了上述直接实施行为,与恐怖活动相关联的行为也被认定为恐怖活动罪,包括:(1)组织、领导恐怖活动组织的;(2)为恐怖活动组织、恐怖活动人员、恐怖活动实施提供培训、武器、信息、资金、物资、劳务、运输、技术或者场所等支持、协助、便利,或者制造、非法管有爆炸性、毒害性、放射性、传染病病原体等物质以及以其他形式准备实施恐怖活动的;(3)宣扬恐怖主义、煽动实施恐怖活动的。以上由《香港国安法》第25条、第26条、第27条加以规定。

4. 勾结外国或者境外势力危害国家安全罪

《香港国安法》第29条规定,为外国或者境外机构、组织、人员窃取、刺探、收买、非法提供涉及国家安全的国家秘密或者情报的;请求外国或者境外机构、组织、人员实施,与外国或者境外机构、组织、人员串谋实施,或者直接或者间接接受外国或者境外机构、组织、人员的指使、控制、资助或者其他形式的支援实施行为的,均属犯罪。本罪的具体表现为:(1)对中华人民共和国发动战争,或者以武力或者武力相威胁,对中华人民共和国主权、统一和领土完整造成严重危害;(2)对香港特别行政区政府或者中央人民政府制定和执行法律、政策进行严重阻挠并可能造成严重后果;(3)对香港特别行政区选举进行操控、破坏并可能造成严重后果;(4)对香港特别行政区或者中华人民共和国进行制裁、封锁或者采取其他敌对行动;(5)通过各种非法方式引发香港特别行政区居民对中央人民政府或者香港特别行政区政府的憎恨并可能造成严重后果。

(二)《维护国家安全条例》定义的危害国家安全行为

1. 叛国等

《维护国家安全条例》第10条规定了叛国行为,指的是任何中国公民(1)加入与中国交战的外来武装力量,或作为其中一分子;(2)意图损害中国在战争中的形势,而协助在战争中与中国交战的敌方;(3)向中国发动战争;(4)鼓动外国或外来武装力量以武力入侵中国;(5)意图危害中国的主权、统一或领土完整,而使用武力或威胁使用武力。在有关该行为的定义中,"外来武装力量"指的是"不属于中国的武装力量",而"与中国交战的地方"包括"与中国交战的外国政府或外来武装力量"。《维护国家安全条例》认定叛国罪的特殊之处在于第10条第1款规定,即只要公开表明加入与中国交战的外来武装力量或作为其中一分子的意图就构成了叛国罪,这与其他叛国行为相比明显具有更低的认定标准。

2. 叛乱、煽惑叛变及离叛,以及具煽动意图的作为等

此类危害国家安全行为属于类罪,由《维护国家安全条例》第 3 部(第 15 条至第 28 条)加以规定,细分为:(1) 叛乱;(2) 煽惑中国武装力量成员叛变、协助该等成员放弃职责等;(3) 煽惑离叛等;(4) 具煽动意图的作为等。

3. 与国家秘密及间谍活动相关的罪行

根据《维护国家安全条例》第 29 条,在没有合法权限下披露,便相当可能会危害国家安全,该秘密即属国家秘密。与《保守国家秘密法》不同,香港国家安全法律范围内的"国家秘密"主要指:(1) 关乎中国或特区事务的重大决策的秘密;(2) 关乎中国国防建设或中国武装力量的秘密;(3) 关乎中国外交或外事活动的秘密、关乎特区对外事务的秘密,或中国或特区对外承担保密义务的秘密;(4) 关乎中国或特区经济或社会发展的秘密;(5) 关乎中国或特区科技发展或科学技术的秘密;(6) 关乎维护国家安全或特区安全或侦查罪行的活动的秘密;(7) 关乎中央与特区之间的关系的秘密(包括与特区有关并且根据《香港基本法》是由中央管理的事务的资料)。

《维护国家安全条例》中对有关国家秘密的犯罪主要有六种,分别为非法获取、非法管有、非法在离开特区时管有、非法披露、非法披露因间谍活动所得的资料等、非法披露看来属机密事项的资料等。与此同时,法律对有权接触和披露国家秘密的公职人员作出限制,比如对国家秘密的披露必须有明确的授权,以及对相关资料负有严格保障责任。

《维护国家安全条例》第 43 条对间谍活动进行了专门规定。间谍活动的表现主要有两种,分别为从事具体活动和发布特定陈述。第一种是有意图危害国家安全,作出(1) 接近、查察、从上方或下方越过、进入或接达禁地,或出现于毗邻禁地之处(包括透过电子或遥距方式作出上述作为);(2) 致使无人工具接近、查察、从上方或下方越过、进入或接达禁地,或出现于毗邻禁地之处(包括透过电子或遥距方式作出上述作为);(3) 取得(包括以截取通讯方式取得)、收集、记录、制作或管有旨在对或拟对境外势力有直接或间接用处的任何资料、文件或其他物品,或将之传达予任何其他人。第二种是勾结境外势力,向公众发布虚假或具误导性的事实陈述,同时有意图危害国家安全,或罔顾是否会危害国家安全,而如此发布该项陈述,及知道该项陈述属虚假或具误导性;或意图危害国家安全,而如此发布该项陈述,及有合理理由相信该项陈述属虚假或具误导性。

在上述间谍活动之外,《维护国家安全条例》将参加或支援境外情报组织、接受其提供的利益等的行为认定为犯罪。具体指:(1) 在意图危害国家安全、罔顾是否会危害国家安全的情况下,明知地就境外情报组织作出受禁(即被禁止的)作为;(2) 罔顾是否会危害国家安全,而作出某项作为(有关作为),有关行为构成就境外情报组织作出的受禁作为,及罔顾有关作为是否会构成上述受禁作为。

4. 危害国家安全的破坏活动

《维护国家安全条例》第49条规定了何为危害国家安全的破坏活动,根据犯罪对象与手段的不同,分为对公共基础设施的犯罪活动和利用电脑或电子系统的犯罪活动。前者指意图危害国家安全、罔顾是否会危害国家安全的情况下损坏或削弱公共基础设施,以及勾结境外势力进行此类活动。而后者采用了举例形式加以规定,例如意图危害国家安全,而在没有合法权限下,就某电脑或电子系统作出某项作为,包括知道自己在作出该项作为时,并没有合法权限作出该项作为,以及该项作为危害(或相当可能危害)国家安全。

5. 危害国家安全的境外干预及从事危害国家安全活动的组织

《维护国家安全条例》对境外干预和从事危害国家安全活动组织进行了规定,指的是意图带来干预效果,而配合境外势力作出某项行为。其中的关键概念在于如何理解"带来干预效果",根据第53条,指的是带来一种或多于一种以下效果:(1) 影响中央人民政府或特区行政机关制订或执行任何政策或措施或作出或执行任何其他决定,包括影响中央人民政府或特区行政机关的官员,或其他获授权执行其上述职能的人员,执行该职能;(2) 影响立法会执行职能(包括影响任何立法会议员以该身份执行职能),或干预与立法会相关的程序;(3) 影响法院执行职能(包括影响任何司法人员以该身份执行职能),或干预特区的司法;(4) 干预任何选举或与选举相关的程序,包括影响他人行使其在《香港基本法》下就任何选举而享有的选举权或被选举权、干预根据《行政长官选举条例》(《香港法例》第569章)第8条组成选举委员会的程序、干预他人根据《区议会条例》(《香港法例》第547章)成为区议会议员的程序。此外,带来干预效果的损害对象还包含一系列重要关系,指的是:(1) 中国与任何外国的关系;(2) 中央与特区的关系;(3) 中央与中国任何其他地区的关系;(4) 特区与中国任何其他地区的关系;(5) 特区与任何外国的关系。

五、香港特别行政区维护国家安全机构及其职责

(一) 香港特别行政区维护国家安全委员会

香港特别行政区维护国家安全委员会(以下简称"香港国安委")是维护国家安全最重要的机构之一,其设立的法律依据是《香港国安法》第 14 条,同时明确了香港国安委在维护国家安全方面的具体职责和任务。首先是分析研判职责,香港国安委负责分析研判香港特别行政区维护国家安全形势,规划有关工作,并制定香港特别行政区维护国家安全政策。其次是法律制度建设职责,推进香港特别行政区维护国家安全的法律制度和执行机制的建设。最后是工作协调职责,负责协调香港特别行政区维护国家安全的重点工作和重大行动。

香港国安委成立后努力履行法律赋予的职责,《香港国安法》实施后在警务处设立维护国家安全的部门,以及律政司设立专门的国家安全犯罪案件检控部门,这些部门的设立和运作都受到了香港国安委的指导和协调。在国家安全治理活动和司法实践当中,香港国安委均发挥了重要作用。[1] 例如,香港特区行政长官在征询香港国安委和终审法院首席法官的意见后,从现任裁判官中指定六名裁判官为指定法官,负责处理危害国家安全犯罪案件,其法律依据是《香港国安法》第 44 条第 1 项。同时,在香港国家安全执法层面,香港国安委在负责协调和推荐相关人选担任重要职务方面具有重要话语权,比如香港特区行政长官在任命警务处国家安全处负责人时,会征求香港国安委的意见。这一任命对于加强警务处在维护国家安全方面的能力具有重要意义。

(二) 香港特别行政区警务处

根据《香港国安法》,香港特别行政区警务处设置专门的维护国家安全部门,后者可以从香港特别行政区以外聘请合格的专门人员和技术人员,协助执行维护国家安全相关任务。根据《香港国安法》第 17 条的规定,警务处维护国家安全部门具有六项职责,分别为:(1) 收集分析涉及国家安全的情报信息;(2) 部署、协调、推进维护国家安全的措施和行动;(3) 调查危害国家安全犯罪案件;(4) 进行反干预调查和开展国家安全审查;(5) 承办香港特别行政区维护国家安全委员会交办的维护国家安全工作;(6) 执行《香港国安法》所

---

[1] 《全国人民代表大会常务委员会关于〈中华人民共和国香港特别行政区维护国家安全法〉第十四条和第四十七条的解释》。

需的其他职责。

(三) 香港特别行政区律政司

根据《香港国安法》第 18 条的规定,香港特别行政区律政司针对国家安全事务设立专门的国家安全犯罪案件检控部门,负责案件检控工作和其他相关法律事务。该监控部门的负责人履职过程中不但要遵守相关法律,同时也负有保守秘密的义务。

律政司长在国家安全事务中也需要履行特定职责。一方面,《香港国安法》第 41 条规定,律政司长对危害国家安全犯罪案件的检控给出书面同意的意见;另一方面,《香港国安法》第 46 条规定,对高等法院原讼法庭进行的就危害国家安全犯罪案件提起的刑事检控程序,律政司长可基于保护国家秘密、案件具有涉外因素或者保障陪审员及其家人的人身安全等理由,发出证书指示相关诉讼无须在有陪审团的情况下进行审理。

(四) 中央人民政府驻香港维护国家安全公署

依照《香港国安法》第五章的规定,中央人民政府在香港特别行政区设立维护国家安全公署。该机构职权极为广泛,主要包括以下几个方面:

(1) 具体国家安全职务职责。包括:分析研判香港特别行政区维护国家安全形势,就维护国家安全重大战略和重要政策提出意见和建议;监督、指导、协调、支持香港特别行政区履行维护国家安全的职责;收集分析国家安全情报信息;依法办理危害国家安全犯罪案件。

(2) 协调、监督和指导职责。《香港国安法》第 53 条规定驻香港特别行政区维护国家安全公署应当与香港特别行政区维护国家安全委员会建立协调机制,监督、指导香港特别行政区维护国家安全工作。同时,驻香港特别行政区维护国家安全公署与香港特别行政区维护国家安全的有关机关建立协作机制,加强信息共享和行动配合。

(3) 管理职责。《香港国安法》第 54 条规定,驻香港特别行政区维护国家安全公署、外交部驻香港特别行政区特派员公署会同香港特别行政区政府采取必要措施,加强对外国和国际组织驻香港特别行政区机构、在香港特别行政区的外国和境外非政府组织和新闻机构的管理和服务。

六、香港有关危害国家安全的诉讼法规定

(一) 案件管辖

香港特别行政区对国家安全案件的管辖分为一般和特定情形两种管辖

方式。一般情况下,香港特别行政区对《香港国安法》规定的犯罪案件行使管辖权,案件的立案侦查、检控、审判和刑罚的执行等诉讼程序事宜,依照《香港国安法》和香港特区《刑事诉讼程序条例》(《香港法例》第 221 章)进行。

在特定情形下,经香港特别行政区政府或驻香港特别行政区维护国家安全公署提出,并报中央人民政府批准,由驻香港特别行政区维护国家安全公署对三类危害国家安全犯罪案件行使管辖权,包括:(1) 案件涉及外国或者境外势力介入的复杂情况,香港特别行政区管辖确有困难的;(2) 出现香港特别行政区政府无法有效执行本法的严重情况的;(3) 出现国家安全面临重大现实威胁的情况的。一旦案件由驻香港特别行政区维护国家安全公署负责立案侦查,最高人民检察院指定有关检察机关行使检察权,最高人民法院指定有关法院行使审判权。

(二) 审判程序

审判应当公开进行,涉及国家秘密、公共秩序等情形不宜公开审理的,禁止新闻界和公众旁听全部或者一部分审理程序,判决结果应当一律公开宣布。

《香港国安法》第 44 条规定,香港特别行政区行政长官应当从裁判官、区域法院法官、高等法院原讼法庭法官、上诉法庭法官以及终审法院法官中指定若干名法官,也可从暂委或者特委法官中指定若干名法官,负责处理危害国家安全犯罪案件。行政长官在指定法官前可征询香港特别行政区维护国家安全委员会和终审法院首席法官的意见。上述指定法官任期一年。凡有危害国家安全言行的,不得被指定为审理危害国家安全犯罪案件的法官。在获任指定法官期间,如有危害国家安全言行的,终止其指定法官资格。

(三) 执法措施

《香港国安法》第 43 条规定,香港特别行政区政府警务处维护国家安全部门办理危害国家安全犯罪案件时,可以采取香港特别行政区现行法律准予警方等执法部门在调查严重犯罪案件时采取的各种措施,并可以采取以下措施:(1) 搜查可能存有犯罪证据的处所、车辆、船只、航空器以及其他有关地方和电子设备;(2) 要求涉嫌实施危害国家安全犯罪行为的人员交出旅行证件或者限制其离境;(3) 对用于或者意图用于犯罪的财产、因犯罪所得的收益等与犯罪相关的财产,予以冻结,申请限制令、押记令、没收令以及充公;(4) 要求信息发布人或者有关服务商移除信息或者提供协助;(5) 要求外国及境外政治性组织,外国及境外当局或者政治性组织的代理人提供资料;(6) 经行政长官批准,对有合理理由怀疑涉及实施危害国家安全犯罪的人员进行截取通信和秘密监察;(7)对有合理理由怀疑拥有与侦查有关的资料或者管有有关物料的人员,要求其回答问题和提交资料或者物料。

(四)检控责任

根据《香港国安法》第 41 条的规定,律政司专门的国家安全犯罪检控部门负责国家安全犯罪案件的检控工作。未经律政司长书面同意,任何人不得就危害国家安全犯罪案件提出检控。第 46 条规定,律政司长可基于保护国家秘密、案件具有涉外因素或者保障陪审员及其家人的人身安全等理由,发出证书指示相关诉讼无须在有陪审团的情况下进行审理。凡律政司长发出上述证书,高等法院原讼法庭应当在没有陪审团的情况下进行审理,并由三名法官组成审判庭。

第二节　澳门国家安全法

一、澳门国家安全法律规范

与香港特别行政区相比,我国澳门特别行政区的国家安全法律体系呈现出完全不同的面貌。1999 年澳门回归前,澳门在葡萄牙殖民统治下受到其深刻影响,本身不享有完整立法权,①葡萄牙国内的主要法典陆续被延伸到澳门适用。纵观整个殖民时代,葡萄牙没有对澳门进行关于国家安全的专门性立法,但在葡萄牙法律体系当中有一些维护自身殖民统治、领土完整的法律原则和条文与国家安全存在间接关联。② 这一情况直到 1999 年澳门回归之后才发生改观,主要有两部法律规范涉及国家安全。

(一)《澳门基本法》第 23 条

《澳门基本法》中有关国家安全的内容主要体现在第 23 条。根据该条内容,澳门特别行政区应自行立法禁止任何叛国、分裂国家、煽动叛乱、颠覆中央人民政府及窃取国家机密的行为,禁止外国的政治性组织或团体在澳门特别行政区进行政治活动,禁止澳门特别行政区的政治性组织或团体与外国的

---

① 余春枝、陈关怡:《浅谈澳门的法律变迁——经验与反思》,载《法制与社会》2021 年第 14 期。
② 黄进:《澳门法律本地化之我见》,载邱少晖主编:《法律文化研究》(第 8 辑),社会科学文献出版社 2015 年版,第 42 页。

政治性组织或团体建立联系。仅从内容上看,第 23 条由两部分内容组成:一是授权澳门特别行政区就国家安全进行专门立法,其法律文件属于地方性法律;二是对危害国家安全的行为进行了初步规定,划定叛国等行为属于澳门特区立法的基本范围。《澳门基本法》第 23 条是维护澳门特别行政区政治稳定、国家安全、经济发展和社会进步的重要法律保障。它的实施不仅有助于巩固澳门特别行政区的政治地位,还为国家的统一和领土完整提供了有力的法律支持。

(二)《澳门国安法》及其修正案

2003 年,澳门特区政府计划根据《澳门基本法》第 23 条针对国家安全进行专门性立法,但由于受到香港影响选择适当推迟立法,直至 2008 年 10 月才重新启动。2009 年 1 月,澳门立法会通过《澳门国安法》,后经行政长官签署,于 2009 年 3 月 3 日生效。

随着国际环境日趋复杂以及国际形势的不断变化,《澳门国安法》面临各种新的挑战。为了进一步完善国家安全法律体系,澳门特别行政区通过《修改第 2/2009 号法律〈维护国家安全法〉》并于 2023 年 5 月生效。修正案对 2009 年《澳门国安法》进行了多方面的调整和修改。首先,修正案新增了"一般规定"章节,明确了法律的目的和宗旨、固定了"国家安全""国家"的定义、引入"保护管辖原则"、规定维护国家安全事务职责和活动范围、增加组织保障、明确国家安全义务等。其次,修正案进一步完善了刑法规定,重新确定了叛国、分裂国家、颠覆国家政权、教唆或支持叛乱、煽动叛乱、侵犯国家秘密,以及与澳门特别行政区以外的组织、团体或个人建立联系作出危害国家安全的行为等相应罪名。再次,修正案进一步完善了刑事程序规定,增加了专属程序规则和特别诉讼措施。最后,修正案引入情报通信监察、临时限制离境、提供活动资料等三项重要的预防性制度或措施。

二、国家安全与危害国家安全行为定义

《澳门国安法》对国家安全的定义直接采纳了《国家安全法》第 2 条,即"国家安全"是指"国家政权、主权、统一和领土完整、人民福祉、经济社会可持续发展和国家其他重大利益相对处于没有危险和不受内外威胁的状态,以及保障持续安全状态的能力。"相应的,《澳门国安法》第二章对危害国家安全的犯罪进行了具体规定。

(一) 叛国

根据《澳门国安法》第 7 条的规定,叛国指的是:(1) 加入外国武装部队械抗国家;(2) 意图促进或引发针对国家的战争或武装行动,而串通外国的政府、组织、团体或其人员;(3) 在战时或在针对国家的武装行动中,意图帮助或协助执行敌方针对国家的军事行动,或损害国家的军事防卫,而直接或间接与外国协议,或作出具有相同目的的行为。

(二) 分裂国家

根据《澳门国安法》第 8 条的规定,分裂国家指的是借任何非法手段,试图作出下列任一行为者:(1) 将国家领土的一部分从国家主权分离出去;(2) 改变澳门特别行政区或国家其他任何部分的法律地位;(3) 使国家领土的一部分从属于外国主权。

(三) 颠覆国家政权

根据《澳门国安法》第 9 条的规定,颠覆国家政权指的是借任何非法手段,试图作出下列任一行为者:(1) 推翻、破坏国家宪法所确立的国家根本制度;(2) 推翻、破坏国家中央政权机关;(3) 严重干扰、阻挠、破坏国家中央政权机关行使职能。

(四) 教唆或支持叛乱

根据《澳门国安法》第 10 条的规定,教唆或支持叛乱指的是:(1) 借公开或私下劝说、怂恿、利诱或威胁等方法以引起他人实施叛国、分裂国家、颠覆国家政权犯罪;(2) 意图帮助或协助他人实施叛国、分裂国家、颠覆国家政权犯罪,而对其给予支持,尤其是借提供物质、情报或其他方式的支持;(3) 意图资助他人实施叛国、分裂国家、颠覆国家政权犯罪,而提供或收集资金、经济资源或任何类型的财产,以及可转化为资金的产品或权利。

(五) 煽动叛乱

根据《澳门国安法》第 11 条的规定,煽动判断指的是:(1) 公然和直接煽动他人实施叛国、分裂国家、颠覆国家政权犯罪;(2) 公然和直接煽动中国人民解放军驻澳门部队的成员放弃职责或叛变;(3) 公然和直接煽动他人参与旨在危及或损害国家的内部或对外安全利益的骚乱。

(六) 侵犯国家秘密

《澳门国安法》第 12 条对侵犯国家秘密行为作了规定,指的是:(1) 窃取、刺探或收买国家秘密、使之非法公开或被不获许可的人接触;(2) 侵犯国家秘密行为实际损害国家的独立、统一、完整或者内部或对外安全利益;(3)接受澳门特别行政区以外的政府、组织、团体或其人员的指示、指令、金钱或有价物进行窃取、刺探或收买国家秘密的间谍活动,或明知该等实体或其人员从事上述活动但仍为其招募人员、提供协助或任何方式的便利。

(七)与澳门特别行政区以外的组织、团体或个人建立联系作出危害国家安全的行为

根据《澳门国安法》第13条的规定,与澳门特别行政区以外的组织、团体或个人建立联系,作出如下行为的,属于危害国家安全行为:(1)非法扰乱国家中央政权机关制定和执行法律、政策;(2)操控、破坏澳门特别行政区的选举;(3)对国家或澳门特别行政区进行制裁、封锁或者采取其他敌对行动;(4)借任何非法方式引发澳门特别行政区居民对中央人民政府的仇恨并可能造成严重后果。

(八)澳门特别行政区以外的组织或团体作出危害国家安全的行为

《澳门国安法》第15条作出专门规定,澳门特别行政区以外的组织或团体的机关或其人员以其名义并为其利益作出上述七种犯罪行为之一的,行为人和所在组织或团体也应当承担相应刑事责任。

三、澳门国家安全法律的刑事程序与基本原则

《澳门国安法》并未对国家安全案件设置特殊的刑事诉讼程序,而是直接援引澳门《刑事诉讼法典》的相关规定,涉及对身处澳门特别行政区的犯罪嫌疑人离开、刑事诉讼程序期间的计算、对犯罪嫌疑人权利的保障等方面。

四、澳门国家安全法律规范与香港国家安全法律规范的异同

(一)法律位阶

澳门国家安全法律规范以《澳门基本法》《澳门国安法》为基础,其中前者第23条明确要求澳门特别行政区应自行立法禁止危害国家安全的行为。《澳门国安法》是澳门特区维护国家安全的主要法律,从法律的位阶来看属于地方性立法,而《香港国安法》为全国人大常委会制定公布,以全国性法律纳入《香港基本法》附件之中,理论上后者的位阶更高。

(二)法律原则

澳门的国家安全法律规范未引入或者设置特殊的法律原则适用于国家

安全法律事务,而是直接援引《刑事诉讼法典》中的部分规定。《香港国安法》多个条文则对国家安全法律原则进行了具体规定,突出遵循法律原则的必要性和重要性。从内容上看,澳门特区的国家安全法律规范强调维护国家政权、主权、统一和领土完整,以及保障澳门特别行政区的繁荣和社会稳定。法律原则体现了澳门特区的高度自治权,同时要求特区政府预防、调查及遏制危害国家安全犯罪。香港的国家安全法律规范同样强调维护国家安全的重要性,并特别规定了香港特别行政区政府为落实国家安全法制定相关法律,加强对学校、社会团体的安全教育等职责。此外,该法还强调了中央政府对香港特区国家安全事务的监督和指导。

(三)罪名设置

《澳门国安法》规定了八种犯罪行为及其刑罚处罚。这些罪名涵盖了危害国家安全的主要方面,并对犯罪行为的处罚作出了详细规定。而《香港国安法》《维护国家安全条例》共同规定了十种危害国家安全的行为,在刑事处罚范围上明显较澳门更为宽泛。

第十三章　外国国家安全法

各国在第二次世界大战(以下简称"二战")后建立现代国家安全法律体系,通过制定相关的国家安全法律以法律形式来维护本国的国家安全。尽管各国有着不同的国情,各国之间的社会经济发展水平、人文传统和意识形态存在差别,但各国都对国家安全领域的立法极为重视。本章分六节选取了美国、俄罗斯、英国、德国、法国和日本的国家安全法治状况进行介绍。

第一节　美国国家安全法治

一、美国国家安全立法概况

(一)二战以前的国家安全立法

美国国家安全法的法律渊源最早可溯源至美国建国初期的1798年《煽动叛乱法案》,该法案规定"在美国境内撰写、印刷或发表针对美国政府、国会或总统的文章……或者在美国境内煽动叛乱……罪名成立则应处不超过两千美元的罚款和不超过两年的监禁"。由于美国属于普通法国家,其国家安全法的构成不仅包括成文法,也有源自重要案例形成的案例原则(doctrine)。例如,南北战争时期的两个重要判决"捕获案件"[①]和"米利根案"[②]。前者即时任总统在国会正式宣战前即宣布封锁,此时因偷越封锁线而被扣船舶的船主对扣押的合法性向法院提出异议,后联邦最高法院裁决封锁合法,封锁自宣布之日起生效,此判决确认了总统应对战争状态的权力边界。"米利根案"则确定了美国军事法庭对平民的管辖限制。

第一次世界大战(以下简称"一战")期间,伴随着1917年《间谍法案》和1918年《叛乱法案》等法律的颁布实施,美国国家安全的法律得到完善。《间谍法案》规定利用虚假信息情报干扰美国军队作战或协助敌军取胜,可判处

---

① Prize Cases, 67 U.S. (2 Black) 635 (1863).
② Ex parte Milligan, 71 U.S. 2 (1866).

死刑或 30 年监禁；干预美国征兵和军队组建的，可以判处不超过 20 年监禁或不超过 1 万美元的罚金。《叛乱法案》禁止美国公民发表、印刷、书写或者出版任何不忠、亵渎、低俗、谩骂的言论来抨击战时的美国政府、军队或国旗。随着美国战争状态的结束，《叛乱法案》于 1920 年被美国国会废止。与《叛乱法案》不同的是，《间谍法案》在颁布后的大多数时间内并未修改。① 二战期间，美国通过《哈琪法》，禁止美国联邦公务人员参加党派性质的政治活动，后又于 1943 年颁布《战时劳工纠纷法》，该法允许联邦政府管控那些受到罢工威胁的行业以防止影响战时生产，并禁止工会在联邦选举时捐款。②

（二）冷战时期的国家安全立法

1947 年《国家安全法》是美国现代国家安全体制的基础性法律，在颁布之时其主要调整对象是国家的情报系统和军事系统两部分。该法将战争部和海军部（其中还包括美国海军陆战队）合并为国防部，并设立国防部部长办公室，对美国国家军事机构进行监督。该法注重国家安全与情报界的协调，根据该法创建了中央情报局，并设立了中央情报局局长一职，负责管理中央情报局并监督整个情报界。该法同时规定了军队和政府其他与国家安全有关的部门和机构的协调，例如中央情报局、总统、国会对国家情报事务的监督。该法还设立了国家安全委员会，协助总统履行国家安全职能。③

美国自 1947 年后陆续颁布国家安全相关立法和总统行政命令，而 1947 年《国家安全法》奠定了这些立法的基本框架，该法不仅是二战后美国政府对军事机构和情报部门重组的法律依据，而且成为设立国家安全委员会和中央情报局等情报机构的基础。其中关于情报部门的组织机构规定又成为后来制定 1949 年《中央情报局法》、1959 年《国家安全局法》、1961 年《外国援助法》的基础。冷战期间，美国的国家安全立法体现了较强的情报和反情报任务的特色，如 1964 年《中央情报局特定员工退休法》、1978 年《外国情报监视法》、1982 年《情报身份保护法》、1984 年《中央情报局信息法》、1996 年《国家图像和测绘机构法案》等。

值得关注的是，美国在非传统安全领域也于 20 世纪 20 年代开始，就将经

---

① Harold Edgar and Benno C. Schmidt, Jr., The Espionage Statutes and Publication of Defense Information, Columbia Law Review, Vol. 73, 1973, p. 939.
② 黄爱武：《战后美国国家安全法律制度研究》，华东政法大学 2011 年博士学位论文。
③ 李竹、肖拥军主编：《国家安全法学》，法律出版社 2019 年版，第 89—95 页。

济、金融、贸易等领域的国家安全事务纳入其国会立法进程中。① 美国于1917年颁布《对敌贸易法》，管制其与敌对势力的国际贸易。经过数次修改，该法允许美国总统在和平时期宣布国家紧急状态，以介入美国与外国实体的经济贸易，采取包括没收外国公民持有的美国资产、限制对特定国家的出口、限制外国对美国公司的直接投资、对特定国家所有进口到美国的商品征收关税等行政措施。② 由于《对敌贸易法》中总统宣布的紧急状态没有时间限制，也无须国会监督，因此，美国国会在20世纪70年代以限制总统的这种紧急状态权力为由，颁布了《国际紧急经济权力法》和《国家紧急状态法》，规定宣布的紧急状态需要年度更新才能维持。事实上，紧急状态的更新流于形式，美国国会不但从未主动行使《国家紧急状态法》赋予其终止国家紧急状态的权力，而且多次指示总统使用《国际紧急经济权力法》实施制裁措施。美国总统仍然依据《国际紧急经济权力法》宣布新的国家紧急状态，包括对伊朗等国实施长达50年的单边制裁。

（三）冷战结束后的国家安全立法

冷战结束后，美国又先后颁布了1992年《情报组织法》和1994年《反情报和安全促进法》，并成立国家反情报政策委员会和联邦总统情报调查委员会，重建其冷战后的国家反间谍策略和安全情报工作改革。1996年《经济间谍法》规定任何自然人故意窃取美国经济情报而利于任何外国政府、外国机构或外国代理人的行为将被处以25万美元以下罚金或25年以下监禁，而法人故意犯此罪则可处1000万美元以下的罚金。

"9·11"事件以后，美国于2002年颁布实施《国土安全法》，根据该法案成立国土安全部。国土安全部作为内阁部门负责美国国内安全的协调和监督工作，其职能涉及包括边境管理、科技审查、应急管理等相对广义的国家安全工作，通过其下设的海关与边境保护局、移民和归化局、边界与运输安全委员会、科学技术委员会、信息分析与基础设施防护委员会和应急准备与反应委

---

① Joel B. Harris and Jeffrey P. Bialos, The Strange New World of United States Export Controls Under the International Emergency Economic Powers Act, Vanderbilt Journal of Transnational Law, Vol. 18, 1985, p. 71.

② Perry S. Bechky, Sanctions and the Blurred Boundaries of International Economic Law, Missouri Law Review, Vol. 83, 2018, pp. 5-6.

员会等多个部门履行上述职能。① 2004年颁布的《情报改革和防范恐怖主义法》作为战后美国国家安全体制的另一部重要法律文件,是冷战后对美国情报体系实施的大规模组织机构改革的依据。② 一是该法设立国家情报总监,统辖所有国家安全情报机构,成立反恐中心;二是该法和第13354号总统行政令、第13388号行政命令共同确立了情报共享机制,扫清了此前各情报部门之间信息交流存在的障碍。③

2002年《国土安全法》改进了联邦政府内部以及联邦政府与州和地方之间共享执法、情报和情报相关信息的机制。④ 随后颁布的《情报改革和防范恐怖主义法》对情报共享和信息管理作了进一步的改革,成立了信息共享委员会,确保参与委员会的联邦部门和机构之间的协调性。2009年后信息共享委员会更名为信息共享和访问机构间政策委员会,进一步承担了情报机构的协调工作。

二、美国国家安全决策咨询机制

(一) 国家安全委员会

1947年《国家安全法》规定了国家安全委员会的职能是根据总统指示,向总统提供政策整合建议,评估和提出军事力量相关风险及目标建议,协调各部门合作。⑤ 其下设的咨询委员会中的法定成员包括总统、副总统、国务卿、国防部部长。法定顾问则包括了中央情报局局长和参谋长联席会议主席。⑥ 此外,美国总统还可以根据议题需要指定其他内阁成员参加咨询委员会。美国国家安全委员会的成员和任务自《国家安全法》颁布以来,根据历届美国政府不同时期的国家安全需求,经过了相应的修改和补充。特别是在"9·11"事件后,以恐怖主义为标志的非传统安全威胁逐渐成为各国国家安全的重要

---

① D. K. Cohen, M. F. Cuéllar and B. R. Weingast, Crisis Bureaucracy: Homeland Security and the Political Design of Legal Mandates, Stanford Law Review, Vol. 59, 2006, pp. 756-758.

② Michael Warner, Legal Echoes: The National Security Act of 1947 and the Intelligence Reform and Terrorism Prevention Act of 2004, Stanford Law & Policy Review, Vol. 17, 2006, pp. 316-318.

③ Executive Order, No. 13354, 3 C. F. R. 1697 (2004); Executive Order, No. 13388, 3 C. F. R. 1593 (2005).

④ Id.

⑤ 50 U. S. Code § 3021 (b).

⑥ 50 U. S. Code § 3021 (c).

挑战，美国国家安全委员会的工作重心也随之发生了变化。当时，布什总统在国家安全委员会内设立反恐办公室以应对恐怖主义威胁。

以拜登政府的国家安全委员会成员为例，包括总统、副总统、国务卿、财政部部长、国防部部长和能源部部长。国家安全委员会的成员根据议题的不同，还可包括司法部部长、国土安全部部长、美国驻联合国代表、总统助理和参谋长（总统参谋长）、总统国家安全事务助理（国家安全顾问）、总统助理兼科技政策办公室主任、美国国际开发署署长。国家情报总监、参谋长联席会议主席和中央情报局局长应以顾问身份出席国家安全委员会会议。此外，总统的法律顾问和总统的副法律顾问以及国家安全委员会的法律顾问应被邀请参加每次国家安全委员会的讨论。总统助理和副国家安全顾问（首席副国家安全顾问）也列席参加国家安全委员会会议，并担任会议秘书。

国家安全委员会作为美国决策层和政府内阁成员讨论国家安全事务的平台，虽然具备协调政府各部门之间的情报决策的功能，但国家安全具体政策的日常协调工作是由机构间政策委员会完成的，在特朗普主政时期这一机构也被称为政策协调委员会。机构间政策委员会定期召开会议，审查和协调总统决定在其政策领域的执行情况，考虑并在适当时解决影响国家安全的政策问题。其运作方式由美国总统决定。

（二）总统情报顾问委员会

总统情报顾问委员会是总统行政办公室内的一个独立机构，负责向美国总统提出独立情报建议。该委员会具有一定的访问情报权限并可直接与总统沟通。其下设的情报监督委员会则负责监督情报界遵守宪法和法律、行政命令和总统指令的情况。它在国家情报总监、部门和机构监察长、总法律顾问以及国会监督委员会的监督职能范围外负责补充监督的职责。[①]

（三）国家情报总监办公室

国家情报总监办公室（ODNI）基于2004年《情报改革和防范恐怖主义法》成立，负责向总统提供独立评估和判断。[②] 其负责人国家情报总监是美国情报安全部门的总负责人，监督和指导国家情报计划的实施，并向总统和国会报告其施政状况。国家情报总监担任总统、国家安全委员会和国土安全委

---

① Executive Order, No. 13462, 3 C. F. R. 302(2008).
② Michael Warner, Legal Echoes: The National Security Act of 1947 and the Intelligence Reform and Terrorism Prevention Act of 2004, Stanford Law & Policy Review, Vol. 17, 2006, p. 314.

员会有关国家安全的情报事务的主要顾问。总统在参议院的建议和同意下任命国家情报总监。国家情报总监负责管理科学与技术总监、国家反间谍与安全中心总监、情报社区首席信息官、情报社区监察长、国家反恐中心总监、国家反扩散中心总监等美国情报系统关键岗位人员。① 国家情报总监的职能包括：向总统、政府各部门、军事指挥官及国会等提供情报；访问所有与国家安全相关的情报，并协调各部门之间的情报共享；管理国家情报计划的预算，确保资金合理分配并有效执行；审批和管理情报计划内资金的转移与重新编制；根据需要调动情报社区内的人员；确保美国情报界的灵活性以应对新兴的国家安全威胁。②

三、美国国家安全执行机制

（一）情报体系

美国情报体系包括美国政府内的 15 个情报机构，分别是美国国防部和美国军队下属的美国国家安全局、美国国防情报局、美国国家侦察局、美国国家地理空间情报局、美国陆军军事情报兵团、美国海军情报局、美国空军第十六航空远征特遣队、海军陆战队情报办公室、第七太空三角翼部队、美国国务院下属的国务院情报与研究局、美国国土安全部下属的国土安全部情报与分析办公室、美国财政部下属的恐怖主义和金融情报办公室、美国能源部下属的情报和反情报办公室、美国缉毒局下属的国家安全情报办公室，以及美国联邦调查局下属的情报科，各机构的行动协调由国家情报总监办公室和国家情报总监负责。

（二）国土安全部

美国依据 2002 年《国土安全法》在原本分属 8 个内部部门的原有的 22 个联邦行政机构的基础上成立国土安全部，拥有超过 25 万名联邦雇员。③ 该部门除负责反恐怖主义威胁的任务外，还负责广义上的国土安全任务，包括边境安全、交通运输安全、应急管理和响应以及关键基础设施建设的保护。吸取"9·11"事件中的经验和教训，国土安全部的成立是为了加强跨机构部门

---

① 50 U.S. Code § 3025 (c).
② 50 U.S. Code § 3024.
③ D. K. Cohen, M. F. Cuéllar and B. R. Weingast, Crisis Bureaucracy: Homeland Security and the Political Design of Legal Mandates, Stanford Law Review, Vol. 59, 2006, p.676.

之间的安全信息共享,通过国家融合中心实现联邦政府、州、地方和原住民部落以及私人部门之间的双向情报信息网络流通,[1]以帮助预防恐怖主义和相关的犯罪活动。该部门采用"全国恐怖主义警报系统"的颜色预警系统,旨在向美国公众及时、详细、有效地传达有关恐怖主义威胁的信息。

四、美国国家安全监督机制

(一)行政监督

1. 总统情报顾问委员会和情报监督委员会

1993 年美国成立了总统外国情报顾问委员会,后该委员会被 2008 年成立的总统情报顾问委员会和情报监督委员会所取代,该委员会负责评估和分析情报活动的质量,以及情报界人员管理的状况,审查情报机构的绩效和情报政策的执行情况,每年两次向总统和国家情报总监提交报告,并有权向总统、国家情报总监和具体情报部门负责人提供建议。

2. 监察长

1978 年《监察长法》在包括中央情报局、国防部、农业部、能源部、内政部、劳工部、总务管理局、国税局等超过 70 个美国政府部门中设立了监察长办公室,并赋予这些监察长审查其部门和内部文件的权力,其可在职权范围内调查欺诈行为、提供政策建议、处理内部工作人员的投诉,并每六个月向该监察办公室所在部门和美国国会提供报告,除了劳工部、国际开发署等特定部门由总统任命监察长外,其他机构的监察长由机构负责人指定。尽管监察长具有较大的审查权限,但涉及美国国防部、国土安全部和财政部的敏感信息,比如涉及情报和反情报内容时,监察长的工作需要在部长授权和控制范围内进行。[2]

3. 隐私和公民自由监督委员会

美国根据 2004 年《情报改革和防范恐怖主义法》,成立隐私和公民自由监督委员会,该委员会是独立的行政部门。其任务是平衡美国政府机构对反恐行动需求与宪法权利的保障,审查行政部门在履行反恐职能的行动中对公民宪法权利的遵守状况,审查相关立法、法规和公共政策并向总统和行政当局

---

[1] 6 U. S. Code § 124h.
[2] 5 U. S. Code § 408 (a); 5 U. S. Code § 412 (a); 5 U. S. Code § 417 (a).

提供相应的建议。①

（二）立法监督

国家情报总监由总统提名，由参议院批准，参议院有权否决提名以选择符合立法机构需求的人选。在"水门事件"发生后，美国众议院特别情报委员会和美国参议院特别委员会分别在1976年和1977年先后成为美国两院中的常设立法监督机构，负责监督包括中央情报局、联邦调查局、军队情报部门在内的所有美国联邦情报机构。国会的情报委员会负责对情报活动进行定期调查、审计和检查。② 在"9·11"事件发生后，两个委员会成立了联合调查小组对此进行调查，并出具了调查报告。除上述专门委员会外，美国国会还能够以听证会的形式对具体的情报问题进行调查，以确保情报机构在行动中遵守法律。

（三）司法监督

1. 外国情报监视法庭（FISC）

外国情报监视法庭是根据1978年《外国情报监视法》成立的特殊法院，负责审查和批准美国政府的电子监控和情报收集申请，确保其符合宪法和法律规定，并签发由联邦调查局和国家安全局申请的电子监视许可令。③ 根据该法，监视申请需要明确监视的对象、监视事由、监视时间和监视范围。如行政部门的电子监视许可令申请被法院驳回，则可交给由三名法官组成的审查法庭进行复审，如果审查法庭支持驳回决定，则将提供书面理由并将其记录提交最高法院作进一步审查。由于该法庭并非美国常见的对抗性的法庭，因此招致部分美国法律界人士的诟病，有观点称其为"橡皮图章"。④

2. 司法部

涉及国家安全问题的刑事司法程序，必须由司法部、情报部门、军事部门和外交部门的高级官员进行协商讨论。涉及国家安全刑事案件的起诉和侦察，由助理司法部部长和其统领的国家安全司负责监督，犯罪行为但凡涉及国家安全，不分案由均应在助理司法部部长和司法部国家安全司或上级机关

---

① 42 U. S. Code § 2000ee.
② Mary B. DeRosa, Congressional Oversight of US Intelligence Activities, in Seumas Miller (eds.), National Security Intelligence and Ethics, Routledge, 2021, pp. 218-220.
③ 50 U. S. Code § 1803.
④ Conor Clarke, Is the Foreign Intelligence Surveillance Court Really a Rubber Stamp: Ex Parte Proceedings and the FISC Win Rate, Stanford Law Review Online, Vol. 66, 2013, p. 125.

的监督下提起公诉。这些罪行包括与国家安全有关的蔑视国会、担任外国代理人的美国政府官员或雇员、间谍行为、计算机黑客行为、违反武器出口管制法,以及叛国、煽动和颠覆活动等多个罪名。

第二节 俄罗斯国家安全法治

俄罗斯政府于 2000 年发布的《俄罗斯联邦的国家安全观》明确了该国对国家利益的理解,后又在其历年发布的国家安全战略报告中得到确认。俄罗斯国家安全涵盖了国内政治、社会、国际、信息、军事、边境、环境等诸多领域,其国家利益在精神领域内表现为维护和加强社会道德价值观、爱国主义和人文传统主义;在国际领域表现为维护其主权和巩固其国际影响力;在信息领域表现为发展现代电信技术和保护国家信息资源免遭未经批准的访问;在军事领域表现为保护其独立、主权及国家和领土完整,防止军事侵略,确保国家和平;在边界领域表现为确保其领土边境得到可靠保护,确保边境范围内的经济活动安全;在生态领域表现为保护和改善环境;此外,防范恐怖主义也是其国家安全的重要组成。

一、俄罗斯国家安全立法概况

俄罗斯的国家安全立法由各种效力层级的法律、法规和总统命令组成,包括宪法、联邦法律、部门规章、总统令等多种层次的法律形式,既包括《俄罗斯联邦宪法》《俄罗斯联邦安全法》《俄罗斯联邦安全局法》《俄罗斯联邦对外情报法》《俄罗斯联邦燃料和能源安全法》《俄罗斯联邦国家秘密法》等专门的国家安全立法,也包括涉及国家安全立法的《俄罗斯联邦刑法典》《俄罗斯联邦行政违法法典》《俄罗斯联邦空间活动法》等法律。[1]

(一)宪法

作为俄罗斯国家安全法律体系的基石,《俄罗斯联邦宪法》直接规定了俄罗斯总统和政府履行和保障国家安全的职能和义务。第 71 条规定联邦政府的管辖权包括国防安全。第 72 条规定联邦政府确保公共安全和生态安全。第 87 条和第 88 条规定总统根据宪法和法律规定的情形,可以在俄罗斯境内

---

[1] 刘胜湘等:《世界主要国家安全体制机制研究》,经济科学出版社 2018 年版,第 122—144 页。

实施紧急状态和戒严,并通知议会。第83条规定总统应组建和领导俄罗斯联邦安全委员会。第114条第e款规定联邦政府应采取措施保障国家国防、国家安全和俄罗斯联邦外交政策的实施。

(二)俄罗斯联邦安全法

《俄罗斯联邦安全法》是俄罗斯国家安全体系的重要基础,奠定了俄罗斯其他许多国家安全相关法律制定和实施的基本框架。如《俄罗斯联邦国家秘密法》第3条规定,国家秘密法的立法以《俄罗斯联邦宪法》和《俄罗斯联邦安全法》为基础。《俄罗斯联邦安全法》对总统、政府、议会和执行机构在国家安全领域的职责和分工进行了规定,并设立俄罗斯联邦安全委员会。该法规定,俄罗斯联邦安全委员会是宪法咨询机构,该机构旨在协助国家元首行使权力,防范内部和外部威胁,维护国内和平稳定,维护主权和领土完整,以确保国家利益和国家安全。联邦安全委员会由总统领导,其副主席、秘书和成员由总统任命,联邦安全委员会会议的组织和程序由总统决定。该法规定,俄罗斯联邦政府参与确定国家安全领域的国家政策,在国家安全领域制定目标和政策计划。此外,该法第8条第5款规定,总统根据宪法宣布全国或部分国家进入紧急状态。议会具有批准总统进入紧急状态法令的权力。紧急状态的宣布前置条件是人民的生命、安全或宪法制度受到直接威胁,且不引入紧急状态就无法消除这类威胁。此类威胁包括企图以武力改变宪法制度、夺取政权、武装叛乱、大规模骚乱、恐怖行为、封锁或夺取重要设施或地区、非法武装团体的活动以及种族间、宗教间或地区冲突。《俄罗斯联邦安全法》规定,总统可以部署警察、安全部门和国民警卫队,在特殊情况下可以部署武装部队来实施紧急状态。

(三)其他法律法规

早在苏联时期,苏联就曾制定单行的国家安全相关法律,比如1984年《关于禁止向外国提供情报的法令》禁止苏联公民向外国人贩卖情报;1989年《关于修改追究国事刑事责任的法令》惩戒煽动和颠覆苏维埃国家制度、挑动民族仇恨和制造恐怖或实施破坏的行为。1996年《俄罗斯联邦刑法典》对危害国家安全行为有明确的规定,其第29章篇名为"危害宪法基本制度原则和国家安全罪",该章包含法典的第275条至第284条,分别规定了叛国罪、间谍活动罪、武装叛乱罪、煽动民族宗教仇恨罪、泄露国家秘密罪等罪名,这些罪名成立则最高可判处20年监禁。

在1992年《俄罗斯联邦安全法》颁布后,相继出台了《侦缉行动法》《俄罗斯联邦安全总局机构法》《俄罗斯联邦安全总局条例》《对外情报机构法》,并根据这些法律改组原有的安全部门。俄罗斯基于应对非传统国家安全的需求,其立法也出现了新的变化。比如,1998年《反恐怖主义联邦法》将恐怖主义定义为:"对自然人或组织使用暴力或威胁使用暴力,以及对物质对象的破坏(损害)……造成对人类生命的危险、对财产造成重大损失或产生其他危险的公共后果,并且是为了破坏公共安全、恐吓民众或影响当局决策,从而有利于恐怖分子或满足其利益。"①2006年《俄罗斯联邦信息、信息技术和信息保护法》第9条规定,限制信息访问应由联邦法律规定,其目标应为保护宪法制度的基础,确保国防安全和国家安全。

二、俄罗斯国家安全决策机制

俄罗斯联邦安全委员会由总统担任主席,目前的国家安全委员会成员由内阁部长和各主要安全机构负责人组成,总理担任该委员会的副主席。联邦安全委员会在安全领域的国家政策涵盖了政治、社会经济、军事、法律等各个领域。《俄罗斯联邦安全法》第4条规定,国家安全政策的主要方向由总统决定,联邦政府及其下辖机构、地方政府及其下辖机构执行联邦安全委员会制定并经总统批准的国家安全战略和政策性文件。根据《俄罗斯联邦安全法》的规定,联邦安全委员会就涉及国家安全保障方面的政策向总统提供建议,这些建议的范围包括保障宪法秩序相关的联邦的主权、独立和领土以及安全领域的国际合作,还包括军事领域的国防建设以及与外国的军事技术合作。该机构负责预防社会政治、经济、战争、生态或者其他的紧急情况,并组织为应对这类情况提供行动方案;向总统建议实施、延长或消除国家紧急状态;提出国家安全机关的改革建议,完善安全机制。②

根据《俄罗斯联邦安全法》等法律法规以及《俄罗斯联邦的国家安全观》《国家安全战略》等政策性文件,可以大致梳理出俄罗斯各级机关的国家安全政策职能分工:(1)总统,负责在其职权范围内指挥国家安全机构和部队,授权国家安全行动,根据联邦立法设立国家安全机构,发布关于国家安全问题

---

① Ekaterina Stepanova, Russia's Approach to the Fight Against Terrorism, in Jakob Hedenskog(eds.), Russia as a Great Power, Routledge, 2005, p.310.
② 刘胜湘等:《世界主要国家安全体制机制研究》,经济科学出版社2018年版,第158—171页。

的信息和指令;(2)议会,负责根据宪法接受总统或政府提案,制定国家安全领域的法律;(3)联邦政府,负责协调联邦行政机构,制定国家安全领域的联邦预算和目标计划;(4)俄罗斯联邦安全委员会,负责预测和评估俄罗斯面临的国家安全威胁,为总统准备应对威胁的预案,制定国家安全方面的建议,提出国家安全相关条款的个别概念,协调国家安全部队和机构的活动,监督各联邦执行部门在该领域的执行状况;(5)各联邦执行部门,负责遵守联邦立法以及来自总统和政府的有关决定,并保持与各执行部门之间的互动。

俄罗斯为应对反恐领域的威胁,成立了国家反恐委员会。国家反恐委员会在《俄罗斯联邦宪法》、公认的国际法原则和规范以及俄罗斯联邦国家立法的法律框架内运作。国家反恐委员会是一个合议机构,负责协调和组织联邦一级、俄罗斯联邦主体和地方政府一级政府机构的反恐活动。该委员会主席由俄罗斯联邦安全局局长担任。其成员除包括所有的内阁部长外,还包括金融稳定委员会副主任、总统府第一副主任、杜马第一副主席、对外情报局局长、联邦警卫总局局长和国民警卫队司令。该委员会的任务是制定反恐政策,参与国家反恐合作和就反恐国家政策和立法向总统提出建议,确保应对和消除新的恐怖主义威胁。该委员会还负责俄罗斯各地方政府间的反恐怖主义行动的协调工作,并负责用于反恐行动的资源调配工作。

三、俄罗斯国家安全执行机制

俄罗斯国家安全执行机制主要包括俄罗斯联邦安全总局、联邦对外情报局、总参谋部军事情报总局、联邦警卫总局、紧急情况部、内务部及其下属的药物管制总局和联邦移民局等情报安全机构,还包括俄罗斯联邦军队、国民警卫队、边防所、检察院、警备局等执法机构。其中,俄罗斯联邦安全总局负责履行情报保卫、反恐怖主义、打击毒品走私等职责,是维系俄罗斯国家安全的关键执行机构,可指导所有执法部门和情报机构的工作,并拥有武装力量直接参与反恐行动。俄罗斯联邦对外情报局负责国外的情报安全保卫工作,根据《对外情报机构法》,它负责对外军事战略、经济和科技的情报收集工作;保护海外机构成员及其家属;保障政府官员及其家属的人身安全;在外国进行电子监视活动;与外国安全部门展开联合行动。此外,对外情报局还负责向总统提供情报简报。联邦警卫总局负责总统和其他政府高层的安全保卫工作,可以在没有搜查令的情况下进行搜查、监视、逮捕等行动,并可对其他政府部门下达相关命令。

联邦内务部的权力和任务由内务部章程规定。1998年《反恐怖主义联邦法》第7条区分了联邦安全局和内务部间的职责,前者"负责预防、侦查和打击具有政治动机的恐怖主义犯罪",而后者"负责打击因经济利益动机而引发的恐怖主义犯罪"。[①] 内务部历经数次较大的机构改革,其中较为重要的改革发生在2002年和2016年。2002年的机构改革中,内务部下属的俄罗斯消防局成为新的紧急情况部,负责制定应对紧急情况的国家政策,领导俄罗斯境内的民防和搜救工作,指挥消除大规模灾害和紧急情况的行动。2016年的机构改革将联邦移民局和药物管制总局纳入内务部后,内务部下辖四个主要部门分别是警察部门、调查部、移民局和药物管制总局,原有的内务部内部部队等军事力量纳入新的国民警卫队。下设打击极端主义总局,负责领导打击极端主义的政策制定,指导打击极端主义、恐怖主义的行动。药物管制总局于2016年组建,源于已经解散的俄罗斯联邦药物管制局(FSKN),其任务是打击俄罗斯国内的毒品犯罪并开展海外毒品调查活动。

第三节　英国国家安全法治

一、英国国家安全立法概况

(一)传统安全领域的立法

英国曾颁布1989年《预防恐怖主义临时法》以应对北爱尔兰问题。该法取缔北爱尔兰民族解放军和爱尔兰共和军等组织,规定资助恐怖主义将面临最高14年的监禁,并简化了与恐怖主义犯罪相关的人身或财产搜查程序。同年,英国议会颁布《特勤服务法》。该法首次确认了英国情报安全机构军情五处的存在,[②] 第1条第2款明确了该部门的任务是保护国家安全,使英国免受来自外国代理人以及旨在推翻和破坏英国议会制度的间谍、破坏行动和恐怖主义等各种类型的安全威胁。1996年《特勤服务法》在其职能中添加了对警察部门的支持和对严重犯罪活动的侦察。

[①] Ekaterina Stepanova, Russia's Approach to the Fight Against Terrorism, in Jakob Hedenskog(eds.), Russia as a Great Power, Routledge, 2005, p. 311.

[②] Ian Leigh and Laurence Lustgarten, The Security Service Act 1989, The Modern Law Review, Vol. 52, 1989, pp. 801–802.

2000年《恐怖主义法》取代了1989年《预防恐怖主义临时法》,对恐怖主义的概念作出规定,且沿袭了后者中关于取缔恐怖组织的规定。一年后英国又颁布2001年《反恐怖、犯罪和安全法案》,该法案的内容包括切断和冻结恐怖主义资金、惩治煽动宗教和种族仇恨犯罪、提高政府机构间的情报信息共享、扩张执法部门的搜查权力、截留与国家安全相关的通信数据。其颁布体现了美国"9·11"事件之后,各国对防范新型恐怖主义等非传统安全的需求以及新的应对措施。根据该法案,英国执法机构可以在英国任何地方没收恐怖分子现金,并在调查开始时冻结其资产。此外,英国还成立联合反恐分析中心,将各安全机构的情报进行汇集和交流,确保政府部门和机构能够收集和共享应对恐怖主义威胁所需的信息。该法案还允许通信服务提供商出于国家安全的需要,保留并向执法部门提供其客户的通信数据。2005年《防范恐怖主义法》引入了"控制令"(control order)制度,即对恐怖主义的犯罪嫌疑人实施人身限制措施,包括并不限于居住地和访客限制、职业和就业限制、电子监视和追踪等。由于受到欧盟和英国舆论的质疑,"控制令"制度在2011年《恐怖主义防范和调查措施法》中被人身限制措施取代。

(二) 非传统安全领域的立法

在"9·11"事件发生后,英国为了应对非传统安全领域的新型国家安全威胁,迅速出台了2001年《反恐怖主义法》。2005年《恐怖主义预防法案》允许内政大臣对涉嫌恐怖主义的人员实施管制令。① 2006年《反恐怖主义法》为应对新型恐怖主义犯罪,增加了鼓励恐怖主义、传播恐怖主义出版物、准备恐怖主义行为、参加恐怖主义训练、组织培训恐怖主义、制造和拥有放射性材料或装置、侵入核设施等罪名。2019年《反恐和边境安全法》旨在弥补反恐立法存在的不足,确保应对更新类型的恐怖主义活动。

2019年《反恐和边境安全法》将2001年《反恐怖主义法》中的未披露恐怖主义行为信息的最高刑增加至10年监禁。2019年《反恐和边境安全法》将2001年和2006年《反恐怖主义法》预备性恐怖主义罪行的最高刑增加到15年监禁,包括收集恐怖主义信息罪,获取、传播或发布可能对恐怖分子有用的关于武装部队、警察或情报部门成员的信息罪,传播恐怖主义出版物罪;修订指纹和DNA保留制度,基于国家安全理由可保留的最长期限从两年增加到

---

① Mark Elliott, United Kingdom: Detention Without Trial and the "War on Terror", International Journal of Constitutional Law, Vol. 4, 2006, pp. 553–564.

五年。2019 年《反恐和边境安全法》规定英国警方和检方能够在案件调查的初期阶段介入和干预恐怖主义犯罪活动,并使得恐怖主义犯罪的刑罚和罪行的严重性相适应,还额外赋予英国警方在犯下恐怖主义罪行的罪犯获释后对其进行管理的权力。英国皇家检控署下设特别犯罪和反恐司,专门负责起诉所有涉及恐怖主义、战争罪和危害人类罪、公务机密和煽动仇恨的案件。

非传统安全领域愈加成为各国在国家安全立法领域的关注要点。为了应对非传统安全威胁,英国也通过一系列立法措施,以防范恐怖主义威胁、保障数据基础设施安全、维护金融安全。2016 年《调查权力规范法》规定了一系列通信数据收集方式,同时也强化了对侵入式监视的监督机制。2022 年《国家安全与投资法》赋予英国政府调查和干预具有潜在威胁英国国家安全的并购、收购和其他投资行为的权力。英国政府根据此法案能够审查和干预任何人(包括企业和投资者)进行的可能损害英国国家安全的某些收购,能够对收购行为施加某些条件,或在必要时解除或阻止收购。根据该法案的授权,英国政府的管辖范围不仅包括对英国公司和资产的投资,还包括对在英国开展活动或向英国客户提供商品或服务的外国公司的投资,以及对用于英国活动或向英国客户提供商品或服务的外国资产或知识产权的投资。① 该法案还授予了英国政府 5 年的追溯权,用以审查已经发生的投资收购行为。

二、英国国家安全协调决策机制

英国在布尔战争后成立帝国防务委员会作为内阁的常设机构。帝国防务委员会的成员包括枢密院院长、陆军大臣、海军大臣、陆军总司令、海军第一委员和三军情报负责人。该委员会在二战爆发后被丘吉尔的战时内阁所取代,在二战结束后由国防与海外政策委员会继续发挥其职能。自 2009 年起,英国国内形成共识即成立专门部门以实现整体的国家安全方针,英国国家安全委员会于 2010 年正式成立。② 英国国家安全委员会与美国、俄罗斯等国的国家安全委员会不同,并没有一部正式的国家安全成文法明文规定其法律地位。英国国家安全委员会作为内阁的委员会,负责审议与国家安全、外

---

① Louis Holbrook, Ambiguity in National Security Powers Under the UK's National Security and Investment Act 2021: Implications for Executive Accountability and Judicial Review, Cambridge Law Review, Vol. 9, 2024, pp. 52-78.

② J. Devanny and J. Harris, The National Security Council: National Security at the Centre of Government, London: Institute for Government, 2014.

交政策、国防、国际关系和能源资源安全有关的议题；负责在国家安全问题上协调各内阁成员，通过协调情报部门收集的信息，以确保英国免受严重的有组织犯罪、恐怖主义和外国敌对情报机构的威胁。①

英国国家安全委员会的主席由英国政府首相担任，下设国家安全秘书处，其负责人国家安全顾问由英国首相直接任命。国家安全顾问是首相和内阁在安全、情报、国防和外交政策事务方面的总协调员和顾问，并负责就国家安全政策和政府应对策略提出建议。国家安全秘书处负责国家安全委员会的日常工作，负责国家安全委员会每周会议的准备工作和决定的执行。其职责包括并不限于首相和政府部门合作制定会议议程，为讨论提供建议并记录作出的决定。②

三、英国国家安全执行机制

（一）常规执法部门

英国的情报工作在 1909 年以前主要通过军队各个部门自行完成，在 1909 年以后，英国组建了独立的情报机构负责情报安全保卫工作。各情报部门的工作受联合情报委员会领导，其成员包括来自外交部、国防部、财政部等内阁部门和英国军队的高级官员，其职能包括就情报工作向首相和内阁部长提供政策建议，协调和监督各情报委员会的工作。英国情报安全机构包括负责国内情报的军情五处、安全和反恐办公室、国内极端主义和动乱调查部门、黑工和劳工虐待局、国家犯罪署、国家弹道情报局、国家欺诈情报局、负责国外情报的军情六处、国防情报局、负责信息情报的英国政府通信总部以及联合情报组织。英国的常规执法部门负担着部分的国家安全职能，比如伦敦警察厅除了负责维护社会治安等职责外，还负责反恐和维护皇室成员和政府成员的人身安全。根据职能分工，国家犯罪局、英国运输警察等部门承担专门或者部分的国家安全执法职能。

（二）非传统安全领域

在非传统安全领域，英国通过设立新的机构和改革以应对网络安全、金融和经济安全等非传统安全威胁。比如，在经济金融领域，英国商业、能源和产业战略大臣依据 2022 年《国家安全与投资法》，可对发生在英国的投资和收

---

① 张骥主编：《世界主要国家国家安全委员会》，时事出版社 2014 年版，第 125—145 页。
② 刘胜湘等：《世界主要国家安全体制机制研究》，经济科学出版社 2018 年版。

购行为进行国家安全审查,可终止和干预有潜在损害英国国家安全威胁的投资和收购行为。在数字安全领域,鉴于数字经济、AI 技术的发展,保障数据和网络安全已经成为英国国家安全策略中的重要环节。英国通信部及其下设机构国家网络安全中心(National Cyber Security Centre)负责应对恐怖主义、黑客入侵和网络犯罪威胁。此外,英国在国家安全领域还有新的尝试,比如英国在伦敦组建的反恐中心正在尝试将原本分属反恐警察部门、情报机构和刑事司法系统的职能汇集在一起,形成跨部门、跨体系的新型反恐平台。

四、英国国家安全监督机制

英国是一个议会制国家,其国家安全监督的最主要方式来自立法监督。英国国会根据 1994 年《情报服务法》成立议会情报与安全委员会,[①]并通过 2013 年《司法与安全法》巩固了该委员会的权力。情报与安全委员会的法定职责是审查英国情报和安全部门的财政支出、行政事务以及这些部门的情报安全政策运作情况。该委员会可以通过 1989 年《官方情报法》获取机密材料的审阅权限,亦可开设听证会要求政府的内阁首长和情报机构负责人出席,并可获取来自情报部门和相关政府部门的书面证据。与其监督对象的工作方式相似,该委员会的工作是秘密进行的。该委员会发布年度报告和特别报告,被监管的情报机关部门必须在报告发布后的 60 天内回应报告内容。[②] 此外,报告在发布前会与被监管的政府机构进行分享,以确保报告中不会有危及国家安全的机密内容泄露。

第四节 德国国家安全法治

一、德国国家安全立法概况

《德国基本法》作为德国法律的基石和核心,其第 87 条规定了动用武装部队应对安全事件的条件和情况。随着国际形势和德国社会的发展,德国国家安全也面临新的挑战,比如,德国北莱茵—威斯特法伦州仅在 2019 年 11 月就

---

① Andrew Defty, Coming in from the Cold: Bringing the Intelligence and Security Committee into Parliament, Intelligence and National Security, Vol. 34, 2019, pp. 26 - 27.
② Id,p. 31.

针对恐怖主义融资和洗钱行为执行了 62 次搜查令。德国不仅制定了关于国家安全治理的专门法,也对已有的法律进行修订,以应对当前非传统安全威胁。美国"9·11"事件后,为应对恐怖主义威胁等非传统安全威胁,德国制定并通过了《德国反国际恐怖主义法》。此外,德国审视已有的立法,陆续对多部法律进行修订,涉及的范围较为广泛,包括《反恐怖主义法》《安全审查法》《军事反情报局法》《联邦刑事调查办公室法》《联邦情报局法》《联邦宪法保护法》《联邦边防队法》《海关调查服务法》《海关管理法》《银行法》《庇护程序法》《护照法》《保险监督法》《外国人中央登记法》《个人身份证法》《居留法》《电信媒体法》《执行欧洲制止恐怖主义公约》《刑法》《刑事诉讼法》《打击恐怖主义补充法》《严重危害国家安全犯罪准备起诉法》等。[①]

这些法律的修改赋予了情报和执法部门更多的权力,加强了各部门之间的合作,也有利于德国执法机关加强打击危害国家安全的行为。这些法律修改的涉及面较为广泛,既有涉及公民基本权利的深层次的法律修改,如 2019 年《国籍法》修正案规定拥有双重国籍的德国人如果在国外参与外国恐怖组织的军事活动,可能导致其失去其德国国籍,也有对新领域的法律修改,以应对来自网络和金融等领域的非传统安全挑战。在信息安全领域,德国在 2020 年推动《提高信息技术系统安全性的第二法案》,其旨在对《德国信息技术法》进行自 2015 年以来的第二次修正,这次修正强化了企业的安全责任,加强企业的预防措施,要求关键基础设施和数字服务提供商的网络安全保护部署系统和程序适当检测安全威胁,持续识别和预防威胁,并采取适当的补救措施,还要求非关键运营商提高 IT 系统的整体安全水平。此外,该法强调供应链安全,特别是对于关键组件的管理。供应商(制造商)须向联邦内政部通知首次使用关键组件,并确保组件不含有可被滥用的技术特性。如果供应商不被认为是可信的,关键组件的使用可能会被禁止。[②] 在金融和经济安全领域,德国 2020 年对 1961 年《对外贸易法》进行修订,扩大了安全审查制度的保护范围,收紧了安全审查制度的程序和实体标准的要求,并对《对外贸易条例》作出了相应的修改,包括扩大安全审查程序的适用范围和增加审查因素。

---

① 刘胜湘等:《世界主要国家安全体制机制研究》,经济科学出版社 2018 年版,第 289—300 页。
② Sandra Schmitz-Berndt and Pier Giorgio Chiara, One Step Ahead: Mapping the Italian and German Cybersecurity Laws Against the Proposal for a NIS2 Directive, International Cybersecurity Law Review, Vol. 3, 2022, pp. 305-306.

二、德国国家安全协调决策机制

德国于 1955 年成立德国联邦国防委员会,主要负责商讨国家安全议题,并将结论交予相关负责的内阁机构进行执行。该委员会成立的初衷在于建立一种协调性机构,为各部门之间的跨部门业务提供协助。1969 年联邦国防委员会更名为联邦安全委员会,其作为联邦内阁的下设委员会,会议由联邦总理主持,除总理外,成员还包括外交部部长、财政部部长、内政部部长、司法部部长、国防部部长、能源部部长以及联邦经济合作与发展部部长。相较于美俄等国的国家安全委员会制度,德国联邦安全委员会的职能较为有限,其主要负责研究德国国家安全政策并提出改善建议、协调德国的国家安全政策和北约的防务政策、协调政府内阁各部门之间的安全工作、监督和审核德国的国防军售,其中仅有负责武器出口政策的职能为《德国基本法》第 26 条第 2 款所明确规定。

三、德国国家安全执行机制

(一)联邦宪法保卫局

联邦宪法保卫局主要负责国内安全秩序维护和反间谍情报收集工作,履行 1972 年《联邦宪法保护法》第 3 条所规定的关于安全保卫和反间谍职能。联邦宪法保卫局不具备执法权,无法直接对个人采取强制措施。联邦宪法保卫局和各州宪法保卫局之间不存在隶属关系,各州宪法保卫局从属于各州的内政部。联邦政府与各州的国内情报机构之间的合作框架由联邦立法确定,各州的情报机构必须遵守这一合作框架,尽管各州的责任和权力可能超出这一最低要求。除应对恐怖主义行为外,监视国内极端主义分子也成为德国国家安全部门的职能。[1] 联邦宪法保卫局在展开调查之前,必须确认有实际迹象表明存在违宪行为。[2]

(二)联邦情报局

与联邦宪法保卫局负责国内安全情报工作相区分,联邦情报局负责对外

---

[1] Marc Engelhart and Mehmet Arslan, Security Architecture in Germany, Stückle Druck und Verlag GmbH, 2020, pp. 31 – 33.

[2] Id., p. 36.

情报收集和评估工作,同时负责与其他两家情报机构之间的协调工作。联邦情报局的情报收集活动基于相关性原则,观察目标的唯一要求是与安全政策相关。[①] 与联邦宪法保卫局一样,联邦情报局不具有直接执法权,其职能由《联邦情报局法》《安全审查法》《联邦宪法保护法》所共同规定。联邦情报局的情报收集工作涉及的领域较为广泛,国际恐怖主义、大规模杀伤性武器扩散和非法技术转让、跨国有组织犯罪、武器和毒品走私、洗钱和非法移民等军事和非军事领域的情报收集活动都在该部门的工作职责范围内。

（三）联邦军事反情报局

联邦军事反情报局的职能由《军事反情报局法》《联邦宪法保护法》《联邦数据保护法》《安全审查法》共同规定,其中,《安全审查法》还赋予了联邦军事反情报局安全审查的职能,《军事反情报局法》不仅规定了联邦军事反情报局的基本职能,还明确了其与联邦宪法保卫局之间的协调与合作关系。根据以上法律的规定,联邦军事反情报局的主要职责是军事反情报工作和侦查德国国防军内部的违反宪法活动。其核心任务是收集和评估国内外信息,以便更好地打击极端主义和恐怖主义。德国在阿富汗的军事行动中,联邦军事反情报局负责了军事侦察和营地安全审查的工作。为增加德国公众对其了解,联邦军事反情报局自2019年起每年发布年度报告。

四、德国国家安全监督机制

德国联邦议会监督小组负责监督联邦宪法保卫局、联邦情报局和联邦军事反情报局的活动。该小组起初并非正式机关,其设立基于1978年《议会对联邦情报机构活动的控制法》,2009《德国基本法》修正案进一步强化了这一法律基础,将小组活动纳入《德国基本法》第45d条下。[②] 德国情报机构置于联邦议会监督小组的直接监督下,监督小组成员数量、组成和运作方式由联邦议会决定,监督小组成员在每个选举期开始时由联邦议会选出。监督小组每个季度至少召开一次会议,其成员有权处理涉密信息,查阅情报机构的档案资料,并负有相应的保密义务。除联邦议会监督小组外,《德国基本法》第

---

① Marc Engelhart and Mehmet Arslan, Security Architecture in Germany, Stückle Druck und Verlag GmbH, 2020, p.33.

② Joonas Widlund, More Than Just Blind Guardians?: A Legal Analysis of Finnish Parliamentary Oversight of Intelligence, Scandinavian Studies in Law, Vol. 69, 2023, p.73.

10 条审查委员会也负责监督三家情报机构的活动。审查委员会可以根据自己的判断或在接到投诉后,决定某项具体的监控措施是否合规且必要。如果它认为某项监控命令不合规或不必要,联邦内政部必须立即撤销该命令。①

第五节 法国国家安全法治

一、法国国家安全立法概况

法国宪法明确了总统和总理在国家安全中的分工。1958 年《法国宪法》第 15 条授予共和国总统"武装力量统帅"地位,第 13 条则允许总统直接参与军队高级指挥官的任命。第 5 条第 2 款将总统定位为"国家主权独立、领土完整以及条约遵守的保障者"。第 8 条虽然没有直接涉及国防领域,但通过规定总统对总理和政府成员的任命权,间接表明在总统和总理分属不同政党的时期,总统依然可以合理地提出国防部部长的人选。第 20 条指出,政府首脑"领导国家的政策"并"掌管军队"。第 21 条则定义了总理在国防事务中的特权:对国家防务负责,并根据第 13 条的规定任命文职和军职人员。②

法国政府于 2015 年 7 月 24 日通过了《情报法》。在此之前,法国情报机构一直处于缺乏全面、系统法律框架的状态,主要依赖大量机密的法令、行政命令等"准法律"规定来运作,这些法规不具有与正式颁布的立法相同的法律效力。③《情报法》颁布后,这些机构的权限和任务范围才被纳入《国内安全法典》等正式立法中。《情报法》在强化情报机构行动能力(包括使用新型技术与警务部门原有的侦查手段)的同时,亦强调维护公民自由与隐私权,力图在公共利益与个人权益之间找到平衡。通过明确情报机构可承担的任务、行使权力的合法目以及可使用的情报搜集技术适用条件,《情报法》使法国情报部门的运作告别原先的法律模糊地带,从而在反恐与保护个人权利方面取得更有力的制度保障。

《国防法》同样是法国国家安全领域的重要法律。比如,根据其第 D.

---

① Christian Schaller, Strategic Surveillance and Extraterritorial Basic Rights Protection: German Intelligence Law After Snowden, German Law Journal, Vol. 19, 2018, p.954.

② Fabio Liberti and Camille Blain, France's National Security Strategy, Real Instituto Elcano, Working Paper 3/2011, Jan. 17, 2011.

③ Commission des lois constitutionnelles, de la législation et de l'administration générale de la République, Rapport d'Information, No. 1022, May 14, 2013, p.17.

3126-4条,法国设立对外安全总局。《国防法》对该局的职责和组织架构进行了明确规定。根据其要求,法国对外安全总局内部设有行政管理局、行动局、情报局、战略局和技术局。行动局负责情报的搜集工作,并根据《国防法》执行政府交付的任务;情报局负责搜集与法国国家安全相关的情报,监测并阻止境外针对法国国家利益的间谍活动,并与相关机构保持联系,提供情报汇总;战略局负责接受对外安全总局的指示并进行跟踪,领导和评估情报生产,并指导对外合作政策;技术局负责搜集和利用技术来源的情报,并提出对外安全总局在技术领域的指导方针。此外,对外安全总局还负责安全培训工作,面向其他行政机构及法国和外国的合作实体开展培训活动。[①]

二、法国国家安全协调决策机制

法国国防与国家安全委员会是负责国家安全政策协调与决策的核心机构,由法国总统主持并每周召开。该委员会的起源可以追溯至1906年设立的国防委员会,并在20世纪的不断改革过程中以不同形式延续至今。根据1958年《法国宪法》第15条,国防委员会的设立得到了确认,其中规定共和国总统作为武装部队总司令,主持高级国防委员会及其相关会议。2019年12月的法令进一步扩大了委员会的职能,并将其更名为国防与国家安全委员会。新的职能不仅包括军事规划、海外行动、威慑和情报战略的制定,还涉及内部安全、经济、能源问题的处理及重大危机应对。2016年7月14日尼斯恐怖袭击事件后,该委员会的会议召开频率由每年几次增加为每周一次,以便更有效地应对日益严峻的恐怖主义威胁。

法国国防与国家安全委员会常设成员包括共和国总统、总理、武装部队部长、内政部长、经济、财政与复苏部部长、公共账户部部长代表、外交部部长,以及其他与议程相关的部长。此外,总统有权根据会议议题邀请相关人员参加,但所有与会者必须遵守严格的国防保密规定。委员会下设两个专门机构:其一为国家情报委员会,成员包括共和国总统、总理、各情报部门的部长及局长,以及国家情报和反恐协调员;其二为核武器委员会,成员包括共和国总统、总理、武装部队部长、武装部队总参谋长、军备总代表及替代能源与原子能委员会军事应用局局长。

[①] Décret n° 2015-6543 du 10 mars 2015 portant organisation de la direction générale de la sécurité extérieure, Journal officiel de la République française, March 20, 2015, pp. 29-31.

三、法国国家安全执行机制

1907年塞莱斯坦·亨纽(Célestin Hennion)在第三共和国时期创建司法警察与公共情报第二特遣大队,负责监视工作。1967年3月,法国政府成立公共情报局负责搜集和集中政府所需的政治、社会和经济情报,任务包括空中警察、检查边境人员流动、监控其境内赌场等。一年后,公共情报局更名为"中央公共情报局",并成为新成立的国家警察总局的一部分。在历经多年的机构改革后,法国相继成立以六个情报机构为核心的安全执法体系,分别是隶属国防部的对外安全总局、军事情报局、国防保护与安全局,隶属财政部的金融情报与打击非法资金流动处理中心、海关情报与调查全国总局,以及内政部下属的国内情报中央局,它们均主要以行政决定(法令或行政命令)而非立法形式设立。直至2011年法国议会才通过一项法律,为此类情报机构的成立提供部分立法依据。

为了增加各情报部门之间的协调性,法国总统马克龙在2017年6月14日发布法令,成立国家情报与反恐协调机构,设立国家情报协调官一职,旨在加强各情报部门的协作运作、推动情报共享和技术资源整合。该机构会对各类威胁进行全面分析,以提出协同行动的指导方针和优先事项,推动决策落实,并向各情报机构传达指令。自2017年起,在战略层面以国家情报与反恐协调机构为核心、在行动层面以国内情报总局为主的反恐治理架构,成为应对2015年巴黎和2016年尼斯恐怖袭击经验教训的重要举措。战略统筹、行动协调、合力协同、信息共享与前瞻预判,现已成为法国反恐工作的指导原则。

四、法国国家安全监督机制

1. 议会情报代表团

冷战结束后,情报工作的重要性显著提升。尽管自1999年以来,法国有部分议员多次提议成立议会情报监督机关,但相关的法案受到法国国内政治的阻力而搁置,直至2007年萨科齐政府提出法案并获得通过,法国自此设立议会情报代表团。该代表团由8名跨党派议员组成,负责"追踪"(suivi)情报机构的整体活动及其资源。法国建立议会情报代表团的原因在于,情报部门意识到过度保密不仅易引发外界猜疑,而且在争取预算支持等方面需要与议会保持合作,政府与议会开始将议会监督视为既能提升情报部门形象、效率与合法性,又能促进问责的必要手段。

2013年颁布的《军事规划法》进一步扩大了议会情报代表团的权限,涵盖对政府在情报领域行动的议会监督以及对该领域公共政策的评估。该法还对2002年《财政法》进行了修订,将原本负责审计情报预算的议会委员会并入议会情报代表团之中。在制度设计上,议会情报代表团旨在在议会与情报部门之间建立直接对话渠道,让议员有能力了解情报机构的组织、职责、资源及整体运作。其出现让情报机构在立法层面有了固定的沟通对象,也为议会通过了解并评估情报工作更有效地审议预算。[①]

2. 国家情报技术控制委员会

国家情报技术控制委员会是根据2015年《情报法》设立的情报监督机关,其成员包括两名议员、两名参议员、两名国务委员会成员、两名最高法院的法官和一名由电子通信与邮政监管机构主席提名的通信行业专家。其职责包括确保情报技术的使用符合法律规定,审查和批准情报收集的相关授权申请。该委员会随时查阅与情报收集相关的所有记录、登记册、技术执行日志以及情报管理场所,并可以向总理索要相关的详细信息。

3. 国家信息与自由委员会

国家信息与自由委员会是专门负责数据保护的独立行政机构,设立于1978年,负责在法国执行欧盟《通用数据保护条例》(GDPR)以及该国的《信息与自由法》(也称《数据保护法》)。它由一个包括18名委员在内的委员团领导,其中12名由参议院、国民议会、经济社会委员会、最高民事和行政法院、审计法院以及行政文件获取委员会等国家机构指派或选举产生,主席则可自由招聘其他工作人员。根据《信息与自由法》第四章"适用于涉及国家安全和国防的处理规定",国家信息与自由委员会发挥着核心监督和仲裁的功能,有权对涉及国家安全与国防的数据访问、更正或删除等行为进行监督和审查,并可与相关政府部门协商,确保处理过程遵循数据保护法律,且不会妨碍国家安全与国防利益。此外,该委员会还负责审查对非欧盟国家的跨境数

---

① Aidan Wills and Mathias Vermeulen, Parliamentary Oversight of Security and Intelligence Agencies in the European Union, SSRN 2456151, 2011, pp. 207-209.

据传输。①

第六节 日本国家安全法治

一、日本国家安全立法概况

与大多数国家不同,就宪法内容而言,日本宪法中并没有关于国家安全内容的规定。日本国家安全的相关内容主要由《防卫省设置法》《自卫队法》《特定秘密保护相关法律》《警察法》等法律确立。比如,《防卫省设置法》第3条第1款和《自卫队法》第3条第1款分别规定了日本防卫省和自卫队维护国家安全的职能。

在二战前,日本针对国家机密外泄有着严厉的刑罚,比如《军机保护法》和《国防保安法》都规定了间谍和泄露国家机密相关罪名的死刑。战后,作为战败国的日本废止了这两部法律,自此日本一直缺乏一部系统的反间谍和反泄密法律规定。在行政法规层面,以日本防卫省为例,防卫省内部在战后长时间内并未对泄露军事机密制定明确处罚规定。② 2001年,日本为强化保密措施,对《自卫队法》进行了部分修订,设立防卫秘密制度,明确泄密相关惩罚。根据该法,包括内阁成员在内的国家公务员乃至民间组织,一旦泄露机密可获5年以下的刑期;如果涉及《日美相互防卫援助协定》下美国提供的"特别防卫秘密",则可判10年以下的刑期。③

鉴于日本对泄露机密信息的处罚力度受到来自其盟国和国内的批评,日本在2013年制定的《特定秘密保护相关法律》完善了国家机密的相关规定。④根据该法,行政机关首长可以将涉及国防、外交、反特定有害活动、反恐等重

---

① Décret n° 2017-1231 du 4 août 2017 portant modification du décret n° 2007-914 du 15 mai 2007 pris pour l'application du I de l'article 30 de la loi n° 78-17 du 6 janvier 1978 relative à l'informatique, aux fichiers et aux libertés, Journal officiel de la République française, Aug. 4, 2017, p. 48.

② K. Kotani, Current State of Intelligence and Intelligence Issues in Japan, The National Institute for Defense Studies News, 2006, p. 100.

③ 沓脱和人:「防衛省・自衛隊における秘密保全制度の変遷と課題(省秘、特別防衛秘密、特定秘密における適格性確認と適性評価)」,立法と調査 470号(2024年),137頁以下。

④ N. Fishlock, Policies to Please Political Partners: The Development of Japan's Intelligence Policy in the 21st Century, https://www.isdp.eu/publication/development-of-japans-intelligence-policy/.

要领域中一旦泄露会严重妨碍日本安全保障的信息,指定为特定秘密。①《特定秘密保护相关法律》第 4 条第 4 款规定,特定秘密的有效期原则上为 5 年,可多次延长,但一般不得超过 30 年;如有特别情况并获内阁批准,特定秘密的时效可再延长,但除极少数例外,最长不超过 60 年。此外,根据该法第三章的规定,在确保安全的前提下,政府内部不同行政机关之间可共享特定秘密,或在一定条件下与外国政府、国际机构共享。该法明确不得被"过度扩张"解释,以致不当侵害国民的基本人权。值得注意的是,根据《特定秘密保护相关法律》第 23 条第 1 款和第 24 条第 1 款,对故意泄露或通过不正当手段获取特定秘密者,设置了较重的刑事处罚,包括最高 10 年有期徒刑,且可并处高额罚金。

二、日本国家安全决策协调机制

日本政府于 1956 年设立的国防会议可以视作战后内阁最早的安全机构,其建立的依据来自日本《防卫厅设置法》和《国防会议组成法》。作为当时最高层级的政治机构,国防会议负责在正式内阁决议之前讨论与国防相关的事项与方针,例如日本的国防基本方针、自卫队的动员计划。但此时的国防会议与目前各国通行的国家安全委员会制度有着较大差异,国防会议的权限仅限于"审慎讨论以确保文官控制",为了保持所谓的"文官优位",日本自卫队军官基本上被排除在国防会议的讨论之外。故国防会议只聚焦于"与国防相关的重大事项",并未获得足够授权和资源去处理日常国防事务,其秘书处规模也非常有限,仅承担行政事务,更不用说承担定期的政策规划与跨部门协同工作。由于权限有限,首相召集国防会议的次数也很少,平均每年仅召开两次。②

进入 20 世纪 70 年代后,尽管包括田中角荣、三木武夫和福田赳夫在内的多任日本首相呼吁改革但未能实施,大平正芳提出的"综合安全"概念将日本对国家安全的讨论从传统的领土防卫扩展到了更广泛的领域。1986 年 7 月日本成立了安全保障会议,该机构取代了此前的国防会议。安全保障会议最

---

① 《特定秘密保护相关法律》(特定秘密の保護に関する法律,平成二十五年法律第百八号)第 3 条第 1 款及附表。

② A. P. Liff, Japan's National Security Council: Policy Coordination and Political Power, Japanese Studies, Vol. 38, 2018, pp. 257–259.

重要的举措是确立了首相主持的"九大臣会议",以确保文官控制,并将审议范围扩大至"应对重大紧急事态的重要事项"。① 2013年11月日本国会通过了《国家安全保障会议设置法案》,至此日本国家安全保障会议正式成立。

国家安全保障会议与此前的国防会议和安全保障会议的显著区别在于其作为定期例行会议召开,同时在会议设置机制上更为灵活,可根据需要临时讨论新出现或耗时较长的重要议题,并可根据情况邀请相关人士列席。国家安全保障会议设立了"四大臣会议",取代了此前安全保障会议的"九大臣会议"作为该制度的核心会晤机制,参会者包括首相、内阁官房长官、防卫大臣和外务大臣。由于参会人员精简,"四大臣会议"原则上可以举行至少每两周一次的会议,若遇紧急情况也能迅速启动,确保其讨论更具实质性与效率。有需要时可扩编参会阵容,通常方式是启用从安全保障会议沿袭下来的"九大臣会议"。国家安全保障会议以专注于新出现的安全议题和长期安全策略为核心,通过在外交、安全、经济和危机管理等领域实现更加紧密的整合与跨部门协调,事实上成为一个决策平台,而不仅仅是"空谈会"或单纯的咨询机构。②

三、日本国家安全执行机制

日本根据《警察法》设立国家公安委员会,由一名委员长和五名委员组成,除传统安全领域的社会治安等事项外,该委员会负责应对大规模自然灾害、劫机等重大国际恐怖主义事件、海外利益保护、网络安全以及国际合作事宜。

内阁情报调查室是日本最为核心的国家安全情报机关,该机关与内阁其他部门的下辖机构密切合作,进行情报收集和分析,其成立的目的是将日本所有安全部门的行动集中到首相的直接监督。③ 公安调查厅隶属于法务省,提供有关反恐和国内极端主义的情报评估。防卫省情报本部负责日本自卫队的情报需求,主要是海军和信号情报行动。警察厅情报通信局负责调查网

---

① A. P. Liff, Japan's National Security Council: Policy Coordination and Political Power, Japanese Studies, Vol. 38, 2018, pp. 258-259.
② Id, pp. 263-264.
③ N. Fishlock, Policies to Please Political Partners: The Development of Japan's Intelligence Policy in the 21st Century, https://www.isdp.eu/publication/development-of-japans-intelligence-policy/.

络犯罪、有组织犯罪和各种与国家安全有关的案件,并与公安调查厅开展反间谍和反恐行动。警察厅外事情报部是日本主要的对外情报机构和反间谍机构。上述每个组织都独立运作,在特定领域开展工作,彼此之间互不干扰。

四、日本国家安全监督机制

情报监视审查会由日本国会依据2014年修订后的《国会法》第102条第13款设立,是设在日本参众两院的常设机构,众议院、参议院的委员人数均为八人。作为日本国家安全监督机关,情报监视审查会监视包括国防和外交在内的特定机密的保密制度的运行情况。该委员会负责监督《特定秘密保护相关法律》的实施情况,并接受行政部门(2015年以来)的年度报告。不仅负责调查特定秘密的指定、解除及适性评价的实施状况,还负责审查行政机关负责人不响应特定秘密指定或解除提交请求的适当性等相关事项。为了执行上述职责,日本《国会法》第102条第14款和第15款规定,情报监视审查会每年都会接收政府根据《特定秘密保护相关法律》第19条提交的关于特定秘密的指定、解除及适性评价实施状况的报告。委员会在认为有必要的情况下,会根据《国会法》第102条第16款的规定,向行政机关负责人提出关于特定秘密保护制度运作应予改进的建议,并要求对所采取的措施进行报告。

第十四章　涉外国家安全法治

第一节　全球安全法治

全球安全法治是一个新兴且复杂的概念，其内涵和外延在学术界尚处于不断发展和完善中。从概念上讲，全球安全法治强调在全球层面上，通过法律规则和制度来维护国际和平与安全。它不仅仅关注传统安全，还关注非传统安全领域的问题。在内涵方面，全球安全法治涵盖了国际法的多个分支，如国际人道法、国际刑法、国际环境法等。这些法律规范旨在约束国家和非国家行为体的行为，防止冲突和暴力的发生，同时促进国际合作与和平解决争端。此外，全球安全法治还涉及国际组织的作用，如联合国安理会在维护国际和平与安全中的核心地位，以及其在推动全球法治建设中的贡献。从外延来看，全球安全法治既包括国家间的法律关系，又涵盖了跨国公司、非政府组织等非国家行为体在全球安全治理中的角色和责任。此外，全球安全法治还关注新兴技术对国际安全的影响，如网络空间安全、人工智能伦理等。全球安全法治是一个多维度的概念，它强调通过法律手段在全球范围内维护和平与安全，涉及广泛的法律规范和多种行为体的参与。

一、联合国国际安全合作机制

1945 年联合国宣布成立，并将维护国际和平与安全确立为主要目的之一。联合国为维护国际和平与安全所开展的活动主要涉及预防冲突、促成冲突各方达成和平、维持和平及创造让和平延续发展的环境。这些活动必须交叉或同时开展才能做到行之有效。联合国安理会对维护国际和平与安全负有主要责任。联合国大会、秘书处及其他联合国办事处和机构互为补充，为促进和平与安全发挥着重要的作用。①

---

① 申文：《联合国预防冲突：进展、局限与前景》，载《湖北社会科学》2020 年第 5 期。

(一) 联合国安理会

1. 概述

联合国安全理事会(United Nations Security Council),简称"联合国安理会"或"安全理事会",是联合国下属的六个主要机构之一。安理会每一个理事国都必须始终有一名代表驻在联合国总部,其组织形式使之可以持续地工作。它是唯一有权采取军事行动的联合国机构。[①]

根据《联合国宪章》,联合国安理会负有维护国际和平与安全的首要责任,并代表全体会员国意志行事。它是联合国唯一有权采取强制性行动的机构,其决议对各国均有约束力。其主要职能是:调查任何国际争端或可能引起国际摩擦的局势;促请争端当事国和平解决争端;断定威胁和平、破坏和平或侵略行为,并可采取经济、外交、军事行动予以制止;向大会推荐新会员国和秘书长;与大会一起选举国际法院法官等。[②]

2. 弊端

联合国安理会尽管被视为全球和平的守护者,但随着近些年大国博弈逐渐加剧,在一些关键事件上,安理会的决策不再单纯基于国际法和公正原则,而是被某些大国的私利所左右,甚至在某些情况下采取了双重标准,让国际社会对其维护和平的决心产生怀疑。除此之外,安理会五个常任理事国的否决权也在一定程度上成为安理会内部分裂的根源,在某些情况下,个别大国为了自身利益,不惜使用否决权阻挠安理会的正常决策,导致一些紧急迫切的和平与安全问题无法得到及时解决。

3. 联合国安理会扩员

联合国安理会扩员是一个复杂而敏感的议题,它涉及国际安全、全球治理以及国际关系的深刻变革,国际社会对于安理会扩员这一议题共识和分歧并存。例如,非洲集团寻求至少两个常任理事国席位,包括否决权,以及五个非常任理事国席位。G4 国家(巴西、德国、印度和日本)则希望增加常任和非常任理事国席位,并将新增的常任席位分配给自己和两个非洲国家。而以"团结谋共识"为代表的会员国主要出于本地区力量平衡的考虑,极力反对增

[①] 夏国涵:《安理会改革与联合国的未来》,载《世界文化》2022 年第 7 期。
[②] 《联合国安全理事会》,https://www.mfa.gov.cn/web/gjhdq_676201/gjhdqzz_681964/lhg_681966/jbqk_681968/200907/t20090730_9380020.shtml,2024 年 11 月 6 日访问。

加安理会常任理事国席位,但支持增加非常任理事国席位。①

当前,安理会由五个常任理事国和十个非常任理事国组成,但其结构和规模并未充分反映国际力量对比和政治现实的变化。扩员是为了让更多国家参与决策,提高安理会的代表性和权威性,更好地服务于全球会员国和世界人民。扩员可以增加安理会的民主性,但成员过多可能影响其决策效率。此外,扩员还涉及权力与能力的平衡,即新成员国不仅要有代表性,还要具备维护世界和平与安全的能力。扩员还关系到国家利益与国际社会共同利益的权衡,以及对安全观、冲突解决方式和和平保障手段的价值取舍。因此,安理会扩员对国际安全的影响是多方面的,它旨在通过改革使安理会更具合法性、代表性、响应能力和有效性,以更好地应对全球性的安全挑战。

(二) 联合国集体安全机制

联合国集体安全机制是在总结国际联盟集体安全实践的失败教训中发展而来的。国际联盟第一次真正将这个还不太明确的概念具体适用于国际社会。《国际联盟盟约》在其约文中虽然并没有明确使用"集体安全"这一术语,但是包含了这一概念。其立法意旨主要是对组织内部所有成员国进行法律约束;规定任何侵略者均将被视为所有成员国共同的敌人,任何成员国受到侵害皆可获得援助;相互保证,共同维护国际和平与安全。而在实践中,国际联盟的集体安全体制名存实亡,以至面对二战的爆发完全无能为力。

联合国集体安全机制是联合国追求和平与安全的主要手段,是联合国解决国际争端、推动军备削减和采取集体行动的决策、行动体系。20世纪90年代初,联合国集体安全机制曾有过短暂的"高光",但随着美国对单极秩序的追求而归于黯淡。21世纪初,美国"9·11"事件以及接连爆发的阿富汗战争、伊拉克战争让联合国集体安全机制的内在缺陷与现实之间的矛盾集中爆发出来,西方国家频繁地根据本国偏好对别国发动制裁和军事打击,将集体安全抛诸脑后。② 联合国集体安全机制在当今仍面临不小的挑战,或者说,急需改革。

有关集体安全保障措施的内容则规定在《联合国宪章》第七章,第39条规

---

① 《联大举行安理会扩大问题年度辩论 四国集团和"团结谋共识集团"分歧依旧》,https://news.un.org/zh/story/2019/11/1046291,2024年11月12日访问。
② 李廷康:《人类命运共同体理念下的联合国集体安全机制改革》,载《国际关系研究》2018年第5期。

定了安理会应断定任何和平之威胁、和平之破坏或侵略行为是否存在,并应作成建议或抉择依第 41 条和第 42 条规定之办法,以维持或恢复国际和平与安全。

联合国集体安全机制集中体现在立法目的、组织机构和制裁手段等三个方面。首先,《联合国宪章》在其序言、第 1 条和第 2 条写明了集体安全机制的宗旨和原则,序言表达了各国及其人民为避免惨遭世界战争和痛苦的共同决心;第 1 条规定了联合国的宗旨,即维护世界和平,发展友好关系,促进国际合作和协调各国行动。第 2 条写明了联合国运行需要遵守的基本原则,比如各国主权平等、不干涉内政、善意履行宪章义务、禁止使用武力等,为集体安全机制确立了首要目标和前提。

其次,在组织机构方面,联合国安理会、联合国大会和联合国秘书长均有权执行集体安全措施。其一,《联合国宪章》赋予安理会以维护和平与安全的主要责任,并同意安理会履行职务的行为代表各会员国。因此,安理会的决议对全体成员国均有约束力,且它是唯一有权采取强制行动的机关。其二,联合国大会有权商议除安理会正在处理之外的任何问题和事项,并且可以向成员国或安理会提出有关意见和建议。这就避免了大会和安理会职能的重复,因为对于安理会正在处理的事项,大会只有建议权,没有决策权。其三,联合国秘书长有权发挥其政治主动性,对于他认为的有关威胁国际和平与安全的任何事项可以提请安理会注意或讨论,并在安理会独立发表意见或建议。随着联合国的发展,秘书长越来越多地充当协调者或斡旋者。

最后,在制裁手段方面,安理会有权决定对于任何破坏和平或侵略行为采取制裁措施,且要求各成员国提供军队以协助执行,其决策对全体成员国均有约束力。[①]

(三) 联合国维持和平行动

联合国维持和平行动(United Nations Peacekeeping Operations)为和平而生,为和平而存,成为维护世界和平与安全的重要途径,是国际社会为维护世界和平与安全而采取的一项重要举措。[②]

联合国在全球范围内开展的维持和平行动为冲突地区带来了宝贵的和

[①] 左思:《安理会制裁决议执行中面临的双层困境与挑战》,载外交学院法律外交研究中心主办:《法律与外交》(2017 年;总第 2 期),世界知识出版社 2017 年版。

[②] 颜欢等:《为世界和平与发展注入更多正能量》,载《人民日报》2022 年 4 月 18 日第 3 版。

平与稳定。这些行动不仅体现了联合国的核心使命,也深刻影响着国家安全的多个方面。联合国维持和平行动的主要目的,是通过非武力手段促进冲突地区的和平进程,防止冲突升级,并为政治解决冲突创造条件。这些行动通常包括军事观察团、停火监督组织、维和部队等形式,它们被部署到冲突地区,以监督停火协议的执行、保护平民、协助人道主义救援等。联合国维和行动的成功与否,往往直接关系到冲突地区的国家安全形势。

首先,联合国维和行动对于维护政治安全具有重要意义。在冲突地区,政治稳定是国家安全的基础。联合国维和行动通过监督停火、促进对话和谈判等方式,有助于缓解紧张局势,为政治解决冲突创造有利条件。

其次,联合国维和行动在保护平民和人道主义救援方面发挥着重大作用。在冲突地区,平民往往成为战争的最大受害者。联合国维和部队通过设立安全区、提供紧急医疗援助、协助疏散平民等方式,有效保护了平民的生命财产安全。同时,维和部队还积极参与人道主义救援工作,为受灾民众提供食品、药品等生活必需品,缓解了人道主义危机。

最后,联合国维和行动有助于促进经济安全和社会稳定。联合国维和行动通过恢复基础设施、促进经济发展、提供就业机会等方式,重建冲突地区的经济秩序,提高民众的生活水平。与此同时,维和行动还通过加强法治建设、推动社会融合等方式,促进冲突地区的社会稳定和发展。

不可否认的是,联合国维和行动也面临诸多困难和挑战。一方面,维和行动需要得到冲突各方的同意和配合才能有效实施。在某些情况下,由于冲突各方的利益诉求不同或缺乏政治意愿,维和行动可能难以取得预期效果。另一方面,维和行动的资金、人员等资源有限,难以满足所有冲突地区的需求。此外,维和人员还面临安全风险、文化差异等挑战。

尽管如此,联合国维持和平行动仍然是维护世界和平与安全的重要手段之一。它体现了国际社会的共同意愿和努力,为冲突地区带来了和平与稳定的希望。

二、各领域的全球安全法治

（一）恐怖主义、引渡、打击国际犯罪等

恐怖主义、引渡和打击国际犯罪是全球安全法治中的关键领域。

1. 恐怖主义

恐怖主义是一种极端暴力行为,旨在通过制造恐惧和混乱来达到政治、宗教或其他目的。恐怖主义是对国际和平与安全的严重威胁,因此,为了应对这一挑战,国际社会制定和实施了一系列反恐怖主义法律和国际公约,以法律手段打击恐怖主义。如1999年通过的《制止向恐怖主义提供资助的国际公约》,旨在断绝恐怖主义的资金来源,要求缔约国采取相应的立法、司法、执法及金融措施。此外,还包括《关于防止和惩处侵害应受国际保护人员包括外交代表的罪行的公约》《反对劫持人质国际公约》《制止恐怖主义爆炸的国际公约》《制止核恐怖主义行为国际公约》等。这些公约共同构建了一个全球性的反恐法律网络,旨在预防和制止各种形式的恐怖主义行为,确保国际社会的安全与稳定。这些法律和公约明确了恐怖主义的定义、犯罪行为及其法律后果,为各国在反恐斗争中的合作提供了法律基础。

2. 引渡

引渡是国际合作打击跨国犯罪的重要手段之一。当一国发现其境内有被另一国通缉的犯罪嫌疑人时,根据双边或多边引渡条约,可以将该嫌疑人移交给请求国进行审判或处罚。国际法上的引渡制度一般遵循的原则包括双重犯罪原则、罪行特定原则、政治犯不引渡原则、本国国民不引渡原则及死刑不引渡原则。这些原则确保了引渡的合法性和公正性,同时也保护了个人的基本权利。引渡制度有助于确保犯罪分子无法逃避法律的制裁,维护了国际司法的公正和权威。

3. 打击国际犯罪

在打击国际犯罪领域,全球各国通过加强国际合作、信息共享和联合行动,共同应对跨国犯罪活动,如贩毒、走私、网络犯罪等。国际社会还制定了一系列国际公约和协议。例如,《联合国打击跨国有组织犯罪公约》是打击跨国犯罪的重要公约,它涉及刑事实体法、刑事程序法和国际合作,反映了国际社会共同打击网络犯罪的意愿。又如,《联合国打击网络犯罪公约》作为全球首个打击网络犯罪的法律文件,首次建立了全球层面打击网络犯罪及支持相关数据访问的法律框架,对网络空间国际法发展具有重大意义。[①] 这些国际公约同其他法律文件一起,为各国在打击国际犯罪方面的合作提供了法律框

---

① 李哲、朱晓琴:《〈联合国打击网络犯罪公约〉的中国立场与核心问题》,载《北京师范大学学报(社会科学版)》2024年第5期。

架和指导,加强了国际司法合作,共同维护全球安全。

恐怖主义、引渡和打击国际犯罪领域的全球安全法治通过一系列国际公约和法律框架,为国际社会提供了合作打击犯罪、维护全球安全的法律基础。这些法律文件是国际安全法治的重要组成部分,对于维护国际和平与安全具有重要意义。

(二) 经济、金融、资源能源、核、粮食安全

1. 经济安全领域

在经济安全领域,全球安全法治的核心体现在维护国家经济秩序和安全的一系列国际公约和法律框架上。

就国际公约而言,《区域全面经济伙伴关系协定》(RCEP)作为全球最大的自由贸易协定之一,旨在通过降低贸易壁垒和深化区域经济一体化,增强成员国的经济安全和稳定性。此外,各国也在积极准备加入《全面与进步跨太平洋伙伴关系协定》(CPTPP)和《数字经济伙伴关系协定》(DEPA)等重要公约、条约,以促进经济安全和全球贸易秩序的稳定。[1] 这些国际公约和协定通过规范国际贸易、投资和金融活动,为全球经济安全提供了法律基础,旨在减少经济风险,保护各国经济免受外部冲击,确保全球经济的稳定和可持续发展。通过这些国际法律工具,全球经济安全法治旨在构建一个更加稳定、透明和可预测的国际经济环境,以维护各国的经济利益和全球经济的整体安全。

各国通过诸如世界贸易组织等多边机构,共同制定规则来维护国际贸易的公平、公正与自由。这些规则不仅确保了商品和服务的自由流动,还促进了各国经济的相互依存与合作。通过法治化的手段,各国能够有效应对贸易壁垒、保护主义等挑战,维护全球经济的稳定与繁荣。

2. 金融安全领域

在金融安全领域,全球安全法治的核心体现在维护国家金融稳定和安全的一系列国际公约和法律框架上。《巴塞尔协议》(Basel Accords)是国际银行监管领域的重要公约,旨在加强银行业的资本要求和风险管理,以增强金融系统的稳定性和减少银行破产的风险。[2] 此外,1999年《制止向恐怖主义提供

---

[1] 李建伟:《总体国家安全观视域下金融安全法律规范体系的构建》,载《法学》2022年第8期。
[2] 王秀华:《〈巴塞尔协议〉发展历程及我国实施的对策建议》,载《清华金融评论》2023年第12期。

资助的国际公约》也是金融安全领域的重要国际法律文件,旨在保护金融体系不受非法活动的侵害。这些公约和协议共同构成了金融安全领域的全球安全法治框架,旨在通过国际合作和法律手段,保障全球金融安全,促进金融稳定和可持续发展。

随着金融市场的全球化,各国金融机构和资本市场的联系日益紧密。为防范金融风险、维护金融稳定,各国加强了金融监管和合作。推动各国共同构建一个更加稳健、安全的全球金融体系。

3. 能源安全领域

在能源安全领域,全球安全法治的核心是确保能源供应的稳定性和可靠性,以维护国际能源市场的秩序和安全。

就国际条约而言,《国际能源宪章》(Energy Charter Treaty)是该领域最为重要的国际公约之一,它强调了高效能源系统在生产、转换、运输、分配和使用能源方面对能源安全和环境保护的重要性。该宪章旨在促进能源效率和可再生能源的投资,以增强能源安全并促进可持续经济增长。此外,国际能源署(IEA)的一系列法律制度,如石油安全应急制度、石油市场信息制度、能源合作与研发制度、能源争端解决制度等,对全球能源安全治理具有深远影响。[①] 这些制度和公约共同构成了能源安全领域的全球安全法治框架,旨在通过国际合作和法律手段,保障全球能源安全,促进可持续发展。

国际能源署等国际机构在推动全球能源政策的协调与合作方面发挥着重要作用。各国之间加强能源领域的合作与交流,共同应对能源安全风险。随着全球气候变化的日益严峻,各国纷纷推动能源转型和低碳发展。通过制定和实施相关政策,如可再生能源法、碳排放交易制度等,推动能源结构的优化和升级,降低温室气体排放。

4. 核安全领域

就国际条约而言,《核安全公约》是核安全领域的基石,旨在通过制定各国认同的基本安全原则,使运行陆基民用核电厂的缔约方承诺保持高水平的安全。该公约涵盖了立法和监管框架、监管机构、技术性安全义务、安全评定和核查等多个方面。《乏燃料管理安全和放射性废物管理安全联合公约》是全球范围内处理乏燃料和放射性废物管理安全问题的第一个法律文书,通过

---

① 肖兴利:《国际能源机构能源安全法律制度研究》,中国政法大学出版社2009年版。

制定基本安全原则并建立与《核安全公约》类似的"同行评审"过程实现。此外,《及早通报核事故公约》和《核事故或辐射紧急情况援助公约》分别建立了关于核事故通报和国际合作提供援助的系统,以应对可能对其他国家产生辐射安全影响的核事故。这些公约共同强化了全球核安全体系,确保了核能的安全使用,保护了人类和环境免受电离辐射的有害影响,是实现核安全目标的关键国际法律工具。

各国通过加强核设施的安全监管,确保核设施的安全运行和防止核事故的发生,包括制定和执行严格的核安全标准、加强核设施的安全检查和评估等措施。除此之外,各国之间积极开展合作与援助。通过分享经验、提供技术支持和资金支持等方式,共同提高核安全水平和应对核事故的能力。

5. 粮食安全领域

在粮食安全领域,全球安全法治的核心是确保所有人在任何时候都能获得足够、安全和营养的食物。就国际条约而言,1996年《世界粮食安全罗马宣言》强调了获得充足食物的权利和人人享有免于饥饿的基本权利,提出了实现人人享有粮食安全的目标,并强调了消除饥饿的紧迫性。该宣言与《世界粮食首脑会议行动计划》共同指出,粮食安全是指所有人在任何时候都能够在物质和经济上获得足够、安全和营养的粮食来满足其积极和健康生活的膳食需要及喜好。

此外,《经济、社会及文化权利国际公约》第11条中规定的获得足够粮食的权利和人人享有免于饥饿的基本权利,也是实现粮食安全的重要国际法律依据。《粮食和农业植物遗传资源国际条约》则旨在为可持续农业和粮食安全而保存并可持续地利用粮食和农业植物遗传资源,以及公平合理地分享利用这些资源而产生的利益。这些公约和宣言共同构成了粮食安全领域的全球安全法治框架,旨在通过国际合作和法律手段,保障全球粮食安全,促进可持续发展和消除饥饿。

联合国粮食及农业组织等国际机构在推动全球粮食政策的协调与统一方面发挥着重要作用。通过提供技术援助、政策指导和资金支持,帮助各国提高粮食生产能力和应对粮食危机的能力。在面临自然灾害和人道主义危机时,国际社会通过提供粮食援助来保障受灾地区的粮食安全。同时,全球粮食贸易也促进了各国之间的粮食交流和互补,有助于稳定全球粮食市场。

(三)网络、数据安全

在全球化的背景下,网络和数据领域的安全问题日益凸显,是全球安全法治的重要组成部分。

1. 网络安全领域

《联合国打击网络犯罪公约》是联合国主持制定的首个网络犯罪条约,具有里程碑意义。该公约旨在加强国际合作,促进预防和打击网络犯罪,明确各缔约国应恪守主权平等和领土完整原则,以及不干涉内政原则,同时确保履行公约义务时符合国际人权法。该公约包含总则、刑事定罪、管辖权、程序措施和执法、国际合作、预防措施、技术援助和信息交流、实施机制以及最后条款等九个部分,其中刑事定罪、程序措施和执法以及国际合作是三个核心部分,搭建了应对网络犯罪的全球性刑事司法政策和制度框架,[1]促进网络空间的稳定和可持续发展。

通过国际合作,聚焦于打击网络犯罪、保护网络安全和隐私,共同打击跨国网络犯罪,维护网络空间的和平与稳定。

2. 数据安全领域

数据是随着互联网发展而产生的一种新兴资源,是在互联网空间内承载信息的特殊形式。[2] 数据领域的全球安全法治则是近年来兴起的重要议题。随着大数据技术的快速发展,数据安全已成为各国关注的焦点。

在国际公约方面,全球安全法治的核心体现在对个人隐私和信息的保护,以及对数据跨境流动的规制。《通用数据保护条例》(GDPR)是欧盟最具代表性的数据安全立法,它强化了数据主体的权利,并完善了相关机制,对全球数据立法产生了深远影响。[3] 此外,欧洲委员会《有关个人数据自动化处理中的个体保护公约》(第108号公约)是全球范围内有关数据保护的第一份具有法律约束力的国际性文件,它建立了数据保护的基本原则以及各缔约国之间的基本义务,对制定全球数据治理标准具有重要的借鉴意义。[4] 在中国,数据安全法律框架主要由《个人信息保护法》《网络安全法》和《数据安全法》组成,它们共同为网络数据安全提供了基本的法律框架与制度设计。这些公约

---

[1] 裴炜:《〈联合国打击网络犯罪公约〉的制定历程、核心内容与我国动态调适》,载《中国信息安全》2024年第8期。

[2] 康兆逸:《论数据跨境流动安全保护体系的构建》,载《法治实务》集刊2023年第3卷(国家安全工作研究文集),2023年12月。

[3] 《国内外数据安全管理法规实践初探》,https://www.secrss.com/articles/32145,2024年11月30日访问。

[4] 吴沈括、崔婷婷:《国际数据治理与欧洲委员会及其"108号公约+"》,载《审计观察》2019年第2期。

和法律框架共同构成了数据安全领域的全球安全法治基础,旨在通过国际合作和法律手段,保障全球数据安全,促进数字经济的健康发展。

总之,网络和数据领域的安全法治是维护国家安全和社会稳定的重要保障。通过不断完善法律法规、加强国际合作和技术创新,各国共同构建一个更加安全、稳定、繁荣的全球环境。

(四) 生物、气候安全

1. 生物安全领域

就国际公约而言,《卡塔赫纳生物安全议定书》是《生物多样性公约》的补充协议,旨在确保安全转移、处理和使用那些利用现代生物技术获得的遗传修饰生物体,防范对生物多样性的不利影响,同时考虑可能对人类健康带来的风险。[1] 此外,《禁止生物武器公约》是国际安全和全球生物安全治理的重要基石,禁止发展、生产、储存细菌(生物)及毒素武器,并促进生物科技和平利用。[2] 这些公约体现了风险预防原则,要求缔约方在从事转基因活生物体相关活动时,防止或减少对生物多样性和人类健康的风险。

通过这些国际公约,全球生物安全法治旨在确保生物资源的合理利用,促进生物技术的发展和保护生物多样性,同时维护国家安全和持续发展的能力,加强对生物技术的研究、开发和应用的监管,确保生物技术的安全性和可控性,防止生物技术的误用和滥用,以保护人类健康和全球安全。

与此同时,各国也积极参与国际生物安全标准的制定和修订工作,推动全球生物安全水平的提升;注重生物资源的保护与利用,推动生物资源的可持续利用和发展。

2. 气候安全领域

就国际公约而言,全球安全法治的核心体现在几个具有里程碑意义的国际公约上,它们共同构筑了保障气候安全的国际法律框架。

《联合国气候变化框架公约》(UNFCCC)是全球气候治理的基础性文件,旨在稳定大气中的温室气体浓度,防止对人类造成危险的气候影响,并促进可持续发展。该公约是《京都议定书》和《巴黎协定》的母条约,后两者分别对发达国家设定了具体的减排目标和全球温度控制目标。《巴黎协定》进一步强化了全球应对气候变化的行动,要求各国根据自身情况制定并执行国家自

---

[1] 王灿发、于文轩:《生物安全的国际法原则》,载《现代法学》2003年第4期。
[2] 隋鑫等:《共同推进全球生物安全治理(国际视点)》,载《人民日报》2022年3月28日第16版。

主贡献,以限制全球平均温度升高。这些公约不仅强调了气候变化对人类安全的直接影响,如加剧资源争夺、引发环境迁移和冲突,还突出了气候安全在国际法中的重要性,为全球气候行动提供了法律依据和指导原则。通过这些国际公约,全球气候安全法治旨在减少气候变化带来的风险,保护人类免受气候变异的不利影响,确保全球环境和人类的可持续发展。

各国之间还在气候安全领域积极开展合作与交流。通过提供技术支持、资金支持和能力建设等方式,帮助发展中国家提高应对气候变化的能力。与此同时,各国还注重气候适应和韧性建设。通过制定和实施相关政策,如气候适应规划、韧性城市建设等,提高社会对气候变化的适应能力和韧性水平。

三、全球安全倡议

习近平于 2022 年 4 月提出"全球安全倡议",这是中国为国际和平与安全提供公共产品的最新重大努力。一方面,国际安全公共产品的需求正持续快速增长。"当前,世界之变、时代之变、历史之变正以前所未有的方式展开。……和平赤字、发展赤字、安全赤字、治理赤字加重,人类社会面临前所未有的挑战。"①全球安全倡议是中国为国际社会提供的重要公共产品,可为有效缓解上述"四大赤字"做出贡献。②

(一)核心理念与原则

全球安全倡议包含六大核心理念和原则:坚持共同、综合、合作、可持续的安全观;坚持尊重各国主权、领土完整;坚持遵守《联合国宪章》宗旨和原则;坚持重视各国合理安全关切;坚持通过对话协商以和平方式解决国家间的分歧和争端;坚持统筹维护传统领域和非传统领域安全。

对于核心理念和原则,《全球安全倡议概念文件》表述如下:

(1)坚持共同、综合、合作、可持续的安全观。习近平 2014 年 5 月首次提出共同、综合、合作、可持续的新安全观,赢得国际社会普遍响应和广泛认同。这一安全观的核心内涵,就是主张秉持共同安全理念,尊重和保障每一个国家的安全;重视综合施策,统筹维护传统领域和非传统领域安全,协调推进安全治理;坚持合作之道,通过政治对话、和平谈判来实现安全;寻求可持续安

---

① 习近平:《高举中国特色社会主义伟大旗帜 为全面建设社会主义现代化国家而团结奋斗——在中国共产党第二十次全国代表大会上的报告》,人民出版社 2022 年版,第 60 页。
② 张春:《全球安全倡议与国际安全公共产品的供应创新》,载《国际安全研究》2024 年第 6 期。

全,通过发展化解矛盾,消除不安全的土壤。我们认为,只有基于道义和正确理念的安全,才是基础牢固、真正持久的安全。

(2)坚持尊重各国主权、领土完整。主权平等和不干涉内政是国际法基本原则和现代国际关系最根本准则。我们主张国家不分大小、强弱、贫富,都是国际社会的平等一员,各国内政不容干涉,主权和尊严必须得到尊重,自主选择发展道路、社会制度的权利必须得到维护。应坚持主权独立平等,推动各国权利平等、规则平等、机会平等。

(3)坚持遵守《联合国宪章》宗旨和原则。《联合国宪章》宗旨和原则承载着世界人民对两次世界大战惨痛教训的深刻反思,凝结了人类实现集体安全、永久和平的制度设计。当今世界发生的各种对抗和不公,不是因为《联合国宪章》宗旨和原则过时了,而是由于其未能得到有效维护和履行。我们呼吁共同践行真正的多边主义,坚定维护以联合国为核心的国际体系、以国际法为基础的国际秩序、以《联合国宪章》宗旨和原则为基础的国际关系基本准则,维护联合国权威及其在全球安全治理中的主要平台地位。冷战思维、单边主义、阵营对抗、霸权主义与《联合国宪章》精神相违背,应当受到抵制和反对。

(4)坚持重视各国合理安全关切。人类是不可分割的安全共同体,一国安全不应以损害他国安全为代价。我们认为,各国安全利益都是彼此平等的。任何国家的正当合理安全关切都应得到重视和妥善解决,不应被长期忽视和系统性侵犯。任何国家在谋求自身安全时都应兼顾其他国家合理安全关切。我们主张秉持安全不可分割原则,倡导自身安全与共同安全不可分割、传统安全与非传统安全不可分割、安全权利与安全义务不可分割、安全与发展不可分割,构建均衡、有效、可持续的安全架构,从而实现普遍安全、共同安全。

(5)坚持通过对话协商以和平方式解决国家间的分歧和争端。战争和制裁不是解决争端的根本之道,对话协商才是化解分歧的有效途径。我们呼吁加强国家间战略沟通,增进安全互信,化解矛盾,管控分歧,消除危机产生的根源。大国应坚持公道正义,承担应尽责任,支持平等协商,根据当事国需要和愿望劝和促谈、斡旋调停。国际社会应支持一切有利于和平解决危机的努力,鼓励冲突各方以对话建互信、解纷争、促安全。滥用单边制裁和"长臂管辖"不但解决不了问题,反而会制造更多困难和复杂因素。

(6) 坚持统筹维护传统领域和非传统领域安全。当前,安全的内涵和外延更加丰富,呈现更加突出的联动性、跨国性、多样性,传统安全威胁和非传统安全威胁相互交织。我们倡导各国践行共商共建共享的全球治理观,共同应对地区争端和恐怖主义、气候变化、网络安全、生物安全等全球性问题,多管齐下,综合施策,完善规则,携手寻求长远解决之道,推进全球安全治理,防范化解安全困境。

上述"六个坚持"彼此联系、相互呼应,是辩证统一的有机整体。其中,坚持共同、综合、合作、可持续的安全观是理念指引,坚持尊重各国主权、领土完整是基本前提,坚持遵守《联合国宪章》宗旨和原则是根本遵循,坚持重视各国合理安全关切是重要原则,坚持通过对话协商以和平方式解决国家间的分歧和争端是必由之路,坚持统筹维护传统领域和非传统领域安全是应有之义。①

(二) 合作方向与机制

全球安全倡议的合作方向与机制旨在应对各类传统与非传统安全挑战,构建人类安全共同体。

合作方向包括支持联合国在全球安全事务中的核心作用、促进大国间的协调与良性互动、维护全球战略稳定、推进军控与裁军、解决国际和地区热点问题、支持地区安全合作机制、加强海上和跨境河流合作、参与国际反恐合作、深化信息安全合作、加强生物安全风险管理、治理新兴科技领域风险、加强外空合作、参与全球公共卫生治理、维护粮食和能源安全、打击跨国犯罪以及通过可持续发展促进可持续安全。

在机制建设方面,中国与各方利用联合国平台推动安全合作,并在多个区域和国际组织如上海合作组织、金砖合作中开展安全合作。同时,中国持续打造北京香山论坛、全球公共安全合作论坛(连云港)等国际安全对话平台,并在反恐、网络安全、新兴科技、气候变化等领域建立国际交流合作平台和机制。② 这些合作方向和机制体现了全球安全倡议的开放性、包容性和合作性,旨在通过国际合作增强全球安全治理能力,共同应对全球性安全挑战。

对于合作平台和机制,《全球安全倡议概念文件》表述如下:

---

① 《全球安全概念倡议文件》,载《人民日报》2023年2月22日第15版。
② 《〈全球安全倡议落实进展报告〉摘要》,https://www.gov.cn/yaowen/liebiao/202407/content_6963438.htm,2024年12月1日访问。

（1）利用联合国大会和各相关委员会、安理会、相关机构以及其他有关国际和地区组织等平台，根据各自职责，围绕和平与安全问题广泛讨论沟通，提出共同倡议主张，汇聚国际社会应对安全挑战共识。

（2）发挥上海合作组织、金砖合作、亚信、"中国＋中亚五国"、东亚合作相关机制等作用，围绕彼此一致或相近目标逐步开展安全合作。推动设立海湾地区多边对话平台，发挥阿富汗邻国外长会、非洲之角和平会议等协调合作机制作用，促进地区乃至世界的和平稳定。

（3）适时举办全球安全倡议高级别活动，加强安全领域政策沟通，促进政府间对话合作，进一步凝聚国际社会应对安全挑战合力。

（4）支持中非和平安全论坛、中东安全论坛、北京香山论坛、全球公共安全合作论坛(连云港)以及其他国际性交流对话平台为深化安全领域交流合作继续做出积极贡献。鼓励创设全球性安全论坛，为各国政府、国际组织、智库、社会组织等发挥各自优势参与全球安全治理提供新平台。

（5）围绕应对反恐、网络、生物、新兴科技等领域安全挑战，搭建更多国际交流合作平台和机制，共同提升非传统安全治理能力。鼓励各国高等军事院校、高等警察院校之间加强交流合作。未来五年中方愿向全球发展中国家提供5000个研修培训名额用于培养专业人才，共同应对全球性安全问题。

全球安全倡议秉持开放包容原则，欢迎和期待各方参与，共同丰富倡议内涵，积极探索开展新形式新领域合作。中方愿同世界上所有爱好和平、追求幸福的国家和人民携手同行，协力应对各种传统和非传统安全挑战，并肩守护地球家园的和平安宁，共同开创人类更加美好的未来，让和平的薪火代代相传、平安的钟声响彻人间。

四、我国参与国际多边治理平台机制的主要成果

（一）我国主导并参与的多边机制已形成国际政治和权力分配效应

首先，我国的多边倡议为国际社会提供了新的、额外的治理职能和资源，随着时间的推移，会从根本上对政治权力的国际分配产生影响。其次，我国的多边制度建设增进了我国退出现有制度的选择权，增加了寻求改革的议价能力，团结了对现有组织不满意的成员国，对老牌大国发出了可信威胁。最后，近三十年来我国持续提供更多的多边机制，赋予发展中国家更多的制度选择和切实利益，使许多国家和行为体将中国的多边治理视为机遇而不是威胁,扩大了以我国主导的反霸权阵营。

(二)我国以"共建命运共同体"为核心议程,在多边机制中的角色更趋关键

我国积极构建"中国＋区域国家/组织"的多边合作新平台。例如我国提出"金砖＋"合作模式,持续推动金砖国家扩员,推动金砖合作迈上更高台阶。扩员后的金砖合作将成为推动国际金融改革、完善货币体系的重要力量。再如,举办中国—中亚峰会,在"一带一路"基础之上,共同建构更加紧密的中国—中亚命运共同体;正式建立外交、经贸、海关等部长级会晤机制,升级双边投资协定,为中亚国家经济发展注入更足的新动力。

(三)我国在多边机制的跨域性不断增强

从议题领域来看,中国多边机制力图从经济、安全、科技等不同层面推进盟伴之间的政策协调。在安全领域,中国发起建立区域热点问题的多边解决机制,助力解决区域动荡问题。例如,2021年中国与近邻国家发起建立了"阿富汗邻国外长会机制"。并在2022年中国主办的屯溪会议上,与会各方不仅发表了一份涵盖政治外交、经济人道、反恐安全等领域的联合声明,还通过了《阿富汗邻国关于支持阿富汗经济重建及务实合作的屯溪倡议》,以实际行动支持和推动中东和平进程。在经济领域,中国推动首个多边投资协定《投资便利化协定》,进一步提振全球投资者信心,推动全球投资稳定增长。

(四)我国聚焦区域公共产品,进一步弥补全球公共产品的供应不足

世界贸易组织、世界银行等是典型的全球公共产品,但在逆全球化趋势下其治理效能明显下降。新兴经济体为了稳定和繁荣联合起来共同维护区域公共产品。一方面,中国不断提供区域公共产品。例如,中国提出"一带一路"倡议,倡导成立亚洲基础设施投资银行,与周边国家合作建立澜湄合作机制等。另一方面,中国在现有区域公共产品中发挥增量供给作用。例如,《全面与进步跨太平洋伙伴关系协定》(CPTPP)、《区域全面经济伙伴关系协定》(RCEP)先后落地,中国积极参与了RCEP建立过程中所有的部长级会议和28轮技术谈判,并对制造业、农业、林业、渔业、采矿业等五个非服务业领域的投资采取负面清单制,积极对接高标准条款,持续提高开放质量,为区域内国家的共同发展提供有效的区域贸易制度类公共产品。

第二节 区域安全法治

区域安全法治是指在特定的、由多个国家构成的跨国地理或政治区域内,为维护该区域整体的和平、安全与稳定,依据国际法基本原则、区域共同规范以及相关国家达成的共识,制定、实施并遵守相应的法律规则与制度安排,以治理区域内各类安全事务的法律实践活动。

其内涵涵盖该区域内成员国通过区域组织或机制,进行区域规则的创制、区域安全规范的协同、区域争端解决机制的运用以及成员国对区域安全法律义务的履行等环节。其核心目标在于通过多边条约、协定等,有效预防和化解区域内及区域面临的跨境安全威胁与挑战,促进区域持久和平、安全与发展。

从外延来看,区域安全法治主要涉及如下两个方面:一是跨国性安全议题治理,如打击恐怖主义、跨国犯罪、非法武器扩散、网络安全威胁、海盗、非法移民等需要区域协同应对的安全问题;二是国家间安全法律协调与合作,即区域内国家在双边或多边层面,就引渡、司法协助、情报共享、联合执法、危机管控等安全法律事务进行的协调与合作。

区域安全法治的主要特点包括以下四点:

一是国际性与跨国性:其法律基础源于国际法和区域国际法,治理对象是跨越国界的安全问题,主体是主权国家及由其组成的区域组织。

二是组织机制依托性:高度依赖既有的区域组织或专门构建的区域合作机制,亦可作为法治实践的平台和载体(如上合组织、东盟地区论坛等)。

三是强调共识与合作:其以成员国主权平等和自愿合作为前提,通过协商一致建立规则,并依靠集体行动来保障实施,共同应对区域安全挑战。

四是动态适应性与发展性:其规则体系和合作重点需根据区域地缘政治格局演变、新兴安全威胁(如网络、生物安全)的出现以及成员国共同需求的变化而不断调整、演进和发展。

一、地区安全机制与区域性合作组织

(一)地区安全机制概述

地区安全机制是指在特定区域内,各国为了维护共同安全利益而建立的

合作框架和制度安排。这些机制的核心目标是通过对话与合作，增强相互信任、预防和解决冲突，以及应对跨国安全挑战，从而实现区域的和平与稳定。

在国家安全的学术性知识体系中，地区安全机制的构建被视为国家安全学的重要组成部分。地区安全机制的构建，不仅涉及政治、军事、国土、经济、文化、社会、科技、网络、生态、资源、核、海外利益、太空、深海、极地等传统与非传统安全领域，而且体现了总体国家安全观的全方位、多层次、宽领域特性。

国际层面上的地区安全机制现状呈现出多样化和复杂化的特点，各个地区根据自身的安全需求和地缘政治环境，建立了不同的合作机制和架构。

首先，全球安全倡议及其概念文件强调了地区安全治理的重要性，倡导建立或强化地区安全架构，推动各地区聚焦共同目标开展安全合作。这一倡议认识到不同地区由于历史进程、地理条件和文化传统不同，对安全威胁的认知和合作优先议程也不同，因此推进和完善地区和次地区安全治理尤为重要。①

其次，联合国在全球安全事务中的作用被广泛支持，同时促进大国间的协调和良性互动也是国际社会共同努力的方向。维护全球战略稳定和推进全球军控与裁军是当前国际安全机制的重点合作方向。此外，国际社会也在积极推动国际和地区热点问题的政治解决，并支持和完善以东南亚国家联盟为中心的地区安全合作。

再次，上海合作组织、金砖合作、亚洲相互协作与信任措施会议等机制在安全合作方面发挥着重要作用。中国与各方发挥联合国平台作用，推动这些机制下的安全合作，并持续打造北京香山论坛、全球公共安全合作论坛（连云港）等国际安全对话交流平台。金砖国家合作机制自 2006 年正式建立以来，已成为解决全球安全问题的关键平台，2024 年金砖国家成员国从 5 个扩大到 10 个。②

最后，地区安全机制的建设也面临挑战。例如，美国推动的美日印澳四边机制（QUAD）和美英澳三边安全伙伴关系机制（AUKUS），旨在加强美国作战力量的前沿部署，推进美国安全同盟作战力量的跨域融合，这些行动对

---

① 郑先武：《为全球安全治理提供"中国方案"》，载《中国社会科学报》2019 年 12 月 3 日第 1 版。
② 王缉思：《国际安全局势日益复杂，应认清趋势、应对挑战》，https://brgg.fudan.edu.cn/articleinfo_5702.html，2024 年 12 月 5 日访问。

地区安全机制的未来前景造成了一定的影响。[①]

地区安全机制是维护国家安全、促进地区和谐稳定和发展的重要手段。面对不断变化的外部环境和非传统安全威胁,各国应加强合作,共同构建更加完善的地区安全机制,为地区的和平与发展做出积极贡献。

(二)上海合作组织安全机制

上海合作组织自2001年成立以来,一直致力于构建和维护地区安全法治体系,以应对日益复杂多变的安全挑战。

一方面,上海合作组织通过签署一系列法律文件,为地区安全合作奠定了坚实的法律基础。这些文件包括《上海合作组织成立宣言》《打击恐怖主义、分裂主义和极端主义上海公约》等,明确了打击"三股势力"、维护地区和平稳定的目标和原则。此外,上海合作组织还制定了《上海合作组织反恐怖主义公约》《上海合作组织反极端主义公约》等,进一步细化了合作内容和方式。

另一方面,上海合作组织建立了多层次的合作机制,推动地区安全法治的实施。这些机制包括元首理事会、总理理事会、安全会议秘书会议等,涵盖了政治、经济、安全等多个领域。通过定期会晤和协商,成员国能够就共同关心的安全问题达成共识,并协调行动。此外,上海合作组织还设立了地区反恐怖机构等常设机构,负责具体执行安全合作任务。

在具体实践上,上海合作组织成员国在联合反恐、禁毒、打击跨国有组织犯罪等方面取得了显著成果。通过联合军演、情报共享、联合执法等方式,成员国有效提升了应对安全威胁的能力。同时,上海合作组织还积极推动司法合作,加强成员国在引渡、司法协助等方面的合作,为打击跨国犯罪提供了有力支持。

然而,上海合作组织在地区安全法治建设方面仍面临一些挑战。例如,成员国在法律制度、执法能力等方面存在差异,需要加强协调与配合。此外,随着网络安全、生物安全等新兴安全领域的出现,上海合作组织也需要不断探索新的合作方式和手段。

就中国而言,中国在上海合作组织安全机制中发挥了重要作用,具体表现在以下几个方面:

---

① 张洁:《"规锁"与反"规锁":中国周边安全形势的主要矛盾》,载《世界知识》2023年第8期。

首先,中国作为上海合作组织的创始成员国,对组织的发展起到了关键性作用。中国积极倡导和实践"上海精神",坚持国家不论大小一律平等的原则,协商各领域合作战略及具体规划,成为各成员国的可靠合作伙伴。中国倡导的区域合作新理念、多边交往新原则、互利共赢新思路,得到其他成员国的高度认同,无论是"上海精神",还是新型安全观、新型合作观,都通过上海合作组织这个机制平台传递给了整个国际社会。[1]

其次,中国在安全合作领域发挥引领和示范作用,大力支持在上海合作组织框架下举行联合反恐军事演习,并将中俄两国双边演习扩展为上海合作组织"和平使命"多边反恐军事演习,为上海合作组织安全合作做出重要贡献。中国还积极推动订立《上海合作组织反极端主义公约》,建立中国—上海合作组织国际司法交流合作培训基地,成为上海合作组织安全合作的积极推动者。[2]

最后,中国在上海合作组织安全合作中推行综合施策、标本兼治的安全治理模式。中国提出的共同、综合、合作、可持续的安全观在上海合作组织地区日益深入人心,丰富了地区安全的内涵。[3] 中国通过上海合作组织平台推动多边外交理念与实践,更有效参与地区治理,促进地区多边合作,同时也为上海合作组织成员国的稳定与发展做出贡献。

(三) 欧盟和美洲国家组织安全机制

欧盟和美洲国家组织都在安全法治方面发挥了重要作用。欧盟强调集体安全,拥有超国家层面的安全治理决策和执行机制,涉及预防、保障、护持和强制四类政策。美洲国家组织基于条约成立,关注本大陆的安全、繁荣和发展。

1. 欧盟安全法治

欧盟的安全法治是一个复杂而多维度的体系,它不仅涵盖了成员国间的合作与协调,还涉及超国家层面的政策制定、执行和监督。

欧盟在安全法治方面建立了完善的政策框架。这一框架包括预防政策、保障政策、护持政策和强制政策等一整套政策体系,旨在全面应对各种安全

---

[1] 《国际社会高度评价上海合作组织成就及中国作用》,https://www.gov.cn/jrzg/2013-08/30/content_2477366.htm,2024 年 12 月 6 日访问。
[2] 邓浩:《上海合作组织安全合作的进程、动力与前景》,载《当代世界》2021 年第 9 期。
[3] 裴广江等:《为世界和平贡献上合力量》,载《人民日报》2018 年 6 月 8 日第 1 版。

挑战。这些政策不仅体现了欧盟对安全的全面理解和应对,还通过超国家层面的决策机制,确保了政策的统一性和有效性。例如,欧盟通过《欧洲经济安全战略》等文件,明确了安全政策的目标和原则,为成员国提供了清晰的安全指导。同时,欧盟还设立了欧洲警察学院等机构,负责实施和监督安全政策,确保法律法规得到严格遵守和执行。

在执行和监督方面,欧盟采取了多层次、多维度的措施。首先,欧盟注重与成员国的合作,通过加强信息共享、协调行动等方式,提高整体安全水平。例如,欧盟建立了网络安全警报系统,成员国之间可以共享信息,共同检测和应对网络威胁。其次,欧盟设立了执行委员会等机构,负责对各项立法决策的执行情况进行监督。这些机构通过设立咨询委员会、管理委员会等,对欧盟委员会提交的执行措施草案发表意见,确保其符合法律法规和政策要求。最后,欧盟还通过司法程序,对违反安全法规的行为进行处罚,维护了法律的权威性和有效性。

然而,欧盟的安全法治也面临一些挑战。一方面,随着全球安全形势的不断变化,欧盟需要不断更新和完善安全政策,以应对新的威胁和挑战。例如,网络安全、恐怖主义等问题日益突出,需要欧盟加强国际合作,共同应对。另一方面,欧盟成员国之间存在一定的政治和经济差异,这在一定程度上影响了安全政策的制定和执行。因此,欧盟需要在尊重成员国主权的基础上,加强协调与合作,确保安全政策的统一性和有效性。

欧盟的安全法治是一个不断完善和发展的过程。通过制定和执行一系列安全政策、加强成员国间的合作与协调、设立执行和监督机构等措施,欧盟已经取得了显著的成效,为欧盟及其成员国的安全提供了有力保障。

中国与欧盟在安全领域的合作是多方面的,涵盖了网络安全、食品安全、反恐合作、警务合作以及核安全等多个重要领域。在网络安全方面,中欧通过建立对话机制,共同倡导网络空间命运共同体理念,并推动在联合国框架下制定网络空间负责任国家行为规范。在食品安全领域,"中欧食品安全合作 H2020 EU-China-Safe"项目致力于提升食品安全、遏制食品造假、重塑消费者信心,并在数据及标准方面达成共识,确保中欧农产品食品贸易流通和经济增长。在反恐合作方面,中国与欧盟加强双边合作,共同推进反恐国际合作进程,构建全球反恐国际合作体系。① 在警务合作方面,中国警察与欧洲国家开展联合巡逻,处置涉及中国公民的事务,增强海外中国公民的安全感。在核安全合作方面,中国与欧盟开展核安全合作项目,加强核安全监管技术研发基地建设,提升核安全水平。这些合作展现了中国与欧盟在维护地区和全球安全方面的共同努力和成果。

2. 美洲国家组织安全法治

美洲国家组织通过一系列公约、条约和宣言,为安全法治奠定了法律基础。从1936年泛美联盟在布宜诺斯艾利斯召开特别会议开始,通过《利马宣言》《巴拿马宣言》《哈瓦那公约》等重要文件,逐步确立了维护美洲和平与安全的原则和措施。特别是1947年在里约热内卢召开的美洲国家关于维持大陆和平和安全会议上通过的《美洲国家间互助条约》,最终确定了西半球的集体安全原则。该条约规定,任何一国对美洲一国的武装攻击应视为对全体美洲国家的武装攻击,各缔约国应联合采取一致行动。这些法律文件不仅明确了成员国在安全领域的权利和义务,还规定了集体自卫和共同行动的具体措施,为美洲国家组织的安全法治提供了坚实的法律保障。

在执行和监督方面,美洲国家组织通过设立各种专门委员会和机构,确保安全政策的落实和遵守。例如,美洲反恐怖主义委员会负责协调成员国在反恐领域的合作,包括情报共享、立法协助和人员培训等。此外,美洲国家组织还设有常设理事会、特设委员会等机构,对成员国执行安全政策的情况进行监督,并对违反国际法义务的成员国采取必要的措施。这些机构通过定期会议、报告和评估等方式,促进成员国之间的信息共享和协调行动,确保安全政策的统一性和有效性。

同时,美洲国家组织还注重与成员国的合作与协调,共同应对跨国威胁和挑战。通过加强成员国之间的边境控制、打击跨国犯罪、维护地区稳定等措施,美洲国家组织努力构建一个安全、稳定和繁荣的美洲大陆。然而,美洲国家组织在安全法治方面也面临一些挑战,如成员国之间的政治和经济差异、跨国威胁的复杂性和多样性等。因此,美洲国家组织需要继续加强内部协调与合作、不断完善安全法治体系,以更好地应对各种安全挑战。

中国与美洲国家在安全领域的合作体现在多个层面,特别是在政治与安

---

① 李恒、冉涛:《中国欧盟反恐合作面临的现实问题及前景展望》,载《中国刑警学院学报》2022年第2期。

全合作、网络安全合作、反恐合作等方面。在政治与安全合作方面,中国与拉共体成员国通过《中国—拉共体成员国重点领域合作共同行动计划(2022—2024)》,强调根据各自国内法律和国际法原则,加强对话合作,打击各种形式的恐怖主义和恐怖融资,以及在网络空间的知识、政策、技术和经验交流。在网络安全合作方面,中国与美洲国家在全球网络空间治理体系中面临相似的处境,对于治理进程的路径和目标立场相近,并寻求通过提出治理主张等方式提升自身的影响力和话语权。此外,中国与美洲国家还加强了在打击跨国有组织犯罪、非法武器交易以及非法资金流动等领域的合作。[①] 这些合作展现了中国与美洲国家在安全领域共同努力,旨在通过对话与合作增强双方的战略互信,共同应对全球性安全挑战。

(四) 非洲联盟和阿拉伯国家联盟安全机制

1. 非洲联盟安全法治

非洲联盟(以下简称"非盟")的安全机制不仅强调集体安全原则,还注重通过法治手段来维护地区的和平与稳定。这一机制以《非洲联盟宪章》为基础,结合了一系列法律文件和制度安排,旨在通过预防冲突、管理危机、解决冲突以及促进和平与安全的综合方式,实现非洲大陆的持久和平与可持续发展。

非盟的安全法治做法主要体现在两个方面。一方面,非盟通过制定和完善相关法律文件,为安全机制提供了坚实的法律基础。例如,《非洲联盟宪章》规定了非盟在维护和平与安全方面的权力和责任,包括有权对成员国内部冲突进行干预,推动政治对话和调解等。此外,非盟还通过《非洲和平与安全架构议定书》等文件,进一步细化了安全机制的运作方式和程序,确保了行动的合法性和有效性。

另一方面,非盟注重通过法治手段来加强安全机制的执行和监督。非盟设立了和平与安全理事会等专门机构,负责监督冲突情况、提出解决方案,并协调成员国及次区域组织在维护和平与安全方面的行动。这些机构通过定期召开会议、发布报告等方式,对安全机制的执行情况进行监督和评估,确保政策的落实和遵守。同时,非盟还加强了对成员国执行安全政策情况的监督和评估,通过设立专门委员会和相关机制,对成员国在维护和平与安全方面

---

① 崔艳红、刘力行:《人类命运共同体理念在拉丁美洲的阐释研究》,载《拉丁美洲研究》2024年第5期。

的表现进行审查和评估,推动了成员国更好地履行安全责任。

在实践中,非盟的安全法治做法已经取得了一些成效。例如,在苏丹达尔富尔冲突中,非盟通过调停和斡旋,成功促使各方达成协议,并派遣维和部队参与冲突地区的维和行动,有效缓和了紧张局势,保护了平民的生命和财产安全。在索马里内战中,非盟通过军事干预和政治调解相结合的方式,有效遏制了恐怖组织的活动,稳定了该国局势。这些成功案例表明,非盟的安全法治做法在维护地区和平与安全方面发挥了重要作用。

中国与非盟在安全领域的合作是全面且深入的。在和平安全合作方面,中国与非盟共同发表《中非应对气候变化合作宣言》,提出建立新时代中非应对气候变化战略合作伙伴关系。中国还支持非洲国家提升自主维稳维和能力,实现了安全共筑。① 此外,中国与非洲国家在联演联训等领域开展更紧密合作,支持非洲加强安全能力建设。中国还积极参与非洲国家举行和平安全领域重要会议或论坛,深化和平安全领域的交流与对话。② 在实际行动上,中国向联合国维和人员捐赠疫苗,优先用于非洲任务区,并派出维和警察和部队在非洲执行任务,为维护地区和平与安全发挥了建设性作用。中国还与非洲国家在执法部门合作,共同打击跨国犯罪,为非洲国家培训执法人员,并提供警用物资。③ 这些合作展现了中国与非盟在安全领域的共同努力,旨在通过对话与合作增强双方的战略互信,共同应对全球性安全挑战。

2. 阿拉伯国家联盟安全法治

阿拉伯国家联盟(以下简称"阿盟")自1945年成立以来,在维护阿拉伯国家利益和解决地区争端方面发挥了重要作用。其安全机制与安全法治建设,体现了阿拉伯国家集体应对安全挑战的决心与实践。

阿盟的安全机制主要依托于《阿拉伯国家联盟宪章》及其后续相关决议和协议。该机制强调集体安全原则,鼓励成员国在面临外部威胁或内部冲突时,通过和平手段协商解决,必要时阿盟可提供政治、经济乃至军事上的支持。阿盟设有理事会、秘书长和专门委员会等机构,负责监督地区安全形势,

---

① 推进"一带一路"建设工作领导小组办公室:《中国—非洲国家共建"一带一路"发展报告》,中国计划出版社2023年版,第32页。
② 韩晓明等:《中国与非洲全面践行全球安全倡议,取得一系列积极进展和重要成果——为维护世界和平安宁注入强劲动力》,https://news.dahe.cn/2024/09-02/1810627.html,2024年12月11日访问。
③ 《新时代的中非合作》,https://www.gov.cn/zhengce/2021-11/26/content_5653540.htm,2024年12月11日访问。

推动成员国间的合作与协调。特别是和平与安全理事会,在预防冲突、危机管理和冲突后重建方面扮演着关键角色。

阿盟在安全法治方面,致力于通过法律手段规范成员国行为,保障地区安全。《阿拉伯国家联盟宪章》及相关法律文件为成员国提供了行为准则,要求各国遵守国际法原则,尊重他国主权和领土完整,避免使用武力解决争端。同时,阿盟也积极推动建立地区性法律框架,如《阿拉伯和平倡议》等,旨在通过和平途径解决长期存在的地区冲突,如巴勒斯坦问题。

中国与阿盟在安全领域的合作体现在多个层面,不断深化战略互信和务实合作。在传统安全领域,双方防务合作持续提升,包括军队交流、兵种合作、装备、演训、培训和后勤等。中国与阿拉伯国家在武器出口方面也有显著合作,多个阿拉伯国家是中国武器出口的主要对象。[①] 在非传统安全领域,中阿高度重视反恐和去极端化问题,加强合作。2021年3月,中国与阿盟发表《中阿数据安全合作倡议》,引领全球数字治理规范。[②] 中国还力所能及地为阿拉伯国家提供安全领域的公共产品,如亚丁湾护航行动,打击海盗和恐怖主义行径。中国积极参与联合国在中东地区的维和行动,向阿拉伯国家提供维和培训支持。此外,中国支持阿拉伯国家在地区事务中发挥更大作用,推动根据联合国有关决议、"土地换和平"原则等国际共识,公正合理解决中东热点问题。这些合作展现了中国与阿盟在安全领域的共同努力,旨在通过对话与合作增强双方的战略互信,共同应对全球性安全挑战。

【国际实践:中阿命运共同体】

在实践领域,中国在中阿命运共同体中的区域安全实践旨在促进中东地区的和平与稳定。

首先,中国积极参与并推动中阿安全合作,不仅在传统安全领域,如防务合作和军售合作方面取得显著成果,还在非传统安全领域,如反恐、去极端化、数据安全和网络安全等方面与阿拉伯国家开展广泛合作。中国海军在亚丁湾的护航行动,以及中国作为联合国维和行动的主要参与国,都在为中东地区的和平与安全贡献力量。

---

① 朱泉钢:《中阿深化安全合作,推动解决地区难题》,载《世界知识》2023年第2期。
② 《开启全球数字治理新篇章》,载《人民日报》2021年3月30日第1版。

其次，中国倡导并实践新安全观，强调共同、综合、合作、可持续的安全理念，超越传统的排他安全、对抗思维和军事集团观念。这一理念在中阿安全合作中得到了充分体现，中阿双方致力于通过对话、协商和合作解决地区安全问题，反对外部势力干预和单边主义行为。

再次，中国还积极助力阿拉伯国家的安全治理，支持阿拉伯国家在地区安全中的主导地位，并推动通过对话、协商等和平手段解决地区冲突和争端。在巴勒斯坦问题上，中国坚定支持巴勒斯坦人民的民族合法权利，推动巴勒斯坦问题的公正、全面和持久解决。

最后，中国在中阿共同体中的区域安全实践不仅体现在具体的合作项目和行动上，还体现在双方安全理念和共识的不断深化。中阿双方一致认为，安全与发展互为前提条件，应坚持相互尊重主权、不干涉别国内政等原则，共同维护地区和国际安全。

（五）东南亚国家联盟安全机制

东南亚国家联盟（以下简称"东盟"）的安全机制不仅强调多边安全对话与合作，还注重通过安全法治来维护地区的和平、稳定与发展。

在安全机制方面，东盟建立了多个多边安全对话与合作平台，如东盟地区论坛（ARF）和东盟防长扩大会议（ADMM-Plus）等。这些机制为成员国提供了一个共同讨论安全问题、增进相互理解和信任的平台。通过这些平台，成员国可以就共同关心的安全议题展开对话，协商制定合作措施，共同应对地区安全挑战。

在安全法治方面，东盟成员国共同签署了多项法律文件和协议，以规范成员国行为，保障地区安全。其中，《东南亚友好合作条约》是东盟安全法治的基石。该条约强调通过和平、友好、合作的方式解决争端，不干涉他国内政，尊重各国主权和领土完整。此外，东盟还积极推动建立地区性法律框架，如《南海各方行为宣言》（DOC）及其后续磋商机制。这些法律文件和协议为东盟成员国提供了行为准则，有助于管控地区内的争端与冲突，维护海上安全与秩序。

除了上述法律文件和协议外，东盟还通过加强法律制度建设和执法合作来推动安全法治。东盟成员国在打击跨国犯罪、反恐、海上安全等领域加强合作,共同制定和执行相关法律和政策。同时,东盟还积极推动成员国间的执法机构合作,加强信息共享、人员培训和联合行动,以提高执法效率和打击犯罪的能力。

中国与东盟在安全领域的合作广泛而深入,涵盖了政治安全、非传统安全、海上安全等多个方面。在政治安全合作方面,中国与东盟通过高层交往、政策沟通加强互信与理解,共同维护地区和平稳定。双方在防务、安全、非传统安全和应对跨境威胁等领域开展对话,建立信任措施和加强合作。在非传统安全领域,中国与东盟发表《关于非传统安全领域合作联合宣言》,重点围绕打击贩毒、偷运非法移民、海盗、恐怖主义、武器走私、洗钱、国际经济犯罪和网络犯罪等领域逐步建立稳定的合作关系。在海上安全合作方面,中国与东盟国家在国际海事组织、东盟地区论坛等平台开展合作,制定东盟地区论坛渡运安全声明文件"广州声明",共建中国—东盟海洋环境及灾害预警系统,提供东南亚海域大气、海浪等海洋预报产品。① 此外,中国支持东盟在维护东南亚无核武器区的努力,包括签署《东南亚无核武器区条约》议定书。这些合作展现了中国与东盟在安全领域的共同努力,旨在通过对话与合作增强双方的战略互信,共同应对全球性安全挑战。

二、我国对区域安全的实践

(一)湄公河联合执法和澜沧江追赃机制

我国在湄公河联合执法和澜沧江追赃机制中,为维护国家安全、保障航道安全、促进地区稳定与发展,采取了一系列积极有效的实践行动。这些行动不仅体现了我国作为负责任大国的担当,也为地区安全合作树立了典范。

1. 湄公河联合执法的实践

2011年10月5日,湄公河金三角水域发生震惊中外的"10·5"大案,两艘中国商船"华平号"和"玉兴8号"遭武装快艇劫持,13名中国船员被残忍杀害并抛尸河中。案件背后是糯康犯罪集团为报复中国船只未交"保护费"及缅甸军队清剿行动,与泰国不法军人勾结,策划劫船杀人并栽赃中国船员武

---

① 推进"一带一路"建设工作领导小组办公室:《中国—非洲国家共建"一带一路"发展报告》,中国计划出版社2023年版,第32页。

装运毒。经过中国警方跨国追凶，主要犯罪嫌疑人最终被抓获并受到法律严惩。①

自"10·5"案件发生后，为维护湄公河航道的安全稳定，中老缅泰四国共同建立了湄公河联合巡逻执法机制。这一机制的建立，标志着四国在打击跨国犯罪、维护地区安全方面迈出了坚实的一步。

在联合执法实践中，中老缅泰四国执法部门定期开展联合巡逻执法行动，包括全线巡逻和重点水域分段巡逻。自机制建立以来，四国共开展联合巡逻执法行动136次以及水陆查缉、分段巡航等各类联合行动200余次、联合实战演练7次，派遣联合执法队员近两万人次。联合巡逻执法行动共护航过往商船数千艘次，成功救助遇险商船200余艘次，挽回各类经济损失约2亿元人民币。②

除了传统的联合巡逻执法外，四国还不断探索创新执法合作模式，拓展执法合作领域。例如，四国执法部门共同建立了实时视频指挥和应急指挥通联系统，实现了信息的实时共享和快速响应。同时，四国还开展了多次联合实战演练，提升了应对突发事件的能力。这些创新举措不仅增强了联合执法的效能，也为地区安全合作提供了宝贵经验。

2. 澜沧江追赃机制的实践

在澜沧江-湄公河流域，中国与老缅泰三国执法部门密切合作，共同开展追赃行动。这些行动主要针对跨境违法犯罪活动，如走私、偷渡等，旨在切断犯罪分子的经济来源，摧毁其犯罪网络。

在追赃实践中，中国执法部门积极发挥主导作用，与老缅泰三国执法部门建立了紧密的合作关系。通过联合巡逻执法、定点查缉、机动查缉等方式，中国执法部门成功破获了多起跨境违法犯罪案件，缴获了大量走私物品和非法财物。同时，中国还积极协助老缅泰三国执法部门开展追赃工作，为沿岸群众挽回了巨额经济损失。

3. 维护国家安全的实践意义

湄公河联合执法和澜沧江追赃机制的实践，对于维护国家安全、保障航

---

① 《洗冤伏枭录——湄公河"10·5"中国船员遇害案侦破纪实》，https://www.gov.cn/jrzg/2012-09/18/content_2227760.htm，2024年12月11日访问。
② 谢俊思等：《践行亲诚惠容理念 共建美好澜湄家园——记中老缅泰湄公河联合巡逻执法启动12年》，载《人民公安报》2024年1月13日第4版。

道安全、促进地区稳定与发展具有重要意义。

首先,这些实践行动有力打击了跨国犯罪活动,维护了湄公河航道的安全稳定。通过联合执法和追赃行动,中国与老缅泰三国执法部门共同构建了一张严密的安全防护网,有效遏制了犯罪分子的嚣张气焰。这不仅为沿岸各国提供了安全、便捷的航运通道,也为地区经济发展提供了有力保障。

其次,这些实践行动体现了我国作为负责任大国的担当。在湄公河联合执法和澜沧江追赃机制中,中国始终秉持共商共建共享的原则,积极与老缅泰三国开展合作。这种合作精神不仅增强了四国之间的互信和友谊,也为地区安全合作树立了典范。

最后,这些实践行动为地区安全合作提供了宝贵经验。湄公河联合执法和澜沧江追赃机制的成功实践,为中老缅泰四国在打击跨国犯罪、维护地区安全稳定等方面的合作提供了重要平台。这种合作模式不仅有助于提升四国的执法能力和水平,也为全球其他国际河流的多国联合执法提供了示范性样板。

(二)南海地区《海警法》实践

中国在南海地区的《海警法》实践中,展现了一种专业、克制且富有战略性的区域安全实践,旨在维护国家主权、促进地区稳定与和平。

自《海警法》颁布实施以来,中国海警局南海分局坚决贯彻党中央决策部署,全面履行法律赋予的职责,通过科学布势、依法行政,有效应对南海地区的复杂局势。面对外部挑衅,中国海警以专业与克制的态度,通过法律手段和外交途径解决分歧,既维护了国家主权,又避免了不必要的冲突升级,为和平解决争端留出了宝贵空间。

在具体实践中,中国海警局南海分局紧密协调广东、广西、海南省(区)的海上执法队伍,针对海上治安形势变化和涉海重难点问题,开展了一系列专项执法行动。这些行动不仅严厉打击了海上违法犯罪活动,如走私、偷渡、非法捕捞等,还有效维护了海洋生态环境和资源开发利用秩序,保障了美丽平安海洋建设。

三、我国海外利益治理多元模式[①]

近年来国际局势急剧变化、世界经济复苏乏力,在大国"战略竞争"的背景下,我国的海外利益面临的风险已经从合规性风险转变为系统性风险。海外利益是大国崛起战略选择的核心要素,无论是对既有存量,还是未来增量,均需要创新保护思路。

中国海外利益保护研究仍面临两大挑战:一方面,在总体国家安全观下破解海外风险系统性上升的困局仍有待解决,需要体系化框架及理论创新;另一方面,如何将我国海外利益保护融合在维护以国际法为基础的国际秩序、支持多边性包容性发展的框架下,设计一套区别于传统大国扩张老路,实现共赢共享的海外利益保护理论仍有待发展。

(一)海外利益多元治理模式含义

海外利益保护多元治理模式是指通过整合全球、区域、国家(东道国与我国,包括地方政府视角)、非国家行为体(如跨国公司、行业协会、非政府组织等)四个层面的利益相关者,形成多种层次、不同形式的协商、合作,共同维护中国海外利益的新机制。以新能源锂业为例,在全球层面,国际能源署关注全球能源安全,我国在这一层面关注全球锂资源市场的透明度和公平性,以及国际规则领导力的发展;在区域层面,美国《能源资源治理倡议》、南美"锂佩克"等均试图构建区域制度性权力,而我国在这一层面的海外利益体现在资源配置影响力和战略性矿产资源储备安全;在国家层面,资源国特别关注本国能源安全,例如设立关键矿产清单、要求剥离矿业企业中的中资份额、国有化等,而我国则关注海外资产安全、公平竞争,以及新能源汽车等下游产业受到的影响;在地方政府层面,东道国地方政府关注税收、党派选举,以及由于中资企业投资带来的就业、民意的影响,而我国地方政府,例如四川省通过与东道国智利、萨尔瓦多建立锂电产业园区的方式,积极扶持本省优势产业走出去;从非政府组织层面来看,国际清洁能源组织等关切环境和劳工权益,国际锂协会则关注制定行业和技术标准,巩固话语权;从跨国公司的角度来看,我国跨国锂业关注技术知产、市场准入、海外员工人身安全和海外资产安

[①] 此部分内容转载自赵懿先:《构建海外利益保护多元治理模式》,载《中国社会科学报》2024年7月18日第A06版。

全,如赣锋锂业在澳大利亚、墨西哥、阿根廷等国均有投资。每一层面不同主体对我国锂业海外利益的影响是多维度、多极化、多面向的。

因此,海外利益保护制度的设计应当系统化,战略上各部门政策高度协同、有机衔接,策略上对多元主体的不同关切采取差异化、灵活的合作方案,以实现海外利益保护的最优状态。

(二) 海外利益多元治理模式的必要性

从经济层面来说,在逆全球化的背景下,须秉持平等、互利和开放的多边主义理念,才能打破规则对抗困局。一方面传统的贸易谈判、双边协定等手段已无法解决新时期,特别是数字贸易时代的难题。如一些发展中国家仅仅是数据提供者和消费者,难以成为数据价值创造者,与拥有数字产业优势的中国达成共识的动力不足。另一方面,由于经济持续疲弱、社会福利低迷,全球投资监管措施已达历史最高峰,一些国家通过扩大自由裁量权的方式限制中国的海外利益存量。因此,单纯的法律攻防战容易被他国理解为不安全行为,伴随着互不信任的增加,可能导致零和博弈。

从东道国国内治理层面来看,多数国家已进入高度复杂社会形态,我国需要对多元化、多层级的海外利益相关者精细化地"分而治之"。具体而言,第一,部分国家政府资源不足,面临和平赤字、发展赤字、安全赤字、治理赤字"四大赤字",每次与我国合作时都需要考虑国内受益群体的利益占比,以克服国内政治反对势力的阻力,难度逐渐加大;第二,部分国家国内政党和利益集团缺乏连贯一致的承诺,民粹主义思潮加上自媒体的兴起增加了社会舆论风险,进而影响了对华政策的稳定性;第三,东道国与国籍国在海外利益保护上天然存在的管辖冲突以及国力强弱不等但国际法地位相同的冲突,增加了单纯以国家为主体的海外利益保护的难度。因此,我国需要综合考虑海外利益保护的多重利益相关方,采取更加灵活、多元化的策略和手段。

从国际关系层面来看,中美在伙伴关系、国际公共产品提供上存在交叉重叠和竞合博弈。一方面,多元治理模式有利于削弱美国运用结构性权力加强对"仆从国"控制,打破编织孤立中国的全球关系网络的效应。海外利益安全需要跳出简单的境外资产不受损的思路,以维护中国与世界的联通为抓手,形成互惠互利的共赢局面,从而拓展海外利益的增量。另一方面,多元治理模式还能推动全球治理体系的改革与重构,实现由西方中心主义到全球多元主义的转型,向国际社会供给新的国际制度,合理平衡各方权利义务,兼顾安全与发展,体现真正多边主义的力量和优势。

(三) 海外利益保护多元治理模式的影响因素

与西方长期以来通过创制规则扩张自身海外利益的霸权逻辑不同,我国坚持维护以国际法为基础的国际秩序,海外利益保护必然建立在尊重国际法的基础上,因此需要引入国际法遵守理论,分析不同行为体的政策选择。同时,多元治理模式的核心在于协商合作,因此需要关注海外利益相关主体特别是国家之间合作的动因,以及由此形成的政策机制。

以国家行为体为例,影响其作出选择的因素大体上包括了国际战略利益、国内治理利益和非利益因素(声誉)。这些因素又分别涉及了安全、政治、经济、违反后果等多个维度。举例来说,从国际战略利益的安全维度来看,当某一国家依赖美国提供安全的程度越高时,对华政策上与美"看齐效应"越高。从国内政治来看,例如选民结构以工人为主而非农民为主的国家,在抵制中国在基建项目上派遣海外劳工的力度可能更大。当某一东道国经济疲弱、财政紧缩时,则更有动力以修改与中国 PPP 合作项目所在地的法律法规等方式"赖账"。从违反后果的维度来看,协议约定不明使得东道国违约无成本。从声誉因素来看,当某一东道国治理能力太弱时,无暇顾及长远的国际声誉,导致边际作用太小;或是由于西方在舆论上获得了较大的话语权,因而也掌握了声誉价值的判定权,如将基兰巴新城"石油换基建"项目抹黑为中国债务陷阱外交,影响类似项目的开展与推进。

因此,应通过分析不同层面利益相关者的动因,综合运用多维度理论框架评估(如国家战略—国内治理—声誉、国家安全—政治—经济—违反后果等),我国可以有针对性地制定不同策略,形成多层次协商合作,共同维护中国海外利益的新机制。例如,在全球层面,通过培养更多的国际公务员,深度参与国际立法及规则修订,借助国际多边机制参与项目,设定国际议题,特别是主动介入未成建制的新领域,增加违反后果;在区域层面,参与超大型区域协定,与美国"小院高墙"的圈子形成对冲,增加他国企业"选边站"的法律成本,反制美国时与他国建立评估协调机制,避免反向脱钩;在双边层面,推广"小而美"的项目,深入利益融合,契合东道国国内政治与社区平衡等;在非国家行为体层面,鼓励海外企业建立自愿行为准则、ESG 行业标准等,积极推动多元化的非政府组织走出去,参与全球议程的设定等。

我们应当将海外利益保护制度的设计从"法律攻防战"拓展到"合纵连横",注重海外利益保护机制中的多边主义理念,将合作、协同的海外利益安全观制度化,最终向国际社会供给新的价值观。

第三节 涉外国家安全法治

一、我国国内涉外国家安全法律规范

我国涉外法治安全体系的发展历程是一个不断演进和完善的过程。改革开放初期,我国开始逐步融入全球经济体系,涉外经济活动逐渐增多,对涉外法治的需求也日益迫切。1979年,我国通过了《中外合资经营企业法》,这是我国第一部涉外经济法,标志着我国涉外立法的开始。此后,涉及涉外合同、税收、金融、竞争、反倾销、知识产权等方面的立法相继出台,为规范各类涉外主体的涉外行为以及相关的权利义务提供了相应的法律制度支撑。2001年,我国加入世界贸易组织,涉外法治建设进入了一个新的阶段,不再是单方面吸收借鉴国际规则,而是主动参与塑造新的全球治理规则。我国持续加强涉外立法工作,制定了一系列涉外法律法规,如《对外贸易法》《涉外民事关系法律适用法》等,为涉外经济活动提供了更加完善的法律保障。

当前,我国制定了诸如《对外关系法》《反外国制裁法》《外商投资法》《出口管制法》等一系列法律,加上商务部《不可靠实体清单规定》和其他法律中的涉外安全规定,共同构成了我国涉外安全法治的法律规范体系。

二、我国主要现行涉外法律规范

(一)《对外关系法》

自改革开放以来,我国在推动对外开放的同时,高度重视涉外领域立法,相继制定了一批涉外领域法律法规。然而,随着国际形势的复杂多变和我国国际地位的提升,涉外法治体系建设还存在一些短板弱项,尤其是在维护国家主权、安全、发展利益方面,还有不少法律空白。因此,为深入推进对外开放,发挥法治固根本、稳预期、利长远的保障作用,按照党中央的决策部署,我国在2023年6月制定《对外关系法》。该法共六章45条,包括总则、对外关系

的职权、发展对外关系的目标任务、对外关系的制度、发展对外关系的保障和附则,是中华人民共和国成立以来首部集中阐述我国对外工作大政方针、原则立场和制度体系,对我国发展对外关系作出总体规定的基础性涉外法律。

《对外关系法》第4条重申了我国坚持独立自主的和平外交政策,坚持和平共处五项原则,即"互相尊重主权和领土完整、互不侵犯、互不干涉内政、平等互利、和平共处"。同时,该法也强调我国坚持和平发展道路,坚持对外开放基本国策,奉行互利共赢开放战略。此外,遵守《联合国宪章》宗旨和原则,维护世界和平与安全,促进全球共同发展,推动构建新型国际关系也是该法的重要原则。

《对外关系法》对涉外工作原则进行了明确阐述,即"5+3+3"原则。其中,"5"指我国坚持独立自主的和平外交政策,坚守和平共处五项原则;"3"指的是我国在外交工作中坚持的三个重要方针;另外一个"3"强调的是我国在国际事务中坚守的三大原则,即其一,遵守《联合国宪章》宗旨和原则,维护世界和平与安全,促进全球共同发展,推动构建新型国际关系;其二,主张以和平方式解决国际争端,反对在国际关系中使用武力或者以武力相威胁,反对霸权主义和强权政治;其三,坚持国家不分大小、强弱、贫富一律平等,尊重各国人民自主选择的发展道路和社会制度。

同时,《对外关系法》对外交职权进行了细致的规定及划分,包括中央外事工作领导机构、全国人大及其常委会、国家主席、国务院、中央军委、外交部以及驻外使领馆等机构的职责和权限。该法还首次将"全球发展倡议、全球安全倡议、全球文明倡议"写入法律,以推进全方位、多层次、宽领域、立体化的对外工作布局。

(二)《反外国制裁法》

随着国际政治经济格局的深刻调整,一些西方国家出于政治操弄需要和意识形态偏见,频繁利用涉疆涉港等议题对我国进行造谣污蔑和遏制打压,特别是违反国际法和国际关系基本准则,依据其本国法律对中国有关国家机关、组织和国家工作人员实施所谓"制裁",粗暴干涉中国内政。为了坚决维护国家主权、安全和发展利益,反对西方霸权主义和强权政治,2021年4月全国人大常委会委员长会议依照法定程序提出立法议案,十三届全国人大常委会第二十八次会议对《反外国制裁法(草案)》进行了初次审议。经过多次讨论和修改,2021年6月10日十三届全国人大常委会第二十九次会议表决通过了《反外国制裁法》,并自公布之日起施行。

《反外国制裁法》共16条,涉及中国外交政策与原则、反对霸权主义和强权政治、反制清单、反制措施、反外国制裁工作协调机制等关键内容和法律原则。这部法律首先确立了维护国家主权、安全和发展利益、反对霸权主义和强权政治的基本原则,在此基础上制定了一系列法律手段与措施。

《反外国制裁法》定义了歧视性限制措施,即外国国家违反国际法和国际关系基本准则,以各种借口或者依据其本国法律对中国公民、组织采取的遏制、打压措施。相应的,该法规定了反制清单和反制措施及其适用条件。如《反外国制裁法》第6条规定:"国务院有关部门可以按照各自职责和任务分工,对本法第四条、第五条规定的个人、组织,根据实际情况决定采取下列一种或者几种措施:(一)不予签发签证、不准入境、注销签证或者驱逐出境;(二)查封、扣押、冻结在我国境内的动产、不动产和其他各类财产;(三)禁止或者限制我国境内的组织、个人与其进行有关交易、合作等活动;(四)其他必要措施。"这些手段和措施为我国依法反制外国歧视性措施提供了有力的法治支撑和保障。

(三)《外商投资法》

我国在1979年出台《中外合资经营企业法》,1986年和1988年又先后制定了《外资企业法》和《中外合作经营企业法》。但随着时代的变迁,相关规范已逐步为《公司法》《合伙企业法》《合同法》等法律所涵盖。同时,我国在新形势下面临全面加强对外商投资的促进和保护、进一步规范外商投资管理的要求,因此在2019年3月第十三届全国人大第二次会议通过《外商投资法》,该法成为外商投资领域新的基础性法律。

《外商投资法》共六章42条,主要包括投资促进、投资保护、投资管理等关键内容。该法一方面明确国家鼓励外国投资者依法在中国境内投资,并规定了一系列促进措施,强化涉及外商投资规范性文件制定的约束,促使地方政府守约践诺,完善外商投资投诉工作机制;另一方面,实行准入前国民待遇加负面清单管理制度,规范外商投资行为。

《外商投资法》的颁布确立了一系列规制外商投资活动的法律原则。首先是平等原则,指的是外国投资者在中国境内的投资活动享有与本国投资者同等的待遇,除负面清单规定的特别管理措施外,不得对外商投资设置歧视性条件。其次是公开透明原则,要求外商投资政策应当公开透明,外商投资企业依法平等适用国家支持企业发展的各项政策。再次是保护产权原则,国家保护外国投资者和外商投资企业的知识产权,鼓励基于自愿原则和商业规则开展技术合作。最后是便利化原则,简化外商投资办事程序,提高办事效率,优化政务服务,进一步提高外商投资服务水平。

此外,《外商投资法》还明确了若干关键概念,例如外商投资、外商投资企业、准入前国民待遇、负面清单等。总体来看,该法内容翔实、法律原则明确、关键概念清晰,为我国进一步扩大对外开放、积极促进外商投资、保护外商投资合法权益提供了有力的法治保障。

(四)《出口管制法》

各国实施出口管制既是国际通行的履行防扩散等国际义务的做法,也日益成为维护国家安全和利益的重要手段。此前,我国已制定包括化学品、核、核两用、生物两用、导弹及军品等六部出口管制相关行政法规,但立法仍相对分散,缺少统筹、协调、一体化的出口管制法律体系和架构。有鉴于此,2018年9月,十三届全国人大常委会公布立法规划制定《出口管制法》;2019年12月,十三届全国人大常委会第十五次会议审议《出口管制法(草案)》;2020年10月,《出口管制法》经十三届全国人大常委会第二十二次会议通过,自2020年12月1日起施行。

《出口管制法》共五章49条,包括总则、管制政策、管制清单和管制措施、监督管理、法律责任和附则,规定了出口管制范围、出口管制清单、临时管制和全面管制、出口经营资格和出口许可制度、最终用户和最终用途管理、域外适用和对等采取措施等。此部法律确立了两个重要原则。一方面,明确规定出口管制工作应当坚持总体国家安全观,维护国际和平,统筹安全和发展,完善出口管制管理和服务;另一方面,明确规定国家实行统一的出口管制制度,通过制定管制清单、名录或者目录(统称"管制清单"),实施出口许可等方式进行管理。此外,《出口管制法》还厘清了出口管制、管制物项、两用物项、军品、核等出口活动中必然要涉及的关键概念。其中最为重要的是"两用物项",包括两用物项、军品、核以及其他与维护国家安全和利益、履行防扩散等国际义务相关的货物、技术、服务等物项,还包括物项相关的技术资料等数据。总之,《出口管制法》是我国出口管制领域的第一部专门法律,对于维护国家安全和利益、履行国际义务具有重要意义。

(五)商务部《不可靠实体清单规定》

商务部《不可靠实体清单规定》的立法背景、公布日期、关键概念和内容

可以归纳如下:

当前世界经济发展不确定、不稳定因素增多,单边主义、贸易保护主义抬头,多边贸易体制面临严峻的挑战,正常的国际经贸活动受到干扰。一些外国实体出于非商业目的,违背正常的市场规则和契约精神,对中国企业采取封锁断供和其他歧视性措施,损害中国企业的正当权益,危害中国国家安全和利益,也给全球产业链、供应链安全带来威胁,对全球经济造成负面的冲击,对相关企业和消费者的利益造成损害。

为维护国际经贸规则和多边贸易体制,反对单边主义和贸易保护主义,维护中国国家安全、社会公共利益和企业的合法权益,商务部于2020年9月19日公布《不可靠实体清单规定》。该规定将"不可靠实体"定义为在国际经贸及相关活动中危害中国国家主权、安全、发展利益,或违反正常的市场交易原则,中断与中国企业、其他组织或者个人的正常交易,或者对中国企业、其他组织或者个人采取歧视性措施,严重损害中国企业、其他组织或者个人合法权益的外国实体,包括外国企业、其他组织或者个人。在此基础上,该规定确立了中央国家机关有关部门参加的工作机制,由该部门负责不可靠实体清单制度的组织实施。工作机制办公室设在国务院商务主管部门。对列入不可靠实体清单的外国实体,工作机制办公室根据实际情况,可以决定采取限制或者禁止其从事与中国有关的进出口活动、投资活动,限制或者禁止其相关人员、交通运输工具等入境,限制或者取消其相关人员在中国境内工作许可、停留或者居留资格,以及根据情节轻重给予相应数额的罚款等处理措施。

第十五章　国家安全保障

国家安全保障是构建国家安全体系的支柱之一。国家安全保障是指国家通过系统性制度安排和资源投入，确保主权、领土完整、政权稳定及国民根本利益免遭内外威胁的动态体系，具有安全防御的特征，根本作用是防范、消除和打击对国家安全的威胁和危害。[①]

当前，我国发展仍处于并将长期处于重要战略机遇期，国家安全形势总体稳定，但面临的外部环境发生重大变化，国家安全形势复杂严峻，为更好地开展国家安全工作，国家需要加强国家安全总体保障工作。因此，构成当代国家安全的每一个要素，都是国家安全保障的内容；而能够保障国家安全的一切手段，都需要综合运用于国家安全保障中。全面保障国家安全，就是要统筹运用各类可用手段，特别是各种非传统手段，来保障国家的每一个组成部分或每一个构成国家安全要素的安全。[②]

党的十八大以来，我国明确了国家安全战略方针和总体部署，在人才、财政、物质、科技及宣教方面建立了国家安全保障机制，中国特色国家安全体系的"四梁八柱"逐步搭建起来，国家安全保障体系对国家安全的支撑作用日益显著。

第一节　国家安全的人才保障

国家安全人才保障是指通过培养、引进和合理配置各类人才，特别是具有专业知识、技能和经验的人才，构建维护国家安全的人才体系，以确保国家在面对复杂多变的安全挑战时，能够具备应对、预防、化解和处理各种安全问题的能力。它涵盖了对涉及政治、经济、文化、军事、网络、生态等多个领域的安全人才的需求，并着重保障人才的专业能力、创新能力、协同作战能力以及

[①] 刘跃进主编：《国家安全法》，中国政法大学出版社2004年版，第275页。
[②] 刘跃进：《全面保障国家安全》，载付景川主编：《珠江论丛》（2016年第4辑），社会科学文献出版社2016年版。

对国家安全战略的深刻理解。

人才资源历来是国家安全战略制定和执行的战略保障,是国家安全能力的基础。任何一个国家的国家安全战略调整必然会牵引出人才资源的结构性变革。在总体国家安全观的理论体系下,国家安全人才保障体系的构建需要党政军群部门、科研机构与地方实务部门以及跨学科领域在不同层面的相互联动和整合,因此,国家安全人才保障所需的岗位范围更广泛、人才素质要求更综合。

一、国家安全人才保障的必要性

国家安全人才保障是指国家为维护其安全利益,确保各领域的安全稳定发展,通过合理规划、培养、引进和使用各类专业人才,提供制度性保障和资源支持,以形成有效的人才支撑体系。这一体系覆盖国家安全领域的各个方面,包括政治安全、军事安全、经济安全、文化安全、社会安全、网络安全等,旨在确保国家在面对安全挑战时,能够拥有充足的专业力量进行有效应对。[1]

明朝海瑞的《治黎策》指出:"得其人而不得其法,则事必不能行;得其法而不得其人,则法必不能济。人法兼资,而天下之治成。"国家安全制度体系的高质量运行难以离开高素质人才的保障。尤其是在当前国际形势相对复杂、国家安全形势较为严峻的情况下,高素质人才队伍对于国家安全更加重要。人才保障是维护国家主权、安全、发展利益的重要力量,在保卫社会主义国家政权、保持社会和谐稳定、保护人民生命财产安全等方面发挥着重要作用。建设德才兼备的高素质国家安全工作队伍,是推进国家安全能力现代化的重要内容,是国家安全制度体系的基础性保障。

在具体应对国家安全相关风险中,更加需要具有国家安全意识和专业技术能力的人才。在应对传统安全威胁中,保障军事安全及政治安全需要熟悉军事、网络战等的人才操控先进装备与应对信息战;保障领土安全仰仗地理信息等人才精准测绘与管理边境。在非传统安全领域,金融安全需金融专才防控风险;生态安全依靠环境与生态保护人才监测评估并制定策略;公共卫生安全离不开医学及公共卫生人才防控疫病。

在国家安全战略制定与实施中,保障国家安全有赖于具有战略规划视野

---

[1] 杨华锋、沈绎州:《复杂性时代国家安全学的总体性、现代性与自反性》,载《国家安全研究》2024年第3期。

及政策执行能力的人才予以应对。国家安全战略的制定需要各领域的智囊型人才,国际关系学者和战略分析家通过分析国际格局变化趋势、评估国家在国际体系中的地位,为保障国家安全提供决策支撑。国家安全战略和政策制定之后需要大量专业人才来执行。法律人才可以确保国家安全相关法律的有效实施。外交人才能够在国际舞台上宣传国家的安全理念和政策主张,通过参与国际军控谈判、签订安全合作协议等方式开展多边或双边安全合作以落实国家的对外安全战略。

在推动国家安全技术创新与应用进程中,保障国家安全需要技术研发及应用人才予以应对。科技创新是国家安全的重要支撑,尤其是在高科技领域中,技术人才更加不可或缺。例如,在航空航天领域中,技术型人才通过研发先进的卫星技术为国家的空间安全和情报收集提供技术支持;在信息安全技术方面,计算机科学家和密码学人才能够研发高强度的加密算法,保护国家机密信息。此外,掌握先进的技术成果后,保障国家安全还需要专业人才将其应用到国家安全实际工作中。例如,国家安全机构中的技术应用人员可以将大数据分析技术应用于情报分析,从海量的数据中挖掘有价值的情报线索,识别潜在的安全威胁。

总之,人才在国家安全各环节均起着关键作用,其凭借专业知识与技能,从不同角度筑牢国家安全防线,维护国家的主权独立、社会稳定与长远发展,是国家安全保障体系中不可或缺的核心要素。

二、国家安全人才保障的法律规定

《国家安全法》第 74 条规定:"国家采取必要措施,招录、培养和管理国家安全工作专门人才和特殊人才。根据维护国家安全工作的需要,国家依法保护有关机关专门从事国家安全工作人员的身份和合法权益,加大人身保护和安置保障力度。"具体到人才保障的执行过程中,我国在人才招录、人才培养、人才管理和人才保护方面都制定了较为明确的法律条文。

在国家安全人才的招录方面,《国家情报法》第 21 条第 2 款规定:"国家建立适应情报工作需要的人员录用、选调、考核、培训、待遇、退出等管理制度。"

在国家安全人才的培养方面,《突发事件应对法》第 56 条规定:"国家加强应急管理基础科学、重点行业领域关键核心技术的研究,加强互联网、云计算、大数据、人工智能等现代技术手段在突发事件应对工作中的应用,鼓励、扶持有条件的教学科研机构、企业培养应急管理人才和科技人才,研发、推广新技术、新材料、新设备和新工具,提高突发事件应对能力。"《国防法》第36条第1款规定:"国家创造有利的环境和条件,加强国防科学技术人才培养,鼓励和吸引优秀人才进入国防科研生产领域,激发人才创新活力。"

在国家安全人才的管理方面,《保守国家秘密法》规定国家对于涉密人员实行分类管理。根据其规定,任用、聘用涉密人员应当按照有关规定进行审查,涉密人员上岗应当经过保密教育培训,掌握保密知识技能,签订保密承诺书,严格遵守保密规章制度,不得以任何方式泄露国家秘密。涉密人员出境应当经有关部门批准,有关机关认为涉密人员出境将对国家安全造成危害或者对国家利益造成重大损失的,不得批准出境。此外,对涉密人员离岗离职实行脱密期管理,涉密人员在脱密期内,应当按照规定履行保密义务,不得违反规定就业,不得以任何方式泄露国家秘密。

在国家安全人才的保护方面,《反恐怖主义法》第八章专门规定了对反恐相关人员的保护与补偿措施。其第76条规定:"因报告和制止恐怖活动,在恐怖活动犯罪案件中作证,或者从事反恐怖主义工作,本人或者其近亲属的人身安全面临危险的,经本人或者其近亲属提出申请,公安机关、有关部门应当采取下列一项或者多项保护措施:(一)不公开真实姓名、住址和工作单位等个人信息;(二)禁止特定的人接触被保护人员;(三)对人身和住宅采取专门性保护措施;(四)变更被保护人员的姓名,重新安排住所和工作单位;(五)其他必要的保护措施。公安机关、有关部门应当依照前款规定,采取不公开被保护单位的真实名称、地址,禁止特定的人接近被保护单位,对被保护单位办公、经营场所采取专门性保护措施,以及其他必要的保护措施。"

三、国家安全人才保障的学科支撑

日益复杂的国家安全形势和不断发展的总体国家安全观,从政策角度要求国家安全教育的目标更加多元、力度更加严格、重点对象更加明确以及效果更加长效。[①] 国家安全的人才支撑体系建设已经深度融入国家学科建设之中,国家安全学等安全类学科迎来重要发展机遇,成为新的学科增长点。近年来,国家安全学学科建设在党和国家的高度重视下进入加速成长期,统合

[①] 胡尔贵、吴兮:《国家安全教育的政策趋向、制约因素与保障机制》,载《国家安全论坛》2024年第4期。

涉及国家安全的原有不同学科和领域，转向以整体、系统和学科交叉的视角研究国家安全。

2018年，《教育部关于加强大中小学国家安全教育的实施意见》正式提出推动国家安全学学科建设。2020年，"交叉学科"被设置为我国学科目录的第14个门类，下设"国家安全学"一级学科，国家安全作为一门新兴学科开始系统地研究国家生存与发展的根本性、全局性安全问题。学科设立以来，已有超过20家国家安全学一级学科授权单位，国家安全学科建设工作已经初见成效。未来几年，随着国家安全学学科建设队伍的壮大，将向国家和社会输出更多适应新时代新征程需要的复合型国家安全高级专门人才。

在涉外安全人才培养方面，建设同高水平对外开放相适应的涉外安全法治人才是当务之急。党的二十届三中全会通过的《中共中央关于进一步全面深化改革　推进中国式现代化的决定》对"完善涉外国家安全机制"提出五项重点改革任务，其中每项任务都涉及涉外安全法治体系和能力建设。尤其是在强化海外利益和投资风险预警、防控、保护体制机制，深化安全领域国际执法合作，维护我国公民、法人在海外合法权益，健全反制裁、反干涉、反"长臂管辖"机制，以及健全维护海洋权益机制等方面，急需大量高素质涉外安全法治人才。积极回应新形势下涉外国家安全工作需要，聚焦政治、军事、国土、经济、金融、资源、能源、科技、数据、网络、海洋、生物、人工智能等重点领域和涉外安全执法司法等重点环节，加快培养政治立场坚定、专业素质过硬、通晓国际规则、精通涉外法律实务的高素质涉外安全法治人才，提高运用法治思维和法治方式维护国家主权、安全和发展利益的能力，是办好人民满意的法学教育的时代重任。

尽管取得显著进展，国家安全人才支撑体系仍待进一步完善，尤其是在关于国家安全的人才招录方面以及关乎涉外法治的人才培养方面更加需要加以关注。在人才招录方面，我国的人才管理体制存在一些障碍，国家安全领域部分岗位任职要求与人员能力存在错配现象。在人才培养方面，国家安全类专业人才培养标准、培养目标、教学标准尚需明确；在人才培养层次和规格方面，尚存在大而全还是小而精的争议；在人才培养机制上，在政府主导的基础上，行业的指导作用和企业的参与作用需进一步体现，政府主管部门与行业协会尚未建立国家安全人才的资质认证体系，国家安全人才的培养和评价需要规范化；在人才管理方面，我国专业技术类公务员的相关规定已经出台,但是专业技术类公务员相应的晋升、薪酬激励制度尚未完善,政府综合管理部门的职能需进一步加强。

国家安全战略的部署和落实需要坚持人才为先。构建国家安全人才支撑体系,需要消化和吸收总体国家安全观理论的新内容,相应的平台、机制和制度的建立需要有一个梳理、磨合和持续改善的过程,高素质人才队伍的培养需要经历选人、育人和用人等多个环节。为了尽快满足国家在应对各种安全威胁和挑战时对人才的需求,国家安全人才支撑体系的构建需要成为当前国家安全工作统一部署狠抓落实的重要一环,刻不容缓。

第二节 国家安全的财政保障

习近平强调,"安全是发展的基础,稳定是强盛的前提。"[①]党的十八届三中全会明确提出财政是国家治理的基础和重要支柱,贯穿国家发展的各领域和全过程,这一论断将财政的职能定位提高到前所未有的新高度。面对百年未有之大变局加速演进的新形势,财政支出对于保障国家基本的军事装备力量能够维系、保障国家非传统安全议题中的预警及应对机制能够切实有效、保障国家安全相关科技建设能够快速推进均有着基础性作用。

一、国家安全财政保障的必要性

国家安全财政保障是指国家通过制定和实施相关财政政策,为保障国家安全提供必要的资金支持和资源配置。这一保障机制通过合理的财政投入、预算安排、资金分配等手段,确保国家在面临各类安全威胁时,能够拥有充足的经济保障,支持各类安全活动的顺利开展。国家安全财政保障不仅涉及直接用于军事防卫、公共安全等领域的资金,还包括支持经济安全、网络安全、生态安全、文化安全等其他领域的财政支出。

财政支出是指政府为提供公共产品和服务,满足社会公共需要而安排财政资金的支付,反映政府配置资源的范围和规模。公共财政支出主要用于保证国家机构正常运转、维护国家安全、巩固各级政府政权建设的支出;维护社会稳定、保障和改善民生、发展社会公共事业的支出;有利于经济环境和生态

---

① 习近平:《在第十四届全国人民代表大会第一次会议上的讲话》,https://www.gov.cn/xinwen/2023-03/13/content_5746530.htm,2025年7月11日访问。

环境改善,具有较强外部经济效应的公益性基础设施建设的支出;对宏观经济运行进行必要调控的支出等。国家财政支出作为国家资源配置的重要手段,在保障国家安全方面扮演着不可或缺的角色。通过合理规划与分配财政资源,国家能够构建强大的安全体系,维持军事装备保障国家传统安全,维持情报系统有效运行,并对各类非传统安全领域形成有效保障,从而有效维护国家的核心利益与人民的福祉。

其一,国家财政支出为保障传统安全提供了资金支持。现代战争的胜负在很大程度上取决于军事装备与技术的先进性,国家财政支出为军事科研机构和军工企业提供了大量资金,用于研发新型武器系统、军事通信技术、情报侦查手段以及导弹防御技术等。高素质的军事人才是军队战斗力的核心要素。国家财政支出用于军事院校建设、军事教育训练以及军人福利待遇等方面,以培养和造就适应现代战争要求的军事人才。军事院校获得财政资金用于师资队伍建设、教学设施更新以及课程体系优化,为培养军事指挥人才、专业技术人才和军事科研人才提供了良好的教育环境。同时,财政支出保障了军事训练的开展,包括实兵演习、模拟训练、特种作战训练等。通过高强度、实战化的训练,军人的军事技能、战术素养和战斗意志得到有效提升。此外,合理的薪酬、津贴和福利待遇能够吸引优秀人才投身军旅,激励军人安心服役,保持军队的稳定性和战斗力。国家财政支出主要用于军事设施的建设和维护,包括军事基地、港口、机场、雷达站及导弹发射阵地等,相关建设需要大量资金投入,涉及土地征用、工程建设、设备安装等多个环节。

其二,国家财政支出为情报机构的建立与维系提供了资金支持。情报在国家安全中具有极其重要的地位,是制定国家安全战略、防范和应对安全威胁的重要依据。在人力情报方面,财政资金用于培养和派遣情报人员,他们潜伏在国内外各个领域,收集政治、军事、经济、科技等方面的情报信息。信号情报机构用财政资金购置先进的电子监听设备、卫星通信监测系统等,截获和分析敌方的通信信号,获取关键情报。财政支出还用于建设情报分析中心,配备专业的情报分析人员和大数据分析系统,对海量的情报数据进行筛选、整合和深度分析,从中提取有价值的情报线索,为国家安全决策提供准确、及时的情报支持。此外,国家财政支出为反间谍机构提供了开展工作所需的资金,用于调查间谍案件、防范间谍渗透、保护国家机密等。在反恐方面,财政支出用于组建和训练反恐特种部队,购置反恐装备如防弹衣、反恐车辆、先进的武器系统以及爆炸物探测设备等。同时,财政资金支持建立反恐预警机制、开展反恐演练以及加强对重点目标如机场、火车站、地铁站、政府机关等的安全防护。通过财政资源的有力保障,国家能够有效打击间谍活动和恐怖主义威胁,维护国家的政治安全和社会稳定。

其三,财政支出为预警、应对及防范各种非传统安全领域的风险提供了保障。在公共卫生安全领域,国家财政支出发挥着关键作用。财政资金用于建设疾病监测系统,包括在全国范围内设立各级疾病预防控制中心、哨点医院以及实验室网络,配备专业的医护人员和先进的检测设备,实现对传染病疫情的实时监测和预警。此外,在生态环境保护与环境治理等方面,财政资金支持关闭高污染企业、推广清洁能源、改造燃煤锅炉以及建设城市空气质量监测网络等措施,以改善空气质量,减少雾霾等大气污染问题对人民健康的危害。对于水污染治理,财政投入重点支持水环境治理基础设施建设(污水处理厂、管网工程)、水域生态修复(河流湖泊治理)及水资源保护工程。此外,财政支出还用于森林资源保护,包括天然林保护工程、植树造林、森林防火以及森林病虫害防治等项目,维护国家的森林生态系统平衡,保障生态安全。

二、国家安全财政保障的措施

财政支出是保障国家安全的主要措施和支柱,积极的财政政策保障了国家免受他国威胁的能力并丰富了国家应对安全风险的手段。《国家安全法》第71条规定:"国家加大对国家安全各项建设的投入,保障国家安全工作所需经费和装备。"以维护国家安全为财政支出目标,当前我国国家安全的财政保障包括应对传统安全风险的国防安全支出和应对非传统安全风险的公共安全支出。

(一)国防安全支出

强有力的军事实力是维系国家安全的根基,应对传统安全风险的财政措施建立在充足有力的国防军费支出之上。党的十九届六中全会通过的《中共中央关于党的百年奋斗重大成就和历史经验的决议》指出:"强国必须强军、军强才能国安,必须建设同我国国际地位相称、同国家安全和发展利益相适应的巩固国防和强大人民军队。"与之相应,《国防法》为通过财政支持国家国防事业提供了法律保障。《国防法》第39条规定:"国家保障国防事业的必要经费。国防经费的增长应当与国防需求和国民经济发展水平相适应。国防经费依法实行预算管理。"按照《国防法》和《预算法》等法律法规的要求,每年的国防支出预算都纳入政府预算草案,由人大审查和批准,依法管理和使用,并对外公布国防支出预算总额。

我国国防费按用途划分,包括现役部队、国防科研事业、国防专项工程、国防动员以及其他国防支出。改革开放以来,我国国防开支经历了从维持性投入到适度增长的发展历程,总体保持与国家经济和财政支出同步适度协调增长。为保障国防和军队现代化进程同国家现代化进程相适应,全面提高捍卫国家主权、安全、发展利益战略能力,如期实现建军一百年奋斗目标,2024年全国一般公共预算安排国防支出1.69万亿元,比上年执行数增长7.2%,其中中央本级支出1.67万亿元,比上年执行数增长7.2%。①

(二) 公共安全支出

公共安全是指通过检测、监测、预警、防护和应急处理等手段,预防和减少各种突发事件、事故和灾害,实现人民生命健康安全,避免国家、企业和家庭财产损失,减少社会和社区危害。公共安全支出系国家财政通过专项预算安排,用于维护社会秩序稳定、防范化解公共安全风险、确保人民生命财产安全的制度性保障,是总体国家安全观在财政领域的核心体现。通过增加公共安全支出,国家财政为应对突发性安全事件、维护非传统安全提供了有效保障。

公共安全支出包括武警部队、公安、国家安全、检察、法院、司法、监狱、劳教、国家保密以及其他公共安全支出。根据国家统计局的数据,国家财政在公共安全领域的支出基本维持在财政支出5%左右,依当年情况略有波动。2023年,中国的公共安全支出份额为2245.58亿元,完成了预算的107.5%,占国家财政支出比例的5.8%。②

此外,在国家财政支出的各项分类中,有多项基于保障国家安全而提供的资金支持。2023年全国一般公共预算卫生健康支出22393亿元,用于提升医疗卫生服务能力和水平,保障人民群众的基本医疗服务需求;全国一般公共预算科学技术支出10823亿元,其中有相当一部分资金用于网络安全相关

---

① 《中国国防费公开透明 合理适度 比上年执行数增长7.2%》,http://www.mod.gov.cn/gfbw/xwfyr/ztjzh/16292604.html,2024年12月11日访问。

② 《关于2023年中央和地方预算执行情况与2024年中央和地方预算草案的报告》,https://www.gov.cn/yaowen/liebiao/202403/content_6939289.htm,2023年12月15日访问。

技术研发。① 中央财政安排超过920亿元支持新建和改造提升高标准农田8000万亩,积极推进黑土地保护利用,为粮食安全提供坚实的物质基础。②

第三节 国家安全的物质保障

国家安全是国家生存与发展的基石,而物质保障则是实现国家安全的关键支撑。国家安全物质保障体系涵盖了从基本装备到战略物资的多个层面,其构建与完善对于维护国家主权与领土完整、保障人民福祉、促进经济社会稳定发展具有不可替代的战略价值。

一、国家安全物质保障的法律规定

国家安全的物质保障是指国家通过确保充足的物资储备、基础设施建设、技术支持等资源供给,来维持和增强国家安全的稳定性与可持续性。物质保障包括但不限于能源、食品、水资源、战略物资、基础设施、装备技术等方面的保障,这些资源是国家应对各种安全威胁(如自然灾害、外部军事冲突、经济封锁等)所必需的基础支持。

当前,国际政治经济格局深度调整,地缘政治冲突时有发生,贸易摩擦不断升级,全球范围内的资源竞争日益激烈,在这种背景下,只有建立完善的国家安全物质保障体系,才能在复杂的国际环境中增强国家的战略定力与应对能力,有效化解各种安全风险。

《宪法》对提供国家安全物质保障的主体及其责任进行了明确规定。第29条规定,中华人民共和国的武装力量属于人民,其任务是巩固国防,抵抗侵略等,国家加强武装力量的革命化、现代化、正规化的建设。这表明国家需要投入相应资源用于武装力量建设,以增强国防力量,为国防投入提供了宏观层面的任务指引。

《国家安全法》将物质基础作为保障国家安全的重要组成部分,为国家采取各种安全措施提供了法律依据与行动准则。《国家安全法》要求国家建立

---

① 《2023年财政收支情况》,https://gks.mof.gov.cn/tongjishuju/202402/t20240201_3928009.htm?utm_source=chatgpt.com,2025年7月11日访问。

② 《国务院关于2023年中央决算的报告》,http://www.npc.gov.cn/npc/c2/c30834/202406/t20240627_437816.html,2024年12月11日访问。

健全与国家安全相适应的物质保障体系,确保在面临各类安全威胁时能够有足够的资源与能力进行应对。第二章明确提出在武装力量、网络安全等具体领域加强物质保障。其中第17条至第34条强调,国家加强边防、海防和空防建设,采取一切必要的防卫和管控措施;国家加强武装力量革命化、现代化、正规化建设,建设与保卫国家安全和发展利益需要相适应的武装力量;国家健全金融宏观审慎管理和金融风险防范、处置机制,加强金融基础设施和基础能力建设;国家合理利用和保护资源能源,有效管控战略资源能源的开发,加强战略资源能源储备;国家健全粮食安全保障体系;国家建设网络与信息安全保障体系,加强网络和信息技术的创新研究和开发应用。

《国防法》具体明确了军备物资保障在维护国家安全中的重要作用。《国防法》第33条规定:"国家建立和完善国防科技工业体系,发展国防科研生产,为武装力量提供性能先进、质量可靠、配套完善、便于操作和维修的武器装备以及其他适用的军用物资,满足国防需要。"第41条规定:"国家根据国防建设和经济建设的需要,确定国防资产的规模、结构和布局,调整和处分国防资产。国防资产的管理机构和占有、使用单位,应当依法管理国防资产,充分发挥国防资产的效能。"

总体而言,"物质保障"是一个相对广义的概念,泛指国家在实现安全目标过程中提供的包括装备、设施、能源、科技、资金、管理等一切物质条件与支撑体系,强调的是系统性与基础性支撑,具体到国家安全可供使用、调配的实体资源,国家安全的物质保障分为基本物资保障和战略物资保障两种类型。

二、国家安全基本物资保障

国家安全的基本物资保障是指保障国家各项基本运行和民众日常生活所需的核心资源和物资,这些资源对于国家的长期稳定、社会运转和民生福祉至关重要。基本物资保障的重点是确保国家在面对内外部挑战时,能够维持基本社会秩序和经济功能的正常运行。国家安全的基本物资保障主要包括能源、粮食、矿产资源等。

在能源资源领域,我国基于当前"多煤少油缺气"的资源禀赋特征,主动增加能源资源的储备,为保障国家安全提供战略物资支撑。目前,我国共建成8个国家石油储备基地,总库容为2860万立方米,可储备2610万吨原油,约2.1亿桶。① 随着石油储备规模的逐步扩大和储备体系的不断完善，我国在应对国际石油市场波动、保障国家能源安全方面的能力得到了显著提升，降低了因外部供应中断或价格大幅波动对国内经济和能源安全造成的风险。

在粮食资源领域，我国通过保证粮食产量稳定、开拓国际粮食进口市场以及投资海外粮仓等方式为国家粮食安全提供战略物资保障。《粮食安全保障法》第29条第1、2款规定："国家建立政府粮食储备体系。政府粮食储备分为中央政府储备和地方政府储备。政府粮食储备用于调节粮食供求、稳定粮食市场、应对突发事件等。中央政府粮食储备规模和地方政府粮食储备总量规模由国务院确定并实行动态调整。政府粮食储备的品种结构、区域布局按照国务院有关规定确定。"我国粮食产量连续9年稳定在1.3万亿斤以上，2023年全国粮食总产量13908.2亿斤，比上年增加177.6亿斤。② 近年来，我国积极拓宽农产品进口来源国，开辟南美、东南亚、非洲和其他地区粮食进口渠道，粮食进口对单一市场的依赖度降低，有效应对了国际粮食形势不确定性带来的冲击。

在矿产资源领域，我国正在逐步推动以国家安全为目标建设矿产资源保障体系。2024年修订的《矿产资源法》在第1条增加"保障国家矿产资源安全"作为立法目的之一；在第3条将"贯彻总体国家安全观，统筹发展和安全"确立为矿产资源开发利用和保护工作应当遵循的基本原则，并明确提出建立战略性矿产资源特殊保护制度，将关系国家经济安全、国防安全和战略性新兴产业发展需求的重要矿产资源纳入战略性矿产资源目录，并对其中部分特殊矿产资源实行保护性开采。在此基础上，我国油气和非油气矿产地质勘查投资均连续三年实现正增长。2023年新发现矿产地有124处。截至2023年底，全国已发现173种矿产，其中能源矿产13种、金属矿产59种、非金属矿产95种、水气矿产6种，中国油气勘探在塔里木、准噶尔、渤海湾等大型含油气盆地的新层系、新类型和新区带获得重大突破，非油气矿产勘查中煤、铜、金、锂、磷等取得重大进展。③

---

① 《中国的战略石油储备》，https://www.cnpc.com.cn/syzs/yqcy/202311/5abd603442e74cd3beb2247c1b40477b.shtml，2024年12月22日访问。
② 《粮食产量连续9年稳定在1.3万亿斤以上》，https://www.gov.cn/lianbo/bumen/202401/content_6927833.htm，2024年12月22日访问。
③ 《中国矿产资源报告》，https://fdi.mofcom.gov.cn/resource/pdf/2024/11/27/96b12d9a7e504cf1a26fa9469e8ca3f4.pdf，2024年12月22日访问。

三、国家安全战略物资保障

国家安全的战略物资保障具有法律基础。《国防法》第 49 条规定："国家建立战略物资储备制度。战略物资储备应当规模适度、储存安全、调用方便、定期更换,保障战时的需要。"《国防动员法》第六章(第 33—36 条)同样对战略物资的储备及调用进行了明确规定："国家实行适应国防动员需要的战略物资储备和调用制度。战略物资储备由国务院有关主管部门组织实施。""承担战略物资储备任务的单位,应当按照国家有关规定和标准对储备物资进行保管和维护,定期调整更换,保证储备物资的使用效能和安全。国家按照有关规定对承担战略物资储备任务的单位给予补贴。""战略物资按照国家有关规定调用。国家决定实施国防动员后,战略物资的调用由国务院和中央军事委员会批准。""国防动员所需的其他物资的储备和调用,依照有关法律、行政法规的规定执行。"

在军事装备方面,我国建立了协调统一且技术先进的武器装备体系。习近平指出:"建设一支掌握先进装备的人民军队,是我们党孜孜以求的目标。"[①] 在党中央的坚强领导下,我军武器装备建设从弱到强、持续发展壮大,逐步走出一条具有中国特色的武器装备建设发展道路,创造了令人瞩目的伟大成就,积累了许多宝贵经验。新时代中国国防和军队建设,坚持政治建军、改革强军、科技兴军、依法治军,聚焦能打仗、打胜仗,推动机械化信息化融合发展,加速推进军事智能化转型,构建中国特色现代军事力量体系,完善中国特色社会主义军事制度,不断提高履行新时代使命任务的能力。在军事军工装备方面,《新时代的中国国防》白皮书指出将构建现代化武器装备体系。完善优化武器装备体系结构,统筹推进各军兵种武器装备发展,统筹主战装备、信息系统、保障装备发展,全面提升标准化、系列化、通用化水平。加大淘汰老旧装备力度,逐步形成以高新技术装备为骨干的武器装备体系。具体而言,在陆军作战中,主战坦克是现代陆军地面机械化作战能力的重要体现。在海军装备中,辽宁舰、山东舰、福建舰等航空母舰的入列,使中国海军具备了远程作战和战略威慑能力,改变了海军的作战样式和战略格局。在空军装备中,歼-20(第五代)、歼-16(四代半)、歼-10C(四代)等机型构成"高—中—

---

① 习近平:《装备建设要坚持作战需求的根本牵引》,https://www.xinhuanet.com//politics/2014-12/04/c_1113525477.htm,2025 年 7 月 11 日访问。

低"互补的空中作战体系。

第四节 国家安全的科技保障

党的十八大以来,习近平高度重视科学技术工作,坚持依靠科学技术维护国家安全。2013年3月4日,习近平在参加全国政协十二届一次会议科协、科技界委员联组讨论时指出,"只有把关键核心技术掌握在自己手中,才能从根本上保障国家经济安全、国防安全和其他安全。"[1] 2013年11月5日,习近平在视察国防科学技术大学时,强调了科技在国际军事斗争中的重要地位。[2] 2014年6月9日,习近平在中国科学院第十七次院士大会、中国工程院第十二次院士大会上指出,科技创新作为保障国家安全等的战略支撑,在国家发展全局中居于核心位置。[3] 习近平多次强调,新时代科学技术深刻影响国家前途命运,关键核心技术对保障国家安全具有十分重要的意义,特别是要把原始创新能力提升摆在更加突出的位置。

一、国家安全科技保障的法律规定

国家安全的科技保障是指国家通过科技手段和技术创新,确保国家安全各领域的稳定、可持续发展和应急响应能力。科技保障涉及现代科技的发展与应用,涵盖信息技术、网络安全、军事科技、能源技术等多个领域。它不仅是应对安全威胁的核心技术支撑,也是国家安全战略实施的重要保障。

加强科技创新,充分应用科技实力,可以为国家安全提供强大的科技支撑。党的二十届二中全会审议通过《党和国家机构改革方案》,加强党中央对科技工作的集中统一领导,组建中央科技委员会,作为党中央决策议事协调机构,统筹解决科技领域战略性、方向性、全局性重大问题。实践一再证明,只有坚持党对科技事业的全面领导,把党的领导落实到科技事业各领域各方面各环节,才能牢牢把握我国科技创新的正确方向,才能在国家发展和安全

---

[1] 习近平:《努力成为世界主要科学中心和创新高地》,https://www.gov.cn/xinwen/2021-03/15/content_5593022.htm,2025年7月11日访问。
[2] 《坚定不移走中国特色自主创新道路》,http://www.xinhuanet.com//politics/2016-02/28/c_128754803_2.htm,2024年12月23日访问。
[3] 习近平:《在中国科学院第十七次院士大会、中国工程院第十二次院士大会上的讲话》,http://cpc.people.com.cn/n/2014/0610/c64094-25125594.html,2024年12月22日访问。

中更好发挥科技创新作用。

《国家安全法》第 73 条规定："鼓励国家安全领域科技创新,发挥科技在维护国家安全中的作用。"《国防法》第 33 条规定："国家建立和完善国防科技工业体系,发展国防科研生产,为武装力量提供性能先进、质量可靠、配套完善、便于操作和维修的武器装备以及其他适用的军用物资,满足国防需要。"第 35 条规定："国家充分利用全社会优势资源,促进国防科学技术进步,加快技术自主研发,发挥高新技术在武器装备发展中的先导作用,增加技术储备,完善国防知识产权制度,促进国防科技成果转化,推进科技资源共享和协同创新,提高国防科研能力和武器装备技术水平。"《突发事件应对法》第 56 条规定："国家加强应急管理基础科学、重点行业领域关键核心技术的研究,加强互联网、云计算、大数据、人工智能等现代技术手段在突发事件应对工作中的应用,鼓励、扶持有条件的教学科研机构、企业培养应急管理人才和科技人才,研发、推广新技术、新材料、新设备和新工具,提高突发事件应对能力。"《反恐怖主义法》第 77 条规定："国家鼓励、支持反恐怖主义科学研究和技术创新,开发和推广使用先进的反恐怖主义技术、设备。"

二、健全科技保障国家安全的工作体系

科技安全既是国家安全体系的重要组成部分,又是实现科技自立自强的战略基座,但目前我国主要面临三方面的科技安全风险。一是外部环境变化带来的不确定性风险,在单边主义、保护主义行径上升的大背景下,各国均加大了对核心技术的保护,全球正常的科技交流合作受到限制;二是关键核心技术受制于人的风险,目前我国关键核心技术受制于人的状况还没有根本改变,影响产业链、供应链安全;三是新兴技术的不可预知性带来的风险,不可预知性和不确定性是新科学新技术的内在属性,科技应用可能带来的负面效应也越来越难以预知。面对上述风险,我国通过促进科技赋能国家安全、加快科技自主创新能力、深度参与全球科技合作等方式保障国家安全。

首先,加快通过科技赋能国家安全推动国家安全体系的现代化。科技赋能国家安全的概念内涵是:通过研发应用与国家安全紧密相关的科学技术,形成一种新的方法、路径或可能性,激发和强化国家安全主体自身能力实现既定目标的创新,推进维护和塑造国家安全手段方式变革,加快国家安全体系和能力现代化。比较而言,科技保障侧重维护国家安全状态,而科技赋能更强调主动塑造提升国家安全能力，包含动态发展概念，体现现代化过程。数字化和智能化是科技赋能国家安全的重要特征。在当今数智时代，数智资源、元素与技术已成为推进国家安全体系和能力建设的重要战略资源和驱动力，国家安全治理需要依靠数智技术进行重新改造和升级，提高运用科学技术维护国家安全的能力。

一方面，依靠数智技术极大提高国家安全态势感知能力，推动建立健全国家安全风险研判与防范化解机制。具体而言，通过支持国产智能产品的使用、扩展国产数智产品在国内的利用范围而保障国家的数据安全，尤其是在关乎国家安全的相关部门中主动推动工作人员使用国产智能产品，这将有效保障中国的国家安全，防范信息泄露及不可控的安全风险。

另一方面，通过数智技术促进国家安全工作科学化、精准化、动态化与智能化，通过数据的全面获取，实现对数据事实的分析与逻辑推理，为国家重大安全决策提供情报参考，推动国家安全决策的科学化。具体而言，主动完善数智化基础设施，加强对国家安全相关议题的数据观测及分析，加强网络安全、信息安全等基础设施建设，提升国家安全领域的数智化支撑能力。

其次，加快提升自主创新能力，通过发展新兴科技维护国家关键产业安全。《中华人民共和国国民经济和社会发展第十四个五年规划和2035年远景目标纲要》提出，"十四五"期间要制定科技强国行动纲要，打好关键核心技术攻坚战，提高创新链整体效能，其中重点工作在于整合优化科技资源配置，确定科技创新方向和重点，着力解决制约国家发展和安全的重大难题，国家聚焦量子信息、光子与微纳电子、网络通信、人工智能、生物医药、现代能源系统等领域，组建了一批国家实验室，支撑重大创新领域前沿实现突破。其中在芯片领域，科技保障国家安全的作用尤其明显。自2021年起，由国创中心发起，联合中汽中心、"电子四院"，在"中国汽车芯片产业创新战略联盟"下成立了汽车芯片标准体系建设研究工作组，成员单位包括中国汽研、"电子五所"、紫光、长安、上汽、重汽、北汽、经纬恒润、上海电驱动、中电科、智芯、兆易、华大、东土、中科院、清华大学等100多家行业单位的近200位专家，共同开展了汽车芯片标准体系建设研究，形成汽车芯片技术结构、标准现状、标准需求、标准体系架构和标准体系明细五项研究成果。在工信部的指导下，国创中心与中汽中心、"电子四院""电子五所"等行业机构，共同研究起草了《国家汽车芯片标准体系建设指南（2023版）（征求意见稿）》，2023年12月29日，工业和信息化部办公厅印发《国家汽车芯片标准体系建设指南》。如今,国产芯片对关键领域的支撑能力显著增强。全部采用安全可靠 CPU 的"神威·太湖之光"超级计算机连续四次位列全球超算 500 强首位,杭州中天微电子嵌入式 CPU 累计出货量约 6 亿颗。截至 2017 年,基于 SM 系列国家密码算法的标准金融 IC 卡芯片累计出货已超过 3.7 亿颗。我国已构建起完整的北斗导航芯片技术体系。①

最后,深度参与全球科技合作,以国际科技合作项目和创新平台建设为重要抓手,主动开辟科技发展新赛道。开放创新和国际科技合作是我国整合全球创新资源、推动创新发展的重要手段。目前,我国已与全球 160 多个国家建立科技合作关系,加入了 200 多个国际组织和多边机制,与 47 个国家开展联合项目资助研究。合作对象不仅包括发达国家也包括广大发展中国家。合作形式丰富多样,包括推动科技人员和机构的交流合作,相互开放国家或地方科技计划项目,共建联合实验室或研究中心,共同发起或参与国际科学计划或工程等。与此同时,我国在 2023 年发出了《国际科技合作倡议》,倡导并践行开放、公平、公正、非歧视的国际科技合作理念,坚持"科学无国界、惠及全人类",携手构建全球科技共同体。我国主动积极设立面向全球的科学研究基金,促进技术、人员、项目等方面的交流合作;支持国内外优秀科技人才合作研发,鼓励在国外工作的科学技术人员回国,吸引外籍科学技术人员到中国从事科学技术研究开发工作并完善相关社会服务和保障措施。

第五节 国家安全的宣传教育

国家安全是民族复兴的根基,维护国家安全是全体中国公民的共同责任。在十九届中央国安委第一次会议上,习近平专门强调,要充分调动各方面积极性,形成维护国家安全合力。2014 年 4 月,习近平在中共中央政治局第十四次集体学习时强调加强国家安全教育,提高全民国家安全意识。2015 年 1 月,中共中央政治局召开会议,审议通过《国家安全战略纲要》,要求加强国家安全意识教育,培养国家安全专业队伍。2015 年 7 月《国家安全法》颁布,把国家安全教育纳入国民教育体系和公务员教育培训体系,设立全民国

---

① 张辛欣:《工信部:国产芯片对关键领域的支撑能力显著增强》,https://www.xinhuanet.com/politics/2018-04/21/c_129855899.htm,2024 年 12 月 22 日访问。

家安全教育日。2022年10月,党的二十大报告指出,应全面加强国家安全教育,提高各级领导干部统筹发展和安全能力,增强全民国家安全意识和素养,筑牢国家安全人民防线。

一、国家安全宣传教育的法律规定

(一)国家安全宣传的法律规定

国家安全宣传是指通过各种形式和渠道,向社会公众传递关于国家安全的知识、理念、政策和法律,增强全民国家安全意识,提高民众在国家安全工作中的参与感和责任感,促进全社会对国家安全的重视和共同维护。国家安全宣传不仅包括国家安全的基本理论、政策和措施,还涵盖了国家安全的各个领域,如政治安全、经济安全、文化安全、社会安全、网络安全等。

国家安全宣传的目的是通过普及国家安全知识,形成全社会共同维护国家安全的共识和行动力,进而确保国家安全工作的顺利实施。其核心任务是通过教育、舆论引导、文化传播等多种手段,帮助公民正确理解国家安全的重大意义,并自觉遵守相关的法律规定,主动参与维护国家安全的工作。

《国家安全法》明确了国家安全宣传的方向和要求。其第76条规定:"国家加强国家安全新闻宣传和舆论引导,通过多种形式开展国家安全宣传教育活动,将国家安全教育纳入国民教育体系和公务员教育培训体系,增强全民国家安全意识。"

此外,《反间谍法》在第二章"安全防范"部分对加强关于反间谍的宣传工作进行规定。其第12条第1、2款规定:"国家机关、人民团体、企业事业组织和其他社会组织承担本单位反间谍安全防范工作的主体责任,落实反间谍安全防范措施,对本单位的人员进行维护国家安全的教育,动员、组织本单位的人员防范、制止间谍行为。地方各级人民政府、相关行业主管部门按照职责分工,管理本行政区域、本行业有关反间谍安全防范工作。"第13条第1、2款规定:"各级人民政府和有关部门应当组织开展反间谍安全防范宣传教育,将反间谍安全防范知识纳入教育、培训、普法宣传内容,增强全民反间谍安全防范意识和国家安全素养。新闻、广播、电视、文化、互联网信息服务等单位,应当面向社会有针对性地开展反间谍宣传教育。"

(二)国家安全教育的法律规定

《国家安全法》第14条规定:"每年4月15日为全民国家安全教育日。"要求每年定期开展丰富多彩、形式多样的国家安全宣传教育活动,增强全民国家安全意识。

《国防教育法》进一步明确了在社会各领域中加强国防教育的原则及措施。其第6条明确了宣教方针与原则:"国防教育贯彻全民参与、长期坚持、讲求实效的方针,实行经常教育与集中教育相结合、普及教育与重点教育相结合、理论教育与行为教育相结合的原则,针对不同对象确定相应的教育内容分类组织实施。"第7条确立了国防教育中的公民义务与责任:"中华人民共和国公民都有接受国防教育的权利和义务。普及和加强国防教育是全社会的共同责任。一切国家机关和武装力量、各政党和各人民团体、企业事业组织、社会组织和其他组织,都应当组织本地区、本部门、本单位开展国防教育。"第13条明确了学校教育在全民国防教育中的基础地位,规定教育行政部门应当将国防教育列入工作计划,加强对学校国防教育的组织、指导和监督,并对学校国防教育工作定期进行考核,学校应当将国防教育列入学校的工作和教学计划,采取有效措施,保证国防教育的质量和效果。第14条和第15条进一步明确了各学段落实国防教育的要求。

此外,在若干具体法律中,均对保障国家安全的教育工作进行了论述。《爱国主义教育法》明确了国家落实爱国主义教育的基本方针及职责义务。《反间谍法》第7条第1、2款规定:"中华人民共和国公民有维护国家的安全、荣誉和利益的义务,不得有危害国家的安全、荣誉和利益的行为。一切国家机关和武装力量、各政党和各人民团体、企业事业组织和其他社会组织,都有防范、制止间谍行为,维护国家安全的义务。"《反间谍安全防范工作规定》第4条第1款规定:"机关、团体、企业事业组织和其他社会组织承担本单位反间谍安全防范工作的主体责任,应当对本单位的人员进行维护国家安全的教育,动员、组织本单位的人员防范、制止间谍行为和其他危害国家安全的行为。"《国防法》第七章对国家开展国防教育的落实和实施进行了细致规定。《网络安全法》规定国家支持企业、研究机构、高等学校、网络相关行业组织参与网络安全国家标准、行业标准的制定,开展网络安全宣传教育活动等,旨在提高全社会的网络安全意识和防护能力,保障网络空间的安全稳定,从而维护国家安全。

二、国家安全宣传教育的相关措施

(一) 国家安全宣传的具体措施

我国开展了多部门联动、多渠道并进的国家安全宣传工作。其一,以国家安全教育日为契机,社会各界积极宣传国家安全。各机关、人民团体、企业事业组织和其他社会组织开展了丰富多样的国家安全教育宣传工作,并定期组织本单位的人员学习国家安全知识,增强防范、制止危害国家安全行为的意识和能力。其二,各类媒体设置国家安全宣传专栏,常态化推动国家安全宣传。国家安全宣传专栏通常是指在各类传统媒体和新媒体平台上,定期发布与国家安全相关的专题栏目、报道、文章等内容。这些专栏以多种形式传播国家安全知识,普及相关法律法规,并推动公众参与国家安全维护工作。其三,以具体的安全领域为对象,社会各界积极推动国家安全专题宣传。

(二) 国家安全教育的具体措施

全面加强国家安全宣传教育,牢固树立总体国家安全观,是推动全社会形成维护国家安全强大合力的基本途径,是增强全民国家安全意识和素养的一项基础性、长期性、战略性工程。习近平强调:"要以设立全民国家安全教育日为契机,以总体国家安全观为指导,全面实施国家安全法,深入开展国家安全宣传教育,切实增强全民国家安全意识。"

以各学段学校教育为主体,国家安全教育进课堂全面落实。为贯彻落实《国家安全法》"将国家安全教育纳入国民教育体系"的法定要求,2018年4月教育部专门出台了《关于加强大中小学国家安全教育的实施意见》,明确了完善国家安全教育体系的根本要求和主要策略。教育部把国家安全教育纳入《青少年法治教育大纲》,编写国家安全教育学生读本,系统规划和科学安排国家安全教育的目标定位、原则要求、实施路径。2024年8月,《国家安全教育大学生读本》出版发行。作为第一本全面系统阐释总体国家安全观的统编教材,这是高等学校开设国家安全教育公共基础课的权威用书。当前在各学段的学校教育中,各学校已经分阶段、分层次安排国家安全教育内容,构建大中小学有效衔接的国家安全教育教学体系。这些措施充分反映总体国家安全观的重大意义、科学内涵、核心要义,以及新时代党领导国家安全工作的开创性成就和历史性变革,对于引导新时代大学生系统把握总体国家安全观、增强维护国家安全的意识和能力具有重要意义。

第十六章　国家安全法律责任

第一节　民事责任

一、民事责任概述

(一) 民事责任的定义

自1986年颁行《民法通则》起,一直到《民法典》的颁行,我国创立并坚持独立的民事责任立法模式,民事责任被认为是民事法律关系的重要构成要素,与民事权利、民事义务一同构成我国民事立法中不可或缺的基本概念。依我国学界通说,民事责任是指民事主体因违反民事义务而应承担的民事法律后果。作为保障民事权利的基本方法,民事责任的体系功能主要在于恢复民事权利所确立的利益归属秩序,其承载并体现了民事权利的法律之力。民事责任与相关概念的界分如下:

1. 民事责任区别于民事义务

民事义务是一种"当为",其与民事权利相辅相成,共同构建并调整正常状态下的社会秩序;民事责任是"当为而不为"产生的民事法律后果,即民事义务的违反将导致民事责任的产生,其用于调整民事权利受损状态下的社会秩序,致力于恢复权利人的权利圆满状态。此外,较之民事义务,民事责任更强调承担上的拘束力与强制力,在满足必要条件时,司法机关可介入并对责任人采取强制措施,以强制实现权利人的实体权利。

2. 民事责任区别于刑事责任

二者均属法律责任,具有强制性,但目标定位不同。作为典型的私法上的责任,民事责任侧重于补偿,着眼民事权益是否在客观上受损而需救济,责任承担载体以财产为主;作为典型的公法上的责任,刑事责任侧重于惩罚,较之客观损害后果,其更关注行为人的主观恶性程度,责任承担载体以人身为主。尽管作此二分,民事责任中亦存在少量以惩罚为目的的责任形态,如《民法典》第1185条、第1232条分别针对情节严重的故意侵害他人知识产权的行为及故意污染环境、破坏生态造成严重后果的行为规定了惩罚性赔偿责任。此外,民事责任在责任人财产上的实现顺位更为优先。根据《民法典》第187条的规定,当民事主体的财产不足以支付时,民事责任的承担优先于行政责任或刑事责任的承担。

3. 民事责任区别于基于绝对权的请求权

绝对权是指能够对抗任何人的权利,包括物权、人格权、知识产权等。当绝对权受他人侵害、干扰时,权利人享有基于绝对权的请求权,即有权请求该他人为或不为一定的行为,从而使绝对权恢复到圆满状态。最为典型的基于绝对权的请求权为物权请求权,其主要包括返还原物请求权、排除妨害请求权、消除危险请求权三种类型。就基于绝对权的请求权是否属于民事责任的问题,我国学界存在争议。有观点认为,基于绝对权的请求权属于民事责任范畴,其仅为侵权责任的一种形式;另有观点认为,基于绝对权的请求权与民事责任间彼此区分、相互独立。基于绝对权的请求权与民事责任源自不同的制度传统,且适用范围及构成要件上存在差异。前者实为绝对权效力的外部化,属绝对权的消极权能,后者实为主观权利在受到侵害后的变化形态。因此,有必要对二者进行区分。《民法典》一方面坚持《民法通则》第134条确立的模式,规定多种民事责任承担方式,另一方面设置物权请求权制度,并承认物权请求权可与侵权责任的承担发生竞合。

(二) 民事责任的分类

1. 债务不履行责任和侵权责任

根据责任发生原因,民事责任可分为两种基本类型:债务不履行责任与侵权责任。债务不履行责任是指因债务人不履行债务而发生的民事责任。最主要的债务不履行责任类型是违约责任,即合同当事人因不履行合同债务而承担的民事责任。此外,债务不履行责任也包括因不履行法定债务(如侵权损害赔偿债务、不当得利返还债务、无因管理债务等)而发生的民事责任。作为缔约过失责任基础的先合同义务亦被视作一种债务,因而缔约过失责任也属于债务不履行责任的一种。侵权责任是指因实施侵权行为而发生的民事责任。侵权责任作为侵权损害赔偿债务可成为债务不履行责任的发生基础。

2. 单方责任和双方责任

根据一方当事人承担责任还是双方当事人均承担责任,民事责任可分为单方责任和双方责任。此分类多见于侵权情形。单方责任一般是指仅由加害人一方承担责任的侵权责任形态,双方责任一般是指应由双方分担责任的侵权责任形态。对损害的发生均无过错的受害人和行为人所需承担的公平责任即为一种双方责任,因被侵权人的过错而相应减轻侵权人责任的情形也构成一种双方责任。需注意的是,这组概念所涉及的"双方"在利益状况上处于对立状态,此应与下组概念所涉及的承担责任之"共同"关系相区分。

3. 单独责任和共同责任

根据承担责任一方所包含的主体人数,民事责任可分为单独责任和共同责任。单独责任是指由一个主体独自承担的民事责任,共同责任是指由两个以上主体共同承担的民事责任。根据责任人在责任承担上的关系,共同责任又可分为按份责任和连带责任。按份责任是指各个责任人按照一定的份额各自承担民事责任。连带责任是指各个责任人不分份额地对外承担民事责任,权利人可请求任何一个连带责任人承担全部或部分责任,连带责任人不得以超过内部责任份额为理由而拒绝。根据《民法典》第178条第3款的规定,连带责任限于法律规定或者当事人约定的情形。除此之外,共同责任项下还包括不真正连带责任、补充责任等非典型形式。

4. 财产责任和非财产责任

根据损害性质的不同,损害可分为财产损害和非财产损害。财产损害是指能够以金钱计算的损害,其最终导向财产责任,即以财产为责任承担载体的责任。非财产损害是指不能以金钱计算的损害,即受害人所遭受的精神或肉体上的痛苦,其导向非财产责任,即非以财产为责任承担载体的责任,但例外时亦得导向财产责任。

(三)民事责任的归责标准

归责标准是民事责任构成要件中的重中之重。我国侵权责任法以过错责任为原则,以无过错责任、公平责任为例外。过错责任是指仅当行为人因过错侵害他人民事权益造成损害时才需承担的民事责任,过错是其归责事由。过错推定责任是一种特殊的过错责任,其仅发生证明责任倒置的效果。《民法典》第1165条第1款确立了过错责任的主体地位,即除非法律另有规定,侵权责任的产生必须以过错为要件。无过错责任是指不论行为人有无过错,只要行为人侵害他人民事权益造成损害则需承担的民事责任。以危险为归责事由的无过错责任被称为"危险责任",如《民法典》"侵权责任"编所规定的产品责任、环境污染和生态破坏责任、高度危险责任等;以控制力(及报偿等)为归责事由的无过错责任主要为"替代责任",如《民法典》"侵权责任"编所规定的监护人责任、用人单位对工作人员因执行工作任务造成他人损害的责任等。在个别情况下,我国侵权损害赔偿采用公平责任,即按照公平观念使均无过错的双方当事人分担损失。

就违约责任,传统大陆法系立法例以过错推定为归责原则,英美法系立法例则采用严格(无过错)责任原则。通说认为,我国民法中的违约责任采用"严格责任为主、过错责任为辅"的二元归责体系。《民法典》第577条就违约损害赔偿责任未规定过错要件,故被认为采严格责任原则。但在"典型合同"分编亦可见过错责任,如《民法典》第660条第2款所规定的赠与人违约责任、第897条所规定的保管人违约责任等。

(四)民事责任的承担方式

侵权损害赔偿责任的承担方式应以恢复原状为原则,以价值赔偿为例外。损害是指假设致损事实未发生的应有状态与现实状态之间的差异。恢复原状这一责任承担方式着眼受害人受损的具体权益,致力于保障受害人应有的"完整利益",其具体内容由破坏的表现形式决定。比如,在损坏他人之物的情形下,恢复原状体现为修复;在致使他人之物全损或灭失的情形下,恢复原状体现为重置。在德国法中,支付恢复原状的费用亦属恢复原状责任范畴。价值赔偿这一责任承担方式着眼宏观层面受害人总体财产的损失,致力于保障受害人应有的"价值利益"。德国法上,仅于恢复原状在事实上或法律上不能、恢复原状不足以赔偿受害人等例外情形下方有价值赔偿的适用空间。《民法典》第1179条就人身权损害赔偿责任的规定遵循恢复原状原则,第1184条就财产权损害赔偿责任的规定则接近于价值赔偿。在解释论上,为贯彻恢复原状原则,应将第1184条中"其他合理方式"解释为包括依修复或重置费用计算损害赔偿额。

违约损害赔偿责任的赔偿对象一般为履行利益损失,其旨在使债权人获得如同合同正常履行时可取得的利益,赔偿范围既包括所受损失,即债权人因违约行为所遭受的现有利益的减损,又包括所失利益,即债权人因违约行为所丧失的在合同正常履行的情况下本可获得的利益。赔偿方式一般为金钱赔偿。

(五)民事责任的免责事由

免责事由是指致使民事责任不成立的法律事实。《民法典》对免责事由采"一般+特殊"的立法模式。《民法典》"总则"编第八章"民事责任"部分规定了四种一般免责事由,即不可抗力、正当防卫、紧急避险和自愿实施紧急救助行为。同时,在侵权责任领域,《民法典》"侵权责任"编第一章"一般规定"部分规定了受害人故意、第三人原因、自甘冒险和自助行为这四种免责事由;"人格权"编、"侵权责任"编中亦规定了一些特别免责事由,如《民法典》第1020条规定,对肖像权的合理使用构成侵害他人肖像权的免责事由。

二、国家安全民事责任

(一)国家安全民事责任的概念

国家安全民事责任从类型划分上而言主要是侵权责任。其表现为公民、法人或其他组织实施了侵犯国家安全的行为,使得国家利益遭受严重损失,依照法律规定承担的恢复原状、价值赔偿的责任。从表现形式上而言,积极作为和消极不作为两种方式都可能导致国家安全民事责任。首先,公民、法人或其他组织通过积极作为的方式侵害国家利益的,需要承担国家安全民事责任。例如,公民、法人或其他组织通过积极作为的方式实施破坏生态、污染环境的行为,导致国家生态安全利益遭受严重损害,则会产生恢复原状、赔偿国家利益损失的民事责任。其次,公民、法人、其他组织若怠于履行维护国家安全相关义务,导致国家利益遭受严重损失,也可能导致国家安全民事责任。例如,网络服务提供者不履行法律、行政法规规定的信息网络安全管理义务,经监管部门责令采取改正措施而拒不改正,造成违法信息大量传播、用户信息泄露等严重后果,便是通过不作为的方式侵害国家网络安全利益的行为,上述行为需要承担恢复原状、赔偿损失的民事责任。

(二)国家安全民事责任的追究

《国家安全法》第13条第2款规定:"任何个人和组织违反本法和有关法律,不履行维护国家安全义务或者从事危害国家安全活动的,依法追究法律责任。"国家安全民事责任的追究主要通过公益诉讼的形式完成。具体而言,民事公益诉讼和刑事附带民事公益诉讼是国家安全民事责任追究的主要追究形式。从理论上而言,民事公益诉讼中符合法律规定条件的相关组织如环保组织和消费者权益保护组织,以及人民检察院都可以成为民事公益诉讼的适格原告,但是实践中涉及国家安全的民事侵权行为往往由人民检察院以公益诉讼起诉人身份提起民事公益诉讼。在刑事附带民事公益诉讼中,公民、法人或其他组织的行为不仅触犯刑法造成刑事责任,同时相关行为也构成民事侵权,需要在刑事诉讼中一并解决刑事责任和民事责任。通过刑事附带民事公益诉讼追究国家安全民事责任只能由人民检察院提起。国家安全民事公益诉讼和国家安全刑事附带民事公益诉讼的具体程序在本书"国家安全司法"一章已经详细介绍,在此不作赘述。

第二节 行政责任

《国家安全法》第13条第1款规定,"国家机关工作人员在国家安全工作和涉及国家安全活动中,滥用职权、玩忽职守、徇私舞弊的,依法追究法律责任。"行政责任就是追究违反国家安全法律法规的国家机关工作人员法律责任的实现方式之一。

一、行政责任概述

(一)行政责任的定义

关于行政责任,一般有两类解释:第一类是指行政主体及公务员违反行政法律规范而应承担的法律责任。行政的违法和不当,都是对行政法律规范的违反。行政主体必须依照法律、法规规定行使职权和履行职责,超越其责任领域行使行政权或滥用职权,当然要承担一定的行政责任;不履行法定的责任,表现为不作为,同样可以构成行政违法或不当,也必须承担相应的行政责任。[①] 第二类则指行政相对人(个人和组织)违反行政法律规范而应当承担的行政法上的责任,如行政处罚。因前章节已经论述过行政处罚,因此下文将主要阐释行政主体的行政违法责任。

(二)行政责任的主要类型

行政主体的行政责任的承担须以行政行为违法为前提。任何行政行为必须符合行政职权、事实依据、法律依据和行政程序四大要件,否则会构成行政违法或行政瑕疵。我国行政实体法上的行政违法主要包括:(1)行政失职(不作为);(2)行政越权;(3)行政滥用职权;(4)认定事实错误;(5)适用依据错误;(6)违反行政程序(法定程序和正当程序);(7)行政侵权。其中,与

---

① 杨建顺:《规制行政与行政责任》,载《中国法学》1996年第2期。

行政职权要件相关的是行政失职、行政越权和行政滥用职权。行政失职是指行政主体及其行政人因不履行法定的作为义务而构成的行政违法。如公安机关拒绝履行保护公民人身权、财产权的法定职责,消防机关接到火警不出警等。法律中,行政失职多表述为"拒不履行法定职责""拖延履行法定职责""不予答复"等。行政越权是指行政主体超越职务权限而进行的行政行为。行政越权是一种较为严重的行政违法行为。对于行政越权行为,行为相对人可对行政越权行为提起行政诉讼或行政复议。经审议确属行政越权的,行政复议机关和人民法院可确认该行政越权行为违法并予以撤销。行政滥用职权是指在自由裁量权限范围内不适当行使权力而违反法律所设定目的的行为。[①] 行政相对人可对行政滥用职权行为提起行政诉讼或行政复议。经审议确属行政滥用行为的,行政复议机关和人民法院可确认该行政滥用行为违法并可作出撤销、变更或无效的决定。而行政侵权指行政主体及其行政人不法侵害他人合法权益,为此必须依法承担行政赔偿责任的行政行为。[②] 行政侵权的认定应以行政相对人的"合法权益"受到实际损害为前提。非由行政违法行为直接引起的,或行政相对人的违法权益受到损害都不能称为行政侵权。

(三)行政责任追究制度

《行政复议法》《行政诉讼法》《国家赔偿法》构成了行政救济的基本框架。行政复议和行政诉讼都解决行政争议。行政复议是建立在行政机关的领导关系之上的,行政诉讼是建立在分权基础之上的。[③] 在行政复议中,上级行政机关通过改变或撤销下级行政机关作出的违法、不当决定实现对下级的监督。而行政诉讼则体现了司法权对行政权的控制。基于此,行政复议和行政诉讼还是存在明显的不同:一是行政复议的范围要远大于行政诉讼,可以提起行政诉讼的就一定可以行政复议,而可以提起行政复议的并不必然可以行政诉讼;二是行政复议适用的是行政程序,而行政诉讼则适用司法程序;三是行政诉讼主要对行政行为进行合法性审查,包括形式合法和实质合法;而行政复议不仅可以对行政行为进行合法性审查,还可以针对行政行为是否必要适当进行适当性审查;四是行政复议一般向作出行政行为的行政机关的上级机关提出申请,而行政诉讼要遵循被告管辖原则;五是行政诉讼审理案件的

---

① 胡建淼:《行政法学》(第五版·下),法律出版社2023年版,第933—950页。
② 同上书,第974页。
③ 余凌云:《行政法入门》,中国人民大学出版社2022年版,第111页。

依据只能是法律法规,适当参照规章和规范性文件,而行政复议审理依据则包括法律、法规、规章以及规范性文件;六是行政诉讼一般只能作出撤销行政行为的判决,而行政复议在撤销行政行为的同时可作出变更决定;七是行政机关只能服从行政复议的决定,而行政机关对行政诉讼判决不服时可依法提起上诉。

行政赔偿是行政救济的实现方式之一。它是弥补行政复议、行政诉讼无法充分弥补受害人损失的最后手段,具有补充性,是处于第二位的救济方式。行政赔偿是指行政机关及其工作人员违法执行行政职务,造成相对人损失,依法承担的法律责任。行政赔偿与行政补偿不同。行政补偿是指行政机关及其工作人员合法执行行政职务,造成相对人损失,依法承担的法律责任。它们的根本区别在于原因行为是合法还是违法的。[①] 从赔偿范围来看,行政赔偿适用的范围主要是指因可诉的行政行为、事实行为而对相对人造成的人身权、财产权损害。行政机关不承担赔偿责任的情形包括:第一,行政机关工作人员与行使职权无关的个人行为;第二,公民、法人和其他组织自己的行为致使损害发生的;第三,国防、外交等国家行为或者行政机关制定发布行政法规、规章或者具有普遍约束力的决定、命令,侵犯相对人合法权益的;第四,法律规定的其他情形。[②] 就行政赔偿程序而言,受害人获得行政赔偿有两种途径:一是在行政复议和行政诉讼中一并提起,可称"一并提起程序";二是单独就赔偿问题先向赔偿义务机关提出,如果不服,可以申请行政复议,也可以向人民法院提起诉讼,也称"单独提起程序"或"单方处理程序"[③]。"一并提起程序"是要求行政赔偿的主要程序方式。相较而言,"单独提起程序"有必要的前提,即行政行为已经确认违法,仅对是否进行行政赔偿决定不服才可单独提起行政赔偿责任。

对于国家机关工作人员的行政追责制度主要体现在《公务员法》《公职人员政务处分法》《监察法》。《公务员法》主要涉及公务员权利、义务和管理。针对公务员的行政责任,《公务员法》规定,"公务员因违纪违法应当承担纪律责任的,依照本法给予处分或者由监察机关依法给予政务处分;违纪违法行为情节轻微,经批评教育后改正的,可以免予处分。""公务员主管部门的工作

---

① 余凌云:《行政法入门》,中国人民大学出版社2022年版,第164页。
② 同上书,第166页。
③ 杨寅:《我国行政赔偿制度的演变与新近发展》,载《法学评论》2013年第1期。

人员,违反本法规定,滥用职权、玩忽职守、徇私舞弊,构成犯罪的,依法追究刑事责任;尚不构成犯罪的,给予处分或者由监察机关依法给予政务处分。"《公职人员政务处分法》主要适用于监察机关对违法的公职人员给予政务处分的活动。在该法律规定中,对于滥用职权,危害国家利益、社会公共利益或者侵害公民、法人、其他组织合法权益的,或者不履行或者不正确履行职责,玩忽职守,贻误工作的,或者泄露国家秘密、工作秘密,或泄露因履行职责掌握的商业秘密、个人隐私并造成不良后果或者影响的国家公职人员,将予以警告、记过或者记大过,情节较重的,予以降级或者撤职,情节严重的,予以开除。《监察法》主要立法目的在于深入开展廉政建设和反腐败工作,加强对所有行使公权力的公职人员的监督,实现国家监察全面覆盖,持续深化国家监察体制改革,推进国家治理体系和治理能力现代化。该法通过明确监察机关的职责、权限和监察程序,为公职人员的行为设立了规范,强化了对其权力的制约和监督,从而实现其立法目的。在问责方面,该法规定,"有关单位拒不执行监察机关作出的处理决定,或者无正当理由拒不采纳监察建议的,由其主管部门、上级机关责令改正,对单位给予通报批评;对负有责任的领导人员和直接责任人员依法给予处理。"对于滥用职权、玩忽职守、徇私舞弊的行为,对负有责任的领导人员和直接责任人员都将依法给予处理。

二、国家安全行政责任

(一) 国家安全行政责任的定义及特征

国家安全行政责任是指国家安全行政主体及公务员违反国家安全法律法规而应承担的法律责任。国家安全行政责任具有以下法律特征:一是国家安全行政主体不仅包括国家安全机关等专门国家安全机关,还涉及负有行使国家安全职责的非专门机关。二是需承担国家安全行政责任的国家安全行政违法行为必须与国家安全事务具有相关性。国家安全机关在行使与国家安全事务不相关的具体行政事务时,如发生行政违法行为,所承担的行政责任不能称为国家安全行政责任,而只能称为一般意义上的行政责任。同理,当非专门机关在行使国家安全领域职责时,如发生行政违法行为,则应承担国家安全行政责任。三是违反的国家安全法律法规不仅指以传统安全为主的国家安全法以及国家安全专门法,还应包括与非传统安全密切相关的国家安全相关法,以及法律法规中与国家安全相关的条款。

（二）国家安全行政责任的追究

《国家安全法》第 13 条第 1 款规定："国家机关工作人员在国家安全工作和涉及国家安全活动中，滥用职权、玩忽职守、徇私舞弊的，依法追究法律责任。"第 43 条规定："国家机关及其工作人员在履行职责时，应当贯彻维护国家安全的原则。国家机关及其工作人员在国家安全工作和涉及国家安全活动中，应当严格依法履行职责，不得超越职权、滥用职权，不得侵犯个人和组织的合法权益。"第 82 条规定："公民和组织对国家安全工作有向国家机关提出批评建议的权利，对国家机关及其工作人员在国家安全工作中的违法失职行为有提出申诉、控告和检举的权利。"国家安全各具体领域中的法律法规对此也有相关规定。

在传统国家安全领域中，以《反间谍法》为代表，不仅规定了"国家安全机关及其工作人员在工作中，应当严格依法办事，不得超越职权、滥用职权，不得侵犯个人和组织的合法权益"，还明确了追责方式。《反间谍法》第 52 条规定："任何个人和组织对国家安全机关及其工作人员超越职权、滥用职权和其他违法行为，都有权向上级国家安全机关或者监察机关、人民检察院等有关部门检举、控告。受理检举、控告的国家安全机关或者监察机关、人民检察院等有关部门应当及时查清事实，依法处理，并将处理结果及时告知检举人、控告人。对支持、协助国家安全机关工作或者依法检举、控告的个人和组织，任何个人和组织不得压制和打击报复。"又如《反恐怖主义法》第 94 条规定："反恐怖主义工作领导机构、有关部门的工作人员在反恐怖主义工作中滥用职权、玩忽职守、徇私舞弊，或者有违反规定泄露国家秘密、商业秘密和个人隐私等行为，构成犯罪的，依法追究刑事责任；尚不构成犯罪的，依法给予处分。反恐怖主义工作领导机构、有关部门及其工作人员在反恐怖主义工作中滥用职权、玩忽职守、徇私舞弊或者有其他违法违纪行为的，任何单位和个人有权向有关部门检举、控告。有关部门接到检举、控告后，应当及时处理并回复检举、控告人。"在非传统国家安全领域中，以《网络安全法》为代表，第 73 条第 2 款规定"网信部门和有关部门的工作人员玩忽职守、滥用职权、徇私舞弊，尚不构成犯罪的，依法给予处分"。又如《核安全法》第 75 条规定，国务院核安全监督管理部门或者其他有关部门，省、自治区、直辖市人民政府有关部门有其他滥用职权、玩忽职守、徇私舞弊行为的，对直接负责的主管人员和其他直接责任人员依法给予处分。

国家安全行政责任的主体不限于专门机关，还涉及非专门机关。《国家情报法》第 19 条规定："国家情报工作机构及其工作人员应当严格依法办事，不得超越职权、滥用职权，不得侵犯公民和组织的合法权益，不得利用职务便利为自己或者他人谋取私利，不得泄露国家秘密、商业秘密和个人信息。"第 27 条规定："任何个人和组织对国家情报工作机构及其工作人员超越职权、滥用职权和其他违法违纪行为，有权检举、控告。受理检举、控告的有关机关应当及时查处，并将查处结果告知检举人、控告人。对依法检举、控告国家情报工作机构及其工作人员的个人和组织，任何个人和组织不得压制和打击报复。国家情报工作机构应当为个人和组织检举、控告、反映情况提供便利渠道，并为检举人、控告人保密。"第 31 条规定："国家情报工作机构及其工作人员有超越职权、滥用职权，侵犯公民和组织的合法权益，利用职务便利为自己或者他人谋取私利，泄露国家秘密、商业秘密和个人信息等违法违纪行为的，依法给予处分；构成犯罪的，依法追究刑事责任。"又如《保守国家秘密法》第 61 条规定："保密行政管理部门的工作人员在履行保密管理职责中滥用职权、玩忽职守、徇私舞弊的，依法给予处分。"《境外非政府组织境内活动管理法》第 51 条规定："公安机关、有关部门和业务主管单位及其工作人员在境外非政府组织监督管理工作中，不履行职责或者滥用职权、玩忽职守、徇私舞弊的，依法追究法律责任。"

随着国家安全法律规范体系不断完善，国家安全行政责任的主体将涉及更多非专门机关。例如在《生物安全法》中就规定，"履行生物安全管理职责的工作人员在生物安全工作中滥用职权、玩忽职守、徇私舞弊或者有其他违法行为的，依法给予处分"。又如《数据安全法》第 49 条规定："国家机关不履行本法规定的数据安全保护义务的，对直接负责的主管人员和其他直接责任人员依法给予处分。"第 50 条规定："履行数据安全监管职责的国家工作人员玩忽职守、滥用职权、徇私舞弊的，依法给予处分。"《反电信网络诈骗法》第 45 条规定："反电信网络诈骗工作有关部门、单位的工作人员滥用职权、玩忽职守、徇私舞弊，或者有其他违反本法规定行为，构成犯罪的，依法追究刑事责任。"《粮食安全保障法》第 65 条规定："违反本法规定，地方人民政府和县级以上人民政府有关部门不履行粮食安全保障工作职责或者有其他滥用职权、玩忽职守、徇私舞弊行为的，对负有责任的领导人员和直接责任人员依法给予处分。"

第三节 刑事责任

一、刑事责任概述

(一) 刑事责任的定义

《刑法》是以"犯罪—刑事责任—刑罚"为基本理论框架的,犯罪是刑事责任的前提,刑事责任是犯罪的必然法律后果,刑罚是实现刑事责任的主要形式。① 基于体系上的原因,中外刑法理论对"刑事责任"的意义存在不同的理解。国外刑法学界主要从犯罪成立条件的角度看待刑事责任,将"责任"作为犯罪构成的阶层之一。而作为我国刑法基本范畴之一的刑事责任,是从犯罪成立之后如何对犯罪人进行追究的角度上展开的。② 在《刑法》中,"刑事责任"这一专用术语出现了 30 余次,均是从法律责任的意义上使用的。因此在我国,无论是从教义法学还是概念法学上,刑事责任均与民事责任、行政责任一样,属于法律责任的下位概念。具体来说,刑事责任可定义为行为人实施违反《刑法》的行为后,所应承受的来自国家的责难。③ 刑事责任的特征有:

第一,刑事责任是由于实施犯罪行为而产生的法律责任。实施犯罪行为是刑事责任产生的前提,没有实施犯罪行为,刑事责任就不可能产生。

第二,刑事责任是违反《刑法》须承担的法律责任。刑事责任是由于实施犯罪行为而产生的,而犯罪是由《刑法》规定的。《刑法》既规定了犯罪,同时规定了构成犯罪应承担的刑事责任。实施犯罪行为,就应依照《刑法》规定承担相应的刑事责任。

第三,刑事责任是由犯罪人承担的法律责任。基于《刑法》的罪责自负原则,刑事责任是只有实施犯罪行为的人才承担的责任。在《刑法》上,犯罪人包括实施犯罪的自然人,也包括实施犯罪的单位。

第四,刑事责任是由国家司法机关追究的法律责任。刑事责任是犯罪人向国家所负的责任,而司法机关代表国家行使追究犯罪的职权。

第五,刑事责任是以接受否定性评价和惩罚为内容的法律责任。刑事责

---

① 马克昌主编:《刑罚通论》,武汉大学出版社 1999 年版,第 3 页。
② 《刑法学》编写组:《刑法学(上册·总论)》,高等教育出版社 2019 年版,第 273 页。
③ 张旭:《民事责任、行政责任和刑事责任——三者关系的梳理与探究》,载《吉林大学社会科学学报》2012 年第 2 期。

任是最严厉的法律责任,是来自国家的"责难"。在我国,包括生命刑、自由刑、财产刑、资格刑等在内的刑罚是刑事责任主要的实现方式。同时也包括非刑罚处罚方法以及单纯的否定法律评价等其他刑事责任实现方式。

(二)实现刑事责任的主要方式

1. 刑罚

刑罚是国家最高权力机关在《刑法》中制定的赋予"刑罚"名称,用以惩罚实施犯罪行为的人,由法院依法判处特定机构负责执行的最严厉的强制方法。① 刑罚包括主刑和附加刑。主刑是对犯罪分子独立适用、不能附加于其他刑罚的刑罚方法。对于一种犯罪行为或同一犯罪人,只能判处一个主刑,而不能判处两个或两个以上主刑。《刑法》第33条规定的主刑包括管制、拘役、有期徒刑、无期徒刑和死刑五种。附加刑是补充主刑适用的刑罚类型。它既可以附加于主刑适用,也可以单独适用;对同一犯罪人,可以同时适用多个附加刑。根据《刑法》第34条和第35条的规定,附加刑包括罚金、剥夺政治权利、没收财产和驱逐出境四种。

2. 非刑罚处罚方法

《刑法》第37条规定:"对于犯罪情节轻微不需要判处刑罚的,可以免予刑事处罚,但是可以根据案件的不同情况,予以训诫或者责令具结悔过、赔礼道歉、赔偿损失,或者由主管部门予以行政处罚或者行政处分。"这几种非刑罚处罚方法,都是犯罪法律后果的表现形式与刑事责任的实现方式。

(三)刑事责任追究制度

刑事责任追究是通过刑事诉讼制度完成的。刑事诉讼制度是国家专门机关在当事人及其他诉讼参与人的参加下,依照法律规定的程序,解决被追诉者刑事责任的制度。刑事诉讼制度的基本特征有:

第一,刑事诉讼是专门机关行使和实现国家刑罚权的活动。追究犯罪、行使惩罚犯罪的刑罚权是国家一项十分重要的权力,由法律赋予专门机关来履行,其他的机关、团体、组织或个人均无此权。

第二,刑事诉讼是专门机关的活动与当事人和其他诉讼参与人的活动的有机结合。刑事诉讼从开始到终结,专门机关都居于主导地位,但没有诉讼参与人尤其是犯罪人,也就没有诉讼。刑事诉讼的中心问题在于解决犯罪嫌

---

① 马克昌主编:《刑罚通论》,武汉大学出版社1999年版,第13页。

疑人、被告人的刑事责任,如果刑事诉讼没有犯罪嫌疑人、被告人的参加,刑事诉讼活动就失去了目的和意义,所以被追诉者死亡的,就不会对他再提起诉讼,已经发生的诉讼也要终止。如果没有自诉案件的自诉人向法院提起控诉,自诉案件的审理和裁决也不会发生。对于绝大多数刑事案件而言,没有被害人、证人、鉴定人、辩护人、代理人、见证人等参加诉讼,司法机关要查明事实,准确地认定犯罪嫌疑人、被告人的刑事责任,将成为一句空话。因此,当事人和其他诉讼参与人的活动,同样是刑事诉讼的重要内容。

第三,刑事诉讼是严格依照法定程序进行的活动。刑事诉讼具有严格的法律性质,必须有步骤、按规律地进行。在刑事诉讼过程中,专门机关和诉讼参与人都必须根据国家确立的刑事诉讼法律关系和刑事诉讼程序、规则进行,如果违反了刑事诉讼活动的客观规律,不依法办案,将会造成错案或引起相应的法律后果,轻则关系到公民的权利和利益的损害,重则涉及国家的稳定与安危。

第四,刑事诉讼是国家用以调整社会关系的一种带有强烈约束性的特殊活动。在国家所具有的各种社会调整手段中,刑事诉讼具有突出的地位。刑事诉讼调整的是社会根本利益中受到刑法保护并为犯罪行为侵害的那部分社会关系,这部分社会关系无法用其他社会或法律的调整手段加以调整,只能用刑罚这种极端形式强行实现其他手段实现不了的调整。

我国刑事诉讼主要可分为以下三个阶段:一是审前程序,包括立案程序、侦查程序和起诉程序;二是审判程序,包括第一审程序、第二审程序、死刑复核程序和审判监督程序;三是执行程序,包括各种刑事判决、裁定的执行,以及减刑、假释、监外执行等执行的变更程序。

二、国家安全刑事责任

(一)国家安全刑事责任的定义与特点

根据刑事责任的定义,国家安全刑事责任是指行为人实施危害国家安全犯罪而产生的,根据刑法所应承受的来自国家的责难。由于危害国家安全犯罪关涉法益的特殊性和重要性,国家安全刑事责任往往比一般犯罪的刑事责任更加严厉,主要表现在以下方面:

第一,《刑法》对严重危害国家安全的犯罪配置了死刑。纯正危害国家安全犯罪中,《刑法》分则第一章"危害国家安全罪"有背叛国家罪和分裂国家罪等7个罪名配置了死刑;第七章"危害国防利益罪"有破坏武器装备、军事设施、军事通信罪和故意提供不合格武器装备、军事设施罪共2个罪名配置了死刑;第十章"军人违反职责罪"有军人叛逃罪和为境外窃取、刺探、收买、非法提供军事秘密罪等10个罪名配置了死刑。目前《刑法》分则中配置了死刑的罪名共46个,纯正危害国家安全犯罪达到19个,占比41.3%。而其他配置死刑的罪名中大多数存在构成不纯正危害国家安全犯罪的空间,如第二章"危害公共安全罪"、第六章"妨害社会管理秩序罪"中的死刑罪名可能涉及危害国家安全中的社会安全领域犯罪,第三章"破坏社会主义市场经济秩序罪"中配置死刑的罪名可能涉及危害国家安全中的经济安全领域犯罪等。

第二,对《刑法》分则第一章"危害国家安全罪"必须附加剥夺政治权利。《刑法》第56条第1款规定:"对于危害国家安全的犯罪分子应当附加剥夺政治权利;对于故意杀人、强奸、放火、爆炸、投毒、抢劫等严重破坏社会秩序的犯罪分子,可以附加剥夺政治权利。"对危害国家安全罪来说,剥夺政治权利的规定甚至严厉于其他严重暴力犯罪。

第三,特别累犯的规定。根据《刑法》第66条关于特别累犯的规定,危害国家安全犯罪、恐怖活动犯罪、黑社会性质的组织犯罪的犯罪分子,在刑罚执行完毕或者赦免以后,在任何时候再犯上述任一类罪的,都以累犯论处。而根据《刑法》第65条关于一般累犯的规定,被判处有期徒刑以上刑罚的犯罪分子,刑罚执行完毕或者赦免以后,在五年以内再犯应当判处有期徒刑以上刑罚之罪的,才成立一般累犯。特别累犯较一般累犯,没有前后罪时间间隔限制,更为严厉。累犯是法定从重量刑情节,构成累犯的应当从重处罚。对于累犯不适用缓刑。对被判处死刑缓期执行的累犯,人民法院根据犯罪情节等情况可以同时决定对其限制减刑,对累犯不得假释。

(二)国家安全刑事责任的实现方式

1. 定罪判刑

定罪判刑是指由人民法院对犯罪人在有罪宣告的基础上作出给予某种刑罚处罚的判决。刑事责任通常是以刑罚处罚来具体体现的,定罪判刑方式是刑事司法实践中最基本、最常见的刑事责任解决方式。《刑法》根据危害国家安全犯罪人所实施的犯罪行为及其情节设置了不同的主刑和附加刑。主刑主要是剥夺或限制自由、剥夺生命的刑罚,具体包括管制、拘役、有期徒刑、无期徒刑和死刑;附加刑主要是剥夺财产或者资格的刑罚,包括罚金、没收财产、剥夺政治权利、驱逐出境。

2. 定罪免刑

定罪免刑是指人民法院在审判文书中确定行为人的行为构成了犯罪但决定不对犯罪人判处刑罚处罚。定罪免刑方式具体包括两种情况：一是"定罪免刑＋非刑罚处罚方法"。《刑法》第 37 条规定："对于犯罪情节轻微不需要判处刑罚的,可以免予刑罚处罚,但是可以根据案件的不同情况,予以训诫或者责令具结悔过、赔礼道歉、赔偿损失,或者由主管部门予以行政处罚或者行政处分。"即在宣告有罪的基础上判决免除刑罚处罚,但给予非刑罚处罚方法的制裁。在这种情况下,定罪免刑和非刑罚处罚方法的适用,整体上成为刑事责任的承担方式。二是单纯定罪免刑,不给予非刑罚处罚方法的制裁。这主要是指根据《刑法》第 10、19—22、24、28 条等的规定,对具备法定条件或情节的犯罪人免除处罚。据此,人民法院有权在判决书中对符合免除处罚要求的犯罪人给予单纯的有罪宣告并明确表示对其免除处罚。

在定罪免刑的场合,虽然犯罪人没有被判处刑罚,但有罪认定本身宣告了对犯罪人刑事责任的追究,它体现了国家对犯罪人的否定评价,也确认了犯罪人因其犯罪行为而应受刑罚处罚,但由于其刑事责任程度比较轻微不需要以刑罚作为刑事责任的载体,因而对其免予刑罚处罚或者免除处罚。可见犯罪人被免除刑罚处罚并不意味着其刑事责任不存在或未受追究。定罪免刑本身就是刑事责任实现的方式之一。

（三）国家安全刑事责任的其他解决方式

1. 转移处理

转移处理是指对享有外交特权和豁免权的外国人的刑事责任不由我国司法机关适用《刑法》来追究,而是根据《刑法》第 11 条的规定通过外交途径予以解决。刑事责任的这种解决方式,是按照国际惯例和国家之间相互对等的原则确立的,是一种解决特定行为人刑事责任的特殊方式。涉外的危害国家安全犯罪案件有可能采取此种处置方式。

2. 消灭处理

刑事责任的消灭处理,是指行为人的行为本已构成犯罪,应承担刑事责任,但由于存在法律规定的阻却刑事责任追究的事实,因而使刑事责任消灭。例如,犯罪已过追诉时效期限的犯罪人、战时被宣告缓刑而确有立功表现的犯罪军人以及已经死亡的犯罪人等,根据《刑法》或《刑事诉讼法》的规定,其刑事责任都已归于消灭。国家司法机关不能再对其提起刑事追究,行为人也不应再承担刑事责任。此外,人民检察院对犯罪人作出不起诉的决定,也属于不予追究刑事责任的方式。

第四节 党规责任

依规治党是管党治党的基本方式,是全面从严治党的长远之策和根本之策,是依法执政的题中之义。① 坚持依法治国和依规治党有机统一是习近平法治思想的核心要义之一。实现依法治国关键在于依规治党。"通过依规治党实现依法治国,是法治中国建构的一条可行而有效的道路。它既能保证法治秩序建构过程中存在主导权威作为动力机制和保障装置,又能使权威本身受制于公开、明确、稳定的规则体系,实现权威守法。同时,由于党的特殊地位,严格依规治党能够对全面依法治国形成巨大的引领作用和示范效应,并将在法治国家整体建构时成为最便捷、成本最低的方式。"②

依规治党的核心要义是"有规可依、有规必依、执规必严、违规必究"③。其中,"有规可依"强调的是党内法规的制定问题,是依规治党的前提和基础;"有规必依、执规必严"强调的是党内法规的执行问题,是依规治党的必然要求;"违规必究"强调的是责任追究问题,是制定出来的党内法规得到良好执行的必要保证。2014年1月14日,习近平在十八届中央纪委三次全会上讲话强调:"要落实党委的主体责任和纪委的监督责任,强化责任追究,不能让制度成为纸老虎、稻草人。"④

一、党规责任概述

(一)党规责任的定义

党规责任是党内法规责任的简称。党内法规是党的中央组织,中央纪律检查委员会以及党中央工作机关和省、自治区、直辖市党委制定的体现党的统一意志、规范党的领导和党的建设活动、依靠党的纪律保证实施的专门规

---

① 张文显:《坚持依法治国和依规治党有机统一》,载《政治与法律》2021年第5期。
② 王若磊:《依规治党与依法治国的关系》,载《法学研究》2016年第6期。
③ 宋功德、张文显主编:《党内法规学》,高等教育出版社2020年版,第50—54页。
④ 《习近平谈治国理政》第一卷,外文出版社2018年版,第395页。

章制度。党章是最根本的党内法规,是制定其他党内法规的基础和依据。党内法规的名称为党章、准则、条例、规则、规定、办法、细则。据中共中央办公厅法规局披露,截至 2021 年 7 月 1 日,全党现行有效党内法规共 3615 部。其中,党中央制定的中央党内法规 211 部,中共中央纪律检查委员会以及党中央工作机关制定的部委党内法规 163 部,省、自治区、直辖市党委制定的地方党内法规 3241 部。现行有效的党内法规中,党章 1 部、准则 3 部、条例 43 部、规定 850 部、办法 2034 部、规则 75 部、细则 609 部。[①]

目前,党内法规体系中没有明确使用"党内法规责任"或"党规责任"概念。在中国特色社会主义法治体系中,法律规范体系和党内法规体系是两大子体系,"党规责任"是相对于"法律责任"的概念。基于《中国共产党党内法规制定条例》中的党内法规概念,参照学术界对法律责任的定义方式,有研究者把党规责任定义为:"有权党组织依据党内法规规定的,对违反党内法规、国家法律的党组织和党员作出的具有惩戒性的党内制裁措施。"[②]

在法律责任体系中的民事责任、行政责任和刑事责任三大责任类型之中,党规责任与行政责任最为相似。广义的行政责任包括行政相对人应承担的责任和行使行政职权的行政主体违法行政应承担的责任,前者属于行政处罚范畴,后者一般被称为行政违法责任。胡建淼教授把行政违法定义为行政主体所实施的,违反行政法律法规,侵害受法律保护的行政关系而未构成犯罪的行政行为。[③] 行政处罚与行政违法责任作为两种责任形态,最基本的区别是责任主体不同。对应于两类行政责任,党规责任也可以分为不掌握公权力或不涉及公权力行使的一般党员和党组织应承担的责任,以及党组织、党员干部尤其是党员领导干部违规行使公权力应承担的责任。

(二) 党规责任的主要类型

有关党规责任的规定分散在大量党内法规之中。其中,党章为党规责任提供了最根本的依据,《中国共产党纪律处分条例》《中国共产党问责条例》《中国共产党组织处理规定(试行)》是对党规责任作出规定的最重要党内法规。除此之外,还有大量党内法规中含有党规责任规定,例如《关于实行党政领导干部问责的暂行规定》《领导干部干预司法活动、插手具体案件处理的记

---

① 中共中央办公厅法规局:《中国共产党党内法规体系》,载《人民日报》2021 年 8 月 4 日第 1 版。
② 欧爱民:《党内法规责任论》,法律出版社 2024 年版,第 10 页。
③ 胡建淼:《行政法学》(第五版·下),法律出版社 2023 年版,第 931 页。

录、通报和责任追究规定》《党政领导干部生态环境损害责任追究办法(试行)》《党组讨论和决定党员处分事项工作程序规定(试行)》等。基于这些党内法规规定,可以把党规责任分为三大类,即警示处理、组织处理和纪律处分。①

1. 警示处理

警示处理是以精神罚为核心内容的责任类型,惩戒力度相对较小,主要是通过对违纪者的提醒、警示使其停止、避免违纪行为。例如,《中国共产党组织处理规定(试行)》规定,领导干部在政治表现、履行职责、工作作风、遵守组织制度、道德品行等方面,有苗头性、倾向性或者轻微问题,以批评教育、责令检查、诫勉为主。

2. 组织处理

组织处理是指党组织对违规违纪违法、失职失责失范的领导干部采取的岗位、职务、职级调整措施,包括停职检查、调整职务、责令辞职、免职、降职。组织处理工作坚持四项原则:一是全面从严治党、从严管理监督干部;二是党委(党组)领导、分级负责;三是实事求是、依规依纪依法;四是惩前毖后、治病救人。《中国共产党组织处理规定(试行)》对组织处理作出专门规定,适用于各级党的机关、人大机关、行政机关、政协机关、监察机关、审判机关、检察机关以及事业单位、群团组织中担任领导职务的党员干部;对以上机关、单位中非党员领导干部、不担任领导职务的干部,以及国有企业中担任领导职务的人员进行组织处理,参照该规定执行。

3. 纪律处分

《中国共产党章程》规定,党的纪律是党的各级组织和全体党员必须遵守的行为规则,是维护党的团结统一、完成党的任务的保证。党的纪律主要包括政治纪律、组织纪律、廉洁纪律、群众纪律、工作纪律、生活纪律。对党员的纪律处分有五种:警告、严重警告、撤销党内职务、留党察看、开除党籍。党的各级纪律检查委员会是党内监督专责机关,其职责是监督、执纪、问责。《中国共产党纪律处分条例》规定,党的纪律处分工作遵循五项原则:一是坚持党要管党、全面从严治党;二是党纪面前一律平等;三是实事求是;四是民主集中制;五是惩前毖后、治病救人。同时,该条例把纪律处分细化为三大类:第

---

① 欧爱民:《党内法规责任论》,法律出版社2024年版,第78页。

一,对党员的纪律处分种类包括警告、严重警告、撤销党内职务、留党察看、开除党籍。第二,对于违犯党纪的党组织,上级党组织应当责令其作出书面检查或者给予通报批评;对于严重违犯党纪、本身又不能纠正的党组织,上一级党的委员会在查明核实后,根据情节严重的程度,可以予以改组、解散。第三,对于预备党员违犯党纪,情节较轻,可以保留预备党员资格的,党组织应当对其批评教育或者延长预备期;情节较重的,应当取消其预备党员资格。

(三)党规责任追究程序

有关党规责任追究的程序性规定在很多党内法规中都有体现,其中,《中国共产党组织处理规定(试行)》和《中国共产党问责条例》对此有专门规定。

1. 组织处理程序

根据《中国共产党组织处理规定(试行)》,组织处理一般按照以下程序进行:

(1)调查核实。组织(人事)部门对领导干部存在的问题以及所应担负的责任进行调查核实,听取有关方面意见,与领导干部本人谈话听取意见。执纪执法等机关已有认定结果的,可以不再进行调查。

(2)提出处理意见。组织(人事)部门根据调查核实情况或者执纪执法等机关认定结果、有关建议,以及领导干部一贯表现、认错悔错改错等情况,综合考虑主客观因素,研究提出组织处理意见报党委(党组)。

(3)研究决定。党委(党组)召开会议集体研究,作出组织处理决定。对双重管理的领导干部,主管方应当就组织处理意见事先征求协管方意见。

(4)宣布实施。组织(人事)部门向受到组织处理的领导干部所在单位和本人书面通知或者宣布组织处理决定,向提出组织处理建议的机关、单位通报处理情况,在一个月内办理受到组织处理的领导干部调整职务、职级、工资以及其他有关待遇的手续。对选举和依法任免的领导干部,按照有关规定履行任免程序。对需要向社会公开的组织处理,按照有关规定予以公开。

2. 问责程序

根据《中国共产党问责条例》,对于需要问责的,按以下程序进行:

(1)启动问责调查。发现有《中国共产党问责条例》第7条所列问责情形,需要进行问责调查的,有管理权限的党委(党组)、纪委、党的工作机关应当经主要负责人审批,及时启动问责调查程序。其中,纪委、党的工作机关对同级党委直接领导的党组织及其主要负责人启动问责调查,应当报同级党委主要负责人批准。应当启动问责调查而未及时启动的,上级党组织应当责令有管理权限的党组织启动。根据问题性质或者工作需要,上级党组织可以直接启动问责调查,也可以指定其他党组织启动。对被立案审查的党组织、党的领导干部问责的,不再另行启动问责调查程序。

(2) 组成调查组开展调查。启动问责调查后,应当组成调查组,依规依纪依法开展调查,查明党组织、党的领导干部失职失责问题,综合考虑主客观因素,正确区分贯彻执行党中央或者上级决策部署过程中出现的执行不当、执行不力、不执行等不同情况,精准提出处理意见,做到事实清楚、证据确凿、依据充分、责任分明、程序合规、处理恰当,防止问责不力或者问责泛化、简单化。

(3) 撰写事实材料。查明调查对象失职失责问题后,调查组应当撰写事实材料,与调查对象见面,听取其陈述和申辩,并记录在案;对合理意见,应当予以采纳。调查对象应当在事实材料上签署意见,对签署不同意见或者拒不签署意见的,调查组应当作出说明或者注明情况。

(4) 形成调查报告。调查工作结束后,调查组应当集体讨论,形成调查报告,列明调查对象基本情况、调查依据、调查过程、问责事实,调查对象的态度、认识及其申辩,处理意见以及依据,由调查组组长以及有关人员签名后,履行审批手续。

(5) 作出问责决定。问责决定应当由有管理权限的党组织作出。对同级党委直接领导的党组织,纪委和党的工作机关报经同级党委或者其主要负责人批准,可以采取检查、通报方式进行问责。采取改组方式问责的,按照党章和有关党内法规规定的权限、程序执行。对同级党委管理的领导干部,纪委和党的工作机关报经同级党委或者其主要负责人批准,可以采取通报、诫勉方式进行问责;提出组织调整或者组织处理的建议。采取纪律处分方式问责的,按照党章和有关党内法规规定的权限、程序执行。

(6) 宣布并督促执行。问责决定作出后,应当及时向被问责党组织、被问责领导干部及其所在党组织宣布并督促执行。有关问责情况应当向纪委和组织部门通报,纪委应当将问责决定材料归入被问责领导干部廉政档案,组织部门应当将问责决定材料归入被问责领导干部的人事档案,并报上一级组织部门备案;涉及组织调整或者组织处理的,相应手续应当在一个月内办理完毕。被问责领导干部应当向作出问责决定的党组织写出书面检讨,并在民主生活会、组织生活会或者党的其他会议上作出深刻检查。建立健全问责典型问题通报曝光制度,采取组织调整或者组织处理、纪律处分方式问责的,应当以适当方式公开。

二、国家安全党规责任

(一) 国家安全党规责任的定义和特点

国家安全党规责任是党规责任在国家安全事务领域的具体体现。具体而言,国家安全党规责任是指党组织和党员在涉及国家安全的事务中违反党内法规和国家法律的规定,对国家核心利益和重大利益造成一定危害后果,按照党内法规规定应当承担的责任。国家安全党规责任具有以下特点:

第一,国家安全党规责任是关涉国家安全事务的责任。根据总体国家安全观,国家安全事务既包括传统安全事务,也包括非传统安全事务,涵盖二十多个重点安全领域,涉及大量具体事务。这些事务不仅由国家安全专门机关承担,还由很多非专门机关承担。对于非专门机关而言,只有在涉及国家安全事务时所承担的党规责任才是国家安全党规责任。

第二,国家安全党规责任是关涉国家核心利益和重大利益的责任。国家安全的本质是国家核心利益和重大利益安全。党组织、党员只有在侵害国家核心利益和重大利益时,所承担的党规责任才是国家安全党规责任。

第三,国家安全党规责任的责任主体既包括党组织,也包括党员领导干部、党员干部和一般党员。国家安全是"国之大者""头等大事",维护国家安全需要汇聚全社会力量。中国共产党作为维护国家安全的领导力量,应发挥示范带头作用,应作更加严格要求。因此,不论是党组织,还是党员领导干部、党员干部和一般党员,只要存在危害国家安全的行为和活动,都应追究其党规责任。

(二) 国家安全党规责任的专门规定

鉴于国家安全工作的极端重要性,中国共产党通过大量党内法规,对国家安全党规责任作出规定。其中,《党委(党组)国家安全责任制规定》对国家安全党规责任作出了专门规定。除此之外,还有大量党内法规中有涉及国家安全党规责任的条款。

1. 《中国共产党组织处理规定(试行)》中的相关规定

《中国共产党组织处理规定(试行)》中"应当受到组织处理"的17种情形中,很多涉及国家安全,具体包括:(1) 在重大原则问题上不同党中央保持一致,有违背"四个意识""四个自信""两个维护"错误言行的;(2)理想信念动摇,马克思主义信仰缺失,搞封建迷信活动造成不良影响,或者违规参加宗教活动、信奉邪教的;(3)贯彻落实党的基本理论、基本路线、基本方略和党中央决策部署不力,打折扣、做选择、搞变通,造成不良影响或者严重后果的;(4)面对大是大非问题、重大矛盾冲突、危机困难,不敢斗争、不愿担当,造成不良影响或者严重后果的;(5)工作不负责任、不正确履职或者疏于管理,出现重大失误错误或者发生重大生产安全事故、群体性事件、公共安全事件等严重事故、事件的;(6)工作不作为,敷衍塞责、庸懒散拖,长期完不成任务或者严重贻误工作的;(7)背弃党的初心使命,群众意识淡薄,对群众反映强烈的问题推诿扯皮,在涉及群众生产、生活等切身利益问题上办事不公、作风不正,甚至损害、侵占群众利益,造成不良影响或者严重后果的;(8)形式主义、官僚主义问题突出,脱离实际搞劳民伤财的"形象工程""政绩工程",盲目举债,弄虚作假,造成不良影响或者重大损失的;(9)违反民主集中制原则,个人或者少数人决定重大问题,不执行或者擅自改变集体决定,不顾大局闹无原则纠纷、破坏团结,造成不良影响或者严重后果的;(10)在选人用人工作中跑风漏气、说情干预、任人唯亲、突击提拔、跑官要官、拉票贿选、违规用人、用人失察失误,造成不良影响或者严重后果的;(11)搞团团伙伙、拉帮结派、培植个人势力等非组织活动,破坏所在地方或者单位政治生态的;(12)无正当理由拒不服从党组织根据工作需要作出的分配、调动、交流等决定的;(13)不执行重大事项请示报告制度产生不良后果,严重违反个人有关事项报告、干部人事档案管理、领导干部出国(境)等管理制度,本人、配偶、子女及其配偶违规经商办企业的;(14)诬告陷害、打击报复他人,制造或者散布谣言,阻挠、压制检举控告,造成不良影响或者严重后果的;(15)违反中央八项规定精神、廉洁从政有关规定的;(16)违背社会公序良俗,造成不良影响或者严重后果的;(17)其他应当受到组织处理的情形。

2.《中国共产党纪律处分条例》中的相关规定

《中国共产党纪律处分条例》第二编"分则"第六章"对违反政治纪律行为的处分"中,绝大多数都是关于国家安全党规责任的规定。例如,第49条规定:"在重大原则问题上不同党中央保持一致且有实际言论、行为或者造成不良后果的,给予警告或者严重警告处分;情节较重的,给予撤销党内职务或者留党察看处分;情节严重的,给予开除党籍处分。"第50条规定:"通过网络、广播、电视、报刊、传单、书籍等,或者利用讲座、论坛、报告会、座谈会等方式,公开发表坚持资产阶级自由化立场、反对四项基本原则,反对党的改革开放决策的文章、演说、宣言、声明等的,给予开除党籍处分。发布、播出、刊登、出版前款所列文章、演说、宣言、声明等或者为上述行为提供方便条件的,对直接责任者和领导责任者,给予严重警告或者撤销党内职务处分;情节严重的,给予留党察看或者开除党籍处分。"第53条规定:"在党内组织秘密集团或者组织其他分裂党的活动的,给予开除党籍处分。参加秘密集团或者参加其他分裂党的活动的,给予留党察看或者开除党籍处分。"第59条第1款规定:"制造、散布、传播政治谣言,破坏党的团结统一的,给予警告或者严重警告处分;情节较重的,给予撤销党内职务或者留党察看处分;情节严重的,给予开除党籍处分。"第64条第1款规定:"组织、参加反对党的基本理论、基本路线、基本方略或者重大方针政策的集会、游行、示威等活动的,或者以组织讲座、论坛、报告会、座谈会等方式,反对党的基本理论、基本路线、基本方略或者重大方针政策,造成严重不良影响的,对策划者、组织者和骨干分子,给予开除党籍处分。"第65条第1款规定:"组织、参加旨在反对党的领导、反对社会主义制度或者敌视政府等组织的,对策划者、组织者和骨干分子,给予开除党籍处分。"

后　　记

中国特色社会主义进入新时代,我国社会主要矛盾已经转化为人民日益增长的美好生活需要和不平衡不充分的发展之间的矛盾。人民不仅对物质文化生活提出了更高要求,而且在民主、法治、公平、正义、安全、环境等方面的要求也在日益增长。国安才能国治,治国必先治安。只有国家安全和社会稳定,改革发展才能不断推进。2014年4月15日,习近平主持召开中央国家安全委员会第一次会议并发表重要讲话,第一次提出了"总体国家安全观"。习近平强调指出,要准确把握国家安全形势变化新特点新趋势,坚持总体国家安全观,以人民安全为宗旨,以政治安全为根本,以经济安全为基础,走出一条中国特色国家安全道路。

国家安全涵盖领域十分广泛,既有传统安全,又有非传统安全。在总体国家安全观的指引下,集政治安全、国土安全、军事安全、经济安全、文化安全、社会安全、科技安全、网络安全、生态安全、资源安全、核安全、海外利益安全、生物安全、太空安全、极地安全、深海安全等于一体的国家安全体系已在构建与完善之中。

为有效维护国家安全、完善中国特色社会主义制度、推进国家治理体系和治理能力现代化,2015年1月23日,中共中央政治局会议审议通过了《国家安全战略纲要》,它是我国第一个国家安全战略文本。《国家安全战略纲要》要求加强国家安全教育,培养国家安全专业人才。同年7月1日,第十二届全国人民代表大会常务委员会第十五次会议通过新的《国家安全法》,明确规定"将国家安全教育纳入国民教育体系和公务员教育培训体系"。2020年9月,教育部发布《大中小学国家安全教育指导纲要》。2020年12月30日,国务院学位委员会、教育部发布《关于设置"交叉学科"门类、"集成电路科学与工程"和"国家安全学"一级学科的通知》,决定设置"交叉学科"门类,正式增设"国家安全学"一级学科,要求有关方面加快推进国家安全学科建设和人才培养。

为满足国家安全战略实施对人才的需求,"十四五"时期可以说是我国国家安全学学科建设和人才培养的重要窗口期。在此背景下,我校依托法学、政治学和公共管理三个一级学科,加大学科的交叉和融合,加快推进国家安全法学学科建设。2021年6月,我校在中共上海市委国家安全委员会办公室、上海市国家安全局、上海社会科学院、上海国际问题研究院、上海市法学会国家安全法律研究会等单位的大力支持下,组织相关专家审议通过国家安全法学学科建设论证方案,通过上海市学位委员会办公室向教育部学位与研究生教育发展中心正式申报增设交叉学科"国家安全法学"硕士学位授权点,并于2022年2月12日成功获批。

2020年12月,由我牵头组织校内法学、政治学、公共管理、社会学等学科团队,与上海市高级人民法院、上海市人民检察院、上海社会科学院、上海市法学会国家安全法律研究会等单位合作申报国家社科基金重大项目"新时代国家安全法治的体系建设与实施措施研究"(项目编号:20&ZD191),并获批立项。为了依托"国家安全法学"孵化并推进我校国家安全学学科建设,我们组织了以项目课题组中的我校青年教师为主的编写力量,编写国家安全学系列丛书。《国家安全法学》是其中第一本出版的教材,也是该国家社科基金重大项目的阶段性研究成果之一。

《国家安全法学》出版后,我们又相继主办了"新时代总体国家安全法治体系的建设与完善""国家安全学科与话语体系建设""交通安全刑法规制体系的完善",以及连续四届"华东政法大学国家安全·明珠论坛"等高规格研讨会、论坛共计二十余场,推动了国家安全学理论研究与实践探索。为贯彻落实总体国家安全观和习近平法治思想,积极对接国家、上海和长三角重大战略需求,服务国家安全战略实施和法治实施,2023年2月27日,华东政法大学决定成立国家安全研究院,依托中国法治战略研究院推进建设。作为学校着力打造的新兴交叉学科培育平台,国家安全研究院承担国家安全学一级学科和国家安全法学二级学科培育建设任务。国家安全研究院整合校内外优质资源,组建一流国家安全研究团队。近年来,研究院专职研究人员围绕政治安全、经济安全、社会安全、文化安全等重点安全领域,承担国家和省部级课题二十余项。依托国家社科基金重大项目以及其他课题项目,研究院专职研究人员在《光明日报》《学习时报》《中国法学》等高水平报刊发表理论文章六十余篇。

随着我国国内和国际安全形势的变化,为及时反映和满足我国国家安全形势的新需求,我们组织了以国家安全研究院专职研究人员为主的科研力量编写《国家安全法学》(第二版)。与第一版相比,《国家安全法学》(第二版)主要有以下两大特点:

第一,内容与时俱进。新版在第一版的基础上,在以下三个方面体现时代性和新颖性:一是体现党的二十大报告、党的二十届三中全会精神以及习近平有关国家安全最新重要论述的内容;二是体现《反间谍法》《保守国家秘密法》《国家安全机关行政执法程序规定》《国家安全机关办理刑事案件程序规定》等最新法律法规的内容;三是参考近几年来有关国家安全法学的最新科研成果。

第二,内容结构更为合理、论证更为严密。新版在第一版的基础上对篇章结构进行调整,对国家安全法学的相关知识和原理进行体系化阐述,篇章设计体现了国家安全法学的重要概念、系列命题和重要规律。该体系能够容纳、涵盖有关国家安全法学的主要内容,让学生能够学习了解国家安全法学的基本知识、基本原理、基本理论和基本命题。另外,新版的说理性、逻辑性更强,增加了理论深度。第二版对基本原则、重要制度、重要内容等有比较集中和系统深入的论述,注重对国内外学者重要学术成果的阐述分析,秉持公正客观的原则选取具有创新性的理论成果予以介绍和引用,说理时注重传承基础上的创新。

全书由我担任主编,李翔教授(华东政法大学发展规划处处长、学科建设办公室主任、博士生导师)担任执行主编,党东升(华东政法大学国家安全研究院副院长、副研究员、法学博士)、杨海强(华东政法大学国家安全研究院网络犯罪与安全研究中心主任、法学博士)担任副主编。我与李翔教授负责全书策划、统稿,两位副主编参与了部分章节的审稿工作。具体编写分工如下(以编写章节先后为序):绪论(李翔教授)、第一章(党东升副研究员、李翔教授)、第二章(党东升副研究员、齐崇文副研究员)、第三章(戴津伟副研究员)、第四章(于冰博士)、第五章(李光春副教授等)、第六章(成小爱博士)、第七章(李小猛博士、戎静副研究员、杨海强博士)、第八章(杨海强博士、赵岚博士)、第九章(危红波副研究员)、第十章(程凡卿博士、王泽群博士)、第十一章(王泽群博士、戎静副研究员、李小猛博士)、第十二章(张健博士)、第十三章(李振勇博士)、第十四章(赵懿先副研究员、张健博士)、第十五章(赵岚博士)、第十六章(杨代雄教授、李小猛博士、王泽群博士、戎静副研究员、党东升副研究员)。

  由于我们对国家安全学的认识还处于不断研究与学习之中,理论储备不足,加上编写者写作水平有限,教材中难免有不当疏漏之处,尚祈方家指正。在此,感谢本书责任编辑徐音的辛勤付出和北京大学出版社的大力支持与帮助。

华东政法大学原校长、教授、博士生导师　叶青

2025 年 6 月 20 日